미국특허법

전 준 형

세창출판사

이 도서의 국립중앙도서관 출판시도서목록(CIP)은 e-CIP 홈페이지(http://www.nl.go.kr/ecip)에서 이용하실 수 있습니다.(CIP제어번호: CIP 2011000308)

| 머 리 말 |

특허 출원과 특허 분쟁의 규모에 있어 미국은 다른 주요 국가를 압도해 왔고, 이로 인해 미국 특허법의 중요성은 국내 실무자들에게도 날로 강조되고 있다. 미국 특허법의 중요성이 강조됨에 따라 국내에서도 미국 특허 실무에 관한 많은 서적이 출판되어 특허 실무자에게 길잡이 역할을 해왔고, 필자 역시 특허 실무자의 한 사람으로 미국 특허 실무자에게 미력한 보탬이라도 될 수 있는 책을 쓰고 싶은 바람을 가져왔다. 그러나 필자의 부족한 능력과 분주한 사무소 생활로 인해 미국 특허에 관한 책을 시작해 볼 엄두를 내지 못하였다. 그렇게 막연한 바람만 가지고 시간을 보내던 중 미국에서의 공부와 시험 응시가 마무리되면서 다소 한가해지는 틈을 타 미국 특허에 관한 책을 쓰기 시작하여 본서를 내놓게 되었다.

본서는 필자가 미국 법대에서 공부한 내용, 미국 주변호사 시험(State Bar Exam)과 특허변리사 시험(Patent Bar Exam)을 준비하면서 정리한 내용 및 한국과 미국에서 접한 실무의 내용을 바탕으로 미국 특허법에 관한 전반적인 법 규정과 판례법을 소개하고 있다. 구체적으로 이 책은 특허요건을 시작으로 출원, 심사, 심판, 등록, 청구항 해석 및 소송 순으로 관련 내용을 소개하고 있다. 책을 쓰면서 필자의 부족한 능력이 허락하는 한도 내에서 되도록 많은 성문규정과 판결의 원문을 필자 스스로 확인하려 애썼고, 내용의 정확성과 독자의 편의를 위해 되도록 많은 조문과 판결의 원문을 발췌 인용하려 노력했다. 필자는 본서를 통해 미국 특허법의 기본적인 법리를 균형 있게 소개하고 싶었고, 이를 위해 미국 특허청(USPTO)의 법 해석에 기초한 심사지침서(MPEP)에 지나치게 의존하지 않고 주요 법 규정과 판례법의 내용에 기초하여 관련 법리를 설명하려 노력했다. 물론 출원 실무자 입장에서 심사지침서의 중요성은 아무리 강조해도 지나치지 않을 것이므로, 출원에 관련된 부분에서는 관련 심사지침서의 내용도 함께 소개하였다. 영문 용어는 모두 국문으로 번역하여 표기하였으나, 실무자마다 선호하는 국문 용어가 달라 혼란이 발생할 수 있으므로, 국문/영문 용어를 비교할 수 있는 용어표를 부록으로 제공하였다.

본서를 작업하며 필자의 미천한 능력을 망각하고 다양한 주제에 관해 두서없이 소개하려다 보니 부족하고 잘못된 부분이 많을 것 같아 이 상태로 출판을 서두르는 것이 바람직한지 망설여지는 것이 사실이다. 그러나 차일피일 출판을 미루는 것이 능사는 아니기에 부족하고 잘못된 내용에 대한 질책을 달게 받을 각오로 조심스럽게 본서를 소개하려 한다. 책을 마무리하는 과정에서 새롭게 소개된 판례/심사기준과 본서에서 다루지 못한 주제에 대해서는 기회가 허락한다면 개정판을 통해 보충할 기회가 있기를 희망해 본다.

필자가 본서를 내놓기까지 감사해야 할 분들이 너무나 많다. 필자가 특허 업무를 시작하면서부터 지금까지 많은 도움과 가르침을 주신 선배, 동료, 후배 변리사님들에게 감사를 전하고 싶고, 필자에게 미국에서 공부하는 길을 보여주시고 많은 도움을 주신 주위 분들에도 이 자리를 통해 특별한 감사의 마음을 전하고 싶다. 아울러 본서의 출판을 위해 수고해주신 세창출판사 관계자 여러분과 원고 교정에 도움을 준 김병희 변리사에게도 감사를 전하고 싶다. 마지막으로 끊임없는 애정으로 필자를 성원해 주신 가족 모두에게 이 책을 바친다.

2011년 1월

전 준 형

| 차 례 |

제1장 ▌ 특허요건

제2장 ‖ 출 원

제3장 ▌심 사

제4장 ▌ 출원의 구분

제5장 ▌ 제3자의 심사참여

제6장 심 판

제7장 ▌허 여

제8장 ▌특허의 변경

제9장 ▌권리범위해석 및 침해

제10장 ▌특 허 소 송

| 본서에 관한 간략한 설명 |

미국특허법(35 U.S.C.)에 따른 특허(Patent)는 실용특허(Utility Patent), 디자인특허(Design Patent), 식물특허(Plant Patent)로 구분될 수 있는데, 본서에서는 실용특허에 대해서만 설명하기로 한다. 별도의 표시가 없는 경우, 본서에서 "특허"는 실용특허를 의미한다.

본서는 현행 미국특허법(35 U.S.C.), 시행규칙(37 C.F.R.), 심사지침서(MPEP) 및 판례법을 기반으로 작성되었다. 존속기간에 관련하여서는 경과규정에 대한 내용을 기재하였지만, 나머지 대부분의 내용에 관해서는 설명의 편의를 위해 구법의 내용이나 경과규정에 대해 상세하게 설명하지 않았다.

본서에서 사용된 인용방법(citation)은 "Bluebook"[1]에 따른 인용방법을 기초로 하였다. "Bluebook"에 따른 인용방법은 미국에서 가장 권위 있고 널리 활용되는 인용방법이지만, "Bluebook"에 따른 인용방법은 영문으로 작성된 문서에 적용되는 방법이어서 국문으로 작성된 본서에 그대로 적용하는 데 무리가 있고, "Bluebook"에 따른 인용방법에 익숙하지 않은 독자들도 많을 것으로 예상되어, "Bluebook"에 따른 인용방법을 기초로 하되, 필요한 경우 "Bluebook"에 따른 인용방법 대신 필자가 임의로 생각해낸 형식으로 인용한 부분이 있음을 알려드린다. "Bluebook"에 따른 인용방법 중 기본적인 내용은 이하와 같다.

1) 원　칙

인용되는 내용이 먼저 기재되고, 뒤이어 인용(citation)이 기재된다. 이하의 예를 보면, "Derivation requires . . . invention."의 내용은 *Kilbey* 사건(Kilbey v. Thiele, 199 USPQ 290, 294 (Bd. Pat. Inter. 1978))의 내용에 뒷받침되는 것을 알 수 있다.

예 1: Derivation requires complete conception by another and communication of that conception by any means to the party charged with

---

1) THE BLUEBOOK: A UNIFORM SYSTEM OF CITATION (Columbia Law Review Ass'n et al. eds., 18th ed. 2005).

derivation prior to any date on which it can be shown that the one charged with derivation possessed knowledge of the invention. *Kilbey v. Thiele*, 199 USPQ 290, 294 (Bd. Pat. Inter. 1978).

2) 특허법(Patent Laws)의 인용

연방의회에서 입법한 연방법은 다양한 방법으로 편집/편찬되는데, 연방법을 50개의 "Title"로 구분하여 편집/편찬할 수 있고, 이 경우 특허법은 35번째 "Title"로 분류된다. 이에 따라 특허법은 "35 U.S.C."와 같은 형태로 표시될 수 있다. 본래 의회에 의한 성문법을 인용할 때는 다음과 같이 i) title number, ii) abbreviation of code, iii) section number, iv) date of code edition 순으로 표시하는 것이 일반적이지만,[2] 본서는 현행법에 기초하므로 별도로 연도를 표시하지는 않도록 한다.

예 2: 35 U.S.C. § 102(b) (2007).

2) 시행규칙(Patent Rules)의 인용

시행규칙은 연방의회로부터 권한을 위임받은 행정청(즉, 미국 특허청)에 의한 것으로, 특허법에서 특허청에 처분을 일임한 사항을 규정한다. 시행규칙 역시 50개의 "Title"로 구분되는데, 특허청에 의한 시행규칙은 37번째 "Title"로 분류된다. 이에 따라 특허법시행규칙은 "37 C.F.R."와 같이 표시될 수 있다. 시행규칙을 인용할 때는 성문법과 동일한 순으로 표시하는바, i) title number, ii) abbreviation of set of regulations, iii) section number, iv) date of code edition 순으로 표시하는 것이 일반적이지만,[3] 본서는 현행법에 기초하므로 별도로 연도를 표시하지는 않도록 한다.

예 3: 37 C.F.R. § 1.41 (2010).

---

2) *Id.* at 101.
3) *Id.* at 121.

3) 판결의 인용

판결은 판결집(Reporter) 형태로 인용되는데, 판결집을 발간하는 주체가 여러 곳이 있으므로 하나의 판결에 대해서도 서로 다른 판결집으로 발간되는 것이 가능함을 주의해야 한다. 일반적으로 널리 활용되는 판결집은 "United States Reports"와 "Federal Reporter"이다. "United States Reports"는 미연방대법원(Supreme Court of the United States)의 판결을 소개하는 판결집으로 "U.S."로 표시된다. "Federal Reporter"는 미연방법원의 판결을 소개하는 판결집으로, 항소법원의 판결은 "F/F.2d/F.3d"로 표시되고, 지방법원의 판결은 "F.Supp/F.Supp.2d"로 표시된다. 특허에 관한 사안이 문제되는 경우 BNA (The Bureau of National Affairs)에서 발간한 USPQ(U.S. Patents Quarterly) 판결집에 따른 인용방법이 활용되기도 하지만, 본서에서는 "United States Reports"와 "Federal Reporter"만을 기준으로 판결을 인용하였다.

A. 연방대법원 판결의 인용

연방대법원의 판결을 인용하는 경우, 아래와 같이 i) 제1 당사자("Diamond"), ii) "v." 표시, iii) 제2 당사자("Diehr") iv) 판결집의 볼륨 번호("450"), v) 판결집의 약어("U.S."), vi) 해당 사건이 처음 수록되는 페이지 번호("175"), vii) 판결연도("1981") 순으로 표시한다.[4)]

예 4: Diamond v. Diehr, 450 U.S. 175 (1981).

만약 연방대법원의 판결 중 특정한 페이지를 인용하는 경우, 아래와 같이 인용하려는 특정한 페이지 번호("186")를 추가로 기재할 수 있다.[5)]

예 5: Diamond v. Diehr, 450 U.S. 175, 186 (1981).

만약 한번 언급한 판결의 일부 페이지를 인용하는 경우, 위와 같은 "Full citation"을 다시 기재할 필요는 없고, 다음과 같은 다양한 형태의 "short form" 중 어느 하나로 인용하는 것이 가능하다.[6)]

---

4) *Id.* at 79.
5) *Id.*
6) *Id.*

예 6-1: *Diehr*, 450 U.S. at 186.
예 6-2: *Diehr*, at 186.

"short form"으로 인용하는 경우, 제1 당사자의 이름만 표시하면 되지만, 만약 제1 당사자가 미정부기관인 경우에는 제2 당사자의 이름을 표시한다. 위 사건에서는 *Diamond*가 특허청장이므로, 출원인인 *Diehr*로 판결을 인용하는 것이 관례다.

"short form"으로 인용할 때, "Id."로 표시하는 것도 가능하다. 아래의 예 7-1은 판결집의 186페이지를 인용하는 것이고, 예 7-2는 다시 186페이지를 인용하는 것이고, 예 7-3은 동일한 판결집의 188페이지를 인용하는 것이다.

예 7-1: Diamond v. Diehr, 450 U.S. 175. 186 (1981).
예 7-2: *Id.*
예 7-3: *Id.* at 188.

"Id."는 위에 언급된 내용을 다시 인용할 때 주로 활용되지만, 독자에게 혼란을 줄 수 있어 본서에서는 "Id."를 사용하는 것을 최대한 자제하였다.

B. 하급법원판결의 인용

연방대법원의 판결은 법원에 대한 약어를 표시하지 않고 연도만을 표시하지만, 연방대법원을 제외한 나머지 모든 법원에 대한 판결은 법원에 대한 약어를 표시한다. 구체적으로 하급법원판결을 인용하는 경우, 아래와 같이 i) 제1 당사자("AT&T Corp"), ii) "v." 표시, iii) 제2 당사자("Excel Communications, Inc."), iv) 판결집의 볼륨 번호("172"), v) 판결집의 약어("F.3d"), vi) 해당 사건이 처음 수록되는 페이지 번호("1352"), vii) 법원에 대한 약어(Fed. Cir.), viii) 판결연도("1999") 순으로 표시한다.[7]

---

7) *Id.*

예 8: AT&T Corp. v. Excel Communications, Inc., 172 F.3d 1352 (Fed. Cir. 1999).

하급법원판결에 대한 "Short form"의 기재 방식은 연방대법원과 동일하다.

예 9-1: *AT&T*, 172 F.3d at 1359-60.

예 9-2: *AT&T*, at 1359-60.

예 9-3: *Id.* at 1359-60.

통상 여러 페이지를 인용하는 경우, 마지막 두 자리 숫자만을 표시하는 것이 관례지만, 만약 자릿수를 초과하는 경우에는 모든 숫자를 표시한다. 예를 들어, 1359 내지 1360 페이지를 인용하는 경우에는 "1359-1360"이 아니라 "1359-60"으로 표시하는 것이 관례다. 그러나 199 내지 200 페이지를 인용하는 경우에는 "199-00"이 아니라 "199-200"으로 표시한다.

C. 해당 판결의 상급법원의 판단

인용한 판결이 상급법원에서 판단된 경우, 이를 함께 표시하는 것이 가능하다.

예 10: Rosaire v. National Lead Co., 218 F.2d 72 (5th Cir. 1955), *cert. denied*, 349 U.S. 916 (1955).

위의 일례는 인용한 판결은 제5 항소법원(5th Cir.)의 판결이지만 해당 사건에 대한 이송신청은 연방대법원에 의해 기각되었음을 의미한다.[8]

4) 설명삽입구(Explanatory Parentheticals)

인용하는 자료의 종류(제정법, 시행규칙, 판례, 논문)에 상관없이 설명삽입구를 추가하는 것이 가능하다. 예를 들어, 인용하는 자료의 원문을 그대로 기재하려는 경우 이하와 같이 쌍따옴표를 이용하여 인용할 수 있다.[9]

---

8) *Id.* at 92-94.

9) *Id.* at 51-52.

예 11: 37 C.F.R. § 1.56(a) ("Each individual associated with the filing and prosecution of a patent application has a duty of candor and good faith in dealing with the Office, which includes a duty to disclose to the Office all information known to that individual to be material to patentability as defined in this section.").

또한 "holding, requiring, explaining"과 같은 표현을 사용하여 인용하는 자료의 내용을 임의로 편집하여 인용하는 것도 가능하다.[10]

예 12: Evans Cooling Systems, Inc. v. General Motors Corp., 125 F.3d 1448 (Fed. Cir. 1997) (holding that on-sale bar is not subject to exception for sales made by third party which misappropriates patented invention).

5) 인용삽입구(Quoting/Citing Parentheticals)

인용하는 자료가 또 다른 자료를 인용하는 경우에는 "citing"이나 "quoting"이라는 표현을 통해 또 다른 자료를 인용하는 것이 가능하다.[11]

예 13: *Diehr,* 450 U.S. at 192 (citing Parker v. Flook, 437 U.S. 584 (1978)).

위의 일례는 *Diehr* 판결의 192 페이지 내용이 *Parker v. Flook* 사건을 인용했다는 것을 나타낸다.

만약 다른 자료를 인용하였음에도 설명의 편의를 위해 이를 생략하려는 경우, (citation omitted)와 같은 표현을 추가할 수 있다.[12]

예 14: *Bilski,* at 3229 ("[S]ome business method patents raise special problems in terms of vagueness and suspect validity. . . . If a high enough bar is not set when considering patent applications of this sort, patent examiners and courts could be flooded with claims that would put a chill on creative endeavor and dynamic change.") (citation omitted).

10) *Id.* at 22-23.
11) *Id.* at 92.
12) *Id.* at 69-70.

위의 일례는 *Bilski* 법원이 판시한 내용 중 일부가 다른 사건에서 인용된 내용이지만, 다른 사건을 소개하지 않고 본 사건에서 판시한 내용만을 소개했음을 나타낸다.

6) 설명시그널(Introductory Signals)

인용하는 자료의 종류에 상관없이, 인용하는 자료 앞에 시그널을 추가하여 인용하는 자료의 성격을 나타낼 수 있다. 시그널이 없이 법조문, 판결문, 논문 등이 바로 인용되면, 본서에 기재된 내용이 해당 법조문 등에 의해 직접적으로 지지되는 것이다.[13] 만약 해당 법조문 등이 본서에 기재된 내용을 직접적으로 지지하는 것은 아니지만, 해당 법조문 등의 내용에 비추어 본서에 기재된 내용이 자명하게 도출되는 경우에는 "*See*"라는 시그널을 추가할 수 있다.[14] 시그널의 종류는 매우 다양하지만, 본서에서는 "See" 이외의 시그널을 사용한 바 없으므로 추가적인 설명은 생략한다.

13) *Id.* at 46.
14) *Id.*

미국특허법

제1절 | 특허대상적격

Ⅰ. 서

특허대상적격/특허적격(patentable subject matter 또는 patent eligibility)은 어떤 발명이 특허로 보호될지에 관한 문제이다. 만약 발명이 특허로 보호받을 수 없는 발명인 경우에는 특허적격이 없음을 이유로 거절되며, 설사 착오로 등록되어도 무효를 면할 수 없다. 특허적격은 법리의 난해함으로 인해 배심원들이 참여하는 침해소송에서 문제되는 경우가 많지 않으며, 주로 출원단계에서 거절극복과 관련하여 문제되는 것이 일반적이다.

Ⅱ. 관련규정

미국특허법 제101조(35 U.S.C. § 101)에 따르면, 새롭고 유용한(new and useful) 방법(process), 기계(machine), 제조물(manufacture), 조성물(composition of matter)을 발명/발견하거나 이를 개량한 자는 특허를 받을 수 있다.[1)]

---

1) 35 U.S.C. § 101 ("Whoever invents or discovers any new and useful process, machine, manufacture, or composition of matter, or any new and useful improvement thereof, may obtain a patent therefor, subject to the conditions and requirements of this title.").

Ⅲ. 발명의 4가지 카테고리

35 U.S.C. § 101은 발명의 카테고리를 방법, 기계, 제조물, 조성물로 구분하지만 특정한 카테고리가 다른 카테고리와 양립 불가능한 것은 아니다. 즉, 하나의 발명에 대해 청구항을 작성하더라도 여러 카테고리로 작성하는 것이 가능하고, 특정한 카테고리로 작성하는 것이 바람직한 상황이라도 발명자는 이와 다른 카테고리로 작성하는 것이 가능하며, 만약 발명자가 특정한 카테고리로 청구항을 작성했다면 이를 기초로 발명의 보호범위가 해석되어야 한다.[2] 권리범위해석이나 특허성 판단의 문제에 있어서, 방법발명과 나머지 물건발명(기계, 제조물, 조성물) 간의 구분은 의미가 있지만, 물건발명 내에서의 구분은 큰 의미가 없다. 심사/소송 절차에서 발명자/특허권자가 발명의 카테고리를 특정할 의무는 없으며, 소송에서 중요한 이슈가 되는 경우도 드물다.[3]

1. 방법발명

방법(process)은 발명의 4개의 카테고리 중 유일하게 특허법 명문규정으로 정의된 카테고리로,[4] 판례법에 따르면 "원하는 결과를 얻기 위해 재료/도

---

2) *See* Bandag, Inc. v. Al Bolser's Tire Stores, Inc., 750 F.2d 903, 922 (Fed. Cir. 1984) ("It is commonplace that the claims defining some inventions can by competent draftsmanship be directed to either a method or an apparatus. The inventor of such an invention has the option as to the form the claims in his patent will assume. There is nothing improper in this state of affairs, however, and the exercise of that option is to be respected in interpreting such claims as do ultimately issue from prosecution.") (citations omitted).

3) F. SCOTT KIEFF ET AL., PRINCIPLES OF PATENT LAW 781 (Foundation Press 4th ed. 2008). 다만 법원은 특허적격이 큰 쟁점이 되는 경우에는 특허적격 유무를 판단하기 위해 해당 발명이 4가지 카테고리 중 어느 하나에라도 해당하는지를 일일이 검토하기도 한다.

4) 1790년의 미국특허법은 특허 받을 수 있는 발명을 "any useful art, manufacture, engine, machine, or device, or any improvement therein"로 정의했는데, 방법발명은 "art"로 이해되었다. 현행 특허법은 정의 규정을 통해 방법을 "알려진 방법, 장치, 제조물에 대한 새로운 용도를 포함한 프로세스, 기술, 방식(process, art, or method)"으로 정의한 바 있다. 35 U.S.C. § 100(b) ("The term 'process' means process, art, or method, and includes a new use of a known process, machine, manufacture,

구를 처리하는 기법으로, 방법의 대상이 되는 것을 다른 상태로 변환시키거나 구체화시키는 단일 또는 일련의 행위(act)"로 정의된다.[5] 다른 카테고리와 달리 방법발명은 유형물과 무관할 수 있기 때문에 특허적격이 문제되는 경우가 많다. 판례법은 발명이 i) 자연법칙(law of nature) 그 자체, ii) 자연 현상(natural phenomena), iii) 추상적 아이디어(abstract idea)에 해당하는 경우에 특허적격을 부정하는데,[6] 만약 방법발명이 이에 해당하는 경우에는 특허를 받을 수 없다.

2. 물건발명

일반적으로 기계(machine), 제조물(manufacture), 조성물(composition of matter) 발명을 물건(product) 발명으로 통칭한다.[7] 한편, 기계(machine)나 기구(device) 발명을 장치(apparatus)발명으로 부르기도 하는데, 장치발명 중 기계 발명은 동적 요소(moving part)를 포함하고 기구발명은 정적 요소만을 포함하는 것으로 이해하기도 한다.[8] 한편, 장치발명의 구성요소는 기계적 요소인 것이 일반적이고 기계적 요소로 정의된다는 점에서, 화학적인 구성요소로 정의되는 것이 일반적인 조성물 발명과 구별된다.[9]

1) 기 계

기계(machine)는 부품이나 특정한 기구(기구의 조합 포함)로 구성된 유형물을 의미한다.[10] 기계에는 기계적 기구나, 기계적 동력과 기능을 수행하고 특

---

composition of matter, or material."). 방법발명은 유형물에 관한 것이 아니어서 그 정의가 힘들기 때문에 특허법 명문규정에서 정의를 시도한 바 있지만, "process"의 정의에 다시 "process"라는 설명을 포함시켜 그 의미가 불명료하다는 평가가 있다. MARTIN J. ADELMAN ET AL., CASES AND MATERIALS ON PATENT LAW 77 (West Group 3rd ed. 2009).

5) Cochrane v. Deener, 94 U.S. 780, 788 (1877) ("A process is a mode of treatment of certain materials to produce a given result. It is an act, or a series of acts, performed upon the subject-matter to be transformed and reduced to a different state or thing. If new and useful, it is just as patentable as is a piece of machinery.").

6) Diamond v. Diehr, 450 U.S. 175, 186 (1981).

7) F. SCOTT KIEFF ET AL., PRINCIPLES OF PATENT LAW 781 (Foundation Press 4th ed. 2008).

8) 기구(device) 발명은 제조물(manufacture/article of manufacture)과 유사한 것으로 이해된다. *Id.*

9) *Id.*

정한 효과나 결과를 발생시키는 기구 간의 결합이 포함된다.[11] 기계가 되기 위해서는 기구(device)나 부품(part)이 있어야 하는데, 이러한 기구나 부품은 물리적으로 존재하는 동시에 유형물(tangible)이어야 한다.[12]

2) 제 조 물

제조물(manufacture)은 특정한 용도를 위해 원재료 또는 가공된 재료에 새로운 형태, 품질, 특성 또는 그 조합을 부여하는 방식으로 생산된 제품(article)을 의미한다.[13] 제조물은 기계 및 조성물을 제외한 나머지 발명으로 이해되는 경향이 강하다.

3) 조 성 물

조성물(composition of matter)은 둘 이상의 다른 물질(substance)이나 제품(article)이 결합되어 생성된 것을 의미하는데, 결합의 방식이 화학적, 기계적 방식인지 여부가 문제되지 않으며, 결합된 대상이 기체, 유체, 고체(분말 포함)인지 여부도 문제되지 않는다.[14] 조성물은 새로운 물질이거나 공지의 물질이 새롭게 결합된 경우가 많으며, 조성물의 구성요소는 화학적인 경우가 대부분이다.

3. 불특허사유

국가보안에 문제가 되는 국방상 발명은 특허되지 않을 수 있다. 구체적으로, 특허가 공개되는 것이 국가보안에 치명적인 경우, 특허청장은 출원인

---

10) Burr v. Duryee, 68 U.S. 531, 570 (1864) ("A machine is a concrete thing, consisting of parts, or of certain devices and combination of devices.").

11) Corning v. Burden, 56 U.S. 252, 267 (1853) ("The term machine includes every mechanical device or combination of mechanical powers and devices to perform some function and produce a certain effect or result.").

12) *In re* Nuijten, 500 F.3d 1346, 1356 (Fed. Cir. 2007).

13) American Fruit Growers v. Brogdex Co., 283 U.S. 1, 11 (1931) ("Manufacture . . . is 'the production of articles for use from raw or prepared materials by giving to these materials new forms, qualities, properties, or combinations, whether by handlablor or by machinery'; also 'anything made for use from raw or prepared materials.'").

14) Diamond v. Chakrabarty, 447 U.S. 303, 308 (1980) ("Similarly, 'composition of matter' has been construed consistent with its common usage to include 'all compositions of two or more substances and . . . all composite articles, whether they be the results of chemical union, or of mechanical mixture, or whether they be gases, fluids, powders or solids.'") (citations omitted).

에게 비밀유지를 명하는 동시에 공개를 유보하거나 특허의 허여를 거부하거나 일정한 조건으로 특허를 허여할 수 있다.15) 또한 핵물질이나 핵무기에 관련된 발명16)이나 항공우주활동에 중대한 유용성을 가지는 발명17)에 대해서는 특허를 불허할 수 있다. 참고로 공서양속에 반하는 특허는 실용성(utility)이 없다는 이유로 특허가 불허될 수 있다.18)

Ⅳ. 특허대상적격이 문제되는 발명

1. 컴퓨터 프로그램 발명19)

컴퓨터 프로그램이 특허로 보호받을 수 있는지에 관해 오랜 다툼이 있

15) 35 U.S.C. § 181 ("Whenever publication or disclosure by the publication of an application or by the grant of a patent on an invention in which the Government has a property interest might, in the opinion of the head of the interested Government agency, be detrimental to the national security, the Commissioner of Patents upon being so notified shall order that the invention be kept secret and shall withhold the publication of an application or the grant of a patent therefor under the conditions . . . .").

16) 342 U.S.C. § 2181(a) ("No patent shall hereafter be granted for any invention or discovery which is useful solely in the utilization of special nuclear material or atomic energy in an atomic weapon. Any patent granted for any such invention or discovery is revoked, and just compensation shall be made therefore . . . .").

17) 42 U.S.C. § 2457 ("No patent may be issued to any applicant other than the Administrator for any invention which appears to the Under Secretary of Commerce for Intellectual Property and Director of the United States Patent and Trademark Office (hereafter in this section referred to as the 'Director') to have significant utility in the conduct of aeronautical and space activities . . . .").

18) Lowell v. Lewis, 15 F.Cas. 1018, 1019 (C.C.D. Mass. 1817). 보다 구체적인 내용은 제1장 제2절의 실용성에서 설명한다.

19) 학자나 실무자에 따라서는 컴퓨터 프로그램의 특허적격의 문제가 촉발된 계기를 미 연방법원이 운영체제, 응용 프로그램의 유저 인터페이스나 명령어 체계(유저 인터페이스에 표시되는 메뉴/명령어의 명칭/구조의 체계)에 대해 저작권(copyright)을 부정한 것에서 찾기도 한다. 참고로, 유저 인터페이스에 대한 저작권법 상의 보호가 부정된 사건으로는 Apple Computer, Inc. v. Microsoft Corp., 35 F.3d 1435 (9th Cir. 1994) 등이 있고, 명령어 체계(command hierarchy)에 대한 저작권법 상의 보호가 부정된 사건으로는 Lotus Development Corp. v. Borland Int'l Inc., 49 F.3d 807 (1st Cir. 1995) 등이 있다.

었다. 구체적으로, 컴퓨터 프로그램은 컴퓨터에서 데이터를 처리하는 방법에 관한 것으로 하드웨어인 컴퓨터에 설치되어 동작하는 경우에는 기계(machine) 발명과 유사하지만, 컴퓨터 프로그램에 의해 수행되는 방법이 하드웨어가 아닌 소프트웨어 형태로 존재할 수 있으므로 컴퓨터 프로그램이 전통적으로 특허대상적격이 부정되는 추상적인 아이디어(abstract idea)에 해당될 수 있다는 것이 문제되었다.[20] 법원은 초창기에는 컴퓨터 프로그램에 대해 특허적격을 부정하다, 컴퓨터 기술의 발달과 함께 특허적격을 인정하는 태도를 보인다.

컴퓨터 프로그램에 관한 초기 사건 중에 하나인 *Benson* 사건에서 연방대법원은 이진수를 이진화 십진수(Binary-Coded Decimal 또는 BCD)로 변환하는 것에 관한 방법발명의 특허적격을 부정한 바 있다.[21] *Benson* 사건의 법원은 i) 청구된 방법이 특정한 기계나 장치에 결합(tie)하거나, ii) 청구된 방법이 특정한 재료를 다른 상태로 변환시키는 경우(즉, 물리적 변환이 수반되는 경우)에는 특허적격이 인정되지만,[22] 본 사건에서 문제된 방법은 추상적인 수학적 공식 내지 수학적 알고리즘에 지나지 않으므로 특허적격이 부정되었다.[23]

컴퓨터 프로그램에 관한 또 다른 초창기 사건 중 하나인 *Flook* 사건에서 연방대법원은 탄화수소의 촉매변환 과정에 있어 경보한계(alarm limits)를 갱신하는 방법에 관한 특허적격을 부정한 바 있다.[24] 문제된 발명은 경보가

---

20) MARTIN J. ADELMAN ET AL., PATENT LAW IN A NUTSHELL 51 (Thomson West 1st ed. 2007). 컴퓨터 프로그램에 관한 발명은 방법청구항인 경우가 많기는 하지만 장치청구항으로 작성될 수 있으며, 장치청구항 형태로 작성된 경우에도 동일한 문제가 발생한다.

21) Gottschalk v. Benson, 409 U.S. 63 (1972).

22) *Benson,* 409 U.S. at 71 ("[P]rocess patent must either be tied to a particular machine or apparatus or must operate to change articles or materials to a 'different state or thing.'"). 위와 같은 *Benson* 사건에서의 판시사항은 이후 *Bilski* 사건에서 연방항소법원이 유일한 특허적격에 관한 유일한 판단 기준으로 취급한 기계-변환 테스트(Machine or Transformation Test)의 논리적 근거로 활용됨을 유의해야 한다.

23) *Benson,* 409 U.S. at 68-69. 본 사건에 대한 비판도 적지 않다. 구체적으로 청구항 8항의 방법발명은 BCD로의 변환 알고리즘을 쉬프트 레지스터(shift register)에 적용한 내용인데 8항의 발명을 단순한 알고리즘이나 수학적 공식으로 취급할 수 없다는 비판이 있고, 본 사건의 법원이 "본 사건에서 문제되는 수학 공식은 디지털 컴퓨터를 제외하고는 실질적으로 유용한 적용예가 없다(*Benson*, 409 U.S. at 71 ("The mathematical formula involved here has no substantial practical application except in connection with a digital computer . . . ."))고 설시한 것에 대해 20세기 최고의 발명품 중 하나인 컴퓨터의 산업적 가치에 대해 법원이 무지했다는 비판이 있다.

울리는 임계 수치인 경보한계를 갱신하는 방법에 관한 것인데, 청구된 발명은 우선 현재의 환경변수를 단순히 측정하고, 해당 환경변수를 갱신하는 데 사용되는 수치를 수학적 알고리즘을 통해 산출하고, 해당 수치를 이용하여 경보한계를 갱신하는 단계를 포함하는데, 수학적 알고리즘을 사용하는 것을 제외한 나머지 특징은 선행기술과 일치했다. 연방대법원은 본 사건의 발명이 *Benson* 사건을 통해 특허적격이 없는 것으로 확인한 바 있는 새롭고 유용한 수학식의 발견에 지나지 않는다고 지적했고, 다만 문제되는 것은 후-처리행위(post-solution activity)와 알고리즘의 용도를 한정하는 것을 통해 특허적격이 인정되는지 여부라 판단했다.[25] 구체적으로, 발명자는 청구항에 수학적 알고리즘뿐만 아니라 경보한계를 갱신하는 후-처리행위(post-solution activity)가 포함되었고, 수학적 알고리즘이 탄화수소의 촉매변환에 한정되었음을 근거로 특허적격을 주장했으나 법원은 후-처리행위의 존재나 알고리즘의 용도한정을 통해 특허적격이 발생하지 않는다고 판시했다. 법원은 특허적격 판단시에 알고리즘은 마치 선행기술의 일부처럼 취급되므로 특허적격은 알고리즘을 제외한 나머지 발명으로 판단해야 하는데,[26] 본 발명의 알고리즘을 선행기술의 일부로 가정하면 특허적격이 인정되는 발명이 존재하지 않는다고 판단했다.[27]

---

24) Parker v. Flook, 437 U.S. 584 (1978).

25) *Flook*, 437 U.S. at 585 ("The only novel feature of the method is a mathematical formula. In *Gottschalk v. Benson*, 409 U.S. 63, 93 S.Ct. 253, 34 L.Ed.2d 273, we held that the discovery of a novel and useful mathematical formula may not be patented. The question in this case is whether the identification of a limited category of useful, though conventional, post-solution applications of such a formula makes respondent's method eligible for patent protection."). 참고로 본 사건의 항소법원(C.C.P.A.)은 수학적 알고리즘이 탄화수소의 촉매변환에 한정되었음을 근거로 수학식 자체를 독점하려는 것이 아니어서 특허적격이 있다고 판단했다.

26) 특허적격 판단 시에 알고리즘을 제외하는 것은 *Morse* 사건(O'Reilly v. Morse, 15 How. 62, 14 L.Ed. 601 (1853))의 판례법에 근거한 것이다.

27) *Flook*, 437 U.S. at 594 ("Our approach to respondent's application is, however, not at all inconsistent with the view that a patent claim must be considered as a whole. Respondent's process is unpatentable under § 101, not because it contains a mathematical algorithm as one component, but because once that algorithm is assumed to be within the prior art, the application, considered as a whole, contains no patentable invention. Even though a phenomenon of nature or mathematical formula may be well known, an inventive application of the principle may be patented.

Benson 및 *Flook* 사건에서 보인 연방대법원이 태도는 이후 *Diehr* 사건에서 변화를 보인다.[28] 본 사건에서 문제된 특허는 합성 고무를 경화시키는 공정을 제어하는 컴퓨터 프로그램에 관련된 방법발명이었다. 구체적으로 문제된 청구항은 합성 고무의 경화시간을 계산하기 위해 아레니우스 공식(Arrhenius Equation)을 포함하는데, 연방대법원은 본 발명의 청구항을 수학 공식으로 취급하지 않고 합성 고무를 경화시키는 방법에 관한 것으로 취급했다.[29] *Diehr* 사건에서 연방대법원은 특허적격성은 발명의 전체(as a whole)로

Conversely, the discovery of such a phenomenon cannot support a patent unless there is some other inventive concept in its application."). 법원이 강조한 점은 알고리즘과 별도인 추가행위/처리의 존재가 아니라, 알고리즘의 "적용(application)" 과정에 특허성이 있는지 여부였다.

28) Diamond v. Diehr, 450 U.S. 175 (1981).

29) 연방대법원은 특허 받을 수 없는 수학적 알고리즘을 "알려진 수학적 문제를 해결하기 위한 절차"로 정의한 바 있다. *Diehr,* 450 U.S. at 186 ("We defined 'algorithm' as a 'procedure for solving a given type of mathematical problem,' and we concluded that such an algorithm, or mathematical formula, is like a law of nature, which cannot be the subject of a patent."). 한편, 법원은 수학식을 특정한 용도로 한정하는 것으로는 특허적격이 발생하지 않는다고 명확히 밝힌 바 있다. *Diehr,* 450 U.S. at 192 (citing Parker v. Flook, 437 U.S. 584 (1978)) ("A mathematical formula as such is not accorded the protection of our patent laws, and this principle cannot be circumvented by attempting to limit the use of the formula to a particular technological environment."). 즉, 상위개념의 수학식을 특정한 적용례로 한정하는 것만으로는 특허적격이 발생할 수 없으나, 수학식을 장치 등에 결합시켜 특허법이 보호하는 기능(예를 들어, 수학식이 기계장치에 구체화되거나 또는 재료/제품의 물리적 상태를 변화시킴)을 수행하는 경우에는 특허적격이 인정된다. 다만, 법원이 경계하는 것은 특허권자가 수학식 자체에 대한 배타권을 확보하는 것이므로, 만약 컴퓨터 프로그램의 기초가 되는 수학적 알고리즘이 해당 프로그램 발명을 통해 해결/개선하려는 문제에 밀접하게 관련된 수학식인 경우 특허법이 보호하는 기능이 발견되지 않을 개연성이 높아진다는 해석이 있다. 즉, *Diehr* 사건에서 문제된 아레니우스 공식(Arrhenius Equation)이 폴리머의 경화에 관하여 널리 알려진 수학식이라면 해당 청구항은 수학식 자체에 대한 배타권을 확보하는 것으로 취급되며, 장치에 한정되더라도 결국 수학식 자체에 대한 확보하는 것에 지나지 않을 것이지만, 실제로 아레니우스 공식은 일반적인 열역학에서 사용되는 것으로 폴리머의 경화에 한정되지 않고 화학 반응의 속도를 예측하는 용도로 사용되므로 아레니우스 공식이 디지털 컴퓨터 등에 구체화된 *Diehr* 사건의 특허가 특허법이 보호하는 기능을 수행하는 것으로 인정되었다는 해석도 있다. MARTIN J. ADELMAN ET AL., PATENT LAW IN A NUTSHELL 53 (Thomson West 1st ed. 2007).

판단해야 하므로, 일부 구성요소가 수학적 알고리즘에 해당하더라도 청구항이 당연히 특허 받을 수 없는 것은 아니라 판단하여, 수학적 알고리즘, 자연법칙 등을 장치/방법에 결합하여 특허적격을 부여 받을 수 있다는 것을 확인하게 된다.30)

연방순회항소법원(CAFC)이 설립된 이후에는 주로 연방순회항소법원에서 컴퓨터 프로그램에 관한 발명의 특허적격을 판단하게 되었는데, 연방순회항소법원은 오실로스코프에서 표시되는 파형을 조정하는 안티 앨리어싱(Anti-aliasing) 알고리즘이 포함된 장치가 문제된 *Alappat* 사건에서 기능식 청구항(means-plus-function) 형태로 작성된 장치청구항이 수학적 알고리즘을 포함함에도 불구하고 특허적격을 인정했다.31) 본 사건에서 연방순회항소법원의 다수의견은 프로그램 된 범용 컴퓨터(general purpose computer)에는 특허적격이 부정된다는 특허심판원의 판단을 이유 없다고 지적했고, 문제된 발명(청구항 15)에 따른 알고리즘이 유형의 기계장치의 동작에 영향을 주고 있음을 근거로 특허적격을 인정했다.32)

이후 *State Street Bank* 사건에서 연방순회항소법원(CAFC)은 컴퓨터 프로그램에 관한 특허적격의 기준을 더 명확하게 정하게 되는데, 구체적으로 법원은 세금 혜택을 최대화하기 위해 투자금을 재할당하는 알고리즘이 포함된

30) *Diehr*, at 188 ("In determining the eligibility of respondents' claimed process for patent protection under § 101, their claims must be considered as a whole. It is inappropriate to dissect the claims into old and new elements and then to ignore the presence of the old elements in the analysis. This is particularly true in a process claim because a new combination of steps in a process may be patentable even though all the constituents of the combination were well known and in common use before the combination was made.").

31) *In re* Alappat, 33 F.3d 1526 (Fed. Cir. 1998).

32) *Alappat,* at 1544 ("[C]laimed invention as a whole is directed to a combination of interrelated elements which combine to form a machine for converting discrete waveform data samples into anti-aliased pixel illumination intensity data to be displayed on a display means. . . . The fact that the four claimed means elements function to transform one set of data to another through what may be viewed as a series of mathematical calculations does not alone justify a holding that the claim as a whole is directed to nonstatutory subject matter. . . . Rather, claim 15 is limited to the use of a particularly claimed combination of elements performing the particularly claimed combination of calculations to transform, i.e., rasterize, digitized waveforms (data) into anti-aliased, pixel illumination data to produce a smooth waveform.").

컴퓨터 시스템에 대해 특허적격을 인정하기에 이른다.[33] 법원은 재료/데이터의 변형(transformation) 여부 등을 기준으로 특허적격을 판단하지 않고, 발명이 i) 자연법칙(law of nature) 그 자체, ii) 자연 현상(natural phenomena), iii) 추상적 아이디어(abstract idea)에 해당하는지를 기준으로 판단했다. 구체적으로 법원은 수학적 알고리즘이나 컴퓨터로 구현되는 방법의 특허적격이 부정되기 위해서는 추상적 아이디어 여부가 문제되어야 하는데, 만약 발명에 실용성이 인정되면 추상적 아이디어가 아니어서 특허적격이 인정된다고 판단했다.[34] 법원은 발명의 실용성을 판단함에 있어 해당 발명이 실용적이고, 구체적이고, 유형적인 결과물을 생성하는지에 중점을 두었다.[35]

1) 영업방법발명

영업방법방법은 영업방법(Business Method)에 관련된 새로운 기술적 사상에 관한 발명으로, 본래는 컴퓨터나 인터넷에 기반하는 기술을 의미하는 것은 아니었지만, 최근에는 컴퓨터나 인터넷을 기초로 한 영업방법에 관한 기술적 사상을 나타내는 것으로 이해되는 것이 일반적이다. 영업방법발명에 대해서는 소위 "영업발명에 대한 예외(Business-Method exception)"를 인정하는 판례법[36]에 의해 특허받기가 어려웠으나, *State Street Bank* 사건에서 이러한 과

---

33) State Street Bank & Trust Co. v. Signature Financial Group, Inc., 149 F.3d 1368 (Fed. Cir. 1998).

34) *State Street Bank*, at 1373 ("Unpatentable mathematical algorithms are identifiable by showing they are merely abstract ideas constituting disembodied concepts or truths that are not 'useful.' From a practical standpoint, this means that to be patentable an algorithm must be applied in a 'useful' way. In *Alappat*, we held that data, transformed by a machine through a series of mathematical calculations to produce a smooth waveform display on a rasterizer monitor, constituted a practical application of an abstract idea (a mathematical algorithm, formula, or calculation), because it produced 'a useful, concrete and tangible result'-the smooth waveform").

35) *State Street Bank*, at 1373 ("Today, we hold that the transformation of data, representing discrete dollar amounts, by a machine through a series of mathematical calculations into a final share price, constitutes a practical application of a mathematical algorithm, formula, or calculation, because it produces 'a useful, concrete and tangible result'-a final share price momentarily fixed for recording and reporting purposes and even accepted and relied upon by regulatory authorities and in subsequent trades.").

36) 장치청구항이 문제되는 경우에는 영업발명을 청구하는 것이 가능했지만 방법청구항이 문제되는 경우에는 영업발명의 특허적격이 부정된 바 있다. *In re* Howard, 394 F.2d 869, 872 (C.C.P.A. 1968).

거의 판례법을 파기하여 더 이상 영업방법발명이라는 것만을 이유로 특허적격이 제한되는 문제는 해소되었다.37) *State Street Bank* 사건의 법원은, 앞서 설명한 바와 같이, 알고리즘이 발명이 실용적이고, 구체적이고, 유형적인 결과물(useful, concrete and tangible result)을 생성하므로 실용성이 인정되어 특허적격이 인정된다고 판단한 바 있다.

State Street Bank 사건에서는 데이터 처리 시스템에 관한 청구항이 문제되었기 때문에 방법청구항으로 작성된 영업방법발명에 대한 취급에 대한 의문이 완전히 해소된 것은 아니었는데, 이후 연방순회항소법원(CAFC)은 *AT&T* 사건에서 방법청구항으로 작성된 영업방법발명에 대해서도 특허적격을 인정한 바 있다.38) 본 사건에서 문제된 특허는 전화 요금 청구를 위하여 데이터를 장거리 통화기록에 삽입하는 방법에 관한 것이었는데, 데이터의 물리적 변화 없이도 알고리즘을 기반으로 하는 특허가 가능하다고 판시하면서,39) 유용성을 근거로 특허적격을 판단하는 태도를 유지한다.40)

---

37) *State Street Bank,* at 1375 ("[T]he court relied on the judicially-created, so-called 'business method' exception to statutory subject matter. We take this opportunity to lay this ill-conceived exception to rest. Since its inception, the 'business method' exception has merely represented the application of some general, but no longer applicable legal principle, perhaps arising out of the 'requirement for invention'-which was eliminated by § 103. Since the 1952 Patent Act, business methods have been, and should have been, subject to the same legal requirements for patentability as applied to any other process or method.") (footnote omitted).

38) AT&T Corp. v. Excel Communications, Inc., 172 F.3d 1352 (Fed. Cir. 1999).

39) *AT&T*, at 1358-59 ("The notion of 'physical transformation' can be misunderstood. In the first place, it is not an invariable requirement, but merely one example of how a mathematical algorithm may bring about a useful application. As the Supreme Court itself noted, 'when [a claimed invention] is performing a function which the patent laws were designed to protect (*e.g*, transforming or reducing an article to a different state or thing), then the claim satisfies the requirements of § 101.' *Diehr*, 450 U.S. at 192, 101 S.Ct. 1048 (emphasis added). The 'e.g.' signal denotes an example, not an exclusive requirement.").

40) *AT&T*, at 1358 ("In this case, Excel argues, correctly, that the PIC indicator value is derived using a simple mathematical principle (p and q). But that is not determinative because AT&T does not claim the Boolean principle as such or attempt to forestall its use in any other application. . . . [T]he claimed process applies the Boolean principle to produce a useful, concrete, tangible result without pre-empting other uses of the mathematical principle, on its face the claimed process comfortably

이후, 연방순회항소법원은 2007년에 *Comiskey* 사건을 통해 계약서나 유언에 관한 강제 중재(mandatory arbitration)를 위한 방법과 장치발명에 대한 특허적격을 판단하게 된다.[41] 본 사건에서 법원은 방법발명이 특허적격을 가지기 위해서는 i) 해당 방법이 장치에 결합(tie)하거나, ii) 해당 방법이 재료의 상태를 변화시켜야 하는바, 문제되는 방법발명은 강제 중재에 관한 것이므로 순전히 인간의 사고(mental process/human thinking)에 해당되어 설사 실용적인 적용에(practical application)가 있어도 특허적격이 부정된다고 판단했다.[42] 한편 *Comiskey* 사건의 법원은 방법이 모듈과 같은 장치에 결합하는 경우에는 특허적격은 인정되지만,[43] 특허 받을 수 없는 방법을 장치에 통상적으로(routine) 결합시키는 경우 자명성(진보성)을 이유로 특허가 부여될 수 없다는 논리를 소개하기도 했다.[44]

2) *Bilski* 사건 – 방법발명의 특허적격

2008년 연방순회항소법원(CAFC)의 전원합의체는 영업방법에 관련된 Bilski의 발명에 대한 특허적격을 판단하게 되는데, 출원인이 판결에 불복하여 해당 사건은 연방대법원의 판단까지 받게 되어 학자/실무자들의 주목을 받게 된다. 연방대법원은 마침내 2010년 6월 28일에 *Bilski* 사건에 대한 판결을 내리게 된다.

---

falls within the scope of § 101.") (citation omitted).

41) *In re* Comiskey, 499 F.3d 1365 (Fed. Cir. 2007).

42) *Comiskey*, at 1376-77 ("As the PTO notes, '[t]he Supreme Court has recognized only two instances in which such a method may qualify as a section 101 process: when the process 'either [1] was tied to a particular apparatus' or [2] operated to change materials to a 'different state or thing.' '...Thus, a claim that involves both a mental process and one of the other categories of statutory subject matter (i.e., a machine, manufacture, or composition) may be patentable under § 101. . . . However, mental processes-or processes of human thinking-standing alone are not patentable even if they have practical application. The Supreme Court has stated that '[p]henomena of nature, though just discovered, mental processes, and abstract intellectual concepts are not patentable, as they are the basic tools of scientific and technological work.'") (citations omitted).

43) *Comiskey*, at 1379 ("When an unpatentable mental process is combined with a machine, the combination may produce patentable subject matter . . . .").

44) *Comiskey*, at 1379 ("The routine addition of modern electronics to an otherwise unpatentable invention typically creates a *prima facie* case of obviousness.") (footnote omitted).

A. 연방순회항소법원의 판결[45)]

본 사건은 상품 공급자(commodity provider)가 시장에서 상품의 가격 변화에 따른 위험관리를 하는 방법(즉, risk의 hedging에 관한 방법발명)에 관한 출원(출원일련번호: 08/833,892)의 모든 청구항을 특허적격이 없다는 이유로 거절한 특허심판원(BPAI)의 심결에 발명자가 불복한 사건이다. 연방순회항소법원의 전원합의체(*en banc*)는 Bilski의 발명에 대한 특허적격을 판단하기 위해 방법발명에 대한 특허적격의 기준이 되었던 과거의 테스트들을 평가하게 된다.

Bilski 법원은 연방대법원의 특허적격에 관한 테스트는 *Benson* 사건에서 소개된 기계-변환 테스트(Machine or Transformation Test)이며,[46)] 과거에 일부 사건에서 인용된 바 있는 i) *Freeman-Walter-Abele* 테스트, ii) 상술한 *State Street Bank* 사건에 제안되고 *AT&T* 사건 등에 의해 재확인된 실용적, 구체적, 유형적인 결과물(useful, concrete and tangible result) 테스트, iii) 특허심판원이 채택한 기술발명 테스트(Technological Arts Test), iv) 상술한 *Comiskey* 사건에서 파생되었다고 주장되는 물리적 단계 테스트(physical steps test) 등은 특허적격의 판단을 위한 적합한 판단방법이 될 수 없다 판시했다. *Freeman-Walter-Abele* 테스트[47)]는 청구항에 알고리즘이 포함되는지를 판단하고, 해당 알고리즘이 물리적 요소나 방법에 어떤 식으로든 적용되는지를 판단하는 2단계의 테스트인데,[48)] *Bilski* 법원은 *Freeman-Walter-Abele* 테스트는 청구항을 전체적으로(as a whole)로 판단하지 않고 각 구성요소를 분리하여 판단하므로 부적합하다 하였다.[49)] 법원은 *State Street Bank* 사건에 따른 실용적, 구체적,

---

45) *In re* Bilski, 545 F.3d 943 (Fed. Cir. 2008). 이하는 다수의 의견에 기초한 것이다. 참고로 Dyk 판사는 동조의견을, Newman, Mayer, Rader 판사는 반대의견을 개진한 바 있다.

46) *Bilski*, at 954 (citing Gottschalk v. Benson, 409 U.S. 63, 70 (1972)) ("A claimed process is surely patent-eligible under § 101 if: (1) it is tied to a particular machine or apparatus, or (2) it transforms a particular article into a different state or thing").

47) *Freeman* 사건 (*In re* Freeman, 573 F.2d 1237 (C.C.P.A. 1978)), *Walter* 사건 (*In re* Walter, 618 F.2d 758 (C.C.P.A. 1980)), *Abele* 사건 (*In re* Abele, 684 F.2d 902 (C.C.P.A. 1982))에서 법원(CCPA)이 택한 판단방법이다.

48) *Bilski,* at 959 ("This test, in its final form, had two steps: (1) determining whether the claim recites an 'algorithm' within the meaning of *Benson*, then (2) determining whether that algorithm is 'applied in any manner to physical elements or process steps.'").

49) 또한 법원은 *Freeman-Walter-Abele* 테스트를 통과하지 못하더라도 특허적격이 만족되

유형적인 결과물(useful, concrete and tangible result) 테스트는 많은 경우 유용하게 활용되지만 특허적격을 판단하기 위해 부족한 면이 있고, 대법원의 "기계-변환 테스트"를 위해 제안된 것도 아님을 지적했다. 또한 법원은 과학과 수학의 응용에에 관련된 기술발명에 대해서만 특허가 부여되어야 한다는 기술발명 테스트[50]에 대해서는 그 의미가 불분명하고, 법원에 의해 채택된 바 없으므로 특허적격의 적법한 판단 기준이 될 수 없다 하였다. 또한 법원은 *Comiskey* 사건에서 파생되었다고 주장되는 물리적 단계 테스트에 대해, *Comiskey* 사건에서 물리적 단계가 있어야 특허적격이 인정된다는 물리적 테스트를 제시했다는 것은 *Comiskey* 사건의 취지를 오해한 것이며, 물리적 단계의 포함여부에 따라 특허적격이 인정되는 것은 아니라 하였다.[51]

Bilski 법원에 따르면 방법발명의 특허적격에 관한 "유일한" 테스트는 기계-변환 테스트(Machine or Transformation Test)이며,[52] 그 구체적 의미에 대하여는, i) 특허성이 문제되는 방법과 결합(tie)하는 기계나 특허성이 문제되는 방법에 의해 발생하는 재료/제품의 물리적 변환은 청구항의 범위에 의미있는 한정이어야 하고, ii) 만약 방법이 결합되는 기계나 방법에 의해 이루어지는 물리적 변환이 중요성이 없는 별도-처리행위(insignificant extra-solution activity)[53]에 불과하다면 특허적격이 부정된다고 판단했다.[54] 또한 변환(transformation)의 의미에 대해, 과거 판례법을 기초로, 물리적 변환의 대상이 되는 재료/제품(article)에는 물리적이거나 유형적인 대상을 나타내는 데이터(예를 들어, 신체 기관의 구조를 나타내는 데이터, 2차원으로 생성된 X선 감쇠 데이터

는 발명이 있다는 것도 지적했다. *Bilski,* at 959.

50) *Bilski,* at 960 n. 21 ("[P]atents should be reserved only for 'technological' inventions that 'involve[ ] the application of science or mathematics,' thereby excluding 'non-technological inventions' such as 'activities whose ability to achieve their claimed goals depended solely on contract formation' . . . .").

51) *Bilski,* at 960-61.

52) *Bilski,* at 964 ("[T]he machine-or-transformation test is the only applicable test and must be applied, in light of the guidance provided by the Supreme Court and this court, when evaluating the patent-eligibility of process claims.").

53) 예를 들어, 특허적격이 없는 알고리즘을 통해 결과를 도출한 이후 해당 결과를 단순히 전기적으로 송신하는 발명의 경우, 송신하는 단계는 중요성이 없는 별도의 후-처리 행위(post-solution activity)에 해당할 수 있다.

54) *Bilski,* at 961-62.

등)가 포함되며, 표시장치 등에 나타내기 위한 목적으로 데이터 자체를 표시 형태로 전환하는 것 역시 물리적 변환이라 하였다. 그러나 평균값으로부터 데이터의 편차(variance)를 표시하는 청구항이나, 데이터의 종류(type)나 속성(nature)을 구체화하지 않는 청구항, 데이터를 획득하는 방법이나 데이터 소스/데이터가 무엇을 나타내는지를 구체화하지 않는 청구항 등은 물리적 변환이 수반된 발명이 아니며, 단순히 데이터를 수집하는 단계나 구체적인 방법의 특정 없이 데이터를 저장하는 단계 역시 물리적으로 변환하는 단계가 아니라 판단했다.[55]

법원은 Bilski의 발명에 대해 일단 "기계"에 대한 한정이 없으므로 "기계" 테스트를 적용하지 않고 "변환" 테스트만을 적용했다. 구체적으로 법원은 해당 발명이 재료/제품(article)의 상태를 "변환"하는지를 판단했는데, 문제된 발명은 단순히 공적/사적인 법적 의무나 관계, 사업상의 위험 또는 기타 추상적인 개념에 관한 것에 불과하므로 기계-변환 테스트에 따른 변환의 의미에 해당하지 않는다고 판단했다.[56]

B. **연방대법원의 판결**[57]

Bilski 사건을 통해 연방대법원이 영업방법발명이나 소프트웨어 발명에 관한 명확한 기준을 제시할 것이라는 기대가 있었다. 그러나 연방대법원은 의도적으로 명확한 기준을 제시하지 않으면서, 연방순회항소법원(CAFC)의 기계-변환 테스트(Machine or Transformation Test)가 방법발명의 특허적격에 관한 유일한 기준이 아님을 명확히 하고, 특허법 명문규정과 종전의 연방대법원의 판례법(상술한 *Benson, Flook, Diehr* 판결)에 따라 특허적격을 판단할 것을 요구했다.

구체적으로 Kennedy 대법관이 작성하고 Roberts, Scalia, Alito, Thomas 대법관이 동참한 다수의견을 보면 비록 기계-변환 테스트가 방법발명의 특허적격을 판단하기 위한 유용하고 중요한 증거이자 조사도구(a useful and important clue, an investigative tool)지만 방법발명의 특허적격을 판단하는 유일한 판단기준은 아니라고 판단했다.[58] 다수의견은 법원이 법규정을 해석할

55) *Bilski,* at 962-63.
56) *Bilski,* at 963-64.
57) Bilski, v. Kappos, 130 S.Ct. 3218 (2010). 연방대법원의 판결은 다수 및 동조의견을 모두 소개한다.

때는 통상적이고 일반적인 당대의 의미(ordinary, contemporary, common meaning)로 해석해야 하므로 특허법 제100(b)조(35 U.S.C. § 100(b))에 규정된 "방법"[59]은 넓게 해석되어야 하는데, 연방순회항소법원의 기계-변환 테스트는 "방법"의 의미를 기계 변환으로 제한하여 해석하는 문제가 있다고 지적했다. 또한 다수의견은 특허법에 규정된 "방법"에는 영업방법도 포함되므로, 영업방법(BM)발명이라는 카테고리에 대해 당연히 특허적격이 부정되는 것은 아님을 분명히 하였다.[60] 다수의견은 명문규정에 따른 방법의 의미와 과거 연방대법원의 판례법(*Benson, Flook, Diehr* 판결)을 기초로, Bilski의 발명에 특허를 부여하면 위험관리/위험분산이라는 널리 알려진 추상적인 아이디어(abstract idea)가 독점되는 문제가 발생한다고 판단했다.[61]

Kennedy 대법관을 포함한 4인의 대법관(Kennedy, Roberts, Alito, Thomas 대법관)"[62]은 기계-변환 테스트는 산업화 시대(industrial age)에는 유용했지만,

---

58) *Bilski*, at 3227 ("This Court's precedents establish that the machine-or-transformation test is a useful and important clue, an investigative tool, for determining whether some claimed inventions are processes under § 101. The machine-or-transformation test is not the sole test for deciding whether an invention is a patent-eligible 'process.'").

59) 35 U.S.C. § 100(b) ("The term 'process' means process, art, or method, and includes a new use of a known process, machine, manufacture, composition of matter, or material.").

60) 다수의견은 35 U.S.C. § 273(b)(1)에 따른 영업발명의 선사용권 규정의 존재도 영업방법이 연방 특허될 수 있는 발명이라는 것을 지지한다고 밝힌 바 있다. *Bilski,* at 3228.

61) *Bilski,* at 3231. 그러나 다수의견은 추상적인 아이디어에 관한 의미를 구체화시키는 실패했으며, 이러한 다수의견의 모호한 태도는 Stevens 대법관의 동조의견에 의해서도 비판 받게 된다. *Bilski,* at 3235-36 ("[T]he Court artificially limits petitioners' claims to hedging, and then concludes that hedging is an abstract idea rather than a term that describes a category of processes including petitioners' claims. . . . One might think that the Court's analysis means that any process that utilizes an abstract idea is itself an unpatentable, abstract idea. But we have never suggested any such rule, which would undermine a host of patentable processes. . . . The Court, in sum, never provides a satisfying account of what constitutes an unpatentable abstract idea. Indeed, the Court does not even explain if it is using the machine-or-transformation criteria. The Court essentially asserts its conclusion that petitioners' application claims an abstract idea. This mode of analysis (or lack thereof) may have led to the correct outcome in this case, but it also means that the Court's musings on this issue stand for very little.").

62) Scalia 대법관은 이 부분에 대해서는 참여하지 않아 4인의 대법관의 의견은 다수의

정보화 시대(information age)에는 합리성을 잃을 수 있음을 지적했다. 구체적으로, 4인의 대법관은 기술의 발전에 의해 새로운 기술이 도래하는 경우 기계-변환 테스트가 아닌 새로운 판단방법이 요구될 수 있음을 염려했다.[63]

또한 Kennedy 대법관을 포함한 4인의 대법관(Kennedy, Roberts, Alito, Thomas 대법관)[64]은 영업방법(BM)발명에 대해서는 영업방법발명이 모호하고 무효될 가능성이 크다는 문제를 지적하면서, 심사관과 법원이 폭주하는 영업방법발명 사건으로 인해 창의적인 발명에 모든 역량을 집중하지 못하는 문제를 예방하기 위해서라도 영업방법발명에 대해 보다 엄격한 기준이 적용되어야 함을 지적했다.[65] 결국 4인의 대법관은 보다 엄격한 기준을 적용하기 위해 과거 판례법을 이용해 영업방법이 추상적 아이디어에 해당하는지를 판단해야 한다고 판단했다.

Stevens 대법관이 작성하고, Ginsburg, Breyer, Sotomayor 대법관이 동참한 동조의견은 다수의견과 마찬가지로 기계-변화 테스트가 방법발명의 특허적격을 정하는 유일한 점이 아니며 Bilski 발명은 특허적격이 인정되지 않는다고 판단했다.[66] 그러나 동조의견에 따른 나머지 4인의 대법관은 영업방법(BM) 자체에 대한 특허적격이 인정되지 않으므로 Bilski 발명에는 특허적격이 없다는 태도를 보인다. 즉, 동조의견을 따른 대법관들은 어떠한 영업방법에 대해서도 특허를 인정할 수 없다는 태도를 보인다.[67]

견을 구성하지 못하였다.

63) *Bilski,* at 3227-28 ("The machine-or-transformation test may well provide a sufficient basis for evaluating processes similar to those in the Industrial Age . . . . [T]he machine-or-transformation test would create uncertainty as to the patentability of software, advanced diagnostic medicine techniques, and inventions based on linear programming, data compression, and the manipulation of digital signals. . . . Section 101's terms suggest that new technologies may call for new inquiries.") (citations omitted).

64) Scalia 대법관이 참여하지 않아 이 내용은 다수의견을 구성하지 못하였다.

65) *Bilski,* at 3229 ("[S]ome business method patents raise special problems in terms of vagueness and suspect validity. . . . If a high enough bar is not set when considering patent applications of this sort, patent examiners and courts could be flooded with claims that would put a chill on creative endeavor and dynamic change.") (citation omitted).

66) *Bilski,* at 3232.

67) 동조의견은 영업방법에 대한 특허가 산업발전에 이바지 하는 바가 없고, 오히려 경

한편 Breyer 대법관은 별도의 동조의견을 통해 다수 및 동조의견에 따른 대법관들이 모두 동의하는 내용을 밝히는데, 그 내용은 i) 특허법 규정은 넓게 해석되지만 특허적격이 무제한으로 인정되는 것은 아니며, 자연현상, 정신적인 방법, 추상적인 지적인 착상은 특허의 대상이 아니며, ii) 기계-변환 테스트는 방법발명의 특허적격에 관한 하나의 증거(clue)이며, iii) 비록 기계-변환 테스트가 항상 유용하고 중요한 증거(useful and important clue)로 활용되지만, 해당 테스트가 특허적격에 관한 유일한 테스트일 수 없고, iv) 비록 기계-변환 테스트가 유일한 테스트는 아니며 연방대법원이 이번 판결을 통해 새로운 판단방법을 제시하는 것도 아니지만, *State Street Bank* 사건에 따른 실용적, 구체적, 유형적인 결과물(useful, concrete and tangible result) 테스트는 특허적격을 위한 테스트로 사용될 수 없다는 것이다.[68]

C. **특허청의 태도**

미국 특허청(USPTO)은 연방순회항소법원의 *Bilski* 판결이 있은 후에 기계-변환 테스트를 기초로 특허적격을 심사를 해왔다. 특허청은 연방대법원 판결이 있은 이후 내부 공문서를 통해 심사관들에게 종전의 기계-변환 테스트를 만족시키지 못하는 방법발명에 대해서는 특허적격을 이유로 거절하되, 만약 해당 발명이 추상적인 아이디어가 아니라는 것이 명백한 경우에는 특허적격을 인정하도록 지시한 바 있다.[69] 즉, 연방대법원 판결에 의해 심사관

쟁자들 간의 모방을 방지하여 산업발전을 저해하는 요소가 있음을 지적했다. *Bilski,* at 3254.

68) *Bilski,* at 3258-59 ("First, although the text of § 101 is broad, it is not without limit . . . . [T]he Court has long held that '[p]henomena of nature, though just discovered, mental processes, and abstract intellectual concepts are not patentable' under § 101... Second, in a series of cases that extend back over a century, the Court has stated that '[t]ransformation and reduction of an article to a different state or thing is the *clue* to the patentability of a process claim that does not include particular machines.' . . . Third, while the machine-or-transformation test has always been a 'useful and important clue,' it has never been the 'sole test' for determining patentability. . . . Fourth, although the machine-or-transformation test is not the only test for patentability, this by no means indicates that anything which produces a 'useful, concrete, and tangible result,'") (citations omitted).

69) 지시의 내용은 다음과 같다: Examiners should continue to examine patent applications for compliance with section 101 using the existing guidance concerning the machine-or-transformation test as a tool for determining whether the claimed invention

이 적용한 기계 변환 테스트를 만족시키지 못하는 경우라도 특허적격을 인정받을 수 있는 여지가 생겼다. 그러나 실무상 기계-변환 테스트가 대부분의 방법발명의 특허적격의 기준이 될 것으로 예상되므로, 만약 심사관이 특허적격을 부정하는 경우 출원인이 특허적격이 명확함을 증명해야 하는 방식으로 심사가 진행될 것으로 예상된다.

3) 관련문제 — 컴퓨터가 읽을 수 있는 매체 형식의 청구항(Beauregard claim)

컴퓨터 관련 발명(소프트웨어, 데이터 구조, BM 발명 등)에 관한 청구항을 작성하는 경우, 전통적인 방법(method) 및 장치(apparatus) 청구항 이외에도 컴퓨터가 읽을 수 있는 매체(computer-readable medium)로 청구항을 작성하는 것이 가능하다. 과거 한때 "컴퓨터가 읽을 수 있는 매체"는 특허적격이 부정되는 것으로 취급되었으나, 이후 *Beauregard* 사건[70] 등을 통한 판례법의 발전에 따라 특허적격이 인정된 바 있다.[71]

2. 의료행위

미국특허법에 따르면 의료행위에 관한 방법(method of medical treatment)이라 해도 특허적격이 인정된다. 구체적으로 수술방법,[72] 진단방법,[73] 치료/예방방법[74] 등이 모두 특허의 대상이 될 수 있다. 그러나 의료행위가 특허의 대상이 되는 경우 의료진의 자유로운 의료행위에 제한이 가해질 수 있으므로, 특허법은 "의료진의 의료행위"에 대해서는 침해(35 U.S.C. § 271(a)-(b)), 손해배상 및 금지명령(35 U.S.C. §§ 281, 283-284), 대리인 비용(35 U.S.C. § 285)

---

is a process under section 101. If a claimed method meets the machine-or-transformation test, the method is likely patent-eligible under section 101 unless there is a clear indication that the method is directed to an abstract idea. If a claimed method does not meet the machine-or-transformation test, the examiner should reject the claim under section 101 unless there is a clear indication that the method is not directed to an abstract idea. If a claim is rejected under section 101 on the basis that it is drawn to an abstract idea, the applicant then has the opportunity to explain why the claimed method is not drawn to an abstract idea.

70) *In re* Beauregard, 53 F.3d 1583 (Fed. Cir. 1995).

71) 보다 구체적인 내용은 제2장의 제7절 "청구항"에서 설명한다.

72) U.S. Patent No. 6,761,724 (issued Jul. 13, 2004).

73) U.S. Patent No. 4,940,658 (issued Jul, 10, 1990).

74) U.S. Patent No. 5,994,329 (issued Nov. 30, 1999).

규정의 적용을 부정한다.[75] 특허법은 "의료행위"를 신체에 대한 의료적, 외과적 행위로 규정하는바, 특허의 효력은 "의료행위"에 대해서는 미치지 않지만, i) 특허된 기계, 제조물, 조성물의 실시, ii) 조성물에 대한 특허된 용도로의 실시, iii) 생명공학 특허에 위반하는 방법에 대한 실시의 경우에는 특허의 효력이 제한되지 않으므로 설사 의료진의 행위라 해도 특허의 침해가 문제된다.[76]

3. 생명공학 관련 발명

생명공학 기술의 발전에 따라 동식물에 대한 발명이 이루어져 미생물과 같은 생명체에 대한 특허가 가능한지가 문제되었다. 1980년에 연방대법원은 원유를 제거할 수 있도록 유전적으로 변형된 미생물에 대한 발명이 문제된 *Chakrabarty* 사건에서 미생물 발명에 대한 특허적격을 인정한 바 있다.[77] 법원은 미생물이 제조물이나 조성물에 해당하는지에 관해 판단하면서, 특허적격을 규정하는 법 제101조의 입법취지는 "태양 아래 인간이 만든 모든 것(anything under the sun that is made by man)"을 발명의 대상으로 포함하는 것이라 재확인하고,[78] 이를 기초로 인위적으로 만들어진 박테리아는 발명의 대상이 되는 것이라 판단했다. 구체적으로 법원은 유전적으로 변형된 미생물은 자연에 존재하지 않는 것이므로 자연에 이미 존재하는 것을 단순히 발견

---

75) 35 U.S.C. § 287(c)(1) ("With respect to a medical practitioner's performance of a medical activity that constitutes an infringement under section 271(a) or (b) of this title, the provisions of sections 281, 283, 284, and 285 of this title shall not apply against the medical practitioner or against a related health care entity with respect to such medical activity.").

76) 35 U.S.C. § 287(c)(2)(A) ("[T]he term 'medical activity' means the performance of a medical or surgical procedure on a body, but shall not include (i) the use of a patented machine, manufacture, or composition of matter in violation of such patent, (ii) the practice of a patented use of a composition of matter in violation of such patent, or (iii) the practice of a process in violation of a biotechnology patent.").

77) Diamond v. Chakrabarty, 447 U.S. 303 (1980).

78) *Chakrabarty*, at 309 ("The Committee Reports accompanying the 1952 Act inform us that Congress intended statutory subject matter to 'include anything under the sun that is made by man.'"). "태양 아래 인간이 만든 모든 것"이 발명의 대상이라는 것은 연방대법원이 새롭게 만든 표현이 아니라 연방의회의 입법기록을 인용한 것이지만, 특허적격을 대폭 확장한 *Chakrabarty* 판결의 성격을 가장 잘 나타내는 문구로 자주 인용된다.

한 물건이 아니라[79] 인간이 창의적으로 고안한 제조물이나 조성물에 해당한다고 판단했다.[80] *Chakrabarty* 사건은 연방대법원이 특허적격의 범위를 가장 넓게 해석한 사건이며, 이후 컴퓨터 관련 발명에서 특허적격의 범위가 확장되는 데 영향을 미친 사건으로 평가된다.

4. 용도발명[81]

용도발명은 공지된 물건이나 방법에 대한 새롭고 유용한 용도를 보호받기 위해 청구되는 발명이다. 이미 물건이 공지된 경우, 해당 물건에 대한 새로운 용도(new use)가 특허 가능한지가 문제된다. 미연방대법원은 *Ansonia Brass Copper* 사건을 통해 심지어 새로운 결과(new result)가 종전에 예기(contemplate)되지 않았다고 하더라도 새로운 용도로 한정한 물건에 대해서는 특허를 받을 수 없다고 판시하여 새로운 용도의 물건을 청구하는 것을 불허한 바 있다.[82] 따라서 물건이 공지된 경우에는 새로운 용도가 있더라도 "물건"이 아닌 새로운 용도에 관한 "방법"으로 특허 받을 수 있을 뿐이다.[83]

용도발명에 대한 미국법의 기본적인 태도는 선행기술에 의해 모든 용도가 명시적으로 개시될 수는 없으므로 특허 받고자 하는 용도가 선행기술에 의해 내재적(inherently)으로 개시되었는지를 판단하여 만약 문제되는 용도가

---

79) 따라서 생명공학 발명의 청구항을 작성할 때는 자연에 존재하는 물질이 아님을 강조하는 문구가 포함되어야 한다. 예를 들어, 아미노산 시퀀스 등이 청구되는 경우에는 "isolated"나 "purified"라는 표현을 통해 단순한 발견물이 아님을 강조할 수 있다. MARTIN J. ADELMAN ET AL., PATENT LAW IN A NUTSHELL 62-63 (Thomson West 1st ed. 2007).

80) *Chakrabarty,* at 309-10 ("[R]espondent's micro-organism plainly qualifies as patentable subject matter. His claim is not to a hitherto unknown natural phenomenon, but to a nonnaturally occurring manufacture or composition of matter-a product of human ingenuity having a distinctive name, character and use.") (citation and quotation omitted).

81) 미국 판례법상 용도발명의 특허성은 특허적격에 관한 문제라기보다는 예견성(신규성)에 관한 문제이지만, 일반적으로 용도발명에 대해서는 특허적격의 문제로 이해하는 경향이 강하므로 편의상 특허적격 부분에서 소개한다.

82) Ansonia Brass Copper Co v. Electrical Supply Co, 144 U.S. 11, 18 (1892).

83) 35 U.S.C. § 100(b)에 따르면 방법은 공지된 방법/물건 등에 대한 새로운 용도를 포함하는 것으로 규정된다. 35 U.S.C. § 100(b) ("The term 'process' means process, art, or method, and includes a new use of a known process, machine, manufacture, composition of matter, or material.").

내재적으로 개시된 것이라면 예견성(신규성)을 근거로 거절이 부여된다.[84] 즉, 용도발명의 특허성은 내재성의 원칙(inherency doctrine)[85]과 밀접하게 관련되어 있다.

제2절 | 실 용 성

Ⅰ. 의 의

미국특허법 제101조(35 U.S.C. § 101)에 따르면, 새롭고 "유용한"(useful) 방법/기계/제조물/조성물이 발명의 대상이므로[86] 발명은 반드시 실용성(utility)을 가져야 한다.

Ⅱ. 구체적인 판단

실용성 요건은 침해소송에서는 거의 문제되지 않으며, 특허청의 거절이 문제되더라도 화학 발명을 제외한 전자/기계발명에서는 거의 문제가 되지 않는다.[87] 구체적으로, 실용성 요건은 20세기 중후반 이전까지는 거의 문제되지 않았던 요건이었으나, 이후 생명공학발명이나 조성물에 관한 발명이 문제되면서 화학/생명 분야 발명에서는 특허요건으로 독자적 의미를 갖기에 이른다.[88]

실용성에 관해 최초로 판단한 것으로 평가되는 *Lowell* 사건에서 Story

---

84) Steven C. Carlson, Inherent Anticipation, 40 IDEA 297, 306 (2000).

85) 보다 구체적인 내용은 제1장 제4절 "내재성"에서 설명한다.

86) 35 U.S.C. § 101 ("Whoever invents or discovers any new and useful process, machine, manufacture, or composition of matter . . . .").

87) 이는 전자/기계 발명은 발명을 설명하는 도면 등을 통해 실용성이 명확하게 확인 가능하기 때문이다. F. SCOTT KIEFF ET AL., PRINCIPLES OF PATENT LAW 740 (Foundation Press 4th ed. 2008).

88) MARTIN J. ADELMAN ET AL., PATENT LAW IN A NUTSHELL 66-67 (Thomson West 1st ed. 2007).

대법관은 실용성 요건을 유해하고 부도덕한(mischievous or immoral) 발명을 부정하는 근거로 해석한 바 있다.[89] Story 대법관은 만약 발명의 실용성이 떨어진다면 시장(market)에 의해 무시(contempt and disregard)될 것이라는 설명을 통해, 특허법에 의해 요구되는 실용성의 의미가 종래 기술에 비해 더 우수할 정도의 실용성을 의미하는 것이 아니며 단지 공서양속에 반하는 특허를 불허하는 정도의 의미를 갖는 것임을 분명히 하였다. 그러나 실용성 요건을 엄격하지 않게 해석하는 이후의 법원의 태도에 의해, 도박장치[90]나 소비자를 기만하는 제품을 판매하는 장치[91]들도 실용성 요건에 위배 없이 특허되기에 이른다.

근래 들어 법원은 실용성에 대한 요건을 제시한 판례를 제시했고, 이를 근거로 특허청(USPTO)은 실용성에 관한 심사지침을 작성하여 특허심사에 활용하고 있다. 구체적으로 심사지침서(MPEP)에 따르면 발명이 확립된 실용성(well-established utility)을 가지는 경우에는 실용성 거절을 부여할 수 없는데, 확립된 실용성은 i) 당업자가 발명의 특징에 기초하여 발명의 실용성을 즉시 인식할 수 있고 ii) 실용성이 구체적(specific), 실질적인(substantial)이고 신뢰할 수 있는(credible) 경우에 인정된다.[92] 구체적 실용성(specific utility)은 청구된 발명의 상위 개념이 아닌 청구된 발명 자체에 대해 인정되는 구체적인 의미의 실용성으로, 공중에 명확하게 정의되고 구체적인 이익을 제공하는 실용성을 의미한다.[93] 예를 들어, 특정되지 않은 질병 치료에 유용하다거나 막연히

---

89) Lowell v. Lewis, 15 F.Cas. 1018, 1019 (C.C.D. Mass. 1817) ("The patent act uses the phrase 'useful invention' mere incidentally . . . . All that the law requires is, that the invention should not be frivolous or injurious to the well-being, good policy, or sound morals of society. The word 'useful,' therefore, is incorporated into the act in contradistinction to mischievous or immoral. For instance, a new invention to poison people, or to promote debauchery, or to facilitate private assassination, is not a patentable invention. But if the invention steers wide of these objections, whether it be more or less useful is a circumstance very material to the interests of the patentee, but of no importance to the public. If it be not extensively useful, it will silently sink into contempt and disregard.").

90) WMS Gaming, Inc. v. Int'l Game Tech., 184 F.3d 1339 (Fed. Cir. 1999).

91) Juicy Whip, Inc. v. Orange Bang, Inc., 185 F.3d 1364 (Fed. Cir. 1999).

92) UNITED STATES PATENT & TRADEMARK OFFICE, MANUAL OF PATENT EXAMINING PROCEDURE § 2107 (8th ed. rev. 8, 2010) [hereinafter MPEP].

93) MPEP § 2107.01 (citing *In re* Fisher, 421 F.3d 1365, 1371 (Fed. Cir. 2005)).

유용한 생물학적 특징을 갖는다고 기재된 발명은 구체적 실용성이 없는 것으로 취급된다.[94] 실질적인 실용성(substantial utility)은 추가적인 연구를 통해 장래에 실용성이 증명될 수 있는 것이 아니라 현재 개시된 형태로 유용성이 있는 경우에 인정되는 실용성의 개념이다.[95] 신뢰할 수 있는 실용성(credible utility)은 유용한 결과를 얻기 위해 동작이 가능한 경우에 인정되는 실용성으로, 발명이 유용한 결과를 얻기 위한 동작을 전혀 할 수 없는 경우에 신뢰할 수 있는 실용성은 부정된다.[96]

제3절 | 예견성(35 U.S.C. § 102)

Ⅰ. 서[97]

미국특허법 제102조(35 U.S.C. § 102)에 따르면 법정된 선행기술로부터 예견 가능한 발명에 대해서는 특허를 불허한다. 즉, 35 U.S.C. § 102에 따른 선행기술로부터 예견 가능한 발명은 예견성(anticipation) 요건의 흠결로 인해 특허될 수 없다. 35 U.S.C. § 102에 따른 예견성의 문제를 한국 특허법 상의 신규성(novelty)에 대응하여 이해하는 경우가 많지만, 미국에서의 예견성 요건은 신규성(novelty)과 법적제한요건(statutory bar)으로 구분되므로 양자가

---

94) MPEP § 2107.01.

95) MPEP § 2107.01 (citing *Fisher*, 421 F.3d at 1371) ("[A]pplication must show that an invention is useful to the public as disclosed in its current form, not that it may prove useful at some future date after further research. Simply put, to satisfy the 'ubstantial' utility requirement, an asserted use must show that the claimed invention has a significant and presently available benefit to the public."). 참고로 *Fisher* 사건은 특허청(USPTO)이 실용성에 관한 가이드라인을 기준에 따라 실질적인 실용성이 없다는 이유로 거절한 EST(Expressed Sequence Tag)에 관한 발명에 대해 연방순회항소법원 역시 실용성을 기준으로 거절한 사건이다.

96) MPEP § 2107.01.

97) 35 U.S.C. § 102은 35 U.S.C. § 102(a)부터 35 U.S.C. § 102(g)까지 규정되지만, 실무상 자주 문제되는 규정은 35 U.S.C. § 102(a), (b), (e)이다.

완전히 동일한 것은 아니다.[98]

II. 선행기술의 자격

1. 선행기술로서의 자격을 갖추기 위한 개시의 정도

실무상 주로 문제되는 예견성 요건은 35 U.S.C. § 102(a), (b), (e)에 따른 특허요건이다. 35 U.S.C. § 102(a), (b), (e)에 따른 특허요건은 주로 인쇄된 간행물이나 특허등록/특허공개문서 등의 선행기술에 기초하는데, 이 경우 문제되는 것은 해당 문서/자료가 예견성 판단을 위한 선행기술로의 자격을 갖는지 여부이다.[99]

2. 동작가능성

미국특허법 제102조(35 U.S.C. § 102)에 의한 선행기술의 자격에 관하여 과거 한때 논쟁이 있었으나 현재의 판례는 실시가능(enabling) 여부 또는 동작가능(operable) 여부를 기준으로 선행기술의 자격을 판단하고 있다. 즉, 선행기술이 예견성(신규성) 또는 자명성(진보성)을 이유로 하는 거절/무효의 기초가 되기 위해서는, 선행기술에 기재된 내용이 실시가능(또는, 동작가능)하여야 한다.[100]

만약 출원인이 선행기술이 동작 불가능하다는 것을 증명하는 경우에는

98) 통상 35 U.S.C. § 102(a), (e), (f), (g) 규정은 신규성(novelty)에 관한 규정으로, 35 U.S.C. § 102(b), (c), (d) 규정은 법적제한요건(statutory bar)에 관한 규정으로 분류된다. 신규성에 관한 규정은 선발명주의 원칙에 따라 본 출원이 다른 출원에 비해 선발명되었는지를 문제 삼지만, 법적제한요건에 관한 규정은 설사 본 출원이 다른 출원에 비해 선발명되었더라도 미국특허법의 입법목적의 달성을 위해 추가적인 요건을 부여한다. 35 U.S.C. § 102에 따른 요건은 예견성(anticipation) 요건이라 불리는 경우가 많은데, 예견성의 의미에는 신규성뿐만 아니라 법적제한의 개념도 포함되지만, 본서에서는 설명의 편의를 위해 "예견성"을 "신규성"으로 설명하겠다.

99) 이하에서 설명하는 동작가능성/과도한 실험에 관한 논의는 주로 35 U.S.C. § 102(a), (b), (e)에서만 논의된다. 나머지35 U.S.C. § 102요건은 특허의 표기, 자신의 외국특허, 저촉절차 등에 관한 것이므로 선행기술의 동작가능성 등이 크게 문제되지 않기 때문이다.

100) MPEP § 2121.01 (citing *In re* Hoeksema, 399 F.2d 269 (C.C.P.A. 1968)) ("In determining that quantum of prior art disclosure which is necessary to declare an applicant's invention 'not novel' or 'anticipated' within section 102, the stated test is whether a reference contains an 'enabling disclosure' . . . .").

해당 선행기술은 예견성(신규성)의 판단 근거가 될 수 없음이 원칙이다.[101] 그러나 선행기술의 일부에 동작 불가능한 내용이 포함되어도, 나머지 부분의 내용이 동작가능한 발명인 경우 해당 내용은 예견성의 근거가 될 수 있다.[102] 또한 선행기술이 자명성(진보성)의 근거가 되면, 선행기술이 동작하지 않아도 선행기술로의 자격이 인정된다.[103] 따라서 심사관은 동작 불가능한 장치를 근거로도 자명성(진보성)의 거절을 부여할 수 있다.

1) 선행기술의 동작가능성에 관한 추정

선행기술의 동작가능성은 일정한 경우에는 추정될 수 있다. 구체적으로, 35 U.S.C. § 282에 따르면 모든 미국등록특허에 대한 유효성이 추정(Presumption of Validity)되는데, 법원은 이러한 유효성의 의미에 동작가능성도 포함되는 것으로 해석한다. 이에 따라 미국등록특허가 선행기술로 제시되는 경우 해당 선행기술에 대한 동작가능성이 추정된다.[104] 또한 선행기술이 본 발명의 청구된 발명의 구성요소를 전부 개시하는 경우 해당 선행기술은 동작가능한 것으로 추정되며, 출원인이 이러한 추정을 복멸할 책임을 진다는

---

101) 다만, 선행기술이 동작 불가능하더라도 만약 선행기술의 내용과 청구된 발명의 내용이 극히 유사하여 구별되지 않는다면 해당 선행기술을 근거로 거절을 내리는 것이 허용된다. MPEP § 716.07 (citing *In re* Crosby, 157 F.2d 198 (C.C.P.A. 1946)) ("Where the affidavit or declaration presented asserts that the reference relied upon is inoperative, the claims represented by applicant must distinguish from the alleged inoperative reference disclosure."). *Crosby* 사건에서 출원인의 특허는 예견성(신규성)을 근거로 거절되었는데, 본 발명의 내용은 선행기술로부터 구별되지 않았다. 출원인은 선행기술(본 사건에서는 미국등록특허였음)이 동작 불가능하므로 선행기술의 자격이 없다고 주장했는데, 이에 법원은 설령 선행기술이 동작 불가능하더라도 이러한 선행기술로부터 구별되지 않는 발명은 특허될 수 없기 때문에 심사관의 거절은 적법하다고 판단했다.

102) MPEP § 716.07 (citing *In re* Shepherd, 172 F.2d 560 (C.C.P.A. 1949)) ("Where the affidavit or declaration presented asserts inoperability in features of the reference which are not relied upon, the reference is still effective as to other features which are operative").

103) MPEP § 2121.01 (citing Symbol, Techs. Inc. v. Opticon Inc., 935 F.2d 1569, 1578 (Fed. Cir. 1991)) ("[N]on-enabling reference may qualify as prior art for the purpose of determining obviousness under 35 U.S.C. 103.").

104) MPEP § 716.07 (citing Metropolitan Eng. Co. v. Coe, 78 F.2d 199 (D.C.Cir. 1935)) ("Since every patent is presumed valid (35 U.S.C. 282), and since that presumption includes the presumption of operability, examiners should not express any opinion on the operability of a patent.").

것이 특허청(USPTO)의 태도이다.[105] 참고로 심사관이 상술한 선행기술을 제시하는 경우에는 동작가능성이 추정되므로, 심사관은 선행기술의 동작가능성에 대해 별도로 언급할 의무가 없다.[106]

2) 과도한 실험의 예외

상술한 바와 같이 예견성 거절의 기초가 되기 위해서는 해당 선행기술이 동작가능해야 하므로, 당업자는 해당 선행기술로부터 과도한 실험(undue experimentation) 없이 본 발명을 예견할 수 있어야 한다. 즉, 선행기술을 통해 공개된 내용으로부터 본 발명에 이르기 위해 과도한 실험이 요구되는 경우, 해당 선행기술은 예견성 판단의 기초가 될 수 없다.

연방순회항소법원(CAFC)은 선행기술의 실시가능에 관한 어떠한 추정도 선행기술이 당업자에게 과도한 실험을 요구할 수 없다는 원칙을 배제할 수 없다는 태도를 취한다.[107] 따라서 선행기술이 실시가능하다는 추정에도 불구하고, 출원인은 해당 선행기술이 당업자에게 과도한 실험을 요구한다는 것을

---

105) MPEP § 2121 (citing *In re* Sasse, 629 F.2d 675 (C.C.P.A. 1980)) ("When the reference relied on expressly anticipates or makes obvious all of the elements of the claimed invention, the reference is presumed to be operable. Once such a reference is found, the burden is on applicant to provide facts rebutting the presumption of operability."). 특허청(USPTO)은 *Sasse* 사건을 근거로 선행기술이 특허인지 여부에 상관없이 선행기술의 동작가능성을 추정하고, 이러한 추정을 복멸할 책임을 출원인에게 부담시키고 있다. 개인적으로 특허청의 이러한 태도가 *Sasse* 사건에 근거한 것이라고 말할 수 있는지 의문이다. 우선 *Sasse* 사건의 판결을 보면 동작가능성의 추정에 관해 *Jacobs* 사건(*In re* Jacobs, 318 F.2d 743, 746 (C.C.P.A. 1963))을 인용하였는데, *Jacobs* 사건은 선행기술이 특허인 경우에 35 U.S.C. § 282에 의해 동작가능성이 추정된다고 판단한 사건에 불과하므로, *Sasse* 사건을 근거로 법원이 비특허문헌에도 동작가능성의 추정을 인정했다고 판단하는 것이 합당한지는 의문이다.

106) 그러나 심사관은 해당 선행기술이 동작가능하다는 것을 증명하기 위해 별도의 선행기술을 제시할 수도 있다. 예를 들어, 단일의 선행기술이 청구된 발명의 모든 구성요소를 개시하는 경우, 해당 선행기술의 실시가능을 증명하기 위한 추가적인 선행기술이 제시될 수 있고, 이러한 추가적인 선행기술에 의한 거절은 위법한 것은 아니다. MPEP §2131.01 (citing *In re* Donohue, 766 F.2d 531 (Fed. Cir. 1985)).

107) MPEP § 2121.01 (citing Elan Pharms., Inc. v. Mayo Found. for Med. Educ. & Researc, 346 F.3d 1051, 1054 (Fed. Cir. 2003)) ("At issue was whether a prior art reference enabled one of ordinary skill in the art to produce Elan's claimed transgenic mouse without undue experimentation. Without a disclosure enabling one skilled in the art to produce a transgenic mouse without undue experimentation, the reference would not be applicable as prior art.").

근거[108]로 해당 선행기술에 따른 예견성(신규성) 및/또는 자명성(진보성)의 거절이 부당함을 항변할 수 있다. 따라서 선행기술이 단순히 화학물질의 이름이나 구조식만을 개시한 경우, 출원인은 해당 선행기술이 당업자에게 과도한 실험을 요구한다는 주장을 통해 해당 선행기술의 자격을 다툴 수 있다.

3. 동일자출원의 취급

심사의 대상이 되는 출원과 동일자에 출원된 특허가 예견성 거절의 기초가 될 수 있는지 문제된 바 있다. 선행기술이 특허출원인 경우, 동일자에 출원된 선행기술을 기초로 예견성 거절을 부여할 수 없다.[109]

III. 판단방법

청구된 발명이 선행기술로부터 예견되기 위해서는 신규성이 부정되기 위해서는 i) 청구된 발명의 모든 구성요소가, ii) 조합되지 않은 하나의 선행기술에 기재되어야 한다.[110]

1. 모든 구성요소의 기재

기본적으로 선행기술은 청구된 발명의 모든 구성요소를 기재하여야 한

108) 과도한 실험이 요구되는지 여부는 i) 실제로 수행되어야 하는 실험의 횟수, ii) 선행기술에 제시된 설명의 분량, iii) 실제로 수행된 실험 절차의 예제가 존재하는지 여부, iv) 발명의 속성, v) 선행기술의 기술 수준, vi) 당업계의 수준, vii) 해당 기술 분야에의 예측 가능성, viii) 청구항의 광협 등을 고려하여 판단해야 한다. *In re* Wands, 858 F.2d 731, 737 (Fed. Cir. 1988) ("Factors to be considered in determining whether a disclosure would require undue experimentation 'include (1) the quantity of experimentation necessary, (2) the amount of direction or guidance presented, (3) the presence or absence of working examples, (4) the nature of the invention, (5) the state of the prior art, (6) the relative skill of those in the art, (7) the predictability or unpredictability of the art, and (8) the breadth of the claims.'") (citations omitted).

109) 60 AM. JUR. 2D *Patent* § 118 (2008) (citing *In re* Sarett, 327 F.2d 1005, 1012-13 (C.C.P.A. 1964)).

110) MPEP § 2131 (citing Verdegaal Bros. v. Union Oil Co. of California, 814 F.2d 628, 631 (Fed. Cir. 1987)) ("A claim is anticipated only if each and every element as set forth in the claim is found, either expressly or inherently described, in a single prior art reference.").

다. 이 경우, 선행기술이 청구된 발명의 구성요소를 명시적(expressly)으로 개시해야만 하는 것은 아니며 내재적 개시가 인정되더라도 청구된 발명이 선행기술로부터 예견 가능하다고 판단 가능하다.111)

2. 단일의 선행기술에 기재

원칙적으로 예견성을 증명하기 위해서 복수의 선행기술을 조합하는 것은 허용되지 않으며 오직 단일의 선행기술을 기초로 예견성을 판단해야 한다. 그러나 i) 선행기술이 실시가능하다는 것을 증명하기 위한 경우, ii) 선행기술에 사용된 용어를 설명하는 경우 및 iii) 내재적 개시(inherent disclose)를 증명하기 위한 경우에는 추가적인 선행기술을 제시할 수 있다.112)

1) 단일의 선행기술에 대한 예외 – 실시가능 여부

상술한 바와 같이 선행기술이 예견성 판단에 사용되기 위해서는 해당 선행기술이 실시가능(enabling)하여야 한다. 만약 선행기술이 청구된 발명의 모든 구성요소를 개시하는 경우 해당 선행기술의 실시가능을 증명하기 위한 추가적인 선행기술이 제시될 수 있고, 이러한 추가적인 선행기술에 의한 거절은 위법한 것이 아니다.113)

2) 단일의 선행기술에 대한 예외 – 선행기술에 사용된 용어를 설명하는 경우

추가적인 선행기술은 선행기술에 사용된 용어(term)를 설명하기 위해서는 사용 가능하지만, 그 의미를 확장하는데 사용할 수는 없다.114)

---

111) MEHL/Biophile Int'l Corp. v. Milgraum, 192 F.3d 1362, 1365 (Fed. Cir. 1999) ("To anticipate a claim, a prior art reference must disclose every limitation of the claimed invention, either explicitly or inherently."). 내재적 개시에 관한 구체적인 내용은 제1장 제4절 "내재성"에서 확인할 수 있다.

112) MPEP § 2131.01 ("[A] 35 U.S.C. 102 rejection over multiple references has been held to be proper when the extra references are cited to: (A) Prove the primary reference contains an 'enabled disclosure;' (B) Explain the meaning of a term used in the primary reference; or (C) Show that a characteristic not disclosed in the reference is inherent.").

113) MPEP § 2131.01 (citing *In re* Samour, 571 F.2d 559 (C.C.P.A. 1978)) ("When the claimed composition or machine is disclosed identically by the reference, an additional reference may be relied on to show that the primary reference has an 'enabled disclosure.'").

114) MPEP § 2131.01 (citing *In re* Baxter Travenol Labs., 952 F.2d 388 (Fed. Cir. 1991)) ("Extrinsic evidence may be used to explain but not expand the meaning of

3) 단일의 선행기술에 대한 예외 — 내재적 개시

일반적으로 내재적으로(inherently) 개시되었는지가 문제되는 기술적 특징은 내부증거(intrinsic evidence) 만으로는 내재적인 개시가 있었는지를 증명하기 어렵다.[115] 따라서 판례 및 특허청 실무는 내재적 개시가 있음을 증명하기 위해 외부증거(extrinsic evidence) 또는 추가적인 선행기술을 제시하는 것을 허용한다.[116]

3. 관련문제

1) 하위개념(species)/상위개념(genus)의 관계

하위/상위개념 발명은 주로 화학발명에서 문제되는데, 선행기술을 통해 종(하위개념)이 개시되고, 본 발명을 통해 속(상위개념)이 청구되는 경우, 해당 발명은 선행기술에 의해 예견된 것으로 취급된다.[117] 그러나 선행기술을 통해 속(상위개념)이 개시되고, 본 발명을 통해 종(하위개념)이 청구되는 경우, 해당 발명은 선행기술에 의해 예견된 것이 아니다.[118] 다만, 이 경우에는 본 청구된 하위개념이 선행기술로부터 자명한지가 문제될 뿐이다.[119]

2) 비유사하거나 본 발명을 방해하도록 교시(teach away)하는 선행기술

예견성(신규성)을 판단하는 경우, 문제되는 선행기술이 청구된 발명과 유사한 분야의 기술일 필요가 없다. 따라서 비유사 분야의 기술이라 해도 예견성 판단의 기초가 될 수 있다. 또한 예견성을 판단하는 경우에는 선행기

terms and phrases used in the reference relied upon as anticipatory of the claimed subject matter.").

115) 구체적인 내용은 제1장 제4절 "내재성"에서 설명한다.

116) MPEP § 2131.01 (citing Continental Can Co. USA v. Monsanto Co., 948 F.2d 1264, 1268 (Fed. Cir. 1991)).

117) MPEP § 2131.02 (citing *In re* Gosteli, 872 F.2d 1008 (Fed. Cir. 1989)) ("A generic claim cannot be allowed to an applicant if the prior art discloses a species falling within the claimed genus.").

118) Imperial Chemical Industries, PLC v. Henkel Corp. 545 F.Supp. 635, 646 n.34 (D. Del. 1982) ("[T]he general rule, which would be applicable here, is that the disclosure of a chemical genus does not constitute an anticipation of a specific compound falling within that broad genus.").

119) 즉, 진보성이 문제될 뿐이다. 참고로 특허청(USPTO)은 화학발명에 관련된 하위/상위개념 발명의 자명성 판단절차에 대한 가이드라인을 제시하여 MPEP § 2144.08에 반영한 바 있다.

술이 청구된 발명을 방해하도록 교시(teach away)[120]하는지 여부도 고려하지 않는다.[121] 즉, 선행기술이 본 발명을 방해하도록 교시했다는 이유로 선행기술의 자격을 부정할 수 없다.

3) 출원인이 자백한 선행기술(AAPA)

판례 및 특허청 실무는 심사관이 출원인이 선행기술이라 자백한 기술을 기초로 예견성(신규성) 및 자명성(진보성)의 거절을 부여하는 것을 허용한다. 일반적으로 출원인이 i) 명세서의 "선행기술(prior art)" 항목 또는 ii) "선행기술"이라 표시한 도면에 개시한 내용은 출원인이 자백한 선행기술(applicant's admitted prior art 또는 AAPA)로 취급된다. 출원인이 명세서의 "선행기술" 항목에 개시한 기술적 특징이라 하더라도 해당 기술적 특징이 제3자가 아닌 출원인(즉, 발명자)에 의해 직접 발명된 것이라면 거절의 근거로 사용될 수 없다.[122]

4) 선행기술에 인용형식으로 병합된 내용의 취급

선행기술로 제시된 특허의 명세서에 직접 개시된 것은 아니지만 인용형식으로 병합(incorporated by reference)된 경우, 해당 내용도 해당 선행기술의 내용으로 취급되는지 문제된다. 판례에 따르면 인용형식으로의 병합은 인용된 내용을 원래 문서에 하나로 포함시키기 위한 것이므로 특허가 선행기술로서 지위를 갖는 경우, 해당 특허에 인용된 내용까지도 모두 고려해야 한다고 하였다. 따라서 선행기술인 특허의 명세서에 직접적으로 개시되지 않았더라도 인용형식으로 병합된 내용은 해당 선행기술의 내용으로 취급된다.[123] 한편, 특허문서가 선행기술로 제시되는 경우, 해당 특허문서(선행기술)에 별도의 출원이 인용형식으로 병합되었으나 해당 출원이 나중에 포기되어 공개되

120) 선행기술이 청구된 발명의 기술적 특징의 어려움 또는 불이익을 개시하는 경우, 선행기술이 본 발명을 방해하도록 교시(teach away)했다고 표현한다. 위와 같은 선행기술을 "Disparaging Prior Art"이라 칭하기도 한다.

121) *See* MPEP § 2131.05.

122) Riverwood Int'l Corp. v. Ra Jones & Co., Inc., 324 F.3d 1346, 1354-55 (Fed. Cir. 2003).

123) *In re* Hughes, 550 F.2d 1273, 1276 (C.C.P.A. 1977) (citing *In re* Lund, 376 F.2d 982, 989 (C.C.P.A. 1967)) ("[T]he purpose of 'incorporation by reference' is to make one document become a part of another document by referring to the former in the latter in such a manner that it is apparent that the cited document is part of the referencing document as if it were fully set out therein.").

지 않은 경우라 해도 포기된 출원의 내용은 선행기술로의 지위를 갖는 것으로 취급된다.[124]

Ⅳ. 유효출원일[125]

35 U.S.C. § 102에 따른 선행기술의 자격을 판단하는 경우, 특허성 판단의 대상이 되는 출원/등록특허의 유효출원일(Effective Filing Date)이 언제인지가 문제된다.[126] 유효출원일은 원칙적으로 미국 특허청(USPTO)에 출원된 날로, 계속출원(Continuation Application)의 경우 계속출원의 기초가 되는 모출원의 출원일이 계속출원의 유효출원일이고, 분할출원(Divisional Application)의 경우 분할출원의 기초가 되는 모출원의 출원일이 분할출원의 유효출원일이며, 부분계속출원(Continuation-In-Part Application)의 경우 모출원에 의해 뒷받침[127]되는 청구항에 대해서는 모출원의 출원일이 유효출원일이고 나머지 청구항에 대해서는 부분계속출원이 현실로 출원된 날이 유효출원일이 된다. 또한 가출원(Provisional Application)을 기초로 출원된 정규출원의 경우 가출원에 의해 뒷받침[128]되는 청구항에 대해서는 가출원일이 유효출원일이고 나머지 청구항에 대해서는 정규출원이 현실로 출원된 날이 유효출원일이 된다. 한편 조약우선권주장출원의 경우 외국출원일이 아닌 미국출원일이 정규출원일이 된다. 비록 조약우선권주장이 적법한 경우 외국출원일 이후에 공개된 선행기술을 외국출원일을 기초로 극복할 수는 있지만 외국출원일을 유효출원일로 인정하지 않음을 주의해야 한다.

---

124) *See* MPEP § 2127.

125) *See* MPEP § 706.02.

126) 즉, 선행기술이 출원인의 출원(소송에서는 등록특허)에 비해 선행하는지를 판단하기 위해 출원일이 언제인지를 특정해야 하는 문제가 발생한다.

127) 부분계속출원의 청구항에 기재된 발명의 내용이 35 U.S.C. § 112 첫 번째 단락에 따른 상세한설명요건(Written Description Requirement)을 만족하는 방식으로 모출원에 개시된 경우에 "뒷받침"된 것으로 인정된다.

128) 정규출원의 청구항에 기재된 발명의 내용이 35 U.S.C. § 112 첫 번째 단락에 따른 상세한설명요건(Written Description Requirement)을 만족하는 방식으로 가출원에 개시된 경우에 "뒷받침"된 것으로 인정된다.

V. 관련문제 — 일반적으로 알려진 사실(Universal Fact)에 대한 취급

예견성, 자명성 등의 특허요건에 의한 거절은 선행기술과 같은 인용자료에 의해 뒷받침되어야 하는바, 이러한 인용자료는 심사의 대상이 되는 출원의 유효출원일에 비해 선행해야 하는 것이 일반적이다. 그러나 물질의 특성이나 과학법칙과 같이 일반적으로 알려진 사실(Universal Fact)을 증명하기 위해 인용자료가 제시되는 경우에는 해당 인용자료가 출원일에 비해 반드시 선행할 필요는 없다.[129] 심사지침서(MPEP)가 제시하는 "일반적으로 알려진 사실"의 일례는 i) 출원일 당시에 과도한 실험이 요구되지 않는다는 사실,[130] ii) 청구항에 미기재된 파라미터에 임계성이 인정되는지 여부,[131] iii) 명세서의 기재가 정확하지 않다는 사실,[132] iv) 발명이 동작 불가능하거나 실용성이 없다는 사실,[133] v) 청구항이 불명료하다는 사실,[134] vi) 선행기술인 물건의 속성이 알려졌다는 사실[135]이 있다. 또한 이하에서 설명하는 바와 같이 특허법 제103조(35 U.S.C. § 103)에 따른 판단요소 중 당업계의 기술 수준(State of the Art)을 증명하는 자료 역시 본 출원일에 비해 선행할 필요가 없다.[136] 그러나 특허법 제112조(35 U.S.C. § 112) 첫 번째 단락에 의한 발명의 상세한 설명의 요건과 관련하여 실시가능하거나 상세하게 설명되었는지 여부의 문제는 출원일에 비해 후행하는 인용자료를 기초로 판단할 수 없다.[137]

---

129) MPEP § 2124 (citing *In re* Wilson, 311 F.2d 266 (C.C.P.A. 1962)) ("[R]eferences cited to show a universal fact need not be available as prior art before applicant's filing date.").
130) MPEP § 2124 (citing *In re* Corneil, 347 F.2d 563, 568 (C.C.P.A. 1965)).
131) MPEP § 2124 (citing *In re* Rainer, 305 F.2d 505, 507 n.3 (C.C.P.A. 1962)).
132) MPEP § 2124 (citing *In re* Marzocchi, 439 F.2d 220, 223 n.4 (C.C.P.A. 1971)).
133) MPEP § 2124 (citing *In re* Langer, 503 F.2d 1380, 1391 (C.C.P.A. 1974)).
134) MPEP § 2124 (citing *In re* Glass, 492 F.2d 1228, 1232 n.6 (C.C.P.A. 1974)).
135) MPEP § 2124 (citing *In re* Wilson, 311 F.2d 266 (C.C.P.A. 1962)).
136) MPEP § 2124 (citing *Ex parte* Erlich, 22 USPQ 1463 (B.P.A.I. 1992)).
137) MPEP § 2124 (citing *In re* Koller, 613 F.2d 819, 823 n.5 (C.C.P.A. 1980)).

제4절 | 내재성의 원칙

Ⅰ. 서

어떤 기술적 특징이 선행기술에 명시적으로 기재되지는 않았지만 해당 선행기술로부터 수반되는 것으로 인정되는 경우, 특허청이나 법원은 선행기술에 해당 기술적 특징이 내재적으로 개시(inherently disclosed)되었음을 근거로 본 발명의 특허성(예견성이나 자명성)을 부정할 수 있다.

판례에 따르면 비록 선행기술에 명시적으로 개시된 바가 없어도, 해당 선행기술에 개시된 내용이 청구항에 기재된 한정사항에 따라 필연적(necessary)으로 동작하는 경우에는 내재적으로 개시된 것으로 취급한다.[138] 그러나 문제되는 선행기술에 개시된 내용으로부터 필연적으로 수반되는 것이 아니라 때때로 수반되거나 수반될 가능성만이 있는 경우에는 내재적으로 개시되었다고 볼 수 없다.[139] 위와 같은 내재성의 원칙은 *Tilghman* 사건[140]을 통해 구체화되었다. 미연방대법원은 1881년 *Tilghman* 사건을 통해 본 발명의 기술적 특징이 선행기술로부터 우연히, 무의식적(accidentally and unwittingly)으로 수반될 수 있다고 해도 본 발명이 선행기술로부터 예견(anticipation)된 것은 아니라고 판시한 바 있다. 본 사건에서 본 발명의 발명자인 Tilghman의 특허는 지방산을 분리하는 방법에 관한 발명이었고, 문제된 선행기술은 지방(tallow)이 윤활유로 사용되는 증기 엔진이었다. 법원은 증기엔진의 윤활유로 사용된 지방에서 본 발명과 동일한 지방산이 분리되는 사실이 인정되고, 해당 지방산이 분리되는 과정이 본 발명의 방법과 동일하지만, 이로 인해

---

138) MEHL/Biophile Int'l Corp. v. Milgraum, 192 F.3d 1362, 1365 (Fed. Cir. 1999) ("To anticipate a claim, a prior art reference must disclose every limitation of the claimed invention, either explicitly or inherently. . . . Thus, a prior art reference may anticipate when the claim limitation or limitations not expressly found in that reference are nonetheless inherent in it. Under the principles of inherency, if the prior art necessarily functions in accordance with, or includes, the claimed limitations, it anticipates.") (citations and quotations omitted).

139) DONALD S. CHISUM, CHISUM ON PATENTS § 3.03 (2004).

140) Tilghman v. Proctor, 102 U.S. 707 (1880).

Tilghman의 발명이 신규성을 상실하는 것은 아니라고 판단했다.[141]

위와 같은 내재성의 원칙은 소송단계뿐만 아니라 심사단계에서도 적용되는 원칙이므로, 특허청(USPTO)은 본 발명의 기술적 특징이 선행기술에 내재적으로 개시된 바 있는지를 판단해야 하고, 필요하다면 이에 관한 증거의 제출을 출원인에게 요구할 수 있다.[142]

II. 구체적인 판단방법

1. 일반적인 판단

내재적 개시를 근거로 예견성(신규성) 및 자명성(진보성)의 거절/무효가 모두 가능하다.[143] 내재적 개시를 근거로 예견성(신규성)이 문제되기 위해서는 하나의 선행기술에 의하여 본 발명의 모든 기술적 특징이 개시되었는지를 판단하여야 한다.[144] 후술하는 바와 같이, 내재적 개시가 있었는지 여부는 추가적인 외부증거에 의해 증명이 가능하지만, 그럼에도 불구하고 35 U.S.C. § 102에 의한 단일의 선행기술에 의해 본 발명의 모든 기술적 특징이 개시되어야 하는 원칙에는 변함이 없다. 예를 들어, 선행기술 X의 구성이 A+B이고, 청구된 발명의 구성이 A+B+C인 경우, 선행기술 X의 구성

---

141) 구체적으로 법원은 Tilghman 발명과는 상이한 결과를 얻는 과정에서 해당 지방산이 우연히(accidentally), 그리고 무의식적으로(unwittingly) 제조되었고, 선행기술을 실시하는 과정에서 해당 지방산이 생성되고 있다는 사실이나 지방산이 어떻게 생성되고 있는지를 알지 못하는 상황이라면, 이러한 선행기술에 의해 Tilghman 발명이 예견(anticipation)되었다고 보는 것은 불합리하다고 판단하였다. *Tilghman*, 102 U.S. at 711-12 ("If the acids were accidentally and unwittingly produced, whilst the operators were in pursuit of other and different results, without exciting attention and without its even being known what was done or how it had been done, it would be absurd to say that this was an anticipation of Tilghman's discovery.").

142) MPEP § 2112.

143) *See* MPEP § 2112 (citing *In re* Napier, 55 F.3d 610, 613 (Fed. Cir. 1995)) ("[I]nherent disclosures of a prior art reference may be relied upon in the rejection of claims under 35 U.S.C. 102 or 103.").

144) *See* MEHL/Biophile Int'l Corp. v. Milgraum, 192 F.3d 1362, 1365 (Fed. Cir. 1999) ("Thus, a prior art reference may anticipate when the claim limitation or limitations not expressly found in that reference are nonetheless inherent in it. . . . To anticipate, a single reference must teach every limitation of the claimed invention.").

A+B에 의해 C라는 기술적 특징이 내재적으로 개시되었음을 증명하기 위해 별도의 외부증거 Y를 사용하는 것은 허락되지만, 이는 어디까지나 선행기술 X에 의해 내재적으로 개시된 부분을 확정하기 위해 사용될 뿐이다. 따라서 별도의 외부증거 Y에 의해서 증명되는 사실은 선행기술 X는 A+B만을 개시한 것이 아니라 C라는 기술적 특징 역시도 내재적으로 개시한 것이고, 이에 따라 선행기술 X에 의해 본 발명이 예견된다는 것이다.[145)]

내재적인 개시가 있었는지에 관해서는 법원은 일반적으로 i) 선행기술에 개시된 구성으로부터 특정한 기술적 특징이 필연적으로(necessarily) 수반되는지 혹은 이따금(occasionally) 수반되는 것에 불과한지 여부(제1 요소), ii) 선행기술에 개시된 내용이 공익에 도움이 되는 방식으로 기재되었는지 여부(제2 요소) 등을 고려한다. 제1요소의 경우, 기술적 특징이 필연적으로 수반되는 경우에는 내재적인 개시가 인정될 확률이 커질 것이며, 제2요소의 경우 선행기술에 개시된 내용이 공익에 도움이 되는 방식으로 기재된 경우 내재적 개시가 인정될 확률이 커진다. 제2요소는 최근 들어 연방순회항소법원(CAFC)이 강조하는 요소로, 선행기술에 의해 이미 충분한 개시가 이루어져 본 발명에 의해 더 이상 공공의 지식이 풍부해질 여지가 적은 경우에는 내재적 개시가 인정될 여지가 커지며, 본 발명이 청구하는 기술적 특징이 아직 발견되지 못했거나 동일한 결과가 계속하여 발생한다는 보장이 없는 경우에는 본 발명에 의해 공공의 지식이 풍부해질 수 있기 때문에 이러한 경우에는 내재적 개시를 부정할 수 있다.[146)]

2. 관련문제 — 당업자의 인식 여부

일반적으로 당업자가 선행기술로부터 필연적으로 발생하는 결과를 인식했는지 여부는 내재적 개시 여부를 판단하는 데 무관하다고 취급되었다. 즉, 당업자가 선행기술로부터 필연적으로 발생하는 결과를 인식하지 못했다는 것을 이유로 선행기술의 내재적 개시를 부정할 수 없었다. 이러한 일반적인 해석에 대한 법원의 태도에 다소간의 논쟁이 있었으나,[147)] 연방순회항소법원

---

145) 이 경우 선행기술 X를 주 선행기술(primary reference)로, 외부증거 Y를 추가 선행기술(extra reference)로 부르기도 한다.

146) ROBERT P. MERGES ET AL., INTELLECTUAL PROPERTY IN NEW TECHNOLOGICAL AGE 191 (Aspen Publishers 4th ed. 2007).

(CAFC)은 2003년 *Schering* 사건을 통해 법원의 태도를 명확하게 밝혔다.[148] *Schering* 사건은 선행기술에 항히스타민제인 Claritin에 대해서만 개시되고 Claritin이 복용되었을 때 생성되는 DCL(descarboethoxyloratadine)에 대해서는 명시적으로 개시된 바가 없는 상황에서, DCL에 대해 내재적으로 개시되었는지가 문제가 된 사건이다. *Schering* 사건에서 특허권자는 선행기술에 DCL이 개시된 바 없고 당업자의 수준에 비추어 해당 선행기술로부터 DCL을 인식(recognition)했다고 볼 수 없다고 주장했으나, 1심 지방법원은 당업자의 인식 여부는 내재적 개시여부와 무관한 요소라 판시했고, 연방순회항소법원은 지방법원의 판결을 지지했다.[149] 구체적으로 연방순회항소법원은 해당 사건에서 문제가 되는 기술적 특징인 DCL은 Claritin의 복용으로부터 필수 불가결한(necessarily and inevitability) 결과이므로 선행기술에 의해 내재적으로 개시되었음을 긍정했다.

3. 증명방법

소송단계에서 등록특허의 기술적 특징이 선행기술에 내재적으로 개시되었는지 여부는 배심원에 의해 판단되는 사실문제(factual issue)이다. 일반적으로 내재적으로 개시되었는지가 문제되는 기술적 특징은 명시적으로 개시되지 않기 때문에 내부증거(intrinsic evidence) 만으로는 내재적인 개시가 있었는지를 증명하기 어렵다. 따라서 내재적 개시를 증명하기 위해서는 외부증거(extrinsic evidence)가 허락된다.[150] 외부증거를 제출하는 경우 해당 외부증거가

---

147) *See* Cont'l Can Co. v. Monsanto Co., 948 F.2d 1264, 1268 (Fed. Cir. 1991) (citing *In re* Oelrich, 666 F.2d 578, 581 (C.C.P.A. 1981)) ("To serve as an anticipation . . . reference may be filled with recourse to extrinsic evidence. . . . [E]vidence must make clear that the missing descriptive matter is necessarily present in the thing described in the reference, and that it would be so recognized by persons of ordinary skill.") (emphasis added).

148) Schering Corp. v. Geneva Pharms, Inc., 339 F.3d 1373 (Fed. Cir. 2003).

149) Schering Corp. v. Geneva Pharms, Inc., 339 F.3d 1373, 1377 (Fed. Cir. 2003) ("[T]his court rejects the contention that inherent anticipation requires recognition in the prior art."). 참고로, 이 사건 *Schering I* 사건이라 불리기도 함)에서 패소한 특허권자가 연방순회항소법원(CAFC)의 판결에 불복하여 연방순회항소법원(CAFC) 전원합의체 *en ban*) 소집을 구하였고 이에 연방순회항소법원(CAFC)이 전원합의체 소집을 불허하는 판결 *Schering II* 사건이라 불리기도 함)을 내렸다. Schering Corp. v. Geneva Pharms., Inc., 348 F.3d 992 (Fed. Cir. 2003).

본 발명에 대하여 선행기술(prior art)의 지위를 가져야만 하는지 문제된다.[151] 이에 대해 연방순회항소법원(CAFC)은 사후적 증거라 해도 내재적 개시 여부를 증명할 수 있다고 판시한 바 있다.[152]

Ⅲ. 내재성의 원칙과 자명성(진보성)[153]

상술한 바와 같이 내재성의 원칙은 자명성(즉, 진보성)의 증명에도 활용된다.[154] 그러나 내재성의 원칙에 의해 인정되는 선행기술이 자명성 판단에 사용되지 않을 수도 있음을 주의해야 한다. 예를 들어, 등록된 특허의 무효성을 다투는 경우, 내재성 원칙에 근거하여 무효를 주장하는 자는 전문가의 증언과 같은 외부증거에 기대어 본 발명의 무효를 주장 하는 경우가 많은데, 이 경우 해당 외부증거가 등록된 특허에 대해 35 U.S.C. § 102에 규정된 선행기술의 자격을 갖추지 못한 경우가 많다. 즉, 무효를 주장하는 자에

150) Cont'l Can Co. v. Monsanto Co., 948 F.2d 1264, 1268 (Fed. Cir. 1991) ("To serve as an anticipation when the reference is silent about the asserted inherent characteristic, such gap in the reference may be filled with recourse to extrinsic evidence. Such evidence must make clear that the missing descriptive matter is necessarily present in the thing described in the reference . . . .") (citations omitted). 법원은 외부증거라 표현했지만, 주 선행기술(primary reference)을 설명하기 위한 추가적인 선행기술로 표현되기도 한다. 참고로 MPEP는 추가적인 선행기술(extra reference) 및 외부증거라는 용어를 혼용한다. *See* MPEP §§ 2112, 2131.01.

151) 즉, 외부증거가 본 발명이 출원된 이후에 공개된 문헌이거나 35 U.S.C. § 102에 규정된 선행기술(prior art)로서 자격이 없는 경우에도 사용이 가능한 지가 문제된다.

152) Schering Corp. v. Geneva Pharms, Inc., 339 F.3d 1373, 1377 (Fed. Cir. 2003) ("[T]his court did not require past recognition of the inherent feature . . . .") (citations omitted).

153) 참고로, 내재성의 원칙은 예견성(신규성)과는 밀접하게 연관되어 있으나 비자명성(진보성)과의 관련성은 약하다고 이해되는 것이 일반적이다. 만약 무효를 증명하기 위해 제출되는 외부증거가 35 U.S.C. § 103 선행기술의 자격을 갖춘다면 무효를 주장하는 당사자는 굳이 내재성의 원칙을 주장할 필요 없이 일반적인 35 U.S.C. § 103의 법리에 따라 선행기술들을 조합하여 등록특허가 선행기술로부터 자명함을 증명할 수 있기 때문이다.

154) MPEP § 2112 (citing *In re* Napier, 55 F.3d 610, 613 (Fed. Cir. 1995)) ("[I]nherent disclosures of a prior art reference may be relied upon in the rejection of claims under 35 U.S.C. 102 or 103.").

의해 제출된 증거는 사후적 증거에 해당하는 경우가 많다. 이에 연방순회항소법원(CAFC)은 내재적 개시가 사후적인 외부증거에 의해 증명되는 경우, 내재성 원칙에 따른 사후 고찰적인 측면이 연방순회항소법원의 진보성 판단 원칙에 어긋난다고 판시하며 내재성 원칙의 적용을 부정한 바 있다.[155] 따라서 자명성을 근거로 특허를 무효시키기 위해 외부증거를 제출하는 경우 해당 외부증거는 35 U.S.C. § 102의 선행기술의 자격을 갖추어야 한다.

Ⅳ. 관련문제 — 용도발명의 내재성

이미 물건이 공지된 경우 해당 물건에 대한 새로운 용도(new use)가 특허 가능한지가 문제된다. 미연방대법원은 1892년 *Ansonia Brass Copper* 사건을 통해 심지어 새로운 결과(new result)가 종전에 예기(contemplate)되지 않았다고 하더라도, 새로운 용도로 한정한 물건에 대해서는 특허를 받을 수 없다고 판시하여 새로운 용도의 "물건"을 청구하는 것을 불허한 바 있다.[156] 따라서 물건이 공지된 경우에는 새로운 용도가 있더라도 "물건"이 아닌 새로운 용도에 관한 "방법"으로 특허 받을 수 있을 뿐이다.[157]

용도발명에 대한 미국법의 기본적인 태도는 선행기술에 의해 모든 용도가 명시적으로 개시될 수는 없으므로 특허 받고자 하는 용도가 선행기술에 의해 내재적(inherently)으로 개시되었는지를 판단하여 만약 문제되는 용도가 내재적으로 개시된 것이라면 예견성(신규성)을 근거로 거절을 부여하는 것이다.[158] 즉, 용도발명의 특허성은 상술한 내재성의 원칙에 따라 판단된다.

---

155) *In re* Rijckaert, 9 F.3d 1531, 1534 (Fed. Cir. 1993) ("That which may be inherent is not necessarily known. Obviousness cannot be predicated on what is unknown. Such a retrospective view of inherency is not a substitute for some teaching or suggestion supporting an obviousness rejection.") (citations and quotation omitted). 또한 내재적으로 개시된 내용이 본 발명의 출원 시 당업자가 필연적으로 알 수 있는 것이 아님을 이유로 비자명성 판단에 적용을 부정한 예(*In re* Spormann, 363 F.2d 444, 448 (C.C.P.A. 1966))도 존재한다.

156) Ansonia Brass Copper Co v. Electrical Supply Co, 144 U.S. 11, 18 (1892).

157) 35 U.S.C. § 100(b)에 따르면 방법은 공지된 방법/물건 등에 대한 새로운 용도를 포함하는 것으로 규정된다. 35 U.S.C. § 100(b) ("The term 'process' means process, art, or method, and includes a new use of a known process, machine, manufacture, composition of matter, or material.").

V. 내재성의 원칙에 관한 구체적인 판단예

1. MEHL/Biophile Int. Corp. v. Milgraum[159]

기록에 따르면 MEHL/Biophile은 Q 스위치된 레이저를 이용하여 인간의 털을 제거하는 방법발명에 관한 특허권자이다. 본 사건에서 침해자인 Milgraum은 서로 다른 두 개의 선행기술을 기초로 특허권자의 특허의 무효를 주장했다. 문제된 첫 번째 선행기술은 Q 스위치된 레이저를 이용하여 문신을 제거하는 방법이 소개된 매뉴얼이었고, 두 번째 선행기술은 Q 스위치된 레이저를 이용하여 기니피그(guinea pig)의 털을 제거하는 방법을 설명한 문헌이었다.

연방순회항소법원(CAFC)은 첫 번째 선행기술과 관련하여 등록특허의 모든 단계가 첫 번째 선행기술에 의해 개시된 것이 아니라고 판단했다. 등록된 특허는 모낭(hair follicle)에 따라 레이저를 정렬하는 단계를 청구했으나 상술한 첫 번째 선행기술은 문신에 관한 것에 불과하므로 등록특허에 청구된 레이저 정렬 단계가 개시되지 않았다고 판단했다. 침해자는 문신 대신 털을 제거하는 것은 새로운 용도(new use)에 불과하고 이는 선행기술에 이미 내재적으로 개시된 바 있다고 주장했으나, 연방순회항소법원은 등록특허의 기술적 특징이 선행기술로부터 필수적으로 수반되는 것이 아니라 이따금 수반되는 결과(occasional result)에 불과함을 근거로 내재적 개시를 부정했다. 그러나 두 번째 선행기술의 경우, 사람의 털을 제거하는 방법은 동물의 털을 제거하는 방법으로부터 내재적 개시가 인정되어 신규성을 부정했다.

2. *In re* Woodruff[160]

본 사건에서 발명자인 Woodruff는 대기를 조절하여 곰팡이의 성장을 억제하는 방법에 관한 특허를 출원했다. 이 사건에서 문제된 선행기술은 대기를 조절하여 (곰팡이가 아닌) 박테리아의 성장을 방지하고 변색을 방지하는 것에 관한 것이었다. 연방순회항소법원(CAFC)은 선행기술에 개시된 변색 방지가 곰팡이 억제에 관한 특징을 내재적으로 개시한 것으로 판단하여

---

158) Steven C. Carlson, Inherent Anticipation, 40 IDEA 297, 306 (2000).

159) MEHL/Biophile Int. Corp. v. Milgraum, 192 F.3d 1362 (Fed. Cir. 1999).

160) *In re* Woodruff, 919 F.2d 1575 (Fed. Cir. 1990).

Woodruff에 대한 특허 허여를 불허했다.

제5절 | 특허법 제102(a)조 전문

Ⅰ. 의 의

발명 전에 미국(this country)에서 타인(others)에 의해 알려지거나(known) 사용(used)된 발명은 특허 받을 수 없다.[161)]

Ⅱ. 판단기준

1. 객체적 기준

1) 공지/공용

비록 명문규정은 "공공연하게(Publicly)" 알려지거나(known) 사용(used)될 것을 요구하는 것이 아니라 단순히 알려지거나 사용되는 경우에 특허 받을 수 없다고 규정하지만, 법원은 본 규정을 "공지(public knowledge)" 또는 "공연한 사용/공용(public use)"으로 해석한다. 즉, 35 U.S.C. § 102(a) 전문 규정에 따른 선행기술이 되기 위해서는 해당 선행기술이 공중에 의해 접근가능(accessible)해야 한다.[162)]

2) 접근가능성

접근가능성은 발명의 내용에 대해 비밀을 유지하려는 노력이 없는 경우에 인정될 수 있다.[163)] 심사지침서(MPEP)에 따르면 제품이 상업적으로 판매

161) 35 U.S.C. § 102(a) ("A person shall be entitled to a patent unless the invention was known or used by others in this country . . . before the invention thereof by the applicant for patent . . . .").

162) MPEP § 2132 (citing Carella v. Starlight Archery, 804 F.2d 135 (Fed. Cir. 1986)) ("The statutory language 'known or used by others in this country' (35 U.S.C. § 102(a)), means knowledge or use which is accessible to the public.").

163) MPEP § 2132 (citing W. L. Gore & Assoc. v. Garlock, Inc., 721 F.2d 1540 (Fed. Cir. 1983)) ("The knowledge or use is accessible to the public if there has been no

되어도 그 제조방법에 대해 비밀이 유지되고 있고, 해당 제품으로부터 그 제조방법을 알 수 없는 경우 35 U.S.C. § 102(a) 전문 규정은 적용될 수 없어 특허 받을 수 있다.[164)]

2. 지역적 기준 — 미국에서

35 U.S.C. § 102(a) 전문 규정은 35 U.S.C. § 102(a) 후문 규정과 달리 국내주의를 택하고 있다. 따라서 미국 이외의 지역에서의 공지 또는 공연한

---

deliberate attempt to keep it secret.").

164) MPEP § 2132 ("The nonsecret use of a claimed process in the usual course of producing articles for commercial purposes is a public use.") 비록 심사지침서(MPEP)는 상술한 내용의 근거에 대해 명확히 언급하고 있지는 않지만 *Electric Storage Batter* 사건 등에 따른 판례법(연방대법원은 본 사건을 통해 상업적인 목적으로 제품을 제조하는 경우 그 제조방법이 비밀로 유지되지 않았다면 이는 공연한 사용에 해당된다고 판단한 바 있다)을 근거로 삼는 것으로 보인다. Electric Storage Batter Co. v. Shimadzu, 307 U.S. 5, 20 (1939) ("A mere experimental use is not the public use defined by the Act, but a single use for profit, not purposely hidden, is such. The ordinary use of a machine or the practise of a process in a factory in the usual course of producing articles for commercial purposes is a public use.") (footnotes omitted) 한편, 판례 및 심사지침서(MPEP)에 따르면 비밀유지가 인정되는 상황에서는 35 U.S.C. § 102(a)가 적용될 수 없지만, 실제 구체적인 사건에서 이를 판단하기 어려울 수 있다. 예를 들어, *Rosaire* 사건(Rosaire v. National Lead Co., 218 F.2d 72 (5th Cir. 1955), *cert. denied*, 349 U.S. 916 (1955))에서는 원유 및 탄화수소 추출하는 방법에 관한 특허권이 문제된 바 있다. 이 사건에 제3자인 정유회사는 특허권자의 발명 이전에 스스로 발명한 방법에 의해 본 발명과 동일한 방법을 시험 실시하는 데 이에 대해 제5 항소법원은 i) 시험 실시 중에 의도적으로 공중의 접근을 막고 비밀을 유지하려는 노력이 없었고, 또한 ii) 종업원에게 비밀유지를 지시한 바 없으므로 제3자의 실시는 35 U.S.C. § 102(a)의 공연한 사용에 해당한다고 판단하였다. 또한 *Rosaire* 사건의 사실관계와 매우 유사한 사실 관계를 갖는 *New Railhead* 사건에서 연방순회항소법원(CAFC)의 다수의견은 *Rosaire* 사건을 근거로 제3자의 시험 실시를 공연한 사용이라 판단하였다(New Railhead Mfg., L.L.C. v. Vermeer Mfg. Co., 298 F.3d 1290 (Fed. Cir. 2002)). *New Railhead* 사건에서 Dyk 판사는 제3자의 시험 실시는 지하에서 수행되었기 때문에 그 시험을 수행했던 자라도 그 시험을 관찰할 수 있는 방법이 없기 때문에 비밀이 유지된 것이라는 소수의견을 개진했다. 개인적으로는 한국의 주류적인 견해와 판례는 오히려 Dyk 판사의 소수의견과 유사하다고 생각한다. 미국에서의 판단방법은 당업자가 발명을 알 수 있는지 여부에 주안점을 두기보다 비밀유지를 위한 노력에 주안점을 두는 것으로 판단되기 때문이다. 참고로 우리 대법원(대판 94후1688)은 특허법 제29조 제1항 제1호 후문의 공연히 실시된 발명이란 "당해 기술분야에서 통상의 지식을 가진 자가 그 발명의 내용을 용이하게 알 수 있는 상태로 실시하는 것"이라고 정의한 바 있다.

사용에 의해서는 35 U.S.C. § 102(a)가 문제되지 않는다.[165)]

3. 인적 기준 — 타인에 의해

타인(by others)에 의한 공지/공용이 있는 경우에만 35 U.S.C. § 102(a)의 적용이 가능하다. 즉, 본 발명의 발명자에 의해 알려지거나 사용되는 경우에는 35 U.S.C. § 102(a)의 적용이 문제될 수 없다. 발명자가 다수인 경우, 발명자 중 1인이라도 다르다면 타인으로 인정된다.[166)]

4. 시적 기준 — 발명 전에

본 발명의 발명 전의 선행기술에 의해서만 35 U.S.C. § 102(a) 전문이 적용 가능하다. 따라서 출원일 이전에 공지 또는 공연 사용된 선행기술이 존재하더라도 본 발명의 발명이 이루어진 시점이 선행기술에 비해 앞서는 경우 35 U.S.C. § 102(a) 전문이 적용되지 않는다. 선행기술이 본 발명의 발명이 이루어진 시점과 출원일 사이에 공개된 경우, 출원인은 37 C.F.R. § 1.131에 의한 선서진술서/선언서(Affidavit/Declaration)을 제출하여 해당 선행기술을 극복할 수 있다.[167)]

---

165) 참고로 NAFTA나 우루과이라운드협정 등으로 인해 "미국 내에서"라는 규정의 의미가 확장되는 것은 아니다. 즉 외국과의 조약에도 불구하고 "미국 내에서"는 미국 이외의 국가를 포함하지 않는다. MPEP § 2132.

166) MPEP § 2132.

167) 37 C.F.R. § 1.131에 의한 선서진술서/선언서는 실제 발명이 선행기술이 그 자격을 갖춘 날(effective date of the reference)에 비해 먼저 완성되었음을 주장하기 위해 발명자 전원이 작성하여 제출하는 진술의 일종이다. 구체적으로 37 C.F.R. § 1.131에 의한 선서진술서/선언서를 통해 i) 발명의 구체화(reduction to practice)가 선행기술보다 선행함을 증명하거나, ii) 비록 발명의 구체화가 선행기술보다 선행하지 못하더라도 발명의 착상(conception)이 선행기술보다 선행하고, 발명의 착상이 있었던 날부터 선행기술이 그 자격을 갖춘 날까지 합리적인 노력(due diligence)을 기울였다는 것을 증명하면 해당 선행기술을 극복할 수 있다. 37 C.F.R. § 1.131(b). 본조 규정에 따른 선서진술서/선언서는 발명자의 사망, 심신상실, 실종, 협조거부 등의 특별한 상황이 없는 한 발명자 전원이 작성하여야 한다. 주의할 점은 발명자가 작성할 수 없는 경우에는 양수인 또는 재산상의 이익을 가지는 자가 대신 작성할 수 없다는 것이다. MPEP § 715.04 (citing *Ex parte* Foster, 1903 C.D. 213, 105 O.G. 261 (Comm'r Pat. 1903)).

제6절 | 특허법 제102(a)조 후문

Ⅰ. 의　　의

발명 전에 미국 또는 외국에서 특허(patented)되거나 인쇄된 간행물(printed publication)에 기재된 발명은 특허 받을 수 없다.[168)]

Ⅱ. 판단기준

1. 객체적 기준 — 특허나 인쇄된 간행물

1) 특허의 의미

미국 또는 외국에서 특허된 선행기술이 있는 경우 35 U.S.C. § 102(a) 후문이 적용 가능하다. 미국에서 특허된 선행기술의 경우 그 의미가 명확하게 정의되므로 크게 문제되지 않지만, 외국에서의 선행기술이 문제되는 경우 어떤 권리가 35 U.S.C. § 102(a) 후문에 규정된 "특허(patent)"로 인정될지 문제된다. 외국에서 발생한 권리가 특허에 해당하는지 여부는 해당 권리의 명칭이 아니라 부여되는 권리의 속성에 의해 결정되는바, 해당 권리에 독점배타권(exclusionary right)이 인정되면 35 U.S.C. § 102(a) 후문에 따른 "특허"의 자격을 갖는다.[169)] 미국 또는 외국에서의 특허가 간행물(publication)의 지위를 갖는 경우에는 간행물로서도 35 U.S.C. § 102(a), (b)가 적용 가능하다.[170)]

---

168) 35 U.S.C. § 102(a) ("A person shall be entitled to a patent unless the invention was . . . patented or described in a printed publication in this or a foreign country, before the invention thereof by the applicant for patent . . . .").

169) *See* MPEP § 2126 (citing *In re* Ekenstam, 256 F.2d 321 (C.C.P.A. 1958)).

170) 개인적으로는 35 U.S.C. § 102(a), (b)의 적용에 있어 특허(patent)와 간행물(publication)을 구별할 실익이 있는지 의문이다. 우선 특허가 공중에 의해 접근가능한 경우에는 간행물로서의 지위를 갖기 때문에 특허와 간행물의 구별이 무의미해진다. 또한 공중에 의해 접근이 불가능한 비밀특허(secret patent)의 경우, 비록 해당 특허가 독점배타권을 부여받아 특허권의 행사가 가능한 경우라 하더라도 해당 특허가 공개되지 않은 경우라면 35 U.S.C. § 102(a), (b)의 적용을 부정하는 것이 연방순회항소법원의 태도(In re Carlson, 983 F.2d 1032, 1037 (Fed. Cir. 1992))이므로, 결국 비밀특허는 35 U.S.C. § 102(a), (b)의 선행기술의 자격을 갖지 못하여 선행기술로서의 논의의 실익이 사라진다. 즉, 비밀특

A. 공중에의 접근가능성

기본적으로 미국 또는 외국에서의 특허는 35 U.S.C. § 102(a), (b), (d) 규정에 의한 선행기술이 될 수 있으나, 그 중 35 U.S.C. § 102(a), (b) 규정에 따른 선행기술이 되기 위해서는 공중에의 접근가능성이 인정되어야 한다.[171]

B. 선행기술로 자격을 갖는 날

특허가 35 U.S.C. § 102(a), (b) 규정에 따른 선행기술로의 자격을 갖는 날(effective date of the reference)은 해당 특허에 따른 독점배타권이 집행 가능한 시기이다.[172]

C. 선행기술이 되는 범위

한편 특허가 35 U.S.C. § 102(a), (b), (d)에 따른 선행기술이 되는 경우, 해당 특허의 청구항에 기재된 발명만이 선행기술의 자격을 갖는 것인지 아니면 해당 특허의 상세한 설명에 기재된 발명도 선행기술의 자격을 갖는지 문제된다. 특허청의 실무에 따르면 35 U.S.C. § 102(a), (b), (d)에 따른 특허를 판단하는 경우에는 청구항에 기재된 발명뿐만 아니라 청구항에 기재되지 않은 발명에 대해서도 선행기술의 자격을 부여한다.[173]

허가 아니어서 공중에의 접근가능한 특허만이 선행기술로서 논의할 의미를 갖는데, 접근가능한 특허는 상술한 바와 같이 간행물과 같이 취급되므로 특허와 간행물을 구별할 실익이 없는 것으로 판단된다. 물론 35 U.S.C. § 102(a), (b)에 따른 선행기술로서의 특허는 독점배타권을 집행 가능한 시기에 선행기술로의 자격을 갖추고(In re Ekenstam, 256 F.2d 321, (C.C.P.A. 1958)), 간행물은 공중에 의해 접근가능한 시점에 선행기술로의 자격을 갖추기 때문에 일견 양자에 차이가 있다고 볼 수 있으나, 특허의 집행 가능시기가 공중에 의한 접근가능 시점에 비해 앞선 경우를 찾기 어렵고, 비밀특허의 경우에는 간행물과 마찬가지로 공중에 의한 접근가능시점에 선행기술로의 자격을 갖추기 때문에 양자의 구별 실익을 찾기 어렵다. 또한 선행기술로 인정되는 범위에 있어서, 특허로서 선행기술의 지위를 갖더라도 권리범위뿐만 아니라 발명의 상세한 설명까지 선행기술의 지위를 갖게 되므로(See MPEP § 2126.02.), 간행물과의 구별의 실익을 찾기 어려워 보인다.

171) MPEP § 2126 (citing *In re* Carlson, 983 F.2d 1032, 1037 (Fed. Cir. 1992)) ("Even if a patent grants an exclusionary right (is enforceable), it is not available as prior art under 35 U.S.C. 102(a) or (b) if it is secret or private."). 참고로 35 U.S.C. § 102(d)에 의한 선행기술에 대해서는 공중에의 접근가능성이 요구되지 않는다. MPEP § 2126 (citing *In re* Kathawala, 9 F.3d 942 (Fed. Cir. 1993)).

172) MPEP § 2126.01 ("The date the patent is available as a reference is generally the date that the patent becomes enforceable.").

173) MPEP § 2126.02. 심사지침서는 판례가 35 U.S.C. § 102(a), (b)의 해석과 35 U.S.C. § 102(d)의 해석을 구분하지 않을 뿐만 아니라 근거 규정을 인용할 때도 35 U.S.C. § 102의 어

2) 인쇄된 간행물의 의미

A. 접근가능성

문서가 실제로 배포(dissemination)되었거나 당업자가 합리적으로 노력으로 접근가능한 경우 해당 문서는 간행물(publication)의 지위를 갖는다.[174] 미국 법원은 전통적으로 공중에 의한 접근가능성(public accessibility)을 강조하여, 실제 배포가 없어도 배포 가능성이 있는 경우에는 간행물로서의 지위를 인정하는 태도를 보여왔다.

B. 전자간행물 등의 취급이 문제되는 경우

심사지침서(MPEP)는 인터넷에 게재된 내용 등과 같이 비전형적인 선행기술이 간행물에 해당하는지에 관하여 설명하고 있는데, 이를 간략하게 설명하면 다음과 같다.

는 항인지를 인용하지 않음을 근거로, 35 U.S.C. § 102(a), (b), (d) 각 규정을 동일하게 취급하는 것으로 보인다. 그러나 이것이 정확한 해석인지는 의문이다. 심사지침서가 인용한 *Ovist* 사건(*Ex parte* Ovist, 152 USPQ 709, 710 (B.P.A.I. 1963))을 보면 특허심판원(BPAI)은 청구항에 기재된 발명과 관련된 발명의 상세한 설명을 근거로 35 U.S.C. § 102(b)를 적용했다. 또한 심사지침서가 인용하는 *Kathawala* 사건(*In re* Kathawala, 9 F.3d 942 (Fed. Cir. 1993))을 보면 청구항에 기재되지 않은 내용을 근거로 35 U.S.C. § 102(d)를 적용하였다. 그러나 심사지침서는 35 U.S.C. § 102(a), (b)의 "patented in a foreign country" 규정이 청구항만을 의미하는지 아니면 상세한 설명에 기재된 발명도 포함하는 것인지에 대해 법원의 태도가 대립한다는 사실을 간과하고 있다. 구체적으로, 독일에서의 실용신안(gebrauchsmuster)이 35 U.S.C. § 102(b) 특허에 해당되는지가 문제된 사안에서 청구항에 기재된 발명만이 선행기술의 자격이 인정된다는 판결(Bendix Corp. v. Balax, Inc., 421 F.2d 809 (7th Cir. 1970))과 외국/국내 특허를 달리 취급하거나 청구항에 기재된 내용만을 특허로 인정할 법적 근거가 없으므로 어느 나라에서 특허가 부여되건 해당 특허에 기재된 모든 내용이 선행기술이 된다는 판결 (*In re* Moreton, 288 F.2d 708 (C.C.P.A. 1961))이 대립하고 있다. 또한 심사지침서에 기재된 것처럼 법원이 35 U.S.C. § 102(a), (b)와 35 102(d)를 동일하게 취급한다는 태도가 정확한지에 대해서도 의문이다. 심사지침서가 35 U.S.C. § 102(a), (b)에 관해서도 인용하는 *Kathawala* 사건을 35 U.S.C. § 102(d)에만 국한시키는 견해(*See* KIMBERY A. MOORE ET. AL., PATENT LITIGATION AND STRATEGY 542 (Thomson West 3rd ed. 2008.))도 유력하기 때문이다.

174) MPEP § 2128 (citing *In re* Wyer, 655 F.2d 221 (C.C.P.A. 1981)) ("A reference is proven to be a 'printed publication' 'upon a satisfactory showing that such document has been disseminated or otherwise made available to the extent that persons interested and ordinarily skilled in the subject matter or art, exercising reasonable diligence, can locate it.'").

a) **전자간행물**(electronic publication)

미국특허법에는 한국 특허법(특허법 제29조 제1항 제2호 및 관련 시행령)과 달리 전기통신회선을 통해 게재된 선행기술에 대한 특칙이 없다. 미국특허법에 따르면 전기통신회선을 통해 게재된 선행기술은 일종의 간행물로 취급된다. 구체적으로, 온라인 데이터베이스 또는 인터넷 등을 통해 개시된 자료에 공중의 접근가능성이 인정되면, 해당 자료는 간행물로서의 자격을 갖춘다.[175] 전자간행물의 경우 공연하게 게재된(publicly posted) 날에 선행기술로의 자격을 갖추게 되므로, 이러한 날짜를 확인할 수 없는 경우에는 35 U.S.C. § 102(a), (b)의 선행기술로 인정할 수 없다.[176] 그러나 이 경우에도 심사관은 해당 자료를 당업계의 기술 수준(State of the Art)에 관한 증거로는 활용할 수 있다.[177]

b) 논 문

논문이 색인 목록에 오르고 도서관에 비치되는 경우에는 공중에의 접근가능성이 인정된다.[178] 만약 논문이 색인 목록에 오르게 된 날짜와 서가에 비치된 날짜가 증명되지 않는 경우에 공중에의 접근가능성이 인정되는지 문제될 수 있으나, 연방순회항소법원(CAFC)은 *Hall* 사건을 통해 일반적인 도서관 업무 관행을 근거를 공중에의 접근가능성을 인정한 바 있다.[179] 본 사건에서는 특허청이 제시한 선행기술인 독일 Freiburg 대학의 박사학위 논문이

---

175) MPEP § 2128 (citing *In re* Wyer, 655 F.2d 221, 227 (C.C.P.A. 1981)) ("An electronic publication, including an on-line database or Internet publication, is considered to be a 'printed publication' within the meaning of 35 U.S.C. 102(a) and (b) provided the publication was accessible to persons concerned with the art to which the document relates.").

176) MPEP § 2128 ("Prior art disclosures on the Internet or on an on-line database are considered to be publicly available as of the date the item was publicly posted. Absent evidence of the date that the disclosure was publicly posted, if the publication itself does not include a publication date (or retrieval date), it cannot be relied upon as prior art under 35 U.S.C. 102(a) or (b).").

177) 즉, 35 U.S.C. § 103 판단에 대한 참고 자료로는 활용 가능하다. *See* MPEP § 2141.03 (citing *Ex parte* Erlich, 22 USPQ 1463 (B.P.A.I. 1992)).

178) MPEP § 2128.01 (citing *In re* Hall, 781 F.2d 897 (Fed. Cir. 1986)) ("A doctoral thesis indexed and shelved in a library is sufficiently accessible to the public to constitute prior art as a 'printed publication.'").

179) *In re* Hall, 781 F.2d 897 (Fed. Cir. 1986).

1979년 2월 27일 이전에 공개되었는지가 문제되었는데, 이를 증명하기 위해 특허청은 1977년 9월에 박사학위 논문이 해당 도서관에 제출되었고 동년 11월에 박사 학위가 부여되었기 때문에 해당 논문은 동년 12월 경에는 공중에 접근가능했을 것이라는 내용으로 작성된 해당 대학 도서관 담당자의 선서진술서(affidavit)를 증거로 제출했다. 이에 법원은 논문이 색인 목록에 오르게 된 날짜와 서가에 비치된 날짜가 정확하게 증명되는 것이 바람직하지만 그러한 증명이 없더라도 공중의 접근가능성은 증명 가능하다고 지적하며, 해당 도서관으로부터 제출된 선서진술서에 의해 선행기술이 1979년 2월 27일 이전에 공개되었음이 자명하게 증명되었다고 판단했다. 본 사건에서 출원인은 도서관에 구비된 논문의 개수가 1개에 불과했다는 주장을 예비적으로 제기했으나 법원은 공중에의 접근가능성이 인정되는 이상 도서관에 구비되는 논문의 개수는 무관하다 판시했다.

c) 구두발명

문서에 기재된 내용이 구두로 발표된 경우, 구두발명 당시 해당 문서가 제한 없이 공중에 접근가능한 경우라면 문서는 간행물에 해당한다.[180)]

d) 내부 문서

조직 내부에서의 배포를 위해 제작된 문서는 일반적으로 간행물로 인정되지 않는다.[181)]

C. 선행기술로 자격을 갖는 날

선행기술이 공중에 접근가능하게 된 날이 선행기술로 자격을 갖는 날이 되는 것이 원칙이다. 한편 논문 등이 공중에 접근가능하게 된 날짜가 정확하게 증명될 수 없는 상황에서는, 상술한 *Hall* 사건의 법원의 태도와 같이 통상적인 업무 관행을 통해 유효한 공개일자를 증명하는 것도 가능하다.[182)]

---

180) MPEP § 2128.01 (citing Massachusetts Institute of Technology v. AB Fortia, 774 F.2d 1104, 1109 (Fed. Cir. 1985)) ("A paper which is orally presented in a forum open to all interested persons constitutes a 'printed publication' if written copies are disseminated without restriction.").

181) MPEP § 2128.01 ("Documents and items only distributed internally within an organization which are intended to remain confidential are not 'printed publications' no matter how many copies are distributed.").

182) *See* MPEP § 2128.02 (citing Constant v. Advanced Micro-Devices, Inc., 848 F.2d 1560 (Fed. Cir. 1988), *cert. denied*, 988 U.S. 892 (1988)).

잡지 등 간행물의 경우 일반 대중에 의해 입수된 날을 공개일자로 판단한다. 예를 들어 원고가 잡지 발행인에게 발송된 이후 출판되어 일반 대중에 의해 입수되는 경우, 잡지 발행인에게 발송된 날이 아닌 일반 대중에 의해 입수된 날이 유효한 공개일자가 된다.[183]

D. 인쇄일과 반포일의 취급

비밀로 취급되지 않은 인쇄물이 선행기술로 문제되는 경우, 해당 인쇄물이 선행기술로 자격을 갖는 날(effective date of the reference)이 해당 인쇄물의 인쇄일(date of printing)인지 반포일(date of release)인지 문제된다. 특허청 실무상, 해당 인쇄물을 35 U.S.C. § 102(a) 후문 및 (b)에 따른 인쇄된 간행물(publication)로 취급하는 경우에는 공중에의 접근가능성이 인정되는 반포일이 해당 인쇄물이 선행기술로 자격을 갖는 날이 된다.[184] 그러나 해당 인쇄물을 35 U.S.C. § 102(a) 전문에 따른 "공지" 기술로 취급하는 경우에는, 심사관은 인쇄일을 해당 인쇄물이 선행기술로 자격을 갖는 날로 인정할 수 있으며 해당 일자에 공지되지 않았음을 증명할 책임은 출원인에게 부담되는 것이 특허청 실무다.[185]

E. 반드시 인쇄된 형태이어야 하는지 여부

명문규정이 인쇄된(printed) 간행물을 요구하는바, 35 U.S.C. § 102(a)에 규정된 간행물이 반드시 인쇄된 형태이어야 하는지 문제되었다. '관세 및 특허항소법원'(CCPA)[186]은 35 U.S.C. § 102(a)에서 요구하는 "인쇄"는 배포 가능성을 의미하고, "간행물"은 공중의 접근가능성을 의미하므로 "인쇄"라는 문구는 불필요한 의미를 만들 뿐이므로 인쇄물과 간행물을 구별하는 전통적인 접근 방법이 더 이상 유효하지 않다고 지적한 바 있다.[187]

---

183) *See* MPEP § 2128.02 (citing *In re* Schlittler, 234 F.2d 882 (C.C.P.A. 1956)).

184) MPEP § 707.05(f) ("The publication date is the date of release when the material was made available to the public.").

185) MPEP § 707.05(f) ("For the purpose of anticipation predicated upon prior knowledge under 35 U.S.C. 102(a) the above noted declassified material may be taken as *prima facie* evidence of such prior knowledge as of its printing date even though such material was classified at that time.").

186) 연방순회항소법원(CAFC)의 전신이다.

187) *In re* Wyer, 655 F.2d 221, 226 (C.C.P.A. 1981) ("We agree that 'printed publication' should be approached as a unitary concept. The traditional dichotomy between 'printing' and 'publication' is no longer valid. . . . In any event,

2. 지역적 기준 — 미국 또는 외국에서

35 U.S.C. § 102(a) 후문 규정은 그 전문 규정과 달리 국제주의를 택하고 있다. 따라서 미국 이외의 지역에서의 특허되거나 간행물에 기재된 경우 35 U.S.C. § 102(a)가 적용된다.

3. 인적 기준 — 타인에 의해

타인(by others)에 의한 특허 또는 타인에 의한 간행물만이 35 U.S.C. § 102(a) 후문 규정에 의한 선행기술의 자격을 갖는다. 따라서 청구된 발명의 발명자의 특허 또는 간행물은 35 U.S.C. § 102(a) 후문 규정에 의한 선행기술이 될 수 없다. 만약 본 발명의 발명자가 복수인 경우 35 U.S.C. § 102(a) 후문의 적용을 부정하기 위해서는 문제되는 특허 또는 간행물이 해당 발명자 전부에 의한 것이어야 한다. 만약 청구된 발명의 발명자와 선행 특허의 발명자/간행물의 작성자가 완전히 일치하지는 않지만, i) 청구된 발명의 예견성 요건 위반을 일으키는 선행 특허의 내용이 본 발명의 발명자에 의한 것이거나, ii) 청구된 발명의 예견성 요건 위반을 일으키는 간행물의 내용이 본 발명의 발명자에 의한 것인 경우에는 선서진술서/선언서(Affidavit/Declaration)을 통해 해당 선행기술(특허/간행물)의 자격을 부정할 수 있다. 구체적으로 i) 출원인이 본 발명의 예견성 요건 위반을 일으키는 선행기술의 내용이 출원인 자신에 의한 것임을 증명하는 선서진술서/선언서를 제출하거나,[188] ii) 선행기술의 나머지 작성자(즉, 선행 특허의 발명자 중 본 발명의 발명자가 아닌 자/간행물의 작성자 중 본 발명의 발명자가 아닌 자)가 자신들은 본 발명의 예견성 요건 위반을 일으키는 내용을 작성/발명한 것이 아님을 증명하는 선서진술

---

interpretation of the words 'printed' and 'publication' to mean 'probability of dissemination' and 'public accessibility,' respectively, now seems to render their use in the phrase 'printed publication' somewhat redundant.").

188) 이러한 선서진술서/선언서는 37 C.F.R. § 1.132에 의한 선서진술서/선언서이다. 그러나 선행 특허의 발명자 중 일부 또는 간행물의 작성자 중 어느 하나라도 후술하는 "disclaiming affidavit"의 작성을 거절한 증거가 발견되는 경우 출원인의 37 C.F.R. § 1.132에 의한 선서진술서/선언서로는 예견성의 거절을 극복할 수 없다. MPEP § 716.10 ("[T]he joint patent or joint patent application publication is a valid reference available as prior art under 35 U.S.C. 102(a), (e), or (f) unless overcome by affidavit or declaration . . . under 37 C.F.R. § 1.132 that he or she conceived or invented the subject matter disclosed in the patent or published application."); *See* MPEP § 2132.01.

서[189]를 제출하여 해당 선행기술을 극복할 수 있다.[190]

4. 시적 기준 — 발명 전에

35 U.S.C. § 102(a) 전문 규정과 동일하게 발명이 이루어진 시점을 판단한다. 만약 선행기술이 본 발명의 발명이 이루어진 시점과 출원일 사이에 공개된 경우, 출원인은 37 C.F.R. § 1.131에 의한 선서진술서/선언서(Affidavit/Declaration)를 제출하여 해당 선행기술을 극복할 수 있다.[191]

제7절 | 특허법 제102(b)조

Ⅰ. 의 의

미국특허출원일로부터 1년 이전에 미국 또는 외국에서 특허되거나 인쇄된 간행물에 기재되거나, 미국에서 공공연하게 사용(public use)되거나 판매(on sale)된 경우에는 특허 받을 수 없다.[192]

---

189) MPEP § 2132.01 (citing *Ex parte* Hirschler, 110 USPQ 384 (B.P.A.I. 1952)). 선행기술의 나머지 작성자가 작성하는 이러한 선서진술서를 "disclaiming affidavit"이라 부른다. 출원인이 선서진술서/선언서를 제출하면 "disclaiming affidavit"이 요구되지 않는다. *See* MPEP § 716.10.

190) 물론 일반적인 35 U.S.C. § 102(a)에 의한 거절과 마찬가지로 37 C.F.R. § 1.131에 의한 선서진술서/선언서를 통해 선행기술을 극복하는 것도 가능하다. *See* MPEP § 716.10.

191) 37 C.F.R. § 1.131에 의한 선서진술서/선언서는 실제 발명이 선행기술이 그 자격을 갖춘 날(effective date of the reference)에 비해 먼저 완성되었음을 주장하기 위해 발명자 전원이 작성하여 제출하는 진술의 일종이다. 구체적으로 37 C.F.R. § 1.131에 의한 선서진술서/선언서를 통해 i) 발명의 구체화(reduction to practice)가 선행기술보다 선행함을 증명하거나, ii) 비록 발명의 구체화가 선행기술보다 선행하지 못하더라도 발명의 착상(conception)이 선행기술보다 선행하고, 발명의 착상이 있었던 날부터 선행기술이 그 자격을 갖춘 날까지 합리적인 노력(due diligence)을 기울였다는 것을 증명하면 해당 선행기술을 극복할 수 있다. 37 C.F.R. § 1.131(b). 주의할 점은 발명자가 작성할 수 없는 경우에는 양수인 또는 재산상의 이익을 가지는 자가 대신 작성할 수 없다는 것이다. *See* MPEP § 715.04 (citing *Ex parte* Foster, 1903 C.D. 213, 105 O.G. 261 (Comm'r Pat. 1903)).

192) 35 U.S.C. § 102(b) ("A person shall be entitled to a patent unless the invention was patented or described in a printed publication in this or a foreign country or in public

II. 한국 특허법 제30조(공지예외주장 또는 신규성의제)와의 관계

35 U.S.C. § 102(b)를 한국 특허법 제30조에 대응해서 이해하는 실무자들이 많다. 즉, 미국출원일 이전의 1년 동안에 있었던 공지행위에 대해서는 35 U.S.C. § 102(b)의 적용이 배제되므로 이를 일종의 유예기간(grace period)으로 이해하는 경우가 많다. 한국 특허법에 의하면 출원일 6개월 이내에 출원인의 의사에 따른 공지 또는 그 의사에 반하는 공지가 있는 경우, 본 발명의 신규성 및 진보성 판단시에 해당 공지행위를 제외시킬 수 있다. 한국 특허법의 경우 반의사 공지가 아닌 이상 출원시에 법 제30조에 따른 취지를 밝혀야 하고, 출원일 이후 30일 내에 그에 따른 증명을 해야한다.

미국특허법은 유예기간 동안에 발생한 공지행위가 있었다는 취지를 밝히거나 이를 증명할 것을 요구하지 않는다. 즉, 심사관이 1년의 유예기간 동안 이루어진 공지행위를 발견하더라도 이를 기초로는 35 U.S.C. § 102(b)의 거절을 내리지 않는 방식으로 절차가 진행된다. 또한 한국 특허법은 적법한 공지예외주장이 인정된 선행기술을 기초로는 더 이상 신규성/진보성 판단을 하지 않지만, 미국특허법은 설사 1년의 유예기간 내에 발생한 선행기술이라도 35 U.S.C. § 102(b)를 제외한 나머지에 해당되는 선행기술이라면 예견성/비자명성의 판단에 사용되는 차이가 있음을 주의해야 한다.

III. 판단기준

1. 객체적 기준

1) 특허법 제102(b)조[35 U.S.C. § 102(b)] 전문 – 미국/외국에서 특허되거나 인쇄된 간행물에 기재된 경우

"특허"와 "인쇄된 간행물"의 구체적인 의미는 35 U.S.C. § 102(a) 후문에서 사용된 의미와 동일하다. 설명의 중복을 피하기 위해 구체적인 설명은 생략한다.

---

use or on sale in this country, more than one year prior to the date of the application for patent in the United States . . . .").

2) 특허법 제102(b)조[35 U.S.C. § 102(b)] 후문 – 미국에서의 공연한 사용과 판매

35 U.S.C. § 102(b) 후문에 따른 특허요건은 출원단계보다는 소송단계에서 주로 문제된다. 35 U.S.C. § 102(b) 후문에 관하여는 다양한 판례법이 개발되어 있으며, 구체적으로는 i) 공연한 사용(public use)과 판매(on sale)의 구체적인 의미와 사용/판매의 주체에 따른 취급, ii) 실험적 사용의 예외 등이 문제된다.

A. 공연한 사용(public use) 및 판매(on sale)의 주체에 따른 취급

a) 판례검토

Pfaff 사건[193] — 발명자에 의한 판매

Pfaff 사건은 35 U.S.C. § 102(b)에 따른 "판매(on sale)"에 관한 기존의 논쟁에 대해 연방대법원이 명확한 기준을 제시한 사건이다. 기록에 따르면, 발명자인 Wayne Pfaff는 Texas Instrument(이하, "TI"라 칭함)로부터 의뢰 받은 소켓을 1980년에 11월부터 연구하기 시작하여, 1981년 2월 및 3월에 설계된 도면을 소켓 생산자에게 송부했고, 1981년 3월 17일 이전에 TI의 대표자에게 그 착상(concept)에 관한 스케치를 보여주었고, 1981년 4월 8일 TI에 의해 9만 불 상당의 제품 주문을 받았고, 1981년 여름에 소켓 제작자에 의해 처음으로 발명이 구체화(reduction to practice)된 것이 증명되었다. 한편 Pfaff는 1982년 4월 19일에 특허출원을 했으므로, 35 U.S.C. § 102(b)의 임계일(critical date)[194]은 1981년 4월 19일로 인정된다. 정리하면, 발명의 착상(concept)은 1981년 3월 17일에, 제품에 대한 상업적 청약(commercial offer for sale)은 1981년 4월 8일에, 구체화(reduction to practice)는 1981년 여름에 이루어졌으므로, 임계일(critical date) 이전에 발명의 착상 및 청약이 이루어졌고, 임계일 이후에 구체화가 이루어진 상황이다. 35 U.S.C. § 102(b)에 따르면 판매(on sale)가 임계일 이전에 이루어지면 특허가 무효가 되므로, 비록 임계일 당시에 실제 판매가 완료되거나 발명이 구체화되지 않았지만 발명의 착상과 청약이 인정되는 경우에는 35 U.S.C. § 102(b)에 따른 판매가 이루어졌

193) Pfaff v. Wells Electronics, Inc., 525 U.S. 55 (1998).

194) 35 U.S.C. § 102(b)의 임계일은 미국출원일로부터 1년 이전이 되는 날이다.

다고 볼 수 있는지가 사건의 쟁점이 된다.[195)]

연방대법원은 35 U.S.C. § 102(b)의 판매가 적용되기 위해서는, i) 실제 판매가 완료되지 않았더라도 발명에 따른 제품이 상업적 청약[196)]이 있고, ii) 발명이 특허될 준비가 되어 있어야 한다는 새로운 기준[197)]을 제시했다.[198)] 한편, "발명이 특허될 준비"의 의미에 대해 법원은 임계일 이전에 구체화를 증명하거나, 임계일 이전에 당업자가 실시할 수 있을 만큼 구체화된 도면, 설명 등이 준비되었음을 증명하는 경우, 해당 발명이 특허될 준비가 된 것이라고 판단했다.[199)]

본 사건에서는 임계일인 1981년 4월 19일 이전에 이미 i) 9만 불 상당의 상업적인 청약이 있었고, ii) 소켓 제작자가 제작에 착수할 수 있을 정도로 구체화된 도면 등이 발명자에 의해 제작된 사정이 인정되므로, Pfaff의 특허는 35 U.S.C. § 102(b)의 위반으로 무효되었다.

---

195) 해당 쟁점에 대해 *Pfaff* 사건 이전에는 제2 항소법원 및 연방순회항소법원(CAFC)의 판례가 충돌하는 문제가 있었다.

196) *Pfaff* 판결 이후에, 구체적으로 어떤 경우가 *Pfaff* 사건에서 판시한 "상업적 청약"에 해당되는지가 연방순회항소법원(CAFC)에서 문제되었다. 초기에는 미국통합상법(Uniform Commercial Code 또는 UCC)에 의하여 판단했으나, 이후에는 UCC에 의한 판단은 부적법하다 하면서 미국 보통법(common law)에 따른 계약법의 법리에 의해 해결하고 있다. 연방순회항소법원(CAFC)이 열거한 상업적 청약의 예는 *Linear Technology* 사건(Linear Technology Corp. v. Micrel, Inc., 275 F.3d 1040, 1050-53 (Fed. Cir. 2001)) 또는 MPEP § 2133.03(b)를 통해 확인할 수 있다.

197) 종전에 연방순회항소법원(CAFC)은 제반 사정을 고려한 종합적 테스트(totality of the circumstances test)를 사용했는데 *Pfaff* 사건의 법원은 이러한 테스트를 부정하고 상술한 2가지의 기준을 제시하였다.

198) *Pfaff*, 525 U.S. at 67 ("We conclude, therefore, that the on-sale bar applies when two conditions are satisfied before the critical date. First, the product must be the subject of a commercial offer for sale. . . . Second, the invention must be ready for patenting.").

199) *Pfaff*, 525 U.S. at 67-68 ("That condition may be satisfied in at least two ways: by proof of reduction to practice before the critical date; or by proof that prior to the critical date the inventor had prepared drawings or other descriptions of the invention that were sufficiently specific to enable a person skilled in the art to practice the invention.") (footnotes omitted). 따라서 발명의 착상(conception)만이 그 착상이 기록된 도면 등이 상업적으로 활용된 경우에는 판매(on sale)되었음을 주장할 수 있다.

Invitrogen 사건[200] — 발명자에 의한 사용

본 사건에서 특허권자인 Invitrogen의 특허는 방법발명에 관한 것으로, 그 임계일(critical date) 이전부터 자신의 실험실에서 사용되고 있었으나 비밀상태로 사용했다. 특허권자는 자신이 발명한 방법발명을 사용하여 세포를 증식했는데, 이는 방법발명 자체를 개량하기 위한 것이 아니라[201] 향후에 상업적 이득을 얻기 위한 별도의 프로젝트를 위한 것이었다. 한편 이러한 별도의 프로젝트로 인해 임계일 이전에 특허권자가 상업적 이득을 거두지는 못했다. 이러한 상황에서 특허권자의 실험실에서의 사용이 35 U.S.C. § 102(b)에 의한 공연한 사용(public use)에 해당되는지 문제되었다.

본 사건에서 판결문을 작성한 Rader 판사는 35 U.S.C. § 102(b)에 따른 공연한 사용(public use) 여부를 결정하기 위해 적합한 테스트 방법은 발명자의 사용이 ① 공중에 접근가능한지 여부[202] 또는 ② 상업적으로 활용(commercially exploited)되었는지 여부에 따라야 한다고 하였다.[203][204] 또한

200) Invitrogen Corp. v. Biocrest Mfg., L.P., 424 F.3d 1374 (Fed. Cir. 2005).

201) 만약 특허권자의 사용이 방법발명 자체를 개량하기 위한 것이었다면, 법원이 1800년대부터 인정해온 실험적 사용(experimental use)의 예외를 주장할 수 있었을 것이다. 실험적 사용은 이하에서 설명한다.

202) 만약 비밀유지협정이 있거나 정황상 비밀유지가 부여된 것이라면 공중에 접근가능성은 부정될 것이다. *Invitrogen*, 424 F.3d at 1382 (citing TP Labs., Inc., v. Professional Positioners, Inc., 724 F.2d 965 (Fed. Cir. 1984)) ("[A]greement of confidentiality, or circumstances creating a similar expectation of secrecy, may negate a 'public use' where there is not commercial exploitation.").

203) *Invitrogen*, 424 F.3d at 138 ("The proper test for the public use prong of the § 102(b) statutory bar is whether the purported use: (1) was accessible to the public; or (2) was commercially exploited.").

204) *Pfaff* 사건에서 연방대법원은 연방순회항소법원(CAFC)의 제반 사정을 고려한 종합적 테스트(totality of the circumstances test)를 부정한 바 있지만, 이는 35 U.S.C. § 102(b)의 판매(on sale)에 관한 것이었기 때문에 *Pfaff* 사건 이후에도 연방순회항소법원(CAFC)은 종전의 판단방법을 고수하였다. Netscape Communications Corp. v. Konrad, 295 F.3d 1315 (Fed. Cir. 2004). 그러나 본 사건을 통해 연방순회항소법원(CAFC)은 만약 *Netscape* 사건이 종래의 연방순회항소법원(CAFC) 태도를 따른 것이라면 이는 *Pfaff* 사건과 불합치하는 것이라고 지적하며 35 U.S.C. § 102(b)의 공연한 사용의 판단에 대해서도 *Pfaff* 법원이 제시한 판단 기준과 유사한 판단 기준을 제시하였다. 이에 따라 연방순회항소법원(CAFC)의 공연한 사용(public use)에 대한 판단기준이 본 사건을 통해 변경된 것으로 평가하는 학자들이 있다. 본 사건으로 인해 연방순회항소법원(CAFC)의

Rader 판사는 상술한 2개의 요소에 따라 공연한 사용(public use)을 판단하기 위해 고려할 수 있는 증거는 i) 실험적 사용인지 여부, ii) 공중에서 수행된 행위의 성격, iii) 공중이 해당 사용에 접근가능한지 여부, iv) 해당 사용을 관찰한 사람들에게 비밀유지의무가 부여되는지 여부, v) 상업적 활용에 관한 것들이어야 한다고 판시했다.[205]

결국 본 사건에서 특허권자는 i) 비밀이 유지되는 상태에서 방법발명을 사용했고, ii) 방법발명을 통해 얻은 결과물을 판매하는 등의 행위를 통해 상업적 이득을 얻는 행동도 하지 않았기 때문에, 특허권자의 실험실에서의 사용은 공연한 사용이 아니라 했다.

b) **구체적 판단**

㉠ 발명자(즉, 출원인)에 의한 공연한 사용(public use) 및 판매(on sale)[207]

발명의 내용이 알려진 경우	발명의 내용이 알려지지 않은 경우(단, 비밀유지가 인정되지 않은 경우)	비밀이 유지된 경우[206]
① Pennock v. Dialogue, 27 U.S. 1 (1829). 35 U.S.C. § 102(b) 위반	② Egbert v. Lippmann, 104 U.S. 333 (1881). 35 U.S.C. § 102(b) 위반	③ Metallizing Engineering Co. v. Kenyon Bearing & Auto Parts Co., 153 F.2d 516 (2nd Cir. 1946). 35 U.S.C. § 102(b) 위반
		④ Invitrogen Corp. v. Bio crest Mfg., L.P., 424 F.3d 1374 (Fed. Cir. 2005). 35 U.S.C. § 102(b) 위반 없음.

태도가 변경된 것인지에 대해 다소간의 논쟁이 있기는 하지만 본 사건이 다수의 서적에 의해 인용되고 있고, MPEP 역시 *Invitrogen* 사건을 반복적으로 인용하는 것으로 볼 때 본 사건에 제시된 기준을 통해 35 U.S.C. § 102(b)의 공연한 사용을 이해하는 것이 바람직할 것으로 보인다.

205) *Invitrogen*, 424 F.3d at 138 ("[T]he test for the public use prong includes the consideration of evidence relevant to experimentation, as well as, *inter alia*, the nature of the activity that occurred in public; public access to the use; confidentiality obligations imposed on members of the public who observed the use; and commercial exploitation . . . .") (citations omitted).

206) 발명이 적용된 전체 제품이 공개되었는지 여부에 상관없이, 해당 발명의 구체적 내용에 대한 비밀이 유지된 상황을 말한다.

㉡ ①번과 ②번 사건의 비교 ①번의 *Pennock* 사건은 발명자의 사용이 알려진 사용(informing use)에 해당한 사건이다. *Pennock* 사건의 법원은 공연한 사용 또는 판매로 인해 발명의 내용이 일반에게 알려지면 특허를 받을 수 없다는 원칙을 확인하였다. ②번의 *Egbert* 사건은 속옷의 스프링에 관한 발명이 문제된 사건이다. 발명자는 자신의 여자친구에게 자신의 발명을 선물했는데 발명이 여자 속옷 내부에 삽입된 스프링인 탓에 일반 대중에 의해 그 내용을 알려지지 않았고 해당 속옷을 통해 경제적 이득이 발생하지도 않았다. 다만, 속옷의 마모로 인해 속옷 내부에 있던 스프링이 새로운 속옷에 삽입된 것이 인정되었다. 본 사건에서 연방대법원은 설령 발명의 내용이 일반 대중에 의해 알려지지 않았더라도 발명자가 비밀유지의무 없는 자에게 사용(use)을 허락하거나 판매(sale)한 경우에는 35 U.S.C. § 102(b)의 위반이 인정된다 판단하면서, 본 사건에서는 발명자가 여자친구에게 비밀유지의무를 부과한 바가 없으므로 35 U.S.C. § 102(b)에 따른 공연한 사용이 인정된다고 판단했다.

①번과 ②번 사건을 통해서 알 수 있는 것은 일단 비밀 사용이 아닌 경우에는 35 U.S.C. § 102(b)가 적용된다는 것과, 공중에 발명의 내용이 알려지지 않았다는 점 또는 경제적 이득을 취하지 않았다는 점은 35 U.S.C. § 102(b)의 판단에 영향을 미치지 않는다는 것이다.

㉢ ③번과 ④번 사건의 비교 ③번의 *Metallizing* 사건은 금속의 표면처리에 관한 방법특허가 적용된 금속 제품에 관한 사건이다. 기록에 따르면 해당 금속 제품에 대한 판매가 이루어지기는 했지만 해당 제품을 통해서는 표면 처리에 관한 방법특허를 알 수 없었다. 법원은 이러한 비밀 사용의 경우에도 해당 방법발명이 적용된 제품을 판매한 것은 방법발명에 대한 상업적 활용에 해당되므로 35 U.S.C. § 102(b)를 적용했다.[208] 그러나 법원은 ④번의 *Invitrogen* 사건에서는 i) 비밀이 유지되는 상태에서 방법발명을 사용했고,

207) KIMBERY A. MOORE ET. AL., PATENT LITIGATION AND STRATEGY 532-33 (Thomson West 3rd ed. 2008).

208) 비밀유지의무 없는 제3자가 발명의 내용을 알 수 없는 상태에 있다면 한국 특허법에 의한 공연 실시가 적용되기 어려운 반면, 미국에서는 발명자/출원인의 행위가 있다면 제3자가 발명의 내용을 알 수 없더라도 공연한 사용(public use) 또는 판매(on sale)가 적용될 수 있음을 주의해야 한다.

ii) 방법발명의 결과물을 판매하는 등의 행위를 통해 상업적 이득을 얻는 행동도 하지 않았기 때문에 35 U.S.C. § 102(b)가 적용하지 않았다. 한편, 판례에 따르면 발명자(즉, 출원인)의 지시에 따르는 제3자[209]가 사용한 경우에는 발명자/출원인 스스로가 사용한 경우와 동일하게 취급된다.[210]

㉣ 발명자가 아닌 독립한 제3자의 사용 및 판매

발명의 내용이 알려진 경우	발명의 내용이 알려지지 않은 경우(단 비밀유지가 인정되지 않은 경우)	비밀이 유지된 경우[211]
⑤ Bedford v. Hunt, 3 Fed. Cas. 37(C.C. D. Mass.1817) 35 U.S.C. § 102(b) 위반	⑥ Abbott Laboratories v. Geneva Pharmaceuticals, Inc., 182 F.3d 1315 (Fed. Cir. 1999) 35 U.S.C. § 102(b) 위반	⑦ W.L. Gore & Assocs., Inc. v. Garlock, Inc., 721 F.2d 1540 (Fed. Cir. 1983) 35 U.S.C. § 102(b) 위반 없음.

발명자와 무관한 독립한 제3자의 사용 및 판매에 관한 판례를 표[212]로 정리하면 위와 같다. ⑤번 또는 ⑥번의 사건의 경우는 발명자/출원인이 직접 판매하거나 사용한 경우, 즉 앞선 표에서의 ①/②번 경우와 취급이 동일하다. 즉, 비밀유지가 인정되지 않는 제3자에게 판매되거나 사용이 허락되면 35 U.S.C. § 102(b)가 적용된다. 그러나 ⑦번의 경우와 같이 비밀이 유지된 경우에는 35 U.S.C. § 102(b)에 따른 선행기술이 될 수 없다. 예를 들어, 발

---

209) 독립한 제3자는 발명자/출원인과 다르게 취급되는 반면 발명자/출원인의 지시에 따르는 제3자는 마치 발명자/출원인처럼 취급된다.

210) *See* MPEP § 2133.03(a) (citing *In re* Blaisdell, 242 F.2d 779, 783 (C.C.P.A. 1957); Hall v. Macneale, 107 U.S. 90, 96-97 (1882); *Ex parte* Kuklo, 25 USPQ2d 1387, 1390 (B.P.A.I. 1992)) ("When the inventor or someone connected to the inventor puts the invention on display or sells it, there is a 'public use' within the meaning of 35 U.S.C. 102(b) even though by its very nature an invention is completely hidden from view as part of a larger machine or article, if the invention is otherwise used in its natural and intended way and the larger machine or article is accessible to the public.") (emphasis added).

211) 발명이 적용된 전체 제품이 공개되었는지 여부에 상관없이, 해당 발명의 구체적 내용에 대한 비밀이 유지된 상황을 말한다.

212) KIMBERY A. MOORE ET. AL., PATENT LITIGATION AND STRATEGY 532-33 (Thomson West 3rd ed. 2008).

명자(즉, 출원인)인 A가 임계일(critical date) 이전에 발명을 비밀리에 판매한 경우에 A는 35 U.S.C. § 102(b)에 의해 특허 받을 수 없지만, A를 제외한 제3자가 미국 특허청(USPTO)에 해당 발명을 출원한 경우에는 35 U.S.C. § 102(b) 요건의 위반이 문제되지 않는다.[213]

B. 실험적 사용

임계일(미국출원일로부터 1년 이전) 이전에 공중이 접근가능한 상태에서 사용을 하거나 판매를 하는 경우에도 실험적 사용(experimental use)이 인정되는 경우에는 특허가 거절되거나 무효가 되지 않는다. 실험적 사용의 법리는 주로 공연한 사용(public use)에 대한 방어 방법으로 사용되지만 판매(on sale)에 대한 방어 방법으로도 사용 가능하다.[214]

a) 사례 분석

실험적 사용의 법리가 최초로 인정된 사건은 *City of Elizabeth* 사건[215]이다. 본 사건에서 침해자는 특허권자의 도로포장(pavement) 방법이 임계일(critical date) 이전에 보스톤에서 75 피트의 길이에 걸쳐 사용되었으므로 특허권자의 방법특허는 35 U.S.C. § 102(b)에 의한 공연한 사용에 의해 무효되어야 한다 주장했다. 기록에 따르면 특허권자의 발명이 공중에서 사용된 것에는 다툼이 없었고, 발명이 적용된 도로는 발명자가 주주인 통행료 징수회사에 의해 통제되고 있었고, 발명자가 거의 매일 발명의 내구성을 관찰했다는 것이 인정되었다. 발명자는 이러한 공중에서의 사용은 발명의 내구성을 시험하기 위한 사용이므로 35 U.S.C. § 102(b)가 적용될 수 없다 주장했다. 이에 연방대법원은 발명자의 공중에서의 사용이 "실험적 사용"에 해당하는지를 판단하기 위해서는 i) 발명의 속성(nature), ii) 사용의 목적, iii) 사용에 대한 특허권자의 통제(control)의 존재 여부가 고려되어야 한다고 판시했다. 구체적으로 본 사건의 법원은 i) 도로 포장이라는 방법발명의 특성상 그 내구성에 대한 실험이 필요하고, ii) 발명자는 해당 방법을 판매한 것이 아니며 다만 스스로의 비용을 들여 성실하게(good faith) 발명의 내구성에 대한 실험

---

213) 물론 출원인 A를 제외한 제3자가 특허출원을 진행하는 경우에도 35 U.S.C. § 102(b) 이외의 특허요건[예를 들어, 35 U.S.C. § 102(g)]이 문제될 수 있음을 주의해야 한다.

214) MPEP § 2133.03(e) (citing LaBounty Mfg. v. United States Int'l Trade Comm'n, 958 F.2d 1066, 1071 (Fed. Cir. 1992) ("If the use or sale was experimental, there is no bar under 35 U.S.C. 102(b).").

215) City of Elizabeth v. Pavement Co., 97 U.S. 126 (1877).

한 것이고, iii) 이러한 사용이 발명자의 통제하에서 이루어진 것이므로 이는 실험적 사용에 해당함을 인정했다.

b) **판단방법**

임계일 이전의 사용 또는 판매가 "실험적 사용"으로 인정되는지가 문제되는 경우, 일반적으로 연방순회항소법원(CAFC)은 제반 사정을 고려한 종합적 테스트(totality of the circumstances test)를 기준으로 판단한다.[216)]

연방순회항소법원의 주류적인 판례에 따르면, 시장성 조사를 위한 시험은 그 목적이 상업적 활용에 해당되므로 실험적 사용에 해당되지 않는다.[217)] 또한 발명이 완성된 상황에서 UL(Underwriters' Laboratories)과 같은 인증기관의 인증을 받기 위해 실험한 것 역시 실험적 사용에 해당되지 않는다는 판례가 있다.[218)] 또한 연방순회항소법원(CAFC)은 살충제에 관한 발명이 EPA (Environmental Protection Agency)에 의해 실험사용허가(experimental use permits)에 의해 사용된 것이 문제된 사안에서, 정부 기관의 실험사용허가가 특허법

---

216) 연방순회항소법원은 *Allen Eng'g* 사건을 통해 종합적 테스트(totality of the circumstances test)가 기초가 될 수 있는 13가지 요소(모든 요소가 판단에 사용되어야 하는 것은 아님)를 제시한 바 있다. Allen Eng'g Corp. v. Bartell Indus., Inc., 299 F.3d 1336, 1353 (Fed. Cir. 2002) ("In assessing experimentation, this court has considered a number of factors, not all of which may apply in any particular case. These factors include: (1) the necessity for public testing, (2) the amount of control over the experiment retained by the inventor, (3) the nature of the invention, (4) the length of the test period, (5) whether payment was made, (6) whether there was a secrecy obligation, (7) whether records of the experiment were kept, (8) who conducted the experiment, . . . (9) the degree of commercial exploitation during testing[,] . . . (10) whether the invention reasonably requires evaluation under actual conditions of use, (11) whether testing was systematically performed, (12) whether the inventor continually monitored the invention during testing, and (13) the nature of contacts made with potential customers.") (citation omitted).

217) MPEP § 2133.03(e) (citing *In re* Smith, 714 F.2d 1127, 1134 (Fed. Cir. 1983)) ("The experimental use exception does not include market testing where the inventor is attempting to gauge consumer demand for his claimed invention. The purpose of such activities is commercial exploitation and not experimentation.").

218) MPEP § 2133.03(e)(3) (citing InterRoyal Corp. v. Simmons Co., 204 USPQ 562, 566 (S.D.N.Y. 1979)) ("If the examiner concludes from the evidence of record that an applicant was satisfied that an invention was in fact 'complete,' awaiting approval by the applicant from an organization such as Underwriters' Laboratories will not normally overcome this conclusion.").

에서 인정하는 실험적 사용(experimental use)을 의미하는 것은 아니므로 실험/사용의 구체적인 태양을 검토해야 한다고 하면서, 본 사건에서의 실험사용은 선의(*bona fide*)의 사용이 아니라 상업적 용도를 위한 사용이므로 35 U.S.C. § 102(b)를 적용한다고 판시한 바 있다.[219)]

만약 실험적 사용이 발명자(즉, 출원인)의 지시에 따르는 제3자에 의해 수행되는 경우에는 주의가 따른다.[220)] *Electromotive* 사건[221)]은 출원인의 지시에 따라 제3자가 발명을 시험한 사건인데, 본 사건에서 출원인은 베어링을 개발하여 1차적으로 내부 시험을 거친 후, 추가적인 현장 테스트(field test)를 하기 위하여 전동차 내부에 해당 베어링을 설치한 후 해당 전동차를 철도회사에 납품했다. 본 사안에서 출원인은 전동차의 일부 부속에 대한 현장 테스트가 수행되고 있음을 철도회사에 알리기는 했지만, 철도회사에 구체적인 테스트 방법을 지시하지 않았다. 또한 출원인은 철도회사에 전동차의 운행에 따라 수집되는 데이터를 요구하지도 않았고, 철도회사가 베어링의 문제가 생긴 전동차를 출원인에게 반납하기는 했으나 이는 철도회사가 자의적으로 반납한 것이지 출원인과의 계약에 의한 것은 아니었다. 본 사건에서 연방순회항소법원은 실험적 사용이 인정되기 위해서는 해당 실험에 대한 발명자의 통제(control)와 해당 실험에 대한 실험수행자의 인식(customer aware- ness)이 요구된다고 판시했다.[222)] 본 사안에서는 철도회사가 출원인의 통제에 따라

---

219) Pennwalt Corp. v. Akzona Inc., 740 F.2d 1573 (Fed. Cir. 1984).

220) 앞서 살펴본 바와 같이, 발명자의 지시에 따르는 제3자의 사용은 발명자의 사용과 동일하게 취급되므로, 설령 제3자에게 비밀인 상태로 사용이 되었어도 임계일(critical date) 이전에 사용이 되었고 상업적 활용이 인정되면 35 U.S.C. § 102(b)가 인정될 수 있기 때문이다.

221) Electromotive Div. of General Motors Corp. v. Transportation Systems Div. of General Elec. Co., 417 F.3d 1203 (Fed. Cir. 2005).

222) *Electromotive*, 417 F.3d at 1214-15 ("We agree . . . that a customer's awareness of the purported testing in the context of a sale is a critical attribute of experimentation. If an inventor fails to communicate to a customer that the sale of the invention was made in pursuit of experimentation, then the customer, as well as the general public, can only view the sale as a normal commercial transaction. . . . Our precedent has treated control and customer awareness of the testing as especially important to experimentation. Indeed, this court has effectively made control and customer awareness dispositive. *See, e.g., Lough*, 86 F.3d at 1120; *Hamilton*, 882 F.2d at 1581. Accordingly, we conclude that control and customer awareness ordinarily must be proven if

현장 테스트를 한 것이 아니며 철도회사가 현장 테스트에 대해 인식하지 못했으므로 이는 실험적 사용에 해당되지 않는다고 판시했다. 한편 실험적 사용은 i) 발명자에 의한 실험이나 ii) 발명자의 지시에 따른 제3자에 의한 실험에 기초해야 하므로, 발명자의 지시를 따르지 않는 제3자에 의해 수행된 실험적 사용을 근거로 35 U.S.C. § 102(b)의 적용을 부정할 수는 없다.[223)]

발명이 구체화(actual reduction to practice)된 이후에도 실험적 사용이 문제되느냐가 문제된다. 연방순회항소법원의 일부 판례와 특허청(USPTO)의 기본적인 태도는 "실험적 사용은 의도된 동작을 수행하기까지 발명을 완성해 나가는 과정"이므로, 발명의 구체화(actual reduction to practice) 이후부터는 실험적 사용이 될 수 없다는 입장이다.[224)] 그러나 발명의 구체화가 있었다고 해당 발명에 대한 의도된 동작이 보장되는 것이 아니므로, 발명의 구체화가 있더라도 실험적 사용이 무조건 부정될 수는 없을 것이다.[225)]

---

experimentation is to be found."). 법원은 실험수행자가 실험이라는 것을 제대로 인식하지 못하는 경우, 실험수행자에게 테스트를 요청하는 것이 상업적 거래로 볼 수 있다는 점을 강조했다.

223) MPEP § 2133.03(e)(7) (citing Magnetics v. Arnold Eng'g Co., 438 F.2d 72, 74 (7th Cir. 1971)) ("Where an applicant presents evidence of experimental activity by such other party, the evidence will not overcome the *prima facie* case under 35 U.S.C. 102(b) based upon the activity of such party unless the activity was under the supervision and control of the applicant.").

224) MPEP § 2133.03(e)(3) (citing RCA Corp. v. Data Gen. Corp., 887 F.2d 1056, 1061 (Fed. Cir. 1989)) ("Experimental use 'means perfecting or completing an invention to the point of determining that it will work for its intended purpose.' Therefore, experimental use 'ends with an actual reduction to practice.'").

225) *City of Elizabeth* 사건에서 연방대법원은 이에 대해 명시적으로 판단한 바 있다. 본 사건에서 발명자는 일반 도로에서 발명을 구체화를 하였고, 그 구체화 이후에 발명에 대한 내구성 테스트를 하였고, 이러한 내구성 테스트를 통해서 발명의 내용을 변형한 것도 아니었다. 이러한 사정에도 불구하고 법원은 "실험에는 수년 간의 시간이 요구될 수 있으며, 발명자가 이러한 긴 기간 동안 발명의 내용에 변화가 필요 없음을 발견할 수도 있지만, 만약 발명자가 선의(*bona fide* intent)로 시험을 한 것이라면, 이에 대해 35 U.S.C. § 102(b)의 공연한 사용이라고 말할 수 없다"고 판시한 바 있다. *City of Elizabeth*, 97 U.S. at 135 ("[L]ong period, perhaps years, may be necessary to enable the inventor to discover whether his purpose is accomplished. And though, during all that period, he may not find that any changes are necessary, yet he may be justly said to be using his machine only by way of experiment; and no one would say that such a use, pursued with a *bona fide* intent of testing the qualities of the machine, would be

2. 지역적 기준 — 특허/간행물(국제주의), 공연한 사용/판매(국내주의)

35 U.S.C. § 102(b) 전문(특허/인쇄된 간행물)의 경우 국제주의가 적용되므로, 임계일(critical date) 이전에 어느 나라에서든 특허되거나 인쇄된 간행물에 기재된 선행기술은 35 U.S.C. § 102(b)에 따른 선행기술로 인정된다.

35 U.S.C. § 102(b) 후문(공연한 사용/판매)의 경우 국내주의가 적용되므로 적법한 선행기술이 되기 위해서는 임계일 이전에 미국에서 공연한 사용이 있거나 미국 내에서 판매가 있어야 한다. 판매(on sale)의 경우, 제조 및 납품이 모두 외국에서 이루어진 경우라면 35 U.S.C. § 102(b)가 적용될 수 없지만,[226] 미국 내에서 실질적으로 판매를 위한 전제행위가 있은 경우에는 미국 내에서의 판매로 인정될 수 있다.[227] 또한 제조 및 납품이 외국에서 이루어지더라도 판매를 위한 청약이 미국 내에서 이루어지거나 미국으로부터 기원한 경우에는 미국 내에서 실질적인 판매를 위한 전제행위에 해당할 수 있으므로 35 U.S.C. § 102(b)가 적용될 수 있고, 이러한 원칙은 외국의 제조자가 미국 내의 잠재적인 구매자에게 연락을 취한 경우에도 동일하게 적용된다.[228]

3. 인적 기준

선행기술이 누구에 의한 것인 상관없이 35 U.S.C. § 102(b)의 적용이 가능하다. 따라서 선행기술이 발명자 자신의 발명이라는 항변은 불가능하다.

---

a public use, within the meaning of the statute.") 따라서 구체화가 있었다는 사정만으로 실험적 사용을 무조건 부정하는 것은 연방대법원의 판례에 위배되는 것으로 판단된다.

226) MPEP § 2133.03(d) (citing Gandy v. Main Belting Co., 143 U.S. 587, 593 (1892)) ("The 'on sale' bar does not generally apply where both manufacture and delivery occur in a foreign country.").

227) MPEP § 2133.03(d) (citing Robbins Co. v. Lawrence Mfg. Co., 482 F.2d 426, 433 (9th Cir. 1973)) ("However, 'on sale' status can be found if substantial activity prefatory to a 'sale' occurs in the United States.").

228) MPEP § 2133.03(d) (citing CTS Corp. v. Piher Int'l Corp., 593 F.2d 777 (7th Cir. 1979)) ("An offer for sale, made or originating in this country, may be sufficient prefatory activity to bring the offer within the terms of the statute, even though sale and delivery take place in a foreign country. The same rationale applies to an offer by a foreign manufacturer which is communicated to a prospective purchaser in the United States prior to the critical date.").

1) 관련문제 — 무단이용

발명자가 아닌 제3자가 무단으로 판매/사용한 경우에 35 U.S.C. § 102(b)를 적용하는 것은 발명자(즉, 출원인)에게 지나치게 가혹하다는 논의가 있었다. 그러나 발명자의 동의 없이 제3자가 발명으로 무단으로 이용(misappropriation)한 경우에도 35 U.S.C. § 102(b)에 대한 예외가 인정되는 것은 아니다. 판례는 임계일 전에 발명자의 동의 없이 제3자가 발명으로 무단으로 이용했더라도, 무단이용이 35 U.S.C. § 102(b)에 대한 예외일 수 없다고 하면서 해당 특허를 무효시킨 바 있다.[229]

4. 시적 기준 — 임계일 이전에

통상 미국출원일(조약우선권이 있더라도 오직 미국 특허청에서의 가출원일 또는 정규출원일만이 미국출원일로 인정됨)로부터 1년 이전인 날을 임계일(critical date)이라 한다. 예를 들어, 미국출원일이 1998년 4월 20일인 경우, 임계일은 1997년 4월 20일이 된다. 이 경우, 1997년 4월 20일 및 그 이후의 공지행위에 의해서는 35 U.S.C. § 102(b)가 적용되지 않는다. 만약 공지행위가 1997년 4월 19일에 있었다면 35 U.S.C. § 102(b)가 적용되는 것이 원칙이지만, 해당 공지행위로부터 1년 이후인 1998년 4월 19일이 일요일[230]이므로, 출원인은 월요일인 1998년 4월 20에 출원할 정당한 이익을 갖는다. 따라서 1997년 4월 19일에 공지행위가 있었더라도 1998년 4월 20에 미국 특허청에 출원된 특허출원에 대해서는 35 U.S.C. § 102(b)가 적용될 수 없음을 주의해야 한다.

---

229) Evans Cooling Systems, Inc. v. General Motors Corp., 125 F.3d 1448 (Fed. Cir. 1997) (holding that on-sale bar is not subject to exception for sales made by third party which misappropriates patented invention).

230) 공지행위로부터 1년이 되는 날이 토요일, 일요일, 워싱턴 DC 지역의 연방공휴일인 경우에 해당되는 내용이다. *See* MPEP § 2133 (citing *Ex parte* Olah, 131 USPQ 41 (B.P.A.I. 1960)). 참고로, 미국은 연방정부와 주정부는 서로 다른 휴일을 가질 수 있는바, 연방공휴일은 신정(1월 1일), 마틴 루터킹 기념일(1월 세 번째 월요일), 워싱턴 대통령 기념일(2월 두 번째 월요일), 메모리얼 데이(5월 마지막 월요일), 독립기념일(7월 4일), 노동절(9월 첫 번째 월요일), 컬럼버스 기념일(10월 두 번째 월요일), 재향군인 기념일(11월 11일), 추수감사절(11월 네 번째 목요일), 성탄절(12월 25일)로 법정되어 있다. 5 U.S.C. § 6103(a). 또한 4년마다 거행되는 대통령 취임일(1월 20일)도 워싱턴 DC 지역의 연방공휴일로 간주된다.

제8절 | 특허법 제102(c)조

Ⅰ. 의　의

출원인이 발명을 포기한 경우 특허 받을 수 없다.[231]

Ⅱ. 판단방법

출원인이 독점배타권을 포기(abandonment)했는지 여부가 판단 기준이 되며, 발명을 포기하려는 의도가 증명되어야 한다. 포기하려는 의도는 명시적으로 증명되거나 출원인의 행동을 통해 묵시적으로 증명될 수 있으나, 출원인의 포기에 관한 의도는 명확하게 증명되어야 한다.[232] 심사실무상 i) 최초출원의 지연, ii) 특허출원의 포기[233] 이후 재출원의 지연, iii) 이전에 청구되지 않은 발명을 별도의 출원을 통해 다시 청구하는 경우에 출원인에 의한 포기가 문제될 수 있다.[234]

1. 최초출원의 지연

발명의 포기가 인정되기 위해서는 발명자가 공중에 발명을 헌납하려는 의도가 있어야 한다. 이러한 헌납은 명시적 또는 묵시적으로 증명 가능하나, 단순한 출원의 지연은 포기의 의도를 증명하는 데 충분하지 않다.[235]

2. 특허출원의 포기 이후 재출원의 지연

특허출원의 포기 이후 재출원이 지연되는 경우, 출원인이 독점배타권을

---

231) 35 U.S.C. § 102(c) (“A person shall be entitled to a patent unless . . . he has abandoned the invention . . . .”).

232) *See* MPEP § 2134 (citing *Ex parte* Dunne, 20 USPQ2d 1479 (B.P.A.I 1991)).

233) “출원”을 포기한 것이 곧바로 35 U.S.C. §102(c)에 의한 포기를 구성하지는 않는다. “출원”의 포기와 35 U.S.C. § 102(c)의 “특허”의 포기는 구별해야 하는 개념이다.

234) MPEP § 2134. 그러나 특허심판원(BPAI)이나 법원 단계에서 특허의 포기가 인정된 사안은 특허권자가 부당하게 최초출원을 지연한 경우가 대부분이다.

235) MPEP § 2134 (citing Moore v. United States, 194 USPQ 423, 428 (Ct. Cl. 1977)).

포기하려는 i) 명시적 의도나 ii) 출원인의 행동으로부터 증명되는 묵시적 의도가 증명되어야 한다. 이러한 명시적/묵시적 의도가 증명되지 않는 한, 재출원이 단순히 지연되었다는 사정만으로 특허의 포기를 인정할 수 없다.[236]

3. 이전에 청구되지 않은 발명을 별도의 출원을 통해 다시 청구하는 경우

출원인이 최초 출원의 상세한 설명에는 개시했으나 청구항에 기재하지 않은 발명을 이후 별도의 출원을 통해 다시 청구하는 경우, 최초 출원에 의해 발명이 포기되는지 문제된다. 이에 법원은 *Gibbs* 사건[237]을 통해 이후에 별도로 진행된 출원이 35 U.S.C. § 102(c) 이외의 다른 사유에 의해 거절되지 않는 한 별도의 출원을 통해 다시 청구하는 것이 허용된다고 판단한 바 있다. 본 사건에서 법원은 최초 출원의 상세한 설명에만 개시된 발명의 경우 해당 발명이 포기되었다는 추론(추정이 아님)을 하는 것이 적법하기는 하지만 이러한 추론은 이후의 적법한 출원에 의해 소멸된다고 판단했다.[238]

Ⅲ. 포기의도의 증명

특허법 제102(c)조[35 U.S.C. § 102(c)]를 근거로 거절을 부여하기 위해서는 심사관이 출원인의 포기의도를 증명해야 하는데, 이러한 포기의도의 존재에 의문이 있는 경우 포기의도의 존재여부는 출원인에게 유리하기 해석된다.[239] 또한 법원은 어떠한 상황에서도 35 U.S.C. § 102(c)에 의한 특허의 포기의 의도를 추정하지 않는다.[240] 따라서 특별한 사정이 있는 한 35 U.S.C. §

236) MPEP § 2134 (citing Petersen v. Fee Int'l, Ltd., 381 F. Supp. 1071 (W.D. Okla. 1974)).

237) *In re* Gibbs, 437 F.2d 486 (C.C.P.A. 1971).

238) 법원은 발명이 최초 출원의 상세한 설명에만 개시되었다 해도 해당 발명에 대한 포기가 추정되는 것은 아니라고 하였다.

239) MPEP § 2134 (citing *Ex parte* Dunne, 20 USPQ2d 1479 (B.P.A.I 1991)).

240) Davis Harvester Co., Inc. v. Long Mfg. Co., 252 F. Supp. 989, 1010 (E.D.N.C. 1966) ("The burden of proving abandonment is on the party asserting it, the defendant in this action; and it is never presumed.") (citations omitted). 법원은 *Davis Harvester* 사건을 포함한 다수의 사건을 통해 포기의도에 관한 추정이 허용되지 않는다고 판단한 바 있으나, *Davis Harvester* 사건에서는 결과적으로 출원인의 포기의도를 인정하였다. 본 사건에서 특허권자는 경작기에 대하여 발명을 완성했으나 출원하지 않았는데, 이후에 침해자가 유사한 시도를 하자 이에 대해 자신의 변호사에게 침해자의 시도를 폄하

102(c)의 증명은 매우 힘들 것이다.

제9절 | 특허법 제102(d)조

1. 의 의

미국에 출원한 발명이 미국출원일로부터 12개월(선행기술이 디자인발명인 경우 6개월)[241] 이전에 출원인,[242] 그의 법적 대리인(legal representative) 또는 양수인(assignee)에 의해 특허출원 또는 발명자증(Inventor's Certificate)으로 제출되고, 미국출원일 이전에 먼저 특허되거나 특허에 이르거나 발명자증의 대상이 된 경우에 특허 받을 수 없다.[243]

2. 판단기준

1) 객체적 기준

외국에서 특허된 발명의 의미에 관해서는 기본적으로 35 U.S.C. § 102(a), (b)의 "특허"와 동일하게 해석한다. 즉, 미국특허출원일 이전에 외국에서 독점배타권이 부여되면 특허법 제102(d)조[35 U.S.C. § 102(d)]가 문제된다.[244]

한 이후 침해자의 상업적 성공을 보고 뒤늦게 출원을 하여 특허를 받았는바, 법원은 이례적으로 출원 지연을 이유로 특허에 대한 포기를 인정하였다.

241) 35 U.S.C. § 102(d)에는 12개월로만 규정되어 있지만, 디자인 출원의 경우 35 U.S.C. § 172 규정에 의해 6개월로 단축된다.

242) 미국특허에 따 출원인은 발명자를 의미한다.

243) 35 U.S.C. § 102(d) ("A person shall be entitled to a patent unless . . . the invention was first patented or caused to be patented, or was the subject of an inventor's certificate, by the applicant or his legal representatives or assigns in a foreign country prior to the date of the application for patent in this country on an application for patent or inventor's certificate filed more than twelve months before the filing of the application in the United States . . . .").

244) 한국 특허의 경우, 특허권을 행사할 수 있는 시점은 신청 또는 직권에 의해 설정등록이 이루어진 시점이므로, 한국 특허가 35 U.S.C. § 102(d)에 의한 선행기술의 자격을 갖는 날은 설정등록일이 된다. 이 경우 등록공고 여부는 문제되지 않는다. 35 U.S.C. § 102(d)에 의한 선행기술에 대해서는 공중에의 접근가능성이 요구되지 않기 때문이다.

또한 독점배타권이 부여되지 않았더라도 출원이 허여가능한 상태에서 이의절차(Opposition)[245]가 진행되면, 해당 출원은 특허된 것처럼 취급된다.[246] 그러나 접근가능성의 판단방법에서 있어서는 35 U.S.C. § 102(a), (b)와 35 U.S.C. § 102(d)가 구별된다. 구체적으로 특허가 35 U.S.C. § 102(a), (b)에 따른 선행기술이 되기 위해서는 공중에의 접근가능성이 요구되지만, 35 U.S.C. § 102(d)에 따른 선행기술은 공중에의 접근가능성이 요구되지 않는다.[247]

외국특허를 기초로 35 U.S.C. § 102(d) 요건을 판단하는 경우에는 외국특허의 청구항에 기재된 발명뿐만 아니라 청구항에 기재된 발명되지 않은 발명에 대해서도 선행기술의 자격을 부여한다. 따라서 미국출원의 청구항에 기재된 발명이 외국 특허의 상세한 설명에 기재된 상황에서 미국출원의 청구항에 기재된 발명이 외국 특허와 서로 상이하다는 항변은 받아들여지지 않는다.[248]

2) 지역적 기준

외국에서 특허된 경우가 문제된다.

3) 인적 기준

35 U.S.C. § 102(d)를 적용하기 위해서는 외국에서 출원을 진행한 자가 미국 출원인(즉, 발명자), 그의 법적 대리인(legal representative), 또는 그의 양수인과 동일해야 한다.[249]

4) 시적 기준 – 미국출원일로부터 12개월(디자인의 경우 6월)[250] 이전에 특허된 경우

미국출원일로부터 12개월 이전(임계일)에 특허등록이 이루어지면 35 U.S.C. § 102(b)에 의해 특허 받을 수 없다. 예를 들어, 미국출원일이 1998년 4월 20일인 경우, 임계일은 1997년 4월 20일이 된다. 이 경우 1997년 4월 20일 및 그 이후 외국에서 출원된 경우에는 35 U.S.C. § 102(d)가 적용

---

245) 일반적으로, 심사관의 심사결과 거절이유를 발견할 수 없는 경우 해당 심사결과를 공중에 공개하고 임시권리를 부여하는 동시에 제3자로부터 이의신청을 받아들이는 심사 시스템을 말한다.

246) *See* MPEP § 2135.01 (citing *Ex parte* Beik, 161 USPQ 795 (B.P.A.I. 1968)).

247) *See* MPEP § 2126 (citing *In re* Ekenstam, 256 F.2d 321 (C.C.P.A. 1958); *In re* Kathawala, 9 F.3d 942 (Fed. Cir. 1993)).

248) *In re* Kathawala, 9 F.3d 942 (Fed. Cir. 1993). 한편 특허가 35 U.S.C. § 102(a), (b)에 따른 선행기술로 취급되는 경우에 특허청의 실무는 명세서 전체를 선행기술로 취급한다.

249) *See* MPEP § 2135.01.

250) 35 U.S.C. § 172; *See* MPEP § 1504.02.

되지 않는다.[251) 만약 특허가 1997년 4월 19일에 출원되었다면 35 U.S.C. §102(d)가 적용될 수 있지만, 해당 출원행위로부터 1년 이후인 1998년 4월 19일은 일요일[252)이므로 출원인은 월요일인 1998년 4월 20에 출원할 정당한 이익을 갖는다. 따라서 1997년 4월 19일에 출원되어 1998년 4월 20일 이전에 특허등록이 되었더라도 1998년 4월 20일에 출원된 미국특허출원에 대해 35 U.S.C. § 102(d)가 적용될 수 없다.[253)

한편 신규사항(new matter)을 추가하면서 부분계속출원(CIP)을 한 경우에는 해당 새로운 구성에 대해 출원일이 소급되지 않으므로, 해당 구성에 대해서는 부분계속출원일로부터 12개월 이전에 외국에서 특허되었는지를 판단해야 한다.

제10절 | 특허법 제102(e)조

Ⅰ. 관련규정[254)

① 본 발명의 발명 이전에 타인에 의해 미국에서 출원된 선행출원에 의해 공개[35 U.S.C. § 112(b)에 의한 공개]되거나, 2) 본 발명의 발명 이전에 타

---

251) 즉, 파리조약에 따라 적법하게 우선권을 주장한 경우, 조약우선권의 기초가 되는 외국출원으로 인해 35 U.S.C. § 102(d)의 문제가 발생할 수는 없다. 예를 들어, 한국에서 출원된 특허출원 또는 디자인출원을 기초로 적법하게 조약우선권주장을 한 경우에는, 해당 한국출원이 언제 설정 등록되는지에 상관없이 35 U.S.C. § 102(d)의 문제가 발생하지 않는다. 그러나 조약우선권을 주장할 수 있는 기간인 1년(디자인의 경우 6개월)을 초과하여 조약우선권 없이 미국에 출원한 경우에는 미국출원일 이전에 한국에서 먼저 설정등록이 되는 것을 방지해야만 한다.

252) *See* MPEP § 2135.01. 유효출원일(effective filing date)의 개념에 비추어 보면 당연한 결론이다.

253) 선행기술의 자격을 갖는 날(effective date of the reference)로부터 1년이 되는 날이 토요일, 일요일, 워싱턴 DC 지역의 연방공휴일에 해당되는 내용이다. *See* MPEP § 2135.01 (citing *Ex parte* Olah, 131 USPQ 41 (B.P.A.I. 1960)).

254) 35 U.S.C. § 102(e) ("A person shall be entitled to a patent unless . . . the invention was described in (1) an application for patent, published under section 122(b), by another filed in the United States before the invention by the applicant for patent or

인에 의해 미국에서 출원되어 특허된 선행출원에 기재된 발명의 경우 등록 받을 수 없다. 한편, 국제출원(PCT)은 미국이 지정국이며, 조약 제21(2)조[PCT 21(2)]에 의해 영어로 공개된 경우에만 공개된 선행출원으로서의 효력을 갖는다.

II. 판단기준

1. 선행기술로 인정되는 범위

35 U.S.C. § 102(e)에 의해 선행기술로 인정되는 범위는 청구항에 한정되지 않는다. 따라서 선행출원의 명세서, 도면에 기재된 내용 모두가 예견성, 자명성 판단의 기초가 될 수 있다. 한편 선행기술로 인정되는 것은 미국 국내법[즉, 35 U.S.C. § 112(b) 규정에 따른 공개]에 의해 공개된 내용, 영어로 국제공개[즉, PCT 21(2)에 의한 공개]된 내용 또는 미국특허법에 따라 특허된 내용이다.[255] 따라서 공개되기 이전에 삭제되어 공개/등록되지 않은 내용은 35 U.S.C. § 102(e)에 의한 선행기술로 취급되지 않으며.[256] 해당 내용은 해당 사건의 포대가 공중에 접근가능한 날(통상, 공개일 또는 등록일)을 기준으로 35 U.S.C. §102(a)에 의한 선행기술로 취급될 뿐이다.[257]

2. 지역적 기준 — 미국에서

미국 출원만이 35 U.S.C. § 102(e)에 의한 선행기술이 될 수 있다.[258]

---

(2) a patent granted on an application for patent by another filed in the United States before the invention by the applicant for patent, except that an international application filed under the treaty defined in section 351(a) shall have the effects for the purposes of this subsection of an application filed in the United States only if the international application designated the United States and was published under Article 21(2) of such treaty in the English language . . . .").

255) 예를 들어, 선행특허가 미국 국내법에 의해 강제공개된 이후 특허되어 공보에 기재된 경우, 심사관은 공개공보 또는 등록특허공보 중 어느 하나를 35 U.S.C. § 102(e)의 선행기술로 제시할 수 있다.

256) *See* MPEP § 2127 (citing *Ex parte* Stalego, 154 USPQ 52, 53 (B.P.A.I. 1966)).

257) 35 U.S.C. § 102(e)에 의한 선행기술은 선행기술로의 자격을 갖는 날(effective date of the reference)이 미국출원일로 소급되지만, 35 U.S.C. § 102(a)에 의한 선행기술은 선행기술로의 자격을 갖는 날이 공개일 또는 등록일이 되는 차이가 있다.

258) 다만 미국 출원이 조약우선권주장출원, 국제출원, 우선권주장을 향유하는 국제출원 등에 해당하는 경우 35 U.S.C. § 102(e) 지위를 갖는지 여부 등은 이하에서 소개되는

3. 인적 기준 — 타인에 의해(by another)

"타인에 의한" 출원이 공개되거나 특허된 경우에만 35 U.S.C. § 102(e) 요건이 문제된다. 복수의 발명자가 문제되는 경우, 선행출원의 발명자와 본 발명의 발명자가 완전히 일치하지 않으면 해당 선행출원은 35 U.S.C. § 102(e)에 의한 선행기술로서의 자격을 갖는다.[259] 예를 들어, 발명자가 A, B, C인 출원(출원 X)에 대해 발명자 D를 추가시키며 부분계속출원(출원 Y)을 하여 출원 X가 먼저 특허된 이후 출원 Y에 대한 심사가 진행되는 경우, 선행출원 X는 출원 Y에 대해 35 U.S.C. § 102(e)에 의한 선행기술로의 자격을 갖기 때문에 출원 Y는 선행출원 X을 기초로 예견성(신규성)/자명성(진보성) 요건 위반으로 거절될 수 있다.[260] 다만, 출원 Y에 기재된 발명이 신규사항이 아니어서 연속출원에 따른 우선권을 향유하는 경우에는, 출원 X가 출원 Y의 발명시점에 비해 선행하지 않으므로 출원 X가 출원 Y에 대해 35 U.S.C. § 102(e)에 의한 선행출원의 자격을 가질 수 없고, 이에 따라 출원 Y가 35 U.S.C. § 102(e)에 의해 거절될 수 없다.[261]

4. 시적 기준

1) 선행기술로의 자격을 갖는 날 — 미국에 출원된 날

35 U.S.C. § 102(e)에 의한 선행기술이 되기 위해서는, 35 U.S.C. § 102(e)에 의한 선행기술로의 자격을 갖는 날(effective date of the reference)이 본 발명의 완성시점에 비해 선행해야 한다. 35 U.S.C. § 102(e)에 의한 선행기술이

"시적 기준"에서 설명한다.

259) *See* MPEP § 2136.04 (citing *In re* Land, 368 F.2d 866 (C.C.P.A. 1966)). 한편, 발명자가 동일함은 37 C.F.R. § 1.132에 의한 선서진술서/선언서에 의해 증명 가능하다. *See* MPEP § 2136.05.

260) See MPEP § 2136.04 (citing *Ex parte* DesOrmeaux, 25 USPQ2d 2040 (B.P.A.I. 1992)). 따라서 발명자가 추가되는 부분계속출원(CIP)을 하는 경우에는 주의가 요구된다. 참고로 출원 X가 등록되거나 공개되기 이전에 출원 Y가 심사되는 경우에는, 양 출원의 발명자가 공통되므로 출원 Y가 35 U.S.C. § 102(e)로 인하여 예비거절(provisional rejection)될 것이므로, 출원인은 출원 X와 출원 Y의 관계를 자발적으로 정리(예를 들어, 특정 출원을 포기하거나 각 출원의 청구항을 보정함)할 수 있는 기회를 부여 받는다. 35 U.S.C. § 102(e)를 근거로 하는 예비거절에 대해서는 이하에서 보다 상세하게 설명한다.

261) 상술한 내용은 엄밀하게 말하면 타인인지 여부, 즉 인적 기준과 관련되는 내용이 아니라 시적 기준과 관련되는 내용이다. 부분계속출원(CIP)에 관한 상세한 취급은 이하에서 소개하는 *Applied Materials* 사건을 통해 확인할 수 있다.

문제되는 경우, 해당 선행기술이 선행기술로의 자격을 갖는 날은 미국 출원일로 정해진다. 만약 35 U.S.C. § 102(e)에 의한 선행기술이 가출원(Provisional Application)에 기초하는 정규출원(Non-Provisional Application)인 경우 해당 출원이 선행기술로의 자격을 갖는 날은 가출원일이고, 선행기술이 모출원을 기초로 출원된 연속출원(계속/분할/부분계속출원)인 경우에는 해당 출원이 선행기술로의 자격을 갖는 날은 모출원의 출원일로 정해진다.[262] 즉, 국내우선권을 향유하는 출원이 선행기술이 되는 경우 선행기술로의 자격을 갖는 날도 함께 소급된다. 그러나 조약우선권을 향유하는 출원이 선행기술이 되는 경우에는 선행기술로의 자격을 갖는 날이 소급되지 않는다. 즉, 외국출원을 기초로 조약우선권주장출원을 하더라도 선행기술로서의 자격을 갖는 날(effective date of the reference)은 미국 출원일(즉, 외국출원일이 아닌 우선권주장출원일)이 된다.[263]

만약 35 U.S.C. § 102(e)에 의한 선행기술이 국제출원(PCT)인 경우에는 i) 국제출원일이 2000년 11월 29일 및 그 이후[264]이고, ii) 미국이 지정국으로 지정되고, iii) 국제공개[PCT Art. 21(2) 규정에 의한 공개]에 의해 영어로 공개된 경우에만,[265] 35 U.S.C. § 102(e)에 의한 선행출원으로서의 지위를 갖는다.[266] 이 경우, 35 U.S.C. § 102(e)에 의한 선행기술로서의 자격을 갖는 날

---

262) *See* MPEP § 2136.03.

263) 흔히 *Hilmer I* 사건"으로도 불리는 *Hilmer* 사건을 통해 확립된 법리이다. *In re* Hilmer, 359 F.2d 859 (C.C.P.A. 1966). 따라서 경쟁업체의 미국특허등록을 저지하기 위해서는 빠른 미국출원(가출원 포함)이 요구된다.

264) 국제출원일이 2000년 11월 29일 이전에 이루어진 경우에는, 해당 국제출원이 공개되었는지 여부에 상관없이, 특허청(USPTO)에 특허등록이 되어야만 35 U.S.C. § 102(e)에 의한 선행기술이 될 수 있다. 이 경우 선행기술로서의 자격을 갖는 날(effective date of the reference)은 i) 수수료, ii) 번역문 및 iii) 국내단계 진입 시에 제출되어야 하는 선언서 또는 선서가 제출된 날이다. 선행기술로서의 자격을 갖는 날이 국제출원일이 아님을 주의해야 한다.

265) 예를 들어, 한국어로 국제공개되는 PCT 출원은 35 U.S.C. § 102(e)에 의한 선행기술이 될 수 없다. 주의할 점은, 해당 출원이 국제단계에서 영어로 공개되지 않았다면, 미국에 국내단계 진입을 한 이후에 공개되거나 등록되었는지 여부에 상관없이 해당 PCT 출원은 35 U.S.C. § 102(e)에 의한 선행기술이 될 수 없다는 것이다.

266) 국제출원이 이루어진 특허청이 중요한 것이 아니라 i) 미국이 지정된 지 여부와, ii) 국제공개되었는지 여부가 중요한 것임을 주의해야 한다. 상술한 특칙은 국제공개된 국제출원(PCT) 자체를 35 U.S.C. § 102(e)에 따른 선행기술로 제시하는 경우에 문제된다. 만약 심사관이 미국에 등록된 국내단계출원(국제출원이 미국으로 국내단계 진입한 출원)

은 국제출원일(international filing date)이다. 만약 국제출원이 해당 국제출원에 비해 먼저 출원된 미국 출원(외국출원은 해당 없음)에 대해 가출원 또는 연속출원에 의한 우선권을 향유하는 경우 최우선일이 선행기술로서의 자격을 갖는 날이 된다.[267)]

국제출원이 상술한 i) 내지 iii)의 요건을 만족하지 못하는 경우라 해도 35 U.S.C. § 102(a), (b)에 의한 선행기술이 될 수 있음을 주의해야 한다. 예를 들어, 해당 국제출원이 청구된 발명의 발명 이전에 특허되거나 공개되는 경우에는 35 U.S.C. § 102(a)의 자격을 갖추게 된다. 또한 미국 출원일 1년 이전에 특허되거나 공개되는 경우에는 35 U.S.C. § 102(b)의 자격을 갖추게 된다.

2) 본 발명 이전에

35 U.S.C. § 102(e)이 문제되기 위해서는 35 U.S.C. § 102(e)에 따른 선행기술로서의 자격을 갖는 날이 본 발명에 비해 선행해야 하는바, 만약 발명이 완성된 날이 출원일이라면 35 U.S.C. § 102(e)에 따른 선행기술로서의 자격을 갖는 날이 본 발명의 유효출원일에 비해 빨라야 35 U.S.C. § 102(e)가 문제될 수 있다. 이 경우, 본 발명이 가출원에 기초하는 출원된 정규출원이거나, 모출원에 기초하여 출원된 연속출원(계속/분할/부분계속출원)에 해당하는 경우, 청구된 발명의 유효출원일이 가출원일 또는 모출원일로 인정되므로, 선행기술로서의 자격을 갖는 날이 가출원일/모출원일과 동일하거나 늦는 경우 35 U.S.C. § 102(e)가 문제될 수 없다. 한편 조약우선권 및 국제출원을 기초로 하는 국내단계출원 역시 우선일(즉, 외국출원일) 또는 국제출원일이 35 U.S.C. § 102(e)에 따른 선행기술로서의 자격을 갖는 날과 동일하거나 더 빠르다는 것을 근거로 35 U.S.C. § 102(e)를 극복할 수 있다.

한편 선행기술이 본 발명의 발명일과 출원일 사이에 공개된 경우, 출원인은 37 C.F.R. § 1.131에 의한 선서진술서/선언서(Affidavit/Declaration)를 제출하여 해당 선행기술을 극복할 수 있음은 35 U.S.C. § 102(a)의 경우와 동일

을 35 U.S.C. § 102(e)에 따른 선행기술로 제시하는 경우, 해당 선행기술은 미국출원일이 없는 특허이므로 미국 특허청에서 등록된 등록일이 102(e)에 따른 선행기술로의 자격을 갖는 날이 된다.

267) *See* MPEP § 2136.03. 예를 들어, 2005년 1월 1일에 미국 특허청(USPTO)에 가출원된 이후, 해당 가출원을 기초로 2006년 1월 1일에 미국 특허청에 미국을 지정하며 국제출원(PCT)을 진행하고 이후에 영어로 국제공개된 경우, 해당 국제출원이 35 U.S.C. § 102(e)에 따른 선행기술로의 자격을 갖는 날은 2005년 1월 1일이 된다.

하다.[268)]

Ⅲ. 사례분석 — *Applied Materials Inc* 사건[269)]

본 사건의 특허권자는 3,623,712 특허(712 특허)와 4,081,313 특허(313 특허)를 보유하는데, 712 특허는 1971년에 등록된 특허이고, 313 특허는 712 특허를 기초로 부분계속출원(CIP)을 진행한 출원에 대해 다시 분할출원(Divisional Application)을 하여 1978년에 등록된 특허이다. 기록에 따르면, 712 특허의 발명자는 2명이고, 313 특허의 발명자는 712 특허의 발명자 2명을 포함한 3명이다. 본 사건의 침해자는 313 특허와 712 특허의 발명자가 서로 다르므로 712 특허는 313 특허에 대해 35 U.S.C. § 102(e)의 선행출원의 지위를 갖고, 이에 따라 313 특허는 35 U.S.C. § 102(e) 위반으로 무효되어야 함을 주장했다. 이에 법원은 양 특허의 발명자가 상이하므로 35 U.S.C. § 102(e)에 규정된 "by another" 요건은 만족된 것이며 이 경우 발명자 중 적어도 하나가 공통된다고 하여 "by another" 요건이 배제되는 것은 아니라고 판단하면서도, 해당 313 특허의 청구된 발명이 우선권의 기초가 되는 712 특허에 의해 이미 기재된 발명이기 때문에 313 특허는 적법하게 우선권을 향유하여 313 특허의 발명완성시점은 712 특허의 출원일 이전이라 인정할 수 있으므로,[270)] 712 특허가 313 특허의 발명에 비해 선행하지 못하여 35

268) 37 C.F.R. § 1.131에 의한 선서진술서/선언서는 실제 발명이 선행기술이 그 자격을 갖춘 날(effective date of the reference)에 비해 먼저 완성되었음을 주장하기 위해 발명자 전원이 작성하여 제출하는 진술의 일종이다. 구체적으로 37 C.F.R. § 1.131에 의한 선서진술서/선언서를 통해 i) 발명의 구체화(reduction to practice)가 선행기술보다 선행함을 증명하거나, ii) 비록 발명의 구체화가 선행기술보다 선행하지 못하더라도 발명의 착상(conception)이 선행기술보다 선행하고, 발명의 착상이 있었던 날부터 선행기술이 그 자격을 갖춘 날까지 합리적인 노력(due diligence)을 기울였다는 것을 증명하면 해당 선행기술을 극복할 수 있다. 37 C.F.R. § 1.131(b). 주의할 점은 발명자가 작성할 수 없는 경우에는 양수인 또는 재산상의 이익을 가지는 자가 대신 작성할 수 없다는 것이다. *See* MPEP § 715.04 (citing *Ex parte* Foster, 1903 C.D. 213, 105 O.G. 261 (Comm'r Pat. 1903)).

269) Applied Materials, Inc. v. Gemini Research Corp., 835 F.2d 279 (Fed. Cir. 1988).

270) 35 U.S.C. § 120에 의한 우선권(연속출원에 따른 국내우선권)이 발명자의 일부 동일만으로도 만족되는 것과 35 U.S.C. § 102에 규정된 "by others" 또는 "by another"가 발명자의 전부 동일을 요구하는 것을 구별해야 한다.

U.S.C. § 102(e)의 위반이 발생하지 않는다고 판단했다.

Ⅳ. 특허법 제102(e)조에 근거한 예비거절

1. 문제의 소재

35 U.S.C. §122(a) 규정에 의해 출원에 관한 정보는 비밀로 유지되어야 한다. 따라서 특허청(USPTO)에서의 출원이 공개되어 공개공보에 수록되거나 등록되어 등록공보에 수록되지 않는 한 특허청(USPTO)은 해당 출원에 대한 정보를 제3자에게 공개할 수 없다. 또한 특허청은 비밀유지대상이 되는 출원을 근거로 다른 출원에 대한 거절통지(OA)를 부여할 수 없다. 다른 출원에 대한 예견성(신규성)/자명성(진보성) 거절을 부여하기 위해 비밀유지대상이 되는 출원을 제시하는 경우, 다른 출원인에게 비밀유지대상이 되는 출원의 내용이 공개되기 때문이다. 그러나 위와 같은 원칙은 35 U.S.C. § 102(e) 요건의 판단에서는 그대로 적용될 수 없는 문제가 있다. 35 U.S.C. § 102에 법정된 선행기술들 대부분은 이미 공개된 것이므로 특허청에 계속 중인 출원을 근거로 거절통지(OA)를 부여하여도 특허청의 비밀유지의무가 문제되지 않지만, 35 U.S.C. § 102(e)의 선행기술은 다른 출원의 거절 통지 당시에는 비밀로 유지되어야 하는 선행기술일 수도 있기 때문이다.[271]

2. 예비거절의 부여

예비거절(provisional rejection)이 부여되는 목적 중 하나는 심사관이 잠재적인 35 U.S.C. § 102(e) 위반을 출원인에게 사전 경고하여 35 U.S.C. § 102(e) 위반이 예상되는 출원의 청구항의 권리범위를 조절하도록 유도하기 위함이다. 35 U.S.C. § 102(e)에 따른 예비거절은 서로 다른 출원 간의 발명자/양수인 간에 밀접한 관계가 있는 경우에 부여된다. 구체적으로, 심사관이 본 발명의 심사과정에서 발견한 선행기술(미국특허출원)이 아직 특허되거나 공개되지는 않았지만 앞으로 특허되거나 공개될 만큼 심사가 성숙했고, 해당 선행기술과 본 발명에 공통되는 발명자(중복되는 발명자)가 적어도 하나 있거나,[272] 양수

271) 이러한 이유 때문에, 학자에 따라서는 35 U.S.C. § 102(e)에 의한 선행기술을 비밀선행기술(secret prior art)이라 부르기도 한다.

272) *See* MPEP § 706.02(f)(2). 만약 발명자가 전부 동일하다면 해당 선행기술은 35

인(assignee)의 공통이 인정되면[273] 35 U.S.C. § 102(e)에 근거한 예비거절(provisional rejection)이 가능하다.[274]

상술한 바와 같이, 예비거절이 부여되는 취지 중 하나는 출원인의 이익 보장이다.[275] 만약 예비거절이 부여되지 않는 경우에는 35 U.S.C. § 102(e) 요건을 위반한 상태로 허여될 수밖에 없으므로, 특허청(USPTO)은 예비거절을 부여하여 본 발명의 출원인이 선행기술과 본 발명의 관계를 정리할 수 있는 기회를 부여한다.[276] 즉, 예비거절을 부여 받은 출원인은 선행기술이 특허되거나 공개되어 35 U.S.C. § 102(e)의 선행기술의 자격을 갖추기 전에 i) 해당 선행기술을 포기하거나, ii) 본 발명의 청구항을 보정하는 등의 방식으로 35 U.S.C. § 102(e)에 의한 거절을 극복할 수 있다.

예비거절은 35 U.S.C. § 102(e)에 의한 선행기술을 근거로 비자명성(non-obviousness) 판단을 할 때도 부여될 수 있다. 즉, 본 발명의 심사 당시 심사관이 제시하려는 선행기술이 아직 공개되지 않은 비밀선행기술이고, 당해 선행기술로부터 본 발명이 자명하게 발명 가능하고, 당해 선행기술과 본

U.S.C. § 102(e)에 의한 선행기술이 될 수 없으므로, 예비거절이 부여될 수도 없다. 따라서 발명자 중 공통되는 발명자가 적어도 하나 이상 있는 경우에만 예비거절이 문제된다.

273) "양수인의 공통(commonly assigned/owned)"이 인정되기 위해서는 공통되는 양수인(복수이어도 무방함)이 특허의 지분을 100% 소유해야만 한다. 예를 들어, 양수인 X가 어느 특허에 대해서는 100%의 지분을 갖지만, 다른 특허에 대해서는 90%의 지분만을 갖는 경우 양 특허에는 "양수인의 공통"이 인정되지 않는다. *See* MPEP §§ 706.02(l)(2), 2136.01.

274) MPEP § 2136.01 (citing *In re* Irish, 433 F.2d 1342 (C.C.P.A. 1970)) ("Based on the assumption that an application will ripen into a U.S. patent (or into an application publication), it is permissible to provisionally reject a later application over an earlier filed, and unpublished, application under 35 U.S.C. 102(e) when there is a common assignee or inventor.").

275) MPEP § 2136.01 (citing *Ex parte* Bartfeld, 16 USPQ2d 1714 (B.P.A.I 1990), *aff'd on other ground*, 925 F.2d 1450 (Fed. Cir. 1991)) ("Such a provisional rejection 'serves to put applicant on notice at the earliest possible time of the possible prior art relationship between copending applications' and gives applicant the fullest opportunity to overcome the rejection by amendment or submission of evidence. In addition, since both applications are pending and usually have the same assignee, more options are available to applicant for overcoming the provisional rejection than if the other application were already issued.").

276) 물론 선행기술과 본 발명에 중복되는 발명자가 있어도 중복되지 않는 발명자가 반대한다면 선행기술과 본 발명의 관계를 정리하기 어려울 수도 있다.

발명에 공통되는 발명자(중복되는 발명자)가 적어도 하나 있거나, 양수인의 공통이 인정되면, 35 U.S.C. § 103에 근거한 예비거절이 부여된다.[277]

3. 예비거절이 부여될 수 없는 경우

심사관이 제시하려는 35 U.S.C. § 102(e)의 선행기술이 아직 공개되거나 특허되지 않은 상황에서, 해당 선행기술과 본 발명에 중복되는 발명자가 없고, 양수인의 공통도 인정될 수 없다면 35 U.S.C. § 122(a) 규정에 의해 선행기술의 비밀유지상태는 유지되어야만 한다. 따라서 심사관은 해당 선행기술을 근거로는 거절을 내릴 수 없다. 만약 다른 거절이유가 없다면 본 발명은 특허될 수밖에 없다.[278] 예비거절이 부여될 수 없는 경우라 해도 심사관은 본 발명과 선행기술의 청구항에 기재된 발명이 동일한지를 파악해야 하고, 만약 양 발명의 청구항에 기재된 발명이 동일한 경우 저촉절차(interference)를 통해 발명의 선후 관계를 정해야 하는지를 판단한다.[279]

제11절 | 특허법 제102(f)조

Ⅰ. 의 의

특허 받고자 하는 발명대상(subject matter)을 발명하지 않은 자는 특허받을 수 없다.[280]

---

277) *See* MPEP § 706.02(k).

278) MPEP § 2136.01 ("WHEN THERE IS NO COMMON ASSIGNEE OR INVENTOR, A U.S. APPLICATION MUST ISSUE AS A PATENT OR BE PUBLISHED AS A SIR OR AS AN APPLICATION PUBLICATION BEFORE IT IS AVAILABLE AS PRIOR ART UNDER 35 U.S.C. 102(e)").

279) MPEP § 706.02(f)(2)에 따르면 양 발명의 출원일의 차이가 6개월 이내이면 저촉절차가 바람직하다.

280) 35 U.S.C. § 102(f) ("A person shall be entitled to a patent unless . . . he did not himself invent the subject matter sought to be patented . . . .").

II. 판 단

무권리자가 출원한 경우[즉, 모인(derivation)이 인정되는 경우], 특허 받을 수 없다. 판례의 일반적인 태도에 따르면, 모인을 인정하기 위해서는 i) 다른 발명자에 의해 먼저 착상(conception) 되고, ii) 완성된 착상이 출원인에게 전달(communicate)되었음이 증명되어야 한다.[281] 한편 출원인/특허권자에게 전달되는 발명은 완성되어야 한다. 판례에 따르면 출원인에게 전달된 내용을 통해 당업자가 특허된 발명을 실시할 수 있을 만큼 구체화되어 있어야 하므로,[282] 만약 특허의 무효를 다투는 제3자가 당해 특허의 출원인에게 전달된 내용이 해당 특허가 전달된 내용으로부터 자명(obvious)하다는 것을 증명하는 것에 그치는 경우에는 35 U.S.C. § 102(f)에 따른 모인이 증명된 것이라 볼 수 없다.[283] 또한 출원인에게 전달된 내용은 발명의 내용을 전부 포함하기 때문에 출원인이 추가로 발명할 필요성이 없어야만 한다.[284]

35 U.S.C. § 102(f)의 요건은 심사단계에서는 증명되기 힘들기 때문에, 출원과정에서 심사관이 35 U.S.C. § 102(f)의 문제를 제기하는 경우는 드물다. 따라서 35 U.S.C. § 102(f)의 문제는 대부분 소송 단계에서 다투어진다.

---

281) Price v. Symsek, 988 F.2d 1187, 1190 (Fed. Cir. 1993) ("To prove derivation . . . the persoattacking the patent must establish prior conception of the claimed subject matter and communication of the conception to the adverse claimant." 참고로, 모인이 있었는지 여부는 배심원이 판단해야 하는 사실문제이다. 그러나 착상의 선후는 법관에 의해 판단되는 법률문제이다. *Price*, at 1190.

282) Hedgewick v. Akers, 497 F.2d 905, 908 (C.C.P.A. 1974) ("Communication of a complete conception must be sufficient to enable one of ordinary skill in the art to construct and successfully operate the invention.").

283) Gambro Lundia AB v. Baxter Healthcare Corp., 110 F.3d 1573, 1577-78 (Fed. Cir. 1997) (holding that inventor's communication of invention to patentee was required to enable one of ordinary skill in the art to make patented invention for patent to be invalid on grounds of derivation; communication of so much of invention as to make it obvious to one of ordinary skill in the art was insufficient.)

284) Pointer v. Six Wheel Corp., 177 F.2d 153, 157 (9th Cir. 1949) ("Suggestions from another . . . must have embraced the plan of the improvement, and must have furnished such information to the person to whom the communication was made that it would have enabled an ordinary mechanic, without the exercise of any ingenuity and special skill on his part, to construct and put the improvement in successful operation.").

이 경우, 공판(trial) 전에 수행되는 증거개시절차(discovery)를 통해 발명자들이 실제로 발명에 어떤 기여를 했는지가 조사된다.

Ⅲ. 발명자의 자격

발명의 착상(conception)에 기여(contribution)하지 않은 자는 발명자가 될 수 없다. 따라서 발명의 구체화(reduction to practice)에만 기여한 자는 발명자가 될 수 없다.[285)]

Ⅳ. 발명자에 대한 흠결의 극복

1. 출원단계에서의 발명자정정[286)]

출원단계에서 발명자정정이 필요한 경우, 등록료 납부 전까지 37 C.F.R. § 1.48에 따른 발명자정정을 할 수 있다. 출원단계에서의 발명자정정은 가출원 및 정규출원에 대해 할 수 있는바, 정규출원의 발명자가 착오로 잘못 지정된 경우에는 37 C.F.R. § 1.48(a)에 따른 발명자정정이 가능하고, 정규출원에 대한 보정으로 인해 발명자 일부가 삭제/추가되어야 하는 경우에는 37 C.F.R. § 1.48(b), (c)에 따른 발명자정정이 가능하고, 착오로 인해 가출원의 발명자가 잘못 지정된 경우에는 37 C.F.R. § 1.48(d), (e)에 따른 발명자정정이 가능하다.

---

285) 즉, 발명자가 누구인지를 판단할 때 발명의 구체화의 주체가 누구인지는 무관하다. *See* MPEP § 2137.01 ("The definition for inventorship can be simply stated: The threshold question in determining inventorship is who conceived the invention. Unless a person contributes to the conception of the invention, he is not an inventor. . Insofar as defining an inventor is concerned, reduction to practice, *per se*, is irrelevant . . . ."). 법원은 발명자가 착상한 이후 구체화는 대리인이 수행한 것이 문제 *Applegate* 사건에 해당 발명자가 진정한 발명자임을 확인한 바 있다. Applegate v. Scherer, 332 F.2d 571 (C.C.P.A. 1964).

286) 보다 구체적인 내용은 제2장 제3절 "발명자정정"에서 설명한다.

2. 등록된 이후

1) 정정증명서를 통한 발명자정정[287)]

진정한 발명자가 아닌 자가 발명자로 기재된 경우 해당 특허는 무효될 수 있다. 그러나 35 U.S.C. § U.S.C. § 256은 발명자가 아닌 자가 발명자로 기재(misjoinder)되거나 진정한 발명자가 누락(nonjoinder)되더라도 기만의 의도(deceptive intent)가 없는 경우에는, 출원인 및 양수인을 포함하는 모든 당사자의 신청에 의한 발명자정정을 허용하고 있다.

2) 재심사를 통한 발명자정정

재심사절차를 통해서도 발명자정정이 가능하다. 구체적으로 재심사의 대상이 되는 등록특허의 발명자가 기만의 의도(deceptive intention) 없이 잘못 기재된 경우, 재심사절차가 진행되는 도중에 발명자정정을 요청하는 청원을 제출하여 발명자정정을 할 수 있다.[288)]

3) 재발행출원을 통한 발명자정정[289)]

발명자가 잘못 지정된 오류에 의해서도 재발행출원(Reissue Application)이 가능하다.[290)] 발명자정정을 위해 재발행출원을 하는 경우, 추가될 발명자 역시 재발행선언서/선서서에 서명을 해야 한다. 그러나 삭제될 발명자는 재발행선언서/선서서에 서명할 필요가 없다.

V. 특허법 제102(g)조와의 구별

35 U.S.C. § 102(f) 규정은 진정한 발명자만이 특허 받을 수 있다는 규정이므로, 설령 본 발명과 동일한 발명이 다른 발명자(진정한 발명자인 경우)에 의해 먼저 발명되었어도 35 U.S.C. § 102(f)는 문제되지 않으며, 다만 다른 발명이 출원되어 청구항의 동일성이 인정되는 경우 35 U.S.C. § 102(g)가 문제

287) 보다 구체적인 내용은 제8장 제2절 "정정증명서"에서 설명한다.

288) 37 C.F.R. § 1.530; *See* MPEP §§ 2250.02, 2258.

289) 보다 구체적인 내용은 제8장 제4절 재발행출원에서 설명한다.

290) 35 U.S.C. § 256에 의한 발명자정정(정정증명서에 의한 발명자정정)이 불가능한 경우에는 재발행출원을 통해 발명자정정이 가능하다. *See* MPEP § 1402 (citing *Ex parte* Scudder, 169 USPQ 814,815 (B.P.A.I. 1971)). 또한 단독 발명자 A를 단독 발명자 B로 정정하는 것도 재발행출원을 통해 가능하다는 것이 판례의 태도다. *See* MPEP § 1402.04 (citing A.F. Stoddard & Co. v. Dann, 564 F.2d 556, 567 n.16 (D.C. Cir. 1977)).

될 뿐이다. 즉, 35 U.S.C. § 102(g)는 동일한 발명이 먼저 발명되었고 포기/은폐된 사정이 없다면 특허 받을 수 없다고 규정하고 있으므로, 진정한 발명자라도 늦게 발명한 경우 35 U.S.C. § 102(g)에 따라 특허가 거절/무효될 수 있다.

제12절 | 특허법 제102(g)조

I. 서

특허법 제102(g)조[35 U.S.C. § 102(g)] 규정에 따르면 둘 이상의 출원의 청구항에 기재된 발명 간에 동일성[291]이 인정되는 경우 먼저 발명된 출원만이 등록될 수 있다. 일반적으로 심사과정에서 본 발명과 타 출원/특허의 청구항에 기재된 발명 간에 동일성이 인정되는 경우에는 35 U.S.C. § 135 절차에 따른 저촉절차(interference)가 개시되며, 이 경우 상대방의 발명에 비해 먼저 발명이 이루어졌음을 증명한 발명자의 출원만이 등록된다. 만약 둘 이상의 출원이 모두 등록된 경우에는 35 U.S.C. § 291 절차에 따른 저촉절차를 통해 발명의 선후가 가려지며, 이 경우에도 역시 먼저 발명이 이루어졌음을 증명한 특허권자의 특허만이 효력을 유지할 수 있다.

II. 관련규정[292]

① 35 U.S.C. § 135 및 291에 따른 저촉절차(interference)가 수행되는 중 35 U.S.C. § 104에 허용되는 범위 내에서 본 발명이 발명되기 전에 타 발명

291) 완전한 동일뿐만 아니라 실질적으로 동일한(substantially same) 경우에도 동일성이 인정된다. 35 U.S.C. § 135(b).

292) 35 U.S.C. § 102(g) ("A person shall be entitled to a patent unless . . . (1) during the course of an interference conducted under section 135 or section 291, another inventor involved therein establishes, to the extent permitted in section 104, that before such person's invention thereof the invention was made by such other inventor and not abandoned, suppressed, or concealed, or (2) before such person's invention thereof, the

자에 의해 먼저 발명되었고, 그 발명이 포기되거나 은폐되거나 또는 숨겨진 사정이 없다는 것이 증명되거나, ② 본 발명이 발명되기 전에 타 발명자에 의해 미국에서 먼저 발명되었고, 그 발명이 포기되거나 은폐되거나 또는 숨겨진 사정이 없다는 것이 증명된 경우, 본 발명의 출원인은 특허 받을 수 없다. 본 항에 근거하여 발명의 우선(priority)을 정할 때는 발명의 착상일(dates of conception)과 발명을 구체화한 날(dates of reduction to practice of the invention)뿐만 아니라 먼저 착상했으나 나중에 구체화한 발명자가 타 발명자의 착상일 이전부터 합리적인 노력(due diligence)을 했는지도 함께 판단하여야 한다.

Ⅲ. 구체적 판단 — 관련규정의 해설

1. "35 U.S.C. § 135, 291에 따른 저촉절차가 수행되는 도중"

35 U.S.C. § 135는 출원된 본 발명과 타 발명자에 의한 발명(특허되거나 출원계속 중인 발명) 간의 저촉절차에 관한 규정이며, 해당 저촉절차는 특허심판원(BPAI)에서 수행된다. 35 U.S.C. § 291은 등록된 특허 간의 저촉절차에 관한 규정으로 해당 절차는 연방법원에서 수행된다.

주의할 점은 35 U.S.C. § 102(g) 규정은 본 발명 이외에 적어도 하나의 미국출원/특허가 있는 경우에만 문제되므로, 만약 본 발명보다 먼저 발명되고 포기/은폐된 적이 없는 다른 발명이 있더라도 해당 발명이 미국에 출원된 바가 없다면 35 U.S.C. § 102(g) 규정으로 인해 본 발명이 거절되거나 무효되지 않는다는 것이다.

1) 저촉절차에 대한 간략한 소개

저촉절차는 증명의 난해함, 판단방법의 복잡성 등으로 인해 법원 단계까지 절차가 진행되는 경우 길게는 십 년 이상의 시간이 소요되는 복잡한

---

invention was made in this country by another inventor who had not abandoned, suppressed, or concealed it. In determining priority of invention under this subsection, there shall be considered not only the respective dates of conception and reduction to practice of the invention, but also the reasonable diligence of one who was first to conceive and last to reduce to practice, from a time prior to conception by the other.").

절차이다. 실제로 저촉절차가 진행되는 경우 매우 드물기 때문에 저촉절차에 대해서는 간략하게 소개한다.

A. 저촉절차의 개시

일반적으로 심사관에 의한 저촉절차가 개시된다. 심사과정에서 서로 다른 날에 출원되고 발명자가 완전히 일치하지 않는[293] 특허출원 간에 동일한 발명이 청구된 것을 발견한 경우에 심사관이 저촉절차를 제안(suggest)할 수 있다.[294] 특허청 심사관은 저촉절차에 대한 지식을 갖출 필요가 없다. 따라서 심사관은 자신이 속해있는 심사국(Technology Center)에 배속된 저촉절차 전문가(Interference Practice Specialist)에게 저촉절차가 제안되어야 하는지를 상담하게 된다.

출원인 또는 특허권자가 저촉되는 특허출원 또는 등록된 특허의 존재를 지적하며 저촉절차를 제안할 수 있는 지가 문제된다. 출원인(재발행출원인 포함)은 저촉하는 특허출원 또는 등록된 특허를 근거로 저촉절차를 제안할 수 있지만, 특허권자는 정식으로 저촉절차를 제안할 수는 없고 심사관의 주의를 환기를 시키는 것만 가능하다.[295] 저촉절차가 필요한 경우라고 판단되면 특허심판원(BPAI)은 저촉절차를 선언하게 된다.

심사관이 동일한 청구항을 갖는 두 개의 출원을 발견한 경우 i) 각각의 출원이 6개월 이내에 이루어졌고 ii) 후출원의 발명자가 선출원의 발명에 비해 먼저 발명되었음을 주장하는 경우[296]에는 심사절차를 중지하고 저촉절차를 선언할 수 있다.[297] 만약 출원일의 차이가 6개월을 초과한다면, 선출원에 대해서는 특허를 부여하고, 후출원에 대하여는 i) 선출원을 근거로 35 U.S.C.

---

293) 발명자가 완전히 일치하는 경우에는 저촉절차가 문제되지 않고 중복특허(Double Patenting)가 문제될 뿐이다.

294) 37 C.F.R. § 41.202(c)에 의하면, 심사관은 본 발명의 명세서에 기재된 내용과 타 출원(또는 등록특허)의 청구항에 기재된 발명의 내용에 동일성은 있지만 본 발명의 청구항에 해당 발명이 기재되지 않은 경우, 타 출원(또는 등록특허)과의 중첩이 발생하도록 본 발명을 보정하도록 요구할 수도 있다. 만약 심사관의 이러한 보정 요구에 출원인이 응하지 않는 경우, 해당 출원인은 심사관이 제시한 타 출원과의 우선 여부를 더 이상 다툴 수 없다.

295) 출원인이 저촉절차를 제안하는 경우에는 37 C.F.R. § 41.202에 법정되어 있는 내용을 제출해야 한다.

296) 37 C.F.R. § 41.202(d)(1)에 따른 사항이 증명되어야 한다.

297) MPEP § 2302.

§102(a) 내지 (f)의 거절이유가 있는 경우에는 해당 거절이유를 통지하고, ii) 만약 다른 거절이유가 없는 경우에는 선출원에 비해 후출원의 발명이 먼저 이루어졌음을 증명하도록 요구하고,[298] 만약 후출원인이 이를 증명한 경우에는 저촉절차가 선언될 수 있다.[299]

법원단계에서는 침해소송에 대한 방어도구로 저촉절차가 활용될 수 있다. 법원단계에서는 등록된 특허들 간에 저촉만이 문제된다.

2. "35 U.S.C. § 104에 의해 허용되는 범위 내에서"

구법에 따른 35 U.S.C. § 102(g) 규정은 현재의 USC 102(g)(2)의 내용만을 포함하고 있었기 때문에 해외에서 발명이 완성된 경우 해외에서 발명이 완성된 날 대신 미국출원일이 35 U.S.C. § 102(g)에 따른 발명의 완성일로 인정되는 문제가 있었다. 현재 개정된 35 U.S.C. § 102(g)(1)는 이런 문제를 해결한 것으로 35 U.S.C. § 104에 의해 허용되는 범위 내에서는 외국에서 먼저 발명이 완성되었음을 주장할 수 있다. 현행 35 U.S.C. § 104에 따르면 NAFTA(North American Free Trade Agreement) 또는 WTO 가입국에서 발명이 완성된 경우에는 해당 국가에서 발명이 완성된 일자를 미국특허법에 따른 발명일로 주장할 수 있다.

한편 35 U.S.C. § 102(g)는 35 U.S.C. § 102(g)(1), (g)(2)로 구분되어 규정되어 있으나 각 규정에 따라 발명일을 증명하는 방법은 동일하다. 즉, 35 U.S.C. § 102(g)(1)은 외국에서 발명이 완성된 경우에, 35 U.S.C. § 102(g)(2)는 미국에서 발명이 완성된 경우에 적용되지만, 어느 규정에 의하더라도 선출원을 찾는 방법은 동일하다.

---

298) 이 경우에도 37 C.F.R. § 41.202(d)(1)에 따른 사항이 증명되어야 한다.

299) 달리 표현하면, 만약 후출원인이 37 C.F.R. § 41.202(d)(1)에 따른 증명을 할 수 있다면, 출원일의 차이가 6개월을 초과하면 특허와 출원 간의 저촉절차가 진행되며, 그 차이가 6개월 이하면 출원과 출원 간의 저촉절차가 진행된다.

3. 본 발명이 발명되기 전에 타 발명자에 의해 먼저 발명되었는지 여부[300)]

1) 판단방법

미국특허법은 발명의 과정을 착상(conception) 및 구체화(reduction to practice)로 이해한다. "착상"은 발명행위의 정신적 부분에 대한 완성으로, 실제로 적용 가능할 만큼 완성되고 동작가능한 아이디어가 발명자의 내심에 명확하고 영구적으로 형성되었을 때 착상이 이루어졌다고 판단된다.[301)] 발명에 대한 착상이 이루어진 이후에는 구체화가 가능하다. 발명의 구체화는 실제로 구체화(actual reduction to practice)를 한 경우[302)]와 실제로 구체화를 한

300) 발명의 우선순위를 정할 때는 35 U.S.C. § 102(g) 단서에 규정된 "본 항에 근거하여 발명의 우선(priority)을 정할 때는 발명의 착상일(dates of conception)과 발명을 구체화 한 날(dates of reduction to practice of the invention)뿐만 아니라 먼저 착상하였으나 나중에 구체화한 발명자가 타 발명자의 착상일 이전부터 합리적인 노력(due diligence)을 했는지도 함께 판단"한다. 이에 따라 발명의 구체화(reduction to practice)를 원칙으로 하되 착상(conception)을 추가적으로 판단한다. 참고로, 발명의 우선순위를 정하는 방법에 관한 설명은 MPEP § 2138.04-06에도 상세하게 기재되어 있다.

301) *See* MPEP § 2138.04 (citing Townsend v. Smith, 36 F.2d 292, 295 (C.C.P.A. 1930)) ("Conception has been defined as the complete performance of the mental part of the inventive act and it is the formation in the mind of the inventor of a definite and permanent idea of the complete and operative invention as it is thereafter to be applied in practice."). 발명의 "착상"은 i) 아이디어를 확정하고 ii) 이러한 아이디어를 수행할 수 있는 수단을 선택하는 두 개의 단계로 구분되기도 한다. Oka v. Youssefyeh, 849 F.2d 581, 583 (Fed. Cir. 1988) ("Conception may conveniently be considered as consisting of two parts. The first part is 'the directing conception' and may be defined as the idea or conception that a certain desired result may be obtained by following a particular general plan. The directing conception is often referred to as the inventive concept, thought or idea. The second part of conception is 'the selection of the means for effectively carrying out the directing conception.'").

302) 현실에서 구체화(reduction to practice)가 이루어진 경우를 말하는 것으로, 발명의 기술적 사상을 모형으로 제작하는 것이 그 일례라 할 수 있다. 방법발명은 해당 방법이 성공적으로 수행되는 경우, 기계발명은 조립, 적응, 사용되는 경우, 제조물/조성물은 완전하게 제조/조성된 경우, 현실에서 구체화된 것이 인정된다. Corona Cord Tire Co. v. Dovan Chemical Corp., 276 U.S. 358, 383 (1928) ("A process is reduced to practice when it is successfully performed. A machine is reduced to practice when it is assembled, adjusted and used. A manufacture is reduced to practice when it is completely manufactured. A composition of matter is reduced to practice when it is completely composed.") (citations omitted). 실제로 구체화 여부는 상업성과는 무관하므로 비상업적으로 실시했더라도 구체화가 인정된다. *Corona*, 276 U.S. at 384 ("It is a

것은 아니지만 구체화를 한 것으로 의제(constructive reduction to practice)되는 경우[303)]로 구분된다.

2) 판단의 원칙 — 발명의 구체화

어느 발명이 우선하는지는 발명을 구체화(reduction to practice)한 시점[304)]을 기준으로 판단함이 원칙이다. 예를 들어, 제1 발명자의 구체화가 제2 발명자의 구체화에 비해 앞서는 경우 제1 발명자가 35 U.S.C. § 102(g)에 의해 우선하는 발명자가 된다.

3) 예외 — 발명의 착상

비록 제2 발명자가 구체화가 늦었더라도, i) 제2 발명자의 착상(conception)이 제1 발명자의 착상(conception)에 비해 앞서고, ii) 제1 발명자가 착상한 시점 직전부터[305)] 제2 발명자의 구체화한 시점 사이에 제2 발명자의 합리적인 노력[306)]이 인정되는 경우에는, 제2 발명자가 우선한다.

4) 증명책임

법원 또는 특허심판원(BPAI)에서의 저촉절차에 있어서 출원일이 앞서는 발명자를 선임 당사자(senior party)라 하고 출원일이 늦은 발명자를 후임 당사자(junior party)라 한다. 후임 당사자는 상술한 판단의 원칙에 따라 자신이 선임 당사자에 비해 우선하는 발명자임을 입증해야 하는 증명책임이 있다.[307)]

---

mistake to assume that reduction to use must necessarily be a commercial use.").

303) 실제로 구체화(reduction to practice)한 것은 아니지만 해석에 의해 인정하는 경우로, 실시가능한 명세서를 작성하여 특허청에 출원하는 것이 이에 해당한다.

304) "actual reduction to practice" 또는 "constructive reduction to practice" 중 빠른 때를 의미한다.

305) 제2 발명자의 착상 시점부터 합리적 노력이 요구되는 것이 아니라 제1 발명자의 착상 시점부터 합리적 노력이 인정되면 충분하다는 점을 유의해야 한다.

306) 합리적인 노력(reasonable diligence)은 구체화(reduction to practice)를 향한 계속적인 노력"이다. *See* Griffith v. Kanamaru, 816 F.2d 624, 628-29 (Fed. Cir. 1987). 비록 착상이 구체화되는 데까지 오랜 시간이 걸렸더라도 발명자가 이러한 지연(delay)이 합리적인 것이라고 특허심판원(BPAI) 및 법원을 설득할 수 있다면 합리적인 노력(due diligence)이 인정된다.

307) 참고로, 후임 당사자(junior party)가 부담하는 증명책임에 대해 연방순회항소법원(CAFC)의 판례와 특허심판원(BPAI)의 실무의 태도가 다른 것으로 평가된다. 연방순회항소법원(CAFC)은 후임 당사자에게 상대적으로 무거운 증명책임을 부여하는바, 후임 당사자가 자신이 우선하는 발명자임을 증명하지 못한 경우에는 선임 당사자가 우선하

4. 발명이 포기되거나 은폐되거나 또는 숨겨지지 않았을 것

비록 다른 발명자가 먼저 발명을 했다고 하더라도 해당 발명이 포기, 은폐되는 등의 사정이 있으면 나중에 발명한 발명자라도 35 U.S.C. § 102(g) 요건을 극복하고 특허 받을 수 있다. 즉, 먼저 발명한 발명자가 발명의 구체화(reduction to practice) 이후에 특허출원까지 변명이 불가능한 지연(inexcusable delay)을 발생시킨 경우 35 U.S.C. § 102(g)에 따른 포기, 은폐가 적용되어 나중에 발명한 발명자가 특허를 받을 수 있는 길이 열린다. 주의할 점은 "발명"이 포기되는 것과 "출원"이 포기된 것은 구분해야 한다는 것이다. 즉, 다른 발명자가 먼저 출원을 한 이후 해당 "출원"을 포기했다고 하더라도, 반드시 이것이 35 U.S.C. § 102(g)에 규정된 "발명"의 포기를 의미하는 것은 아니다.

한편, 제1 발명자가 발명을 한 이후에 영업비밀(trade secret)로 유지하던 중에 스스로 발명한 제2 발명자가 동일한 내용을 출원한 경우, 제1 발명자가 영업비밀로 유지한 것이 35 U.S.C. § 102(g)에 규정된 포기 또는 은폐에 해당되는지가 문제된다. 이에 대해 연방순회항소법원(CAFC)은 비밀로 유지된 사실만을 근거로 반드시 포기, 은폐가 인정되는 것은 아니며 구체적 사실관계에 따라 결정해야 한다고 판시한 바 있다.[308)]

는 발명자로 인정된다. Oka v. Youssefyeh, 849 F.2d 581 (Fed. Cir. 1988) ("Because Oka is the senior party, Youssefyeh was required to establish reduction to practice *before* Oka's filing date, or conception before that date coupled with reasonable diligence from just before that date to Youssefyeh's filing date.") (citations omitted). 그러나 특허심판원은 후임 당사자가 선임 당사자의 "출원일" 이전에 발명을 했음을 증명하기만 하면 그 이후부터는 증명책임에 대한 어떤 추정도 인정하지 않는다. 이러한 특허심판의 실무는 37 C.F.R. § 41.207(a)에 반영되어 있다.

308) Ei Du Pont Nemours Co. v. Phillips Petroleum Co., 849 F.2d 1430, 1436 n.5 (Fed. Cir. 1988) ("[W]ork is 'secret' does not necessarily mean that it has been 'abandoned, suppressed or concealed.' The latter determination depends on the overall facts of each case. For example, the filing of a United States patent application, as Phillips did here, maintains the secrecy of work, but is a factor cutting against abandonment, suppression or concealment."). 구체적으로 침해자인 Phillips는 특허권자인 Du Pont에 비해 먼저 발명하여 나중에 미국에 출원한 기술을 근거로 35 U.S.C. § 102(g) 및 35 U.S.C. § 103(a)의 위반을 주장하였다. 이에 Du Pont는 Phillips의 발명이 "기밀"로 유지되고 있음을 근거로 해당 기술은 포기/은폐된 것이라 주장하였다. 법원은 이에 대해 "기밀"로 유지된다 하여 반드시 포기/은폐가 인정되는 것은 아니며, Phillips가 한 것처럼 기밀로 유지되는

Ⅳ. 심사단계에서 35 U.S.C. § 102(g)에 의한 거절

심사단계에서 35 U.S.C. § 102(g)에 의한 거절이 문제되는 경우는 드물다. 심사관이 35 U.S.C. § 102(g)의 거절을 부여하기 위해서는 심사관이 i) 선행기술이 본 발명일 이전에 실제로 구체화(actual reduction to practice) 되었다는 사실과, ii) 해당 선행기술이 포기/은폐된 바 없다는 것을 증명해야 하는데,[309] 심사단계에서 심사관이 실제로 구체화된 사실을 증명하는 것은 드문 일이기 때문이다.[310] 따라서, 상술한 35 U.S.C. § 102(g)에 따른 다툼은 소송/저촉절차와 같은 당사자계 절차에서 주로 문제된다.

Ⅴ. 관련문제 37 C.F.R. § 1.131 규정과의 관계[311]

주의할 점은 35 U.S.C. § 102(g)에 따른 특허요건을 판단하는 방법(저촉절차에서 선발명자를 찾는 방법 포함)과 37 C.F.R. § 1.131에 의한 발명일의 증명방법은 그 내용이 극히 유사하기는 하지만, 35 U.S.C. § 102(g)에 의한 특허요건을 만족하기 위해 37 C.F.R. § 1.131에 의한 발명일의 증명방법을 활

기술을 미국 특허청에 출원하는 행위는 오히려 포기/은폐를 부정하는 것으로 해석된다고 판시한 바 있다. 한편, 본 사건에서 법원은 35 U.S.C. § 102(g)의 선행기술이 본 발명의 출원 당시에 공개되지 않았더라도 포기/은폐된 사정이 없다면, 35 U.S.C. § 103에 따른 자명성(진보성)판단의 근거가 될 수 있다고 판시하였다. *Ei Du Pont*, at 1437.

309) MPEP §2138 (citing Amgen, Inc. v. Chugai Pharmaceutical Co., 927 F.2d 1200, 1205 (Fed. Cir. 1991)) ("35 U.S.C. 102(g) may form the basis for an *Ex parte* rejection if: (1) the subject matter at issue has been actually reduced to practice by another before the applicant's invention; and (2) there has been no abandonment, suppression or concealment.").

310) 심사관이 특허청(USPTO)에 먼저 출원된 선출원을 제시한다 해도, 이는 "constructive reduction to practice"에 불과하므로 35 U.S.C. § 102(g)의 거절을 위해 요구되는 "actual reduction to practice"은 증명된 것이 아니다. 따라서 35 U.S.C. § 102(g)에 의한 거절은 불가능하다. 이 경우에는 특허청에 이루어진 선출원을 기초로 35 U.S.C. § 102(e)의 거절 등이 가능할 뿐이다. *See* MPEP § 2138.

311) 즉, 37 C.F.R. § 1.131에 의한 선서진술서/선언서에 의해 극복 가능한 선행기술은 i) 미국특허/출원의 청구항에 기재되지 않은 발명 또는 ii) 모든 종류의 비특허문헌이다. 미국특허/출원의 청구의 청구항에 기재된 발명은 37 C.F.R. § 1.131에 의한 선서진술서/선언서로 극복될 수 없다.

용할 수는 없다는 것이다. 즉, i) 102(g)에 따른 거절을 극복하거나, ii) 저촉 절차에서 후임 당사자(junior party)가 구체화 또는 착상이 이루어지는 일자를 증명하기 위해 37 C.F.R. § 1.131에 의한 선서진술서/선언서(Affidavit/ Declaration)를 제출할 수는 없다.[312)]

제13절 | 자명성(진보성)[313)]

Ⅰ. 서

자명성 개념은 35 U.S.C. § 103에 의해 요구되는 특허요건 중의 하나로, 한국 특허법의 진보성에 대응되는 개념이다. 한국 특허청과 마찬가지로 미국 특허청(USPTO)의 거절이유 중 상당수는 35 U.S.C. § 103을 근거로 하기 때문에, 출원 실무자 입장에서 자명성 요건은 미국특허법에서 중요한 개념이라 할 것이다.[314)] 미국특허법에 따른 자명성의 개념은 연방대법원의 판례법에 기초한 것이고 성문화된 35 U.S.C. § 103의 기본적인 내용 역시 *Graham* 사건[315)]에 의해 체계화된 것인바, 자명성에 관한 세부적인 판단방법

312) 37 C.F.R. § 1.131(a)(1). 증거법적인 측면에서도 저촉절차 시에 제출되는 증거와 37 C.F.R. § 1.131에 의한 선언서/선서진술서는 구별되는데, 저촉절차 시에 제출되는 모든 증거는 보강 증거(corroboration)를 요구하나 37 C.F.R. § 1.131에 의한 선언서/선서진술서는 이런 증거법적인 제한이 없다.

313) 청구된 발명이 선행기술로부터 자명(obvious)한 경우 특허성은 부정된다. 달리 표현하면 청구된 발명이 선행기술로부터 비자명(non-obvious)한 경우에만 특허를 받을 수 있다. 즉 침해자/심사관은 발명의 자명성을 주장하고, 권리자는 발명의 비자명성을 주장하게 되는데, 이 때문에 자명성 요건은 비자명성 요건이라 불리기도 한다. 이하에서는 "자명성 요건"과 "비자명성 요건"을 혼용하도록 한다.

314) 자명성의 개념은 소송 단계에서도 중요하지만, i) 다른 국가와 달리 등록특허에 대한 무효주장에 요구되는 증명의 정도가 고도하고(특허 유효성 추정(presumption of validity))에 의해 높은 수준의 증명이 요구되고, ii) 배심원이 자명성의 개념을 정확하게 이해하기가 힘들고, iii) 배심원이 연방정부에 의해 부여된 특허에 대해 특허성이 없다는 판단을 내리는 데 심리적 부담을 느끼기 때문에 그 중요성은 출원 단계에서 비해서는 낮다고 볼 수 있다.

315) Graham v. John Deere Co., 383 U.S. 1 (1966).

은 연방순회항소법원(CAFC) 출범 이후 더욱 구체화되기에 이른다. 특히 최근 관심을 모았던 *KSR* 사건에 의해 종전 연방순회항소법원의 판단방법이 폐기되고 새로운 자명성의 판단 논거들이 다수 제시되었다.

이하에서는 i) 일반적인 자명성의 판단에 대해 먼저 살펴보고, ii) *KSR* 사건에 이르기까지 연방대법원과 연방순회항소법원의 판례법 및 iii) *KSR* 사건을 통해 제시된 연방대법원의 자명성 판단의 논거를 순차적으로 살펴보고, 최종적으로 iv) *KSR* 사건 이후의 특허청(USPTO)의 자명성 판단방법에 대해 살펴본다.

II. 일반적인 자명성의 판단

1. 관련규정 — 35 U.S.C. § 103(a)

비록 35 U.S.C. § 102에 따른 선행기술에 기재된 발명과 동일하게 개시되지 않았더라도, 만약 선행기술과의 차이가 발명 당시에 본 발명과 관련된 기술분야의 통상의 지식을 가진 자에 의해 발명 전체로서 자명한 경우에는 특허 받을 수 없으나, 특허성은 발명이 이루어진 방식에 의해 부정되지는 않는다.[316)]

2. 자명성 판단의 기초사실

자명성 판단은 *Graham* 사건에 의해 확립된 4가지 기초사실[317)]에 기반해야 한다. *Graham* 사건에서 법원은 i) 선행기술의 범위 및 내용(scope and content of the prior art), ii) 선행기술과 청구항에 기재된 발명 간의 차이(difference between the prior art and the claims), iii) 당업계의 수준(level of ordinary skill in the art), iv) 상업적 성공과 같은 2차적 고려사항(secondary

---

316) 35 U.S.C. § 103(a) ("A patent may not be obtained though the invention is not identically disclosed or described as set forth in section 102 of this title, if the differences between the subject matter sought to be patented and the prior art are such that the subject matter as a whole would have been obvious at the time the invention was made to a person having ordinary skill in the art to which said subject matter pertains. Patentability shall not be negatived by the manner in which the invention was made.").

317) 이러한 4가지 고려사항을, 통상 '*Graham* factual inquiry'라 부른다.

consideration)에 기초하여 자명성을 판단할 것을 요구했다. 발명이 자명한지 여부는 상술한 4가지 사실에 기초하여 판단되는 법률문제이다.[318] 일반적으로 사실문제는 배심원에 의해 판단되고 법률문제는 법관에 의해 판단되는 것이 원칙이지만, 연방순회항소법원(CAFC)의 판례법에 따르면 1심에서 배심원이 4가지 기초사실뿐만 아니라 최종적인 자명성 여부를 판단할 수 있다.[319] 다만, 자명성 여부는 법률문제고, 법률문제는 항소심인 연방순회항소법원에서 "*de novo*" 원칙[320]에 의해 판단되기 때문에, 연방순회항소법원(CAFC)은 1심에서 배심원이 내린 판단에 구애 받지 않고 자유롭게 자명성 여부를 판단할 수 있다.

1) 선행기술의 범위 및 내용

A. 자명성 판단의 기초가 선행기술의 범위

35 U.S.C. § 103에 따르면 35 U.S.C. § 102에 따른 선행기술은 자명성 판단의 기초가 될 수 있다. 35 U.S.C. § 102의 선행기술 중 35 U.S.C. § 102(a), (b)에 따른 선행기술이 자명성 판단의 기초가 될 수 있음은 의문의 여지가 없다. 그러나 35 U.S.C. § 102(c), (d)에 따른 선행기술이 자명성 판단의 기초가 되는지 여부에 관해서는, 35 U.S.C. § 102(c), (d) 규정은 신규성(novelty)에 관한 규정이라기보다는 권리상실 또는 권리제한(statutory bar)에 관한 규정이므로 이를 기초로 자명성이 판단될 수 없다는 견해가 있으나,[321] 특허청(USPTO)의 실무에 따르면 35 U.S.C. § 102에 따른 모든 선행기술이 자명성 판단의 기초가 될 수 있다.[322] 35 U.S.C. § 102(e)에 따른 선행기술이 자명성 판단의 기초가 될 수 있는지에 관해서는 과거에 한때 견해대립이 있었으나, *Hazeltine Research* 사건[323]을 통해 자명성 판단의 근거가 되는 것으로 정리되

---

318) 일부 실무자들은 소송단계에서 무효를 다투어야 하는 당사자 입장에서는 2차적 고려사항에 집중하는 것이 바람직하다 소개한다. 상업적 성공 등과 같은 2차적 고려 사항이 나머지 3가지 사실문제에 비해 배심원에게 쉽게 이해되기 때문이다.

319) KIMBERY A. MOORE ET. AL., PATENT LITIGATION AND STRATEGY 544 (Thomson West 3rd ed. 2008).

320) "*de novo*" 원칙은 법률문제에 적용된다. "*de novo*" 원칙에 따르면 항소심 법원은 1심 법원의 판단에 구애되지 않고 자유롭게 판단할 수 있다.

321) KIMBERY A. MOORE ET. AL., PATENT LITIGATION AND STRATEGY 545 (Thomson West 3rd ed. 2008).

322) MPEP § 2141.01 (citing *Ex parte* Andresen, 212 USPQ 100, 102 (B.P.A.I. 1981)).

323) Hazeltine Research, Inc. v. Brenner, 382 U.S. 252 (1965). 참고로 35 U.S.C. § 102(e)는

었다. 아울러 35 U.S.C. § 102(f)[324] 및 35 U.S.C. § 102(g)[325]에 따른 선행기술 역시 자명성 판단의 근거가 될 수 있다.

한편 35 U.S.C. § 102에 따른 선행기술 이외의 자료를 통해 자명성을 판단할 수 있는지는 이하에서 별도로 설명한다.

a) 출원인이 자백한 선행기술

㉠ 의 의 판례 및 특허청 실무는 출원인이 선행기술이라 자백한 기술을 기초로 예견성(신규성) 및 자명성(진보성)의 거절을 부여하는 것을 허용한다. 일반적으로 출원인이 명세서의 "선행기술(prior art)" 항목 또는 "선행기술"이라 표시한 도면에 개시한 내용은 출원인이 자백한 선행기술(applicant's admitted prior art 또는 AAPA)로 취급된다.

㉡ 사례분석 – *Riverwood Int'l* 사건[326] 본 사건에서는 2개의 등록특

국내 많은 실무자들에 의해 한국 특허법 제29조 제3항 확대된 선원의 지위에 대응되는 것으로 이해되지만, 확대된 선원의 지위를 갖는 선행기술은 진보성 판단의 기초가 될 수 없음에 반해 35 U.S.C. § 102(e)는 자명성 판단에 자유롭게 활용됨을 주의해야 한다. 다만 35 U.S.C. § 102(e)에 따른 선행기술은 이후에 설명할 35 U.S.C. § 103(c)에 따라 자명성 판단에서 배제될 수 있다.

324) Oddzon Products Inc v. Just Toys Inc, 122 F.3d 1396 (Fed. Cir. 1997). 본 사건에서 특허권자인 OddzOn Products의 디자인 특허의 유효성이 문제되었는바, 구체적으로 특허된 디자인의 발명자가 일반 대중에는 공개되지 않은 비밀 디자인을 지득하여 본 디자인을 발명한 경우 해당 비밀 디자인이 자명성 판단의 기준이 될 수 있는지가 문제가 되었다. 본 사건에서 특허권자는 이러한 비밀 디자인이 설령 35 U.S.C. § 102(f)에 따른 선행기술(모인출원)에 해당하더라도 이는 35 U.S.C. § 103의 기초가 될 수 없다 주장하였으나, 연방순회항소법원(CAFC)은 구법상의 35 U.S.C. § 103(현재의 35 U.S.C. § 103(c)에 해당함)에 102(f)가 포함되어 있음을 근거로 102(f)에 해당하는 선행기술도 자명성 판단의 근거가 될 수 있다 판시하였다. 한편 본 사건의 법원은 만약 본인이 발명하지 않은 발명 A를 지득하여 A'을 출원한 경우, 발명 A는 35 U.S.C. § 102(f)에 의한 선행기술이 되기 때문에 발명 A를 근거로 발명 A'이 자명하다는 판단이 가능하지만, 만약 발명 A를 본인이 직접 발명했다면 발명 A를 근거로 발명 A'가 자명하다는 판단은 불가능하다고 하였고, 만약 발명 A가 일반 대중에 공개된 바 없고, 제3자인 발명 A'의 발명자가 이러한 발명 A를 지득한 바가 없다면 발명 A를 근거로 발명 A'가 자명하다는 판단은 불가능하다 하여 102(f)와 103(a)의 관계를 명확하게 정리하였다.

325) *In re* Bass, 474 F.2d 1276 (C.C.P.A. 1973). 법원은 35 U.S.C. § 102(g)의 선행기술이 본 발명의 출원 당시에 공개되지 않았더라도 포기/은폐된 사정이 없다면, 35 U.S.C. § 103에 따른 자명성(진보성)판단의 근거가 될 수 있다고 판시한 바 있다. Ei Du Pont Nemours Co. v. Phillips Petroleum Co., 849 F.2d 1430, 1437 (Fed. Cir. 1988).

326) Riverwood Int'l Corp. v. Ra Jones & Co., Inc., 324 F.3d 1346, 1354-55 (Fed. Cir. 2003).

허(이하, "특허 A" 및 "특허 B"라 칭함)에 대한 특허성이 문제되는데, 특허의 무효를 주장하는 당사자는 특허 A 및 특허 B의 출원과정에서 특허 C가 IDS에 기재되었으므로 특허 C는 "출원인이 자백한 선행기술"에 해당한다고 주장했다.[327] 기록에 따르면 특허 A, 특허 B 및 특허 C의 발명자가 완전히 일치하지는 않았지만, 모든 특허에 Ziegler가 공통의 발명자로 포함되었고, i) 특허 C의 기술적 특징 중 특허 A 및 특허 B의 청구된 발명과 대응되는 기술적 특징과 ii) 무효 주장의 대상이 되는 특허 A 및 특허 B의 청구항이 모두 Ziegler에 의해 발명된 것이었다. 이에 법원은 35 U.S.C. § 102에 의한 선행기술에 해당하지 않는 경우, 발명자 자신의 기술을 근거로 발명자의 자명성을 인정하는 것은 상식에 반할뿐만 아니라, 발명자가 스스로 자신의 발명을 IDS에 기재하는 것을 처벌할 수도 없기 때문에[328] 발명자가 동일한 특허 C는 "출원인이 자백한 선행기술"에 해당하지 않는다고 판시했다. 나아가 법원은 본 발명과 발명자가 동일한 선행특허를 IDS에 기록하는 것은 "출원인이 자백한 선행기술"에 해당하지 않는다고 판시했다.[329]

ⓒ 취 급 법원 및 특허청 실무는 출원인이 자백한 선행기술(AAPA)을 기초로 예견성(신규성) 및 자명성(진보성) 판단을 허용하지만, 주로 문제되는 것은 자명성에 관한 판단이다.[330] 따라서 출원인이 명세서나 심사과정에서 선행기술(prior art)이라 언급한 기술은 심사관의 거절의 근거가 될 수 있다. 그러나 출원인이 명세서에 "선행기술" 항목에 개시한 기술적 특징이라 하더라도 해당 기술적 특징이 제3자가 아닌 출원인(즉, 발명자)에 의해 직접 발명

327) 기록에 따르면 특허 C는 35 U.S.C. § 102(a) 내지 (g)에 따른 선행기술에는 해당하지 않았다.

328) 법원은 이러한 법원의 논리는 37 C.F.R. § 1.97(h) 규정에도 반영되어 있다. 37 C.F.R. § 1.97(h)는 출원인이 IDS를 제출하더라도 IDS에 제출된 정보가 해당 출원의 특허성에 중대한 정보라는 것이 자백된 것이 아니라고 규정하고 있다. 37 C.F.R. § 1.97(h) ("The filing of an information disclosure statement shall not be construed to be an admission that the information cited in the statement is, or is considered to be, material to patentability as defined in § 1.56(b).").

329) 법원은 발명자가 동일한 선행특허를 IDS에 기재하는 것은 출원인이 자백한 선행기술(APA)에 해당하지 않는다고 했으나, 특허청 실무는 발명자 동일여부에 상관없이, IDS에 기재된 선행기술은 출원인이 자백한 선행기술(APA)에 해당하지 않는 것으로 취급한다. MPEP § 2129.

330) 청구항이 잘못 작성되지 않는 이상, 출원인이 종래기술로 개시한 내용과 청구항에 기재한 발명이 서로 동일하기는 힘들기 때문이다.

된 것이라면 거절의 근거로 사용될 수 없다.331) 심사실무에 따르면 명세서 등에 별다른 설명이 없는 경우 심사관은 해당 기술적 특징을 제3자가 발명한 선행기술로 간주하여 거절을 부여할 수 있으나, 이에 대응하는 출원인은 의견서 등을 통해 심사관이 출원인이 자백한 선행기술(AAPA)로 인용한 기술적 특징이 본 발명의 발명자에 의한 것임을 진술하여 해당 거절을 극복할 수 있다.332)

㉣ 자백과 37 C.F.R. § 1.131에 따른 선서진술서/선언서　　만약 출원인이 자백한 선행기술(AAPA)로 인정되는 경우 해당 선행기술을 극복하기 위해서 37 C.F.R. § 1.131에 따른 선서진술서/선언서(Affidavit/Declaration)을 제출하는 것은 허용되지 않는다.333)

㉤ 자백과 불요증인용자료　　이하에서 설명하는 불요증인용자료(official notice)가 거절통지(OA)에서 문제되는 경우, 출원인은 이에 적절하게 반박(예를 들어, 추가적인 서증의 요구)해야 하며, 만약 적절하게 반박하지 않은 경우에는 해당 불요증인용자료는 자백한 선행기술(AAPA)로 취급된다.

㉥ 자백과 존속기간포기서　　존속기간포기서(Terminal Disclaimer)를 제출했다 하여 본 발명이 자명하다는 것을 자백하는 것은 아니다. 즉, 비법정중복특허(Non-Statutory Double Patenting)를 극복하기 위해 존속기간포기서를 제출하는 경우, 이는 본 발명이 비법정중복특허의 거절의 기초가 되는 특허에 비해 자명하다는 것을 인정하는 것이 아니다.334)

㉦ 자백과 35 U.S.C. § 103(c) 규정　　출원인은 이하에서 별도로 설명하는 35 U.S.C. § 103(c) 규정을 기초로 자명성(진보성) 거절의 근거가 되는 선행기술의 자격을 부정할 수 있다. 위 규정은 출원인이 자백한 선행기술에도 적용되므로, 만약 출원인이 자백한 선행기술(AAPA)이 35 U.S.C. § 102(e), (f), (g) 중 적어도 어느 하나에만 해당되는 경우 35 U.S.C. § 103(c)에 따른

---

331) Riverwood Int'l Corp. v. Ra Jones & Co., Inc., 324 F.3d 1346, 1354-55 (Fed. Cir. 2003).

332) 물론 심사관은 심사에 합리적으로 요구되는 정보를 제출할 정당한 권리를 가지므로, 해당 기술적 특징이 출원인에 의해 발명된 것인지 불분명한 경우 추가적인 정보를 요구할 수 있다.

333) *See* MPEP § 715 (citing *In re* Hellsund, 474 F.2d 1307 (C.C.P.A. 1973)).

334) Quad Envtl. Tech. Corp. v. Union Sanitary Dist., 946 F.2d 870, 874 (Fed Cir 1991).

주장이 가능하다.[335]

b) 젭슨 청구항

젭슨 청구항(Jepson type claim)은 *Jepson* 사건[336]에 의해 적법한 청구항 기재방법으로 인정된 청구항 형태로, i) 종래기술을 개시하는 전제부(preamble), ii) 발명에 의해 새롭게 제안되는 기술적 특징을 개시하는 특징부(body 또는 inventive element) 및 iii) 상기 전제부와 특징부를 연결하는 전이부(transition)로 구성되는 청구항으로, 전제부에 종래기술이 기재되며 전이부가 "the improvement comprising"[337]으로 기재된다. 실제 미국에서는 Jepson 청구항이 선호되지 않는 것에 비해 유럽에서는 젭슨 청구항이 널리 사용된다.[338]

발명의 청구항을 젭슨 형식으로 기재한 경우, 청구항의 전제부(preamble)에 기재된 사항은 출원인이 자백한 선행기술(admitted prior art)로 취급된다.[339] 다만, 이 경우에도 i) 전제부에 기재된 사항이 발명자가 스스로 발명한 내용에 관한 것이거나,[340] ii) 중복특허(Double Patenting)를 회피하기 위해 젭슨 형식으로 청구항을 기재한 사정이 인정되면[341] 자백한 선행기술(admitted prior art)로 취급될 수 없다.

B. 불요증인용자료[342]

심사관은 특허나 반포된 간행물 형태의 선행기술, 즉 서증(Documentary Evidence)을 기초로 자명성을 판단하는 것이 원칙이다. 그러나 극히 예외적인

---

335) *See* MPEP § 706.02(l)(2) (citing *In re* Fout, 675 F.2d 297 (C.C.P.A. 1982)).

336) *Ex parte* Jepson, 243 Off. Gaz. Pat. Off. 525 (Comm'r Pat. 1917).

337) "wherein the improvement" 형태로 기재되기도 한다. (참고로, 37 C.F.R. §1.75(e)에 따르면 "wherein the improvement comprises"가 권장된다.) 한편 유럽에서는 전이부가 "characterized by/in" 로 기재되는 것이 일반적이다.

338) 유럽에서는 젭슨 청구항을 "Two-part form" 청구항이라 부른다. 유럽특허조약(EPC: European Patent Convention) 제43조 제1항에 따르면, 모든 청구항은 종래 기술을 설명하는 "prior art part"와 본 발명에 의해 개선된 부분을 설명하는 "characterizing part"로 구분되어야 한다. 유럽특허청심사가이드라인 2.3에 따르면 "Two-part form"으로 기재하는 것이 부적절한 특별한 사정이 없는 이상 "Two-part form"으로 기재해야 한다.

339) MPEP § 2129 (citing *In re* Fout, 675 F.2d 297, 301 (C.C.P.A. 1982)).

340) MPEP § 2129 (citing Reading & Bates Construction Co. v. Baker Energy Resources Corp., 748 F.2d 645, 650 (Fed. Cir. 1984)) ("[W]here the preamble of a Jepson claim describes applicant's own work, such may not be used against the claims.").

341) MPEP § 2129 (citing *In re* Ehrreich, 590 F.2d 902, 909-910 (C.C.P.A. 1979)).

342) *See* MPEP § 2144.03.

상황에서는 출원인에게 별도의 서증을 통지하지 않으면서 청구항에 기재된 기술적 특징이 해당 기술분야에서의 통상적인 기술(common knowledge)에 해당한다는 것을 근거로 거절을 부여할 수 있는바, 이러한 거절의 근거를 불요증인용자료(official notice)이라 한다. 심사관이 불요증인용자료를 근거로 거절을 내리기 위해서는 거절의 근거가 되는 기술적 특징이 해당 기술분야에서 널리 알려지거나 통상적인 기술에 불과하다는 것이 즉각적이고 의문 없이 증명 가능해야 한다.[343] 특허청은 불요증인용자료를 최신기술분야에 속하는 발명에 대해서는 사용할 수 없으며, 오래되고 널리 알려진 기술 개선 방법에 대해서만 사용할 수 있다.[344] 한편 불요증인용자료는 어떠한 경우에도 특허성 판단의 유일한 증거가 될 수 없다.[345] 즉, 주된 증거로 서증이 확보된 상황에서 보조적인 증거로만 활용 가능할 뿐이다.

불요증인용자료가 거절통지(OA) 등을 통해 제시된 경우, 출원인은 불요증인용자료를 뒷받침할 수 있는 서증을 요구할 권리를 가지며, 만약 출원인이 서증을 요구하는 경우 심사관은 반드시 서증을 통해 불요증인용자료의 근거를 뒷받침해야 한다. 그러나 거절통지(OA)를 통해 불요증인용자료가 통지되었음에도 출원인이 이에 대해 반박하지 않았거나 반박이 부적절한 경우, 해당 불요증인용자료는 자백한 선행기술(admitted prior art)로 취급된다. 이 경우 심사관은 그 다음 거절통지를 통해 해당 불요증인용자료가 자백한 선행기술(admitted prior art)로 취급됨을 통지해야 한다.

만약 비최후거절통지(Non-Final OA)를 통해 불요증인용자료가 통지된 경우, 다음 번 거절통지에 새로운 거절의 근거(new ground of rejection)가 제시되지 않았다면 불요증인용자료를 뒷받침하는 서증이 추가로 제시되었다 하더라도 다음 번 거절통지는 최후거절통지(Final OA)가 된다.

C. **인용형식으로 병합**

선행기술로 제시된 특허의 명세서에 직접 개시된 것은 아니지만 인용형식으로 병합(incorporated by reference)되는 형태로 개시된 내용이 선행기술의

343) *See* MPEP § 2144.03 (citing *In re* Ahlert, 424 F.2d 1088, 1091 (C.C.P.A. 1970)).
344) *See* MPEP § 2144.03 (citing *In re* Eynde, 480 F.2d 1364, 1370 (C.C.P.A. 1973)).
345) 주로 독립항의 기술적 특징은 특허/반포된 간행물 등에 의해 개시되었으나, 종속항의 기술적 특징은 지나치게 자명한 내용이라 별도의 서증을 찾을 수 없는 경우에 활용된다.

자격을 갖는지 문제된다. 판례에 따르면 인용형식으로의 병합은 인용된 내용을 원래 문서에 하나로 포함시키기 위함이므로 특허가 선행기술로서 지위를 갖는 경우 해당 특허에 인용된 내용까지도 모두 고려해야 한다고 판단했다. 따라서 선행기술인 특허의 명세서에 직접적으로 개시되지 않았더라도 인용형식으로 병합된 내용은 선행기술로 지위를 갖는다.[346)]

한편 특허가 선행기술로 제시되는 경우, 해당 특허(선행기술)에 별도의 출원이 인용형식으로 병합되었으나 해당 출원이 나중에 포기되어 공개되지 않은 경우라 해도 포기된 출원의 내용은 선행기술로의 지위를 갖는 것으로 취급된다.[347)]

D. **발명 전체**(as a whole)**를 기준으로**

35 U.S.C. § 103에 명시적으로 규정된 바와 같이, 자명성 판단 시 본 발명은 발명 전체로서(as a whole) 판단되어야 한다. "발명 전체로서(as a whole)" 규정은 본 발명을 부분으로 분리하여 판단하는 것을 방지하기 위한 규정으로 해석된다. 구체적으로 연방순회항소법원(CAFC)은 본 규정에 관하여 "as a whole" 규정은 선행기술에 개시된 기술적 특징의 단편(bits and pieces)들을 단순히 조합하여 본 발명의 자명성을 판단하는 것을 방지하기 위한 것으로 해석한다.[348)] 즉, 35 U.S.C. § 103 규정에 따른 "as a whole" 요건에 의해 새로운 조합을 부적절하게 평가절하할 수 있는 사후적 고찰을 방지할 수 있게 된다.

E. **사후적 고찰**(hindsight)

발명이 자명한지는 발명의 완성 당시를 기준으로 판단해야 하므로, 자명성이 문제될 때 사후적 고찰은 엄격히 금지된다. 그러나 사후적 고찰을 완전히 배제하는 것은 쉬운 일이 아니다. 대부분의 발명은 선행기술에 개시된 구성요소를 조합한 조합발명이어서, 다수의 선행기술과 본 발명을 기계적으로 비교하는 경우, 본 발명이 자명해 보이기 쉽기 때문이다. 따라서 심사

---

346) *In re* Hughes, 550 F.2d 1273, 1276 (C.C.P.A. 1977) (citing *In re* Lund, 376 F.2d 982, 989 (C.C.P.A. 1967)) ("[T]he purpose of 'incorporation by reference' is to make one document become a part of another document by referring to the former in the latter in such a manner that it is apparent that the cited document is part of the referencing document as if it were fully set out therein.").

347) *See* MPEP § 2127.

348) *See* Panduit Corp. v. Dennison Mfg. Co., 810 F.2d 1561, 1577-78 (Fed. Cir.1987).

관은 단순히 선행기술을 나열할 것에 그치지 않고, 그러한 선행기술로부터 본 발명이 자명하게 도출될 것이라는 자명성의 논거(rationale)를 적절히 제시해야 할 것이다. 일반적으로 다수의 선행기술이 인용될수록 사후적 고찰의 위험이 커진다.[349] 따라서 다수의 선행기술을 근거로 거절이유가 통지된 출원인은 자명성 판단의 논거가 사후적 고찰에 의한 것인지 주의 깊게 판단해야 할 것이다.[350]

F. 유사한 기술

자명성 판단에 사용되는 선행기술은 본 발명과 유사한 기술(analogous arts)이어야 한다.[351] 구체적으로 선행기술은 i) 발명과 동일한 기술 분야 또는 ii) 본 발명자가 해결하려는 구체적 문제와 합리적으로 연관된 분야에 속해야 한다.[352] 그러나 이하에서 설명할 *KSR* 사건에서 연방대법원은 본 발명자가 해결하려는 구체적 문제와 합리적으로 연관된 분야를 좁게 해석하는 것을 경계한 바 있으므로 유사한 기술의 범위를 지나치게 제한할 수는 없을 것이다[353]. 한편, 심사지침서(MPEP) 2141.01(a)에는 각 기술분야(화학, 전자,

---

349) KIMBERY A. MOORE ET. AL., PATENT LITIGATION AND STRATEGY 545 (Thomson West 3rd ed. 2008).

350) 그러나 거절이유에 인용된 선행기술의 수가 많다는 사실이 발명이 자명하지 않다는 것을 뒷받침하는 것은 아니다. *In re* Gorman, 933 F.2d 982 (Fed. Cir. 1991). 즉, 발명이 자명하다는 거절이유를 반박하기 위해 선행기술의 수가 많다는 것만을 주장하는 경우, 해당 주장은 그 자체로 이유 없는 것으로 취급되어 배척될 수 있다. MPEP § 707.07(g). 따라서 출원인은 선행기술의 개수에 집중할 것이 아니라 각 선행기술이 조합될 수 있는지에 초점을 맞추어야 할 것이다. 실제로 *Gorman* 사건에서 연방순회항소법원(CAFC)이 집중한 것은 선행기술의 개수의 많고 적음이 아니라 선행기술에 적절한 TSM이 인정되는지 여부였다.

351) *See* MPEP § 2141.01(a) ("The examiner must determine what is 'analogous prior art' for the purpose of analyzing the obviousness of the subject matter at issue.").

352) *In re* Clay, 966 F.2d 656, 658-59 (Fed. Cir. 1992) ("Two criteria have evolved for determining whether prior art is analogous: (1) whether the art is from the same field of endeavor, regardless of the problem addressed, and (2) if the reference is not within the field of the inventor's endeavor, whether the reference still is reasonably pertinent to the particular problem with which the inventor is involved.") (citations omitted).

353) *KSR* 판결의 취지에 따라, 설령 상이한 분야라도 합리적으로 연관성이 인정되면 자명성 판단이 가능하다. *See* MPEP § 2141.01(a). 그러나 상이한 분야라도 합리적 연관성이 인정되면 자명성 판단이 가능하다는 것은 연방대법원이 새롭게 제시한 기준이 아니며, 상술한 *Clay* 사건 등에서 확인된 연방순회항소법원(CAFC)의 태도이다.

기계)에 따라 유사한 기술의 예가 언급되어 있다.

G. TSM **테스트**

연방순회항소법원(CAFC)은 발명이 선행기술을 조합(combine)하거나 변형(modify)한 경우 심사관 또는 특허의 무효를 주장하는 자가 본 발명에 적용된 조합이나 변형에 대한 교시(teaching), 암시(suggestion), 또는 동기(motivation)가 선행기술에 존재함[354]을 증명할 것을 요구한다. 종래 연방순회항소법원(CAFC)은 매우 엄격하게 TSM(Teaching, Suggestion and Motivation) 테스트를 적용하여, 만약 선행기술에 TSM(교시, 암시, 동기)이 없는 경우 선행기술들을 조합하거나 변형할 수 없기 때문에 본 발명은 비자명한 것이므로 특허된다는 결론을 내려왔다. 그러나 이와 같은 엄격한 TSM 테스트의 적용은 이후에 설명할 *KSR* 판결을 통해 파기된다.

H. **방해교시**(teaching away)

선행기술을 조합하거나 변경한 청구항의 자명성이 문제되는 경우, i) 해당 선행기술을 통해 본 발명과 같은 조합이나 변경의 어려움이 개시되거나 ii) 이러한 조합이나 변경에 따른 불이익이 개시된 경우에는 당업자가 해당 선행기술을 조합하거나 변경하는 것이 어렵다고 볼 수 있다. 이와 같이 선행기술의 조합이나 변경을 방해하는 증거가 인정되는 경우, 선행기술이 본 발명을 방해하도록 교시했다(teach away)고 표현하는데, 이러한 방해교시(teach away)에 관한 증거는 *KSR* 사건 이전부터 본 발명의 비자명성을 증명하는 유력한 증거로 활용되었고,[355] *KSR* 법원 역시 방해교시에 의해 비자명성이 증명될 수 있음을 재확인했다.

한편 선행기술이 본 발명과 상이한 구성을 갖는 다수의 대안(alternative)을 개시한 경우 이를 근거로 선행기술이 본 발명을 방해하도록 교시한 것인지 문제된 바 있으나, 연방순회항소법원(CAFC)은 방해교시가 인정되기 위해서는 선행기술이 본 발명에 적용된 해결방법을 비판하거나, 불신하거나, 방해해야 하는바, 단순히 여러 개의 대안을 제시하는 것은 본 발명을 방해하도록 교시한 것이 아니라 했다.[356]

---

354) "선행기술에 TSM(Teaching, Suggestion and Motivation)이 있는지를 판단한다"는 식으로 간략하게 기재하기도 한다.

355) U.S. v. Adams, 383 U.S. 39 (1966).

356) *In re* Fulton, 391 F.3d 1195, 1201 (Fed. Cir. 2004) ("The prior art's mere disclosure of more than one alternative does not constitute a teaching away from any of these

2) 선행기술과 청구항에 기재된 발명 간의 차이

본 발명의 권리범위는 합리적인 범위 내에서 최대한 넓게 해석해야 하고, 이에 따라 선행기술과의 차이를 확정해야 한다. 심사단계에서는 심사관의 권리범위해석에 대한 다툼이 문제될 수 있으므로 선행기술과 청구된 발명의 차이에 대해 논쟁이 발생할 수 있다. 그러나 소송단계에서는 권리범위 해석의 최종 권한을 갖는 연방법원에 의해 권리범위가 판단되므로 일단 법관에 의해 청구범위가 확정되면 선행기술과 청구된 발명의 차이에 대해 크게 다툼이 발생하지 않는 것으로 알려져 있다.

3) 당업계의 수준

당업계 수준은 ① 당면한 문제의 성격, ② 선행기술이 당면한 문제를 해결한 방법, ③ 기술 혁신의 속도, ④ 기술 분야의 고도한 정도, ⑤ 당해 분야의 종사자들의 교육 수준 등을 종합적으로 고려하여 결정한다.[357] 당업계의 수준을 판단함에 있어, 상술한 요소들이 모두 고려되어야만 하는 것은 아니며 특정한 요소가 다른 요소를 압도할 수 있다.[358] 이하에서 설명하는 *KSR* 사건에서 연방대법원은 발명의 자명성의 기준은 특허권자 아니라 "당업자"에 의하여야 하고, 당업자는 통상적인 창작 능력을 가진 사람이지 자동화된 장비가 아니므로 당업자는 선행기술의 목적에 상관없이 퍼즐의 조각을 맞추듯이 다수의 선행기술을 조합할 수 있다 하였다. 즉, 연방대법원은 당업계의 수준을 연방순회항소법원(CAFC)에 의해 인정되는 것보다 높은 수준으로 인정한 것으로 판단된다.

한편 당업계의 수준은 35 U.S.C. § 102에 따른 선행기술 만으로 파악되는 것은 아니다. 즉, 선행기술이 본 발명의 발명일 또는 출원일보다 선행하

---

alternatives because such disclosure does not criticize, discredit, or otherwise discourage the solution claimed in the . . . application.").

357) *See* MPEP § 2141 (citing *In re* GPAC, 57 F.3d 1573, 1579 (Fed. Cir. 1995)) ("Factors that may be considered in determining the level of ordinary skill in the art may include: (1) 'type of problems encountered in the art;' (2) 'prior art solutions to those problems;' (3) 'rapidity with which innovations are made;' (4) 'sophistication of the technology; and' (5) 'educational level of active workers in the field. In a given case, every factor may not be present, and one or more factors may predominate.'").

358) Environmental Designs, Ltd. v. Union Oil Co., 713 F.2d 693, 696-97 (Fed. Cir. 1983) ("Not all such factors may be present in every case, and one or more of these or other factors may predominate in a particular case.").

지 못하여 적법한 35 U.S.C. § 102의 선행기술이 될 수 없더라도, 해당 자료는 당업계의 기술 수준(State of the Art)에 관한 증거로는 활용할 수 있다.[359)]

4) 2차적 고려사항

2차적 고려사항(secondary consideration)은 상업적 성공과 같이 본 발명이 비자명하다는 것을 증명할 수 있는 증거를 말한다. 2차적 고려사항에 관련하여 주의할 점은 2차적 고려사항은 "2차적"으로 고려되는 것이 아니라는 것이다.[360)] 연방순회항소법원(CAFC)은 2차적 고려사항이 "구색 맞추기" 정도로 판단되는 사항이 아니라 모든 사건에서 반드시 판단되어야 하는 객관적인 고려사항(objective consideration)이라 판시한 바 있다.[361)] 2차적 고려사항의 예로는 *Graham* 사건[362)] 등에서 전통적으로 강조된 바 있는 i) 발명의 상업적 성공, ii) 장기간 미해결된 과제, iii) 타인의 실패 외에도 iv) 해당 업계에서 발명의 중요도를 나타낼 수 있는 라이선싱,[363)] v) 침해자의 존재,[364)] vi) 예측하지 못한 결과,[365)] vii) 성공에 대한 회의(skepticism)[366)] 등이 있다.

Ⅲ. *KSR* 사건 이전의 자명성의 논거 – TSM 테스트

발명이 자명하다고 판단하기 위해서는 *Graham* 사건에 인정되는 기초사

359) *See* MPEP § 2141.03 (citing *Ex parte* Erlich, 22 USPQ 1463 (B.P.A.I. 1992)).

360) 실무자/학자들에 따라 2차적 고려사항이라는 용어와 "자명성/비자명성에 관한 객관적 증거(objective evidence of obviousness/non-obviousness)" 또는 "객관적 고려사항(objective consideration)"이라는 용어를 혼용하기도 한다. 이는 2차적 고려사항이 단순한 의견(argument)이 아닌 객관적 증거(objective evidence)를 통해 증명되기 때문인 것으로 판단된다. 참고로 미국특허 상으로는 다양한 객관적 증거가 사용되며 이러한 객관적 증거는 2차적 고려사항을 증명하기 위해서만 사용되는 것은 아니다. 예를 들어, 선행기술에 동작가능성이 없다던가, 본 발명에 유용성이 있다는 사항들도 객관적 증거에 의해 증명되게 된다.

361) Hybritech Incorporated v. Monoclonal Antibodies, Inc., 802 F.2d 1367, 1380 (Fed. Cir. 1986) ("Objective evidence . . . must be considered before a conclusion on obviousness is reached and is not merely 'icing on the cake.'").

362) Graham v. John Deere Co., 383 U.S. 1, 17-18 (1966).

363) Arkie Lures, Inc. v. Gene Larew Tackle, Inc., 119 F.3d 953, 957 (Fed. Cir. 1997).

364) *In re* GPAC, 57 F.3d 1573, 1580 (Fed. Cir. 1995).

365) Hybritech Incorporated v. Monoclonal Antibodies Inc., 802 F.2d 1367, 1382-84 (Fed. Cir. 1986).

366) *In re* Dow Chemical Co., 837 F.2d 469, 473 (Fed. Cir. 1988).

실(*Graham* factual inquiry)을 바탕으로 당업자에게 본 발명이 자명한지를 판단해야 한다. 이때 사용되는 자명성의 논거가 무엇인지가 중요한데, *KSR* 사건 이전의 법원과 특허청은 TSM(Teaching, Suggestion and Motivation) 테스트를 자명성의 논거로 취급해왔다. 예를 들어, *KSR* 사건 이전의 심사지침서(MPEP)는 i) 선행기술의 조합 또는 변형에 관한 TSM이 존재하고, ii) 성공에 대한 합리적인 가능성이 있고, iii) 청구항에 기재된 모든 기술적 특징이 선행기술에 제시된 경우에 자명성을 인정할 수 있다고 기술한 바 있다.

이러한 종전의 자명성의 논거는 *KSR* 사건 이후에 변경된다. *KSR* 사건의 법원은 TSM 테스트 이외의 방법에 의해서도 자명성이 인정되도록 판례를 변경했는데, 이러한 변화에 따라 심사지침서(MPEP)도 7가지 예시적인 자명성 논거를 제시했다.[367)]

Ⅳ. 심사관의 증명책임 — 일응의 케이스(prima facie case)[368)]

심사단계에서는 모든 특허요건에 대해 심사관이 최종적인 증명책임을 진다.[369)] 이에 따라 35 U.S.C. § 132는 심사관에게 거절이유를 지지할 근거

---

367) *KSR* 사건을 바탕으로 USPTO에서 제시한 7가지 예시적 논거는 이하와 같다. (1) Combining prior art elements according to known methods to yield predictable results; (2) Simple substitution of one known element for another to obtain predictable results; (3) Use of known technique to improve similar devices (methods, or products) in the same way; (4) Applying a known technique to a known device (method, or product) ready for improvement to yield predictable results; (5) "Obvious to try" — choosing from a finite number of identified, predictable solutions, with a reasonable expectation of success; (6) Known work in one field of endeavor may prompt variations of it for use in either the same field or a different one based on design incentives or other market forces if the variations are predictable to one of ordinary skill in the art; (7) Some teaching, suggestion, or motivation in the prior art that would have led one of ordinary skill to modify the prior art reference or to combine prior art reference teachings to arrive at the claimed invention. *See* MPEP §§ 2141, 2143. 참고로 상술한 7개의 논거 중 마지막 논거는 *KSR* 사건 이전부터 인정되던 TSM 테스트에 따른 논거이다.

368) 참고로, "일응의 케이스" 개념은 자명성 심사 또는 기타 특허요건 심사를 위해 도출된 개념이 아니다. 일응의 케이스 개념은 소송 절차에서의 증명책임에 관련된 일반적인 법적 개념이다.

를 제시할 의무를 부여한다. 나아가 37 C.F.R. § 1.104(c)(2)는 심사관이 선행 기술에 근거한 예견성(신규성), 자명성(진보성)의 거절이유를 통지할 때 거절이유를 명확하게 설명할 것을 요구하는바,[370] 법원은 이러한 특허청의 의무에 근거하여 특허청 및 심사관이 자명성을 이유로 거절을 할 때는 일응의 케이스(*prima facie* case)를 성립시킬 의무를 부담한다는 입장이고, 특허청은 역시 이러한 연방순회항소법원의 태도를 따르고 있다.[371] 즉, 본 발명에 대해 특허요건 위반을 이유로 거절을 부여하는 심사관은 해당 특허요건에 관한 일응의 케이스를 성립시켜야 한다. 주의할 점은 "일응의 케이스"라는 개념이 자명성(진보성)과 관련해서 많이 언급되기는 하지만, 일응의 케이스라는 법적 개념이 자명성에 한정되는 것은 아니며, 심사관은 발명의 유용성(utility), 예견성(신규성), 자명성(진보성), 명세서기재요건 등의 모든 특허 요건에 대해 일응의 케이스를 성립시켜야 할 의무를 부담한다는 것이다.

"심사관이 자명성에 관한 일응의 케이스를 성립시키는 방법"은 일반적인 "진보성의 판단방법"과 동일하다.[372] 즉, 양자는 별개의 개념이 아니므로 일응의 케이스를 성립시키려는 심사관은 *Graham* 사건에 인정되는 기초사실과 자명성의 논거에 기초해서 자명한지 여부를 판단하면 충분하며, 만약 심사관이 자명성에 관하여 일응의 케이스를 성립시킨 경우, 출원인은 이를 반박하는 증거를 제출하여 비자명성을 증명할 수 있다.[373]

---

369) *In re* Oetiker, 977 F.2d 1443, 1449 (Fed. Cir. 1992) (Plager, S., concurring) ("An applicant for a patent is entitled to the patent unless the application fails to meet the requirements established by law. It is the Commissioner's duty (acting through the examining officials) to determine that all requirements of the Patent Act are met.").

370) 37 C.F.R. § 1.104(c)(2) ("In rejecting claims for want of novelty or for obviousness, the examiner must cite the best references at his or her command. When a reference is complex or shows or describes inventions other than that claimed by the applicant, the particular part relied on must be designated as nearly as practicable. The pertinence of each reference, if not apparent, must be clearly explained and each rejected claim specified.").

371) MPEP § 2142 (citing *Ex parte* Skinner, 2 USPQ2d 1788 (B.P.A.I. 1986)).

372) *See In re* Dillon, 919 F.2d 688, 701 (Fed. Cir. 1990) ("For when . . . no rebuttal evidence is presented, determination of the *prima facie* case is decision of the question of patentability.").

373) *In re* Piasecki, 745 F.2d 1468, 1472 (Fed. Cir. 1984) ("*Graham* is interpreted . . . to place the 'burden of proof on the Patent Office which requires it to produce the factual basis for its rejection of an application under sections 102 and 103'. After a

1. 심사지침서가 제시하는 자명성 판단의 일례

심사지침서(MPEP)는 심사관이 참조할 만한 자명성에 관한 판례들을 다수 소개하고 있는데, 이하에서는 이를 요약하여 간략하게 소개한다.

1) 구체적 형상의 변경

일반적으로 제품의 구체적 형상(particular shape)의 차이에 의해 특허성이 발생하지는 않는다. 예를 들어, 기계적 기능과 무관한 장식물과 관련된 요소는, 비록 선행기술에 명시적으로 개시된 바 없어도, 선행기술과 청구항에 기재된 발명을 구별하는 근거가 될 수 없다.[374] 또한 특정한 형상이 중요하다는 증거가 없는 한 당업자에게 형상의 변경은 자명하다.[375] 또한 크기 또는 비율의 변화에도 불구하고 동일한 동작이 수행되는 경우에는 크기 또는 비율의 차이에 의해 본 발명이 선행기술과 구별될 수 없다.[376]

다만, 구체적 형상의 차이가 제품의 차이를 발생시키는 경우에는 형상의 차이가 특허성을 발생시킬 수 있다.[377] *Hilton* 사건을 보면, 선행기술은 프렌치프라이(french fries)를 개시하고 본 발명은 감자칩(potato chip)을 청구하는바, 선행기술은 60% 가량의 수분함량을 갖지만, 본 발명은 감자칩의 상이한 형상으로 인해 수분함량이 10% 이하로 유지되고 지방함량이 50%로 이하로 유지되었다. 특허심판원(BPAI)은 구체적 형상의 차이는 특허성의 관점에서 중요한 요소가 아니지만 이러한 제품의 차이가 발생하는 경우 형상의 차이는 중요할 수 있다고 판단했다.[378]

---

prima facie case of obviousness has been established, the burden of going forward shifts to the applicant.") (citations omitted).

374) MPEP § 2144.04 (citing *In re* Seid, 161 F.2d 229 (C.C.P.A. 1947)).

375) MPEP § 2144.04 (citing *In re* Dailey, 357 F.2d 669 (C.C.P.A. 1966)).

376) MPEP § 2144.04 (citing In Gardner v. TEC Systems, Inc., 725 F.2d 1338 (Fed. Cir. 1984), *cert. denied*, 469 U.S. 830 (1984)).

377) MPEP § 2144.04 (citing *Ex parte* Hilton, 1966 WL 6407, 148 USPQ 356 (B.P.A.I. 1965)).

378) 심사지침서 상에서는 형상의 차이로 인해 특허성이 인정된 것으로 언급되어 있으나, 사건기록에 따르면 본 발명의 청구항에는 구체적인 수분 함량과 지방 함량에 대한 한정이 기재되어 있었고, 특허심판원(BPAI)이 형상의 차이만을 근거로 본 발명의 특허성을 인정한 것은 아니며 형상의 차이와 함께 수분함량과 지방함량의 차이를 근거로 본 발명의 특허성을 인정한 것임을 주의해야 한다.

2) 방법/부품의 순서, 배치 또는 개수의 변경

종래 공지된 방법으로부터 순서를 선택하는 것은, 새롭거나 예측하지 못한 효과가 발생하지 않는 한, 일응 자명한 것으로 취급된다.379) 또한 원료(ingredients)를 혼합하는 순서를 선택하는 것 역시 일응 자명한 것으로 취급된다.380) 장치발명에서 공지된 부품의 순서를 반대로 바꾸는 경우에도 자명한 것으로 취급되며,381) 부품을 복수로 바꾼 경우에도 새롭거나 예측하지 못한 효과가 없는 한 자명한 것으로 취급된다.382) 또한 부품을 재배치하는 것 역시 종전 장치의 동작을 변형하지 않는 한 자명하다 할 것이다.383)

3) 종전의 단계나 구성요소의 삭제

종전의 단계나 구성요소를 삭제한 경우, 이에 따라 삭제되는 기능이 바람직하지 않거나 불필요한 기능이라면 이러한 삭제는 자명하다.384) 그러나 구성요소가 삭제됨에도 기능이 유지되는 것은 발명이 비자명하다는 징후(indicia)로 해석된다.385)

4) 자 동 화

수작업과 동일한 결과를 발생시키는 경우, 수작업을 자동화하는 것은 본 발명과 선행기술을 구별하는 데 충분하지 않다.386)

5) 휴대용으로의 변형, 종전 구성의 결합/분리, 조절 가능한 장치로의 변형 등

새롭거나 예측하지 못한 효과가 없는 한, 청구된 발명이 휴대용 장치라는 사실만으로는 특허성이 발생하지 않는다.387) 종전 구성을 결합하여 일체화하는 것은 자명하다 할 것이나,388) 일체화된 구성을 통해 종래기술의 예상치에 대비되는 효과를 보이는 경우 특허성이 인정될 수 있다.389) 선행기술에서 고정된 두 장치를 분리된 것으로 청구하는 경우, 분리된 장치들이 선행

379) MPEP § 2144.04 (citing *In re* Burhans, 154 F.2d 690 (C.C.P.A. 1946)).
380) MPEP § 2144.04 (citing *In re* Gibson, 39 F.2d 975 (C.C.P.A. 1930)).
381) MPEP § 2144.04 (citing *In re* Gazda, 219 F.2d 449 (C.C.P.A. 1955)).
382) MPEP § 2144.04 (citing *In re* Harza, 274 F.2d 669 (C.C.P.A. 1960)).
383) MPEP § 2144.04 (citing *In re* Japikse, 181 F.2d 1019 (C.C.P.A. 1950)).
384) MPEP § 2144.04 (citing *Ex parte* Wu, 10 USPQ 2031 (B.P.A.I. 1989)).
385) MPEP § 2144.04 (citing *In re* Edge, 359 F.2d 896 (C.C.P.A. 1966)).
386) MPEP § 2144.04 (citing *In re* Venner, 262 F.2d 91, 95 (C.C.P.A. 1958)).
387) MPEP § 2144.04 (citing *In re* Lindberg, 194 F.2d 732 (C.C.P.A. 1952)).
388) MPEP § 2144.04 (citing *In re* Larson, 340 F.2d 965, 968 (C.C.P.A. 1965)).
389) MPEP § 2144.04 (citing Schenck v. Nortron Corp., 713 F.2d 782 (Fed. Cir. 1983)).

기술과 동일한 목적으로 결합하는 것이 바람직하다면 특허성이 인정될 수 없다.[390] 조절 가능한 장치로 변형하는 것은, 조절 가능성의 필요성이 당업계에 알려진 경우에는 당업자에게 자명하다 할 수 있다.[391] 본 발명이 종전에는 비연속적이었던 공정을 연속적인 공정으로 바꾸는 것에 불과한 경우[폼(foam)을 연속적으로 슬러리에 공급하는 경우]에는 특허 받을 수 없다.[392]

6) 공지물의 정제(purifying)

순수한 물질은 정제되지 않은 물질과 동일한 것이 아니므로 예견성 요건은 만족된다고 볼 것이므로 해당 물질의 자명성이 문제된다.[393] 자명성을 판단할 때는 i) 선행기술과 비교해서 유용성이 동일한지, ii) 선행기술에 본 발명의 물질에 관한 암시나 본 발명의 물질에 이를 수 있는 방법에 관한 암시가 있는지 등을 고려해야 한다.[394]

7) 수치 범위의 중첩

청구된 수치 범위가 선행기술의 범위와 중첩되거나 선행기술 범위 내에 있는 경우 자명성에 관한 일응의 케이스(*prima facie* case)가 성립된다.[395] 그러나 자명성에 관한 일응의 케이스가 성립한 경우에도, 출원인은 2차적 고려사항 등을 제시하여 발명의 자명성에 대한 반박을 할 수 있다. 따라서 "예측하지 못한 결과"가 존재한다는 증거를 이용하여 본 발명의 임계적 의의(criticality)를 증명할 수 있는 경우 특허성이 인정됨은 물론이다.[396] 또한 선행기술이 본 발명을 방해하도록 교시(teach away)한 경우 역시 특허 받을 수 있다.[397] 한편 수치 범위가 중첩하지 않아도 당업자가 동일한 특징을 가지리라 기대할 수 있을 만큼 유사한 경우에도 자명성에 관한 일응의 케이스가 성립된다.[398]

---

390) MPEP § 2144.04 (citing *In re* Dulberg, 289 F.2d 522, 523 (C.C.P.A. 1961)).
391) MPEP § 2144.04 (citing *In re* Stevens, 212 F.2d 197 (C.C.P.A. 1954)).
392) MPEP § 2144.04 (citing *In re* Dilnot, 319 F.2d 188 (C.C.P.A. 1963)).
393) MPEP § 2144.04 (citing *In re* Bergstrom, 427 F.2d 1394 (C.C.P.A. 1970)).
394) MPEP § 2144.04 (citing *In re* Cofer, 354 F.2d 664 (C.C.P.A. 1966)).
395) MPEP § 2144.05 (citing *In re* Wertheim, 541 F.2d 257 (C.C.P.A. 1976)).
396) *In re* Wertheim, 541 F.2d 257, 267 (C.C.P.A. 1976).
397) MPEP § 2144.05 (citing *In re* Geisler, 116 F.3d 1465, 1471 (Fed. Cir. 1997)).
398) MPEP § 2144.05 (citing Titanium Metals Corp. of America v. Banner, 778 F.2d 775 (Fed. Cir. 1985)).

8) 수치 범위의 최적화

임계적 의의가 없는 경우 농도 또는 온도의 차이는 특허성을 발생시키지 않는다. 본 발명이 청구하려는 실험 조건이 선행기술에 이미 개시되어 있는 경우, 통상적인 실험에 의해 동작가능하거나 최적화된 구간을 찾아내는 것은 자명하다 할 수 있다.399) 판례법은 이러한 일반 원칙에 대한 2가지 유형의 예외를 인정하는데, 첫 번째 예외는 결과에 영향을 끼치는 것으로 알려진 파라미터400)를 변형하여 임계적 의의를 얻은 경우401)이며, 두 번째 예외는 '결과에 영향을 끼치는 것으로 알려진 바 없는 파라미터'를 최적화하는 경우402)이다. *Antonie* 사건에서 출원인의 특허는 하수 정화에 관한 것으로 수조의 용량과 접촉기(contactor)의 면적 간의 비율을 최적화했는데, 선행기술은 수조의 용량과 하수정화효과에 대해서는 언급한 바가 없으며, 다만 접촉기의 면적이 변화함에 따라 하수정화효과가 변화한다는 사실만을 개시했다. 법원은 선행기술에 수조의 용량과 하수정화효과 간의 상관관계가 개시된 바 없으므로, 수조의 용량과 접촉기의 면적 간의 비율이 결과에 영향을 끼치는 파라미터(result-effective variables)에 해당하는데, 이러한 결과에 영향을 끼치는 파라미터가 알려진 바 없으므로 본 발명은 비자명하므로 특허될 수 있다 하였다.403)

---

399) MPEP § 2144.05 (citing *In re* Aller, 220 F.2d 454, 456 (C.C.P.A. 1955)).

400) 결과에 영향을 끼치는 파라미터는 통상 "result-effective variables"이라 불린다.

401) 이러한 임계적 의의는 방해교시(teach away)나 예상하지 못하는 결과(unexpected result)의 존재를 통해 증명되는 것이 일반적이다. MPEP § 2144.05 (citing Iron Grip Barbell Co., Inc. v. USA Sports, Inc., 392 F.3d 1317, 1322 (Fed. Cir. 2004)) ("Applicant can rebut a presumption of obviousness based on a claimed invention that falls within a prior 3rd art range by showing '(1) [t]hat the prior art taught away from the claimed invention . . . or (2) that there are new and unexpected results relative to the prior art.'").

402) MPEP § 2144.05 (citing *In re* Antonie, 559 F.2d 618 (C.C.P.A. 1977)).

403) 본 사건에서 법원(C.C.P.A.)는 특허심판원(BPAI)의 결정을 파기하면서, 특허청 및 특허심판원의 거절은 시도의 자명성(obvious to try)에 근거할 수 없음에도 시도의 자명성에 근거했음을 지적했다. 즉 당업자라면 수조의 용량과 접촉기의 면적 비율을 변화시키는 시도가 자명할 것이라는 방식으로는 자명성이 증명될 수 없다고 판시하였다. 그러나 *KSR* 사건으로 인해 "시도의 자명성"도 해당 발명이 자명하다는 판단의 근거로 새롭게 인정되었기 때문에, 특정 파라미터가 결과에 영향을 끼치는 것으로 알려진 바 없다고 해서 자명성이 증명될 수 없는지는 의문이다.

9) 공지된 등가물의 조합 및 치환

선행기술을 통해 동일한 목적으로 유용하다는 것이 알려진 두 화합물을 조합하는 것은 일응 자명하다 할 것이다.[404] 한편 동일한 목적을 위해 종래의 구성요소를 등가물로 치환하는 것 역시 자명하다. 이 경우 "등가물"의 범위가 문제되는 데, i) 본 발명의 출원인이 개시한 내용, ii) 단순히 해당 구성요소들이 기능적 또는 기계적으로 균등하다는 사실, iii) 청구항에 하나의 마쿠쉬(Markush) 그룹에 속했다는 사실만으로는 본 발명이 자명해진다고 할 수 없다.[405] 치환되기 이전의 구성요소와 치환된 구성요소의 등가성은 본 발명의 명세서가 아닌 선행기술에 의해 인식되어야 한다.[406]

10) 공지물의 의도된 목적에 적합한 공지물의 선택

공지물의 의도된 목적에 적합하도록 공지물을 선택하는 것은 일응 자명하다 할 것이다.[407] 판례에 따르면 공지물의 의도된 목적에 적합하도록 공지물을 선택하는 것은, 리스트를 읽고 이를 선택하는 것에 지나지 않으며, 이는 다 맞춰진 퍼즐에 마지막 조각을 선택하는 것에 비해서도 나을 것이 없다는 입장이다.

11) 화학물질에 있어 상위개념이 단일의 선행기술에 개시된 경우

본 발명의 청구항에는 하위개념(species)이 청구되어 있고, 선행기술에는 해당 하위개념을 포함하는 상위개념(genus)이 기재되어 있으나 해당 하위개념에 대해서는 명시적으로 개시되지 않은 경우, 심사관은 본 발명이 자명하다는 추가적인 선행기술을 찾아야 한다. 만약 추가의 선행기술을 찾지 못해

---

404) MPEP § 2144.06 (citing *In re* Kerkhoven, 626 F.2d 846, 850 (C.C.P.A. 1980)).

405) MPEP § 2144.06 (citing *In re* Ruff, 256 F.2d 590 (C.C.P.A. 1958)).

406) 앞서 언급한 *Ruff* 사건에서 문제된 발명은 마쿠시 형식으로 청구된 발명인바, 최초 청구항에는 SH와 NH_2 라디칼이 청구되었는데, 심사관이 제시한 선행기술(N를 개시함)을 극복하고자 NH_2가 삭제되었다. 이에 특허청 및 특허심판원은 출원인이 별개의 라디칼을 하나의 마쿠시 청구항으로 기재한 것은 등가물에 해당한다는 것을 자백한 것이므로, 선행기술에 의해 게시된 NH_2에 의해 SH 역시 예견된 것으로 취급하여 본 발명이 예견성(신규성) 요건 위반이라 하였다. 이에 법원은 마쿠시 그룹에 속했던 사실은 사실상의 등가성인데, 이러한 사실상의 등가성만으로는 특허성을 부정할 수 없으며, 이러한 특허성을 부정할 수 있는 등가성은 i) 선행기술에 개시되거나, ii) 그 등가성이 자명해야 한다고 판시하였다.

407) MPEP § 2144.07 (citing Sinclair & Carroll Co. v. Interchemical Corp., 325 U.S. 327 (1945)).

하나의 선행기술에만 의존해야 한다면 자명성 판단의 원칙에 따라 *Graham* 사건에 따른 기초사실과 자명성의 논거에 따라 자명성 여부를 결정해야 한다.[408)]

12) 선행기술과 본 발명의 화학물질이 구조적으로 유사한 경우

심사관이 본 발명이 청구하는 화학물질과 구조적으로 매우 근접하거나 유사한 유용성을 갖는 공지된 화학물질을 제시하는 경우 자명성에 관한 일응의 케이스(*prima facie* case)가 성립된다.[409)]

Ⅴ. 자명성 개념의 발전사

1790년에 최초로 특허법이 제정되었을 당시에는 발명의 신규성(novelty)과 유용성(utility)만이 요구되었을 뿐 발명의 진보성, 즉 비자명성(non-obviousness)은 요구되지 않았다. 자명성 요건은 이하에서 설명하는 *Hotchkiss* 사건[410)]을 통해 판례법 형태로 추가된 것으로, 현재의 35 U.S.C. § 103은 *Hotchkiss* 사건에서의 연방대법원의 태도를 성문화한 것이다.

35 U.S.C. § 103의 구체적 판단방법은, 연방대법원의 *Graham* 사건[411)]을 통해 체계화된 이후 연방대법원의 판례에 의해 발전되다가, 연방순회항소법원(CAFC)가 성립된 이후에는 종전과는 다른 양상으로 발전하게 된다. 구체적으로, 연방대법원은 비자명성 요건을 엄격하게 적용하여 대부분의 특허를 무효로 처리했으나, 연방순회항소법원(CAFC)은 종전의 연방대법원의 판단방법을 사실상 배척하고 TSM(Teaching, Suggestion and Motivation) 테스트 기법을 적용한 결과, 이후의 침해소송에서는 많은 특허들이 유효로 판단되었다.

연방순회항소법원(CAFC)의 TSM 테스트 기법은 특허권자를 두텁게 보호하고 심사의 예측 가능성을 높이는 효과가 있기는 했지만, 비자명성의 기준을 지나치게 낮추어 불필요한 특허를 대량 생산한다는 비판이 있어왔다. 이러한 연방순회항소법원의 TSM 테스트 적용은 2007년 *KSR* 사건을 통해 최

408) 상위/하위개념에 관련된 사실문제와 자명성 판단의 근거는 MPEP § 2144.08에 상세하게 설명되어 있다.

409) MPEP § 2144.09 [citing *In re* Payne, 606 F.2d 303, 313 (C.C.P.A. 1979)]. 호몰로지, 이성질체 등에 대한 구체적인 판단방법은 MPEP § 2144.09에 기재되어있다.

410) Hotchkiss v. Greenwood, 52 U.S. 248 (1850).

411) Graham v. John Deere Co., 383 U.S. 1 (1966).

초로 연방대법원의 심사를 받게 되는데, 결과적으로 종전의 연방순회항소법원(CAFC)의 엄격한 TSM 테스트 적용은 더 이상 유지될 수 없게 되었다.

1. 연방순회항소법원(CAFC) 출범 이전의 연방대법원의 태도

1) *Hotchkiss* 사건[412)]

Hotchkiss 사건을 통해 미국특허법의 자명성 요건이 탄생한다. 본 사건에서 유효성이 문제되는 발명은 기존에 목재나 철재로 제작되던 손잡이(knob)를 점토 재질로 치환한 것을 특징으로 하였다. 비록 당시 특허법에는 발명이 자명한(obvious) 경우 특허되지 않는다는 규정은 없었지만, 이에 연방대법원은 진정한 혁신(innovation)이 아닌 치환(substitution) 만으로 이루어진 발명은 무효가 되어야 하므로, 비록 본 발명이 선행기술에 비해 개선(better)되거나 저렴하게 생산되는 특징이 있는 경우라고 해도 선행기술에 비해 자명한(obvious) 경우에는 특허될 수 없다고 판단했다. 본 판결은 1952년에 35 U.S.C. § 103 규정으로 성문화 되었다.

2) *Graham* 사건[413)]

Graham 사건을 통해 35 U.S.C. § 103의 판단방법이 제시된다. 본 사건에서 문제된 발명은 클램프의 위치가 개선된 쟁기(plow)에 관한 것이었다. 본 사건에서 연방대법원은 특허에 관련된 연방정부의 권한은 토마스 제퍼슨에 의해 의도된 미연방헌법 제1장 제8조 제8항[414)]으로부터 기원하며, 토마스 제퍼슨이 의도한 특허제도는 새롭게(new), 유용하며(useful), 진보된 인류의 지식(furthered human knowledge)에 한하여 제한된 형태의 독점권을 부여하는 것이므로, 본 특허와 같이 선행기술로부터 자명한 발명은 특허될 수 없다 하였다.

연방대법원은 35 U.S.C. § 103에 따른 자명성 판단, 즉 본 발명이 발명 당시에 35 U.S.C. § 102의 선행기술로부터 자명한지 여부에 대한 판단을 하는 경우에는 i) 선행기술의 범위 및 내용(scope and content of the prior art), ii) 선

412) Hotchkiss v. Greenwood, 52 U.S. 248 (1850).

413) Graham v. John Deere Co., 383 U.S. 1 (1966).

414) U.S. Const. Art. I § 8 cl. 8. ("The Congress shall have power . . . to promote the progress of . . . the useful arts, by securing for limited times to . . . inventors the exclusive right to their . . . discoveries."). 통상 "IP clause"라 불린다.

행기술과 청구항에 기재된 발명 간의 차이(difference between the prior art and the claims), iii) 당업계의 수준(level of ordinary skill in the art)을 고려해야 한다고 판시했다. 연방대법원은 상술한 3가지 사항에 추가하여 iv) 2차적 고려사항(secondary consideration) 역시 반드시 고려되어야 한다고 판시하면서, 2차적 고려사항의 예로 상업적 성공(commercial success), 장기간 미해결된 과제(long felt but unsolved needs), 타인의 실패(failure of others)를 제시했다.[415]

3) *Adams* 사건[416]

Adams 사건은 예상치 못한 효과의 발생이 있거나 종래 기술이 본 발명을 방해하도록 교시(teach away)[417]하는 경우에 비자명성이 인정될 수 있음을 긍정한 사건이다. 본 사건에서 문제된 발명은 각각의 전극이 마그네슘과 염화구리로 이루어진 배터리에 관한 발명이었는데, 본 발명의 각 구성요소는 이미 선행기술에 의해 개시된 것이었지만, 그 조합이 새로운 것에 특징이 있었다. 기록에 따르면, 본 발명과 같은 기존 구성요소의 조합에 따른 효과는 종전의 각각의 구성요소에 따른 효과로부터 예상할 수 없는 것이었고, 본 발명과 같은 기존 구성요소의 조합은 실용성이 없다고 알려져 있었다.

연방대법원은 비록 종래에 알려진 구성들을 조합하여 발명하는 경우라 하더라도, i) 발명의 동작 특성(operating characteristic)이 선행기술로부터 예상할 수 없는 것이고 선행기술을 훨씬 상회하거나, ii) 기존 장치들의 조합의 어려움이 널리 알려져 이들을 조합해 새로운 발명을 하는 것이 저해되는 경우에는 비자명성이 인정될 수 있다고 판단했다.

4) *Anderson's-Black Rock* 사건[418]

Anderson's-Black Rock 사건은 비록 2차적 고려사항에 해당한다는 주장이 있더라도 조합발명에 비자명성을 인정하기 위해서는 조합으로 인한 시너지 효과가 있어야 한다고 판시한 사건이다. 본 사건에서 문제되는 특허는 아스

---

415) 실무상 35 U.S.C. § 103를 근거로 하는 심사관의 거의 모든 거절통지(OA) 및 35 U.S.C. § 103가 쟁점이 되는 대부분의 소송사건에서는 *Graham* 사건에서 제시한 4가지 요소가 언급된다.

416) United States v. Adams, 383 U.S. 39 (1966).

417) 방해교시(teaching away)가 인정될 수 있는 경우로는, 종래 구성요소를 조합하는 것에 어려움이 있다고 알려지거나, 그 조합으로 인한 불이익이 널리 알려진 경우 등이 있다.

418) Anderson's-Black Rock, Inc. v. Pavement Salvage Co., 396 U.S. 57 (1969).

팔트 포장 장치에 관한 것인데, 본 발명의 구성요소는 이미 선행기술에 의해 공지된 것이었다.

연방대법원은 종래 구성요소를 조합한 조합발명은 i) 새롭거나 차별화된 기능(new or different function)이나 ii) 시너지 효과를 창출하여야 한다고 판시했다. 법원은 이 사건에서 문제되는 발명이 종래 기술에 비해 편리성(convenience)이 인정되지만 이로 인해 새롭거나 차별화된 기능이 발생한다고 볼 수 없다 하였다. 나아가 법원은 시너지 효과에 대해 "각각의 (구성요소에 따른) 효과를 개별적으로 합한 것을 초과하는 효과"[419)]라 정의하며, 본 사건에서는 이러한 시너지 효과(synergistic result)에 대한 당사자의 주장이 없음을 근거로 본 발명의 특허성을 부정했다. 법원은 비록 당사자가 본 발명이 상업적 성공, 장기간 미해결된 과제에 대한 해결에 해당한다고 주장하지만, 법원이 인정할 만큼의 발명이 없다면 2차적 고려사항에 의해 특허가 유지되는 것은 아니라고 하였다.

5) *Dann* 사건[420)]

Dann 사건은 비자명성의 기준이 통상의 수요자가 아닌 당업자에 기초한다고 판단한 사건이다. 본 사건에서 문제된 발명은 은행에서 사용되는 컴퓨터 시스템에 관한 것이었다. 본 사건에서 법원은 비록 통상의 사용자에게 비자명한 발명일지라도 당업자에게 자명한 발명이라면 특허성이 없다고 판단했다.

2. 연방순회항소법원(CAFC) 출범 이후의 비자명성 판단(*KSR* 사건 이전)

연방대법원의 *Graham* 사건 이후에도 각 법원들 간의 모순, 저촉의 문제는 해결되지 않았다.[421)] 연방순회항소법원(CAFC)은 이러한 판결의 모순, 불

---

419) 학자 및 실무자에 따라서는 *Anderso's-Black Rock* 사건의 "시너지 효과"와 *Adams* 사건의 "예상할 수 없는 동작 특성"을 같은 개념으로 이해한다. 종래 구성요소들로부터 예상할 수 없는 동작 특성을 갖는 발명이라면 이는 종래 구성요소의 효과를 개별적으로 합한 것을 초과하는 것일 것이므로, 두 개의 개념을 서로 같은 개념으로 이해해도 큰 무리가 없을 것으로 생각한다.

420) Dann v. Johnston, 425 U.S. 219 (1976).

421) 비록 연방대법원이 *Graham* 사건을 통해 35 U.S.C. § 103의 판단방법에 대한 기본적인 가이드라인을 제시하기는 하였으나, 실제 *Graham* 사건을 들여다보면 연방대법원이 제시한 기준이라는 것이 지나치게 추상적이고 관념적이어서 실제 사건을 해결하는 데에는 큰 도움이 되지 않는다는 평가가 많다.

일치를 해결하고, 자명성 판단의 예측 가능성을 높이고자 다음과 같은 2가지 판단방법을 제안하기에 이른다. 우선 연방순회항소법원(CAFC)은 i) 자명성 판단에 있어 사후적 고찰(hindsight)을 방지하고 종전에 판결들의 모순, 불일치를 해결하고자 TSM 테스트를 확립하고, ii) 조합발명에 있어서 시도의 자명성("obvious to try")에 근거한 자명성 인정을 배제했다.

1) TSM 테스트[422)]

비록 *Graham* 사건 등을 통해 자명성 판단에 있어 사후적 고찰은 금지되었지만, 실제 심사/소송 단계에서 사후적 고찰을 완전히 배제하는 것은 매우 어려운 문제였다. 연방순회항소법원(CAFC)은 이러한 사후적 고찰을 배제하고자 자명성 판단의 예측 가능성을 높이고자 TSM 테스트를 적극 활용한다.[423)] TSM 테스트에 따르면, 본 발명이 선행기술을 조합(combine)하거나 변형(modify)한 경우에, 심사관 또는 특허의 무효를 주장하는 자는 선행기술에 본 발명에 적용된 조합이나 변형에 대한 TSM(teaching/suggestion/motivation)이 있음을 증명해야 한다.[424)]

연방순회항소법원에 따르면 선행기술에 TSM(교시, 암시, 동기)이 인정된다는 사실은 명시적 또는 묵시적 방법으로 인정될 수 있다.[425)] 우선 TSM은

422) 연방순회항소법원(CAFC)이 TSM 테스트를 최초로 개발한 것은 아니다. 연방순회항소법원 출범 초창기 판례를 보면, TSM 테스트의 기초를 이루는 개별적인 판단방법에 관하여 '관세및특허항소법원'(CCPA)의 법리를 인용한 경우가 많고, 실제 관세및특허항소법원 판례를 확인해 봐도 현재 연방순회항소법원의 판단방법과 유사한 경우가 많다. 물론 연방순회항소법원이 종래에 흩어져 있던 개별적인 법리를 집대성하고 더욱 발전시킨 점에는 의문이 없지만, TSM 테스트의 기본을 이루는 법리 중 상당수가 이미 다른 법원에 의해 개발된 것임을 간과해서는 안 될 것이다. 연방대법원도 TSM 테스트의 핵심은 '관세및특허항소법원'에 의해 확립되었다고 명시적으로 언급한 바 있다. KSR Intern. Co. v. Teleflex Inc., 550 U.S. 398, 419 (2007).

423) 연방순회항소법원(CAFC)의 TSM 테스트는 단순히 선행기술이 개시하고 있는 구성요소에만 초점을 맞추지 않는다. TSM 테스트는 당업자가 선행기술로부터 어떤 지식과 동기를 얻을 수 있는지, 그리고 그러한 지식과 동기를 통해 본 발명에 이를 수 있는지에 대해서도 함께 고려한다. 연방순회항소법원이 이러한 테스트 기법을 제안한 것은, 특허 심사나 소송 단계에서 심사관 또는 배심원/법원이 본 발명의 내용을 이미 숙지한 상황에서 선행기술이 개시한 구성요소와 본 발명의 구성요소를 기계적으로 대조하는 경우 본 발명이 매우 자명하게 보이는 문제를 해결하기 위한 것으로 보인다.

424) 달리 표현하면, 심사관 또는 특허의 무효를 주장하는 자는 선행기술에 본 발명에 적용된 조합이나 변형에 대한 교시(Teaching), 암시(Suggestion), 또는 동기(Motivation)가 있음을 증명해야 한다.

선행기술에 의해 명시적으로 인정될 수 있다. TSM이 명시적으로 인정될 수 있는 경우의 일례는 다음과 같다. 예를 들어, 제1 선행기술이 개시한 실시예의 구성요소가 A이고, 제2 선행기술의 실시예가 B+C이며, 청구된 발명의 구성 요소가 A+B+C인 경우, 제1 선행기술의 상세한 설명에 A가 B라는 특징과 조합되서 사용될 수 있다는 명시적 기재가 있는 경우, 이러한 B의 기재는 명시적인 TSM으로 인정될 수 있다. 한편 선행기술의 조합에 관한 TSM이 명시적으로 인정되지 않더라도 i) 결합된 교시(combined teachings), ii) 본 발명 및 선행기술이 해결하고자 하는 과제 또는 iii) 당업자의 지식을 통해 TSM의 존재를 묵시적으로 인정될 수 있다.[426] TSM의 존재가 결합된 교시에 의해 묵시적으로 인정되는 경우의 일례는 다음과 같다. 예를 들어, 제1 선행기술이 제2 선행기술을 방해교시(teach away)하더라도 두 개의 선행기술이 교시하는 내용을 전체적(taken as a whole)으로 고려할 때 당업자에게 두 개의 선행기술을 조합하는 것이 암시(suggest)된 경우에는 선행기술의 조합이 가능하다.[427] 한편, TSM의 존재가 해결하고자 하는 과제에 의해 묵시적으로 인정되는 경우의 일례는 다음과 같다. 예를 들어, 본 발명이 해결하려는 과제가 제1 및 제2 선행기술이 해결하려는 과제와 같은 경우, 본 발명의 문제

---

425) *In re* Kahn, 441 F.3d 977, 987 (Fed. Cir. 2006) ("A suggestion, teaching, or motivation to combine the relevant prior art teachings does not have to be found explicitly in the prior art, as the teaching, motivation, or suggestion may be implicit from the prior art as a whole, rather than expressly stated in the references . . . .").

426) *Kahn*, 411 F.3d 987-88 ("The test for an implicit showing is what the combined teachings, knowledge of one of ordinary skill in the art, and the nature of the problem to be solved as a whole would have suggested to those of ordinary skill in the art.").

427) 법원은 특허권자가 전문가의 증언을 근거로 제1 선행기술이 제2 선행기술을 방해교시(teach away)하는 것이라 주장한 것에 대해, 복수의 선행기술이 문제되는 경우 그 중 하나의 선행기술만을 공격하는 방법은 비자명성을 주장하는 적절한 방법이 될 수 없다고 판시하였다. *In re* Keller, 642 F.2d 413, 425 (C.C.P.A. 1981); *In re* Merck & Co, Inc. 800 F.2d 1091, 1097-98 (Fed. Cir. 1986). *Keller* 사건은 디지털 회로가 구비된 심박기의 특허성이 문제된 사건인데, 선행기술은 아날로그 회로가 구비된 심박기에 관한 제1 선행기술과 본 발명에 사용된 디지털 회로가 개시된 제2 선행기술이 제시되었다. 출원인은 아날로그 회로가 구비된 제1 선행기술이 제2 선행기술을 방해교시(teach away)한다고 주장했으나, 법원은 자명성 판단에 있어 오로지 하나의 선행기술을 공격하는 것은 부적절한 방법이라 하면서, 본 사건에서는 당업자가 상술한 두 개의 선행기술을 접했다면 양자를 조합하는 게 암시된 것으로 봐야 한다고 판시하였다.

를 해결하고자 하는 당업자 입장에서 제1 및 제2 선행기술을 참조하는 것이 자명하다 할 것이므로 선행기술의 조합에 관한 TSM의 존재가 묵시적으로 인정될 것이다. 마지막으로, TSM의 존재는 당업자의 지식을 근거로 묵시적으로 인정될 수도 있는바, 이러한 당업자의 지식은 전문가의 증언 등에 의해 증명될 수 있다.[428]

2) 시도의 자명성(obvious to try) 개념에 의한 자명성 판단의 금지

조합발명의 자명성이 문제되는 경우, 자명성 판단에 사용되는 선행기술이 특정한 조합의 성공을 담보해줄 필요까지는 없다. 즉, 선행기술이 본 발명에 사용된 조합이 성공할 것이라는 합리적인 가능성(reasonable expectation)만을 보여도 자명성 판단의 선행기술로 충분하다는 것이 법원의 태도였다.[429] 그러나 *KSR* 사건 이전에 법원은 청구된 조합에 대한 "시도가 자명"하다는 이유로 본 발명이 자명해지는 것은 아니라 하였다.

시도의 자명성이 문제되는 경우는 i) 선행기술에 기재된 파라미터를 적절하게 변형하거나 ii) 선행기술에 기재된 구성 요소들을 적절하게 선택하면, 청구된 발명의 구성이 도출되는 경우이다. 이에 대해 연방순회항소법원(CAFC)은 ① 선행기술이 어떤 파라미터가 중요하다고 지시하거나 어떤 선택이 성공 가능성이 있는지 지시하지 않는 이상, 발명자가 성공적인 결론에 이를 때까지 선행기술에 기재된 수많은 파라미터를 변형하거나 선행기술에 기재된 구성 요소들을 선택하려는 시도(try)가 자명하다 하더라도 이를 통해 발명의 자명성, 즉 35 U.S.C. § 103 요건 위반이 증명되는 것은 아니며, ② 선행기술로부터 획득한 일반적인 가이드(general guidance)를 기초로 가망 있는 새로운 기술이나 접근 방법(promising new technology or approach)을 탐색하는 것이 자명하더라도 이를 통해서 발명의 자명성이 증명되지 않는다 하였다.[430] 즉, 연방순회항소법원은 시도의 자명성(obvious to try)은 35 U.S.C. § 103 위반을 증명하는 적절한 기준이 아니므로, 심사관 또는 특허 무효를 주장하는 상대방이 이를 증명해도 이로

---

428) 전문가의 증언에 의해 TSM의 존재가 인정된 경우가 있다. Princeton Biochemicals, Inc. v. Beckman Coulter, Inc., 411 F.3d 1332 (Fed. Cir. 2005). 한편 전문가의 증언을 통해 TSM이 없다는 주장이 있었지만 명시적인 선행기술에 의해 그 증언이 배척된 경우도 있다. Sibia Neurosciences, Inc. v. Cadus Pharmaceutical Corp., 225 F.3d 1349 (Fed. Cir. 2000).

429) *In re* Longi, 759 F.2d 887, 897 (Fed. Cir. 1985).

430) *In re* O'Farrell, 853 F.2d 894, 902-03 (Fed. Cir. 1988).

인해 특허성이 부정되는 것은 아니라 했다.[431]

3. *KSR* 사건[432]

1) 사건의 개요

A. 등록특허(특허번호 6,237,565)의 특징

Teleflex는 특허권자로부터 전용실시권을 부여 받은 실시권자이다. 본 발명은 위치가 조정되는 자동차 가속 페달에 관한 것으로, 사용자의 체구에 따라 위치가 조절되는 종래의 페달(22)과 사용자의 조작에 따라 페달이 얼만큼 회전했는지를 전자적으로 측정하는 종래의 전자 제어부(28)가 조합된 발명이다. 심사단계에서

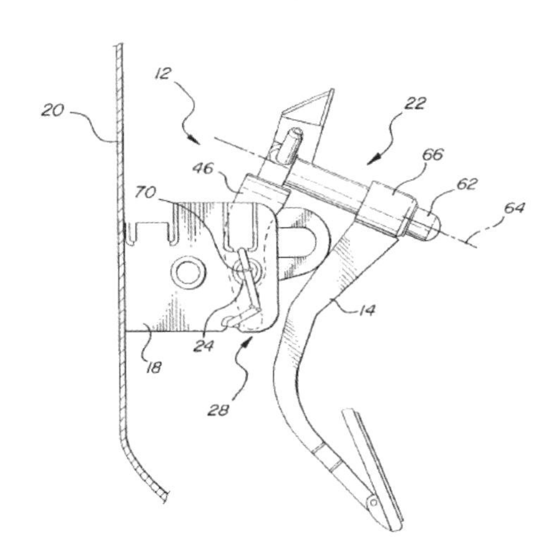

431) 일부 자료를 보면 "*KSR* 이전에 시도의 자명성은 비자명한 것으로 판단되었다"고 소개된 경우가 있는데, 이보다는 시도의 자명성은 자명성(진보성)의 정확한 판단기준이 아니라는 식의 소개가 더 정확할 것으로 보인다. 실제 법원이 시도의 자명성을 근거로 비자명성을 인정한 경우는 없기 때문이다. 시도의 자명성은 비자명성을 증명해주는 개념이 아니라 자명성을 증명하는 개념이다. 즉, 시도의 자명성의 문제는 특허권자가 아닌 심사관/침해자들이 주장하는 논거이므로, 시도의 자명성을 통해 본 발명이 비자명하다는 것을 증명하는 것은 논리적으로 불가능하다. 또한 후술하는 바와 같이 *KSR* 사건 이전에 시도의 자명성은 연방순회항소법원(CAFC)이 인정하는 적법한 테스트 방법이 아니었기 때문에, 특허청 또는 하급심에서의 판단이 "시도의 자명성"에 기초하는 경우 해당 판단이 위법하다고 배척됐을 뿐이며, 연방순회항소법원이 시도의 자명성의 유무를 직접적인 근거로 하여 해당 특허가 무효/유효라는 결정을 내리지는 않았다.

432) KSR Intern. Co. v. Teleflex Inc., 550 U.S. 398 (2007).

출원인은 심사관이 제시한 선행기술을 회피하기 위해 상기 전자 제어부(28)의 위치를 고정된 피벗(24)에 한정시켰다. 본 발명의 명세서에 따르면 본 발명은 저렴하고 간단한 구조의 가속 페달에 관한 것이다.

2) 문제되는 선행기술

A. Asano 특허(특허번호 5,010,782)

소송 단계에서 제시된 주된 선행기술은 Asano 특허인바, 해당 발명은 사용자의 체구의 차이에도 불구하고 일정한 힘이 요구되는 가속 페달에 관한 것으로, Teleflex의 전자 제어부를 제외한 모든 기술적 특징을 개시하였다.

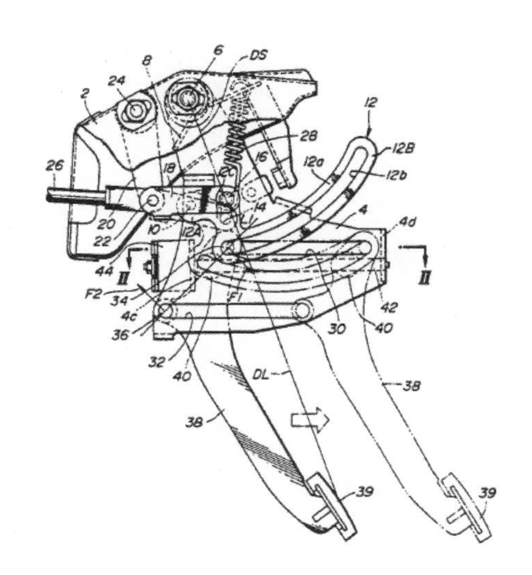

B. Smith 특허(특허번호 5,063,811)

상기 Asano 특허와 조합되는지 여부가 문제되는 선행기술은 Smith 특허인바, Smith 특허는 전자 수단(도면에는 표시되지 않음)에 의해 출력되는 전기 신호를 송신하는 와이어(110)의 마모 방지를 위한 발명으로, Teleflex의 조절 가능한 페달(22)에 대응되는 구성은 없으나, 고정된 피벗(26번 내에 구성되는 힌지)에 구현되는 전자 수단이 Teleflex의 전자 제어부에 대응된다.

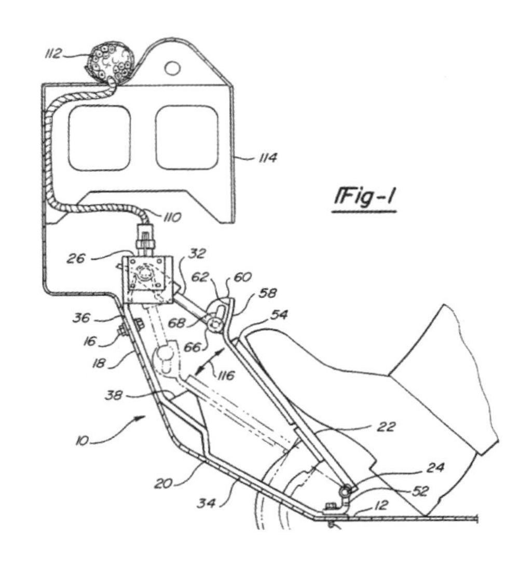

3) 연방순회항소법원의 태도

Asano 특허와 Smith 특허를 조합하기 위해서는 Asano 특허에 Smith 특허의 전자 수단을 부착할 TSM(Teaching, Suggestion and Motivation)이 존재하는가 문제되는데, 1심 법원은 발명이 해결하고자 하는 과제[433]를 근거로 선행기술에 TSM의 존재가 인정된다고 판단했다. 그러나 연방순회항소법원(CAFC)은 발명이 해결하고자 하는 과제를 근거로 TSM을 인정하기 위해서는 선행기술과 본 발명이 해결하려는 과제가 동일해야 한다고 하면서 1심 법원의 판결에 오류가 있다고 판시했다. 구체적으로 연방순회항소법원(CAFC)은 Teleflex 특허의 목적은 작고, 덜 복잡하고, 저렴한 페달을 제공하는 것임에 비해, 선행기술들의 목적은 이와는 상이한 것임을 지적했다.[434] 법원은 선행기술이 특허권자가 해결하려는 것과 엄밀하게 동일한 문제를 언급하지 않았다면 특허권자는 선행기술을 보면서 동기를 부여 받지 않을 것

433) 앞서 설명한 바와 같이, TSM이 명시적으로 인정되지 못하더라도, i) 결합된 교시, ii) 본 발명 및 선행기술이 해결하고자 하는 과제, 또는 iii) 당업자의 지식을 통해 묵시적으로 인정될 수 있음이 연방순회항소법원(CAFC)의 종전 태도였다.

434) Asano 특허가 해결하려는 문제는 가속을 위해 요구되는 힘이 불일정하다는 문제(연방순회항소법원(CAFC)은 일정한 비율의 문제라 설명했음)였고, Smith 특허가 해결하려는 문제는 전기 신호를 전달하는 와이어의 마모 방지였다. 실제 소송 단계에서는 Asano, Smith 특허 외의 기타 선행기술도 검토되었으나 이에 대한 설명은 생략하겠다.

이라 지적했다. 또한 연방순회항소법원은 종전의 태도를 고수하여 시도의 자명성(obvious to try)을 근거로는 Teleflex의 특허가 무효될 수 없다고 하였다.

4) 연방대법원에서의 사건 진행

A. KSR의 이송신청

KSR은 연방순회항소법원의 TSM 테스트가 종래 연방대법원의 판단 기준과 모순하는 것을 주된 근거로 연방대법원에 이송신청을 하였고, 연방대법원은 이러한 이송신청을 받아들여 사상 최초로 연방순회항소법원의 TSM 테스트가 연방대법원의 심사를 받게 되었다.

B. **법정의견서**(Amicus curiae briefs)[435]

a) **반(反)** TSM **진영 — 연방정부, 정보통신업계,**[436] **학계 등**

TSM에 반대하는 측에서는 종래 연방순회항소법원(CAFC)의 기준이 *Graham* 사건에서 판시한 연방대법원의 기준에 비해서도 낮고, 법원과 특허청(USPTO)의 심사 재량을 지나치게 제한하며, 당업자의 능력을 지나치게 낮게 평가하는 문제가 있음을 지적했다.

b) **친(親)** TSM **진영 — 전미변호사회**(ABA), **전미지적재산권법협회**(AIPLA), **제약업계 등**[437]

연방순회항소법원의 TSM 테스트가 사후적 고찰을 금지하고 합리적인 심사를 요구한 *Graham* 사건과 모순되지 않으며, 자명성 심사 기준을 높이는 경우 기술의 진보를 방해할 수 있고, 작은 수준의 개선에 대해서 특허로 인정해도 권리범위를 적절하게 해석하는 경우 산업 전반이 타격이 되지 않음

---

435) 통상 소송 당사자가 아닌 제3자가 법률심 단계에서 자신의 견해를 피력하는 의견서로, 정치/경제적 이해관계가 대립하는 중요한 사건에서 해당 사건에 대한 자신들의 의견을 주장하고자 하는 이익 단체나 학문적으로 권위 있는 단체 등에 의해 많이 제출된다.

436) MS, Cisco 등이 참여했고, IBM은 유사한 기술 분야의 선행기술은 다른 선행기술과 조합이 가능하다는 복멸 가능한 추정이 새롭게 추가된다면 TSM을 지지할 수 있다는 태도를 취하였다.

437) 개인적으로는 각 집단이 자신의 이익을 위해 예상 가능한 선택을 내렸다고 본다. 특허소송으로 인해 많은 이익을 얻고 있는 대형 제약사나 법조계 입장에서 TSM 테스트를 옹호하는 것과, 최종적인 자명성 입증의 부담을 지는 특허청의 의견이 크게 반영된 연방정부와 근래 들어 대형소송으로 타격을 입고 있는 IT 업계 및 전통적으로 독점권 확대에 민감한 반응을 보여왔던 법대 교수들이 TSM 테스트를 비판하는 것은 예상 가능한 것이라 생각된다.

을 지적했다.

C. 연방대법원의 판단

연방대법원은 연방순회항소법원(CAFC)의 판결을 파기 환송했는데, 연방대법원의 판단과 연방순회항소법원(CAFC) 판단을 표를 통해 비교하면 다음과 같다.

연방순회항소법원(CAFC)	연방대법원
선행기술이 특허권자가 해결하려는 것과 엄밀하게 동일한 문제를 언급하지 않는 경우, 특허권자는 선행기술을 보면서 동기를 부여 받지 않는다.	연방순회항소법원(CAFC)과 같이 TSM 테스트를 엄격하게 적용하는 것은 연방대법원의 종래 태도에 모순되는 것이다.[438]
	연방순회항소법원은 법원과 심사관이 "특허권자"가 동기부여를 받았는지를 판단하라고 요구하고 있으나, 발명의 자명성의 기준은 특허권자 아니라 "당업자"에 의해야 한다.[439]
	연방순회항소법원은 당업자가 본 발명과 동일한 문제를 해결하려는 선행기술에만 의존할 것으로 가정했지만 이는 잘못된 것이다. 구체적으로 연방순회항소법원은 당업자가 Asano 특허에 센서를 부착하는 것을 생각하지 못할 것이라 하고 있지만, 당업자라면 Asano 특허의 목적에 상관없이 퍼즐의 조각을 맞추듯이 다수의 특허를 조합할 수 있다. Asano 특허의 목적이 Teleflex 특허와 다르다는 이유로 Asano 특허가 무시된 것은 비논리적이다. 당업자는 통상적인 창작 능력을 가진 사람이지 자동화 장비(automation)가 아니다.[440]
선행기술에 TSM이 인정되지 않으므로 선행기술을 조합할 수 없다.	법원은 선행기술의 조합 가능 여부를 판단할 때 명확한 논리(articulated reasoning) 및 합리적인 근거(rational underpinning)에 기반하여야 하는바, i) 다수의 특허들에 교시된 내용들의 상호 관계, ii) 디자인 업계에 알려지거나 시장에 존재하는 수요, iii) 당업자의 배경 지식을 고려해야 한다.[441] 비록 TSM이 없는 경우라도, 당해 발명이 예측 가능하다면 자명할 수 있다. 예를 들어, 익숙한 구성요소의 조합은, 예측 가능한 결과 이상의 결과를 만들어내 못하는 한, 자명하기가 쉬울 것이다. 본 발명에 따른 개선이 관습화된 기능에 따른 종래 구성요소의 예측 가능한 사용보다 더욱 개선된 것인지 검토해야 한다.[442]
시도의 자명성은 자명성	시도의 자명성으로 자명성이 증명될 수 없다고 결론

판단의 기준이 될 수 없다.	내릴 수 없다. 문제 해결을 위한 디자인의 필요성 또는 시장의 압력이 있고, 한정된 숫자로 특정된 예측 가능한 해법들이 있을 때, 당업자는 그의 지식 내에서 알려진 조합을 시도하게 될 것이고, 만약 이러한 시도가 예상한 성공에 이르는 경우, 이는 당업자에게 자명한 것일 개연성이 크다.[443]

D. *KSR* 사건에 따른 자명성 판단의 기준

a) TSM 테스트의 엄격한 적용의 폐기

연방대법원은 연방순회항소법원(CAFC)에 의한 엄격한(rigid) TSM 테스트

438) *KSR*, 550 U.S. at 401-02 ("The TSM test captures a helpful insight . . . . [H]owever, need not become rigid and mandatory formulas. If it is so applied, the TSM test is incompatible with this Court's precedents.").

439) *KSR*, 550 U.S. at 420 ("[E]rror of the Court of Appeals in this case was to foreclose this reasoning by holding that courts and patent examiners should look only to the problem the patentee was trying to solve. . . . The question is not whether the combination was obvious to the patentee but whether the combination was obvious to a person with ordinary skill in the art.") (citations omitted).

440) *KSR*, 550 U.S. at 420-21 ("[E]rror of the Court of Appeals lay in its assumption that a person of ordinary skill attempting to solve a problem will be led only to those elements of prior art designed to solve the same problem. . . . Common sense teaches . . . that familiar items may have obvious uses beyond their primary purposes, and in many cases a person of ordinary skill will be able to fit the teachings of multiple patents together like pieces of a puzzle. . . . A person of ordinary skill is also a person of ordinary creativity, not an automaton.") (citations omitted).

441) *KSR*, 550 U.S. at 418 (citing *In re* Kahn, 441 F.3d 977, 988 (Fed. Cir. 2006)).

442) *KSR*, 550 U.S. at 401 ("[C]ombination of familiar elements according to known methods is likely to be obvious when it does no more than yield predictable results. . . . A court must ask whether the improvement is more than the predictable use of prior art elements according to their established functions.").

443) *KSR*, 550 U.S. at 421 ("The same constricted analysis led the Court of Appeals to conclude, in error, that a patent claim cannot be proved obvious merely by showing that the combination of elements was 'obvious to try.' When there is a design need or market pressure to solve a problem and there are a finite number of identified, predictable solutions, a person of ordinary skill has good reason to pursue the known options within his or her technical grasp. If this leads to the anticipated success, it is likely the product not of innovation but of ordinary skill and common sense. In that instance the fact that a combination was obvious to try might show that it was obvious under § 103.") (citations omitted).

의 적용[444]이 *Graham* 사건으로부터 요청된 폭넓고 유연한 접근방법(expansive and flexible approach)에 모순된다고 판단했다. 연방대법원은 35 U.S.C. § 103 판단에서 있어서 TSM 테스트가 유용한 시각(helpful insight)을 제공하고 있고 TSM 테스트가 종전의 연방대법원의 판례에 모순되지 않는다고 하면서도, 종전처럼 TSM 테스트를 지나치게 기계적으로 적용하는 경우에는 진정한 혁신(innovation)이 없는 발명에도 특허보호를 인정하는 위험이 발생한다고 지적했다. 이에 따라 연방대법원은 비록 청구된 조합에 대한 동기(motivation)가 무엇인지를 밝히는 것이 여전히 중요하지만, 자명성 판단에 있어서 선행기술이 청구항의 구체적 발명 대상을 정확하게 어떻게 교시(teaching)하는지를 반드시 밝혀야 하는 것은 아니며, 법원은 당업자가 향유할 수 있는 추론과 창조적 수단까지 고려하여 자명성 여부를 판단할 수 있다 하였다.

b) **예측가능성에 근거한 자명성의 판단**

종래 연방순회항소법원이 선행기술에 TSM이 기재되어 있는지 여부에 집중했다면, *KSR* 사건의 법원은 예측가능성(predictability)에 집중하였다. 구체적으로, 연방대법원은 "이미 알려진 방법에 따라 종래 구성요소를 조합한 발명은, 그로 인해 예측 가능한 결과(predictable result) 이상을 얻지 못하는 한, 자명하기가 쉬울 것"이라 판시하였고, 이에 따라 "법원은 본 발명에 따른 개선이 관습화된 기능에 따른 종래 구성요소의 예측 가능한 사용보다 더욱 개선된 것인지"에 대해 검토해야 한다고 하였다. 또한 연방대법원은 i) 예측하지 못한 결과, ii) 시너지 효과 또는 iii) 종래 기술에 따른 방해교시(teaching away)에 의해 본 발명에 대한 예측가능성이 없다는 것이 증명될 수 있다 전제하고, 만약 이러한 증명이 없다고 하더라도 iv) 본 발명에 따른 종래 구성요소의 조합이 당업자의 수준을 상회하는 것인 때에는 예측가능성이 없다는 것이 증명될 수 있다 하였다.

c) **시도의 자명성(obvious to try)을 적법한 판단기준으로 인정**

KSR 사건 이전에는 시도의 자명성을 근거로는 본 발명이 자명하다는 것을 증명할 수 없었으나, *KSR* 사건의 법원은 "i) 문제 해결을 위한 디자인의 필요성 또는 시장의 압력이 있고, ii) 한정된 숫자로 특정된 예측 가능한

444) 즉, 선행기술로부터의 변형 또는 조합이 문제되는 발명의 자명성 판단에 있어서, TSM에 전적으로 의존할 수 없게 되었다.

해법들이 있을 때, 당업자는 그의 지식 내에서 알려진 조합을 시도하게 될 것이고, 만약 이러한 시도가 예상한 성공에 이르는 경우, 이는 당업자에게 자명한 것일 개연성이 크다"고 판시하여, 연방대법원이 "시도의 자명성"도 35 U.S.C. § 103의 판단기준의 하나로 인정한 것으로 평가된다.[445)]

E. *KSR* 사건 이후의 특허청의 태도[446)]

2007년 10월에 미국 특허청(USPTO)은 *KSR* 판결의 내용을 반영한 새로운 심사 가이드라인을 연방관보(Federal Register)[447)]를 통해 제시하였고, 이러한 특허청(USPTO)의 자명성 심사에 관한 새로운 가이드라인은 심사지침서(MPEP)에도 반영되었다. *KSR* 판결은 *Graham* 사건이 여전히 자명성 판단의 기초임을 긍정한 판결이므로 심사지침서에 기재된 자명성 판단의 기본 구조에는 변경이 없지만, *KSR* 판결을 통해 심사관 및 법원이 자명성을 판단할 수 있는 다양한 논거(rationale)가 제시되었기 때문에 이러한 논거가 심사지침서에 대폭 반영되었다. 구체적으로 개정된 심사지침서는 *KSR* 판결에 기초하여 자명성을 인정할 수 있는 7가지 논거를 제시하고, 그에 따른 구체적인 예를 제시했다.

개정된 심사지침서에 따르면 *Graham* 사건에서 제시된 자명성 판단방법이 여전히 가장 유효한 판단방법이며, 심사관은 *Graham* 사건에서 제시된 4가지 기초사실[448)]에 대해 심사하고, 발견된 기초사실에 근거하여 자명성 여부를 판단해야 한다. 구체적으로 심사관은 당업계의 수준과 선행기술이 교시한 내용을 기록으로 남겨야 하고, 특정한 상황에서는 당업자가 선행기술이 교시한 내용을 어떻게 이해했는지에 관한 내용 또는 당업자가 알았거나 알 수 있었던 내용을 기록에 포함시켜야 한다. 심사관에 의해 기초사실이 확정

---

445) *KSR* 판결 이후 특허청에 의해 발행된 가이드라인 역시 "시도의 자명성(obvious to try)"을 자명성 판단의 하나의 요소로 인정한다.

446) 이하의 내용은 *KSR* 판결이 반영된 새로운 심사지침서와 *KSR* 판결 이후 자명성 판단방법에 관련된 심사관교육자료에 기초하여 작성되었다.

447) Examination Guidelines for Determining Obviousness Under 35 U.S.C. 103 in View of the Supreme Court Decision in *KSR International Co. v. Teleflex In*, 72 Fed. Reg. 57,526 (Oct. 10, 2007).

448) ① 선행기술의 범위 및 내용(scope and content of the prior art), ② 선행기술과 청구항에 기재된 발명 간의 차이(difference between the prior art and the claims), ③ 당업계의 수준(level of ordinary skill in the art), ④ 2차적 고려 사항(secondary consideration)을 말한다.

되는 경우, 해당 심사관은 이러한 기초사실에 근거하여 본 발명이 왜 자명한지에 관한 설명을 반드시 제공해야 한다. 심사관이 *Graham* 사건에서 제시된 기초사실을 발견할 때에는 다음과 같은 사항을 유념해야 한다.

a) **자명성 판단을 위한 기초사실의 발견**

㉠ 선행기술의 범위 및 내용의 특정 선행기술을 특정하기에 앞서 청구된 발명의 권리범위를 특정해야 한다. 이 경우, 청구항에 기재된 발명의 범위는 상세한 설명과 합치되는 범위 내에서 가장 넓게 해석되어야 한다.[449] 본 발명의 권리범위가 특정되면 선행기술을 검색하는데, 이 경우에 검색이 되는 기술 분야를 지나치게 한정할 필요는 없다. *KSR* 사건에서 연방대법원은 시장의 요구나 디자인 측면에서의 자극(incentive)이 있는 경우 선행기술의 범위가 넓어질 수 있다고 판단했을 뿐만 아니라,[450] 본 발명과 동일한 목적을 갖는 선행기술만이 35 U.S.C. § 103의 선행기술이 된다는 연방순회항소법원 판단도 배척한 바 있기 때문이다. 따라서, 심사관은 출원인의 노력(endeavor)이 존재하는 분야뿐만 아니라 출원인이 고려하는 문제와 합리적으로 관련된(reasonably pertinent) 분야의 선행기술에 대해서도 검색해야 한다.

㉡ 선행기술과 청구항에 기재된 발명 간의 차이의 확정 본 발명의 권리범위를 합리적인 범위 내에서 최대한 넓게 해석해야 하고, 이에 따라 선행기술과의 차이를 확정해야 한다. *KSR* 사건에서 쟁점이 되지 않는 문제이어서 *KSR* 이후에도 판단방법이 변경된 바가 없다.

㉢ 당업계 수준의 결정 당업계 수준은 ① 당면한 문제의 성격, ② 선행기술이 해당 문제를 해결한 방법, ③ 기술 혁신의 속도, ④ 기술 분야의 고도한 정도, ⑤ 당해 분야의 종사자들의 교육 수준 등을 종합적으로 고려하여 결정한다.[451] 이러한 종래의 요소에 더불어 *KSR* 사건에서 판시된 사항

---

449) *See* MPEP § 2141 (citing Phillips v. AWH Corp., 415 F.3d 1303, 1316 (Fed. Cir. 2005)).

450) 이러한 *KSR* 판결의 태도는 USPTO이 제시하는 7가지 자명성의 이론적 근거 중 6번째에 직접적으로 반영되어 있다.

451) *See* MPEP § 2141 (citing *In re* GPAC, 57 F.3d 1573, 1579 (Fed. Cir. 1995)) ("Factors that may be considered in determining the level of ordinary skill in the art may include: (1) 'type of problems encountered in the art;' (2) 'prior art solutions to those problems;' (3) 'rapidity with which innovations are made;' (4) 'sophistication of the technology; and' (5) 'educational level of active workers in the field. In a given case, every factor may not be present, and one or more factors may predominate.'").

들도 추가적으로 고려되어야 한다. *KSR* 사건에서 연방대법원은 연방순회항소법원의 엄격한 TSM 테스트 적용을 배척하면서, i) 통상적인 창작 능력을 가진 사람이지 자동화 장비(automation)가 아니고, ii) 당업자라면 (선행기술 및 본 발명의 목적에 상관없이) 퍼즐의 조각을 맞추듯이 선행기술을 조합할 수 있다고 판시한 바 있다. 또한 당업계의 수준을 결정할 때, 심사관의 지식이 활용될 수 있다. 법원은 심사관은 자신의 분야에서 과학적 지식을 가진 사람으로, 자신들이 가진 지식을 이용하여 선행기술의 의미와 선행기술이 동기를 제시하는지 여부를 판단할 책임이 있다고 하였다.[452)]

b) **자명성 판단의 논거**

심사관은 이하에서 설명하는 자명성 판단의 논거(rationale)에 의해 자명성에 관한 일응의 케이스(*prima facie* case)를 성립시킬 수 있다. 이 경우 자명성 판단의 논거가 *Graham* 사건에 따른 기초사실에 근거하여야 함은 앞서 설명한 바와 같다.

KSR 판결 이후 특허청은 7개의 자명성 판단의 논거를 제시했는데, 이러한 7개의 논거에서 발견되는 중요한 특징은 "예측가능성"을 자명성 판단의 중요한 요소로 취급한다는 것이다. 구체적으로, 특허청이 종전부터 인정되던 TSM 테스트 이외에 추가로 제시한 6개의 논거 중 5개에는 명시적으로 예측가능성이 언급되어 있고, 나머지 하나 역시 예측가능성과 직/간접적으로 관련이 있다. 따라서 특허성을 주장하는 출원인 입장에서는 예측가능성이 없음을 증명할 확보하는 것이 중요해질 것으로 보인다.

특허청 제시한 바에 따르면 ① 예측 가능한 결과를 만들기 위해 알려진 방법에 따라 선행기술의 구성요소를 조합한 경우, ② 예측 가능한 결과를 획득하기 위해 알려진 구성요소를 다른 구성요소로 단순히 치환한 경우, ③ 유사한 장치(또는 방법/제품)를 개선하는 기술로 이미 알려진 기술을 다시 이용하여 개선하는 경우, ④ 알려진 장치(또는 방법/제품)에 알려진 기술을 적용하여 예측 가능한 결과를 얻은 경우, ⑤ 합리적인 성공 가능성이 있으며,

452) *See* MPEP § 2141 (citing *In re* Berg, 320 F.3d 1310, 1315 (Fed. Cir. 2003)). 다만 본 사건이 오로지 심사관의 지식에 근거해서 자명성 판단을 한 사건은 아니라는 것을 주의해야 한다. 본 사건에서 심사관은 이미 복수개의 선행기술을 제안하였는바, 다툼이 되었던 부분은 선행기술의 의미를 어느 정도 넓게 해석해야 할지와 선행기술에 의해 동기 부여가 있었는지에 대해 심사관의 지식이 사용될 수 있는지 여부였다.

한정된 개수의, 특정되고, 예측 가능한 해결책들로부터 선택하는 시도의 자명성의 인정되는 경우, ⑥ 특정 분야에서의 알려진 작업이, 당업자에게 변형(variation)이 예측 가능한 상황에서, 시장의 요구나 디자인 측면에서의 자극으로 인해 해당 분야와 동일한 분야 또는 그와 상이한 분야에서 사용되도록 변형된 경우, ⑦ 선행기술에 TSM이 존재하는 경우에는 자명성이 인정될 수 있다.[453] 다만, 이러한 논거는 한정 열거적인 것이 아니라 예시적인 것이다. 따라서 이러한 7가지 논거 이외의 논거에 의해서도 자명성이 인정될 수 있다 할 것이다. 또한 이러한 7가지 논거들 중 일부는 서로 유사하기 때문에 심사관은 여러 개의 논거를 동시에 적용할 수 있다. 심사지침서(MPEP) § 2143에는 상술한 7가지 논거에 대한 부연 설명과 구체적인 예가 소개되어 있다. 심사지침서에 기재된 내용을 요약해서 정리하면 다음과 같다.

㉠ 예측 가능한 결과를 만들기 위해 알려진 방법에 따라 선행기술의 구성요소를 조합한 경우

심사관은 *Graham* 사건에서 요구하는 기초사실을 먼저 판단하고, 이를 기초로 다음과 같은 판단을 하여야 한다. 첫째로, 심사관은 비록 선행기술에 청구된 발명의 구성요소들이 실제로 조합된 내용이 기재되지 않았더라도, i) 청구된 발명의 구성요소 각각이 선행기술에 이미 기재되어 있고, ii) 선행기술과 청구항에 기재된 발명의 유일한 차이가 선행기술에 실제로 조합된 내용이 기재된 적이 없는 것뿐인지를 판단해야 한다. 둘째로, 심사관은 i) 당업자가 알려진 방법에 따라 청구항에 기재된 발명처럼 구성요소들을 조합할 수

453) 특허청이 제시하는 7가지 논거는 다음과 같다: (1) Combining prior art elements according to known methods to yield predictable results; (2) Simple substitution of one known element for another to obtain predictable results; (3) Use of known technique to improve similar devices (methods, or products) in the same way; (4) Applying a known technique to a known device (method, or product) ready for improvement to yield predictable results; (5) "Obvious to try" - choosing from a finite number of identified, predictable solutions, with a reasonable expectation of success; (6) Known work in one field of endeavor may prompt variations of it for use in either the same field or a different one based on design incentives or other market forces if the variations are predictable to one of ordinary skill in the art; (7) Some teaching, suggestion, or motivation in the prior art that would have led one of ordinary skill to modify the prior art reference or to combine prior art reference teachings to arrive at the claimed invention.

있는지의 여부와, ii) 조합이 이루어진 상태에서의 기능이 조합이 이루어지기 전의 기능과 동일한 것인지를 판단해야 한다. 셋째로, 심사관은 당업자가 조합의 결과가 예측 가능하다는 것을 인식했는지를 판단해야 한다.

KSR 판례 이후 배포된 심사관 교육자료에 따르면, 심사관은 선행기술의 구성요소를 조합함에 따라 종전 구성요소의 기능(function)이 변화하는지, 종전 구성요소로부터 예측 불가능한 결과가 발생하는지에 초점을 맞춰야 한다. 예를 들어, 청구된 발명이 암호화 기술과 전력제어 기술이 동시에 적용된 통신시스템에 관한 것이고, 제1 선행기술이 암호화 기술이 적용된 통신시스템을 개시하고, 제2 선행기술이 전력제어 기술이 적용된 통신 시스템을 개시하며, 본 발명에 종래의 기능/효과에 변화가 없는 경우 본 발명은 선행기술로부터 자명하다 할 것이다.

㉡ 예측 가능한 결과를 획득하기 위해 알려진 구성요소를 다른 구성요소로 단순히 치환한 경우

심사관은 *Graham* 사건에서 요구하는 기초사실을 먼저 판단하고, 이를 기초로 다음과 같은 판단을 하여야 한다. 첫째로, 심사관은 선행기술이 청구된 발명의 요소, 성분, 단계 등이 치환된 장치, 방법, 제품 등을 포함하는지를 판단한다. 둘째로, 심사관은 치환된 요소와 기능이 알려진 것인지를 판단하다. 셋째로, 심사관은 당업자에게 치환이 가능한지와 치환을 통한 결과가 예측 가능한지를 판단한다.

예를 들어, 청구된 발명은 BIOS 정보를 SDRAM 메모리에 저장하는 컴퓨터인데, 제1 선행기술이 DRAM 메모리에 저장하는 컴퓨터이고, 제2 선행기술이 BIOS 정보를 SDRAM에 저장하는 기술을 개시하는 경우, 본 발명은 자명하다 할 것이다. 이 경우, 심사관이 상술한 근거를 적절히 제시할 경우, 제1 선행기술 내에 DRAM을 SDRAM으로 치환하는 것에 관한 동기가 기재될 필요는 없다.

㉢ 유사한 장치를 개선하는 기술로 이미 알려진 기술을 다시 이용하여 개선하는 경우

다른 모든 경우와 마찬가지로, 심사관은 *Graham* 사건에서 요구하는 기초사실을 먼저 판단하고, 이를 기초로 자명성의 논거를 분석해야 한다. 우선, 심사관은 청구된 발명이 "기본 장치"(또는 방법/제품)로부터 개선된 것으로 판단되는 경우, 해당 기본 장치가 선행기술에 포함되었는지를 판단한다.

또한 심사관은 청구된 발명과 동일한 방식으로 개선된 “비교 가능한” 장치(상기 기본 장치와는 상이하여야 함)가 선행기술에 포함되었는지를 판단한다. 마지막으로, 심사관은 당업자가 “비교 가능한” 장치에 적용된 개선 방식을 상기 “기본 장치”에 적용할 수 있었는지, 이러한 개선 방식을 적용한 결과가 예측 가능한지를 판단한다.

예를 들어, 청구된 발명이 전원 버튼이 입력되는 경우 비밀번호를 요구하고, 비밀번호가 정확한 경우에만 음성 전화의 발신을 허락하는 이동 전화에 관한 것이고, 제1 선행기술은 다양한 보안 기능(비밀번호의 입력 방식은 언급되지 않음)이 포함된 이동 전화이고, 제2 선행기술은 전자메일(e-mail)을 보내기 위해 비밀번호를 요구하는 통신 장비(이동 전화가 아닌 장비)인 경우, 제1 선행기술을 “기본 장치”로 하고, 제2 선행기술을 “비교 가능한” 장치로 하여 자명성을 긍정할 수 있다. 즉, 본 발명에 적용된 개선 방식인 비밀번호 입력 방식이 이미 비교 가능한 장치에 적용된 것임이 알려져 있고, 이러한 비밀번호 입력 방식이 제1 선행기술, 즉 이동 전화에 적용하는 것이 가능하며 예측 가능한 효과만을 발생시키는 경우, 자명성이 인정될 수 있다.

㉣ 알려진 장치(또는 방법/제품)에 알려진 기술을 적용하여 예측 가능한 결과를 얻는 것

다른 모든 경우와 마찬가지로, 심사관은 *Graham* 사건에서 요구하는 기초사실을 먼저 판단하고, 이를 기초로 자명성의 논거를 분석해야 한다. 첫째로, 심사관은 청구항에 기재된 발명이 “기본 장치”(또는 방법/제품)로부터 개선된 것으로 보이는 경우, 해당 기본 장치가 선행기술에 포함되었는지를 판단한다. 둘째로, 심사관은 상기 기본 장치에 적용할 수 있는 공지 기술이 선행기술에 포함되었는지를 판단한다. 셋째로, 심사관은 상술한 공지 기술이 적용되어 예측 가능한 결과를 발생시키는 것을 인식할 수 있는지를 판단한다. 위와 같은 자명성의 논거는 전술한 세 번째 논거와 매우 유사하다. 심사관 교육자료 등에 따르면, 구체적으로 어떤 논거에 의존하느냐 보다는 심사관이 발견한 사실관계에 기초하여 자명성의 근거를 논리적으로 설명하는 것이 중요하므로, 심사관은 여러 논거를 함께 사용할 수도 있을 것이다.

㉤ 시도의 자명성 – 합리적인 성공 가능성이 있으며, 한정된 개수의, 특정되고, 예측 가능한 해결책들로부터 선택하는 경우

다른 모든 경우와 마찬가지로, 심사관은 *Graham* 사건에서 요구하는 기

초사실을 먼저 판단하고, 이를 기초로 자명성의 논거를 분석해야 한다. 첫째로 심사관은 발명의 완성 당시에 관련된 분야에서 문제 해결을 위한 디자인의 필요성 또는 시장의 압력과 같은 이미 인식된 문제/필요성의 존재를 판단한다. 둘째로, 심사관은 인식된 문제/필요성에 대해 한정된 개수의 특정되고, 예측 가능한 해결책의 존재를 판단한다. 셋째로, 심사관은 당업자가 합리적인 성공 가능성을 가지고 상술한 해결책을 추구할지에 대해 판단한다.

예를 들어, 청구된 발명은 동작 속도 향상을 위해 특정한 A 알고리즘에 따라 동작하는 메모리를 포함하는 장치이고, 제1 선행기술은 A와 상이한 B 알고리즘에 따라 동작하는 메모리를 포함하기는 하지만 나머지 구성요소 전부를 포함하는 문헌이고, 제2 선행기술은 메모리에 A 알고리즘을 구현하는 방법과 A 알고리즘을 통해 동작 속도가 향상될 수 있음을 설명한 문헌인 경우가 문제될 수 있다. 만약 메모리의 동작 속도를 개선하는 알고리즘의 개수가 제한되어있고, A 알고리즘이 적용되는 경우 개선되는 효과가 당업자에게 알려져 있다면, 당업자는 이를 근거로 A 알고리즘을 제1 선행기술에 적용시키려 시도할 것이므로 자명성이 인정될 수 있다.

ⓑ 특정 분야에서의 알려진 작업이, 당업자에게 변형(variation)이 예측 가능한 상황에서, 시장의 요구나 디자인 측면에서의 자극으로 인해 해당 분야와 동일한 분야 또는 그와 상이한 분야에서 사용되도록 변형된 경우

다른 모든 경우와 마찬가지로, 심사관은 *Graham* 사건에서 요구하는 기초사실을 먼저 판단하고, 이를 기초로 자명성의 논거를 분석해야 한다. 첫째로, 심사관은 발명이 속하는 기술 범위와 동일한지 여부와 상관없이, 선행기술이 유사한 장치(또는 방법/제품)를 포함하고 있었는지를 판단한다. 둘째로, 심사관은 알려진 장치(또는 방법/제품)의 채택을 촉진시키는 시장의 요구나 디자인적인 자극이 존재하는지를 판단한다. 셋째로, 심사관은 청구항에 기재된 발명과 선행기술간의 차이가 공지된 변형물이나 공지된 원리에 포함되어 있었는지 여부를 판단한다. 넷째로, 심사관은 당업자가 확인된 디자인적인 자극이나 시장의 요구의 관점에서 청구항에 기재된 형태의 변형을 구현할 수 있었는지, 그리고 이러한 변형이 당업자에게 예측 가능한지 여부를 판단한다.

예를 들어, 청구된 발명이 지문과 같은 생체정보를 이용하여 소비자의 신용도를 검사하고, 그 결과에 따라 제품을 주문하는 시스템이고, 제1 선행기술은 생체정보 대신에 암호를 이용하여 소비자의 신용도를 검사하지만, 나

머지 기술적 특징은 본 발명과 동일하고, 제2 선행기술은 생체정보에 근거하여 사용자를 인식하는 원격조정장치인 경우, 당업자에게 생체정보를 이용하여 얻을 수 있는 효과가 예측 가능하고, 시장에서 이러한 생체정보가 신뢰성 높은 인증 기술로서 활발하게 활용되고 있기 때문에, 당업자가 제1 선행기술을 생체정보에 맞게 변형하는 것은 자명하다고 인정될 수 있다.

㉦ TSM 테스트

다른 모든 경우와 마찬가지로, 심사관은 *Graham* 사건에서 요구하는 기초사실을 먼저 판단하고, 이를 기초로 자명성의 논거를 분석해야 한다. 기본적으로 TSM(Teaching, Suggestion and Motivation) 테스트는 *KSR* 이전에 사용되던 방식과 동일하다 할 수 있다. 즉, 심사관이 선행기술에 TSM이 존재하지는 여부를 판단하고, 성공에 대한 합리적인 기대가 있는지를 판단한다. 다만, *KSR* 판례와 관련해서 설명한 바와 같이 TSM을 지나치게 엄격하게 적용해서는 안 된다. 즉 TSM 테스트가 자명성 심사에 관련된 유일한 판단방법은 아니기 때문에 TSM을 찾을 수 없다고 하여 당해 발명이 비자명하다는 결론에 이를 수 없다. 또한 선행기술과 본 발명의 목적 등이 상이하다고 하여 선행기술에 동기가 없다는 결론에 이를 수 없음을 주의해야 한다.

c) 출원인의 답변 및 이에 대한 취급[454)]

㉠ 출원인의 답변

심사지침서에 기재된 바에 따르면, 심사관이 청구된 발명이 자명하다고 결론에 이른 경우, 출원인에게는 i) 심사관의 판단이 잘못되었음을 보이거나, ii) 비자명성을 증명할 수 있는 별도의 증거를 제공해야 한다는 부담이 생긴다. 또한 37 C.F.R. § 1.111(b)는 출원인에게 거절이유(Office Action)의 잘못을 명료하고 구별되게 지적하고 모든 거절이유들에 대해 답변할 것을 요구한다. 출원인의 답변은 특허성을 발생시키는 부분을 정확하게 지적한 의견(argument)을 포함해야 한다. 출원인은 심사관의 판단의 오류를 정확하게 지적해야 하므로, 단순히 일응의 케이스가 성립되지 않았다는 진술은 37 C.F.R. § 1.111(b)의 요건을 만족시킬 수 없다.

㉡ 출원인의 반박 증거(rebuttal evidence)에 대한 취급

심사관은 자명성에 관한 자명성 판단의 기초사실과 자명성의 논거를 분

454) *See* MPEP § 2141.

명하게 지적해야 하고, 출원인은 심사관의 이를 반박하는 반박 증거를 제출할 수 있다. 만약 출원인이 적시에 반박 증거를 제출하는 경우 심사관은 반드시 출원인이 제출한 모든 반박 증거를 검토해야 한다. 출원인이 제출하는 반박 증거는 i) 상업적 성공 장기간 미해결된 과제, 타인의 실패와 같은 2차적 고려사항에 관한 증거[455] 또는 ii) 예측하지 못한 결과들에 대한 증거[456]일 수 있다.[457] 한편 조합 발명이 문제되는 경우, 출원인은 상술한 증거 이외에 i) 공지된 방법으로 선행기술을 조합할 수 없다거나, ii) 조합된 구성요소들은 각 구성요소들이 개별적으로 수행하는 기능을 단순히 수행하는 것이 아니라거나, iii) 본 발명이 예상하지 못하는 결과를 발생시킨다는 증거 또는 의견을 제출할 수 있다.

제14절 | 자명성 거절에 대한 반박

Ⅰ. 서

35 U.S.C. § 103 거절, 즉 발명이 자명하다는 거절이 문제되는 경우, 출원인은 i) 거절이유의 부당성을 반박(attack/traverse)하거나, ii) 심사관이 자명성에 관한 일응의 케이스를 성립시킨 점을 인정하고 새로운 증거를 통해 반박(rebut)할 수 있다.[458] 만약 출원인은 심사관이 자명성에 관해 일응의 케

455) 이는 *Graham* 사건에서 2차적 고려사항의 일례로 제시한 3가지 경우를 인용한 것이다.

456) 이는 *KSR* 사건의 판시사항을 인용한 것으로 보인다. 이미 상술한 바와 같이 *KSR* 사건의 법원은 i) 예측하지 못한 결과, ii) 시너지 효과, iii) 본 발명에 대한 방해교시(teaching away), iv) 당업자의 예측 수준을 상회하는 종래 구성요소의 조합을 통해 본 발명의 예측가능성이 없음을 증명할 수 있다고 판시한 바 있다.

457) 다만 심사지침서와 같이 "2차적 고려사항"과 "예측하지 못한 결과"를 별개로 구분할 필요가 있는지 의문이다. 심사지침서가 2차적 고려사항과 예측하지 못한 결과의 개념을 구분한 것은, 최근 *KSR* 사건을 통해 예측하지 못한 결과에 관한 증거의 중요성이 강조되었기 때문인 것으로 풀이되기는 하지만, 대부분의 학자들은 예측하지 못한 결과도 2차적 고려사항의 하나의 태양으로 취급하며, 심사지침서 내에서도 MPEP § 2141 항목을 제외한 나머지 부분에서는 예측하지 못한 결과를 2차적 고려사항과 구분하지 않으므로 양자를 별도의 개념으로 구분할 필요는 없다고 본다.

이스(*prima facie* case)를 성립시키지 못했다는 것을 다투는 경우 판례가 제시하는 자명성 판단방법에 비추어 심사관의 거절이유가 부당함을 다툴 수도 있지만, 심사지침서(MPEP)에 제시된 자명성 판단방법을 근거로 심사관이 일응의 케이스를 성립시키지 못했다고 다투는 것도 가능하다.[459] 만약 출원인이 새로운 증거를 통해 자명성의 거절을 반박하는 경우에는 비자명성에 관한 객관적 증거를 37 C.F.R. § 1.132에 따른 선서진술서/선언서를 통해 제출하는 것이 일반적이다.

II. 비자명성에 관한 객관적 증거

실무상 객관적 증거를 통해서는 2차적 고려사항(secondary consideration), 선행기술의 동작 불가능, 본 발명이 선행기술에 선행함, 선행기술이 본 발명의 발명자로부터 유래되었으므로 선행기술 자격이 상실됨 등을 증명할 수 있다.[460] 따라서 2차적 고려사항을 주장하는 출원인은 객관적 증거의 형태로 비자명성을 증명할 수 있다.

일반적으로 사실에 관한 증거가 선호되지만, 의견[461]을 진술하는 증거도 최종적인 법률 결론(ultimate legal conclusion)[462]에 관한 것이 아닌 한 증명력

458) IRAH H. DONNER, PATENT PROSECUTION 1318-19 (BNA Books 5th ed., supplementary 2008). 물론 출원인이 심사관의 거절 이유에 반박증거(rebuttal evidence)를 제출한다고 해서 심사관의 거절이유가 합당한 것으로 인정되는 것은 아니며, 강학상 첫 번째 대응 방법과 두 번째 대응 방법을 구별하기는 하지만, 출원인은 두 가지 방법 모두를 택하여 자명성을 극복하는 것이 일반적이다.

459) 심사지침서의 내용에는 법적구속력이 없으나, 심사지침서의 내용 중 상당부분이 판례법의 내용에 기초하는 경우가 많고, 법학교육을 받은 적이 없는 심사관이 의존하는 거의 유일한 기준이 심사지침서이기 때문에 실무상 심사지침서는 매우 중요하다 할 것이다.

460) *See* MPEP § 716.01(c) ("Objective evidence which must be factually supported by an appropriate affidavit or declaration to be of probative value includes evidence of unexpected results, commercial success, solution of a long-felt need, inoperability of the prior art, invention before the date of the reference, and allegations that the author(s) of the prior art derived the disclosed subject matter from the applicant.").

461) 구체적 사실문제에 관한 진술자의 생각, 믿음, 추론을 의미한다.

462) 예를 들어, 발명에 비자명성(진보성)이 인정된다는 의견을 증거로 제출하는 경우, 최종적인 법률 결론(ultimate legal conclusion)에 관한 증거가 제출되는 것이다.

(probative value)[463]을 가질 수 있다.[464] 구체적으로, 의견을 통해 밝히고자 하는 결론에 대해서는 증명력이 인정되지 않지만, 의견에 대한 기본적인 토대(예를 들어, 의견을 뒷받침하는 사실)에 대해서는 증명력이 인정될 수 있다.[465] 한편 객관적 증거의 가치는 증거의 제출자와 출원인과의 이해관계에 의해 영향을 받기 때문에, 출원인이 발명의 효과에 관한 증거를 선서진술서/선언서로 제출하는 경우 증명력이 낮게 평가될 수 있다.[466] 한편 2차적 고려사항을 증명하기 위해 제출된 증거와 청구된 발명 간에 사실 및 법률적으로 충분한 관련성(sufficient connection)이 있어야 증명력이 인정된다.[467]

1. 예측하지 못한 결과에 관한 객관적 증거

1) 서

KSR 사건에서 연방대법원은 예측하지 못한 결과가 비자명성의 판단에 중요한 근거가 됨을 재확인 했으므로, 예측하지 못한 결과의 존재 여부가 자명성 판단에서 더욱 중요한 이슈로 취급될 것이다. 기본적으로 청구된 발명과 선행기술 간의 다소 간의 차이로 인해 결과의 차이가 발생할 것은 당연하다 할 것이므로, 비자명성의 객관적 증가가 되기 위해서는 그러한 결과의 차이가 진정으로 예측 불가능해야 한다.[468]

2) 구체적 일례

구체적인 사건을 검토해보면, *Waymouth* 사건에서 청구된 발명은 할로겐과 수소의 비율에 대한 수치한정을 통해 개선된 성능을 보이는 램프 장비에

463) 증거가 될 수 있는 "증거능력"과는 구별되는 개념으로 증거로서의 가치를 나타낸다.
464) 오로지 결론만을 진술하는 선서진술서/선언서에는 증명력이 거의 인정되지 않는다. *See* MPEP § 716.01(c) (citing *In re* Brandstadter, 484 F.2d 1395, 179 USPQ 286 (C.C.P.A. 1973)).
465) *See* MPEP § 716.01(c) (citing *In re* Chilowsky, 306 F.2d 908, 134 USPQ 515 (C.C.P.A. 1962)) ("While an opinion as to a legal conclusion is not entitled to any weight, the underlying basis for the opinion may be persuasive.").
466) 그러나 완전히 무시될 수는 없다는 것이 판례의 태도다. *See* MPEP § 716.01(c) (citing *Ex parte* Keyes, 214 USPQ 579 (B.P.A.I. 1982)).
467) *See* MPEP §716.01(b) (citing Demaco Corp. v. F. Von Langsdorff Licensing Ltd., 851 F.2d 1387 (Fed. Cir. 1988)). 참고로 충분한 관련성이 인정되는 경우 제출된 증거와 본 발명 사이에 연결관계(nexus)가 있다고 표현한다.
468) *See* MPEP § 716.02 (citing *In re* Merck & Co., 800 F.2d 1091 (Fed. Cir. 1986)).

관한 것이었는데, 선행기술에는 다른 비율에 관한 언급은 있었지만 할로겐과 수소의 비율에 관한 언급은 없었다. 이에 법원은 종래에 언급되지 않은 비율을 수치 한정한 것은 양적인 차이(difference in degree)가 아니라 질적인 차이(difference in kind)에 해당하며, 이러한 질적인 차이만이 예측하지 못한 결과에 해당할 수 있다고 판단하였다.[469] 그러나 이러한 양적인 차이와 질적인 차이의 구분하는 태도를 따르지 않은 판결들도 있다.[470]

3) 판단방법

선행기술의 결과에 비해 더 나은 결과가 발생하는 것만으로 예측하지 못한 결과가 발생했다고 인정할 수는 없다. 선행기술을 통해 결과의 향상이 예측되는 경우, 이러한 예측되는 결과의 합을 초과하는 효과(즉, 시너지 효과)가 있어야만 예측하지 못한 결과의 발생을 인정할 수 있다.[471] 본 발명과 선행기술이 공통으로 공유하는 특성의 관점에서 예측하지 못한 유용함이 발견되는 경우 본 발명은 비자명하여 특허될 수 있다.[472] 또한 선행기술에는 개시된 바 없는 특성이 존재하는 경우에도 비자명성이 인정될 수 있으며,[473] 선행기술로부터 예측되는 특성이 본 발명에는 존재하지 않는 경우에도 비자명성이 인정될 수 있다.[474]

예측하지 못한 결과에 관한 객관적 증거는 자명성 이유의 거절 이유를 극복하기 위한 것이다. 따라서 예견성(신규성)을 이유로 거절된 경우에는 예측하지 못한 결과에 관한 증거를 제출할 수 없다.[475]

---

469) *See* MPEP § 716.02 (citing *In re* Waymouth, 499 F.2d 1273 (C.C.P.A. 1974)) ("[U]nexpected results for a claimed range as compared with the range disclosed in the prior art had been shown by a demonstration of 'a marked improvement, over the results achieved under other ratios, as to be classified as a difference in kind, rather than one of degree.'").

470) *See* MPEP § 716.02 (citing *In re* Wagner, 371 F.2d 877, 884 (C.C.P.A. 1967)) ("[D]ifferences in properties cannot be disregarded on the ground they are differences in degree rather than in kind.").

471) *See* MPEP § 716.02(a) (citing Merck & Co. Inc. v. Biocraft Laboratories Inc., 874 F.2d 804 (Fed. Cir. 1989) *cert. denied*, 493 U.S. 975 (1989)).

472) *See* MPEP § 716.02(a).

473) *See* MPEP § 716.02(a) (citing *In re* Papesch, 315 F.2d 381 (C.C.P.A. 1963)).

474) *See* MPEP § 716.02(a) (citing *Ex parte* Mead Johnson & Co., 227 USPQ 78 (B.P.A.I. 1985)).

475) 이는 방해교시(teaching away)도 마찬가지다. *In re* Malagari, 499 F.2d 1297, 1302

4) 출원인의 증명

만약 예측하지 못한 결과를 증명할 수 있는 비교 실험 데이터가 명세서(specification)에 기재되어 있는 경우, 37 C.F.R. § 1.132에 따른 선서진술서/선언서를 제출할 필요는 없으며,[476] 의견서(argument)를 통해 예측하지 못한 결과를 증명할 수 있다. 그러나 비교 실험 데이터가 명세서에 기재되어 있지 않다면 37 C.F.R. § 1.132에 따른 선서진술서/선언서를 제출해야 하며, 이 경우에는 본 발명과 가장 근접한 선행기술을 비교한 비교 실험 데이터를 제출하여야만 한다.[477]

비교 실험 데이터를 제출하는 경우, 출원인은 제출된 데이터에 대한 설명 의무를 진다.[478] 따라서, 출원인은 테스트 환경에 대해 구체적으로 설명해야 한다. 테스트 환경은 본 발명과 선행기술에 동일하게 유지되어야 하지만, 본 발명의 새로운 특징으로 인해 테스트 환경의 변경이 필요하다면 동일하게 유지될 필요가 없다. 또한 테스트의 대상이 된 발명이 무엇인지에 대해서도 구체적으로 기재해야 한다. 예를 들어, 구체적인 단계에 관한 설명, 사용된 물질에 대한 설명 등을 첨부해야 한다. 마지막으로, 청구항에 기재된 발명의 결과와 가장 근접한 선행기술에 따른 결과를 각각 기재해야 한다. 출원인이 중점을 두어야 하는 부분은 객관적인 데이터이므로, 양자의 데이터에 대한 결론적인 진술이 반드시 필요한 것은 아니다. 비교 데이터를 제출하는 경우 심사관이 제출한 선행기술과 비교해야 하는 것은 아니다. 출원인이 보기에 본 발명에 더 근접한 선행기술이 있다면 그와 비교할 수 있다.[479]

(C.C.P.A. 1974) ("If the rejection under § 102 is proper, however, appellant cannot overcome it by showing such unexpected results or teaching away in the art, which are relevant only to an obviousness rejection.").

476) *In re* Soni, 54 F.3d 746, 750 (Fed. Cir. 1995) ("Consistent with the rule that all evidence of nonobviousness must be considered when assessing patentability, the PTO must consider comparative data in the specification in determining whether the claimed invention provides unexpected results. However, '[i]t is well settled that unexpected results must be established by factual evidence. Mere argument or conclusory statements in the specification does not suffice.'").

477) *See* MPEP § 716.02(e). 구체적으로 가장 근접한 선행기술을 특정하여 비교하는 구체적 방법은 MPEP § 716.02(d)-(e)에 소개되어 있다.

478) *See* MPEP § 716.02(b) (citing *Ex parte* Ishizaka, 24 USPQ2d 1621, 1624 (B.P.A.I. 1992)).

479) *See* MPEP § 716.02(e) (citing *In re* Holladay, 584 F.2d 384 (C.C.P.A. 1978)).

2. 상업적 성공

상업적 성공에 관한 증거는 청구된 발명의 비자명성을 증명하는 중요한 증거이다. 상업적 성공은 특허권자의 상업적 성공만을 의미하는 것은 아니다. 만약 침해자의 제품이 상업적 성공을 거둔 경우에도 2차적 고려사항으로 판단될 수 있다.[480] 또한 상업적 성공은 미국에서의 성공으로 한정되지는 않는다.[481]

다른 2차적 고려사항들과 마찬가지로, 출원 단계에서 상업적 성공에 관한 증거가 문제되는 경우에는 37 C.F.R. § 1.132에 의한 선언서 또는 선서진술서를 통해 제출된다. 이 경우, 출원인은 i) 상업적 성공의 존재, ii) 상업적 성공의 대상이 청구항에 기재된 발명이라는 사실, iii) 상업적 성공이 마케팅 기법 등과 같은 비기술적 요소에 의한 것이 아니라 특허된 발명의 기술적 특징에 의한 것이라는 사실을 증명해야 한다. 다만, 이러한 원칙은 소송단계와 출원단계에서 달리 적용된다.

1) 증명의 대상

A. 등록특허의 자명성이 소송단계에서 문제되는 경우[482]

연방순회항소법원은 *Demaco* 사건을 통해 침해소송단계에서의 상업적 성공의 의미를 판단한 바 있다.[483] 본 사건에서 침해자는 선행기술을 근거로 등록특허가 자명하다는 일응의 케이스를 성립시켰는데, 특허권자는 이를 반박하기 위해 i) 상업적 성공의 존재와 ii) 상업적 성공의 대상이 청구항에 기재된 발명임을 증명했다. 이에 법원은 특허권자가 i) 상업적 성공의 존재와 ii) 상업적 성공의 대상이 청구항에 기재된 발명임을 증명하면 이를 통해 상업적 성공과 발명 간의 연결관계(nexus)에 대한 일응의 케이스가 성립된다고

---

480) Brown & Williamson Tobacco Corp. v. Philip Morris Inc., 229 F.3d 1120, 1130 (Fed. Cir. 2000) ("Our case law provides that the success of an infringing product is considered to be evidence of the commercial success of the claimed invention.") (citations omitted).

481) *See* MPEP § 716.03 (citing Lindemann Maschinenfabrik GMBH v. American Hoist & Derrick Co., 730 F.2d 1452 (Fed. Cir. 1984)).

482) 소송 단계의 문제이므로 상업적 성공을 37 C.F.R. § 1.132에 따른 선서진술서/선언서로 증명하는 것은 아니므로, 엄격하게 말하면 37 C.F.R. § 1.132에 따른 선서진술서/선언서에 관한 문제는 아니지만, 상업적 성공의 일반적인 법리에 대해 설명하고자 본 사건을 소개한다.

483) Demaco Corp. v. F. Von Langsdorff Licensing Ltd., 851 F.2d 1387 (Fed. Cir. 1988).

볼 것이므로, 상업적 성공이 청구항에 기재된 발명 이외의 요소에 의한 것이 아님을 증명할 필요까지는 없다고 하였다.[484]

B. 심사관의 거절 이유를 극복하는 경우

특허심판원(BPAI)은 *Remark* 사건을 통해 출원단계에서의 상업적 성공의 의미에 대해 판단했다.[485] 기록에 따르면 출원인은 자명성 요건 위반의 거절에 대응하여 *Demaco* 판결을 근거로 상업적 성공을 주장했는데, 구체적으로 출원인은 i) 상업적 성공의 존재[486]와 ii) 상업적 성공의 대상이 청구된 발명[487]임을 증명하면 충분하다 주장했다. 이에 특허심판원은 *Demaco* 사건은 민사소송인 반면 본 사건은 특허청을 상대로한 심사단계에 해당하므로 소송법상에서 증거법칙을 심사단계에 그대로 적용하기는 어렵고, 현실적으로 심사관이 상업적 성공에 관한 증거를 확보하기 어렵기 때문에 출원인은 청구된 발명으로 인해 상업적 성공이 달성되었음을 증명해야 한다고 하였다. 결과적으로 본 사건에서 출원인이 증명한 내용은 심사관이 증명한 내용에 비해 우세하지 않기 때문에 해당 출원은 거절되었다.

2) 특허청에 제출되어야 하는 데이터

특허청에 대해 상업적 성공을 증명할 때는, i) 제품에 대한 상세한 설명,[488] ii) 시장의 규모 등이 포함된 시장에 대한 설명, iii) 구체적인 시장 점유율, iv) 해당 제품이 경쟁 제품을 대체하는지 여부, v) 출원인의 마케팅 방법에 관한 정보 등이 포함된다.[489] 만약 구체적인 시장 점유율, 제품이 판매된 기간, 또는 통상적으로 예상되는 판매량 등에 관한 정보 없이 단순한 판매액만이 제출되는 경우에는 상업적 성공이 증명될 수 없다.[490]

---

484) 즉, 상업적 성공이 마케팅 등의 기타 요소에 의한 것이 아니라는 증명을 할 필요는 없다는 입장이다.

485) *Ex parte* Remark, 1990 WL 354512, 15 USPQ2d 1498 (B.P.A.I. 1990).

486) 본 사건에서 출원인은 제품의 판매량을 증명했으나, BPAI는 i) 시장의 규모, ii) 구체적인 시장 점유율, iii) 해당 제품이 경쟁 제품을 대체한 사실에 관해 전혀 증거가 제출되지 않았음도 지적했다.

487) 참고로 본 사건에서 출원인은 상업적 성공의 대상이 청구항에 기재된 발명이라 주장했으나, 특허심판원은 상업적 성공의 대상이 상세한 설명에만 기재된 발명이라고 판단했다.

488) 청구된 기술적 특징이 제품에 어떻게 반영되었는지에 관한 설명이 포함되어야 한다.

489) MPEP § 716.03(b).

490) MPEP § 716.03(b) (citing Cable Electric Products, Inc. v. Genmark, Inc., 770 F.2d 1015 (Fed. Cir. 1985); *Ex parte* Standish, 10 USPQ2d 1454 (B.P.A.I. 1988)).

3) 범위가 한정된 청구항의 취급

상업적 성공이 비자명성의 근거로 활용되기 위해서는 상업적 성공이 청구항에 기재된 특징에 기초해야 한다.[491] 예를 들어, 발명의 상세한 설명에만 기재된 특징에 근거한 상업적 성공을 통해 비자명성을 주장할 수 없다. 또한 특정한 청구항의 비자명성을 주장하면서 해당 청구항과 무관한 다른 청구항에 따른 제품의 상업적 성공을 주장하는 것은 적합한 주장이 될 수 없다.

문제되는 것은 수치한정발명과 같이 범위가 한정된 청구항의 경우, 청구항에 기재된 모든 범위에 대해 상업적 성공이 주장되어야 하는지 여부이다. 법원은 이에 대해 모든 범위에 대해 상업적 성공이 주장될 필요는 없으며, 청구된 범위 중 일부에 의해 상업적 성공이 이루어졌음을 증명하면 충분하다고 한 바 있다.[492]

3. 장기간 미해결된 과제

장기간 미해결된 과제에 해당하기 위해서는 당업계에는 오랜 기간 동안 문제로 인식되었으나 이를 해결하지 못했음이 객관적인 증거를 통해 증명될 수 있어야 한다. 장기간 미해결된 과제에 해당하기 위해서는 i) 당업계에서 오랜 기간 동안 지속적인 요구가 있었어야 하며,[493] ii) 이러한 지속적인 요

---

491) *See* MPEP § 716.03(a) (citing *In re* Tiffin, 448 F.2d 791 (CCPA 1971); Joy Technologies, Inc. v. Manbeck, 751 F. Supp. 225, 229 (D.D.C. 1990), aff'd, 959 F.2d 226, 228 (Fed. Cir. 1992)).

492) *See* MPEP § 716.03(a) (citing *In re* Hollingsworth, 253 F.2d 238, 240 (C.C.P.A. 1958)) ("If a particular range is claimed, applicant does not need to show commercial success at every point in the range.").

493) *See* MPEP § 716.04 (citing *In re* Gershon, 372 F.2d 535, 539 (C.C.P.A. 1967)). *Gershon* 사건에서는 본 출원인이 종래 기술의 문제점을 "최초로" 인식한 것이 문제되었다. 법원은 출원인이 종래 기술의 문제를 최초로 인식했다면 "오래 기간 미해결된 과제"라는 주장을 증명할 수 없다고 판단한 바 있다. 한편, 오랜 기간 미해결된 과제인지 여부는, 본 발명과 가장 근접한 선행기술이 등장한 시기를 기준으로 판단하는 것이 아니라 해당 문제가 당업계에 의해 인식된 시기를 기준으로 판단한다는 것이 법원의 태도이다. *Texas Instruments* 사건에서 Texas Instruments는 경쟁업체의 특허가 비자명하다고 판단한 ITC의 결정에 불복하면서 ITC가 오랜 기간 동안 미해결되었는지 여부를 판단할 때 그 판단의 기준을 선행기술이 등장한 시점에 비해 지나치게 앞선 시점으로 정했다고 주장하였으나, 항소심 법원은 적절한 판단기준은 선행기술이 등장한

구는 발명자가 아닌 타인에 의해 해결된 적이 없어야 하며,[494] iii) 발명자의 발명이 사실상 이러한 지속적인 요구를 만족시켜야만 한다.[495] 장기간 미해결된 과제에 해당되는지 여부를 판단할 때는, 기술적 문제 때문이 아닌 경제적 문제 때문에 관련문제가 장기간 미해결된 것인지 여부도 고려해야 한다.[496]

4. 성공에 대한 회의(skepticism)

본 발명의 성공에 대해 전문가(expert)가 회의를 나타낸 경우, 이는 비자명성의 강력한 증거가 될 수 있다.[497]

5. 침해자의 존재

비록 출원단계에서는 많이 제기되지 않지만 시장에서 타인들이 모방하고 있음을 본 발명의 비자명성의 증거로 제출할 수 있다.[498] 모방은 여러 가지 이유에 의해 이루어지므로 단순히 모방이 있다는 사실은 비자명성의 증거로 불충분할 수 있다.[499] 만약 타인에 의해 오랜 시도가 있었으나 실패하고, 그 이후에 비로소 본 발명과 같은 모방이 있었던 경우에는 비자명성의 강력한 증거가 될 수 있다.[500]

시기가 아니라 해당 업계에 의해 문제가 인식된 시기이므로 ITC의 결정에는 문제가 없다고 판단하였다. Texas Instruments, Inc. v. Int'l Trade Comm'n, 988 F.2d 1165, 1179 (Fed. Cir. 1993).

494) *See* MPEP § 716.04 (citing Newell Companies v. Kenney Mfg. Co., 864 F.2d 757, 768 (Fed. Cir. 1988)).

495) *See* MPEP § 716.04 (citing *In re* Cavanagh, 436 F.2d 491, 168 USPQ 466 (C.C.P.A. 1971)).

496) *See* MPEP § 716.04 (citing Scully Signal Co. v. Electronics Corp. of America, 570 F.2d 355 (1st. Cir. 1977)).

497) *See* MPEP § 716.05 (citing Environmental Designs, Ltd. v. Union Oil Co. of Cal., 713 F.2d 693, 698 (Fed. Cir. 1983)) ("Expressions of disbelief by experts constitute strong evidence of nonobviousness.").

498) *See* MPEP § 716.06.

499) *See* MPEP § 716.06 (citing Cable Electric Products, Inc. v. Genmark, Inc., 770 F.2d 1015 (Fed. Cir. 1985)).

500) *See* MPEP § 716.06 (citing Dow Chem. Co. v. American Cyanamid Co., 816 F.2d 617 (Fed. Cir. 1987)).

Ⅲ. 비자명성에 관한 의견 또는 객관적 증거에 관한 가이드라인

심사관이 자명성에 관한 일응의 케이스(*prima facie* case)를 성립시키지 못했음에도 자명성에 관한 거절을 부여한 경우에는 출원인이 이를 반박(traverse)하는 의견을 제출하는 것이 일반적이며, 심사관이 자명성에 관한 일응의 케이스(*prima facie* case)를 성립시킨 경우에는 출원인이 새로운 반박증거(Rebuttal evidence)를 제출하여 본 발명의 자명성을 증명하는 것이 일반적이다.[501] 심사지침서(MPEP) § 2145는 출원인이 제출한 비자명성에 관한 의견 또는 객관적 증거에 관한 판단방법에 대한 가이드라인을 제시하는바, 이하에서는 심사지침서의 내용을 요약 소개한다.

1. 증거가 제출되어야 하는 상황에서 의견의 제출

대리인에 의한 단순한 주장은 증명력을 갖는 객관적 증거가 될 수 없다. 따라서 객관적 증거로 증명되어야 하는 사실(예를 들어, 상업적 성공)에 대해서 객관적 사실에 의해 지지되지 않는 대리인의 주장만을 제출할 수는 없다.[502]

2. 추가적인 효과에 대한 주장

추가적인 효과에 대한 주장을 포함하는 증거를 제출하는 경우, 만약 추가적인 효과가 선행기술에 의해 내재적(inherently)으로 개시된 경우에는 이를 통해 일응의 케이스의 성립을 반박할 수 없다.[503]

3. 선행기술에 개시된 장치가 물리적으로 결합 불가능하다는 주장

자명성에 대한 판단은 선행기술에 기재된 특징들이 물리적으로 결합가능한지를 묻는 것이 아니라 선행기술에 대한 조합 또는 변경이 당업자에게 암시된 것인지 여부를 판단하는 것이다. 따라서 물리적으로 결합이 불가능하

---

501) 참고로 심사관이 자명성에 관한 일응의 케이스를 적법하게 성립시킨 경우 증명책임은 출원인에게 전환된다. MPEP § 2145 (citing *In re* Dillon, 919 F.2d 688, 692 (Fed. Cir. 1990)).

502) MPEP §§ 716.01(c), 2145.

503) MPEP § 2145 (citing *In re* Wiseman, 596 F.2d 1019 (C.C.P.A. 1979)).

다는 주장으로 일응의 케이스의 성립을 반박할 수 없다.[504)]

4. 선행기술을 개별적으로 공격하는 주장

TSM 테스트에 관한 항목에서 이미 설명한 바와 같이, 복수의 선행기술이 문제되는 경우 그 중 하나의 선행기술만을 공격하는 방법은 비자명성을 주장하는 적절한 방법이 될 수 없다. 예를 들어, 제1 선행기술이 제2 선행기술을 방해교시(teach away)하는 경우가 있더라도 두 개의 선행기술이 교시하는 내용을 전체적으로 고려할 때 당업자에게 두 개의 선행기술을 조합하는 것이 암시된 경우에는 선행기술의 조합이 가능하다.[505)]

5. 인용자료의 수에 관한 주장

거절이유에 인용된 선행기술의 수가 많다는 사실이 발명이 자명하지 않다는 것을 뒷받침 하는 것은 아니다.[506)]

6. 청구되지 않은 특징을 근거로 하는 주장

비록 발명의 권리범위해석에 명세서가 참조될 수도 있지만, 상세한 설명에만 기대된 특징을 근거로 특허성이 있음을 주장할 수는 없다.[507)]

7. 경제적인 관점에서 구현이 불가능하다는 주장

경제적인 불이익으로 인해 당업자가 선행기술을 조합할 수 없었다는 주장을 증명하는 증거를 통해 자명성을 반박할 수는 없다. 경제적인 불이익으로 인해 당업자가 선행기술을 조합할 수 없었다는 것이 기술적으로 조합이 불가능하다는 것을 의미하는 것은 아니기 때문이다.[508)]

---

504) MPEP § 2145 (citing *In re* Keller, 642 F.2d 413, 425 (C.C.P.A. 1981)).

505) MPEP § 2145 (citing *In re* Merck & Co., Inc., 800 F.2d 1091 (Fed. Cir. 1986)).

506) MPEP § 2145 (citing *In re* Gorman, 933 F.2d 982 (Fed. Cir. 1991)). 다만 다수의 선행기술이 제시된 경우에는 심사관이 사후적 판단에 의존할 위험이 커진다. 따라서 출원인 입장에서는 선행기술의 개수가 많다는 것에 근거하여 자명성을 다툴 것이 아니라 심사관의 자명성 논거에 대한 논리적 결함에 초점을 맞추어 자명성을 다투어야 할 것이다.

507) MPEP § 2145 (citing *In re* Van Geuns, 988 F.2d 1181 (Fed. Cir. 1993)).

508) MPEP § 2145 (citing *In re* Farrenkopf, 713 F.2d 714 (Fed. Cir. 1983)).

8. 선행기술이 오래된 것이라는 주장

단순히 선행기술이 오래된 것이라는 주장만으로 비자명성을 증명할 수는 없다.[509)]

9. 선행기술이 비유사하다는 주장

자명성 판단에 사용되는 선행기술은 본 발명과 유사한 기술(analogous arts)이어야 한다. 그러나 *KSR* 사건에서 연방대법원은 본 발명자가 해결하려는 구체적 문제와 합리적으로 연관된 분야를 좁게 해석하는 것을 경계한 바 있으므로 유사한 기술의 범위를 지나치게 제한할 수는 없을 것이다.[510)]

제15절 | 시행규칙 1.132(37 C.F.R. § 1.132)에 따른 선서진술서/선언서

Ⅰ. 선서진술서/선언서(Affidavit/Declaration)

선서진술서는 선서(oath)의 형태로 작성되는 법정 선언의 일종이다. 선서진술서를 제출하려는 자는 공증인 또는 이에 상응하는 자 앞에서 선서진술서에 작성된 내용이 진실임을 선서하는 방식으로 선서진술서를 작성할 수 있다.[511)] 선언서(declaration)는 고의적인 허위진술이 형사처벌의 대상이고 허위진술로 인해 특허의 효력에 영향이 미친다는 경고하에서 작성되는 진술이다. 선언서가 유효하기 위해서는 선언서에 고의의 거짓진술(willful false statements)이 있는 경우 i) 벌금 및/또는 징역형이 가능하며, ii) 해당 출원 및 해당 출원으로부터 발생한 특허권의 유효성에 문제를 발생할 수 있다는 내

509) MPEP § 2145 (citing *In re* Wright, 569 F.2d 1124, 1127 (C.C.P.A. 1977)).

510) *KSR* 판결의 취지에 따라, 설령 상이한 분야라도 합리적으로 연관성이 인정되면 자명성 판단이 가능하다. MPEP § 2141.01(a).

511) 구체적으로 선서진술서는 미국뿐만 아니라 외국에서도 작성될 수 있으며, 선서가 이루어진 현지법에 따라 선서를 허가할 수 있는 권한이 있는 자에 작성된 경우 그 효력은 미국 특허청에 대해서도 유효하다. 37 C.F.R. § 1.66(a).

용이 기재되어야 한다.[512]

선서진술서와 선언서는 작성되는 형식이 다르기는 하지만 특허법 상으로 양자의 효과는 동일하다. 법령에 따라 미국 특허청(USPTO)에 선서(oath)를 제출해야 하는 경우, 선서의 종류에 상관없이 선서(oath)를 대신하여 선언서(declaration)를 제출하는 것이 가능하기 때문이다.[513]

Ⅱ. 의견서와의 구분

거절이 부여되는 경우 출원인은 해당 거절에 대응하는 의견서를 제출할 수 있으나 경우에 따라서는 선서진술서/선언서 형태의 제출이 요구된다. 만약 출원인이 이미 출원의 기록으로 포함된 내용에 기초하는 경우(예를 들어, 명세서에 기재된 내용)에는 의견서의 형태로 제출이 가능하지만, 만약 추가적인 사실에 기초하는 경우에는 선서진술서/선언서를 통해야 한다. 예를 들어, 출원인이 자명성 판단에 관련하여 상업적 성공을 증명하는 경우라면, 상업적 성공이 출원의 기록에 이미 포함되어 있기는 힘들 것이므로, 이 경우에 출원인의 상업적 성공에 관한 주장/증명은 추가적인 사실에 기초하게 될 것이다. 이 경우 출원인은 단순한 의견서의 형태가 아니라 선서진술서/선언서의 형태로만 상업적 성공을 주장/증명할 수 있다.

Ⅲ. 관련규정

출원(재발행출원 포함)이나 재심사절차에서 부여된 거절(rejection/objection)이 문제되는 경우, 해당 거절(rejection/objection)을 반박하는 주장이나 증거를 37 C.F.R. § 1.132에 따른 선서진술서/선언서를 통해 제출할 수 있다.[514]

---

512) 37 C.F.R. § 1.68.

513) 법령에 의해 미국 특허청에 선서진술서를 제출해야 하는 경우, 그 종류에 상관없이 해당 선서진술서에 대신에 선언서를 제출하는 것이 가능하다. 37 C.F.R. § 1.68.

514) 37 C.F.R. § 1.132 ("When any claim of an application or a patent under reexamination is rejected or objected to, any evidence submitted to traverse the rejection or objection on a basis not otherwise provided for must be by way of an oath or declaration under this section.").

Ⅳ. 실체적 요건

1. 인적 요건

발명에 대한 지식이 있다면 누구나 37 C.F.R. §1.132에 따른 선서진술인/선언자[515]가 될 수 있다. 예를 들어, 출원인, 출원인의 동료, 출원인과 무관한 전문가 등이 37 C.F.R. § 1.132에 따른 선서진술서 또는 선언서를 제출할 수 있다.[516]

2. 시기적 요건

선서진술서/선언서는 적시에 제출되어야만 선서진술/선언한 내용이 증거로서 효력을 가진다. 37 C.F.R. § 1.132에 따른 선서진술서/선언서는 심사절차의 종료(최후거절, 허여통지, 불복심판 청구 등이 발생하기 이전)되기 이전까지 선서진술서/선언서의 제출이 되어야 하는 것이 원칙이다.[517] 이후의 선서진술서/선언서의 제출은 예외적인 상황에서만 허용된다.

1) 관련문제 — 최후거절 이후의 새로운 선서진술서/선언서의 제출

최후거절 이후 불복심판을 청구하기 전까지 새로운 증거를 제출하려면 i) 새로운 증거가 제출되어야 하는 이유와 ii) 새로운 증거가 좀더 일찍 제출되지 못한 이유를 충분하게 설명해야만 한다.[518]

---

515) 선서진술서를 제출한 경우 선서진술인(affiant)이라 불리고 선언서를 제출한 경우 선언자(declarant)라 불린다.

516) 진술자가 사건에 이해관계가 없는 경우에 더 높은 증명력을 가질 수는 있지만, 이해관계가 있다는 사실만으로 진술이 무시되지는 않는다. *In re* McKenna, 203 F.2d 717, 720 (C.C.P.A. 1953) ("We think also that an affidavit by an applicant or co-applicant as to the advantages of his invention is less persuasive than one made by a disinterested person. However, it is not to be disregarded for that reason alone and may be relied on when sufficiently convincing.").

517) 최후거절 이후 불복심판을 청구했다 하여도 최후거절이 발생하기 전까지만 선서진술서/선언서가 제출되는 것이 원칙이다. 한편 최후거절이 발생하지 않은 출원에 대해 불복심판이 청구되는 경우에는 불복심판 청구일 당일까지 선서진술서/선언서의 제출이 가능하다. *See* MPEP § 716.01.

518) 37 C.F.R. § 1.116(e). 선서진술서(Affidavit)도 증거의 일종이므로 그 제출시기에 있어 선서진술서는 증거와 동일하게 취급된다.

2) 관련문제 – 불복심판 이후의 새로운 선서진술서/선언서의 제출

불복심판이 청구된 이후 청구이유서(Appeal Brief) 제출 이전에 새로운 증거를 제출하는 것은 더욱 제한된다. 구체적으로, 새로운 증거가 필요한 이유와 함께 좀 더 일찍 새로운 증거가 제출되지 못한 이유를 충분하게 설명하는 동시에 심사관이 제출하려는 증거에 의해 모든 거절이 극복된다고 판단해야만 새로운 증거의 제출이 가능하다.519) 한편 청구이유서 제출 이후에는 심사가 재개되지 않는 이상, 새로운 증거의 제출이 불가능하다.520)

3. 객체적 요건

37 C.F.R. § 1.132에 따른 선서진술서/선언서는 자명성에 관한 2차적 고려사항521)에 관한 증거를 제출하기 위해 많이 활용되나, 이에 한정되는 것은 아니다. 구체적으로 37 C.F.R. § 1.132에 따른 선언서를 통해 비자명성에 관한 객관적 증거, 본 발명의 실용성(35 U.S.C. § 101 규정에 따른 실용성 요건)에 관한 증거, 명세서기재요건 중 실시가능성(enablement)에 관한 증거 등을 제출할 수 있다.

Ⅴ. 심사관에 의한 판단522)

적시에 제출된 증거는 반드시 고려되어야 한다. i) 37 C.F.R. § 1.132에 따른 선서진술서/선언서에 의해 제출된 증거가 접수된 사실과 ii) 제출된 증거가 거절이유에 관한 일응의 케이스를 극복하기에 충분한지 여부는 다음 번 허여통지서(Notice of Allowance) 또는 거절통지(OA) 등을 통해 출원인에게 통지된다. 즉, 제출된 증거가 심사관이 성립시킨 일응의 케이스(*prima facie* case)를 극복하기에 충분한 경우 허여통지서를 통해 통지되며, 일응의 케이스를 극복하지 못하는 경우에는 새로운 거절통지(OA)를 통해 통지되는 것이 일반적이다.

---

519) 37 C.F.R. § 41.33(d)(1).

520) 37 C.F.R. § 41.33(d)(2).

521) 앞서 밝힌 바와 같이, 2차적 고려사항이라는 용어는 종종 "비자명성에 관한 객관적 증거(objective evidence of non-obviousness)"와 혼용된다.

522) *See* MPEP § 716.01(a).

1. 선서진술서/선언서에 포함된 내용에 따른 취급[523)]

37 C.F.R. § 1.132에 따른 선서진술서/선언서에 포함되는 내용은 ① 객관적 증거, ② 의견, ③ 단순한 주장으로 구분될 수 있다. 우선 객관적 증거는 사실에 의해 지지되는 증거를 말한다. 예를 들어, 비교 실험결과, 판매량에 관한 데이터 등이 객관적 증거가 될 수 있다. 객관적 증거가 제출된 경우 그 증명력은 영미법에서 증거를 판단하는 일반적인 기준인 관련성(relevancy)을 근거로 평가된다. 대리인의 의견은 사실에 의해 지지되는 것이 아니므로 그 자체로 객관적 증거가 될 수 없으며, 별도의 증거에 의해 뒷받침되어야 객관적 증거로 취급된다.[524)] 따라서 2차적 고려사항을 대리인의 의견만으로 증명할 수 없으며, 별도의 객관적 증거가 함께 요구된다.

선서진술서/선언서를 통해 의견[525)]이 제출되는 경우, 비록 사실에 관한 증거가 선호되지만, 의견을 진술하는 증언도 고려대상이 될 수 있다. 이 경우 최종적인 법률 결론(ultimate legal conclusion)에 관한 진술은 증명력이 없지만 이러한 진술의 기초가 되는 근거[526)]는 증명력이 인정될 수 있다. 전문가의 증언의 경우, i) 해당 증언에 의해 주장되는 문제의 속성, ii) 반대되는 증거의 증명력, iii) 해당 전문가가 본 사건에 관한 이해관계를 갖는지 여부, iv) 해당 증언을 지지하는 사실의 존재 여부 등을 종합적으로 고려해야 한다.[527)]

단순한 주장은 지지하는 근거가 없는 진술을 말하며 선서진술서/선언서를 통해 단순한 주장이 제출되는 경우 증명력이 완전히 부정되는 것이 일반적이다.

---

523) *See* MPEP § 716.01(c).

524) *See* MPEP § 716.01(c) (citing *In re* Schulze, 346 F.2d 600, 602 (C.C.P.A. 1965)).

525) 구체적 사실문제에 관한 진술자의 생각, 믿음, 추론을 의미한다.

526) 예를 들면 본 발명이 비자명하다는 진술은 법률상의 결론에 관한 진술로 증명력이 없지만, 비자명함의 기초가 되는 "당업계의 수준", "선행기술의 범위" 등에 관한 진술에는 증명력이 인정될 수 있다.

527) *See* MPEP § 716.01(c) (citing Ashland Oil, Inc. v. Delta Resins & Refractories, Inc., 776 F.2d 281 (Fed. Cir. 1985, *cert. denied,* 475 U.S. 1017 (1986)) ("In assessing the probative value of an expert opinion, the examiner must consider the nature of the matter sought to be established, the strength of any opposing evidence, the interest of the expert in the outcome of the case, and the presence or absence of factual support for the expert's opinion.").

2. 출원인의 증거에 대한 증명력

객관적인 증거가 적시에 제출된 경우, 심사관은 특허성 여부에 다시 판단해야 한다. 특허성에 관한 최종결정은 전체사건기록을 고려하여 증거의 우세함(preponderance of evidence)을 기초로 판단한다.[528] 이 경우 심사관은 일응의 케이스를 성립시킨 사실문제들과 객관적 증거를 함께 고려하여 더 우세한 증거에 따라 특허성 여부를 판단해야 하며, 출원인이 제출한 객관적 증거가 일응의 케이스를 성립시킨 사실을 배척하는지 여부로 판단하는 것은 아니다.[529]

VI. 시행규칙 1.132(37 C.F.R. § 1.132)에 따른 선서진술서/선언서로 제출 가능한 증거

37 C.F.R. § 1.132 규정은 선서진술서/선언서로 극복 가능한 구체적인 거절사유를 한정하지 않는다. 즉, 출원인은 다양한 종류의 거절을 극복하기 위해 37 C.F.R. § 1.132에 따른 선서진술서/선언서를 활용할 수 있는바, 실무상 37 C.F.R. § 1.132를 통해서는 2차적 고려사항(secondary consideration), 선행기술의 동작 불가능, 선행기술이 본 발명의 발명자로부터 유래되었으므로 선행기술 자격이 상실됨 등을 증명할 수 있다.[530]

1. 2차적 고려사항

2차적 고려사항을 주장하는 출원인은 37 C.F.R. § 1.132에 따른 선서진술서/선언서를 통해 객관적 증거를 제출할 수 있다. 선서진술서/선언서를 통해 제출된 증거가 증명력(probative value)[531]이 있기 위해서는 제출된 증거와 청구된 발명 간에 사실 및 법률적으로 충분한 관련성(sufficient connection)이

---

528) *See* MPEP § 716.01(d) (citing *In re* Oetiker, 977 F.2d 1443 (Fed. Cir. 1992)).

529) *See* MPEP § 716.01(d) (citing *In re* Eli Lilly, 902 F.2d 943 (Fed. Cir. 1990)).

530) *See* MPEP § 716.01(c) ("Objective evidence which must be factually supported by an appropriate affidavit or declaration to be of probative value includes evidence of unexpected results, commercial success, solution of a long-felt need, inoperability of the prior art, invention before the date of the reference, and allegations that the author(s) of the prior art derived the disclosed subject matter from the applicant.").

531) 증거가 될 수 있는 "증거능력"과는 구별되는 개념으로 증거로서의 가치를 나타낸다.

있어야 한다.[532] 심사지침서에서 기재된 선서진술서/선언서 형태로 증명되는 객관적 증거는 i) 예측하지 못한 결과에 관한 증거, ii) 상업적 성공에 관한 증거, iii) 장기간 미해결된 과제, iv) 성공에 대한 회의(skepticism), v) 침해자의 존재이다.

2. 선행기술의 동작 불가능성에 관한 증거

예견성(신규성) 및 자명성(진보성)의 기초가 되는 선행기술의 자격에 관하여 과거 한때 논쟁이 있었으나 최근의 판례는 동작가능 여부(또는 실시가능 여부)를 기준으로 선행기술의 자격을 판단하고 있다. 따라서 출원인이 선행기술이 동작 불가능하다는 것을 37 C.F.R. § 1.132에 따른 선서진술서/선언서를 통해 증명하는 경우에는 해당 선행기술의 자격을 부정할 수 있다. 이 경우 출원인은 청구된 발명의 거절로 인용된 선행기술의 내용이 동작 불가능하다는 주장/증명해야 한다. 선행기술이 동작 불가능한 내용을 포함하더라도, 본 발명의 예견성의 근거가 되는 부분이 동작가능하다면 적법한 선행기술이 되므로,[533] 선행기술의 자격을 부정하기 위해서는 본 발명의 거절로 인용된 선행기술의 내용이 동작 불가능하다는 것을 증명해야 한다.

한편 35 U.S.C. § 282에 따르면 모든 미국등록특허에 대한 유효성이 추정(Presumption of Validity)되는바, 법원은 이러한 유효성의 의미에 동작가능성도 포함되는 것으로 해석한다. 이에 따라 심사 과정에서 미국등록특허가 선행기술로 제시되는 경우 해당 선행기술에 대한 동작가능성이 추정된다.[534] 또한 선행기술이 본 발명의 청구된 발명의 구성요소를 전부 개시하는 경우, 해당 선행기술은 동작가능한 것으로 추정되며 출원인이 해당 추정을 복멸할

532) *See* MPEP § 716.01(b) (citing Demaco Corp. v. F. Von Langsdorff Licensing Ltd., 851 F.2d 1387 (Fed. Cir. 1988)). 참고로 충분한 관련성이 인정되는 경우 제출된 증거와 본 발명 사이에 연결관계(nexus)가 있다고 표현한다.

533) *See* MPEP § 716.07 (citing *In re* Shepherd, 172 F.2d 560 (C.C.P.A. 1949)) ("Where the affidavit or declaration presented asserts inoperability in features of the reference which are not relied upon, the reference is still effective as to other features which are operative.").

534) *See* MPEP § 716.07 (citing Metropolitan Eng. Co. v. Coe, 78 F.2d 199 (D.C.Cir. 1935)) ("Since every patent is presumed valid (35 U.S.C. 282), and since that presumption includes the presumption of operability, examiners should not express any opinion on the operability of a patent.").

책임을 진다는 것이 특허청(USPTO)의 태도이다.[535] 따라서, 출원인이 위와 같은 선행기술의 동작가능성을 다투는 경우, 이러한 추정을 복멸할 만큼의 유력한 증거를 제출해야 할 것이다.

3. 본 발명의 실용성(utility)에 관한 증거

미국특허법 제101조에 따르면, 새롭고 "유용한"(useful) 방법/기계/제조물/조성물이 발명의 대상인바,[536] 발명은 반드시 실용성(utility)을 가져야 한다. 만약 심사과정에서 본 발명의 실용성에 다툼이 발생하는 경우, 37 C.F.R. § 1.132에 따른 선서진술서/선언서를 통해 제출할 수 있다.[537]

4. 본 발명의 실시가능(enablement)에 관한 증거

35 U.S.C. § 112에 첫 번째 단락에 따른 실시가능요건(Enablement Requirement)에 의해, 명세서(specification)는 발명을 제조/사용하는 방법을 당업자가 실시가능할 정도로 상세하게 기술해야만 한다. 이러한 실시가능요건은 당해 기술이 속하는 분야의 합리적인 전문가가 명세서를 기초로 청구된 결과에 이르기까지 과도한 실험(undue experimentation)이 요구되는지를 기준으로 판단하는바,[538] 만약 심사관이 실시가능요건 위반의 거절을 부여한 경우 출원인은 이를 반박하는 증거를 37 C.F.R. § 1.132에 따른 선서진술서/선언서를 통해 제출할 수 있다.[539]

5. 타인이 아닌 발명자 자신의 공개행위임을 증명하는 증거

35 U.S.C. § 102(a), (e), (f)에 따른 선행기술은 타인에 의한 경우에만 선

---

535) MPEP § 2121 (citing *In re* Sasse, 629 F.2d 675 (C.C.P.A. 1980)) ("When the reference relied on expressly anticipates or makes obvious all of the elements of the claimed invention, the reference is presumed to be operable. Once such a reference is found, the burden is on applicant to provide facts rebutting the presumption of operability.").

536) 35 U.S.C. § 101 ("Whoever invents or discovers any new and useful process, machine, manufacture, or composition of matter, or any new and useful improvement thereof, may obtain a patent therefor, subject to the conditions and requirements of this title.").

537) *See* MPEP § 716.08.

538) *See* MPEP § 2164.01.

539) *See* MPEP § 716.09.

행기술의 자격을 갖는다. 따라서 해당 선행기술이 발명자 자신에 의한 것이 증명되는 경우에는 해당 선행기술은 선행기술로의 자격을 잃는다. 출원인은 35 U.S.C. § 102(a), (e), (f)에 따른 선행기술이 발명자 자신에 의한 것임을 증명하는 증거를 37 C.F.R. § 1.132에 따른 선서진술서/선언서를 통해 제출할 수 있다.[540]

第16절 | 특허법 제103(c)조[541]

I. 서

35 U.S.C. § 103(c)은 출원인이 심사관이 제시한 선행기술을 배척할 수 있는 경우에 관한 규정이다. 구체적으로 거절이유가 예견성(신규성)이 아닌 자명성(진보성)에만 해당되고, 자명성의 기초가 되는 선행기술이 35 U.S.C. § 102(e), (f), (g)에만 해당되는 경우, 35 U.S.C. § 103(c)를 근거로 해당 선행기술이 자명성의 판단의 기초가 될 수 없음을 주장할 수 있다. 대기업의 경우 동일한 시기에 유사한 연구를 집중하는 경향이 있어, 35 U.S.C. § 102(e)에 의한 거절이 많은 것이 일반적이다. 이 경우 본 규정을 활용하여 자명성을 이유로 한 거절을 극복할 수 있다.

II. 관련규정

1. 특허법 제103(c)(1)조

타인에 의해 발명되었고 오직 35 U.S.C. § 102(e), (f), (g)에만 해당되는 선행기술이 자명성의 기초가 되는 경우, 청구된 발명의 발명 당시에 해당 선행기술과 본 발명이 동일인에 의해 소유되거나 동일인에게 양도할 의무가

540) *See* MPEP § 716.10.

541) 35 U.S.C. § 103(c) 규정은 1999년과 2004년에 많은 내용이 개정된 바 있다. 이하의 내용은 현행법만을 설명하는 것이므로 2004년 이전에 출원된 내용의 특허성이 문제되는 경우에는 구법의 내용을 참조해야 한다.

존재한다면 해당 선행기술은 자명성의 기초가 될 수 없다.[542]

2. 특허법 제103(c)(2)조

(A) 청구된 발명이, 그 발명의 완성일 또는 그 이전부터 유효했던 공동연구협약(joint research agreement)[543]의 당사자에 의해 만들어지거나 해당 당사자들을 위해 만들어진 경우, (B) 청구된 발명이 공동연구협약의 범위 내에서 수행된 활동의 결과물인 경우 또는 (C) 청구된 발명의 출원서에 공동연구협약의 당사자의 이름이 개시된 경우[544](보정에 의해 공동연구협약의 당사자의 이름이 개시된 경우도 포함)에는, 비록 타인에 의해 발명이 완성되었더라도 동일인에 의해 소유되거나 동일인에게 양도될 의무를 갖는 것으로 간주된다.[545]

542) 35 U.S.C. § 103(c)(1) ("Subject matter developed by another person, which qualifies as prior art only under one or more of subsections (e), (f), and (g) of section 102 of this title, shall not preclude patentability under this section where the subject matter and the claimed invention were, at the time the claimed invention was made, owned by the same person or subject to an obligation of assignment to the same person.").

543) "공동연구협약"이란 둘 이상의 당사자가 청구된 발명이 속하는 분야에서의 시험, 개발, 연구 활동을 위해 맺은 서면 계약, 허가, 협약을 말한다. 35 U.S.C. § 103(c)(3) ("[T]he term 'joint research agreement' means a written contract, grant, or cooperative agreement entered into by two or more persons or entities for the performance of experimental, developmental, or research work in the field of the claimed invention.").

544) 개정된 37 C.F.R. § 1.71(g)에 의해 출원인은 명세서(specification)에 공동연구협약의 당사자를 개시할 수 있게 되었다. 출원인이 명세서를 통해 당사자를 개시한 경우, 심사관이 제시한 선행기술을 배척할 수 있다.

545) 35 U.S.C. § 103(c)(1) ("[S]ubject matter developed by another person and a claimed invention shall be deemed to have been owned by the same person or subject to an obligation of assignment to the same person if (A) the claimed invention was made by or on behalf of parties to a joint research agreement that was in effect on or before the date the claimed invention was made; (B) the claimed invention was made as a result of activities undertaken within the scope of the joint research agreement; and (C) the application for patent for the claimed invention discloses or is amended to disclose the names of the parties to the joint research agreement.").

Ⅲ. 요 건

1. 인적 요건

1) 동일인이 소유하거나 동일인에게 양도할 의무가 존재할 것 — 35 U.S.C. § 103(c)(1)

비록 선행기술이 타인에 의해 발명되었더라도 본 발명의 발명 당시에 본 발명과 해당 선행기술이 동일인에게 양수되었거나 동일인에게 양수할 의무가 존재하는 경우, 해당 선행기술은 자명성의 기초가 될 수 없다. 즉, 선행기술과 본 발명에 공통의 양수인이 인정되면 35 U.S.C. § 103(c)의 적용이 불가능하다. 예를 들어, A 기업의 발명자 X가 본 발명의 발명자이고 자명성 거절의 근거가 되는 선행기술의 발명자가 A 기업의 발명자 Y인 경우, 발명자 X의 발명과 발명자 Y의 발명이 i) 동일인, 즉 A 기업에 의해 양수되었거나 ii) 고용계약 등을 통해 기업 A에 양도되어야 할 대상이라면 35 U.S.C. § 103(c)가 적용될 수 있다.

양수인이 선행기술 또는 본 발명의 일부 지분만을 소유하는 경우에는 35 U.S.C. § 103(c)가 적용될 수 없다. 35 U.S.C. § 103(c)에 따라 배척되는 선행기술과 본 발명을 양수하는 공통의 양수인은 반드시 양 발명에 대한 100%의 지분을 가져야 한다.[546] 또한 35 U.S.C. § 103(c)를 주장하기 위해서는 본 발명과 선행기술에 대한 양수인이 완전히 일치해야 한다. 즉, 복수의 기업이 문제되는 경우, 본 발명과 선행기술은 동일한 복수의 기업에 의해 양수되어야만 한다.[547] 예를 들어, 기업 A와 B가 설립한 합작회사(joint venture) C가 문제되는 경우, 기업 C는 기업 A/B와는 동일한 주체가 될 수 없다.[548]

35 U.S.C. § 103(c)는 양수/양도에 관한 내용을 규정하고 있으므로, 본 발명과 35 U.S.C. § 103(c)에 의해 배척되는 선행기술이 라이센스의 대상인

---

546) *See* MPEP § 706.02(l)(2).

547) 그러나 지분까지 완전히 일치해야 하는 것은 아니다. *See* MPEP § 706.02(l)(2). 예를 들어, 본 발명과 선행기술이 기업 A, B에 의해 공동 소유되는 경우, 기업 A가 본 발명에 대해서는 10% 지분을 소유하고, 선행기술에 대해서는 20% 지분을 소유하더라도 35 U.S.C. § 103(c)의 주장이 가능하다.

548) *See* MPEP § 706.02(l)(2).

지 여부는 35 U.S.C. § 103(c) 판단과는 무관하다. 즉, 본 발명과 35 U.S.C. § 103(c)에 의해 배척되는 선행기술의 양수인만 동일하다면, 본 발명 또는 선행기술에 라이센스가 부여되어 있더라도 그러한 사정에 의해 35 U.S.C. § 103(c)의 적용이 부정되는 것은 아니다.[549)]

2) 공동연구협약에 따른 발명일 것 — 35 U.S.C. § 103(c)(2)

청구된 발명이 공동연구협약(joint research agreement)의 당사자에 의해 만들어지거나 해당 당사자들을 위해 만들어지거나, 청구된 발명이 공동연구협약의 범위 내에서 수행된 활동의 결과물이거나, 청구된 발명의 출원서에 공동연구협약의 당사자의 이름이 개시된 경우(보정에 의해 공동연구협약의 당사자의 이름이 개시된 경우도 포함)에는 동일인이 소유하거나 동일인에게 양도할 의무가 존재하는 것으로 간주한다.

그러나 35 U.S.C. § 103(c)(2)를 근거로 하는 경우, 즉 공동연구협약에 근거하는 경우는 35 U.S.C. § 103(c)(1)을 근거로 하는 경우, 즉 동일인에 대한 양도/양수를 근거로 하는 경우와 그 취급이 완전히 일치하지는 않는다. 구체적으로 공동연구협약을 근거로 선행기술을 배척하는 경우에는 동일인에게 양도/양수가 이루어질 필요가 없다. 따라서 기업 A와 기업 B가 공동연구협약을 맺었고, 이러한 협약의 결과로 기업 A가 발명 X를 단독 출원하였고, 기업 B가 발명 X'를 단독 출원한 경우, 기타 다른 요건에 문제가 없는 경우, 기업 B는 발명 X에 대해 35 U.S.C. § 103(c)를 주장할 수 있다.

2. 객체적 요건 — 자명성의 기초가 된 선행기술이 35 U.S.C. § 102(e), (f), (g) 중 적어도 어느 하나에만 해당될 것

출원인이 35 U.S.C. § 103(c)에 따라 선행기술을 배척하기 위해서는, 자명성의 기초가 된 선행기술이 35 U.S.C. § 102(e), (f), (g) 중 적어도 어느 하나에만 해당되어야 한다. 주의할 점은 35 U.S.C. § 103(c)에 따른 선행기술의 배척은 자명성의 판단에서만 활용 가능하다는 것이다.[550)] 예를 들어, 본 발명의 거절이유가 자명성(진보성)이 아닌 예견성(신규성)인 경우, 해당 선행기술이 35 U.S.C. § 102(e), (f), (g) 중 어느 하나에 해당되어도 예견성을 배척할 수는 없다. 또한 35 U.S.C. § 103(c)에 의해 배척되는 선행기술은 35

549) *See* MPEP § 706.02(l)(2).
550) *See* MPEP § 706.02(l).

U.S.C. § 102(e), (f), (g) 중 적어도 어느 하나에만 해당되어야 한다. 예를 들어, 선행기술 X를 근거로 본 발명이 자명하다고 거절되는 경우, 만약 선행기술 X가 35 U.S.C. § 102(b)에도 해당되면서 35 U.S.C. § 102(e)에도 해당되는 경우에는 35 U.S.C. § 103(c)에 따라 해당 선행기술을 배척할 수 없게 된다.

출원인이 자백한 선행기술(applicant's admitted prior art)이 문제되는 경우, 자백한 기술이 35 U.S.C. § 102(e), (f), (g)에 해당되고, 인적/시적 요건이 만족되는 경우에는 35 U.S.C. § 103(c)에 따른 주장이 가능하다.[551]

3. 시적 요건[552]

본 발명이 완성되는 시점을 기준으로 요건을 판단한다. 따라서 본 발명이 완성된 이후에 인적/객체적 요건이 만족되는 경우에는 35 U.S.C. § 103(c)를 주장할 수 없다.

한편 서로 다른 발명자에 의한 발명이 하나의 출원에 포함되어 동일한 양수인에게 양도된 경우, 심사관은 각 발명의 발명 당시에 양수인에게 양도되었거나 양도될 의무가 있었다고 가정하여 해당 발명의 선행기술 자격을 부정하고 35 U.S.C. § 103(c)를 적용할 수 있다. 만약 하나의 출원에 포함되어 있는 각각의 발명 당시에 동일인에게 양도되지도 않았고 양도될 의무도 없었다면, 이러한 사실은 특허성에 중대한 사안(material matter)이므로 출원인에게는 37 C.F.R. § 1.56 규정에 따른 정보개시의무(Duty of Disclosure)가 부여된다.[553]

---

551) *See* MPEP § 706.02(l)(2) (citing *In re* Fout, 675 F.2d 297 (C.C.P.A. 1982)) ("Under 35 U.S.C. 103(c), an applicant's admission that subject matter was developed prior to applicant's invention would not make the subject matter prior art to applicant if the subject matter qualifies as prior art only under sections 35 U.S.C. 102(e), (f), or (g), and if the subject matter and the claimed invention were commonly owned at the time the invention was made.").

552) *See* MPEP § 706.02(l).

553) 예를 들어, 발명자 A의 발명 X를 완성한 이후 발명자 B가 발명 Y를 완성하고, 양 발명을 하나의 출원으로 미국 특허청(USPTO)에 출원한 경우, 발명 X, Y가 해당 출원의 선행기술로 자격을 갖는 경우가 발생할 수 있다. 만약 발명 X, Y가 102(e), (f) 또는 (g)의 선행기술에만 해당하고 발명 X, Y가 하나의 출원에 포함된 경우, 심사관은 특별한 반대증거가 없다면 발명 X, Y가 동일인에게 양도되거나 양도될 의무가 있다고 가정하여 해당 발명들이 자명성 판단의 기초가 되는 선행기술이 될 수 없다 가정하여 35 U.S.C. § 103(c)를 적용하게 된다. 즉, 특별한 사정이 없는 한 심사관은 자명성 판

Ⅳ. 주장 및 증명책임

35 U.S.C. § 103(c)에 따라 선행기술이 배척될 수 있는 경우, 이에 대한 주장 및 증명책임은 출원인이 진다. 따라서 출원인은 심사관이 제시한 선행기술이 35 U.S.C. § 103(c)에 해당하는지 여부를 스스로 파악해야 한다.

1. 증명방법 — 진술서(statement)의 제출

문제되는 선행기술이 35 U.S.C. § 103(c)에 해당한다는 것은 본 발명의 출원인 또는 해당 출원의 대리인이 작성한 진술서에 의해 증명될 수 있다.[554] 진술서에는 본 발명 당시에 본 발명과 선행기술이 동일인에게 양도되었음(양도 의무가 있는 경우 포함)을 명확하게 분명하게 진술하여야 한다. 출원인 또는 대리인은 진술서와 함께 양도에 관한 기록, 양수인에 의해 작성된 선서진술서(affidavit) 또는 선언서(declaration), 양도에 관한 내용이 기재된 법원 판결문 등을 추가적인 증거로 제출할 수 있으나, 이러한 추가적인 증거가 강제되는 것은 아니다.

공동연구협약을 근거로 35 U.S.C. § 103(c)를 주장하는 경우에도 위와 같은 진술서에 의해 증명이 가능하지만, 35 U.S.C. § 103(c)(2)(C) 규정에 의해 본 발명의 명세서(specification)를 통해 공동연구협약의 당사자를 개시하여 35 U.S.C. § 103(c)를 증명하는 것도 가능하다. 만약 출원인이 최초 명세서에 공동연구협약의 당사자를 개시하지 않았다면, 추후에 진술서를 제출하는 대신에 명세서에 대한 보정하여 35 U.S.C. § 103(c)를 증명하는 것도 가능하다.

35 U.S.C. § 103(c)의 적용을 위해 증명되어야 하는 사실은 본 발명 당시에 선행기술과 본 발명이 동일인에게 양도되었다는 사실(또는 양도될 의무

단에 있어서 발명 X, Y의 선행기술 자격을 부정하게 된다. 그러나 발명 X, Y를 완성할 당시에 발명이 동일인에게 양도되었거나 양도될 의무가 있었던 사정이 없었다면, 해당 발명은 선행기술의 자격을 가지게 된다. 따라서 이 경우에는 출원인이 자발적으로 발명 X, Y의 발명일과 발명 완성 당시에 두 발명이 동일인에게 양도되지 않았음을 심사관에게 알려야만 한다.

554) 대리인이 거절통지(OA)에 대응하여 제출한 의견서 내에 "Application X and Patent A were, at the time the invention of Application X was made, owned by Company Z."와 같은 진술을 포함시키는 방식으로 35 U.S.C. § 103(c)를 주장하는 것도 가능하다. *See* MPEP § 706.02(l)(2).

가 있었거나 공동연구협약이 있었다는 사실)이다. 따라서 선행기술의 양수인과 본 발명의 양수인이 동일하게 표시된 사실 만으로는 35 U.S.C. § 103(c)이 증명된 것이 아니다. 반드시 출원인은 "본 발명 당시에" 양 발명이 동일인에게 양수되었음을 진술해야만 한다.[555)]

한편 복수의 양수인이 문제되는 경우, 본 발명과 35 U.S.C. § 103(c)에 의해 배척되어야 하는 선행기술 모두가 동일한 복수의 양수인에게 양도되어야 함은 앞서 설명한 바와 같다. 따라서, 본 발명 X의 완성 당시에 본 발명 X가 서로 다른 양수인 A, B에게 양도된 경우, 35 U.S.C. § 103(c)에 의해 배척되는 선행기술 Z 역시 발명 X의 완성 당시에 양수인 A, B에게 양도되었음이 증명되어야 한다. 이러한 증명 역시 출원인 또는 대리인에 의해 작성되는 진술서에 의해 이루어질 수 있다.[556)]

Ⅴ. 중복특허(Double Patenting)와 35 U.S.C. § 103(c)

35 U.S.C. § 103(c)를 기초로 선행기술의 자격을 부정한 경우, 해당 선행기술은 35 U.S.C. § 103에 따른 자명성 판단의 기초가 될 수는 없지만 중복특허(Double Patenting)를 이유로 한 거절의 기초가 될 수는 있다.[557)] 이 경우, 35 U.S.C. § 103(c)에 의해 배척되는 선행기술은 청구된 발명과 동일하지는 않을 것이므로 심사관이 해당 선행기술을 근거로 법정중복특허(Statutory Double Patenting)의 거절을 부여하기는 어렵기 때문에, 결국 자명성 유형의 중복특허(Obviousness-type Double Patenting) 만이 문제될 것이다. 만약 자명성 유형의 중복특허가 문제된다면, 출원인은 일반적인 자명성 유형의 중복특허의 거절이 문제되는 경우 마찬가지로 존속기간포기서(Terminal Disclaimer)를 제출하여 중복특허에 의한 거절이유를 극복할 수 있다.

---

555) *See* MPEP § 706.02(l)(1).

556) *See* MPEP § 706.02(l)(2).

557) *See* MPEP § 706.02(l)(2). 한편 발명이 동일인에게 양도된 사실 없이 공동연구협약만이 존재하더라도 중복특허가 문제될 수 있다. 35 U.S.C. § 103(c)(2)에 따라 공동연구협약이 존재하는 경우에는 동일인이 소유하거나 동일인에게 양도할 의무가 존재하는 것으로 간주되므로 중복특허의 인적 요건이 만족되기 때문이다.

제17절 | 상세한설명요건(Written Description Requirement)

Ⅰ. 서

35 U.S.C. § 112는 "명세서(specification)는 발명이 속하는 기술 분야 또는 가장 근접한 분야에서 기술을 갖춘 자에 의해 실시가능할 정도로 완전하고, 명료하고, 간결하며, 정확한 용어를 사용하여 발명 및 발명을 제조/사용하는 방법과 과정을 기술하는 상세한 설명을 포함"할 것을 요구하는바,[558] 20세기 초까지 본 규정은 주로 실시가능요건의 법적 근거로 활용되어왔다. 그러나 법원은 판례법을 발전시켜 35 U.S.C. § 112에서 또 다른 법적 개념인 '상세한설명요건'(Written Description Requirement)을 개발하기에 이른다.[559]

Ⅱ. 연　혁

초창기 법원은 청구항에 대한 보정이 있는 경우에만 35 U.S.C. § 112의 "상세한설명요건"(Written Description Requirement)을 판단해왔다.[560] 구체적으로, 법원은 보정에 의해 청구항이 보정된 경우, 최초 명세서와 최종 등록된 청구항을 비교하여 최종 등록된 청구항이 최초 명세서에 의해 지지 받는지 여부를 판단하고 만약 보정된 청구항이 신규사항에 해당하는 경우 출원일의 불이익을 부여하여 왔다.[561] 이러한 초창기의 판례법은 이후에 많은 발전이

---

558) 35 U.S.C. § 112, ¶ 1 ("The specification shall contain a written description of the invention, and of the manner and process of making and using it, in such full, clear, concise, and exact terms as to enable any person skilled in the art to which it pertains, or with which it is most nearly connected, to make and use the same . . . .").

559) ROBERT P. MERGES ET AL., INTELLECTUAL PROPERTY IN NEW TECHNOLOGICAL AGE 173 (Aspen Publishers 4th ed. 2007).

560) *Id.*

561) KIMBERY A. MOORE ET. AL., PATENT LITIGATION AND STRATEGY 583 (Thomson West 3rd ed. 2008). 즉 법원은 상세한설명요건을 청구항에 대한 신규사항(new matter) 추가 금지로 활용해 왔다.

거듭해 오면서 "상세한설명요건"은 특허법 상의 독자적인 의미를 갖는 특허요건으로 해석되고 있다.

III. 판단방법

"상세한설명요건"(Written Description Requirement)은 소위 "지배 테스트(possession test)"라 불리는 방법에 의해 판단되었다.[562] 구체적으로 법원은 청구항에 기재된 발명이 출원일을 기준으로 발명자에 의해 지배(in possession)되고 있던 내용인지를 판단한다. 발명자에 의한 지배가 인정되기 위해서는 출원인이 청구하려는 내용을 명세서 내에서 지시(indicate)할 수 있어야 한다.[563]

IV. 청구항에 상위개념을 청구하는 경우의 취급

근래 들어 명세서의 상세한 설명에는 구체적인 하위 조합만을 기술하고 청구항에는 이러한 하위 조합을 포함하는 상위개념을 일반적으로 기술하여 청구하는 것이 35 U.S.C. § 112의 "상세한설명요건"에 부합하는 것인지가 문제된 바 있다. 이러한 문제에 대해 이하에서 설명하는 *Gentry Gallery* 사건의 법원은 실시예를 일반적으로만 기술하고 청구항에는 해당 실시예의 구체

---

562) Vas-Cath, Inc. v. Mahurkar, 935 F.2d 1555, 1563-64 (Fed. Cir. 1991) ("This court . . . clearly recognized, and we hereby reaffirm, that 35 U.S.C. § 112, first paragraph, requires a 'written description of the invention' which is separate and distinct from the enablement requirement. The purpose of the 'written description' requirement is broader than to merely explain how to 'make and use'; the applicant must also convey with reasonable clarity to those skilled in the art that, as of the filing date sought, he or she was in possession of *the invention*. The invention is, for purposes of the 'written description' inquiry, *whatever is now claimed*.") (emphasis in original).

563) ROBERT P. MERGES ET AL., INTELLECTUAL PROPERTY IN NEW TECHNOLOGICAL AGE 173-74 (Aspen Publishers 4th ed. 2007). 일부 판례에서는 "지배(possession)" 만으로는 "상세한설명요건"을 만족할 수 없으며, 등록된 청구항이 최초 명세서에 의해 "적절한 뒷받침(adequate support)"을 받아야 한다고 표현하고 있으나, "지배"의 의미에 적절한 뒷받침의 의미가 포함되기도 하기 때문에 여기에서는 "지배"라는 용어만을 사용하도록 한다.

적인 하위 조합을 청구하는 것이 상세한설명요건의 위반이라 판시한 바 있다. 위와 같은 연방순회항소법원(CAFC)의 태도는 종전의 상세한설명요건 개념을 대폭 확장한 것으로 평가 받는다.[564)]

1. *Gentry Gallery* 사건[565)]

본 사건은 다수의 섹션으로 구분되는 소파에 관한 특허권자인 Gentry Gallery가 특허침해를 주장하며 Berkline을 상대로 침해의 소를 제기한 사건이다. 특허권자의 침해 주장에 대해 1심 법원은 특허권자의 특허는 유효하나 Berkline의 소파에 대해 문언침해 또는 균등침해가 성립되지 않는다고 판시하였고, 연방순회항소법원(CAFC)에서는 특허권자의 특허가 유효한지 여부가 쟁점이 되었다.

본 사건에서 문제가 된 특허는 소파와 소파 사이에 위치하는 콘솔(console) 상에 소파의 등받이 각도를 조절할 수 있는 제어 수단을 포함하는 것을 특징으로 하는데, 발명의 상세한 설명에는 제어 수단이 콘솔 상에(on the console) 구비되는 실시예만이 개시되어 있고, 보정된 청구항에는 이러한 위치에 관한 한정이 삭제되었다.[566)] 침해자는 청구항에 기재된 발명은 제어 수단이 콘솔 이외의 다른 곳에 위치할 수 있는 경우도 포함하므로, 이러한 청구항의 내용은 발명의 상세한 설명에 의해 뒷받침되지 않으므로 본 특허는 35 U.S.C. § 112 위반을 이유로 무효되어야 한다고 주장했다. 이런 주장에 대해 특허권자는 *Ethicon* 사건[567)]을 인용하였다. 구체적으로 *Ethicon* 사건에서 연방순회항소법원(CAFC)은 청구항에 기재된 "lockout"의 구체적인 위치에 대한 한정이 없으나 상세한 설명에는 "lockout"의 정확한 위치가 제시된 특허권자의 특허에 대해 "일반적으로 기술이 허락하는 한도 내에서 출원인은 구체적으로 제시된 실시예를 초과하는 청구항을 작성하는 것이 가능하다"고 하여 35 U.S.C. § 112 위반이 없다 하였다.[568)] 특허권자는 *Ethicon* 사

564) KIMBERY A. MOORE ET. AL., PATENT LITIGATION AND STRATEGY 587 (Thomson West 3rd ed. 2008).

565) Gentry Gallery, Inc. v. Berkline Corp., 134 F.3d 1473 (Fed. Cir. 1998).

566) 구체적으로 최초 청구항에는 "control means located upon the console"이라 기재 되어 있었다. 그러나 Berkline의 제품은 제어 수단이 콘솔 상에 위치하지 않기 때문에 보정을 통해 위와 같은 표현을 삭제하였다.

567) Ethicon Endo-Surgery, Inc. v. U.S. Surgical Corp., 93 F.3d 1572 (Fed. Cir. 1996).

건의 법리를 본 사건에 적용하면 제어 수단의 구체적 위치가 실시예에 개시되었다고 하더라도 이는 최적의 실시예에 불과하므로 출원인의 청구항이 이러한 실시예에 구속될 필요는 없다고 주장했다.

이에 법원은 제어 수단의 위치가 본 발명의 요소(element)에 해당하는지를 판단했다. 법원은 i) 명세서를 통해 최초 개시된 내용에 따르면 제어 수단이 위치할 수 있는 유일한 장소는 콘솔이었고, ii) 콘솔이 존재하는 유일한 목적은 제어 수단을 거치하는 것이고, iii) 발명자가 침해자의 제품을 보기 전까지는 제어 수단이 콘솔 이외의 장소에 위치할 수 있다는 것을 알지 못한 것이 발명자의 증언으로 확인되기 때문에, 제어 수단의 위치는 발명의 요소에 해당한다 하였다.[569] 또한 법원은 명세서를 통해 본 발명의 목적(object of the present invention)이 제어 수단을 수용하는 콘솔을 제공하는 것이라 판단하고, 콘솔 이외의 장소에 제어 수단이 위치하는 것은 본 발명의 목적을 벗어나는 것이라 판시하였다.

법원은 위와 같은 사실 관계로 인해 *Ethicon* 사건의 법리는 본 사건에 적용될 수 없다 판단했다. 구체적으로, *Ethicon* 사건에서 연방순회항소법원(CAFC)이 위치 한정이 포함된 실시예를 초과하여 청구항을 작성하는 것을 허락한 근거는 발명자가 "lockout"의 구체적인 위치가 발명의 요소(element)라 생각하지 않았기 때문인데, 본 사건은 앞서 본 바와 같이 제어 수단의 위치가 발명의 필수적 요소(essential element)에 해당되므로 발명자에게 구체적인 위치에 관한 변형(variation)의 여지를 넓게 인정할 근거가 없다고 하였다.[570]

2. 관련문제 — 실시가능요건과의 관계

상술한 *Gentry Gallery* 사건은 35 U.S.C. § 112에 따른 실시가능요건

---

568) *Ethicon*, 93 F.3d at 1582 n. 7 (citing *In re* Vickers, 141 F.2d 522, 525 (C.C.P.A. 1944)) ("[A]pplicant . . . is generally allowed claims, when the art permits, which cover more than the specific embodiment shown.").

569) *Gentry Gallery*, 134 F.3d at 1479.

570) *Gentry Gallery* 사건에 대해서는 i) 해당 기술분야가 예측가능성이 매우 높은 기계 분야이므로 35 U.S.C. § 112의 상세한설명요건을 지나치게 엄격하게 볼 필요가 없으며, ii) 특허권자의 명세서 상에 제어 수단의 위치가 "must" 등의 표현에 의해 한정된 것도 아니므로 법원이 제어수단을 필수적 구성으로 인정할 수 없다는 비판이 있다. 참고로, *Gentry Gallery* 사건 이후 연방순회항소법원(CAFC)이 *Gentry Gallery* 사건의 법리를 다시 언급한 경우는 거의 없다.

(Enablement Requirement)을 만족함에도 "상세한설명요건"(Written Description Requirement)을 만족하지 못하는 경우에 관한 것으로 분류된다. 즉, 당업자의 수준에 비추어 "콘솔상에 구비되는 제어 수단"을 통해 콘솔 이외의 다른 곳에 구비되는 제어 수단은 충분히 실시가능하더라도, 발명의 상세한 설명에 "콘솔상에 구비되는 제어 수단"이 구체적으로 개시되지 않는 이상 특허가 무효될 수도 있다는 것을 의미한다.[571)]

Ⅴ. 청구항에만 기재된 내용의 취급

35 U.S.C. § 112는 명세서(청구항을 포함)에 관한 규정이므로, 오로지 청구항에만 기재되어 있더라도 해당 청구항이 최초 청구항(original claim)인 경우에는 35 U.S.C. § 112의 상세한설명요건을 만족 시킬 수 있다.[572)]

그러나 보정된 청구항이 문제되는 경우에는 청구항에만 기재된 내용으로 35 U.S.C. § 112의 상세한설명요건을 만족시킬 수 없다. 만약 보정된 청구항의 내용이 오로지 청구항에만 기재된 내용이라면 해당 내용은 신규사항(new matter)에 해당되기 때문이다.

한편, 오로지 최초 청구항에만 기재된 내용을 발명의 상세한 설명 부분에 추가하는 보정은 허용된다.[573)] 청구항에만 기재된 내용도 35 U.S.C. § 112의 명세서에 해당하기 때문이다.

---

571) 일반적으로 법원은 상세한설명요건을 실시가능요건보다 더 엄격하게 해석한다고 알려져 있다. 이러한 법원의 태도는 *Amgen* 사건을 통해 연방순회항소법원(CAFC)에 의해 명시적으로 확인된 바 있다. 본 사건에서 연방순회항소법원(CAFC)은 종종 실시가능요건은 상세한설명요건에 비해 관대하게 해석되며, 이로 인해 실시예가 발명을 제조/사용하는 방법을 명시적으로 교시(teach)할 필요는 없다고 하였다. Amgen, Inc. v. Hoechst Marion Roussel, Inc., 314 F.3d 1313, 1334 (Fed. Cir. 2003) ("The enablement requirement is often more indulgent than the written description requirement. The specification need not explicitly teach those in the art to make and use the invention; the requirement is satisfied if, given what they already know, the specification teaches those in the art enough that they can make and use the invention without 'undue experimentation.'") (citations omitted).

572) 초창기에 미국 특허청은 청구항에만 기재된 내용으로는 상세한설명요건을 만족할 수 없다 하였으나 이후 판례법에 따라 상세한설명요건을 만족하는 것으로 취급하고 있다. *See* MPEP § 2163.

573) *See* MPEP § 2163.06 (citing *In re* Benno, 768 F.2d 1340 (Fed. Cir. 1985)).

Ⅵ. 도면과 상세한설명요건

비록 35 U.S.C. § 112는 명세서(specification)에 관한 규정이므로 도면은 명세서에 포함되지 않기 때문에,[574] 청구항에 기재된 내용에 대한 설명은 도면이 아닌 명세서에 기재되는 것이 일반적이다. 그러나 법원은 이를 넓게 해석하여 청구항에 기재된 내용이 오직 도면에 의해서만 만족되더라도 상세한설명요건이 만족된 것으로 본다.[575]

Ⅶ. 우선권주장과 상세한설명요건

35 U.S.C. § 119에 따른 출원,[576] 35 U.S.C. § 120에 따른 출원[577] 및 35 U.S.C. § 365(c)에 따른 출원[578]의 경우 출원일의 이익, 즉 우선권을 인정받기 위해서는 우선권의 기초가 되는 출원이 35 U.S.C. § 112의 첫 번째 단락의 요건(상세한설명요건, 실시가능요건, 최적실시예요건)을 만족해야 한다. 이 경우 특히 문제되는 것은 "상세한설명요건"(Written Description Require- ment)이다. 즉, 우선권을 향유하는 출원의 청구항에 기재된 내용이 그 기초가 되는 출원에 의해 뒷받침되어야 한다.

원칙적으로 우선권주장출원이 상세한설명요건을 만족하기 위해서는, 각 청구항의 한정사항이 우선권의 기초가 되는 출원에 의해 명시적, 묵시적 또는 내재적(inherently)으로 뒷받침되어야 한다.[579] 이 경우 청구항의 한정사항

---

574) 도면은 35 U.S.C. § 112가 아닌 35 U.S.C. §113에 의해 규정된다.

575) Vas-Cath, Inc. v. Mahurkar, 935 F.2d 1555, 1564 (Fed. Cir. 1991) ("We agree . . . that drawings alone may be sufficient to provide the 'written description of the invention' required by § 112, first paragraph. Several earlier cases, though not specifically framing the issue in terms of compliance with the 'written description' requirement, support this conclusion.") (emphasis in original). 나아가 *Vas-Cath* 법원은 이러한 법리는 디자인 특허뿐만 아니라 실용 특허(Utility Patent) 등에도 모두 적용된다고 판시하였다 *Vas-Cath*, 935 F.2d at 1564.

576) 조약우선권주장출원 및 가출원에 대한 우선권주장출원을 말한다.

577) 계속출원(Continuation Application), 분할출원(Divisional Application), 부분계속출원(Continuation-In-Part Application)으로 이루어진 연속출원(Continuing Application)을 말한다.

578) 미국을 지정한 국제출원(PCT)을 말한다.

이 명시적으로 뒷받침되지 않는다면 우선권 기초 출원의 내용이 우선권 출원의 청구항의 한정 사항을 요구한다는 것을 당업자가 알 수 있었다는 것이 증명되어야 한다.[580] 만약 우선권주장출원의 청구항에 기재된 내용이 우선권의 기초가 되는 모출원에 의해 뒷받침되지 않거나, 모출원에서 필수적인 요소라 기재된 내용이 우선권주장출원에 의해 청구되지 않은 경우, 우선권의 이익을 향유할 수 없어 특허성의 판단 시점이 소급되지 않는다.

Ⅷ. 최초 청구항 및 보정된 청구항의 취급

상술한 바와 같이, 법원은 청구항이 보정된 경우에만 상세한설명요건(Written Description Requirement)의 만족여부를 판단해온 경향이 강하며, 오직 청구항에 기재된 사항만으로도 상세한설명요건이 만족될 수 있는 태도를 보이기 때문에, 최초 청구항에 대해 상세한설명요건의 위반을 증명하는 것은 사실상 어렵다 할 것이다.[581] 심사단계에서도 최초 청구항에 대해 상세한 설명요건이 문제되는 경우는 드물다. 이는 특허청(USPTO)이 최초 청구항에 대해서는 적절한 상세한설명이 존재한다는 강한 추정력을 부여하고 있는데다가,[582] 최초 청구항에 상세한설명요건의 위반을 명확하게 증명할 책임이 심사관에게 있음을 강조하기 때문이다.[583]

그러나 청구항이 보정된 경우에는 법원 단계나 심사단계 모두에서 청구

579) *See* MPEP § 2163 ("To comply with the written description requirement of 35 U.S.C. 112, para. 1, or to be entitled to an earlier priority date or filing date under 35 U.S.C. 119, 120, or 365(c), each claim limitation must be expressly, implicitly, or inherently supported in the originally filed disclosure.").

580) *See* MPEP § 2163 (citing Hyatt v. Boone, 146 F.3d 1348, 1353 (Fed. Cir. 1998)).

581) 또한 등록된 청구항에 대한 상세한설명요건 위반의 증명책임은 무효를 주장하는 당사자에게 부여된다.

582) MPEP § 2163 (citing *In re* Wertheim, 541 F.2d 257, 262 (C.C.P.A. 1976)) ("There is a strong presumption that an adequate written description of the claimed invention is present when the application is filed."). 심사지침서는 이와 같은 추정력의 근거로 *Wertheim* 사건을 인용하고 있으나, 해당 사건의 법원이 명시적으로 "추정력"이라는 표현을 사용한 바는 없다. 한편 발명자에 의한 지배(possession)가 없는 경우에는 최초 청구항에 대해서도 상세한설명 위반을 제기할 수 있으나, 일반적으로는 최초 청구항에 대해 상세한설명요건이 문제되는 경우는 드물다. MPEP § 2163.03.

583) MPEP § 2163 (citing *In re* Wertheim, 541 F.2d 257, 262 (C.C.P.A. 1976)).

항에 대한 상세한설명요건(Written Description Requirement)의 만족 여부가 주된 쟁점이 된다.[584] 특히 최초거절통지 이후 이루어진 청구항에 대한 보정이 신규사항을 포함하는 것으로 판단되는 경우, 차후에 최후거절통지(Final OA)가 부여되어 절차진행권이 크게 제한될 수 있으므로 신규사항 여부를 주의해야 한다.

IX. 신규사항추가금지와 상세한설명요건

심사과정에서 명세서에 신규사항을 추가하는 것이 금지되는 것은 한국과 미국이 모두 동일하지만, 미국은 청구항에 영향을 끼치는 보정인지 여부에 따라 거절의 근거 규정이 다르다. 만약 청구항에 영향을 끼치는 보정[585]에 신규사항이 포함되는 경우, 청구항에 신규사항이 포함된다는 이유 그 자체로 거절(Rejection 또는 Objection)이 되는 것이 아니라, 청구항이 명세서에 의해 뒷받침되지 않는다는 이유로 35 U.S.C. § 112 첫 번째 단락 위반의 거절(Rejection)이 부여된다.[586] 참고로 청구항에 영향을 끼치지 않는 보정에 신규사항이 포함되는 경우에는 35 U.S.C. § 132를 근거로 거절(Objection)이 부여된다.[587]

584) *See* MPEP § 2163. 참고로, 심사지침서(MPEP)는 MPEP § 2163.06 등에서 "출원인은 보정된 사항이 상세한 설명에 의해 어떻게 지지되는지를 구체적으로 지적해야 한다(should . . . specifically point out)"고 기재하고 있으나 이러한 내용은 법적강제성은 없다고 보아야 할 것이다. 특허성 위반의 증명책임은 원시적으로 심사관에 귀속되는 것이므로 출원인이 자신의 청구항이 신규사항이 아니라는 것을 증명할 책임을 지는 것으로는 볼 수 없기 때문이다.

585) 청구항에 대한 직접적인 보정뿐만 아니라 발명의 상세한 설명을 보정하는 경우도 이에 포함될 수 있다. 예를 들어, 청구항에 사용된 용어가 발명의 상세한 설명에서 정의되는 경우, 해당 정의 부분을 보정하는 것은 청구항의 해석에 영향을 미치는 것이므로, 청구항에 대한 보정 없더라도 청구항에 영향을 끼치는 보정에 해당한다. *See* MPEP § 2163.03.

586) *See* MPEP § 2163.01. 즉, 한국 특허법 제47조 제2항처럼 독립된 거절 규정이 있는 게 아니다.

587) *See* MPEP § 2163.01 (citing *In re* Rasmussen, 650 F.2d 1212 (C.C.P.A. 1981)). 한편, 재발행출원(Reissue Application)의 경우에도 보정이 가능한바, 재발행출원의 경우 청구항에 영향을 끼치지 않는 신규사항이 추가되는 경우 35 U.S.C. § 132가 아니라 35 U.S.C. § 251을 근거로 거절(Objection)이 부여된다.

신규사항에 관한 판단방법과 35 U.S.C. § 112에 따른 상세한설명요건(Written Description Requirement)의 판단방법에 따른다.[588] 따라서 보정된 내용이 최초 명세서에 의해 뒷받침되는지, 즉 발명자가 발명 당시에 지배한 내용인지에 따라 신규사항 여부가 결정된다. 한편 청구항의 구성요소를 삭제하거나 추가하는 경우 모두 35 U.S.C. § 112 첫 번째 단락의 위반이 발생할 수 있으며, 수치 한정에 관한 보정을 하는 경우에도 최초 명세서에 의해 뒷받침 되지 않는 경우에는 35 U.S.C. § 112 첫 번째 단락의 위반이 발생할 수 있다.[589]

청구항에 신규사항이 포함된 경우 신규성/진보성이 판단되는지 여부

심사관은 청구항에 신규사항이 포함되어 있더라도 해당 청구항이 선행기술을 극복하는지 여부를 판단해야 한다.[590] 청구항에 신규사항이 포함되는 경우 거절의 근거는 35 U.S.C. § 112의 상세한설명요건(Written Description Requirement)이기 때문에 청구항이 아닌 발명의 상세한 설명에 거절이 부여되었으므로, 청구항에 대한 특허성 판단은 계속되는 것이다.[591]

제18절 | 실시가능요건(Enablement Requirement)

Ⅰ. 서

명세서(specification)는 발명을 제조/사용하는 방법을 당업자가 실시가능할 정도로 상세하게 기술해야만 한다.[592] 이를 실시가능요건(Enablement Require-

588) *See* MPEP § 2163.01.
589) 구성요소의 추가/삭제 및 수치한정의 변경에 관한 구체적인 판단사례는 MPEP § 2163.05를 참조할 수 있다.
590) *See* MPEP § 2163.06.
591) 미국 실무상, 발명의 상세한 설명에 대한 거절(rejection 또는 objection)이 있다고 하여 청구항이 당연히 거절되는 것은 아니기 때문이다.
592) 35 U.S.C. § 112, ¶ 1 ("The specification shall contain a written description . . . of the manner and process of making and using it, in such full, clear, concise, and exact

ment)이라 한다. 실시가능요건이 요구되는 이유는 출원인으로 하여금 당업자가 실시가능할 정도로 충분히 개시된 명세서를 작성하도록 요구함으로써 공중에 대한 이익을 담보하기 위함이다.

II. 판단방법

35 U.S.C. § 112에 따른 실시가능요건(Enablement Requirement)은 당해 기술이 속하는 분야의 합리적인 전문가가 명세서를 기초로 청구된 결과에 이르기까지 과도한 실험(undue experimentation)이 요구되는지를 기준으로 판단한다.[593] 특정한 실험이 과도한 실험인지를 판단하는 요소로는 ① 청구된 결과에 이르기까지 필요한 실험의 양, ② 제시된 지시 및 가이드의 양, ③ 동작하는 일례의 존재여부, ④ 발명의 속성, ⑤ 종래 기술의 수준, ⑥ 당업자의 수준, ⑦ 기술 분야의 예측 가능성 및 ⑧ 권리범위의 광협 등이 포함된다.[594] 필요한 실험의 양은 실험이 과도한지 여부를 결정하는 하나의 요소에 불과하므로, 명세서를 통해 충분한 지시가 이루어진 경우에는 실험의 기간이 길다 해도 실험이 과도한 것이라 할 수 없다.[595]

출원서에 당업자가 과도한 실험 없이 개발할 수 없는 부분에 관한 정보가 누락된 경우 실시가능 여부에 관한 의심이 발생한다. 이 경우, 심사관은 누락된 정보와 누락된 정보가 당업자의 실시에 필요한 이유를 설명해야 한다.[596]

---

terms as to enable any person skilled in the art to which it pertains, or with which it is most nearly connected, to make and use the same . . . .").

593) "과도한 실험"이라는 용어가 35 U.S.C.에서 사용된 것은 아니지만 판례는 과도한 실험인지 여부를 기준으로 판단한다. 심사실무 역시 이에 따른다. *See* MPEP § 2164.01.

594) *Ex parte* Forman, 230 USPQ 546, 547 (B.P.A.I. 1986).

595) *In re* Colianni, 561 F.2d 220, 224 (C.C.P.A. 1977). 참고로 MPEP § 2164.06에는 과도한 실험과 그렇지 않은 실험에 대한 판례가 소개되어 있다. 또한 MPEP § 2164.05(a)-(c)에는 기술 분야별로 실시가능 여부가 문제되었던 판례가 소개되어 있다.

596) *See* MPEP § 2164.06(a).

III. 판단대상

실시가능요건은 명세서를 기초로 청구항에 기재된 발명을 실시할 수 있느냐에 관한 요건이므로, 실시가능 여부의 판단 대상은 청구항에 기재된 발명이 된다.[597] 만약 청구항에 기재된 발명의 내용이 상세한 설명의 내용을 초과하는 경우, 청구항에 기재된 내용이 상세한 설명의 내용으로부터 실시가능한지가 문제될 수 있다.[598] 예를 들어, 청구항에서는 10% 중량비까지의 실리콘이 청구되어 있으나, 발명의 상세한 설명에서는 중량비가 0.5% 이상인 경우에 코팅에 문제가 발생할 수 있음을 경고한 경우, 0.5%를 초과하는 범위에서의 실시가능성에 문제가 있는 것으로 판단할 수 있다.[599]

한편, 청구항 또는 실시예에 동작이 불가능한 내용이 포함되는 경우의 취급이 문제될 수 있다. 연방순회항소법원(CAFC)은 청구항의 일부 한정사항이 동작 불가능한 경우 해당 한정사항이 다른 한정사항과 조합되더라도 해당 청구항은 35 U.S.C. § 112에 따른 실시가능요건에 따른 무효를 면할 수 없지만, 실시예 중 일부가 동작이 불가능한 것으로 밝혀지더라도 반드시 특허가 무효되는 것은 아니라 판시한 바 있다.[600]

---

597) *See* MPEP § 2164.04 (citing *In re* Wright, 999 F.2d 1557, 1562 (Fed. Cir. 1993)).

598) 명세서는 청구된 발명의 "모든" 범위를 실시할 수 있도록 기재되어야 하기 때문이다. 한편, 이 경우에 35 U.S.C. § 112의 상세한설명요건도 문제 될 수 있다.

599) *See* MPEP § 2164.08 (citing AK Steel Corp. v. Sollac, 344 F.3d 1234, 1244 (Fed. Cir. 2003)).

600) EMI Group North America, Inc. v. Cypress Semiconductor Corp., 268 F.3d 1342, 1348-49 (Fed. Cir. 2001) ("[T]his court clarified that the party alleging inoperability must show that each disclosed embodiment in the patents was impossible or not enabled. . . . The records showed that only some of the disclosed alternative combinations were inoperative or not enabled. In that setting, the party alleging invalidity clearly has a burden to show that all disclosed alternative embodiments are inoperative or not enabled. . . . When a claim itself recites incorrect science in one limitation, the entire claim is invalid, regardless of the combinations of the other limitations recited in the claim.") (citations omitted).

Ⅳ. 실시가능성의 증명방법[601]

출원인은 당업자 출원된 명세서를 기초로 과도한 실험 없이 청구된 결과에 이를 수 있다는 것을 증명하기 위해 의견서(argument)를 제출하거나 증거(evidence)를 제출할 수 있다. 출원인이 증거를 제출할 수 있는 경우, 증거의 제출이 추천된다. 출원인은 37 C.F.R. § 1.132에 따른 선서진술서/선언서(Affidavit/Declaration)를 제출하거나 참조자료를 제출하여 명세서가 실시가능요건을 만족한다는 것을 증명할 수 있다.

실시가능요건은 출원일 당시를 기준으로 판단하므로, 과거에 출원된 내용이 실시 불가능하다 해서, 이후에 출원된 내용이 반드시 실시 불가능한 것은 아니다. 또한 실시가능요건의 판단 시점은 출원일 당시이므로, 본 발명의 명세서에 부족한 내용을 출원일 이후에 공개된 참고자료를 이용하여 보충하는 것은 허용되지 않지만, 출원일 이후에 공개된 참고자료를 증거 삼아 출원일 당시에 당업자에게 실시가능하였음을 증명하는 것은 허용된다.[602]

심사관은 출원일 이후에 공개된 참고자료를 근거로 본 발명이 실시 불가능하다는 근거로 할 수 없다. 실시가능요건의 판단 시점이 출원일이기 때문이다. 그러나 출원일 이후에 공개된 참고자료가 출원일 당시의 기술 수준을 결정하는데 사용되는 경우에는 예외적으로 사용 가능하다.[603]

---

601) *See* MPEP § 2164.05, 05(a).

602) *See* MPEP § 2164.05(a) (citing Gould v. Quigg, 822 F.2d 1074, 1077 (Fed. Cir. 1987)) ("While a later dated publication cannot supplement an insufficient disclosure in a prior dated application to make it enabling, applicant can offer the testimony of an expert based on the publication as evidence of the level of skill in the art at the time the application was filed.").

603) *See* MPEP § 2164.05(a) (citing *In re* Hogan, 559 F.2d 595, 605 (C.C.P.A. 1977) ("In general, the examiner should not use post-filing date references to demonstrate that the patent is non-enabling. Exceptions to this rule could occur if a later-dated reference provides evidence of what one skilled in the art would have known on or before the effective filing date of the patent application.").

V. 필수적 요소가 청구항에 기재되지 않은 경우

특정한 구성요소가 필수적이라고 명세서 상에서 개시했음에도 해당 구성요소를 청구항에 기재하지 않은 경우, 해당 청구항은 실시가능성 요건을 위반한 것으로 취급된다.[604] 청구항에 기재되지 않은 구성요소가 필수적인지 여부는 명세서를 전체적으로 판단하여 결정한다. 만약 기술적 특징이 단순히 "바람직하다"고 기재된 경우에는 필수적 구성요소로 취급하지 않는다.[605]

제19절 | 최적실시예요건(Best Mode Requirement)

I. 서

35 U.S.C. § 112의 첫 번째 단락에 따르면, 발명자(즉, 출원인)는 자신이 인식(contemplate)한 최적의 실시예를 개시해야 한다.[606] 이를 최적실시예요건(Best Mode Requirement)이라 한다. 본 규정은 발명자가 생각하는 최적의 실시예를 명세서를 통해 공개하지 않고 노하우(know-how) 또는 영업비밀로 감추는 것을 방지하기 위한 것이다. 위와 같은 최적실시예요건은 우리나라 특허법 등에서는 요구되지 않는 요건으로 미국특허법 상의 특유한 요건으로 평가된다.

II. 판단방법

출원단계에서 최적실시예요건(Best Mode Requirement)이 문제되는 경우는

604) *See* MPEP § 2164.08(c) (citing *In re* Mayhew, 527 F.2d 1229, 1233 (C.C.P.A. 1976)). 한편 심사지침서에 따르면, 필수적 구성 요소의 누락을 근거로 하는 거절은 신중하게 판단된다. 자칫 출원인의 발명을 출원인이 제시한 실시예로 한정하는 문제가 발생할 수 있기 때문이다. MPEP § 2164.08(c).

605) *See* MPEP § 2164.08(c) (citing *In re* Goffe, 542 F.2d 564, 567 (C.C.P.A. 1976)).

606) 35 U.S.C. § 112, ¶ 1 ("The specification shall . . . set forth the best mode contemplated by the inventor of carrying out his invention.").

극히 드물다. 후술하는 바와 같이 최적실시예요건의 위반 여부는 발명자의 주관적 의사를 기준으로 판단되는데, 특별한 사정이 없는 한 심사관이 발명자의 주관적 의사를 증명하는 것은 불가능하기 때문이다. 이하는 *Bayer* 사건[607]을 통해 구체화된 연방순회항소법원의 판례법을 기준으로 최적실시예요건의 판단방법을 설명한다. 구체적으로, 법원은 최적실시예요건의 위반 여부를 2단계 테스트를 통해 판단하는바, 소송 단계에서 특허의 무효를 주장하는 당사자는 이하의 두 가지 요건이 만족됨을 증명해야 한다.[608]

1. 제1단계 — 최적의 실시예에 대한 특정

명세서에 의해 개시되어야 하는 실시예는, 출원일을 기준으로 발명자가 최적의 실시예라고 인식하는 실시예이다.[609] 주의할 점은 법원은 발명자의 주관적 의사를 판단하기 때문에 실제로 해당 실시예가 최적인지는 무관하다는 것이다. 예를 들어, 실제로 최적의 실시예는 X였지만 발명자가 최적의 실시예를 Y로 오해하여 명세서에 Y만을 개시한 경우, 법원은 명세서에 실시예 Y가 적절히 개시되었는지를 판단할 뿐이다. 즉, 명세서에 객관적인 최적 실시예인 실시예 X가 기재되지 않았음을 이유로 최적실시예 위반을 주장할 수 없다.[610]

---

607) Bayer AG v. Schein Pharmaceuticals, Inc., 301 F3d 1306 (Fed. Cir. 2002).

608) *Bayer*, 301 F.3d at 1320 ("The general contours of our test for compliance with the best mode requirement are well known: Compliance with best mode is a question of fact composed of two subsidiary factual inquiries. 'First, the factfinder must determine whether, at the time of filing the application, the inventor possessed a best mode for practicing the invention.' The first prong, we have explained, is highly subjective and focuses on the inventor's state of mind as of the date of filing the application. Second, if the inventor subjectively considered one mode to be preferred over all others, then '[t]he second inquiry is whether the inventor's disclosure is adequate to enable one of ordinary skill in the art to practice the best mode of the invention. This inquiry is objective and depends upon the scope of the claimed invention and the level of skill in the relevant art.'") (citations omitted).

609) 참고로 발명자의 고용주인 회사가 인식한 최적의 실시예는 최적실시예요건과 무관하다. 따라서 고용주가 최적의 실시예로 인식하고 있더라도 발명자가 그렇게 인식하지 않은 경우에는 최적 실시예의 문제는 발생하지 않는다. Glaxo, Inc. v. Novopharm Ltd., 52 F.3d 1043, 1049-50 (Fed. Cir. 1995).

610) 물론 발명자가 감춘 실시예가 객관적으로는 최적의 실시예가 아니라고 항변하는 것도 불가능하다.

2. 제2단계 — 적절한 개시

발명자가 최적의 실시예라 인식한 예는 당업자를 기준으로 용이하게 실시가능할 정도로 개시되어야 한다. 구체적으로 청구항에 기재된 발명이 발명자가 최적의 실시예라 인식한 실시예로부터 용이하게 실시가능하여야 한다.[611] 제2단계는 제1단계와는 달리 객관적으로 이루어져야 하므로, 당업계의 수준을 기초로 판단한다.

Ⅲ. 증명방법

소송상에서 발명자의 증언에 따라 증명될 수 있다. 예를 들어, 발명자가 출원 당시에 서로 다른 다수의 실시예가 존재하였고, 이 중 명세서에 기재된 실시예가 자신이 생각하는 실시예가 아님을 증언하는 경우 최적실시예 요건 위반으로 특허가 무효될 수 있다.[612] 또한 증거개시절차(discovery)를 통해 확보한 문서 등을 통해 발명 당시에 발명자가 인식한 최적의 실시예를 특정하고, 해당 실시예가 명세서에 기재되지 않았음을 증명하는 것도 가능하다.

Ⅳ. 연속출원과 최적실시예요건

심사과정 중에서 발명자가 뒤늦게 최적실시예를 인식하게 되더라도 이러한 최적실시예를 보정을 통해 추가해야 하는 것은 아니다.[613] 최적실시예

611) 판단의 기준이 되는 것은 청구항에 기재된 발명임을 주의해야 한다. 따라서 청구항에 기재된 발명에 이르는데 필요한 기술이더라도 그 자체가 청구된 바 없다면, 이를 명세서에 기재하지 않아도 최적 실시예의 문제는 발생하지 않는다. Applied Med. Res. Corp. v. U.S. Surgical Corp., 147 F.3d 1374, 1377 (Fed. Cir. 1998).

612) 등록특허가 제품에 반영된 경우, 침해자 측 대리인은 실제 제품에는 구현되었으나 특허 명세서에는 기재되지 않은 사항을 근거로 최적실시예 위반을 주장하는 경우가 많다. 이 경우, 발명자가 특허 자체가 아닌 특허가 구현된 제품의 진보성을 강조하면, 명세서에는 기재되지 않고 제품에만 반영된 기술적 특징이 발명자가 숨긴 최적의 실시예로 인정될 수 있다. 소송이 문제되는 경우, 발명자에게 최적실시예와 진보성의 요건을 정확하게 인식시키는 것이 중요하다.

613) 참고로 최적 실시예의 위반이 있는 경우, 이는 출원 과정의 보정을 통해 치유될 수 없다. *In re* Hay, 534 F.2d 917 (C.C.P.A. 1976). 만약 최적실시예 위반을 치유하는 보

의 시적 기준은 출원일 당시이기 때문이다.

한편 연속출원(Continuing Application) 시에 최적실시예를 새롭게 갱신해야 하는지 문제된다. 계속출원(Continuation Application) 및 분할출원(Divisional Application)의 경우 신규사항이 추가되지 않기 때문에 최적실시예를 갱신할 필요가 없다.[614] 그러나 부분계속출원(Continuation-In-Part Application)에는 신규사항이 허용되기 때문에, 부분계속(CIP)출원시 새롭게 추가된 신규사항에 대해서는 최적실시예를 갱신할 의무가 발생한다.[615]

Ⅴ. 최적 실시예의 특정이 요구되는지 여부

다수의 실시예가 제시되는 경우 그 중 어떤 실시예가 최적실시예인지를 특정할 필요는 없다. 법원은 실제 발명자가 인식한 최적실시예와 함께 다른 실시예를 함께 나열하고 최적 실시예를 특정하지 않은 경우라 해도 최적실시예요건을 위반한 것은 아니라 판단한 바 있다.[616]

Ⅵ. 불공정행위와의 관계

최적실시예요건과 관련하여 상술한 2단계가 만족되면 해당 특허는 거절되거나 무효된다. 이 경우 출원인이 형평법상의 불공정행위(Inequitable Conduct)가 증명되거나 적극적으로 최적실시예를 감추는 행위가 요구되는 것은 아니다.[617] 그러나 만약 최적실시예를 고의로 감추었다는 것이 증명되는 경우에는 단순히 최적실시예요건의 위반만이 문제되는 것이 아니라 불공정행위까지 문제될 수 있다.[618] 불공정행위가 문제되는 경우 단순히 특허권을

정이 발견되는 경우 특허청은 이러한 보정을 신규사항으로 간주한다. *See* MPEP § 2165.01.

614) Transco Products, Inc., v. Performance Contracting, Inc., 38 F.3d 551, 558 (Fed. Cir. 1994).

615) Johns-Manville Corp. v. Guardian Industries Corp., 586 F.Supp. 1034, 1065-66 (E.D. Mich. 1983).

616) Randomex, Inc. v. Scopus Corp., 849 F.2d 585, 588-90 (Fed. Cir. 1988).

617) *See* MPEP § 2165 ("Failure to disclose the best mode need not rise to the level of active concealment or grossly inequitable conduct in order to support a rejection or invalidate a patent.").

행사하지 못하는 문제뿐만 아니라 본 출원과 관계된 출원의 특허권에도 영향을 미칠 수 있고, 상대편의 소송비용을 부담해야 하는 문제도 발생할 수 있음을 주의해야 한다.

618) Consolidated Aluminum Corp. v. Foseco Inc., 910 F.2d 804 (Fed. Cir. 1990). 본 사건의 법원은 최적실시예를 고의적으로 감추고 동작 불가능한 실시예만을 기재한 것을 이유로, 해당 출원뿐만 아니라 해당 출원의 연속출원에 대해서도 특허권 행사를 제한한 바 있다.

제1절 | 미국우선출원의 원칙과 외국출원허가

Ⅰ. 서

원칙적으로 미국에서 이루어진 발명에 대해 미국에서의 특허권을 획득하기 위해서는 해당 발명을 미국 특허청에 가장 먼저 출원해야 하며 미국출원일로부터 6개월이 경과하기 전까지는 외국출원을 진행해서는 안 된다. 따라서 출원인은 미국 특허청에 먼저 출원을 진행해야 하고 미국출원일로부터 6개월이 경과하기 전까지는 외국출원을 진행할 수 없다. 만약 출원인이 외국 특허청에 먼저 출원을 진행하거나 미국출원일로부터 6개월이 경과하기 전에 외국출원을 진행했다면 해당 출원에 대한 외국출원허가(Foreign Filing Licenses)를 얻은 경우에만 미국에서 특허등록이 가능하다. 미국특허법의 이러한 태도는 한국 특허법과는 구별되는 것으로 미국에서 완성된 발명에 대한 출원을 진행하는 실무자의 주의가 요구된다.

Ⅱ. 미국우선출원의 원칙

미국우선출원의 원칙에 따라 미국에서 완성된 발명은 미국 특허청에 먼저 출원되어야 할 뿐만 아니라 미국출원일로부터 6개월이 경과하기 전까지는 외국에 출원될 수도 없다.[1] 즉, 미국에서 발명한 발명자는 우선적으로 i) 미국 특허청에 통상의 정규출원 또는 가출원을 하거나, ii) 미국 특허청을 수리관청(Receiving Office)으로 국제출원(PCT)을 해야 하며,[2] 미국 내에서 출원이 이루어진 날부터 6개월이 되기 전까지는 외국출원이 불가능하다. 위와 같은 미국우선출원의 원칙을 위반한 경우에는 미국에서 특허를 받을 수 없다.

Ⅲ. 외국출원허가 — 미국우선출원의 원칙에 대한 예외

미국우선출원의 원칙에도 불구하고 i) 미국 특허청에 출원하지 않고 외국 특허청에 먼저 출원(국제출원 포함)을 하거나 ii) 미국출원일로부터 6개월이 경과하기 전에 외국 특허청에 출원(국제출원 포함)을 하는 경우 외국출원허가(Foreign Filing Licenses)가 요구된다.[3] 즉, 미국에서 이루어진 발명이 문제되는 경우, 미국 특허청에 출원한 날로부터 6개월이 되지 않으면 반드시 외국출원허가가 있어야만 미국에서 불이익을 받지 않으면서 외국 특허출원을 할 수 있다.

Ⅳ. 외국출원허가가 필요한 출원

1. 인적 범위

외국출원허가(Foreign Filing Licenses)는 미국에서 완성된(made) 발명이 포함된 모든 출원에 적용된다. 따라서 발명자 또는 양수인의 국적에 상관없이 미국에서 발명을 완성된 발명은 외국출원허가의 대상이 된다. 예를 들어, 미국 국적의 발명자 또는 미국 기업의 종업원이 한국에서 발명을 완성한 경우에는 외국출원허가가 문제되지 않는다. 발명이 완성된 곳이 미국이 아니기 때문이다. 그러나 한국 국적의 발명자가 한국 기업의 미국 지사에서 발명을

---

1) 35 U.S.C. § 184. 출원일로부터 6개월이 되는 날부터 외국출원이 가능하다.

2) 국제출원의 경우 미국을 지정했더라도 수리관청이 미국 특허청이 아니면 미국우선출원의 원칙은 만족되는 것이 아니다. 35 U.S.C. § 368(b).

3) 미국 특허청을 수리관청으로 국제출원을 한 경우라도 출원인이나 미국 특허청이 국제사무국(international application), 또는 외국 특허청에 해당 출원의 사본을 송부하는 경우에는 외국출원허가가 요구될 수 있다. *See* MPEP § 1832.

완성했다면 외국출원허가가 요구된다.

2. 객체적 범위

미국에서 완성된 실용발명(utility invention) 또는 디자인발명(design invention)이라면 발명의 기술분야나 내용에 상관없이 무조건 외국출원허가(Foreign Filing Licenses)의 대상이 된다. 미국에서 완성된 발명이라면 반드시 미국 특허청에 최초로 출원되어야 하는바, 예를 들어 미국출원일로부터 6개월 이후에 외국 특허청에 출원을 했으나 해당 외국출원에는 미국출원에 누락된 발명[4]이 포함된 경우 해당 발명에 대해서는 미국우선출원의 원칙에 위반이 발생한다. 즉, 해당 발명에 대해서는 외국출원허가 없이 외국출원이 이루어진 것이다.[5]

관련문제 — 미국에서 완성(made)의 의미

비록 특허법은 미국에서 완성된 발명은 외국출원허가를 요구한다고 규정하고 있으나,[6] "완성"의 의미에 대해서는 구체적인 해석기준을 제시하지 못하고 있다. 일부 하급심 판결을 보면 외국출원허가가 요구되는 "완성"은 착상(conception)이 아니라 "발명의 구체화(reduction to practice)"를 의미하므로, 발명의 구체화가 이루어진 곳이 미국이라면 외국출원허가가 요구된다고 판단한 사례가 있으나,[7] 이러한 태도가 법원의 확립된 태도인지는 불분명하다.[8]

---

4) 그러나 미국출원에 누락된 발명이라도 미국출원에 기재된 발명의 일반적인 속성(general nature)을 변형시키지 않은 발명에 해당한다면 미국우선출원의 원칙에 대한 위반이 아니다. 35 U.S.C. § 184.

5) 만약 해당 발명을 사후에 미국 특허청에 출원하는 경우에는 소급허가(retroactive license)가 요구된다. 소급허가에 대해서는 후술한다.

6) 35 U.S.C. § 184.

7) Sealectro Corp. v. L. V. C. Industries, Inc., 271 F.Supp. 835, 841 (E.D.N.Y. 1967) ("Section 184 may, accordingly, with reasonable assurance, be construed as marking for its application the point where and when an invention is reduced to practice as that which determines when the invention was made.").

8) 참고로, *Sealectro* 사건은 이후 일부 지방법원에서는 인용된 바는 있으나, 항소법원에서는 인용된 바가 없다.

Ⅴ. 외국출원허가의 획득방법

1. 시간경과로 인한 자동획득

미국 내에서 출원(가출원 포함)된 날로부터 6개월이 경과하면 외국출원허가(Foreign Filing Licenses)가 이루어진 것으로 간주된다.[9] 미국 특허청에 출원 시에 별도로 외국출원허가를 구할 필요는 없다. 미국 내에서 출원된 모든 출원에 대해서는 외국출원허가에 관한 요청이 묵시적으로 포함된 것으로 간주되기 때문이다.[10]

2. 출원증을 통한 획득

출원일 부여 요건이 만족되는 경우[11] 미국 특허청은 출원인에게 출원접수증(filing receipt)을 부여한다. 출원증에는 외국출원의 가능 여부가 표시되므로 출원증에 외국출원허가가 부여되었음이 표시된 경우 외국출원이 가능하다.

3. 청원을 통한 획득

특허청에 외국출원을 요청하는 청원(petition)을 제출하여 외국출원을 허가 받을 수 있다. 미국에 이미 출원을 완료한 자뿐만 아니라 아직 미국에 출원하지 않은 자도 외국출원허가를 위한 청원을 제출할 수 있다.[12]

관련문제 ― 긴급한 상황이 문제되는 경우

만약 외국출원허가가 긴급하게 요청되는 경우에는 긴급외국출원허가(expedited Foreign Filing Licenses)를 요청하는 청원을 제출할 수 있다.[13] 긴급외국출원허가(expedited Foreign Filing Licenses)는 이미 출원을 완료한 자뿐만 아니라 아직 미국에 출원하지 않은 자도 요청할 수 있다. 국방상 발명이 문제

---

9) 정규출원 또는 임시출원의 내용에 국가안보에 직결되는 내용이 포함되는 경우 특허청에 의해 비밀유지명령(secrecy order)이 부여될 것인바, 출원 이후 6개월이 되는 날까지 별도의 조치가 없다는 것은 본 발명의 내용이 비밀유지의 대상이 되지 않음을 의미하기 때문이다.

10) 37 C.F.R. § 5.12(a); *See* MPEP § 140.

11) 출원일 부여의 요건은 제2장 제9절 "출원일 인정요건"에서 설명한다.

12) 37 C.F.R. § 5.11(a)(1)-(2).

13) *See* MPEP § 140.

되지 않는다면, 긴급외국출원허가는 3일 이내에 부여된다.[14)]

VI. 미국우선출원의 원칙위반의 효과[15)]

외국출원허가 없이 외국출원을 진행했거나 미국출원일로부터 6월이 되기 전에 외국출원을 진행한 경우, 해당 외국출원에 대응되는 미국출원은 미국에서 특허 받을 수 없다.[16)] 또한 비밀유지명령(secrecy order)이 부여된 출원에 대해 고의로 외국에 출원한 경우에는 만 달러 이하의 벌금 또는 2년 이하의 징역에 처할 수 있다.[17)]

VII. 미국우선출원의 원칙위반의 사후 치유 — 소급허가

비록 사전에 적법하게 외국출원허가를 얻지 않고 외국출원을 진행했다 하더라도 소급허가(retroactive license)를 얻은 경우에는 미국우선출원의 원칙에 대한 위반이 치유된다.[18)] 소급허가를 구하는 출원인은 i) 외국출원이 이루어진 국가의 리스트, ii) 외국출원이 이루어진 날짜, iii) 수수료 및 iv) 외국출원과 관련하여 기만의 의도(deceptive intent)가 없었음을 진술하는 선서서/선언서(Oath/Declaration)가 포함된 청원(petition)을 제출하여 사후에 외국출원허가를 받을 수 있다.[19)]

---

14) 빠르면 12시간에서 24시간 이내에 부여되며, 200 달러의 수수료가 요구된다. 빠른 처리를 위해 팩스나 전자제출이 추천된다.
15) 35 U.S.C. § 186.
16) 35 U.S.C. § 185 ("Notwithstanding any other provisions of law any person . . . shall not receive a United States patent for an invention if that person . . . without procuring the license . . . . A United States patent issued to such person . . . shall be invalid, unless the failure to procure such license was through error and without deceptive intent . . . .").
17) 출원의 내용이 국가안보에 직결되는 경우 비밀유지명령(secrecy order)이 부여될 수 있다. 35 U.S.C. § 181.
18) 35 U.S.C. § 184.
19) 37 C.F.R. § 5.25. 단순한 진술서(Statement)가 아니라 선서서/선언서가 요구됨을 주의해야 한다.

Ⅷ. 관련문제 — 외국출원과 미국출원간의 동일성

미국 특허청으로부터 외국출원허가가 부여된 경우, 외국출원이 허락되는 발명의 범위는 미국에 출원된 발명과 그에 대한 변형(modification)이 포함된다. 따라서 미국에는 기초발명 만이 출원되고, 출원 이후 이에 대한 개량발명이 완성된 경우, 미국에 출원된 발명의 일반적인 속성(general nature)을 변형하지 않는다면 해당 개량발명을 미국에 출원하기 전에라도 외국에 먼저 출원하는 것이 가능하다.[20]

제2절 | 발 명 자

Ⅰ. 서

미국특허법에서는 진정한 발명자를 특정하는 것이 매우 중요한 이슈이다. 미국에서 특허청에 출원할 수 있는 권리는 발명자에게 원시적으로 귀속되므로 출원은 반드시 진정한 발명자에 의해서 이루어져야 하며, 만약 발명자가 잘못 지정되어 진정한 발명자가 누락되거나 발명자가 아닌 자가 발명자로 지정되는 경우 해당 특허는 거절/무효를 면할 수 없기 때문이다.

Ⅱ. 발명자의 의미

미국특허법에 따르면 발명자는 청구된 발명의 착상(conception)에 기여한 사람이다. 따라서 출원/특허에 특정된 발명자가 진정한 발명자인지는 해당 발명자가 i) 착상에 기여를 했는지 여부와 ii) 청구된 발명에 기여를 했는지 여부를 기초로 판단하게 된다.

---

20) 35 U.S.C. § 184.

1. 착상에 기여

발명의 착상(conception)에 기여(contribution) 하지 않은 자는 발명자가 될 수 없다. "착상"은 발명행위의 정신적 부분에 대한 완성으로, 실제로 적용 가능할 만큼 완성되면서 동작 가능한 아이디어가 발명자의 내심에 명확하고 영구적으로 형성되었을때 착상이 이루어졌다고 판단된다.[21] 한편 발명자는 착상을 기준으로 판단하므로 발명의 구체화(reduction to practice)에만 기여한 자는 발명자가 될 수 없다.[22] 발명은 자연인에게만 인정된다.[23] 외국인[24] 또는 미성년자[25]도 발명능력을 인정받기 때문에 발명자의 자격을 갖는다.

진정한 발명자가 되기 위해서 구체화가 필요한 것은 아니다. 다만, 35

---

21) *See* MPEP § 2138.04 (citing Townsend v. Smith, 36 F.2d 292, 295 (C.C.P.A. 1930)) ("Conception has been defined as 'the complete performance of the mental part of the inventive act' and it is 'the formation in the mind of the inventor of a definite and permanent idea of the complete and operative invention as it is thereafter to be applied in practice.'"). 발명의 "착상"은 i) 아이디어를 확정하고 ii) 이러한 아이디어를 수행할 수 있는 수단을 선택하는 두 개의 단계로 구분되기도 한다. Oka v. Youssefyeh, 849 F.2d 581, 583 (Fed. Cir. 1988) ("Conception may conveniently be considered as consisting of two parts. The first part is 'the directing conception' and may be defined as the idea or conception that a certain desired result may be obtained by following a particular general plan. The directing conception is often referred to as the inventive concept, thought or idea. The second part of conception is 'the selection of the means for effectively carrying out the directing conception.'").

22) 즉, 발명자가 누구인지를 판단할 때 발명의 구체화의 주체가 누구인지는 무관하다. *See* MPEP § 2137.01 ("The definition for inventorship can be simply stated: The threshold question in determining inventorship is who conceived the invention. Unless a person contributes to the conception of the invention, he is not an inventor. . Insofar as defining an inventor is concerned, reduction to practice, *per se*, is irrelevant . . . ."). 법원은 발명자가 착상한 이후 구체화는 대리인이 수행한 것이 문제된 *Applegate* 사건에 해당 발명자가 진정한 발명자임을 확인한 바 있다. Applegate v. Scherer, 332 F.2d 571 (C.C.P.A. 1964).

23) 60 AM. JUR. 2D *Patents* § 81 (citing Beech Aircraft Corp. v. EDO Corp., 990 F.2d 1237 (Fed. Cir. 1993)).

24) Shaw v. Cooper, 32 U.S. 292 (1833). 현행 특허법에 따르면, WTO나 NAFTA 가입 국가에 주소를 갖는 자가 미국에 출원을 하는 경우, 발명자의 국적이나 발명이 이루어진 장소가 문제되지 않는다. 다만, 외국에서 이루어진 발명을 미국이 아닌 외국 특허청에 먼저 출원하는 경우 외국출원허가(foreign filing licenses)가 요구되기는 하지만 이는 발명자 자격과는 무관한 절차적인 문제이다.

25) Fetter v. Newhall, 17 F. 841 (C.C.S.D.N.Y. 1883).

U.S.C. § 102(g)에서 설명한 바와 같이 동일한 발명에 대해 발명의 선후관계가 문제되는 경우 구체화를 먼저 한 발명자만이 특허 받을 수 있을 뿐이다.[26)]

2. 청구된 발명에 기여

미국특허법에 의한 발명자는 청구된 발명을 기준으로 결정해야 한다.[27)] 연방순회항소법원(CAFC)은 '발명자 자격(inventorship)을 판단하는 것은 청구항에 기재된 발명을 했는지를 판단하는 것에 지나지 않는다'고 판시하여 그 판단의 기준이 청구항에 있음을 분명히 하였다.[28)]

3. 공동발명자의 경우

공동발명자의 경우 모두 함께 출원하는 것이 원칙[29)]이며, 각각의 발명자는 모두 선서(oath) 또는 선언서(declaration)를 제출해야 한다.[30)] 그러나 누락된 발명자를 위해 대신 출원하는 것도 가능하다. 구체적으로 공동발명자 전부 또는 일부가 사망하거나, 심신상실의 상태이거나, 서명을 거부하거나, 행방불명인 경우에는 당해 발명자의 서명 없이도 선서서/선언서를 제출할 수 있다.[31)] 실무상 주로 문제가 되는 경우는 발명자가 서명을 거부하는 경우나 행방불명인 경우이다. 만약 발명자 중 일부가 서명을 거부하거나 행방불명인 경우에는 나머지 발명자들의 서명만으로도 출원이 가능하다. 또한 발명자 전부가 서명을 거부하거나 행방불명인 경우에는 재산상의 이익을 가지

26) 물론 뒤늦게 구체화한 발명자라도 먼저 착상에 이르렀고 35 U.S.C. §102(g)에 따른 합리적인 노력이 인정되는 경우에는 먼저 구체화한 발명자 대신에 특허 받을 수 있음은 35 U.S.C. § 102(g) 관련 항목에서 설명한 바와 같다.

27) 한편, 미국특허에 따 발명자는 청구항을 기준으로 결정되므로 청구항에 대한 보정이 있는 경우 발명자에 대한 정정이 필요할 수도 있다.

28) Sewall v. Walters, 21 F.3d 411, 417 (Fed. Cir. 1994) (citing Beech Aircraft Corp. v. EDO Corp., 990 F.2d 1237, 1248 (Fed. Cir. 1993)) ("[I]nventorship is a question of who actually invented the subject matter claimed in a patent.").

29) 35 U.S.C. § 116 ("When an invention is made by two or more persons jointly, they shall apply for patent jointly and each make the required oath . . . .").

30) 37 C.F.R. § 1.45.

31) 발명자가 사망한 경우는 37 C.F.R. § 1.42에, 발명자가 심신상실의 상태인 경우는 37 C.F.R. § 1.43에, 서명거부/행방불명의 경우는 37 C.F.R. § 1.47에 의해 규정된다. 보다 구체적인 내용은 제2장 제4절 "선서서/선언서"에서 설명한다.

는 자에 의해 출원이 가능하다. 만약 다른 출원인을 위해 대신 출원하는 자의 자격에 대해 의문이 발생하는 경우, 심사관은 해당 출원인이 정당한 자격을 갖추었음을 소명할 것을 요구할 수 있다.[32)]

판례에 따르면 공동발명(joint invention)은 두 사람 이상의 공동연구(collaboration)의 결과물을 말한다.[33)] 공동발명의 각 발명자는 동일한 발명의 대상(subject matter)에 연구를 했어야 하며 독창적인 사고(inventive thought)와 최종 결과(final result)에 기여(contribution)했어야 한다. 35 U.S.C. § 116에 따르면 공동발명의 각 발명자는 i) 물리적으로 함께 또는 동시에 연구할 필요가 없으며, ii) 같은 종류의 기여를 하거나 같은 양의 기여를 할 필요도 없고, iii) 모든 청구항 전부에 대해 기여를 할 필요도 없다.[34)] 따라서 다수의 발명자가 서로 분리된 연구시설에서 연구하거나, 일부 청구항에 기재된 발명에 대해서만 기여를 했더라도 공동발명자로 기재되어야만 한다.[35)]

진정한 발명자는 착상을 기준으로 결정되기 때문에, 공동발명자 각각은 발명의 착상에 기여한 바가 있어야만 하고,[36)] 소송단계에서 이를 증명하기 위해서는 자신이 발명의 착상에 기여한 바를 증명할 수 있는 보강증거를 제시해야 한다.[37)] 한편 누가 공동발명자인지를 결정하는 문제는 구체적 사실관계에 의존하기 때문에, 모든 사건에 공통적으로 적용될 수 있는 명확한

32) 37 C.F.R. § 1.41(d).

33) Burroughs Wellcome Co. v. Barr Laboratories, Inc., 40 F.3d 1223, 1227-28 (Fed. Cir. 1994).

34) 35 U.S.C. § 116 ("Inventors may apply for a patent jointly even though (1) they did not physically work together or at the same time, (2) each did not make the same type or amount of contribution, or (3) each did not make a contribution to the subject matter of every claim of the patent.").

35) 법원은 발명자가 단 하나의 청구항에만 기여했더라도 이는 공동발명자가 되기 위한 충분한 조건이라 판단한 바 있다. Frank's Casing Crew & Rental Tools, Inc. v. PMR Technologies, Ltd., 292 F.3d 1363 (Fed. Cir. 2002) (citing Ethicon, Inc. v. United States Surgical Corp., 135 F.3d 1456, 1460 (Fed. Cir. 1998) ("Furthermore an inventor need not make a contribution to every claim in the patent. 'A contribution to one claim is enough.'").

36) Trovan, Ltd. v. Sokymat SA, Irori, 299 F.3d 1292, 1301-02 (Fed. Cir. 2002).

37) Acromed Corp. v. Sofamor Danek Group, Inc., 253 F.3d 1371 (Fed. Cir. 2001) ("To prove that contribution, the purported inventor must 'provide corroborating evidence of any asserted contributions to the conception.'") (citations omitted).

기준은 존재하지 않는다는 것이 연방순회항소법원(CAFC)의 태도이다.[38] 다만, 법원이 강조하는 원칙은 발명의 특허성(patentability)에 기여를 했는지 여부이므로,[39] 발명자가 신규성, 진보성 등의 특허성에 기여한 바를 중심으로 공동발명자라는 주장이 가능할 것이다.

4. 사례 분석 — *Kimberly-Clark* 사건[40]

본 사건에서 Kimberly-Clark와 P&G 각각은 동일한 내용의 특허를 보유한 특허권자인바, 서로 상대방이 자신의 특허를 침해한다고 주장하며 소를 제기했다. 기록에 따르면 P&G는 자신의 특허가 1985년에 출원되어 Kimberly-Clark의 특허에 비해 늦게 출원되기는 했지만, 발명의 완성시점이 1979년이므로 자신의 특허가 Kimberly-Clark사의 특허에 비해 우선한다고 주장했다. 소송에서 문제된 증거에 따르면, P&G의 종업원 A, B가 1979년에 발명을 완성한 후 A, B의 연구를 전혀 알지 못하는 P&G사의 종업원 C가 해당 발명을 더욱 개량한 내용을 1985년에 출원한 것이 확인되었다. 이에 P&G는 1979년에 자신의 종업원인 발명자 A, B가 이미 유사한 발명을 완성한 이후, 발명자 C가 이를 더욱 개량하여 1985년에 출원했으므로, 1985년에 출원한 특허는 발명자 A, B, C에 의한 공동발명이고, 이에 따라 발명의 최초 완성시점은 1979년이라 주장했다. 이에 법원은 공동발명이 되기 위해서는 공동연구가 요구되므로 공동발명자 간에는 상대방의 연구 성과에 대한 인식이 필요한바, 비록 같은 회사에서 근무했더라도 종전 근무자의 연구 성과를 인식하지 못한 상태에서 발명을 완성한 경우에는 공동발명자가 될 수 없다고 하면서, 1985년에 출원한 특허는 발명자 C에 의한 단독발명이라 판단했다.

---

38) Fina Oil and Chemical Co. v. Ewen, 123 F.3d 1466, 1473 (Fed. Cir. 1997) ("The determination of whether a person is a joint inventor is fact specific, and no bright-line standard will suffice in every case.").

39) Levin v. Septodont, Inc., 34 Fed. Appx. 65, 72 (4th Cir. 2002) ("We agree . . . that the significance of an alleged joint inventor's contribution should be assessed by asking whether the contribution helped to make the invention patentable.").

40) Kimberly-Clark Corp. v. Procter & Gamble Distributing Co., Inc., 973 F.2d 911 (Fed. Cir. 1992).

5. 공동발명의 지분

공동발명이 특허되는 경우, 공동 발명자가 전체 발명에 기여한 지분의 비율에 상관없이 각 발명자는 특허 전체에 대해 분할 불가능한 지분을 갖는 것으로 추정된다.[41] 만약 공동발명이 문제되는 경우, 공동발명자 각자는 다른 발명자의 동의 없이도 특허를 실시하거나 실시권을 설정할 수 있는 것이 원칙이다.[42]

Ⅲ. 법적취급 — 무효사유

출원단계에서 발명자가 진정한 발명자인지 여부가 문제되는 경우는 드물다. 심사단계에서 진정한 발명자 여부가 아님을 이유로 거절이 부여되기 위해서는 심사관이 이를 반박할 반증을 제출해야 하는데, 적법하게 출원된 출원서, 즉 출원서의 일부로 제출되는 선서서/선언서(37 C.F.R. § 1.63에 따른 선서서/선언서)에 표시된 발명자가 진정한 발명자로 추정되며,[43] 누가 진정한 발명자인지에 관한 증거는 출원인만이 갖고 있는 경우가 대부분이어서 심사단계에서는 문제되기 힘들다. 다만, 소송단계에서는 증거개시절차(discovery)를 통해 발명자 요건을 다툴 수 있는 증거를 상대적으로 용이하게 확보할 수 있으므로, 진정한 발명자에 관한 다툼은 대부분 소송 단계에서 문제된다.[44]

---

41) Ethicon, Inc. v. U.S. Surgical Corp., 135 F.3d 1456, 1472 (Fed. Cir. 1998) ("[U]ndivided fractional shares held by tenants in common are usually equal and are presumed equal unless circumstances indicate otherwise.").

42) 다만, 특약에 의해 각자 실시/각자 양도를 배제하는 것은 가능하다. 35 U.S.C. § 262 (In the absence of any agreement to the contrary, each of the joint owners of a patent may make, use, offer to sell, or sell the patented invention within the United States, or import the patented invention into the United States, without the consent of and without accounting to the other owners.") (emphasis added).

43) MPEP § 2137.01 (citing Driscoll v. Cebalo, 5 USPQ2d 1477, 1481 (B.P.A.I. 1982) ("The party or parties executing an oath or declaration under 37 C.F.R. § 1.63 are presumed to be the inventors.").

44) 한편, 등록특허에 대하여 적용되는 유효성 추정(presumption of validity)은 발명자 자격에도 미친다. 즉, 등록특허에 발명자로 표시된 것은 진정한 발명자에 관한 일응의 증거(*prima facie* evidence)이다. Becton, Dickinson & Co. v. Sherwood Medical Industries Inc., 516 F.2d 514, 516-17 (5th Cir. 1975) ("[I]t is clear B-D is entitled to a presumption of joint inventorship, as a part of the general presumption of the patent's

발명자가 잘못된 기재된 등록특허는 무효를 면할 수 없음이 판례의 태도이다.[45] 예를 들어, 진정한 발명자가 다수인 경우에 이중 일부가 누락(nonjoinder)되거나 진정한 발명자 이외의 자가 발명자로 포함(misjoinder)되면 해당 특허는 무효가 된다.[46]

발명 간의 선후 관계가 문제되는 경우, 당사자의 합의(어느 발명자가 더 먼저 발명했음을 인정하는 합의)가 법적 구속력을 갖는지 문제될 수 있다. 판례에 따르면 특허청에서 판단한 발명의 선후 관계는 확정적이지만,[47] 저촉절차(interference)가 진행되는 도중 당사자에 의해 제출되는 포기서(disclaimer) 등의 합의서의 내용은 확정적이지 않기 때문에 발명의 선후 관계는 당사자가 합의한 바와 달리 결정될 수 있다고 한다.[48]

제3절 | 발명자 정정

Ⅰ. 발 명 자

미국특허법에 따르면 발명자는 청구된 발명의 착상(conception)에 기여한 사람이다. 즉, 발명의 착상(conception)에 기여(contribution) 하지 않은 자는 발명자가 될 수 없으며, 발명의 구체화(reduction to practice)에만 기여한 자도 발명자가 될 수 없다.[49] 또한 발명자는 청구된 발명을 기준으로 결정된다. 연

validity as a whole. Simply introducing the patent establishes a *prima facie* case in favor of B-D.").

45) Kennedy v. Hazelton, 128 U.S. 667 (1888).

46) Trovan, Ltd. v. Sokymat SA, Irori, 299 F.3d 1292, 1301 (Fed. Cir. 2002) ("A patent is invalid if more or less than the true inventors are named.") (citation omitted).

47) Beidler v. Photostat Corp., 10 F. Supp. 628 (W.D. N.Y. 1935), *aff'*, 81 F.2d 1015 (C.C.A. 2d Cir. 1936).

48) James B. Clow & Sons, Inc. v. U. S. Pipe & Foundry Co., 313 F.2d 46 (5th Cir. 1963).

49) *See* MPEP § 2137.01 ("The definition for inventorship can be simply stated: The threshold question in determining inventorship is who conceived the invention. Unless a person contributes to the conception of the invention, he is not an inventor. . Insofar

방순회항소법원(CAFC)은 '발명자 자격(inventorship)을 판단하는 것은 청구항에 기재된 발명을 했는지를 판단하는 것에 지나지 않는다'고 판시하여 그 판단의 기준이 청구항에 있음을 분명히 하였다.[50)]

Ⅱ. 발명자정정 – 출원단계

진정한 발명자가 누락되었거나 발명자가 아닌 자가 포함된 경우, 해당 출원은 거절되고, 만약 착오등록되어도 무효를 면치 못한다. 따라서 출원과정에서 발명자를 잘못 지정한 것을 알게 된 경우 발명자정정이 필요하다. 즉, 출원서의 일부로 제출된 선서서/선언서(37 C.F.R. § 1.63에 따른 선서서/선언서)가 제출된 이후, 해당 선서서/선언서에 진정한 발명자로 표시된 자가 진정한 발명자가 아닌 것을 알았거나, 진정한 발명자가 누락된 경우 발명자정정이 필요하다. 또한 발명자 자격은 청구항을 기준으로 결정되므로 청구항에 대한 보정을 하는 경우 발명자정정이 필요할 수 있다. 예를 들어, 새롭게 청구항이 추가되는 경우에는 해당 청구항에 기여한 자가 선서서/선언서에 기재되지 않은 새로운 발명자인 경우 발명자정정이 필요하다. 또한 청구항을 변경하거나 삭제보정한 경우, 선서서/선언서(37 C.F.R. § 1.63에 따른 선서서/선언서)에 발명자로 기재된 종전의 발명자가 보정된 청구항에 대한 기여가 없다면 발명자정정이 필요하다.

Ⅲ. 별도의 발명자정정 없이 흠결이 치유되는 경우

특허청에 제출된 서류에 발명자가 잘못 지정된 경우에는 발명자정정이 필요한 것이 일반적이지만 이하의 경우에는 별도의 발명자정정 없이도 흠결이 치유된다.

---

as defining an inventor is concerned, reduction to practice, per se, is irrelevant . . . .").

50) Sewall v. Walters, 21 F.3d 411, 417 (Fed. Cir. 1994) (citing Beech Aircraft Corp. v. EDO Corp., 990 F.2d 1237, 1248 (Fed. Cir. 1993)) ("[I]nventorship is a question of who actually invented the subject matter claimed in a patent.").

1. 정규출원에 대한 적법한 선서서/선언서 제출이 이루어지지 않은 경우[51)]

선서서/선언서(Oath/Declaration) 없이 제출된 출원서에 표시된 발명자가 진정한 발명자가 아닌 경우 발명자정정이 요구되는지 문제된다. 실무상 출원일 당시에 선서서/선언서 없이 출원이 이루어지는 경우가 적지 않다. 비록 정규출원(Non-Provisional Application) 시에는 반드시 출원서의 일부로 제출되는 선서서/선언서가 제출되어야 하지만,[52)] 선서서/선언서 제출은 출원일 인정의 요건은 아니므로 출원 시에 선서서/선언서를 제출하지 않더라도 출원일을 인정받는데 문제가 없기 때문에,[53)] 출원일까지 선서서/선언서가 준비되지 못한 경우 선서서/선언서 없이 먼저 출원을 진행할 수 있다.

출원일에 선서서/선언서 없이 제출된 출원서에 표시된 발명자가 진정한 발명자가 아닌 경우에는 별도의 발명자정정이 요구되지 않는다. 특허청(USPTO)에 어떠한 선서서/선언서도 제출된 바가 없기 때문이다. 따라서 이하에서 설명하는 37 C.F.R. § 1.48에 따른 발명자정정이 요구되지 않으며, 이후에 진정한 발명자에 의해 서명된 선서서/선언서를 제출하면 충분하다. 이 경우 추가적인 제출서류나 수수료가 요구되는 것도 아니다.

예 1

2006년 1월 1일에 선언서를 제외한 출원서가 제출되었고, 출원서에는 A, B, C가 발명자로 기재되었다. 만약 진정한 발명자가 A, B, D인 경우, 이후에 발명자 A, B, D가 서명한 선언서를 제출하기만 하면 발명자에 관한 흠결이 치유된다.

예 2

2006년 1월 1일에 출원서와 함께, A, B, C가 발명자로 표시되었으나 서명은 누락된 선언서가 제출되었다. 만약 진정한 발명자가 A, B, D인 경

---

51) 37 C.F.R. § 1.48(f)(1). 1997년에 개정된 내용으로 특허청에 제출되는 불필요한 서류를 줄이기 위해 개정된 제도이다. 실무상 활용도가 높다.

52) 37 C.F.R. § 1.51(b)(2).

53) 출원일 인정요건에 관한 구체적인 내용은 제2장 제9절 "출원일 인정요건"에서 설명한다.

우, 이후에 발명자 A, B, D가 서명한 선언서를 제출하기만 하면 발명자에 관한 흠결이 치유된다. 2006년 1월 1일에 제출된 선언서는 적법하게 제출된 선언서가 아니기 때문이다.[54]

예 3

2006년 1월 1일에 출원서와 함께 A, B, C가 발명자가 서명한 선언서가 제출되었으나 진정한 발명자가 A, B, D인 경우, 이후에 A, B, D가 서명한 선언서를 제출하는 것으로는 발명자를 정정할 수 없다. 일단 적법하게 선언서가 제출된 경우에는 이하에서 설명할 37 C.F.R. § 1.48(a)-(c)에 따른 절차에 따라 발명자를 정정해야 한다.

예 4

2006년 1월 1일에 한국특허청에 A, B, C를 발명자로 하여 국제출원(PCT)을 한 이후, 2008년 1월 1일에 미국으로 국내단계를 진입하면서 진정한 발명자를 A, B라는 선언서를 제출하는 것은 부적법하다. 한편 국제출원이 아닌 경우에는 2008년 1월 1일 이전에 적법하게 제출된 선서서/선언서가 존재하지 않음을 근거로 이하에서 설명하는 37 C.F.R. § 1.48(f)(1)의 혜택을 주장할 수 있지만, 국제출원의 경우 37 C.F.R. § 1.48(f)(1)의 규정이 적용되지 않아서 이하에서 설명하는 37 C.F.R. § 1.497(d) 규정에 따른 서류를 제출해야 한다.

1) 관련문제 — 국제출원의 특칙

A. 국제출원서와 국내단계 진입 시에 제출되는 선서서/선언서 간에 발명자가 불일치하는 경우

국제출원을 기초로 국내단계를 진입하는 경우, 국제출원서에 표시된 발명자(PCT 규칙 92의2에 의해 발명자가 변경된 경우[55] 포함)가 미국 내에서도 발명자로 취급된다. 따라서 국내단계 진입 시에 제출해야 하는 선서서/선언서에 기재되는 발명자는 국제출원에 제출된 발명자와 완전히 일치해야 한

54) 37 C.F.R. § 1.63(a).

55) PCT Rule 92bis에 의해 국제사무국이 기록을 변경한 경우를 말한다.

다.[56] 만약 선서서/선언서에 기재되는 발명자와 국제출원 간에 발명자의 불일치가 발생하는 경우에는 37 C.F.R. § 1.497(d) 규정에 따라 i) 추가되거나 삭제되어야 하는 발명자에 의해 작성되는 기만의 의도가 없다는 진술서(statement), ii) 수수료, iii) 양수인의 서면 동의, iv) 37 C.F.R. § 1.497(f)에 따라 새롭게 작성된 선서서/선언서를 제출하면서 발명자를 정정해야 한다.[57]

주의할 점은, 국제출원(PCT)을 기초로 국내단계를 진입한 국내단계출원의 경우 37 C.F.R. § 1.48(f)(1)의 규정의 혜택을 볼 수는 없다는 것이다. 즉, 정확한 발명자에 의해 작성된 선서서/선언서의 제출만으로 국제출원과 미국출원간의 불일치를 해결할 수 없다.[58] 이 경우에는, 상술한 37 C.F.R. § 1.497(d) 규정에 따른 4가지 서류를 제출하면서 발명자를 정정해야 한다.

국제출원서에 기재된 발명자의 성명에 대한 오탈자, 오역[59] 등이 존재하지만 미국 국내단계 진입 시에는 정정된 발명자 이름을 사용하려는 경우에는, 상술한 37 C.F.R. § 1.497(d) 규정에 따라 발명자를 정정할 필요는 없으며, 미국 특허청에 발명자에 오탈자가 있음을 통지하면 충분하다.[60] 이 경우 새로운 선서서/선언서를 제출할 필요도 없다.[61]

만약 국제출원의 발명자 중 일부가 협조를 거부하거나 행방불명인 경우에는 37 C.F.R. § 1.47에 따른 절차[62]를 통해 작성된 선서서/선언서를 제출

---

56) 37 C.F.R. § 1.41(a)(4); *See* MPEP § 1893.01(e).

57) 37 C.F.R. § 1.497(d). 상술한 i) 내지 iv)의 제출서류는 이하에서 설명할 37 C.F.R. § 1.48(a)에 따른 제출서류와 극히 유사하기는 하지만, 37 C.F.R. § 1.48(a)에 따른 절차가 아니라 37 C.F.R. § 1.498(d)에 따른 절차라는 점을 주의해야 한다.

58) 또한 국제출원과 미국출원간의 발명자의 불일치의 문제는 이하에서 설명할 37 C.F.R. § 1.48(a)에 따른 절차로도 해결되지 않는다.

59) 그러나 오탈자나 오역이 아니라 발명자의 성명이 변경되는 경우에는 37 C.F.R. § 1.182에 따른 청원을 통해 발명자를 정정해야 한다. 발명자가 한국인인 경우 혼인을 통해 여성의 성이 변경되지 않기 때문에 실제로 성명의 변경이 문제되는 경우는 드물 것이다.

60) 물론 PCT 규칙 92의2(PCT Rule 92bis)에 의해 발명자 명칭을 수정하는 방법도 가능하다.

61) *See* MPEP § 1893.01(e).

62) 발명자 중 일부/전부가 협조를 거부하거나 행방불명인 경우에 선서서/선언서를 제출하는 절차이다. 구체적으로 발명자 중 일부가 협조를 거부하거나 행방불명인 경우 나머지 발명자들이 선서서/선언서를 제출할 수 있고, 발명자 전부가 협조를 거부하거나 행방불명인 경우 양수인 또는 이해관계인 등의 재산상이 이익을 가지는 자가 발명자 전부를 대신해서 선서서/선언서를 제출할 수 있는 절차이다. 보다 구체적인 내용은 제

할 수 있다.[63]

B. 적법하게 국내단계에 진입한 이후의 발명자정정

일단 적법하게 국내단계로 진입한 경우에는 통상의 미국출원과 동일하게 취급된다. 따라서 이하에서 설명하는 37 C.F.R. § 1.48(a)-(c)에 따라 발명자정정을 해야 한다.

2. 가출원표지가 제출되지 않은 경우[64]

가출원(Provisional Application) 시에는 출원서의 일부로 제출되는 선서서/선언서(37 C.F.R. § 1.63에 따른 선서서/선언서)가 요구되지 않는다. 따라서 가출원의 발명자는 선서서/선언서가 아닌 가출원표지(cover sheet)에 따라 정해진다. 만약 가출원서에 발명자가 기재되었으나 가출원일에 가출원표지가 제출되지 않은 경우, 이후에 제출되는 표지에 기재되는 발명자가 가출원의 발명자로 정해진다. 만약 잘못된 발명자가 가출원표지가 누락된 가출원서에만 기록된 경우에는, 이후에 제출하는 가출원표지에 정확한 발명자를 기재하는 것으로 발명자에 관한 흠결이 치유된다. 따라서 별도의 발명자정정이 요구되지 않는다.[65]

3. 연속출원의 경우[66]

모출원과 연속출원(계속/분할/부분계속출원) 간에 발명자의 불일치가 발생하는 경우, 연속출원 및/또는 모출원에 대한 발명자정정 없이도 발명자정정의 효과가 발생하는 경우가 있다. 이하, 연속출원이 문제되는 경우에 발명자정정이 요구되는 경우를 설명한다.

1) 모출원에 발명자가 정확하게 특정된 경우

모출원에 발명자가 정확하게 특정되었더라도 연속출원 과정에서 발명자가 추가, 삭제되는 경우가 발생할 수 있다.[67] 이 경우 모출원의 발명자는 정

2장 제4절 "선서서/선언서"에서 설명한다.

63) 37 C.F.R. § 1.497(b); *See* MPEP § 409.01-02.

64) 37 C.F.R. § 1.48(f)(2).

65) 한편 가출원에 대한 표지가 적법하게 제출된 이후에 발명자를 정정하는 경우에는 37 C.F.R. § 1.48(d), (e)의 절차에 따라 발명자를 정정해야 한다.

66) *See* MPEP § 201.03.

67) 적법한 연속출원을 위해서는 발명자 중 적어도 하나가 공통되어야 하지만, 연속출원

확하게 특정되어 있으므로 모출원에 대해서는 발명자정정이 요구되지 않으며, 연속출원에 대해서도 37 C.F.R. § 1.48에 규정된 발명자정정이 요구되지 않는다. 즉, 연속출원의 진정한 발명자가 작성한 선서서/선언서를 제출하면서 연속출원을 진행하면 발명자정정은 문제되지 않는다.[68]

예 1

모출원의 상세한 설명에는 발명자 A, B에 의해 발명된 X와 발명자 B, C에 의해 발명된 Y가 포함되었으나 모출원의 청구항은 발명 X만을 청구하는 경우, 모출원의 진정한 발명자는 A, B로 정해진다. 만약 출원인이 계속출원을 통해 발명 Y를 청구하는 경우, 계속출원의 발명자는 B, C가 되는데, 이 경우 계속출원의 발명자가 모출원의 발명자와 다르다고 해서 발명자정정이 문제되는 것은 아니다. 계속출원의 출원인이 계속출원을 하면서 발명자 B, C에 의해 작성된 선서서/선언서를 제출하면 발명자요건에 흠결은 발생하지 않는다.

예 2

발명자 A에 의해 발명된 청구항 1과 발명자 B에 의해 발명된 청구항 2이 포함된 모출원에 대해 심사관의 한정요구(Restriction Requirement)가 부여되어, 모출원의 출원인이 청구항 1을 지정하고 청구항 2를 삭제한 경우, 청구항 2의 삭제보정에 의해 발명자가 A, B에서 A로 변경되었으므로 이하에서 설명할 37 C.F.R. § 1.48(b)에 의한 발명자정정이 요구된다.

만약 모출원(청구항 1만을 포함)의 출원계속 중에 해당 모출원에 대한 분할출원(청구항 2만을 포함)을 진행하는 경우 분할출원의 발명자는 B가 되므로

의 발명자는 모출원이 아닌 연속출원의 청구항에 기재된 발명에 따라 결정되므로 모출원과 연속출원의 발명자 전부가 공통되지는 않을 수 있기 때문이다.

68) 참고로 37 C.F.R. § 1.63(d)(1)(ii)에 따르면 계속출원(Continuation Application) 및 분할출원(Divisional Application)의 경우, 모출원과 발명자가 동일하거나 발명자가 감소한 경우(즉 모출원에 비해 새로운 발명자가 없는 경우), 연속출원을 위한 선서서/선언서를 제출할 필요 없이 모출원에 제출된 선서서/선언서의 복사본을 대신 제출할 수도 있다. 다만, 부분계속출원(CIP)의 경우 37 C.F.R. § 1.63(e) 규정에 의해 무조건 새로운 선서서/선언서를 제출해야 한다.

발명자 B에 의해 작성된 선서서/선언서를 제출하면 발명자요건에 흠결은 발생하지 않는다. 이 경우 분할출원에 대해 발명자정정이 요구되는 것은 아니다.[69]

2) 모출원에 잘못된 발명자가 포함된 경우[70]

연속출원의 기초가 되는 모출원에 잘못된 발명자가 포함된 경우, 모출원에 대한 발명자정정이 요구된다. 그러나 i) 모출원을 기초로 연속출원을 진행하고, ii) 모출원에 기재된 발명자 중 적어도 한 명은 진정한 발명자이고, iii) 모출원의 진정한 발명자가 연속출원의 발명자에도 해당하는 경우, 적어도 연속출원에 대해서는 발명자정정이 요구되지 않는다. 따라서 연속출원의 출원인이 연속출원의 진정한 발명자에 의해 작성된 선서서/선언서를 제출하면 연속출원에 대해서는 발명자요건에 흠결이 발생하지 않는다. 주의할 점은 모출원에 대해 발명자정정이 없는 경우, 모출원에 대한 흠결은 해결되지 않는다는 것이다. 따라서 상술한 방법은 모출원을 포기하고 연속출원 만을 진행할 때 권장되는 방법이다.

예 1

모출원의 발명자로 진정한 발명자 A와 잘못된 발명자 B가 포함된 경우, 출원인은 i) 모출원에 대해 이하에서 설명하는 37 C.F.R. § 1.48(a)에 따른 발명자정정을 진행하거나, ii) 연속출원을 하면서 발명자 B에 의해 작성된 선서서/선언서를 제출하면서[71] 모출원을 포기할 수 있다.

69) 참고로 모출원의 정정된 발명자는 A이고 분할출원(Divisional Application)의 발명자는 B이므로 모출원과 분할출원에 공통되는 발명자가 없으므로 35 U.S.C. § 120 규정에 따른 출원일의 이익이 문제될 수 있다. 그러나 이러한 경우에도 모출원의 최초 발명자가 A+B이므로 모출원과 분할출원(Divisional Application) 간에 발명자가 공통되는 것으로 취급하여 35 U.S.C. § 120에 따른 출원일의 이익을 인정한다. *See* MPEP § 201.03.

70) *See* MPEP § 201.03.

71) 계속출원 또는 분할출원의 경우에는, 모출원에서 제출된 선서서/선언서의 복사본을 제출할 수 있다. 37 C.F.R. § 1.63(d).

예 2

모출원의 발명자로 A, B 만이 포함되었으나 진정한 발명자는 오직 C인 경우, 출원인은 모출원에 대해 이하에서 설명하는 37 C.F.R. § 1.48(a)에 따라 발명자를 정정해야만 한다. 만약 연속출원을 하면서 발명자를 C로 지정하는 경우, 연속출원과 모출원에 공통되는 발명자가 없어 35 U.S.C. § 120에 따른 출원일의 이익을 받지 못하기 때문이다.

예 3

모출원의 발명자로 A, B 만이 포함되었고, 발명자 B, C를 진정한 발명자로 하여 연속출원이 이루어진 이후 모출원이 포기된 상황에서, 연속출원의 발명자 지정에는 착오가 없었으나 모출원의 진정한 발명자가 B, D임이 연속출원의 계속 중에 밝혀진 경우, 포기된 모출원에 대해 발명자정정 등이 요구되는 것은 아니다. 즉, 모출원과 연속출원간에 적어도 하나의 공통되는 발명자(발명자 B)가 있고, 해당 발명자가 진정한 발명자인 경우에는 모출원의 흠결로 인해 연속출원이 거절되거나 무효되는 것은 아니다.

예 4

모출원의 발명자로 A, B만이 포함되었고, 발명자 B, C를 진정한 발명자로 하여 연속출원이 이루어진 이후 모출원이 포기된 상황에서, 모출원 및 연속출원의 진정한 발명자가 C, D로 밝혀졌다면 모출원과 연속출원에 대한 발명자정정이 요구된다. 모출원과 연속출원에 적어도 하나의 공통되는 발명자(발명자 B)가 있지만 해당 발명자가 진정한 발명자는 아니기 때문이다. 따라서 연속출원뿐만 아니라 포기된 모출원에 대해서도 37 C.F.R. § 1.48(a)에 따른 발명자정정이 요구된다.[72)]

4. 가출원을 기초로 정규출원을 하는 경우

가출원을 기초로 우선권을 주장하며 정규출원을 하는 경우, 가출원의 발명자가 잘못 지정되었어도 발명자정정이 요구되지 않는 경우가 있다. 구체

72) 이 경우 복수의 출원에 대해서는 하나의 신청서로 발명자정정이 가능하다.

적으로, i) 가출원의 발명자와 정규출원의 발명자가 적어도 하나 이상 공통되고, ii) 공통되는 발명자가 진정한 발명자인 경우, 가출원에 대해 이하에서 설명하는 37 C.F.R. § 1.48(d), (e)의 절차를 발명자정정이 요구되지 않는다. 이 경우, 진정한 발명자에 의해 작성된 선언서/선서서를 정규출원서와 함께 제출하면 발명자요건에 대한 흠결이 문제되지 않는다.

5. 출원시에 존재하던 흠결이 심사과정에 치유된 경우[73)]

출원일에 제출된 청구항을 기준으로 판단했을 때 발명자가 잘못 지정되었더라도, 심사과정에서 보정 등을 통해 변경된 청구항이 허여되었고, 허여된 청구항을 기준으로 판단했을 때 선서서/선언서로 특정된 발명자가 진정한 발명자인 경우 발명자정정이 요구되지 않는다.

6. 오탈자 또는 오역의 존재 / 성명의 변경

발명자의 성명에 오탈자 또는 오역이 존재하는 경우, 특허청에 이러한 잘못이 존재함을 통지하면 충분하다. 만약 오탈자나 오역이 아니라 발명자의 성명이 변경되는 경우에는 37 C.F.R. § 1.182에 따른 청원(petition)을 통해 발명자를 정정해야 한다.

Ⅳ. 발명자정정 — 등록료 납부 이전

1. 서

기만의 의도 없이 발명자가 잘못 기재된 경우 발명자정정이 가능하다.[74)] 구체적으로 발명자정정의 절차와 대상은 37 C.F.R. § 1.48(a)-(e)에 규정되어 있다. 특허출원에 대한 발명자정정은 허여통지서(Notice of Allowance) 발송 이후에도 가능하지만 등록료(Issue Fee) 납부 전에는 완료되어야 한다.[75)]

---

73) *See* MPEP § 201.03.

74) 35 U.S.C. § 116.

75) 다만, 허여통지서가 발송된 이후에 제출된 발명자정정을 위한 청원은 허여통지서가 발송된 이후에 제출된 보정과 동일하게 취급된다. *See* MPEP §714.16. 따라서 발명자정정에 관한 내용이 심사관에 의해 고려되기 위해서는 특허청의 승인이 필요하다. 37 C.F.R. § 1.312.

만약 등록료를 납부하였다면 등록철회(withdraw from issue)를 요청하여 등록을 철회하고 발명자를 정정해야 한다.[76]

2. 정규출원의 발명자가 착오로 잘못 지정된 경우 — 37 C.F.R. § 1.48(a)에 따른 발명자정정

착오에 의해 발명자가 누락되었거나, 발명자가 아닌 자가 발명자로 포함된 경우에, 37 C.F.R. § 1.48(a)에 따라 발명자를 추가하거나 삭제할 수 있다. 이 경우, 수수료와 함께 이하의 제출서류를 특허청에 제출하여야만 한다.

1) 제출서류[77]

A. 신청서 및 진술서 — 기만적 의도가 없었다는 내용의 진술서

37 C.F.R. § 1.48(a)에 따라 발명자를 정정하는 경우 진정한 발명자에 관한 정보를 포함하는 신청서(request)와 발명자가 잘못 기재된 것에 기만적 의도가 없었음을 진술하는 진술서(statement)를 제출해야 한다. 진술서는 추가되거나 삭제되어야 할 발명자(발명자 전부가 아님)에 의해 서명되어야 하며, 단순히 "기만적 의도가 없이 발명자가 잘못 지정되었다"는 기재만 있어도 충분하다. 진술서에는 기만의 의도가 없었다는 내용만 진술되면 충분하므로, 진술한 내용을 선서진술서(affidavit) 또는 선언서(declaration)를 통해 제출할 필요는 없다. 복수의 출원에 발명자가 잘못 지정된 경우, 신청서는 하나면 충분하며 상기 진술서는 복사하여 사용될 수 있다.

추가되거나 삭제되어야 할 발명자의 서명을 받을 수 없는 상황에는, 상기 진술서 대신에 37 C.F.R. § 1.183에 따른 청원(petition)을 제출하여 발명자를 정정할 수 있다.[78] 다만, 37 C.F.R. § 1.183에 따른 청원은 극히 이례적인 상황에서 법규정의 예외를 요청하는 절차이므로, 37 C.F.R. § 1.183 청원을 근거로 발명자를 정정하려면 발명자정정이 필요하다는 사실에 다툼의 여지가 없어야 한다.

B. 선서서 또는 선언서

출원서의 일부로 제출되는 선서서/선언서(Oath/Declaration)가 제출되어야

---

76) *See* MPEP § 201.03

77) *See* MPEP § 213.03.

78) 즉, 진술서 제출요건(37 C.F.R. § 1.48(a))에 대한 예외를 구하는 것이다.

한다.[79] 발명자정정과 함께 제출되는 선서서/선언서는 발명자(진정한 발명자 전부)에 제출되어야 한다. 발명자가 복수인 경우, 모든 발명자가 하나의 동일한 서류에 서명을 할 필요는 없으나, 각각의 선서서/선언서에는 모든 발명자의 리스트가 기재되어야 한다. 예를 들어, 발명자가 A, B, C, D인 경우, 4개의 선서서/선언서를 작성하여 각각을 발명자에 발송하고, 발명자는 자신에게 발송된 서류에 서명하여 제출하면 충분하지만, 서명되는 모든 서류에는 발명자 A, B, C, D가 기재되어 있어야 한다. 따라서 발명자들이 제출하는 선서서/선언서에 표시된 발명자들이 불일치하는 경우 새로운 선언서가 요구된다.

만약 추가되거나 삭제되어야 할 발명자 또는 원래부터 발명자로 기재되어 있는 발명자가 선서서/선언서에 협조하지 않는 경우 37 C.F.R. § 1.183에 따른 청원을 제출하여 선서서/선언서 제출의무를 면할 수 있다.

C. 모든 양수인의 서면동의

해당 출원에 대해 양수인으로 등록되었는지 여부에 상관없이 모든 양수인의 서면동의를 받아야 한다. 즉, 당사자간의 합의는 있었으나 특허청에 등록하지 않은 양수인으로부터도 서면동의를 받아야 한다.

3. 정규출원에 대한 보정으로 발명자 일부가 삭제되는 경우 — 37 C.F.R. § 1.48(b)에 따른 발명자정정

상술한 바와 같이 발명자는 청구항에 기재된 발명을 기준으로 결정된다. 따라서 최초 출원 시에 발명자를 정확하게 지정했더라도 청구항에 대한 삭제보정 등으로 인해 발명자의 기여(contribution)가 더 이상 존재하지 않는 경우에는 37 C.F.R. § 1.48(b)에 따라 발명자 중 일부를 삭제해야 한다. 이 경우 수수료와 함께 이하의 제출서류를 특허청에 제출하여야만 한다.

79) 즉, 37 C.F.R. § 1.63에 따른 선서서/선언서가 제출되어야 한다. 해당 선언서는 모든 정규출원에 대해 요구되는 서류인바, 37 C.F.R. § 1.48(a)에 의해 발명자가 정정되는 경우에는 최초에 제출된 선서서/진술서 대신에 새로운 선서서/진술서를 다시 제출하게 된다.

1) 제출서류[80]

A. 신 청 서

37 C.F.R. § 1.48(a)에 따른 발명자정정과 달리 기만의 의도가 없었다는 내용을 포함하는 진술서를 제출할 필요는 없다. 삭제되는 발명자를 표시하고, 해당 발명자가 더 이상 청구항에 기재된 발명에 대한 발명자가 아님을 진술한 신청서(request)를 제출하면 충분하다.

B. 선서서 또는 선언서

37 C.F.R. § 1.48(a)에 따른 발명자정정과 달리 새로운 선서서(oath) 또는 선언서(declaration)는 불필요하다.

C. 양수인의 서면동의

37 C.F.R. § 1.48(a)에 따른 발명자정정과 달리 양수인의 서면동의는 불필요하다.

4. 정규출원에 대한 보정으로 발명자가 추가되는 경우 – 37 C.F.R. § 1.48(c)에 따른 발명자정정

상술한 바와 같이 정규출원에 있어서 발명자는 청구항에 기재된 발명을 기준으로 결정된다. 따라서 최초 출원 시에 발명자를 정확하게 지정했더라도 청구항을 추가하는 보정 등으로 인해 발명자의 기여(contribution)가 새롭게 발생하는 경우에는 37 C.F.R. § 1.48(c)에 따라 발명자를 추가해야 한다. 이 경우 수수료와 함께 이하의 제출서류를 특허청에 제출하여야만 한다.

1) 제출서류[81]

A. 신청서 및 진술서

발명자정정을 요청하는 신청서(request) 및 보정으로 인해 발명자가 추가되었고 기만의 의도가 없다는 내용을 진술하는 진술서(statement)를 제출해야 한다. 이러한 진술서는 추가되는 발명자(모든 발명자 아님)에 의해 서명되어야 한다.

B. 선서서 또는 선언서

37 C.F.R. § 1.48(a)에 따른 발명자정정과 마찬가지로 출원서의 일부로 제출되는 선서서/선언서(37 C.F.R. § 1.63에 따른 선서서/선언서)가 제출되어야

80) *See* 37 C.F.R. § 1.48(b); MPEP § 201.03.
81) *See* 37 C.F.R. § 1.48(c); MPEP § 201.03.

한다. 해당 선서서/선언서는 모든 발명자에 의해 서명되어야 한다.

C. 양수인의 서면동의

37 C.F.R. § 1.48(a)에 따른 발명자정정과 마찬가지로 모든 양수인의 서면동의가 필요하다.

5. 가출원에 있어서 착오로 누락된 발명자를 추가하는 경우 — 37 C.F.R. § 1.48(d)에 따른 발명자정정

가출원(Provisional Application) 역시 출원시에 발명자를 기재하는바, 기만의 의도 없이 발명자를 잘못 특정하여 진정한 발명자를 추가하는 경우 37 C.F.R. § 1.48(d)에 따라 발명자를 추가할 수 있다. 이 경우 수수료와 함께 이하의 제출서류를 특허청에 제출하여야만 한다.

1)제출서류[82)]

A. 신청서 및 진술서

진정한 발명자에 관한 정보가 포함된 신청서(request) 및 기만의 의도 없이 발명자가 누락되었음을 진술하는 진술서(statement)를 제출해야 한다. 상기 진술서는 신청서에 포함될 수 있으며, i) 대리인, ii) 출원인, 또는 iii) 양수인에 의해 서명되어야 한다.[83)]

B. 선서서 또는 선언서

가출원의 경우 선서서/선언서가 요구되지 않으므로, 발명자정정시에도 선서서/선언서가 요구되지 않는다.

C. 양수인의 서면동의

양수인의 서면동의는 요구되지 않는다.

6. 가출원에 있어서 착오로 지정된 발명자를 삭제하는 경우 — 37 C.F.R. § 1.48(e)에 따른 발명자정정

가출원(Provisional Application) 역시 출원시에 발명자를 기재하는바, 기만의 의도 없이 발명자를 잘못 특정하여 잘못된 발명자를 삭제하는 경우, 37 C.F.R. § 1.48(e)에 따라 발명자를 삭제할 수 있다. 이 경우 특허청에 수수료

---

82) *See* 37 C.F.R. § 1.48(d); MPEP § 201.03.

83) 37 C.F.R. § 1.48(d)에 따른 진술서를 서명할 수 있는 자는 37 C.F.R. § 1.33(b)에 규정된다.

와 함께 아래의 제출서류를 제출하여야만 한다.

1) 제출서류[84)]

A. 신청서 및 진술서

진정한 발명자에 관한 정보가 포함된 신청서(request) 및 기만의 의도 없이 발명자가 잘못 기재되었음을 진술하는 진술서(statement)를 제출해야 한다. 상기 진술서는 삭제되어야 하는 발명자에 의해 서명되어야 한다.

B. 선서서 또는 선언서

가출원의 경우 선서서/선언서가 요구되지 않으므로 발명자정정에도 선서서/선언서가 요구되지 않는다.

C. 양수인의 서면동의

37 C.F.R. § 1.48(e)와 달리 양수인의 서면동의가 요구된다.

7. 발명자를 삭제하는 동시에 추가하는 경우

37 C.F.R. § 1.48(c), (d)는 발명자를 추가하는 절차만을 규정하고, 37 C.F.R. § 1.48(b), (e)는 발명자를 추가하는 절차만을 규정하고 있다. 만약 발명자를 삭제하는 동시에 추가하는 경우에는, 각각의 절차를 모두 진행시켜야 한다. 즉, 추가되는 발명자에 대해서는 37 C.F.R. § 1.48(b), (e)에 규정된 서류를 제출하는 동시에 삭제되는 발명자에 대해서는 37 C.F.R. § 1.48(c), (d)에 규정된 서류를 제출해야 한다.[85)]

Ⅴ. 등록 이후의 발명자정정

1. 정정증명서에 의한 발명자정정

등록 이후에는 정정증명서(Certificate of Correction)에 의한 발명자정정이 가능하다. 발명자정정에 관련된 정정증명서는 35 U.S.C. § 256에 의해 규정되는 것으로, 35 U.S.C. § 255에 의해 규정되는 정정증명서와 구별된다.[86)]

84) *See* 37 C.F.R. § 1.48(e); MPEP § 201.03.
85) *See* MPEP § 201.03.
86) 발명자정정을 위한 증명증명서의 경우 사실에 관한 증명(proof of facts)이 추가로 요구된다.

일반적으로 정정증명서는 심사관에 의해 부여되지만, 법원의 명령에 의해 부여될 수도 있다.

2. 재발행출원에 의한 발명자정정

정정증명서에 의한 발명자정정이 불가능한 경우, 재발행출원(Reissue Application)을 통해 발명자정정이 가능하다. 발명자정정을 위해 재발행출원을 하는 경우, 추가될 발명자 역시 재발행선언서/선서서에 서명을 해야 한다. 그러나 삭제될 발명자는 재발행선언서/선서서에 서명할 필요가 없다. 재발행선언서/선서서에는 원특허의 발명자가 누구로 기재되었는지에 상관없이 진정한 발명자가 서명을 하는 것이 원칙이기 때문이다.[87]

3. 재심사절차를 통한 발명자정정

재심사절차를 통해서도 발명자정정이 가능하다. 구체적으로 재심사의 대상이 되는 등록특허의 발명자가 기만의 의도(deceptive intention) 없이 잘못 기재된 경우, 재심사절차가 진행되는 도중에 발명자정정을 요청하는 청원을 제출하여 발명자정정을 할 수 있다.[88]

제4절 | 선서서 / 선언서

Ⅰ. 서

선서서/선언서(Oath/Declaration)는 단순한 진술서(statement)와는 구별되는 것으로, 선서서/선언서의 내용이 거짓으로 밝혀지는 경우 제출자 및 특허에 불이익이 발생하므로, 일반적인 진술에 비해 거짓진술이 문제될 확률이 적

---

87) *See* MPEP § 1412.04. 삭제될 발명자가 특허권자(양수인 포함)의 자격을 갖추고 있다면 재발행출원시 해당 발명자의 동의는 여전히 필요하다. 누가 재발행선언서/선서서를 작성하는지에 상관없이 특허권자/양수인의 동의가 제출되어야 하기 때문이다. *See* MPEP § 1410.01.

88) 37 C.F.R. § 1.530; *See* MPEP §§ 2250.02, 2258.

다. 따라서 보다 높은 수준의 증명이 요구되는 상황에서 선서서/선언서의 제출이 요구된다.

II. 선서서와 선언서의 구별

선서서(oath)는 공증인 또는 이에 상응하는 자 앞에서 진술한 내용이 진실임을 선서하는 것이고,[89] 선언서(declaration)는 고의적인 허위진술이 형사처벌의 대상이며 허위진술로 인해 특허성에 영향을 끼칠 수 있다는 경고 하에서 작성된 진술이다. 선서서는 미국뿐만 아니라 외국에서도 작성될 수 있으며, 선서가 이루어진 현지법에 따라 선서를 허가할 수 있는 권한이 있는 자에 작성된 경우 그 효력은 미국 특허청에 대해서도 유효하다.[90] 선언서가 유효하기 위해서는 고의의 거짓진술(willful false statements)이 있는 경우 i) 벌금 및/또는 징역형이 가능하며, ii) 해당 출원 및 해당 출원으로부터 발생한 특허권의 유효성에 문제가 발생할 수 있다는 내용이 선언서에 기재되어야 한다.[91] 참고로, 미국특허법에서 요구되는 선서서 또는 선언서는 대부분 출원인, 즉 발명자에 의해 작성된다.

선서서와 선언서는 외관/형식 상으로는 다르지만 특허법 상으로 양자의 효과는 동일하다. 법령에 따라 미국 특허청(USPTO)에 선서서를 제출해야 하는 경우, 선서서의 종류에 상관없이 선서서를 대신하여 선언서를 제출하는 것이 가능하기 때문이다.[92]

---

89) 선서진술서(affidavit)는 선서(oath)의 형태로 작성되는 법정 선언의 일종으로, 선서진술서를 제출하려는 자는 공증인 또는 이에 상응하는 자 앞에서 선서진술서에 작성된 내용이 진실임을 선서하는 방식으로 선서진술서를 작성하므로, 양자를 동일한 개념으로 이해할 수 있다.

90) 37 C.F.R. § 1.66(a).

91) 37 C.F.R. § 1.68. 참고로, 특허청 양식에는 이미 이러한 경고문구가 포함되어 있다.

92) 35 U.S.C. § 111 등의 규정은 선서서에 대해서만 언급하고 있으나, 시행규칙(37 C.F.R.)에 따르면 법령에 의해 미국 특허청에 선서서를 제출해야 하는 경우, 선서서의 종류에 상관없이 해당 선서서에 대신에 선언서를 제출하는 것이 가능하다고 규정되어 있다. 37 C.F.R. § 1.68 (“Any document to be filed in the Patent and Trademark Office and which is required by any law, rule, or other regulation to be under oath may be subscribed to by a written declaration. Such declaration may be used in lieu of the oath . . . .”). 선서서에 비해 선언서의 작성이 용이하므로 대부분의 경우, 선서서

Ⅲ. 특허법에 의해 선서서/선언서가 요구되는 경우

1. 출원서의 일부로 제출되는 선서서/선언서

통상의 정규출원(Non-rovisional Application) 또는 재발행출원(Reissue Application)을 진행하는 경우 출원인은 자신이 진정한 발명자임을 미국 특허청(USPTO)에 선서/선언하는 선서서/선언서를 제출해야 한다.[93] 미국 특허청에 출원된 통상의 정규출원의 경우 선서서/선언서에 관한 사항은 37 C.F.R. § 1.63에 의해 규정되며, 국제출원(PCT)에 기초한 국내단계출원의 경우 선서서/선언서에 관한 사항은 37 C.F.R. § 1.497에 의해 규정된다.[94] 또한 재발행출원의 경우에는 선서서/선언서에 관한 사항이 37 C.F.R. § 1.175에 의해 규정되는데, 통상의 국내출원에서 요구되는 사항뿐만 아니라 재발행출원에서 특유적으로 요구되는 사항이 추가된다.

2. 기타의 경우

선서서/선언서는 최초 출원 시에만 요구되는 것은 아니다. 예를 들어, 특허성에 관한 객관적 증거를 제출하기 위해 37 C.F.R. § 1.132에 따른 선서서/선언서를 제출할 수 있으며, 선행기술에 비해 본 발명의 발명일이 선행한다는 것을 증명하는 경우, 37 C.F.R. § 1.131에 따른 선서진술서/선언서(Affidavit/Declaration)를 제출할 수 있다. 또한 사전에 외국출원허가를 얻지 않고 외국출원을 먼저 진행하여 소급허가(retroactive license)를 구하기 위해, 외국출원과 관련하여 기만의 의도(deceptive intent)가 없었음을 진술하는 선서서/선언서(Oath/Declaration)를 제출할 수 있다.

이하에서는 35 U.S.C. § 111(a) 및 37 C.F.R. § 1.51(b)(2) 규정에 의해 최초 출원 당시에 제출되어야 하는 선서서/선언서, 즉 출원서의 일부로 제출되는 선서서/선언서에 대하여 설명한다.[95]

대신 선언서를 제출한다.

93) 이하, 이러한 선서서/선언서를 "출원서의 일부로 제출되는 선서서/선언서"라 칭한다.

94) 양자는 선서서/선언서에 포함되는 실체적인 내용에는 차이가 없다.

95) 참고로, 최초 출원 시에 선서서/선언서가 요구되는 법적 근거는 35 U.S.C. § 111(a) 및 37 C.F.R. § 1.51(b)(2)이지만, 해당 선서서/선언서의 작성방법에 관한 근거는 37 C.F.R. § 1.63이다.

Ⅳ. 출원서의 일부로 제출되는 선서서/선언서의 기재요건

1. 선서서/선언서에 포함되어야 하는 내용

37 C.F.R. § 1.63 규정에 따라, 선서서/선언서에는 i) 서명, ii) 발명자의 성명, iii) 발명자의 국적, iv) 선서서/선언서의 대상이 되는 출원에 대한 인용, v) 조약우선권에 관한 정보가 포함되어야 한다. 출원서의 일부로 제출되는 선언서는 발명자가 서명해야 한다. 선서서/선언서의 내용을 이해할 의사능력이 있다면, 선서서/선언서는 나이에 상관없이 서명 가능하다.[96] 대리인은 발명자를 대신하여 서명할 수 없다. 또한 발명자가 선서서/선언서에 서명한 이후에는 대리인이라도 정식으로 제출된 보정서에 의하지 않고서는 출원서의 내용을 수정할 수 없다.[97] 만약 선서서/선언서에 서명한 이후 명세서가 수정된 경우, 보충선서서/선언서(supplemental oath/declaration)를 제출해야 한다.[98] 참고로, 미국 특허청은 선서서/선언서의 작성된 일자를 기초로 선서서/선언서에 대한 문제를 제기하지는 않는다. 예를 들어 선서서/선언서의 작성일이 누락되었거나, 선서서/선언서의 작성일이 출원일에 비해 지나치게 빠르더라도 이 자체를 문제삼지는 않는다.[99]

2. 선서서/선언서를 통해 선언되는 내용

37 C.F.R. § 1.63 규정에 따라, 출원서의 일부로 제출되는 선서서/선언

96) 37 C.F.R. § 1.63(a)(1).

97) 예를 들어 3월 20일에 명세서 초안을 작성하고, 3월 25일에 명세서 초안을 발명자에게 송부하면서 발명자로 하여금 선언서를 작성하게 하고, 3월 27일에 발명자와 협의를 거쳐 명세서 초안의 표현을 일부 수정한 이후, 4월 1일에 수정된 명세서를 기초로 출원을 한 경우, 해당 선언서는 위법한 것이다. 선언서가 서명된 이후에 출원서의 내용이 수정되었기 때문이다. 따라서 선언서는 출원서의 내용이 확정된 이후에 작성되어야 한다. 참고로 이러한 제한은 당해 출원에 한정된다. 예를 들어, 우선권주장의 기초가 되는 모출원(parent application)의 선언서가 서명된 이후에는 해당 모출원에 대한 내용의 수정은 불가능하지만, 모출원의 선언서의 복사본과 함께 제출된 계속출원(Continuation Application) 또는 분할출원(Divisional Application)의 경우에는 모출원의 선언서가 서명된 이후에도 모출원으로부터 변경된 내용(물론 신규사항은 아니어야 함)을 포함하여 계속출원 내지 분할출원을 할 수 있다. 이 경우 별도의 보정절차가 필요한 것은 아니다.

98) 37 C.F.R. § 1.52(c).

99) MPEP § 602.05.

서에 반드시 기재되어야 하는 내용은 다음과 같다.[100)]

1) 진정한 발명자라는 진술

선서서/선언서에는 선서서/선언서에 표시된 발명자가 선서서/선언서의 대상이 되는 출원의 청구항에 기재된 발명의 진정한 최초 발명자가 자신임을 진술하는 내용이 포함된다.[101)]

2) 명세서를 검토했다는 진술

선서서/선언서의 작성자가 특허청에 제출되는 명세서를 검토했다는 진술이 포함된다.[102)]

3) 정보개시의무를 인지했다는 진술

선서서/선언서의 작성자가 특허청(USPTO)에 대한 정보개시의무의 인지했다는 진술이 포함된다.[103)] 즉, 선서서/선언서의 대상이 되는 출원의 특허성에 관련된 중대한 정보를 알게 되는 경우, 해당 정보를 IDS(Information Disclosure Statement)를 통해 특허청에 제공할 의무를 부담해야 한다는 내용을 인지했음을 진술해야 한다.

3. 조약우선권에 관한 정보

37 C.F.R. § 1.63 규정에 따라, 출원데이터시트(ADS)[104)]를 통해 조약우

---

100) 특허청에서 사용하는 양식(PTO/SB/01 (05-08))에 인쇄된 내용이다. C.F.R. § 1.63(a)-(b)에 규정된 내용을 담고 있다.

101) 미국 특허청 양식을 제출하는 경우 "나는 발명자가 청구된 발명에 대한 진정한 발명자임과 동시에 최초의 발명자라고 믿는다(I believe the inventor(s) named below to be the original and first inventor(s) of the subject matter which is claimed and for which a patent is sought on the invention titled)"고 진술하게 된다.

102) 미국 특허청 양식에 따르는 경우 "나는 청구항 및 보정서를 포함한 출원서의 내용을 검토했고 이해했다"고 진술하게 된다. 한편 발명자는 선서서/선언서에 서명하기 이전에 출원서의 내용을 검토하여 수정할 내용을 발견한 경우에 수기(手記)로 수정할 수도 있다. 37 C.F.R. § 1.52(c).

103) 미국 특허청 양식에 따르는 경우 "나는 특허성에 관련된 중요한 정보를 개시할 의무(IDS 제출의무)를 갖는다는 것을 인식했다(I acknowledge the duty to disclose information which is material to patentability as defined in 37 CFR 1.56, including for continuation-in-part applications, material information which became available between the filing date of the prior application and the national or PCT international filing date of the continuation-in-part application)"고 진술하게 된다.

104) 37 C.F.R. § 1.76에 따라 작성되는 서류로, 출원인이 원하는 경우 출원에 관한 서지적 사항을 기재하여 특허청에 제출하는 서류이다.

선권에 관한 정보를 제출하지 않은 경우, 선서서/선언서에 조약우선권에 관한 정보를 포함시켜야 한다. 원칙적으로 출원인은 미국출원일 이전에 출원되고 미국출원과 동일한 내용을 갖는 외국출원 전부에 대한 정보를 기재해야 한다.[105] 그러나 모든 외국출원이 미국출원일로부터 12개월 이내(디자인 출원의 경우 6월)에 이루어졌다면, 그 중에서 최초로 출원된 외국출원에 대한 정보를 기재하면 충분하다.[106] 한편, 복합우선의 경우 우선권의 기초가 되는 외국출원을 모두 기재해야 한다.

4. 단일 또는 공동발명자의 취급

현행 시행규칙은 더 이상 발명이 단일발명자(sole inventor) 또는 공동발명자(joint inventor)에 의한 것인지 표시할 것을 요구하지 않는다. 공동발명자의 경우, 하나의 선서서/선언서를 작성하거나 개별적으로 작성된 복수의 선서서/선언서를 제출할 수 있다. 그러나 복수의 선서서/선언서를 제출하는 경우라도 각각의 선서서/선언서에는 모든 발명자에 대한 정보가 포함되어야 한다.[107]

5. 예비보정에 대한 인용[108]

2004년 9월 21일 및 그 이후에 출원된 출원의 경우, 출원서와 함께 출원일에 제출된 예비보정(Preliminary Amendment)은 최초 명세서의 일부로 포함된다.[109] 따라서, 더 이상 선서서/선언서에 예비보정에 관한 사항을 별도로

---

105) 37 C.F.R. § 1.63(c)(2).

106) 즉, 조약우선권을 향유할 수 있는 기간 내에 미국출원이 이루어졌다면, 가장 먼저 출원된 외국출원을 표시하면 충분하다. MPEP § 602 ("If all foreign applications have been filed within 12 months of the U.S. filing date, applicant is required only to recite the first such foreign application of which priority is claimed, and it should be clear that the foreign application referred to is the first filed foreign application."). 그러나 조약우선권을 향유할 수 있는 기간 이전에 이미 외국출원이 있었다면 이러한 외국출원에 관한 정보도 선서서/선언서 또는 출원데이터시트(ADS)에 포함되어야 한다. MPEP § 602 ("The applicant is required to recite all foreign applications filed prior to the application on which priority is claimed.") *See* 37 C.F.R. § 1.55(a)(1)(i); MPEP § 201.14.

107) 선서서/선언서는 미국특허에서 발명자를 특정하는 가장 우선하는 기준이다. 따라서 모든 선언서에 표시되는 발명자에 관한 정보는 서로 정확히 일치해야 하며, 만약 불일치가 발생하는 경우 부적법한 선언서로 취급된다.

108) *See* MPEP § 602.

109) 2004년 9월 21일 이전의 실무는 최초 제출된 선언서에 예비보정이 인용된 경우에만

인용할 필요가 없다.

그러나 2004년 9월 21일 및 그 이후의 출원이라 하더라도 출원일에 제출된 예비보정에 출원서에 기재된 발명의 상세한 설명, 청구항, 도면 등에 의해 기재되지 않은 사항인 경우(즉, 출원일에 제출된 예비보정에 신규사항이 포함된 경우)에는, 반드시 예비보정에 관한 사항을 선서서/선언서에 인용해야 한다. 만약 출원일에 제출된 예비보정에 신규사항이 있음에도, 선서서/선언서에 예비보정에 관한 사항이 기재되지 않은 경우, 출원인은 보충선서서/선언서를 제출해야 한다. 만약 출원인이 보충선서서/선언서를 제출하지 않은 경우, 출원인의 선서서/선언서 제출의무는 만족되지 못한 것으로 취급된다.

만약 출원일에 제출된 예비보정이 신규사항을 포함하고, 최초로 제출된 선서서/선언서에 이러한 예비보정에 관한 사항이 인용되지 않은 것이 심사관에 의해 발견된 경우, 심사관은 보충선서서/선언서의 제출을 요구할 수 있다. 출원인은 이러한 심사관의 요구에 대해 i) 보충선서서/선언서를 제출하거나, ii) 예비보정에 포함된 신규사항을 삭제/보정하거나, iii) 심사관의 신규사항이라는 판단이 잘못되었음을 지적하는 재고요청(request for reconsideration)을 할 수 있다. 만약 선서서/선언서에서 예비보정에 관한 사항을 인용했지만, 해당 예비보정이 출원일에 제출된 것이 아닌 경우에도 보충선서서/선언서가 요구된다. 출원일에 제출되지 않은 예비보정은 최초 명세서의 일부가 아니므로 선서서/선언서에 해당 예비보정에 관한 사항이 인용될 필요가 없으므로, 최초에 제출된 선서서/선언서가 부적법한 것으로 취급되기 때문이다.

6. 기타 정보

출원데이터시트(ADS)에 포함되지 않았다면, 특허청으로부터 서류를 송달받을 주소, 발명자의 주소에 관한 정보가 선서서/선언서에 포함되어야 한다.[110)]

7. 사본의 권장

미국 특허청은 선서서/선언서 원본은 당사자가 보관하고 특허청에는 사본만을 제출할 것을 권장하고 있다.[111)] 미국 특허청에서 출원서류를 전자적

최초 명세서의 일부로 인정했다.

110) 37 C.F.R. § 1.63(c)(1).

으로 보관하기 때문에 당사자가 원본을 제출하는 경우 원본이 소실되는 문제가 발생하기 때문이다. 사본이 제출되고, 해당 사본이 진정한지에 의문이 생기는 경우에는 원본의 제출이 요구될 수 있다.[112)]

Ⅴ. 선서서/선언서의 보정

일단 작성된 선서서/선언서는 어떠한 경우에도 보정의 대상이 될 수 없다. 만약 선서서/선언서에 흠결이 있는 경우에는 새로운 선서서/선언서를 제출하거나, 이하에서 설명하는 보충선서서/선언서(Supplemental oath/declaration)를 제출하거나, 선서서/선언서의 제출 없이 보충 서류를 제출하여 흠결을 치유하는 것이 가능하다.[113)]

Ⅵ. 외국어로 작성된 선서서/선언서의 취급

일반적으로 미국 특허청에서 제공하는 선서서/선언서 양식을 사용하지만, 영어를 이해하지 못하는 자가 선서서/선언서를 작성하는 경우 외국어로 작성된 선서서/선언서를 사용할 수도 있다. 외국어로 작성된 경우, 번역문을 첨부해야 한다.

Ⅶ. 보충선서서/선언서

특허청은 i) 전부 또는 일부의 발명자에 관련된 오류, ii) 37 C.F.R. § 1.63(c)의 요건[114)]과 관련된 오류, iii) 보충선서서/선언서, 출원데이터시트(ADS)의 작성자에 대한 오류 등이 문제되는 경우에 보충선서서/선언서(Supplemental oath/declaration)를 요청할 수 있다.[115)] 발명자 일부에 관해서만 오류가 발행한

111) MPEP § 602.

112) MPEP § 602.

113) 예를 들어, 선서서/선언서에는 누락되었지만 선서서/선언서 대신에 출원데이터시트(ADS)로 제출 가능한 정보는 출원데이터시트로 제출하여 선언서의 흠결을 치유할 수 있다. 37 C.F.R. § 1.76; *See* MPEP § 601.05.

114) 선언서에 포함되는 발명자의 주소와 조약우선권 정보에 관한 요건이다.

경우, 해당 오류를 치유하기 위한 보충선서서/선언서는 해당 일부 발명자들에 의해서만 작성될 수 있다.[116]

만약 보충선서서/선언서를 제출해야 하는 발명자가 i) 최초 선서서/선언서를 제출한 발명자이고, ii) 보충선서서/선언서에 서명을 거부하거나 행방불명인 경우에는 37 C.F.R. § 1.183에 의한 청원(petition)을 통해 보충선서서/선언서의 제출을 면제받을 수 있다.[117]

Ⅷ. 사본의 제출

계속출원(Continuation Application)과 분할출원(Divisional Application)이 문제되는 경우 i) 해당 출원의 기초가 되는 모출원(Parent Application)에 대해 적법하게 선서서/선언서가 제출되었고, ii) 계속/분할출원의 발명자가 모출원의 발명자와 완전히 동일하거나 모출원의 발명자의 일부이고,[118] iii) 계속/분할출원에 신규사항이 포함되지 않았다면, 모출원을 위해 제출된 선서서/선언서의 사본을 계속/분할출원을 위해 제출할 수 있다.[119] 다만, 부분계속출원(CIP)이 문제되는 경우, 발명자가 추가되었는지 여부에 상관없이 모출원의 사본을 사용할 수 없다.[120]

Ⅸ. 표시되는 발명자의 순서[121]

공동발명이 문제되는 경우, 등록특허나 공개특허와 같은 기록에 표시되는 발명자의 순서는 어떠한 법적 의미도 없다. 등록특허나 공개특허에 표시되는 발명자의 순서는 선서서/선언서에 의해 결정된다. 예를 들어, 복수의

115) 37 C.F.R. § 1.67.

116) MPEP § 603.

117) MPEP § 603.01. 참고로 최초 출원에 대해 제출되는 선서서/선언서는 위와 같은 사유로 면제받을 수 없다. 최초 출원에 대한 선서서/선언서는 다른 발명자 또는 양수인에 의한 서명이 가능하기 때문이다.

118) 즉, 계속출원 및 분할출원을 통해 새로운 발명자가 추가되지 않아야 한다.

119) 37 C.F.R. § 1.63(d).

120) 37 C.F.R. § 1.63(e).

121) *See* MPEP § 605.04(f).

발명자가 하나의 선서서/선언서를 제출한 경우에는 해당 선서서/선언서에 기재된 순서에 따라 발명자가 표시되며, 복수의 발명자가 복수의 선서서/선언서를 제출한 경우에는 발명자 순서에 대한 요청이 없는 경우 출원서에 선서서/선언서가 제출된 순서에 따라 발명자가 표시된다. 만약 표시되는 발명자의 순서를 정정하려는 경우, 37 C.F.R. § 1.182에 따른 청원(petition)이 제출되어야 한다.[122)]

X. 발명자의 서명을 얻을 수 없는 경우

발명자 전부 또는 일부가 사망하거나, 심신상실의 상태이거나, 서명을 거부하거나, 행방불명인 경우에는 당해 발명자의 서명 없이도 선서서/선언서를 제출할 수 있다. 실무상 주로 문제가 되는 경우는 발명자가 서명을 거부하는 경우나 행방불명인 경우이다. 만약 발명자 중 일부가 서명을 거부하거나 행방불명인 경우에는 나머지 발명자들의 서명만으로도 출원이 가능하다. 또한 발명자 전부가 서명을 거부하거나 행방불명인 경우에는 재산상의 이익을 가지는 자에 의해 출원이 가능하다. 발명자 서명을 얻을 수 없는 경우에 선서서/선언서의 구체적인 제출 방법은 이하와 같다.

1. 발명자의 사망

선서서/선언서 제출되기 전에 발명자가 사망한 경우, 그 법적 대리인(legal representative)[123)]이 사망한 발명자를 대신하여 선서서/선언서를 작성할 수 있다.[124)] 만약 공동발명자 중 일부가 사망하고 사망한 발명자의 법적 대리인이 서명을 거부하거나 성실한 노력에도 불구하고 행방불명인 경우, 법적 대리인 대신에 나머지 발명자가 사망한 발명자를 위해 선서서/선언서를 작

122) 이 경우 해당 청원은 당해 사건을 담당하는 대리인(Patent Attorney/Patent Agent)에 의해 서명되어야 한다. 청원이 제출된 이후에 출원데이터시트(ADS) 등의 서류를 제출할 때는 정정된 순서에 따라 발명자를 표시한다. MPEP § 605.04(f).

123) 상속인 또는 유언에 의하거나 상속법에 의해 지정된 유언집행인 등이 이에 해당한다.

124) 37 C.F.R. § 1.42. 법적 대리인임을 증명하는 서류를 제출하는 것은 아니며 선언서에 법적 대리인임을 기재하면 된다. *See* MPEP § 409.01(a).

성하여 출원을 진행하는 것 역시 가능하다.[125] 이 경우, 사망한 발명자 이외의 나머지 발명자가 서명을 거부하거나 행방불명이라면, 양수인이 대신 선서서/선언서를 작성하여 출원을 진행할 수 있다.[126]

적법하게 선서서/선언서를 제출한 이후에 발명자가 사망한 경우에는 다시 선서서/선언서를 제출할 필요가 없다. 그러나 i) 부적법한 선서서/선언서가 제출되어 이후에 사망한 발명자로부터의 보충선서서/선언서가 요구되거나, ii) 발명자정정이 필요하여 사망한 발명자로부터의 진술서가 요구될 수 있다. 이 경우에는 37 C.F.R. § 1.183에 의한 청원(petition)을 통해 해당 서류(보충선서서/선언서 또는 진술서)의 제출을 면제받아야 한다.[127]

한편 발명자가 사망한 경우 특허출원의 절차수행과 관련된 대리권에 관한 문제가 발생할 수 있다. 발명자가 사망하면 발명자에 의해 수여된 대리권 역시 소멸한다. 따라서 발명자가 단독이고 해당 발명자에 의해 대리권이 수여된 경우, 새로운 대리권이 수여되지 않는 이상 종전의 대리인(Patent Attorney/Patent Agent)은 출원에 관한 절차를 진행할 수 없다.

2. 발명자의 심신상실

선언서 작성 전에 발명자가 심신상실의 상태인 경우 그 법적 대리인(legal representative)[128]이 선서서/선언서를 작성할 수 있다.[129]

3. 발명자가 서명을 거부하거나 성실한 노력에도 불구하고 행방불명인 경우

1) 발명자 중 일부의 서명을 얻을 수 없는 경우

발명자 중 일부가 서명을 거부하는 경우 또는 성실한 노력(diligent effort)에도 불구하고 해당 발명자가 행방불명인 경우[130]에는 나머지 발명자 전부

125) 37 C.F.R. § 1.47(a); *See* MPEP § 409.03(c).
126) 37 C.F.R. § 1.47(b).
127) *See* MPEP § 201.03.
128) 보호자, 후견인 등이 이에 해당한다.
129) 37 C.F.R. § 1.43. 법적 대리인임을 증명하는 서류를 제출하는 것은 아니며, 선서서/선언서에 법적 대리인임을 기재하면 충분하다. *See* MPEP § 409.01(a).
130) 발명자가 사망한 경우라면 사망한 발명자가 서명을 거부하는 경우도 아닐 뿐만 아니라 행방불명인 경우도 아니다. 따라서 이 경우에는 해당 발명자의 법적 대리인만이

가 서명하지 않은 발명자 및 자신들을 위해 선서서/선언서에 서명할 수 있다.[131]

이 경우 서명을 할 수 있는 나머지 발명자들은 i) 모든 발명자(서명하지 않은 발명자 포함)의 이름이 기재된 선서서/선언서에 서명하고,[132] ii) 서명하지 않은 발명자가 서명을 거부하거나 성실한 노력에도 불구하고 찾을 수 없다는 것을 증명하는 증거[133]를 첨부하고, iii) 서명을 얻을 수 없는 발명자의 마지막으로 알려진 주소(last known address)를 제출해야 한다.[134]

2) 발명자 전부의 서명을 얻을 수 없는 경우

발명자 중 전부가 서명을 거부하거나 성실한 노력(diligent effort)에도 불구하고 행방불명인 경우에는 발명에 대한 재산상의 이익(proprietary interest)을 갖는 자(법인 포함)가 선서서/선언서에 서명하고 출원을 진행할 수 있다.[135] 이 경우 다음과 같은 내용을 제출해야 한다.

A. 선서서/선언서

발명에 대한 재산상의 이익을 갖는 자가 법인(corporation)인 경우, 해당 법인의 임원(사장, 부사장 등)이 서명한다. 이 경우 법인이 임명한 대리인(Patent Attorney/Patent Agent)이 대신 서명을 할 수 있다.[136]

B. 발명자와의 관계

발명에 대한 재산상 이익을 갖는 자는 자신과 발명자와 관계를 진술해야 한다.

C. 서명을 얻을 수 없다는 증거

모든 발명자가 서명을 거부하거나 성실한 노력에도 불구하고 찾을 수

서명할 수 있다. 그러나 법적 대리인이 서명을 거부하거나 행방불명인 경우에는 37 C.F.R. § 1.47(a) 또는 (b)에 따른 절차(발명자가 서명을 거부하거나 성실한 노력에도 불구하고 행방불명인 경우에 따른 절차)의 진행이 가능하다. *See* MPEP § 409.03(c).

131) 37 C.F.R. § 1.47(a).

132) 서명을 얻을 수 없는 발명자에 대한 서명이 없이 이름만 표시된 경우, 서명이 가능한 발명자들이 대신 선언서를 제출한 것으로 취급된다.

133) 해당 증거에 관한 상세한 내용은 MPEP § 409.03(d)에 설명되어 있다.

134) *See* MPEP § 409.03(a).

135) 37 C.F.R. § 1.47(b).

136) 앞서 설명한 바와 같이, 대리인(Patent Attorney/Patent Agent)은 선서서/선언서에 서명할 수 없는 것이 원칙이다. 그러나 37 C.F.R. § 1.47(b)가 적용되는 상황에서 재산상의 이익을 갖는 자가 법인인 경우에는 예외적으로 이를 허용한다.

없다는 것을 증명하는 증거[137]를 첨부해야 한다.

D. 모든 발명자의 마지막으로 알려진 주소

모든 발명자의 마지막으로 알려진 주소를 제출해야 한다.

E. 재산상의 이익의 증명

i) 모든 발명자가 발명에 관한 권리를 양도했거나, ii) 모든 발명자가 발명에 관한 권리를 양도하기로 서면으로 약정했거나, iii) 기타 재산상의 이익이 존재한다는 사실에 관해 일응의 케이스(*prima facie* case)를 성립시켜야 한다.

F. 출원의 필요성에 관한 증명

당사자들의 권리를 보존하거나 회복할 수 없는 손해를 막기 위해서는 재산상의 이익을 갖는 자의 출원이 필요하다는 것을 증명해야 한다.[138]

4. 관련문제 — 발명자 중에서 서명을 하지 않은 발명자의 지위[139]

선서서/선언서 상에 발명자로 기재되었지만 서명을 하지 않은 발명자는 출원 과정에서 제출된 모든 서류를 조사할 수 있고,[140] 자신의 견해를 해당 출원의 기록의 일부로 남길 수 있다. 또한 서명을 하지 않은 발명자도 발명자이므로 해당 출원을 위한 대리인을 선정할 수 있다. 그러나 서명을 하지 않은 발명자는 스스로 또는 대리인을 통해서 출원에 관한 절차를 수행할 수는 없다.[141]

서명을 하지 않은 발명자도 출원 절차를 수행하기 위해 출원인의 일부로 출원에 참여(join)할 수 있다. 서명을 하지 않은 발명자가 출원인으로 참여하기 위해서는 적법한 선서서/선언서를 제출해야 한다.[142] 서명을 하지 않

137) 해당 증거에 관한 상세한 내용은 MPEP § 409.03(d)에 설명되어 있다.

138) 구체적인 증명방법은 MPEP § 409.03(g)에 설명되어 있다.

139) *See* MPEP § 409.03(i).

140) 원칙적으로 이러한 권리는 서명을 하지 않은 발명자뿐만 아니라 모든 발명자에게 부여된다.

141) *See* MPEP § 409.03(i) (citing *In re* Hough, 108 USPQ 89 (Comm'r Pat. 1955)).

142) 모든 발명자가 기재된 선서서/선언서(37 C.F.R. § 1.63에 따른 선서서/선언서)를 제출해야 한다. 이 경우 서명을 하지 않았던 발명자만의 서명만 포함되면 적법한 선언서가 된다. 서명을 하지 않은 발명자는 37 C.F.R. § 1.63에 따른 선언서를 제출해야 하므로 37 C.F.R. § 1.36(a) 또는 1.183에 근거한 청원을 제출하는 것은 부적법하다. *See* MPEP § 402.10.

은 발명자는 이후에 출원에 참여하여도, 서명을 하지 않은 발명자를 대신하여 선서서/선언서를 제출한 자(즉, 다른 발명자 또는 재산상의 이익을 가지는 자)의 동의 없이는 대리인을 해임하거나 선임할 수 없다.

서명을 하지 않은 발명자 역시 자신의 권리를 보호받을 수 있다. 만약 서명을 하지 않은 발명자가 전체 발명자 중 일부에 해당하는 경우[143)]에는, 출원에 참여했다면 얻을 수 있는 권리를 주장할 수 있다. 또한 모든 발명자가 서명을 하지 않은 경우[144)]에는 해당 발명이 자신에게 부여되어야 한다고 주장할 수 있다.

만약 공동발명으로 특정되어 출원된 상황에서 서명을 하지 않은 발명자가 해당 발명이 자신의 단독 발명이라 다투고 싶은 경우에는 i) 자신의 단독 명의로 출원을 진행하고, ii) 청구항의 범위를 공동발명으로 특정된 출원과 중복되게 출원하여 저촉절차(interference)를 통해 진정한 발명자가 누구인지 다툴 수 있다.[145)]

5. 관련문제 — 종업원 발명에 따른 문제

예 1

C 법인의 종업원인 A, B가 발명을 하였다. C 법인과 종업원 A, B 간의 고용계약을 보면 종업원 A, B가 자신들의 발명을 C 법인에게 양도할 의무가 존재하는 상황이다. C 법인은 대리인 D로 하여금 해당 발명에 관한 명세서 작성을 의뢰하였다. 만약 발명자 A는 C 법인의 출원에 협조적이지만 발명자 B는 C 법인의 경쟁회사인 X 법인에서 근무하며 자신의 발명의 출원에 비협조적이라면 선서서/선언서의 작성, 대리인 선정, 출원절차 진행 등이 문제될 수 있다.

우선 출원서의 일부로 제출되는 선서서/선언서의 작성의 경우, 37

143) 즉, 37 C.F.R. § 1.47(a)에 근거하여 출원된 경우를 말한다.

144) 즉, 37 C.F.R. § 1.47(b)에 근거하여 출원된 경우를 말한다.

145) *See* MPEP § 409.03(i). 참고로 미국 특허청은 서명하지 않은 발명자에게는 출원에 관하여 통지한다. 이러한 통지는 서명하지 않은 발명자의 마지막으로 알려진 주소로 발송될 뿐만 아니라, 특허청 공보에도 수록된다. 37 C.F.R. § 1.47(c). 또한 원칙적으로 모든 발명자는 출원에 대한 조사가 가능하므로 해당 출원에 대한 사본을 구할 수도 있다. 따라서 저촉절차를 원하는 발명자는 해당 출원에 대한 사본을 통해 청구항을 중복하게 작성할 수 있다.

C.F.R. § 1.47(a)를 기초로 발명자 A가 발명자 A 및 B를 위해 선서서/선언서를 작성할 수 있다. 또한 대리인 선정의 경우, 발명에 관한 모든 권리를 양수한 C 법인은 대리인을 D로 선정하여 해당 특허에 관한 출원 절차를 진행하는 것이 가능하다. 또한 발명자 B가 해당 출원에 대한 내용을 조사하는 것을 방지하고 싶다면, C 법인은 특허청에 발명자 B에 대한 접근 차단을 요청할 수도 있다.

예 2

C 법인의 종업원인 A, B가 발명을 하였지만, 종업원 A, B에게는 발명에 관한 권리를 C 법인에게 양도할 의무가 없는 상황이다.[146] C 법인은 대리인 D로 하여금 해당 발명에 관한 명세서 작성을 의뢰하였다. 이러한 상황에서 발명자 A는 C 법인에 특허에 관한 권리를 양도하였고 출원에도 협조적이지만, 발명자 B는 C 법인의 경쟁회사인 X 법인으로 근무하고 있으며 자신의 발명의 출원에 비협조적이라면 선서서/선언서의 작성, 대리인 선정, 출원절차 진행 등이 문제될 수 있다.

우선 선서서/선언서의 작성의 문제는 예 1과 결론이 동일하다.[147] 대리인 선정의 문제의 경우, C 법인은 발명에 관한 모든 권리를 양수하지 못했으므로 대리인을 선정할 수 없다. 이 경우 대리인 D를 통해 출원하고 싶다면 37 C.F.R. § 1.47(a)에 의해 출원인의 자격을 갖는 발명자 A가 대리인 D를 선정해야만 한다. 발명자 B는 서명하지 않은 발명자이므로 대리인 D를 해임할 수 없으며, 출원 절차를 진행할 수도 없다.

한편, 위의 경우에는 발명자 B가 해당 출원에 대한 내용을 조사하는 것을 방지할 수 없다. 출원에 대한 접근 차단은 특허에 관한 모든 권리를 양수한 양수인만이 할 수 있는데, 현재 C 법인은 이에 해당하지 않기 때문이

146) 참고로 등록 이후에는 직무발명에 따른 실시권의 일종인 "Shop Right"가 문제될 수 있다. "Shop Right"는 특허법 같은 연방법에 의해 규정되는 것이 아니라 주법에 따라 규정된다.

147) 즉, 37 C.F.R. § 1.48(a)에 따라 발명자 A만이 서명한 선서서/선언서 작성이 가능하다. 이 경우 재산상의 이익을 가지는 자가 대신 선서서/선언서를 작성하는 경우(37 C.F.R. § 1.48(b)의 경우)가 아니므로, 양도/양수에 관한 증명서류가 제출될 필요가 없다. 즉, 발명자 B가 C 법인에게 권리를 양도했는지 여부에 상관없이 발명자 A는 적법하게 선언서를 작성할 수 있다.

다. 따라서 발명자 B는 출원에 대해 계속하여 조사를 하고 사본을 요청할 수 있다.

XI. 국제출원의 특칙

국제출원(PCT)을 기초로 국내단계를 진입하는 국내단계출원 역시 선서서/선언서가 요구된다. 국내단계출원을 위한 선서서/선언서는 37 C.F.R. § 1.63 규정(통상적인 정규출원의 선서서/선언서에 관한 규정)이 아닌 37 C.F.R. § 1.497 규정에 따르지만, 선서서/선언서에 포함되는 내용이나 발명자의 사망/심신상실/비협조/행방불명 등의 경우에 대응하는 방법은 통상적인 정규출원의 선서서/선언서와 동일하다.

XII. 재발행출원의 특칙

재발행출원도 "출원"이므로 재발행출원과 함께 선서서/선언서(Oath/Declaration)[148]가 제출되어야 한다. 재발행선서서/선언서에는 통상의 정규출원(Non-Provisional Application)시에 요구되는 선서서/선언서(37 C.F.R. § 1.63에 의한 선서서/선언서)에 기재되는 사항[149]에 추가하여 i) 출원인이 원특허의 전부 또는 일부가 동작 불가능하거나 무효될 것이라 믿는 판단의 근거에 관한 진술서, ii) 재발행출원의 근거가 되는 적어도 하나의 오류를 진술하는 진술서, iii) 재발행출원을 통해 치유하려는 모든 오류가 출원인의 기만적 의도에 의한 것이 아님을 진술하는 진술서가 포함되어야 한다.[150]

재발행선서서/선언서 작성시 주의할 점은 재발행선언서/선서서의 작성의 주체에 상관없이 모든 특허권자(양수인 포함)의 서면 동의를 재발행선서서/선언서에 첨부해야 한다는 것이다.[151] 예를 들어, 최초 출원 이후 출원/특허에

---

148) 재발행선서서(reissue oath) 또는 재발행선언서(reissue declaration)라 부른다.

149) 즉, 37 C.F.R. § 1.63의 선서서/선언서에 기재되는 내용은 재발행출원을 위한 선서서/선언서에도 포함된다. 37 C.F.R. § 1.175(a) ("The reissue oath or declaration in addition to complying with the requirements of § 1.63, must also state that . . . .").

150) 37 C.F.R. § 1.175(a). 진술서에 기재되어야 하는 구체적인 내용은 MPEP § 1414에 설명되어 있다.

관한 양도/양수가 없는 상황에서 원출원의 발명자 X, Y 중 X 만이 재발행출원을 원하는 경우 적법한 재발행출원을 진행할 수 없다. 비록 재발행선언서/선서서는 Y를 대신하여 X가 작성할 수 있으나, 모든 특허권자(X 및 Y)의 서면 동의를 제출할 수 없기 때문이다.[152)]

만약 발명자정정을 위해 재발행출원을 하는 경우, 추가될 발명자 역시 재발행선언서/선서서에 서명을 해야 한다. 그러나 삭제될 발명자는 재발행선언서/선서서에 서명할 필요가 없다. 재발행선언서/선서서에는 원특허의 발명자가 누구로 기재되었는지에 상관없이 진정한 발명자가 서명을 하는 것이 원칙이기 때문이다.[153)]

제5절 | 정보개시의무 및 IDS (Information Disclosure Statement)

Ⅰ. 서

미국특허법은 특허청(USPTO)에 대해 절차를 진행하는 모든 당사자들에게 정보개시의무를 부여한다. 즉, 특허성에 관련된 중대한 정보를 알게 된 당사자는 특허청에 해당 정보를 제출하여 특허심사에 조력할 의무를 부담한다. 만약 당사자가 특허청에 대한 정보개시의무를 위반하면 설사 해당 출원

---

151) 37 C.F.R. § 1.172(a) ("A reissue oath must be signed and sworn to or declaration made by the inventor or inventors except as otherwise provided *See* §§ 1.42, 1.43, 1.47), and must be accompanied by the written consent of all assignees . . . .").

152) *See* MPEP § 1412.04. 이 경우 법원에 발명자정정을 요청할 수 있다. 법원이 발명자에 관한 정정을 명하면 특허청은 이에 따라 정정증명서를 발급해야 한다. 35 U.S.C. § 256 ("The court before which such matter is called in question may order correction of the patent on notice and hearing of all parties concerned and the Director shall issue a certificate accordingly.").

153) *See* MPEP § 1412.04. 그러나 삭제될 발명자가 특허권자(양수인 포함)의 자격을 갖추고 있다면 재발행출원 시 해당 발명자의 동의는 여전히 필요하다. 누가 재발행선언서/선서서를 작성하는지에 상관없이 특허권자/양수인의 동의가 제출되어야 하기 때문이다. MPEP § 1410.01.

이 등록되더라도 특허소송 단계에서 특허권의 행사가 불가능(unenforceable)해질 수 있다. 특허청에 대한 정보개시의무는 미국특허법의 특유사항 중 하나로 실무자들의 주의가 요구된다.

II. 정보개시의무 및 IDS

특허출원 및 심사에 관련된 당사자들은 특허청(USPTO)에 대해 "정직과 신의성실(duty of candor and good faith)"의 의무를 진다.[154] 이러한 정직과 신의 성실의 의무에는 특허청에 특허성과 관련된 중대한(material) 정보를 개시(disclose)할 의무도 포함되는바, 이를 정보개시의무(Duty of Disclosure)라 한다. 정보개시의무는 i) 특허청에 의해 특허성과 관련된 중대한 정보가 인용되거나, ii) 정보개시의무를 부담하는 자가 37 C.F.R. § 1.97(b)-(d) 및 37 C.F.R. § 1.98에 법정된 방식으로 IDS(Information Disclosure Statement)를 제출하는 경우에 충족된 것으로 간주된다.[155]

정보개시의무는 포기되지 않은 출원에 포함된 청구항에 관련된 것으로, 출원인이 해당 청구항을 삭제하거나 한정요구에 대응하여 해당 청구항을 철회(withdraw)하기 전까지 해당 청구항에 관한 정보개시의무는 유지된다.[156] 주의할 점은 특허성에 영향을 끼칠만한 선행기술을 발견한 이후, 해당 선행기술에 관련된 청구항을 삭제하거나 철회하더라도 정보개시의무의 위반이 발생할 여지가 있다는 것이다. 예를 들어, 청구항에 2종류의 발명이 청구된 상황에서 출원인이 이 중 하나의 발명에 관한 선행기술을 발견하여 해당 선행기술에 관련된 청구항을 삭제 보정하면서 해당 선행기술에 관한 정보를

154) 37 C.F.R. § 1.56(a) ("Each individual associated with the filing and prosecution of a patent application has a duty of candor and good faith in dealing with the Office, which includes a duty to disclose to the Office all information known to that individual to be material to patentability as defined in this section.").

155) 37 C.F.R. § 1.56(a) ("The duty to disclose all information known to be material to patentability is deemed to be satisfied if all information known to be material to patentability of any claim issued in a patent was cited by the Office or submitted to the Office in the manner prescribed by §§ 1.97(b)-(d) and 1.98.").

156) 37 C.F.R. § 1.56(a) ("The duty to disclose information exists with respect to each pending claim until the claim is cancelled or withdrawn from consideration, or the application becomes abandoned.").

특허청(USPTP)에 제출하지 않은 경우, 출원인이 미제출한 선행기술이 나머지 청구항과 무관하다는 항변하더라도 해당 특허권의 행사가 불가능해질 수 있다. 출원인이 미제출한 선생기술이 심사관에 의해 고려되지 않았을 선행기술이라 주장해도 법원이 "합리적인 심사관"은 해당 선행기술을 고려했을 것이라 판단할 수 있기 때문이다.[157] 따라서 출원인은 청구항의 삭제/철회와 상관없이 무조건 IDS로 선행기술을 제출하는 것을 고려할 수 있다.

Ⅲ. 정보개시의무를 부담하는 자

정보개시의무를 부담하는 자는 출원인 또는 당해 사건의 대리인으로 한정되지 않고 해당 출원에 관련된 모든 사람을 포함한다는 점을 주의해야 한다. 구체적으로 정보개시의무를 부담하는 자는 출원서에 기재된 각각의 발명자, 해당 출원서를 작성했거나 출원을 진행하는 대리인(Patent Attorney/Patent Agent) 및 출원에 실질적으로 관여한 모든 사람이 포함된다.[158] 참고로 정보개시의무는 자연인에게만 해당되는 것으로 법인에게는 적용되지 않는다.

---

157) 실제로 연방순회항소법원(CAFC)은 위와 유사한 사건에서 특허권 행사 불가능을 확인한 바 있다. Molins PLC v. Textron, Inc., 48 F.3d 1172 (Fed. Cir. 1995). 본 사건에서 법원은 심사관이 재심사절차를 통해 누락된 선행기술을 다시 고려했음에도 결국 재심사증명서를 부여한 사실에도 불구하고, ⅰ) 정보개시의무와 관련된 판단기준은 해당 사건을 심사한 심사관이 아니라 가상의 "합리적인 심사관"을 기준으로 판단해야 하므로 해당 사건을 담당한 심사관이 해당 선행기술에도 불구하고 특허성을 인정했어도 이를 통해 정보개시의무에 관한 요건이 만족된 것이 증명되는 것은 아니며, ⅱ) 해당 사건의 패밀리 특허의 출원 경과를 보면 외국 특허청의 심사관은 문제된 선행기술을 근거로 미국 특허에 대응되는 외국 출원의 특허성을 부정했으므로 이러한 사정을 기초로 정보개시의무 위반을 판단할 수 있다고 판시하면서 특허권자의 특허권 행사를 제한하였다. 참고로, 소송단계에서의 구체적인 판단방법은 제10장 제8절 "형평법에 의한 방어방법"에서 설명한다.

158) 37 C.F.R. § 1.56(c) ("Individuals associated with the filing or prosecution of a patent application within the meaning of this section are: (1) Each inventor named in the application; (2) Each attorney or agent who prepares or prosecutes the application; and (3) Every other person who is substantively involved in the preparation or prosecution of the application and who is associated with the inventor, with the assignee or with anyone to whom there is an obligation to assign the application."). 예를 들어 선행기술을 조사한 사람도 포함된다.

IDS를 제출할 수 있는 자는 정보개시의무를 부담하는 자이다. 따라서 정보개시의무를 갖지 않은 제3자는 IDS를 제출할 수 없다.[159] 정보개시의무를 갖지 않은 제3자는 정보제공(Third Party Submission) 등의 절차를 이용해야 한다.

Ⅳ. 통상 IDS 제출이 문제되는 경우

일반적으로 i) 미국출원에 대응되는 외국출원에 대한 심사 중에 인용된 선행기술 및 ii) 출원에 관련된 당사자들이 명세서 작성 및 출원과정에서 알게 된 선행기술을 알게 된 경우 IDS 제출이 요구된다.[160] 예를 들어 명세서에 "한국공개특허 10-2007-000XXXX"을 언급하면서 본 발명의 내용을 설명한 바 있다면 해당 출원의 내용을 IDS를 통해 제출하는 것이 바람직하다.

Ⅴ. IDS 제출이 요구되는 정보

IDS를 통해 제출되어야 하는 정보는 특허성에 관한 중대한 정보(material information)로 한정된다. 따라서 출원인이 알고 있는 정보가 특허성에 관련은 있지만 중대한 정보가 아니라면 IDS 제출의무를 위반한 것은 아니다.

특허법시행규칙(37 C.F.R.)에 따르면, 특허성에 관한 중대한 정보로 취급되는 경우는 i) 문제되는 정보 그 자체 또는 다른 정보와의 조합에 의해 청구항의 특허성이 부정되는 경우[161] 또는 ii) 해당 정보가 출원인이 특허성에 관해 이미 주장한 내용[162]을 배척하는 경우이다.[163]

---

159) *See* MPEP § 609.

160) 37 C.F.R. § 1.56(a) ("The Office encourages applicants to carefully examine: (1) Prior art cited in search reports of a foreign patent office in a counterpart application, and (2) The closest information over which individuals associated with the filing or prosecution of a patent application believe any pending claim patentably defines, to make sure that any material information contained therein is disclosed to the Office.").

161) 구체적으로는 청구항의 특허성을 없다는 일응의 케이스(*prima facie* case)를 입증하는 정보는 중요한 정보로 취급된다. 따라서 상업적 성공과 같은 2차적 고려사항으로 충분히 극복되는 선행기술이라도 정보개시의무가 면제되는 것은 아니다.

162) 출원인이 특허성이 있음을 주장하거나, 특허청의 거절 의견을 반박한 내용을 말한다.

163) 37 C.F.R. § 1.56(b) ("[I]nformation is material to patentability when it is not cumulative to information already of record or being made of record in the application,

VI. IDS 제출기간

IDS는 항상 제출 가능한 것이 아니라 법정된 제출기간 동안에만 가능하며, IDS 제출기간은 연장이 불가능한 법정기간이라는 점을 주의해야 한다.[164] IDS 제출기간이 중요한 이유는 i) 법정기간이 경과한 경우에는 연속출원(계속/분할/부분계속출원) 또는 계속심사청구(RCE)를 제출해야 하고, ii) IDS 제출기간에 따라 제출/납부되어야 하는 서류 또는 수수료가 결정되기 때문이다. IDS 제출이 가능한 기간은 후술하는 바와 같다.

1. 출원일로부터 3개월 이내 또는 최초거절통지 발송일 이전까지

출원일로부터[165] 3개월 이내[166](3개월 되는 날 포함) 또는 최초거절통지[167] 발송일 이전[168](발송일 제외)까지는 진술서/수수료 없이 IDS를 제출할

---

and (1) It establishes, by itself or in combination with other information, a *prima facie* case of unpatentability of a claim; or (2) It refutes, or is inconsistent with, a position the applicant takes in: (i) Opposing an argument of unpatentability relied on by the Office, or (ii) Asserting an argument of patentability.").

164) 다만 IDS 제출요건을 만족하려는 선의로 IDS를 제출하였으나 일부 서류가 누락된 경우에는 추가 기간이 부여될 수 있다. 37 C.F.R. § 1.97(f) ("No extensions of time for filing an information disclosure statement are permitted under § 1.136. If a *bona fide* attempt is made to comply with § 1.98, but part of the required content is inadvertently omitted, additional time may be given to enable full compliance.").

165) 국제출원을 기초로 미국국내단계로 진입한 경우에는 37 C.F.R. § 1.491에 따른 국내단계진입일로부터 3월 이내에 IDS를 제출할 수 있다. 한편 계속심사청구(RCE)는 출원(application)이 아니므로 출원일이 새롭게 부여되는 것이 아니어서 계속심사청구(RCE) 제출 이후 3월 이내에 IDS를 항상 제출할 수 있는 것은 아니며 최초거절통지 발송일 이전까지 제출해야 한다. 실무상 계속심사청구(RCE) 제출 이후 빠르면 2월 이내에도 거절통지(OA)가 발송될 수 있는데, 이 때문에 출원인이 계속심사청구(RCE)와 함께 IDS를 제출할 수 없는 경우에는 계속심사청구(RCE) 제출과 함께 3개월 간의 심사보류(suspension of action)를 요청할 수 있다.

166) 3개월째 되는 날이 토요일, 일요일, 워싱턴 DC 지역의 연방공휴일인 경우에는 다음 업무일(business day)까지 제출 가능하다. *See* MPEP § 609.04(b).

167) 이 경우 최초거절통지는 본안에 관한 거절통지(OA on the merits)를 의미한다. 만약 거절통지(OA)가 발송되었으나 본안에 관련된 것이 아닌 경우(예를 들어, 한정요구만이 포함된 거절통지)에는 해당 거절통지(OA)가 발송된 이후에도 진술서/수수료의 문제없이 IDS를 제출할 수 있다.

168) 37 C.F.R. § 1.97(b).

수 있다. IDS를 통해 제출된 내용은 심사관에 의해 검토되어 심사에 반영된다. 한편 심사관은 IDS를 통해 제출된 정보를 기초로 해당 출원에 대해 거절통지(OA)를 발송할 수 있는바 이 경우 해당 거절통지(OA)는 비최후거절통지(Non-Final Office Action)가 된다.[169)]

2. 상술한 기간(출원일로부터 3개월/최초거절통지)이 경과하고, 최후거절통지(Final OA), 허여통지서(Notice of Allowance), Ex parte Quayle 거절 발송일까지[170)]

최후거절통지(Final OA), 허여통지서(Notice of Allowance), *Ex parte Quayle* 거절 발송일 이전(발송일제외)까지는 이하에서 설명하는 37 C.F.R. § 1.97(e)에 규정된 진술서(statement)와 수수료 중 어느 하나를 제출/납부하면서 IDS를 제출할 수 있다. 만약 최후거절통지(Final OA), 허여통지서(Notice of Allowance) 및 *Ex parte Quayle* 거절(*Ex parte Quayle* Action)[171)]이 발송된 이후 해당 통지가 철회된 경우에는 해당 행위가 처음부터 없었던 것으로 취급한다.[172)]

37 C.F.R. § 1.97(e)에 규정된 진술서(statement)는 i) 미국출원의 패밀리특허[173)]에 대해 외국 특허청이 선행기술을 인용한 날짜[174)]가 현재 제출하는 IDS의 제출일로부터 3개월 이내(3개월이 되는 날까지 포함)이라는 진술 또는

---

169) 연속출원(계속/분할/부분계속출원) 또는 계속심사청구(RCE)가 제출된 경우에는 최초거절통지(OA)가 최후거절통지(Final OA)일 수 있지만, 심사관이 상술한 기간에 제출된 IDS에 기재된 정보를 근거로 거절통지(OA)를 발송하는 경우에는 최후거절통지(Final OA)를 발송할 수 없다. *See* MPEP §609.04(b).

170) 37 C.F.R. § 1.97(c).

171) *Quayle* 사건(*Ex parte* Quayle, 25 USPQ 74, 1935 C.D. 11; 453 O.G. 213 (Comm'r Pat. 1935))에 의해 인정된 거절통지(OA)로, 발명의 실체적인 내용은 등록가능하나 형식적인 부분에 사소하거나 자명한 실수가 있는 경우 부여된다. *Ex parte Quayle* 거절이 부여되는 경우, 출원인은 형식적인 실수를 치유하는 보정만을 제출할 수 있다.

172) *See* MPEP § 609.04(b). 예를 들어, 최후거절통지(Final OA)가 발송된 경우에는 IDS를 제출할 수 없으나 최후거절통지 이후 심사관과의 인터뷰를 통해 거절통지(OA)의 최후성(finality)을 철회시켰다면 해당 최후거절통지는 처음부터 없었던 것으로 취급되므로 다시 IDS를 제출할 수 있다.

173) 출원인의 미국특허출원에 대응되는 외국출원으로 주로 해당 미국특허출원과 우선권을 공유하는 등록특허/특허출원을 말한다.

174) 외국 특허청이 선행기술을 인용한 날은 외국 특허청이 거절통지(OA)를 발송한 날이다. *See* MPEP § 609.04(b)

ii) 현재 제출하는 IDS의 제출일로부터 3개월 이전 본 발명과 관련하여 중대한 정보를 알게 된 바가 없다는 진술을 포함해야 한다.[175]

3. 상술한 기간이 경과한 경우, 등록료 납부일 또는 그 이전[176]

이 기간에는 37 C.F.R. § 1.97(e)에 규정된 진술서(statement)와 수수료를 모두 제출/납부하면서 IDS를 제출해야 한다. 그러나 이 기간이라 해도 37 C.F.R. § 1.97(e)에 규정된 진술서를 낼 수 없는 상황이라면 IDS를 제출 할 수 없다. 예를 들어, 외국 특허청에서 거절통지(OA)를 발송한 날이 지금으로부터 3개월을 초과한다면 37 C.F.R. § 1.97(e)에 규정된 진술서(statement)를 제출할 수 없으므로 IDS를 제출할 수 없다. 이 경우에는 후술하는 바와 같이 연속출원이나 계속심사청구(RCE) 등을 진행해야 한다.

4. 위의 요건을 만족할 수 없는 경우

이 경우에는 연속출원이나 계속심사청구(RCE)를 하면서 IDS를 제출할 수 있다. 예를 들어, 등록료(Issue Fee) 납부 이후에 특허성에 중대한 정보를 발견한 경우에는 상술한 3종류의 IDS 제출기간 중 어느 것도 만족시킬 수 없다. 이 경우에는 출원의 등록에 대한 철회를 신청하면서 계속심사청구(RCE)를 진행하거나 등록철회와 함께 연속출원을 진행해야 한다.[177]

---

175) 37 C.F.R. § 1.97(e) (“A statement under this section must state either: (1) That each item of information contained in the information disclosure statement was first cited in any communication from a foreign patent office in a counterpart foreign application not more than three months prior to the filing of the information disclosure statement; or (2) That no item of information contained in the information disclosure statement was cited in a communication from a foreign patent office in a counterpart foreign application, and, to the knowledge of the person signing the certification after making reasonable inquiry, no item of information contained in the information disclosure statement was known to any individual designated in § 1.56(c) more than three months prior to the filing of the information disclosure statement.”). 따라서 만약에 3개월 이내(3개월이 되는 날까지 포함)에 IDS를 제출하지 못한 경우에는 진술서 대신에 수수료를 내면서 IDS를 제출해야만 한다.

176) 37 C.F.R. § 1.97(d).

177) 이 경우 심사관의 취급은 MPEP § 609.04(b)의 IV번 항목에 설명되어 있다.

Ⅶ. IDS 제출의 효과

출원인이 IDS를 통해 제출된 정보에 대해서는 자백의 법리가 적용되지 않는다. 37 CFR § 1.97(h)에 따르면 IDS를 통해 제출된 정보는 특허성에 관해 중요한 정보로 자백한 것으로 취급되지 않는다.[178] 또한 특허청의 실무에 따르면 IDS에 포함된 선행기술이라도 35 U.S.C. § 102에 따른 선행기술에 해당하지 않으면 선행기술로 자백한 것으로 취급되지 않는다.[179]

Ⅷ. IDS에 포함되는 내용(content)

IDS에는 당사자가 특허청에 제출하려는 모든 특허, 출원, 공개문서 및 기타 정보를 표시하는 리스트와,[180] 해당 특허, 출원, 공개문서 및 기타 정보의 사본[181]이 포함된다. IDS를 통해 제출되는 특허, 출원, 공개문서 및 기타 정보가 영어가 아닌 경우에는 본 발명과의 연관성(relevance)을 설명하는 간결한 설명문(concise explanation)을 제출해야 한다.[182]

심사지침서(MPEP)에 따르면 IDS를 통해 제출되는 선행기술이 외국어로 작성된 특허인 경우 간략한 설명문은 i) 해당 특허에 대응되는 패밀리 특허 중에서 영어로 작성된 특허를 제출하거나, ii) 해당 특허에 대해 영어로 작성된 검색 보고서를 제출하거나,[183] ii) 해당 특허와 본 발명의 연관성을 언급한 외국 특허청의 거절통지를 제출하는 방식으로 제출될 수 있다.[184] 이 경우, 간결한 설명문은 본 발명과 관련성이 있는 문서의 특정한 도면 등을 구

---

178) 37 C.F.R. § 1.97(h) ("The filing of an information disclosure statement shall not be construed to be an admission that the information cited in the statement is, or is considered to be, material to patentability as defined in § 1.56(b).").

179) MPEP § 2129. 따라서 IDS에 제출하였다는 사정만으로 예견성(신규성), 자명성(진보성) 판단의 기초가 되는 것은 아니다.

180) 37 C.F.R. § 1.98(a)(1).

181) 37 C.F.R. § 1.98(a)(2). 다만 미국공개특허 및 미국등록특허의 경우에는 사본의 제출이 불필요하다.

182) 37 C.F.R. § 1.98(a)(3)(i).

183) 예를 들어, 국제조사보고서가 영어로 작성된 경우에는 해당 국제조사보고서를 제출할 수도 있다.

184) MPEP § 609.04(a).

체적으로 지시하는 방식으로 작성될 수 있고, IDS를 통해 제출되는 정보와 본 발명과의 유사성을 간단하게 지적하는 방식으로 작성될 수도 있다. 또한 간결한 설명문은 IDS를 통해 제출되는 정보와 본 발명과의 차이를 설명하는 방식으로 작성될 수도 있지만, 이러한 방식이 반드시 요구되는 것은 아니다.

상술한 심사지침서(MPEP)의 내용은 최소한의 가이드라인으로 이해하는 것이 옳을 것이다. 판례에 의하면 심사지침서에 “예시된” 방법에 따라 IDS를 제출했다고 해서 정보개시의무를 완전히 이행한 것으로 간주되는 것은 아닐 수 있기 때문이다. *Semiconductor Energy Laboratory* 사건에서 법원은 특허권자인 Semiconductor Energy Laboratory(이하, “SEL”이라 칭함)의 정보개시의무 위반 여부를 판단한 바 있다.[185] 기록에 따르면, SEL 특허의 출원인은 29페이지 분량의 일본공개특허의 사본을 IDS를 통해 제출하면서, 1페이지 분량의 번역문과 이에 대한 간결한 설명문을 제출하였다. 기록에 따르면 IDS는 SEL 특허의 발명자 중 1인에 의해 작성되었는데, SEL 특허의 특허성과 중대한 관련성을 갖는 내용은 1 페이지 분량의 번역문에 포함되지 않았다. 이에 1심 법원은 IDS를 제출한 발명자가 고의로 특허청을 기만했으므로 SEL의 특허권 행사를 제한하였다. SEL은 연방순회항소법원(CAFC)에 항소하면서 출원과정에서 MPEP § 609A(3)[186]에 기재된 바에 따라 “IDS를 통해 제출되는 정보와 본 발명과의 유사성을 간단하게 지적하는 방식으로 작성” 했으므로 출원인은 정보개시의무를 위반한 바가 없다고 주장했다. 이에 법원은 심사지침서(MPEP)에 기재되는 내용은 IDS 제출 방식에 “재량”을 부여한 것에 불과하지 출원인이 선행기술의 중요 내용을 고의로 누락한 체 나머지를 발췌하여 심사관을 혼란시키는 방식을 허락한 것은 아니라 하여 SEL의 항소는 이유 없다고 판시하였다.[187]

---

185) MPEP § 609.04(a) (citing Semiconductor Energy Laboratory Co. v. Samsung Electronics Co., 204 F.3d 1368, 1376 (Fed. Cir. 2000)).

186) 현재의 MPEP § 609.04(a)에 해당한다.

187) MPEP § 609.04(a) (citing Semiconductor Energy Laboratory Co. v. Samsung Electronics Co., 204 F.3d 1368, 1376 (Fed. Cir. 2000)) (“[A]lthough MPEP Section 609A(3) allows the applicant some discretion in the manner in which it phrases its concise explanation, it nowhere authorizes the applicant to intentionally omit altogether key teachings of the reference.”).

1. 번역문의 제출

IDS를 통해 외국어로 작성된 선행기술이 제출되는 경우 해당 선행기술에 대한 번역문이 항상 요구되는 것은 아니며, 정보개시의무를 부담하는 자(출원인, 대리인 등)가 번역문을 즉시 제출할 수 있는 경우에만 요구된다.[188] 만약 번역문을 제출하는 경우에는 간결한 설명문을 제출할 필요가 없다.[189]

2. 연속출원의 특칙[190]

원칙적으로 연속출원(계속/분할/부분계속출원)시에는 모출원을 위해 제출한 서류를 다시 제출해야 한다.[191] 따라서 특허청에 제출된 정규출원을 기초로 연속출원을 하는 경우에도 해당 정규출원(즉, 모출원)에 대해 제출한 정보를 다시 제출해야 한다. 그러나 i) 연속출원이 적법하게 우선권을 향유하고, ii) 연속출원을 통해 제출되는 IDS에 모출원이 특정되어 있고, iii) 모출원에 대해 제출된 IDS가 적법하게 제출된 경우에는, 모출원에 대해 제출된 정보(번역문 또는 설명문 포함)를 다시 제출할 필요는 없다.[192] 주의할 점은 만약 모출원에서 제출된 IDS에 외국어 출원에 대한 간략한 설명문(concise explanation)이 제출된 경우, 종전의 설명문이 연속출원의 청구항에 대해서도 적합한지를 파악해야 한다는 것이다. 연속출원의 청구항이 모출원과 상이한 경우, 종전의 설명문이 선행기술의 중대한 내용과 연속출원의 청구항과의 연관성(relevance)을 적절하게 설명하지 못할 수도 있기 때문이다.

한편 미국을 지정한 국제출원을 기초로 연속출원을 하는 경우에는 IDS

---

188) 37 C.F.R. § 1.98(a)(3)(ii).

189) *See* MPEP § 609.04(a).

190) 37 C.F.R. § 1.98(d).

191) 참고로 계속심사청구(RCE)는 출원이 아니므로 새로운 IDS를 제출하지 않는다. 한편 디자인 출원에만 활용되는 계속심사출원(CPA)의 경우에는 비록 출원에 해당되지만 새로운 포대가 만들어지지 않기 때문에 새로운 IDS를 제출하지 않는다.

192) 참고로, 모출원의 심사과정에서 심사관이 인용한 선행기술이 있는 경우, 이에 관한 정보를 연속출원에 대해 IDS로 제출할 필요는 없다. 이 경우 연속출원이 특허되면 모출원에서만 인용된 선행기술은 연속출원의 등록증에는 표시되지 않을 수 있다. MPEP § 609.02 ("When filing a Continuing Application that claims benefit under 35 U.S.C. 120 to a parent application (other than an international application that designated the U.S.), it will not be necessary for the applicant to submit an information disclosure statement in the Continuing Application that lists the prior art cited by the examiner in the parent application . . . .") (emphasis in original).

를 통해 국제단계에서 작성된 국제조사보고서(International Search Report)를 제출해야 한다. 연속출원의 모출원이 통상의 정규출원인 경우에는 앞서 설명한 연속출원의 특칙이 적용되지만, 모출원이 국제출원인 경우에는 이러한 특칙이 적용되지 않기 때문이다.[193]

3. 선행기술이 누적되는 경우의 취급

둘 이상의 특허 또는 공개문서의 내용이 실질적으로 누적(cumulative)되는 경우(중첩되는 경우)에는 어느 하나의 사본만을 제출하고 다른 문서의 사본은 제출하지 않을 수 있다. 이 경우, 누적을 이유로 나머지 문서의 사본이 제출되지 않는다는 내용을 설명해야 한다. 다만, 앞서 설명한 *Semiconductor Energy Laboratory* 사건에서 법원은 특허성에 가장 중대한 정보의 경우에는 누적을 이유로 사본 제출을 면제받을 수 없다고 판시한 바 있음을 주의해야 한다.[194]

4. 부적법한 IDS의 취급

IDS가 심사에 고려되기 위해서는 IDS가 상술한 3종의 IDS 제출기간 내에 법정된 서류를 첨부하여 제출되어야 한다.[195] 만약 부적법한 IDS가 제출된 경우 해당 IDS는 심사에는 고려되지는 않으며 해당 특허출원의 포대의 일부로 포함되기만 할 뿐이다.[196]

5. 정보개시의무 위반의 효과

정보개시의무를 위반하는 것은 출원인에게 요구되는 정직과 신의성실의 의무를 위반하는 것이다. 특허청을 기만하거나 고의나 위법한 행위를 통해 정보개시의무를 지키지 않은 경우에는 특허등록이 허여될 수 없으며, 설사 착오로 등록되더라도 해당 등록특허가 권리 행사 불가능(unenforceable)한 것

---

193) *See* MPEP § 609.02.

194) *See* MPEP § 609.04(a) (citing Semiconductor Energy Laboratory Co. v. Samsung Electronics Co., 204 F.3d 1368, 1374 (Fed. Cir. 2000)).

195) 다만 IDS 제출요건을 만족하려는 선의로 IDS를 제출하였으나 일부 서류가 누락된 경우에는 추가 기간이 부여될 수 있음은 상술한 바와 같다. 37 C.F.R. § 1.97(f).

196) 37 C.F.R. § 1.97(i). 포대의 일부에 포함된다고 하여 IDS 제출의무를 다한 것이 아니므로, IDS 제출 위반이 문제되는 경우 해당 특허권의 행사에 제한이 발생할 수 있다.

으로 취급될 수 있다.[197] 정보개시의 위반으로 인한 권리 행사가 차단되는지 여부에 관한 구체적인 판단은 제10장 제8절 "형평법에 의한 방어방법"에서 설명한다.

제6절 | 특허출원을 위한 서류

Ⅰ. 출원서[198]

출원서의 구성

미국 특허청의 권장사항에 따르면 출원서는 다음과 같은 항목으로 구성될 수 있다.[199]

① 실용특허출원 송달서(Utility application transmittal form)
② 수수료 송달서(Fee transmittal form)
③ 출원데이터시트(Application Data Sheet)
④ 명세서(specification)
⑤ 도면
⑥ 선서/선언서

출원인은 출원서에 서지적 사항에 관한 기재의 중복을 피하기 위해 별도로 출원데이터시트(Application Data Sheet 또는 ADS)를 제출할 수 있다.[200]

---

197) 37 C.F.R. § 1.56(a) ("[N]o patent will be granted on an application in connection with which fraud on the Office was practiced or attempted or the duty of disclosure was violated through bad faith or intentional misconduct."); Molins PLC v. Textron, Inc., 48 F.3d 1172, 1178 (Fed. Cir. 1995) ("Applicants for patents are required to prosecute patent applications in the PTO with candor, good faith, and honesty. . . . A breach of this duty constitutes inequitable conduct.") (footnotes and citations omitted).

198) 본서에서는 미국 특허청에 대해 특허출원을 진행하기 위해 제출되는 문서를 "출원서"라 칭하도록 한다.

199) 37 C.F.R. § 1.77(a); *See* MPEP § 608.01(a).

만약 출원서의 내용과 출원데이터시트(ADS)의 내용에 불일치가 발생하는 경우, 원칙적으로 출원데이터시트(ADS)의 내용이 우선하지만 발명자에 관한 사항은 출원서의 일부로 제출되는 선서서/선언서가 우선한다.[201]

II. 명세서(specification)[202]

구 성

미국 특허청의 명세서에 관한 권장 사항은 다음과 항목으로 구성될 수 있다.[203]

① 발명의 명칭(TITLE OF THE INVENTION)[204]

② 관련 출원에 대한 인용(CROSS-REFERENCE TO RELATED APPLICATIONS)[205]

③ 미연방정부로부터의 지원에 관한 진술서(STATEMENT REGARDING FEDERALLY SPONSORED RESEARCH OR DEVELOPMENT)

④ 공동연구협약자의 명칭(THE NAMES OF THE PARTIES TO A JOINT RESEARCH AGREEMENT)[206]

---

200) 출원데이터시트에 기재되는 서지적 사항은 37 C.F.R. § 1.76에 규정된다. 구체적으로 출원데이터시트(ADS)에는 출원인에 관한 정보, 우선권 정보, 우편물이 송달되는 주소에 관한 정보 등이 포함된다. 만약 최초 제출된 출원데이터시트에 수정될 사항이 있는 경우 추가출원데이터시트(Supplemental Application Data Sheet)를 제출할 수 있다.

201) 37 C.F.R. § 1.76(d); *See* MPEP § 608.01(a).

202) 37 C.F.R. § 1.77(b)에 따르면 "specification"은 청구항 및 요약서를 포함한다. 그러나 적지 않은 특허문서/서적과 현지 실무자들은 "specification"을 청구항이 포함되지 않은 상세한 설명의 의미로 사용한다. 본서에서는 "명세서(specification)"의 의미를 37 C.F.R. § 1.77(b)에 따라 청구항을 포함하는 문서로 사용하도록 한다. 한국 특허법에 따른 "명세서"는 청구항과 구분되는 개념이지만 본서에서 사용되는 의미는 이와 다름을 주의해야 한다.

203) 37 C.F.R. § 1.77(b); *See* MPEP § 608.01(a). 법적으로 강제되는 명세서의 형식이 있는 것은 아니라는 점을 주의해야 한다. 37 C.F.R. 또는 MPEP 기재된 명세서의 항목들은 특허청의 권장사항이므로 출원인이 반드시 이를 따라야만 하는 것은 아니다.

204) 발명의 명칭 항목에는 발명자에 관한 정보도 함께 기재될 수 있다.

205) 가출원 또는 연속출원(계속/분할/부분계속출원) 시에 명세서의 첫 번째 문장에서 모출원에 대한 인용(reference)이 요구되는바, 이러한 모출원에 대한 인용은 (2)번 항목에 기재될 수 있다. 인용의 방법은 가출원 또는 연속출원에서 설명한다.

206) 35 U.S.C. § 103(c) 규정에 관련된 내용이다. 자세한 내용은 제1장 제16절 "특허법

⑤ CD로 제출된 자료에 관한 인용(INCORPORATION-BY-REFERENCE OF MATERIAL SUBMITTED ON A COMPACT DISC)207)
⑥ 발명의 배경지식(BACKGROUND OF THE INVENTION)208)
⑦ 발명의 요약(BRIEF SUMMARY OF THE INVENTION)
⑧ 도면의 간단한 설명(BRIEF DESCRIPTION OF THE SEVERAL VIEWS OF THE DRAWING)
⑨ 발명의 상세한 설명(DETAILED DESCRIPTION OF THE INVENTION.)
⑩ 청구항(CLAIMS)209)
⑪ 요약서(ABSTRACT OF THE DISCLOSURE)210)
⑫ 시퀀스 리스트(SEQUENCE LISTING)211)

만약 상술한 항목 중 적어도 어느 하나에 기재될 내용이 없는 경우에는 각 항목의 제목은 그대로 유지한 상태에서 "Not Applicable"이라 기재할 수 있다.212) 가출원(Provisional Application)은 우선권을 향유하지 못하며 청구항을 포함하지도 않지만 위의 순서를 따를 수 있다.

Ⅲ. 작성방법

1. 발명의 배경지식에 관한 기재

출원인은 발명이 속하는 기술 분야(Field of the Invention)와 관련 기술의 상세한 설명(Description of the Related Art)으로 구분하여 배경기술을 설명하는 것이 가능하다. 관련기술에 관한 설명은 종종 외부문서를 인용형식으로 병합(incorporated by reference)하는 형식으로 이루어지는바, 이 경우에는 인용의 형

제103(c)조"에서 설명한다.

207) 광디스크(CD)에 의해 시퀀스 리스트, 표, 프로그램 코드 등이 제출된 경우에 문제된다.

208) 해당 항목은 다시 (1) Field of the Invention 및 (2) Description of Related Art including information disclosed under 37 C.F.R. § 1.97 and 1.98로 구분되어 사용되기도 한다.

209) 별도 페이지에 기재한다.

210) 별도 페이지에 기재한다.

211) 시퀀스 리스트가 전자적으로 또는 CD 형태로 제출되지 않고 서면으로 제출되는 경우 활용된다.

212) *See* MPEP § 608.01(a).

식이 적합하도록 기재해야 한다.[213)]

"발명의 배경지식에 관한 기재" 항목에 종래기술을 기재하는 경우, 기재된 내용에 의해 IDS(Information Disclosure Statement) 제출이 문제될 수 있다는 점[214)] 및 종래기술의 기재 내용이 출원인이 자백한 선행기술(Applicant Admitted Prior Art 또는 AAPA)[215)]이 될 수 있음을 유의해야 한다.

2. 발명의 요약

발명의 요약(Summary of the invention)은 발명의 속성 및 요지에 대해 간략하게 설명하는 항목으로, 발명의 목적에 관한 내용을 포함할 수 있으며, 상세한 설명(detailed description) 앞부분에 기재되어야 하며, 청구된 발명에 관한 것이어야 한다.[216)] 발명의 요약이 기재되는 목적은 발명의 내용을 공중에 알리는 것이다. 따라서 발명의 요약에는 청구된 발명이 간단명료하게 기재되어야 한다.[217)] 발명의 요약은 요약서(abstract)와는 구별되는 것이므로, 명세서를 통해 개시된 내용 전체에 언급할 필요는 없으며, 청구된 발명에 대해서만 언급하면 충분하다. 발명의 요약에서는 본 발명의 장점을 언급하거나 종래 기술의 문제점을 해결한 방법에 대해 언급할 수 있다.[218)]

3. 발명의 상세한 설명

발명의 상세한 설명 항목에는 바람직한 실시예가 기재된다. 발명의 상

---

213) 보다 상세한 내용은 제2장 제8절 "인용형식으로의 병합(incorporation by reference)"에서 설명하도록 한다.

214) 예를 들어 명세서에 "한국공개특허 10-2007-000XXXX"을 언급하면서 본 발명의 내용을 설명한 바 있다면 해당 출원의 내용을 IDS를 통해 제출해야 한다.

215) 심사관은 출원인이 선행기술이라 자백한 기술을 기초로 예견성(신규성) 및 자명성(진보성)의 거절을 부여할 수 있다. 일반적으로 출원인이 i) 명세서의 "선행기술(prior art)" 항목 또는 ii) "선행기술"이라 표시한 도면에 개시한 내용은 출원인이 자백한 선행기술(AAPA)로 취급된다.

216) 37 C.F.R. § 1.73 ("A brief summary of the invention indicating its nature and substance, which may include a statement of the object of the invention, should precede the detailed description. Such summary should, when set forth, be commensurate with the invention as claimed and any object recited should be that of the invention as claimed.").

217) *See* MPEP § 608.01(d).

218) *See* MPEP § 608.01(a).

세한 설명은 발명을 적절하고 정확하게 기술하는 데 필요한 정도로 간결하고 구체적으로 기재되어야 한다. 발명의 내용을 이루는 세부적인 기술이 발명이 속하는 기술분야에서 널리 알려진 경우 해당 내용을 발명의 상세한 설명 항목에서 상세하게 설명할 필요는 없다.

4. 청 구 항

청구항은 발명의 독점배타권을 특정하는 부분으로 출원인이 보호받고자 하는 발명의 각 구성요소나 단계별로 구분하여 기재한다.

5. 요 약 서[219)]

요약서는 청구항뿐만 아니라 명세서를 통해 개시된 전체 내용(disclosure as a whole)에 대해 설명하는 부분이다.[220)] 요약서는 특허 문서에 익숙하지 않은 사람들도 발명의 핵심을 쉽게 파악할 수 있도록 기재해야 하며, 출원인이 해당 발명을 통해 새롭게 제안하려는 내용을 기재해야 한다. 요약서는 50 내지 150 단어로 기재되어야 하고 15줄 이내로 기재되어야 하며 "means" 또는 "said"와 같은 법률용어를 포함할 수 없다.

요약서는 명세서의 일부로 포함되므로 요약서에 기재된 내용을 기초로 명세서를 보정할 수 있다. 즉, 발명의 상세한 설명/도면 등에는 기재된 바 없더라도 요약서에 기재가 되었다면 해당 내용은 신규사항이 아니다. 한편 요약서의 내용은 명세서의 일부로 인정되므로, 부적법한 요약서가 제출되어 새로운 요약서가 제출되는 경우에는 새로운 요약서에는 신규사항이 포함될 수 없다.

6. 대체 명세서

청구항이나 발명의 상세한 설명 등에 여러 번 보정이 이루어져서 보정된 최종 내용을 특정하기 곤란한 경우에는 특허청이 출원인으로 하여금 보정된 내용이 모두 반영된 명세서를 제출하도록 요구할 수 있는 바, 이를 대체 명세서(substitute specification)라 한다.[221)] 출원인은 특허청의 요청이 없어도

---

219) *See* MPEP § 608.01(a), (b).
220) *See* MPEP § 608.01(a).
221) 37 C.F.R. § 1.125(a) ("If the number or nature of the amendments or the legibility

자발적으로 대체 명세서를 제출할 수도 있으나, 이 경우에는 등록료(Issue Fee) 납부할 때까지 청구항을 제외한 명세서만을 제출할 수 있으며 별도의 수수료를 납부해야 한다.[222]

대체 명세서의 제출을 요구 받거나 자발적으로 제출하는 경우, i) 대체 명세서에 신규사항이 포함되지 않았다는 진술서(statement) 및 ii) 추가보정 또는 삭제보정의 내용이 표시되는 명세서의 "Marked up copy"를 제출해야 한다.[223] 대체 명세서는 재발행출원(Reissue Application) 또는 당사자계/결정계 재심사절차(Reexamination Proceeding)에서는 제출할 수 없다.[224]

7. 도 면

발명의 이해를 위해 도면이 필요한 경우에는 반드시 도면이 제출되어야 한다.[225] 발명의 이해를 위해 도면이 필요함에도 도면이 누락된 경우 출원일이 인정될 수 없다.[226] 특허청(USPTO)은 모든 신규출원에 대해 도면이 필요한지 여부를 심사하게 되며, 만약 발명의 이해를 위해 도면이 필요함에도 불구하고 도면이 누락된 경우, 누락항목통지(Notice of Omitted Items 또는 NOI)를 발송한다.[227] 만약 누락항목통지(NOI)에 응신하여 누락된 도면을 제출하는 경우에는 누락된 도면이 제출된 날이 출원일이 된다.[228]

청구항에 기재된 모든 특징은 도면에 도시되어야 하며, 위반 시에는 거절(objection)이 통지된다. 그러나 청구항에 기재되어 있는 기술적 특징이라도 종래기술로 본 발명을 적절하게 이해하는데 필수적인 사항이 아닌 경우에는 도면 부호나 블록 형태로 도시되면 충분하다.[229]

---

of the application papers renders it difficult to consider the application, or to arrange the papers for printing or copying, the Office may require the entire specification, including the claims, or any part thereof, be rewritten.").

222) 37 C.F.R. § 1.125(b) ("[S]ubstitute specification, excluding the claims, may be filed at any point up to payment of the Issue Fee if it is accompanied by a statement that the substitute specification includes no new matter."); *See* MPEP § 608.01(q).

223) *See* MPEP § 608.01(q).

224) 37 C.F.R. § 1.125(d).

225) 35 U.S.C. § 113 ("The applicant shall furnish a drawing where necessary for the understanding of the subject matter sought to be patented.").

226) *See* MPEP § 608.02.

227) *See* MPEP § 601.01(d).

228) *See* MPEP § 608.02.

도면은 흑백으로 작성되는 것이 원칙이다. 그러나 컬러 도면(color drawing)이 발명을 개시할 수 있는 실질적인 유일한 방법인 경우에는 실용특허 및 디자인특허에서 컬러 도면을 제출할 수 있다.230) 이 경우 컬러 도면은 흑백으로 인쇄되어도 식별이 가능할 만큼 상세하게 작성되어야 한다. 컬러 도면을 제출하는 경우에는 i) 수수료, ii) 3부의 컬러 도면 및 iii) 법정된 문구231)가 삽입된 보정서를 포함하는 청원(petition)을 제출해야 한다.232)

관련문제 — 사진

일반적으로 사진(사진의 복사본도 포함)은 실용특허 및 디자인특허에 허용되지 않는다. 그러나 실용 및 디자인특허에서 사진이 발명을 개시할 수 있는 실질적인 유일한 방법인 경우에는 사진을 제출할 수 있다. 만약 컬러 사진이 제출되는 경우에는 i) 수수료, ii) 3부의 컬러 도면 및 iii) 명세서에 법정된 문구233)를 삽입하는 보정서로 구성된 청원(petition)을 제출해야 한다.234)

8. 저작물의 기재에 관한 취급

관련법에 의해 보호받는 저작물 또는 반도체 배치 설계도 명세서에 기재될 수 있다. 이 경우 구체적인 기재 방법은 37 C.F.R. § 1.71(d)-(e)에 규정

229) 37 C.F.R. § 1.83(a) ("The drawing in a nonprovisional application must show every feature of the invention specified in the claims. However, conventional features disclosed in the description and claims, where their detailed illustration is not essential for a proper understanding of the invention, should be illustrated in the drawing in the form of a graphical drawing symbol or a labeled representation *e.g*, a labeled rectangular box)."); *See* MPEP § 608.02(d). 위와 같은 요건은 미국특허에서 특유적으로 요구되는 것으로, 한국에서 작성된 많은 명세서가 본 규정을 이유로 거절되고 있다. 실무자들은 도면 작성시 청구항의 구성요소가 빠짐없이 기재되었는지를 확인하는 것이 바람직하다.

230) 국제출원을 진행하거나 미국출원을 전자적으로 진행하는 경우에는 컬러 도면이 제출될 수 없다.

231) "The patent or application file contains at least one drawing executed in color. Copies of this patent or patent application publication with color drawing(s) will be provided by the Office upon request and payment of the necessary fee."가 기재되어야 한다. 37 C.F.R. § 1.84(a)(2)(iii).

232) 37 C.F.R. § 1.84(a).

233) 컬러 도면과 동일한 문구가 삽입된다.

234) 37 C.F.R. § 1.84(b).

되어 있다.[235]

9. 명세서에 표시되는 단위

명세서에 기재되는 모든 단위는 국제표준단위인 미터법에 의해 기재된다. 만약 파운드 등과 같은 단위를 기재하려는 경우, 미터법에 의한 단위를 병기해야 한다.[236]

10. 정규출원의 언어

영어 이외의 언어로 정규출원(Non-Provisional Application)이 가능하며 관련 내용은 37 C.F.R. § 1.52(d)(1)에 규정되어 있다. 본 제도는 비상시를 위해 마련된 제도이므로 영어 이외의 언어로 정규출원을 하는 것은 추천되지 않는다.[237] 영어 명세서를 작성할 시간이 없는 특별한 상황이라면 국문으로 작성된 가출원(Provisional Application)이나 국제출원(PCT)을 활용할 수 있기 때문에 실무상 자주 활용되지 않는다.

11. 표 및 도면 등의 취급

화학식 및 수학식은 청구항뿐만 아니라 명세서 전체에 포함될 수 있다. 그러나 도면이나 플로우 다이어그램은 반드시 도면에 기재되어야 하며 상세한 설명에 기재될 수 없다.[238] 한편, 발명의 상세한 설명에 표가 기재된 경우, 동일한 표는 도면에 기재될 수 없다.[239]

원칙적으로 청구항에는 도면이나 표(table)가 포함될 수 없다. 그러나 도면이나 표가 없이 발명을 설명할 수 있는 방법이 현실적으로 존재하지 않는 경우에는 예외적으로 인용형식으로 특정한 도면이나 표를 병합(incorporate by reference)할 수 있다.[240]

---

235) 저작물과 반도체 배치 설계에 대해 별도의 규정을 두는 이유는, 명세서가 특허청 및 제3자에 의해 복제되는 경우 저작권 침해 등의 문제가 발생하는 것을 방지하기 위함이다.

236) *See* MPEP § 608.01.

237) *See* MPEP § 608.01.

238) 37 C.F.R. § 1.58(a).

239) 그러나 국제출원을 기초로 미국국내단계를 진입한 국내단계출원의 경우에는 발명의 상세한 설명과 도면에 표가 중복될 수 있다. *See* MPEP § 608.01.

240) *See* MPEP § 2173.05(s) (citing *Ex parte* Fressola, 27 USPQ2d 1608, 1609 (B.P.A.I.

12. 하이퍼링크의 기재

명세서에는 하이퍼링크(hyperlink)나 브라우저에서 실행 가능한 코드가 포함될 수 없다. 만약 하이퍼링크나 브라우저에서 실행 가능한 코드가 명세서에 기재된 경우, 심사관은 거절(objection)해야 하고 해당 내용은 삭제되어야 한다.[241]

13. 청구항의 중복

복수의 청구항이 용어상 약간의 차이가 있으나 내용상 동일한 대상을 청구하는 경우 하나의 청구항만이 허여되고 나머지 청구항은 거절(object)될 수 있다.[242]

14. 페이지 번호 및 기타사항

명세서 및 요약서에는 페이지 번호가 연속적으로 부여된다. 기타 구체적인 서식에 관련된 사항은 37 C.F.R. § 1.52 및 MPEP § 608.01을 참조한다.

15. 모의 실험결과에 대한 취급

실제로 수행된 실제 실험결과나 모의 실험결과를 명세서에 기재하는 것은 허락된다.[243] 이 경우 모의 실험결과를 실제 실험결과로 표시할 수는 없으며, 모의 실험결과에 관한 문장은 과거 시제로 기재될 수 없다.

제7절 | 청 구 항

Ⅰ. 서

청구항은 특허권에 따른 독점 배타권의 범위를 결정하는 기준이 되므로,[244] 출원서에서 가장 중요한 부분이라 할 것이다. 본래 1790년과 1793년

1993)). 청구항에 외부문서를 병합할 수 있는지 여부는 제2장 제8절 "인용형식으로의 병합"에서 설명한다.

241) *See* MPEP § 608.01.

242) *See* MPEP § 706.03(k).

243) *See* MPEP § 608.01(p).

에 제정된 특허법은 청구항에 관한 별다른 언급을 하지 않았으나, 1836년에 제정된 특허법이 청구항에 관한 법적 요건을 최초로 제시한 이래, 몇 차례의 법 개정을 통해 현재의 관련규정을 완성하기에 이른다.[245] 구체적으로 현행규정은 청구항을 통해 출원인(즉, 발명자)이 발명으로 생각하는 구성요소를 상세하고 구별되도록 기재할 것을 요구하고 있다.

II. 관련규정

35 U.S.C. § 112 두 번째 단락의 요건은 i) 출원인이 발명으로 생각하는 구성요소를 청구해야 함을 규정하는 주관적 요건[246]과 ii) 청구항이 발명을 상세하게 지시하고 구별되게 청구(particularly pointing out and distinctly claiming)하도록 작성되어야 함을 규정하는 객관적 요건[247]으로 구분된다. 일반적으로 주관적 요건은 실무상 크게 문제되지 않지만, 객관적 요건은 출원 및 소송 단계 모두에서 문제된다. 상기 객관적 요건은 청구항의 명확성(definiteness) 요건으로 불리기도 한다.

한편 35 U.S.C. § 112의 세 번째 내지 다섯 번째 단락은 청구항에 관한 내용을 규정한다.[248] 구체적으로 35 U.S.C. § 112 세 번째 단락에 따르면 청구항은 독립항으로 기재되며 상황에 따라 다중 종속항 등의 종속항으로 기재될 수 있다.[249] 이 경우, 종속항은 인용되는 청구항의 기술적 특징을

244) SRI Int'l v. Matsushita Elec.Corp. of Am., 775 F.2d 1107, 1121 (Fed. Cir. 1985) ("[C]laims are infringed, not specifications. . . . It is the claims that measure the invention.") (citations omitted).

245) DONALD S. CHISUM ET. AL., PRINCIPLES OF PATENT LAW 90 (Foundation Press 3rd ed. 2004).

246) 35 U.S.C. § 112, ¶ 2 ("The specification shall conclude with one or more claims particularly pointing out and distinctly claiming the subject matter which the applicant regards as his invention.") (emphasis added).

247) 35 U.S.C. § 112, ¶ 2 ("The specification shall conclude with one or more claims particularly pointing out and distinctly claiming the subject matter which the applicant regards as his invention.") (emphasis added).

248) 참고로 35 U.S.C. § 112의 여섯 번째 단락에 규정된 기능식 청구항(means plus function)에 대해서는 이하에서 별도로 설명한다.

249) 35 U.S.C. § 112, ¶ 3 ("A claim may be written in independent or, if the nature of the case admits, in dependent or multiple dependent form.").

추가로 한정해야 하며, 종속항의 권리범위를 해석할 때에는 인용되는 청구항의 기술적 특징을 모두 고려해야 한다.250) 또한 종속항은 선행하는 청구항을 인용해야 하며, 다중 종속항은 다른 청구항을 택일적으로 인용해야 하고, 다중 종속항은 다른 다중 종속항을 인용할 수 없다.251)

Ⅲ. 청구항의 형태

비록 성문법에 규정된 바는 없지만, 실무상 청구항의 내용은 목적어 형태로 기재된다. 해당 목적어에 대한 주어 및 동사는 "I claim," 또는 "The invention claimed is" 등이 될 수 있다.252) 각 청구항의 최초 단어는 대문자로 시작하며, 청구항의 특징부(body)와 나머지 부분은 콜론(:)에 의해 구분된다. 각 청구항은 마침표(.)로 끝나야 하며, 마침표는 약어(약자)를 제외하고는 문자의 중간에 사용될 수 없다. 다수의 구성요소가 포함되는 경우, 들여쓰기로 구성요소를 구분한다.

청구항에는 도면번호와 같은 참조부호가 사용될 수 있다. 이 경우 참조부호는 괄호 안에 표시되어야 한다. 참조부호를 사용하더라도 청구항의 권리범위에 영향이 없는 것으로 간주된다.253)

출원 과정에서 권리범위가 가장 넓은 청구항부터 가장 상세한 청구항까지 다양한 청구항을 작성하는 것이 바람직하다. 청구항에 다양한 기술적 특징이 기재되는 경우 심사관이 어떤 기술적 특징에 특허성을 인정하는지 용

---

250) 35 U.S.C. § 112, ¶ 4 ("[C]laim in dependent form shall contain a reference to a claim previously set forth and then specify a further limitation of the subject matter claimed. A claim in dependent form shall be construed to incorporate by reference all the limitations of the claim to which it refers.").

251) 35 U.S.C. § 112, ¶ 5 ("A claim in multiple dependent form shall contain a reference, in the alternative only, to more than one claim previously set forth and then specify a further limitation of the subject matter claimed. A multiple dependent claim shall not serve as a basis for any other multiple dependent claim.").

252) *See* MPEP § 608.01(m).

253) 심사 실무에 따르면 청구항에 참조부호를 사용하더라도 해당 청구항의 권리범위가 해당 참조부호가 사용된 도면 또는 상세한 설명에 한정되지 않는 것으로 간주된다. MPEP § 608.01(m) ("The use of reference characters is to be considered as having no effect on the scope of the claims.").

이하게 파악할 수 있기 때문이다. 참고로 미국 특허청은 제1항에 가장 넓은 청구항을 기재할 것을 권장하고는 있지만 이는 강제사항은 아니다.

Ⅳ. 청구항의 구조

청구항은 일반적으로 전제부, 전이부 및 특징부로 구성된다. 전제부(preamble)는 일반적인 기술적 특징이나 기술 배경을 제시한다. 전이부(transition)는 전제부와 특징부(body)를 연결하는 부분으로 "comprising"이나 "consisting" 또는 "essentially consisting" 등이 사용된다. 전이부에 의해 전제부와 연결되는 특징부(body)에는 발명이 동작하기 위해 필요한 구성요소가 기재된다.

1. 전 제 부

전제부(preamble)는 일반적인 기술적 특징이나 기술 배경을 제시하는 바, 전제부와 관련하여 문제되는 것은 전제부에 기재된 내용에 따라 권리범위가 제한되어 해석되는지 여부이다. 이에 대해, 전제부에 기재된 내용에 의해 권리범위가 한정되는지 여부는 사안에 따라 결정되어야 하며 권리범위 한정여부를 명확하게 결정하는 "리트머스 테스트"는 존재하지 않는다는 것이 법원 및 특허청의 태도이다.[254] 일반적으로 전제부는 청구된 발명에 관련된 일반적인 기술적 특징이나 기술 배경을 제시하는 것에 불과하므로, 청구항의 권리범위가 문제되는 경우 권리범위를 한정하지 않는 것으로 취급되는 것이 일반적이나, 예외적으로 권리범위를 한정하는 경우가 있으므로 주의해야 한다.[255]

2. 전 이 부

전이부(transition)은 전제부(preamble)와 특징부(body)를 연결하는 연결어를 말한다. 통상 사용되는 전이부는 "comprising, consisting of, consisting essentially" 등이 있다. 전이부는 특징부에 추가적인 구성요소를 포함할 수

254) *See* MPEP § 2111.02 (citing Catalina Mktg. Int'l v. Coolsavings.com, Inc., 289 F.3d 801, 808 (Fed. Cir. 2002)).

255) 보다 상세한 내용은 제9장 제1절 "권리범위해석"에서 설명한다.

있는지 여부에 따라 개방형(open-ended), 폐쇄형(close-ended)과 반폐쇄형(semi close-ended)으로 구분된다. 개방형 전이부를 사용하는 청구항에는 청구항에 기재되지 않은 추가적인 구성요소도 결합이 가능한 것으로 해석되어 권리범위가 넓어질 여지가 크지만 선행기술에 의해 거절될 가능성도 커지게 된다. 폐쇄형 전이부를 사용하는 경우에는 추가적인 구성요소가 결합되지 않는 것으로 해석되므로 선행기술에 의해 거절될 가능성은 낮아지지만 권리범위가 제한된다. 반폐쇄형은 개방형과 폐쇄형의 중간적인 성격을 가진다.

1) 개방형 전이부

개방형 전이부 중 가장 널리 사용되는 것은 "comprising"이다. "comprising"으로 전이부를 기재하는 경우, 청구항에 기재된 구성요소 이외의 구성요소도 추가될 수 있다.[256] 또한 "comprising" 외에도 "including," "containing"[257] 또는 "characterized by"는 개방형 전이부로 취급된다는 것이 특허청의 태도이다.[258]

전이부로 "having"이 사용되는 경우에는 개방형 또는 폐쇄형 모두로 해석이 가능하므로, 해당 특허의 명세서에 비추어 해당 전이부를 해석해야 한다.[259] 법원은 "having"에 의미에 대해 구체적 사실관계에 따라 "comprising"과 같은 효과를 인정하기도 하고,[260] 개방형 전이부로 추정하지 않기도 한다.[261] 실무자 입장에서는 의미가 분명하지 않은 전이부를 사용하지 말고 "com-prising" 만을 사용하는 것이 바람직할 것이다.

---

256) *See* MPEP § 2111.03 (citing Invitrogen Corp. v. Biocrest Mfg., L.P., 327 F.3d 1364, 1368 (Fed. Cir. 2003)).

257) MPEP § 2111.03 (citing Mars Inc. v. H.J. Heinz Co., 377 F.3d 1369, 1376 (Fed. Cir. 2004)).

258) MPEP § 2111.03 ("The transitional term 'comprising', which is synonymous with 'including,' 'containing,' or 'characterized by,' is inclusive or open ended and does not exclude additional, unrecited elements or method steps.") (citations omitted).

259) *See* MPEP § 2111.03 ("Transitional phrases such as 'having' must be interpreted in light of the specification to determine whether open or closed claim language is intended.") (citations omitted).

260) *See* MPEP § 2111.03 (citing Lampi Corp. v. American Power Products Inc., 228 F.3d 1365, 1376 (Fed. Cir. 2000)).

261) *See* MPEP § 2111.03 (citing Crystal Semiconductor Corp. v. TriTech Microelectronics Int'l Inc., 246 F.3d 1336, 1348 (Fed. Cir. 2001)).

2) 폐쇄형 전이부[262)]

폐쇄형 전이부로는 주로 "consisting of"가 사용된다. "consisting of"로 전이부를 기재하는 경우, 청구항에 기재된 구성요소 이외의 다른 구성요소는 추가될 수 없다.[263)] 폐쇄형 전이부가 포함되는 경우 추가적인 구성요소를 부가하여 구체화하는 것은 불가능하며, "wherein" 등의 표현을 통해 한정하는 것만이 가능하다. 한편, 폐쇄형 전이부가 전제부 직후에 기재되는 경우에는 폐쇄형 전이부의 효과가 모든 구성요소에 미치지만, 하나의 구성요소 내에서만 폐쇄형 전이부가 기재되는 경우 폐쇄형 전이부의 효과는 해당 구성요소에만 미치므로 나머지 구성요소에 대해서는 부가하여 구체화하는 것도 가능하다.[264)] 한편, 전이부 중 "composed of"[265)] 는 구체적인 사실관계에 따라 폐쇄형 전이부나 반폐쇄형 전이부로 해석된다.

3) 반폐쇄형 전이부

반폐쇄형 전이부로는 주로 "consisting essentially"가 사용된다. 반폐쇄형 전이부는 개방형 전이부와 폐쇄형 전이부의 중간적인 취급을 받는바, 청구항에 기재되지 않은 구성요소가 포함되는 구성요소도 추가될 수 있지만, 추가되는 구성요소로 인해 이미 청구된 발명의 기본적이고 새로운 특성(basic and novel characteristic)에 중대한 변화가 없어야 한다.[266)]

심사관은 선행기술 검색 시에 청구항의 어떤 특징이 발명의 기본적이고 새로운 특성이 아닌지를 알 수 없으므로, 청구항이나 명세서에 어떤 특징이 발명의 기본적이고 새로운 특성인지가 명시적으로 기재되지 않았다면, "consisting essentially"를 개방형 전이부로 취급하여 선행기술을 제시할 수 있다. 만약 반폐쇄형 전이부를 기초로 선행기술을 극복하려는 경우 해당 발

---

262) 참고로, 화학발명이 문제되지 않는 한 폐쇄형 전이부가 사용되는 경우는 드물다.

263) *See* MPEP § 2111.03 (citing *In re* Gray, 53 F.2d 520 (C.C.P.A. 1931)). 그러나 "consisting of" 표현이 있음에도 청구항에 기재된 구성요소 무관함을 이유로 추가적인 구성요소의 결합을 긍정한 판례도 있다. *See* MPEP § 2111.03 (citing Norian Corp. v. Stryker Corp., 363 F.3d 1321, 1331-32 (Fed. Cir. 2004)).

264) *See* MPEP § 2111.03 (citing Mannesmann Demag Corp. v. Engineered Metal Products Co., 793 F.2d 1279 (Fed. Cir. 1986)).

265) *See* MPEP § 2111.03 ("The transitional phrase 'composed of' has been interpreted in the same manner as either 'consisting of' or 'consisting essentially of,' depending on the facts of the particular case.").

266) *See* MPEP § 2111.03 (citing *In re* Herz, 537 F.2d 549, 551-52 (C.C.P.A. 1976)).

명이 "consisting essentially"가 사용될 수 있는 발명이라는 사실, 즉 선행기술에 구성된 구성요소가 추가되는 경우 발명의 기본적이고 새로운 특성에 중대한 변화가 발생함을 증명해야 한다.267)

V. 심사지침서 상의 명확성 판단의 일례

35 U.S.C. § 112 두 번째 단락 규정에 따라 청구항은 발명을 상세하게 지시하고 구별되게 청구하도록 작성되어야 하는바, 이러한 요건이 청구항의 명확성(definiteness) 요건으로 불린다는 점은 상술한 바와 같다. 심사지침서는 청구항의 명확성과 관련하여 판단한 일례들을 소개하는데, 보다 상세한 내용은 이하와 같다.268)

1. 청구항 용어의 명확성

청구항에 기재된 모든 용어는 분명해야 한다. 청구항의 용어의 의미는 출원 당시의 선행기술, 발명의 상세한 설명, 도면 등에 의해 분명하게 해석가능 해야 한다.269)

2. 청구항의 광협과 명확성 요건

단순히 청구항의 권리범위가 넓다는 이유만으로 청구항이 불명확해지는 것은 아니다. 만약 청구항이 넓어서 발명의 상세한 설명에 의해 지지되지 않거나, 발명의 상세한 설명으로부터 용이하게 실시하는 없는 경우에는 35 U.S.C. § 112의 상세한설명요건(Written Description Requirement)이나 실시가능요건(Enablement Requirement)을 이유로 거절해야 한다.270)

3. 상세한 설명과 청구항의 불일치

설사 청구항의 용어가 명확하게 해석될 수 있더라도, 발명의 상세한 설

---

267) *See* MPEP § 2111.03.

268) 명확성 요건의 위반이 발생하는 경우 35 U.S.C. § 112 두 번째 단락의 위반을 근거로 실체에 대한 거절(rejection)이 부여된다.

269) MPEP § 2173.05(a).

270) MPEP § 2173.04.

명 또는 선행기술에 의해 교시되는 내용과 불일치가 발생하는 경우 명확성 요건의 위반이 발생할 수 있다.[271]

4. 상대적 용어의 사용[272]

상대적 용어의 사용으로 명확성에 문제가 발생할 수는 있지만 상대적 용어의 사용 자체가 35 U.S.C. § 112 두 번째 단락 위반을 발생시키는 것은 아니다. 정도를 나타내는 용어가 청구항에 사용되는 경우, 발명의 상세한 설명을 통해 해당 정도를 정할 수 있는 기준이 제시되었다면 그 기준을 기초로 발명의 보호 범위가 특정 가능한지를 판단한다. 만약 발명의 상세한 설명을 통해 기준이 제시되지 않았다면, 선행기술, 해당 기술 분야의 수준을 기초로 발명의 보호 범위가 특정 가능한지를 판단한다.

5. 수치의 기재[273]

동일한 청구항 내에서 수치를 서로 다르게 기재하는 것은 허용되지 않는다. 예를 들어, 청구항에 섭씨 45도 내지 78도, 바람직하게는 섭씨 50도 내지 60로 기재하는 것은 허용되지 않는다. 또한 상한이 없는 비율을 기재를 하는 경우 모든 구성 성분의 총합이 100%를 넘지 않도록 주의해야 한다. "effective amount"와 같은 표현은 명세서에 개시된 바에 따라 명확성 여부가 결정된다. 만약 명세서에 개시된 내용으로부터 그 내용이 암시되는 경우에는 명확하다고 인정될 수 있다.

6. 예시적 표현의 사용

청구항에 예시적 표현("예를 들어"와 같은 표현)을 사용하는 것은 허용되지 않는다.[274]

---

271) MPEP § 2173.03 (citing *In re* Cohn, 438 F.2d 989 (C.C.P.A. 1971)).

272) *See* MPEP § 2173.05(a). 참고로 MPEP § 2173.05(a)에는 about, essentially, similar, substantially, type, relatively 등의 상대적 용어에 관한 취급이 기재되어 있다.

273) *See* MPEP § 2173.05(c).

274) MPEP § 2173.05(d).

7. 선행사(antecedent)의 사용

선행사(the, said)의 누락으로 청구항의 해석이 불분명해진 경우에는 청구항의 명확성 요건이 문제된다.[275]

8. 다른 청구항의 한정에 대한 인용

다른 청구항의 한정을 인용하여 청구항을 작성하는 경우, 청구항의 의미를 정확하게 해석할 수 있다면 청구항의 명확성 요건은 만족된다. 예를 들어, "제1 항의 방법에 따른 제조된 장치 ..."와 같은 표현은 허용된다.[276]

9. 기능적 한정

청구항을 기능적으로 한정하는 것은 허용된다. 청구항의 일부 부분에 기능적 용어를 사용하는 것은 허용되며, 기능적 표현을 사용한 것만으로 청구항이 위법해지는 것은 아니다.[277]

10. 택일적 기재

마쿠시 청구항과 같은 택일적 기재는 허용된다.[278]

11. 부정적 한정

청구항에 "~을 제외하는"과 같은 부정적 한정 역시 허용된다.[279] 다만, 이러한 부정적 한정을 통해 제외되는 범위가 명확하게 특정되어야 한다. 한편 청구항에 부정적 한정에 관한 한정을 기재하는 경우, 부정적 한정에 관한 기재가 발명의 상세한 설명에 의해 지지되어야 한다.

12. 방법과 물건을 동시에 기재

하나의 청구항을 통해 방법과 물건을 동시에 청구하는 것은 발명의 보호범위를 불명확하게 하는 것으로 35 U.S.C. § 112 두 번째 단락 위반이 문

---

275) MPEP § 2173.05(e).
276) MPEP § 2173.05(f).
277) MPEP § 2173.05(g).
278) MPEP § 2173.05(h).
279) MPEP § 2173.05(i).

제된다.[280] 다만 i) "Product by Process" 청구항이나 ii) 다른 카테고리의 발명의 기술적 한정을 인용하는 청구항[281]의 경우는 예외적으로 허용된다.

13. 상표의 사용

청구항에 상표가 기재된 것만으로 청구항이 불분명해지는 것은 아니지만, 만약 상표가 기술적 한정으로 사용된 경우, 즉 기술적 한정이 해당 상표를 갖는 제품을 설명하기 위한 것인 경우에는 발명이 분명하게 한정된 것이 아니므로 명확성 요건의 위반이 발생한다.

VI. 종속항의 취급

종속항(dependent claim)은 독립항(independent claim)과 달리 적어도 하나의 다른 청구항을 인용하는 청구항으로, 인용되는 청구항을 한정하거나 부가한다. 종속항은 인용되는 청구항의 개수에 따라 단일 종속항(single dependent claim) 또는 다중 종속항(multiple dependent claim)으로 구분된다. 단일 종속항의 경우, 그 기재방법에 관해 문제되는 게 없으나 다중 종속항의 경우에는 다음과 같은 사항을 고려해야 한다.

1. 다중 종속항[282]

미국에서도 다수의 청구항을 택일적으로 인용하는 다중 종속항이 허용된다. 다중 종속항은 다른 다중 종속항을 인용할 수는 없다.[283] 다중 종속항은 다른 청구항들을 누적적(cumulative)으로 인용[284]할 수는 없으며, 택일적인 형태(alternative form)[285]를 가져야 한다.

---

280) MPEP § 2173.05(p).

281) 예를 들어, "제1항의 방법에 따른 제조된 장치…"와 같은 표현은 허용된다. 한국 실무상 "인용형식의 독립항"으로 인정되는 청구항은 미국에서는 종속항으로 취급된다.

282) 다중 종속항에 관한 미국의 실무는 우리나라 실무와 큰 차이가 없다.

283) "A device as in claims 1, 2, 3, or 4, made by a process of claims 5, 6, 7, or 8"도 부적절한 인용으로 취급된다. MPEP § 608.01(n).

284) "A machine according to claims 3 and 4, further comprising－"은 부적절하다. MPEP § 608.01(n).

285) "A machine according to claims 3 or 4, further comprising－"은 적절하다. MPEP § 608.01(n).

다중 종속항은 하나의 청구항만을 인용하는 단일 종속항이 여러 번 기재된 것으로 취급된다.[286] 따라서 다중 종속항에 대해서도 한정요구가 가능하다.[287] 또한 출원료 산정에 있어서도 인용된 청구항의 수만큼 계산된다.[288]

2. 종속항 적법 판단 — 침해테스트

종속항의 적법 여부는 종속항의 기초가 되는 다른 청구항의 모든 한정사항이 해당 종속항에 포함하는지를 판단하는 침해테스트(infringement test)에 의해 결정된다. 즉, 종속항을 침해하면 종속항이 인용하는 다른 청구항까지도 침해하는 것으로 인정되면, 해당 종속항은 적법한 것이다. 예를 들어, 제1항의 구성요소가 A, B, C이고, 제1항에 대한 종속청구항으로 제2항을 기재하면서 제1항에 있어서 D를 더 포함하는 것을 특징으로 하는 경우, 제2항을 침해하면 제1항의 침해도 인정되므로 제2항은 적법한 종속항으로 귀급된다. 그러나 제1항의 구성요소가 A, B, C인 상황에서 제1항에 대한 종속청구항으로 제2항을 기재하면서 제1항에 있어서 C 대신에 D를 포함하는 것을 특징으로 하는 경우, 제2항을 침해하더라도 제1항의 침해가 구성되지 않으므로 제2항은 부적법한 종속항이 된다.

종속항의 적법여부를 판단하는 경우, 침해테스트를 기초로 판단해야 한다.[289] 따라서 종속항에 추가로 한정되는 기술적 특징이 심사에 부담을 준다

---

286) 예를 들어, 제5항이 "제2항 내지 제4항 중 어느 한 항에 있어서,"라고 기재된 경우 제5항은 "제2항에 있어서," "제3항에 있어서," "제4항에 있어서,"라고 기재된 것처럼 취급된다.

287) 예를 들어, 제5항이 "제2항 내지 제4항 중 어느 한 항에 있어서,"라고 기재되었고, 제5항이 인용한 제2항 내지 제4항의 발명이 모두 독립적(independent)이거나 구별(distinct)되는 발명으로 취급되는 경우, 제5항 역시 서로 다른 3개의 발명으로 구분될 것이다.

288) 다만, 부적절하게 인용한 다중 종속항의 경우에는 계산의 편의를 위해 하나의 종속항으로 계산한다.

289) 따라서 종속항에 부가되는 한정사항의 중요도가 떨어지거나, 종속항에 포함되는 한정사항에도 불구하고 권리범위가 사실상 변하지 않는 사정이 있어도 종속항이 위법한 것은 아니다. *See* MPEP § 608.01(n). 다만, 종속항이 종속항의 기초가 되는 다른 청구항의 단계나 구조를 구체적으로 한정하지 않고, 단순히 다른 청구항의 용도를 한정하는 경우(예를 들어, 제2항을 작성하면서 제1항의 방법은 CMOS의 제조에 사용되는 것을 특징하는 한다고 기재하는 경우), 37 C.F.R. 1.75(c)을 위반하는 부적절한 종속항임

거나, 발명의 카테고리가 상이하다는 것을 근거로 종속항을 부적법하다 할 수 없다.[290] 다만, 이 경우에는 한정요구(Restriction Requirement)가 문제될 뿐이다.

3. 부적법한 종속항의 취급

미국특허법에 따른 심사관의 거절은 실체에 대한 거절(rejection)과 형식에 대한 거절(objection)로 구분되는바,[291] 37 C.F.R. § 1.75(c)의 규정[292]을 위반하는 경우에는 형식에 대한 거절(objection)이 부여된다. 한편, 인용되는 청구항은 예견성(신규성)이나 자명성(진보성)을 이유로 거절(rejected)되었지만, 이를 인용하는 종속항에는 특허성이 인정되는 경우 해당 종속항은 실체에 대해 거절("rejected") 되는 것이 아니라 형식에 대해 거절("objected")이 부여된다.[293] 참고로, 인용되는 청구항이 삭제되었음에도 종속항이 삭제된 청구항을 인용하는 경우에는 완전성(completeness) 요건 위반으로 실체에 대한 거절(rejection)이 부여된다.[294]

을 근거로 거절(objection)이 부여될 수 있다. 이 경우, 심사관은 거절(objection)의 대상이 되는 종속항이 그 기초 청구항을 한정하는지 여부를 판단하면서 MPEP § 2111.04의 내용에 언급하기도 한다. 특별한 사정이 없는 한, 방법/장치의 용도를 한정하는 종속항을 통해 발명의 신규성/진보성이 확보되지 않으므로, 용도를 한정하는 종속항을 불필요하게 추가하여 출원인의 관납료 부담을 증가시키는 것을 삼가는 것이 바람직할 것이다.

290) 즉, 종속항의 카테고리가 독립항과 다르다는 이유만으로 종속항이 부적법해지는 것은 아니다. 예를 들어, 독립항이 제품을 청구하고 해당 독립항에 대한 종속항에서 상기 제품을 이용하는 방법을 청구하는 것은 가능하다. 또한 독립항에 제조방법을 청구하고 해당 독립항에 대한 종속항이 상기 제조방법에 의해 제조된 물건을 청구하는 것도 가능하다. *See* MPEP § 608.01(n).

291) 실체에 대한 거절인 "rejection"은 주로 발명의 대상 적격, 예견성(신규성), 자명성(진보성), 발명의 상세한 설명의 기재요건에 대한 흠결로 인해 발생하며, 형식에 대한 거절인 "objection"은 주로 종속항/도면의 기재요건불비, 발명의 상세한 설명의 표현상 오류로 인해 발생한다.

292) 종속항의 기재요건에 관한 규정이다. 예를 들어, 종속항의 인용 방법이 잘못 되었거나 다중 종속항이 다른 다중 종속항을 인용하거나 침해테스트를 만족하지 못한 경우 37 C.F.R. § 1.75에 따른 종속항의 기재요건에 대한 위반이 발생한다.

293) *See* MPEP § 608.01(n).

294) *See* MPEP § 608.01(n).

4. 심사 실무

최초 출원에 기재된 종속항이 부적절해도 곧바로 거절되지 않을 수 있다. 출원 직후에는 수수료 산정을 위해 종속항의 적법 여부가 판단되는데, 수수료 산정 단계에서는 심사관에 의한 침해테스트가 수행되지 않기 때문이다. 결국 종속항의 기재 방법이 부적법한 경우가 아니라면 설사 부적법한 종속항이라도 일단 적법한 것처럼 취급될 수 있다.

심사관에 의해 실체 심사가 개시된 이후 해당 종속항이 부적법한 것으로 파악되는 경우, 심사관은 거절(objection)을 부여하고 부적절한 종속항을 삭제하거나 재작성할 것을 요구한다. 만약 청구항의 개수가 증가하면 출원인은 수수료를 추가로 납부해야 할 수도 있다.

Ⅶ. 청구항의 번호[295)]

청구항 번호는 아라비아 숫자로 표시된다. 청구항 번호는 출원 중에 그대로 유지되며 새로운 청구항이 추가되는 경우에는 연속적인 아라비아 숫자가 사용되어야 한다.[296)] 주의할 점은 청구항에 대한 보정이 허가되지 않더라도, 허가되지 않은 청구항이 번호를 다시 사용할 수 없다는 점이다. 이 경우에도 종전에 제출된 청구항의 번호로부터 연속되는 아라비아 숫자를 사용해야 한다.[297)]

청구항이 등록될 때는 심사관이 청구항 번호를 제1항부터 연속적으로 새롭게 부여한다. 이 경우 출원인의 요청이 없는 경우에는 심사 당시에 기재된 청구항의 순서에 따라 청구항 번호를 부여한다.

---

295) *See* MPEP § 608.01(j).

296) 37 C.F.R. § 1.126. 예를 들어, 청구항이 두 개인 명세서에서 마지막 청구항인 청구항 2항을 삭제하고 새로운 청구항을 추가하는 경우, 새롭게 추가되는 청구항의 번호는 "3"이어야 한다.

297) 예를 들어, 최후거절통지(Final OA) 이후에 보정은 특허법에서 규정한 엄격한 보정요건을 만족하지 못하면 각하된다. 만약 최후거절통지(Final OA) 이전에 청구항은 제1항부터 제20항까지 기재되고 최후거절통지가 발생하여 상기 최후거절통지에 대응하여 청구항 제21항부터 제30항까지를 추가했으나 이러한 청구항의 추가가 심사관에 의해 허가되지 않은 경우, 새롭게 추가되는 청구항의 번호는 "31"부터 시작된다.

Ⅷ. 청구항에만 개시된 내용의 취급[298)]

발명의 상세한 설명(detailed description)이나 도면에는 적절하게 개시된 바 없이 청구항에만 개시된 내용 역시 명세서의 일부로 취급되기 때문에 청구항에만 기재된 내용을 발명의 상세한 설명 및/도면에 추가하는 보정은 신규사항 금지에 위반되는 것이 아니다. 또한 발명의 상세한 설명이나 도면에 개시된 바 없더라도 해당 청구항에 대해서는 심사가 이루어지며, 발명의 상세한 설명 및/또는 도면에 관한 요건의 흠결[299)]이 발생해도 거절(rejection 또는 objection)의 대상은 해당 발명의 상세한 설명 및/또는 도면으로 한정된다.[300)]

Ⅸ. 출원일의 인정요건으로서의 청구항

실용특허의 경우 출원일이 인정되기 위해서는 해당 출원에 청구항이 기재되어야 한다. 그러나 실무상 기재 형식에 문제가 있는 청구항이 기재되어도 출원일 인정에는 문제가 없다.

Ⅹ. 취급이 문제되는 청구항

1. 기능식 청구항

1) 서

본래 청구항은 구조(structure), 물질(material) 또는 행위(act)를 통해 정의되어야 하나, 예외적으로 기능(function)을 통해 정의되는 것도 가능하다. 기능을 통해 발명을 정의한 청구항을 기능식 청구항(means-plus- function claim)이라 부른다.[301)]

---

298) *See* MPEP § 608.01(l).

299) 예를 들어 청구항에 기재된 내용으로 35 U.S.C. § 112의 첫 번째 단락의 "상세한설명요건"(Written Description Requirement)의 위반이 발생하거나 37 C.F.R. § 1.83(a)의 도면 요건(청구항에 기재된 모든 특징이 도면에 도시되어야 하는 요건)의 위반이 발생할 수 있다.

300) 즉, 청구항이 거절되는 것이 아니다. *See* MPEP § 608.01(l).

2) 근거규정

기능식 청구항은 특허법 제112조(35 U.S.C. § 112) 6번째 단락에 규정된다.[302] 구체적으로, 특허법 제112조 6번째 단락에 따르면, i) 기능을 뒷받침하는 구조, 물질 또는 행위를 기재하지 않고 ii) 기능을 수행하기 위한 수단 또는 방법으로 청구항을 작성할 수 있고, iii) 이러한 청구항의 범위는 명세서(즉, 상세한 설명)에 기재된 해당 구조, 물질, 행위 및 이와 균등한 범위에 미친다.

3) 특허청(USPTO)에서의 취급

기능식 청구항은 다른 청구항과는 다르게 청구항의 범위가 반드시 명세서에 비추어 해석되어야 하므로, 심사 단계에서는 심사의 대상이 되는 청구항이 기능식 청구항인지 여부를 특정하는 게 중요하다. 특허청은 3단계 테스트를 통해 기능식 청구항 여부를 판단하는데, 심사관은 순차적으로 i) 청구항의 한정에 "means for" 또는 "step for"[303]의 표현이 사용되었는지, ii) "means for" 또는 "step for" 표현이 기능적 표현을 인용하는지, iii) "means for" 또는 "step for" 표현이 구조/물질/행위에 관련된 내용을 인용하지 않는지를 확인한다.[304] 만약 위의 3단계 테스트를 모두 통과하는 경우 해당 청구항은 기능식 청구항으로 취급되며 거절통지(OA) 등에 해당 청구항이 기능식 청구항이라는 사실이 기재되지만, 만약 해당 청구항이 위의 3단계 테스트를 통과하지 못하는 경우에는 기능식 청구항으로 취급되지 않으며 이러한 사실이 거절통지(OA) 등에 기재되지 않을 수 있다. 심사지침서를 보면, 특허청은 판례가 "means for"가 없는 경우에도 기능식 청구항의 존재를 긍정한

---

301) 기능식 청구항은 권리범위를 가장 넓게 인정받을 수 있는 청구항 작성방법으로 실무자들 사이에서 한때 선호되었으나, 판례법의 발전에 따라 권리범위가 극히 제한되어 현재는 실무자들 사이에서 크게 선호되지 않는 청구항 형태로 소개되는 경우가 많다.

302) 35 U.S.C. § 112, ¶ 6 ("An element in a claim for a combination may be expressed as a means or step for performing a specified function without the recital of structure, material, or acts in support thereof, and such claim shall be construed to cover the corresponding structure, material, or acts described in the specification and equivalents thereof.").

303) 다만, 기능식 청구항 대부분은 "means-plus-function" 형태이며, "steps-plus-function" 형태인 경우는 많지 않으며, "steps-plus-function"에 관해서는 축적된 판례/심결례도 매우 적다.

304) MPEP § 2181.

것을 충분히 인식하고 있으면서도, 위와 같은 표현이 없는 경우에는 기능식 청구항으로 취급하지 않겠다는 태도를 보인다.[305]

만약 청구항이 기능식 청구항인 경우, 청구항의 권리범위는 상세한 설명(즉, 청구항에 기재된 기능에 대응되는 구조/물질/행위를 기재한 상세한 설명)을 기초로, 합리적으로 해석 가능한 최대 범위로 정해진다.[306]

한편 청구항에 개시된 기능에 대응되는 구조/물질/행위가 명세서에 기재되지 않은 경우에는 해당 청구항은 특허법 제112조 두 번째 단락 요건(출원인이 발명으로 생각하는 구성요소를 상세하게 지시하고 구별되게 청구할 것)에 대한 위반으로 거절되거나 무효된다.[307]

---

305) MPEP § 2181 ("Some of the following examples illustrate situations where the phrase 'means for' or 'step for' was not used but either the Board or courts nevertheless determined that the claim limitation fell within the scope of 35 U.S.C. 112, sixth paragraph. Note that the examples are fact specific and should not be applied as *per se* rules. . . . A claim element that does not include the phrase 'means for' or 'step for' will not be considered to invoke 35 U.S.C. 112, sixth paragraph."). 심사지침서를 보면 출원인이 "means for" 표현이 없는 경우에도 기능식 청구항에 해당하는 경우에는 그러한 의도를 밝혀야 해야 하고, "mean for" 표현이 있더라도 기능식 청구항에 해당하지 않으면 그러한 의사표시 의도를 밝혀야 한다고 기재하고 있다. 출원인이 위와 같은 의도를 밝혀야 할 적극적 의무를 부담하는지에 관하여, 성문법/판례법에 따른 근거가 있는지는 의문이지만, 만약 특허청이 청구항이 청구항을 좁게 해석했고, 출원인이 이를 다투지 않은 경우에는 차후에 균등론 주장이 차단될 수 있음을 주의해야 한다. Sage Products, Inc. v. Devon Indus., Inc., 126 F.3d 1420, 1425 (Fed. Cir. 1997) ("[P]atentee who had a clear opportunity to negotiate broader claims during prosecution but did not do so, may not seek to expand the claims through the Doctrine of Equivalents, for it is the patentee, not the public, who must bear the cost of failure to seek protection for this foreseeable alteration of its claimed structure.") (citations omitted).

306) MPEP § 2181 ("The USPTO must apply 35 U.S.C. 112, sixth paragraph in appropriate cases, and give claims their broadest reasonable interpretation, in light of and consistent with the written description of the invention in the application.").

307) *In re* Donaldson Co., Inc., 16 F.3d 1189, 1195 (Fed. Cir. 1994) ("[I]f one employs means-plus-function language in a claim, one must set forth in the specification an adequate disclosure showing what is meant by that language. If an applicant fails to set forth an adequate disclosure, the applicant has in effect failed to particularly point out and distinctly claim the invention as required by the second paragraph of section 112.").

4) 법원에서의 취급

기능식 청구항인지 여부를 판단함에 있어 법원은 특허청(USPTO)과 같은 획일적인 해석방법에 의존하지 않는다. 구체적으로 법원은 "means for" 등의 표현이 있는 경우에는 기능식 청구항으로 추정하지만 다음과 같은 예외를 인정한다. 구체적으로, "means for" 등의 표현은 있지만 해당 표현이 구성을 인용하는 경우 기능식 청구항에 대한 추정은 복멸된다.[308] 또한 "means for" 등의 표현은 있지만 기능이 인용되지 않은 경우에도 이러한 추정은 복멸된다.[309]

한편, 법원은 "means for"의 표현이 없더라도 기능식 청구항임을 인정할 수 있다는 입장이다. 구체적으로, "means for"의 표현이 없더라도 청구항의 요소가 구조의 언급 없이 오로지 기능적으로만 한정된 경우에는 기능식 청구항임을 긍정한다.[310] 그러나 "means for"와는 달리 steps for"의 표현은 반드시 요구되는 것이 법원의 태도이다. 판례에 따르면 "steps-plus-function claim"은 "means for"가 없어도 기능식 청구항이 될 수 있는 "means-plus-function claim"과 취급이 다르다.[311] 또한 법원은 "steps for" 표현이 기재되지 않은 방법청구항이 "means for" 형태로 기재된 장치청구항과 완전히 동

308) Cole v. Kimberly-Clark Corp., 102 F.3d 524, 527 (Fed. Cir. 1996) ("[T]he 'perforation means' element cannot qualify as a means-plus-function element under section 112, ¶ 6, because it includes the word 'perforation' and therefore refers to a definite structure to perform the tearing function.").

309) York Products, Inc. v. Central Tractor Farm & Family Center, 99 F.3d 1568, 1574 (Fed. Cir. 1996) ("The claim language, however, does not link the term 'means' to a function. In language again suggestive of structure, the claim notes that the 'means' 'protrud[e] from the liner sidewall portions and form[ ] load locks.' This language vaguely hints at the function of anchoring a load in the cargo bed. Nowhere does the claim language following 'means' state that function. Instead, the claim recites structure. Without an identified function, the term 'means' in this claim cannot invoke 35 U.S.C. § 112, ¶ 6.").

310) Mas-Hamilton Group v. LaGard, Inc., 156 F.3d 1206, 1213-14 (Fed. Cir. 1998). 법원은 청구항에 기재된 "lever moving element"에 대해 명확한 구조에 관한 언급 없이 기능만을 언급했음을 근거로 기능식 청구항임을 긍정했다.

311) O.I. Corp. v. Tekmar Co., Inc., 115 F.3d 1576, 1583-84 (Fed. Cir. 1998) ("Merely claiming a step without recital of a function is not analogous to a means plus a function. . . . [T]he method claim is not drafted in step-plus-function form and is thus not subject to this provision.").

일한 한정사항을 포함하고 있다고 하더라도, 이것만으로 해당 방법청구항이 기능식 청구항이라고 인정할 수 없다고 판단한 바 있다.[312)]

침해판단

일반적인 다른 청구항들과 마찬가지로 기능식 청구항에 대해서도 문언침해와 균등침해가 인정된다. 다만, 주의할 점은 특허법 제112조 규정에 따라 기능식 청구항의 권리범위는 명세서에 기재된 구조/물질/행위에 "균등"한 범위를 포함하므로, 기능식 청구항에 대한 문언침해를 판단하는 경우에도 "균등" 여부가 문제된다는 것이다.

문언침해 여부를 판단하는 경우, 우선 청구항에 기재된 기능을 특정하고, 해당 기능에 대응되는 구조가 무엇인지를 특정한다.[313)] 청구항에 기재된 기능을 특정하고, 해당 기능에 대응되는 구조(상세한 설명에 기재된 구조)를 특정하는 것은 청구항 해석에 관한 법률문제이다.[314)] 따라서 이러한 판단은 배심원이 아닌 판사에 의해 이루어진다. 한편 배심원은 판사가 특정한 등록특허의 기능이 침해품의 기능과 동일한지와 판사가 특정한 등록특허의 구조가 침해품의 구조와 동일하거나 균등한지를 판단한다. 배심원이 등록특허의 구조와 침해품의 구조를 비교할 때는 양 발명의 구조가 비본질적인지(insubstantial)를 기준으로 판단한다. 만약 등록특허와 침해품의 기능이 동일하고 구조가 균등한 경우에는 문언침해가 인정되지만, 만약 구조는 균등하지만 기능이 동일하지 않은 경우에는 균등침해를 주장할 수 있다. 만약 침해품의

---

312) Epcon Gas Systems, Inc. v. Bauer Compressors, Inc., 279 F.3d 1022, 1028 (Fed. Cir. 2002) ("[M]ethod claims that 'parallel,' or have limitations similar to, apparatus claims admittedly subject to § 112, paragraph 6 are not necessarily subject to the requirements of §112, paragraph 6.") (citation omitted).

313) Pennwalt Corp. v. Durand-Wayland, Inc., 833 F.2d 931, 934 (Fed. Cir. 1987) ("To determine whether a claim limitation is met literally, where expressed as a means for performing a stated function, the court must compare the accused structure *with the disclosed structure*, and must find equivalent *structure* as well as *identity* of claimed *function* for that structure.") (citations omitted) (emphasis in original).

314) Chiuminatta Concrete Concepts, Inc. v. Cardinal Industries, Inc., 145 F.3d 1303, 1308 (Fed. Cir. 1998) ("A determination of the claimed function, being a matter of construction of specific terms in the claim, is a question of law, reviewed *de novo*. . . . [D]etermination of corresponding structure is a determination of the meaning of the 'means' term in the claim and is thus also a matter of claim construction.") (citations omitted).

구조가 균등하지 않은 것으로 판단되면, 침해품이 등록특허 당시에는 존재하지 않았으나 나중에 기술 개발을 통해 발명되었다는 특별한 사정이 없는 한, 균등침해의 여지도 없다는 것이 판례의 태도이다.[315)]

기능식 청구항에 대한 균등침해는 일반적인 청구항에 대한 균등침해와 마찬가지로 3중 동일성 테스트(triple identity test) 등이 적용된다.[316)] 즉, 침해품이 청구된 발명과 동일한 결과(the same result)를 얻기 위해 실질적으로 동일한 방법(substantially the same way)을 통해 실질적으로 동일한 기능(substantially the same function)을 수행하는지 여부를 기준으로 균등침해를 판단하게 된다.

2. 마쿠시 청구항

1) 연 혁

1900년대 초반까지 청구항에 택일적 형태로 구성요소를 기재하는 경우 발명이 명료하게 특정되지 않았음을 이유로 거절(objection)되었다.[317)] 이러한

---

315) Chiuminatta Concrete Concepts, Inc. v. Cardinal Industries, Inc., 145 F.3d 1303, 1311 (Fed. Cir. 1998) ("That is not the case here, where the equivalence issue does not involve later-developed technologies, but rather involves technology that predates the invention itself. In such a case, a finding of non-equivalence for § 112, ¶ 6, purposes should preclude a contrary finding under the Doctrine of Equivalents.").

316) 참고로, 연방순회항소법원(CAFC)의 Plager 판사는 자신이 기능식 청구항에 대해 균등침해를 판단하는 판결을 내렸음에도 불구하고, 문언침해와 균등침해의 판단방법에 차이점을 발견하기 힘들다는 점을 지적하며 기능식 청구항에 대해 균등침해를 인정할 필요가 없다는 의견을 피력한 바 있다. Dawn Equipment Co. v. Kentucky Farms Inc., 140 F.3d 1009, 1018-22 (Fed. Cir. 1998) (Plager, S., concurring) ("One problem with this approach is that it assumes that there are clearly defined operational differences between these two notions of equivalents, and that triers of fact . . . can readily differentiate between them. . . . [T]he term 'equivalent' in both statute and doctrine 'invokes the familiar concept of an insubstantial change which adds nothing of significance.' . . . This suggests at the least that the tests for equivalence under the statute and the doctrine are quite similar, if not the same. . . . I believe that the practice of claiming under § 112, ¶ 6 would be much improved if we adhered to the proposition that the 'equivalents' of 'structure, material, or acts described in the specification' are those found to be within the scope of that term as it is used in § 112, ¶ 6, and not elsewhere.").

317) *See Ex parte* Reid et al., 1879 C.D. 70. (Comm'r Pat. 1879).

종전 원칙에 처음으로 예외가 인정된 것이 마쿠시 사건이다.[318] 본 사건에서 발명자인 유진 마쿠시(Eugene Markush)는 구성요소를 택일적으로 기재[319]하는 것은 위법하므로 택일적 기재를 삭제하고 해당 구성요소를 포함하는 상위개념(generic)을 기재할 것을 요구하는 심사관의 거절(objection)을 극복하기 위해 특허청장에게 청원(petition)을 제출했는데,[320] 특허청장은 상위개념을 특정할 수 없는 경우에는 출원인이 새롭게 만들어낸 "sub-generic"을 청구항의 용어로 사용하는 것이 문제될 수 없다고 하며 출원인의 청원을 인용하였다.

이러한 마쿠시 사건의 결정에 따라 출원인이 청구하려는 구성요소를 모두 포함하는 상위개념이 존재하지 않는 경우, 청구항에 "selected from the group consisting of A, B and C" 등의 표현에 근거한 마쿠시 그룹(Markush group)을 사용하는 것이 가능해졌다. 위와 같은 마쿠시 그룹이 포함된 청구항을 마쿠시 청구항이라 한다.

일반적으로 마쿠시 그룹에 속하는 각 구성원(즉 발명)은 청구항에 기재된 기능을 주로 수행하는 주된 특징을 공유해야 하는 것으로 알려져 있다. 마쿠시 청구항은 화학 분야에서 많이 활용되지만 이에 한정되는 것은 아니다.[321]

2) 청구항의 작성방법

마쿠시 그룹을 특정할 때는 "wherein R is a material selected from the group consisting of A, B, C and D" 또는 "wherein R is a material chosen from the group consisting of A, B, C and D"로 기재하는 것이 일반적이지만, 기재 방법 자체가 법정된 것은 아니다. 예를 들어, "wherein R is A, B, C or D"도 가능하다.[322]

318) *Ex parte* Markush, 1925 C.D. 126 (Comm'r Pat. 1925).

319) 당시에 문제되었던 표현은 "material selected from the group consisting of aniline, homologues of aniline and halogen substitutes of aniline"이었다.

320) 미국특허에 따른 거절은 rejection과 objection으로 구분되는바, 현행 규정에 의하더라도 "rejection"이 아닌 "objection"에 대해 BPAI로 항소(appeal)하는 것은 불가능하며 특허청장에 대한 청원(petition) 만이 가능하다.

321) *See* MPEP § 803.02.

322) *See* MPEP § 2173.05(h).

3) 마쿠시 청구항의 적법 요건

청구항에 마쿠시 그룹이 기재되는 경우 특허청의 심사의 부담이 늘어날 수 있고,[323] 특히 청구항에 여러 개의 마쿠시 그룹이 동시에 기재되는 경우 청구항의 해석이 불명료함이 증가할 수도 있는바, 특허청(USPTO) 실무상 마쿠시 그룹이 사용될 수 있는 경우는 다음과 같다. 우선, 마쿠시 그룹에 속하는 구성원이 동일한 물리적 또는 화학적 분류 또는 당업계가 인정하는 분류에 속하는 경우 마쿠시 청구항이 허용된다.[324] 또한, 마쿠시 그룹에 속하는 구성원이 동일한 유용성을 가지는 동시에 해당 유용성을 얻는데 필수적인 특징을 공유하는 경우에도 마쿠시 청구항이 허용된다.[325] 또한, 마쿠시 그룹에 속하는 구성원의 개수가 적고 서로 밀접하게 연관되어 있어 심사관이 심사 부담을 가중시키지 않는 경우에는, 설사 그 구성원이 서로 독립적이고 구별되는 발명이라 하더라도 한정요구(Restriction Requirement)를 내리지 말고 심사해야 한다.[326] 위의 요건이 만족되는 경우에는 설사 마쿠시 그룹의 특정에 문제가 발생하여도 거절되지 않는다. 예를 들어, 마쿠시 그룹에 구성요소가 중복되어 포함되는 경우에도 마쿠시 청구항은 허용된다.[327]

한편, 다른 청구항과 마찬가지로 마쿠시 청구항에 관련된 기술 내용도 발명의 상세한 설명의 기재요건을 만족하도록 기재되어야 한다. 즉, 상세한 설명에는 당업자 실시할 수 있을 정도로 완전하게 기재되어야 하는바, 마쿠시 청구항을 활용하는 경우 발명의 상세한 설명(detailed description of the invention)에 마쿠시 그룹에 속하는 각각의 구성원에 대한 예제와 구체적인 설명이 기재되어야 한다.[328]

---

323) 출원인 입장에서는 마쿠시 그룹을 사용하면 청구항을 폭넓게 기재할 수 있을 뿐만 아니라, 청구항의 개수에 따른 수수료 산정 시에도 큰 이익을 볼 수 있다. 다중 종속항과 달리 마쿠시 청구항은 하나의 청구항으로 취급되기 때문이다.

324) MPEP § 2173.05(h).

325) MPEP § 803.02.

326) MPEP § 803.02. 한정요구를 요구하기 위해서는 발명의 독립성, 구별성과 더불어 심사 부담의 가중 여부가 판단되어야 하기 때문이다.

327) 예를 들어, “selected from the group consisting of amino, halogen, nitro, chloro and alkyl”의 경우 “halogen”이 “chloro”의 상위개념이므로 “chloro”가 중복 기재된 것이지만 이를 이유로 거절되지는 않는다.

328) *See* MPEP § 608.01(p).

3. 젭슨 청구항

젭슨 청구항은 종래 기술을 전제부(preamble)에 포함시키고, 특징부(body)에는 본 발명에 의해 새롭게 제안된 기술적 특징만을 청구하는 형태의 청구항을 말한다. 구체적으로 젭슨 청구항은 i) 종래기술을 개시하는 전제부(preamble), ii) 발명에 의해 새롭게 제안되는 기술적 특징을 개시하는 특징부(body 또는 inventive element) 및 ii) 상기 전제부와 특징부를 연결하는 전이부(transition)로 구성되는 청구항의 작성형태로, 전제부에 종래기술이 기재되며 전이부가 "the improvement comprising"[329]으로 기재되는 특징이 있다. 젭슨 청구항은 *Jepson* 사건[330]을 통해 적법한 청구항 기재방법으로 인정되었고, 현재 미국 특허청이 추천하는 청구항의 기재 형태이다.[331] 미국 특허청이 *Jepson* 청구항을 선호하는 이유는 청구항의 기재 형태만으로도 종래 기술과 본 발명을 쉽게 구분할 수 있으므로 심사관의 심사 부담이 경감되기 때문이다. 참고로 유럽에서는 젭슨 청구항과 유사한 "Two-part form" 청구항이 사용되는바, 실무상 미국에서는 *Jepson* 청구항이 선호되지 않는 것에 비해 유럽에서는 "Two-part form" 청구항이 널리 사용된다.[332]

1) 기재방법

전제부(preamble)는 종래기술을 포함하도록 기재되며, 전이부(transition)는 "wherein the improvement comprises"와 같이 기재되며, 특징부(body)는 출원인이 신규하거나 진보한 것으로 간주하는 사항이 기재된다.[333]

---

329) 또는 "wherein the improvement . . ." 형태로 기재되기도 한다. 한편 유럽에서는 전이부가 "characterized by/in"로 기재되는 것이 일반적이다.

330) *Ex parte* Jepson, 243 Off. Gaz. Pat. Off. 525 (Comm'r Pat. 1917).

331) 37 C.F.R. § 1.75(e)는 청구항이 젭슨 형태에 따라 기재되어야 한다고 기재되어야 한다고 규정하고 있으나, 본 규정은 훈시 규정으로 해석된다. DAVID A. BURGE, PATENT AND TRADEMARK TACTICS AND PRACTICE 57 (John Wiley & sons 3rd ed. 1999).

332) EPC Rule 43(1). 유럽특허조약(European Patent Convention 또는 EPC) 제43조 제1항에 따르면 모든 청구항은 종래 기술을 설명하는 "prior art part"와 본 발명에 의해 개선된 부분을 설명하는 "characterizing part"로 구분되어야 한다. 유럽특허청심사가이드라인 2.3에 따르면 "Two-part form"으로 기재하는 것이 부적절한 특별한 사정이 없는 이상 "Two-part form"으로 기재할 것을 요구한다.

333) 37 C.F.R. § 1.75(e).

2) 젭슨 청구항의 취급

젭슨 청구항으로 기재하는 경우 전제부에 기재된 내용이 선행기술임을 자백하는 효과가 발생한다.[334] 구체적으로, 젭슨 청구항의 전제부(preamble)에 기재된 사항은 출원인이 묵시적으로 종래 기술임을 자백한 것으로 취급된다.[335] 그러나 이러한 자백은 묵시적인 것이므로 출원인이 젭슨 청구항을 기재한 이유가 자백을 위한 것이 아니었음을 증명할 수 있는 경우에는 종래 기술임을 자백한 것이 인정되지 않는다. 예를 들어, 중복특허(Double Patent)를 방지하기 위해 젭슨 청구항을 기재했거나,[336] 젭슨 청구항의 내용이 발명자 자신의 발명인 경우에는 종래 기술임을 자백한 것이 아니다.

한편 심사과정에서 젭슨 청구항의 전제부에 기재된 내용은 특허성을 발생시키지 않는다.[337] 그러나 소송단계에서 청구항의 권리범위해석이 문제되는 경우에는 침해자가 해당 전제부에 기재된 내용까지 실시하여야 특허침해가 구성된다.[338]

4. 옴니버스(omnibus) 청구항

옴니버스 청구항이란 청구하려는 제품(product) 또는 방법(process)의 구체적인 기술적 특징을 명시적으로 기재하지 않고 도면이나 발명의 상세한 설명에 기재된 내용을 참조하는 형식으로 기재하는 방식으로 작성된 청구항이다.[339] 이러한 옴니버스 청구항은 불명료(indefinite)하게 작성되었다는 이유로 35 U.S.C. § 112 두 번째 단락 규정에 의해 거절된다.[340]

5. "Product-by-Process" 청구항

Product-by-Process 청구항은 제조방법으로 물질(product)을 정의하는 청구항으로, 주로 화학 및 의약 발명에서 활용된다. Product-by-Process 청구항에

---

334) 즉, 심사관은 별도로 검색된 선행기술이 아닌 청구항의 전제부를 기초하여 거절할 수 있다.

335) *See* MPEP § 2129 (citing *In re* Fout, 675 F.2d 297, 301 (C.C.P.A. 1982)).

336) *See* MPEP § 2129 (citing *In re* Ehrreich, 590 F.2d 902, 909-910 (C.C.P.A. 1979)).

337) *In re* Walter, 618 F.2d 758, 769 (C.C.P.A. 1980).

338) Pennwalt Corp. v. Durand-Wayland, Inc., 833 F.2d 931, 959 (Fed. Cir. 1987).

339) 예를 들어, "Apparatus as described in the description"와 같은 청구항이 옴니버스 청구항이다.

340) *See* MPEP § 2173.05(r).

기재된 발명은 제조방법으로 정의되지만, 심사단계에서 해당 발명의 특허성은 제조방법이 아닌 제품 자체로 결정된다.[341] 구체적으로 심사관이 Product-by-Process 청구항에 기재된 제품과 동일하거나 유사한 제품이 개시된 선행기술을 제시하는 경우, 해당 선행기술이 Product-by-Process 청구항에 기재된 방법을 개시하는지 여부에 상관없이, 청구항에 기재된 제품과 선행기술에 기재된 제품이 차별화되는 특징을 증명할 의무가 출원인에게 전환된다.[342]

한편 Product-by-Process 청구항에 대한 권리행사가 문제되는 경우에는, 침해자가 청구항에 기재된 제품뿐만 아니라 청구항에 기재된 제조방법까지 실시해야 하는지가 문제된다. 이에 관해 2009년까지 연방순회항소법원(CAFC)의 판례는 명확한 입장을 정리하지 못했다. 구체적으로 연방순회항소법원은 1991년 *Scripps Clinic* 사건[343]에서 Product-by-Process 청구항의 특허성을 판단할 때는 제조방법이 고려되지 않음을 근거로 Product-by-Process청구항의 침해를 판단할 때에도 제조방법이 고려될 필요가 없다고 판시하였다.[344] 그러나 새롭게 구성된 연방순회항소법원의 재판부는 1992년 *Atlantic Thermoplastics* 사건[345]에서 *Scripps Clinic* 사건과 모순되게 *Product-by-Process* 청구항의 침해를 판단할 때에는 청구항의 모든 구성요소를 실시해야 하기 때문에 제조방법 역시 반드시 고려되어야 한다고 판시하였다.[346] 이러한 모순된 판결은 2009년 *Abbott Laboratories* 사건에 의해 정리되는바, 연방순회항소법원의 전원합의체(*en banc*)는 명시적으로 *Scripps Clinic* 사건을 파기하고 *Atlantic Thermoplastics* 사건을 지지하기에 이른다.[347]

---

341) MPEP § 2113 (citing *In re* Thorpe, 777 F.2d 695, 698 (Fed. Cir. 1985)). 한국이나 유럽 등 주요 국가의 태도와 다르지 않다.

342) MPEP § 2113 (citing *In re* Marosi, 710 F.2d 798, 802, 218 USPQ 289, 292 (Fed. Cir. 1983)).

343) Scripps Clinic & Research Foundation v. Genentech, Inc., 927 F. 2d. 1565 (Fed Cir. 1991).

344) 즉, 침해자가 실시한 제조방법이 다르더라도 제품(즉, 물질)이 동일하다면 침해가 성립한다고 판시하였다.

345) Atlantic Thermoplastics Co. v. Faytex Corp., 970 F.2d 834 (Fed. Cir. 1992).

346) 즉, 침해자가 실시한 제조방법이 다르면 제품(즉, 물질)이 동일하더라도 침해가 성립하지 않는다 판시하였다.

347) Abbott Laboratories v. Sandoz, Inc., 566 F. 3d 1282, 1293 (Fed. Cir. 2009) ("More recently, the Supreme Court has reiterated the broad principle that "[e]ach element contained in a patent claim is deemed material to defining the scope of the patented

6. 용도발명

용도발명은 기존에 알려진 방법이나 물질에 새롭고 진보한 용도를 발견한 것을 말한다. 용도발명에 대한 미국법의 기본적인 태도는 선행기술에 의해 모든 용도가 명시적으로 개시될 수는 없는바, 특허 받고자 하는 용도가 선행기술에 의해 내재적(inherently)으로 개시된 것이면 특허를 받을 수 없다는 것이다.[348] 구체적으로 이미 물건이 공지된 물건에 대한 새로운 용도(new use)가 특허 가능한지가 문제된 사건에서 연방대법원은 새로운 결과(new result)가 종전에 예기(contemplate)되지 않았다고 하더라도 새로운 용도로 한정한 물건에 대해서는 특허를 받을 수 없다고 판시한 바 있다.[349] 따라서 용도발명이 문제되는 경우 새로운 용도 그 자체를 청구하나 새로운 용도로 한정된 물건을 청구할 수는 없으며, 새로운 용도에 관한 "방법"으로 특허 받을 수 있을 뿐이다.[350]

7. 컴퓨터가 읽을 수 있는 매체 형식의 청구항(Beauregard claim)

컴퓨터 관련 발명(소프트웨어, 데이터 구조, BM 발명 등)에 관한 청구항을 작성하는 경우, 전통적인 방법(method) 및 장치(apparatus) 청구항 이외에도 컴퓨터가 읽을 수 있는 매체(computer-readable medium)로 청구항을 작성하는 것이 가능하다. 과거 한때 "컴퓨터가 읽을 수 있는 매체"는 특허적격이 부정되는 것으로 취급되었으나, 이후 판례법의 발전에 따라 특허적격이 인정되었다.

구체적으로 *Lowry* 사건에서 연방순회항소법원(CAFC)은, 출원인이 청구한 데이터 구조(data structure)를 포함하는 메모리[351]를 인쇄된 간행물(printed

---

invention." *Warner-Jenkinson*, 520 U.S. at 19, 117 S.Ct. 1040. Although *Warner-Jenkinson* specifically addressed the Doctrine of Equivalents, this rule applies to claim construction overall. As applied to product-by-process claims, *Warner-Jenkinson* thus reinforces the basic rule that the process terms limit product-by-process claims. To the extent that *Scripps Clinic* is inconsistent with this rule, this court hereby expressly overrules *Scripps Clinic*.").

348) Steven C. Carlson, Inherent Anticipation, 40 IDEA 297, 306 (2000). 즉, 용도발명의 특허성은 내재성의 원칙(inherency doctrine)과 밀접한 관련이 있다.

349) Ansonia Brass Copper Co v. Electrical Supply Co, 144 U.S. 11 (1892).

350) 한국이나 일본에서의 인정되는 용도발명(장치 카테고리나 방법 카테고리의 용도발명을 허용하는 실무를 기준으로 정의되는 용도발명) 또는 유럽특허청의 The Enlarged Board of Appeal의 G 5/83 결정에 근거하여 한때 허용되었던 "Swiss-style claim"을 기준으로 용도발명을 정의한다면, 미국특허법은 용도발명을 허용하지 않는다거나 제한적으로 허용한다고 볼 수 있다.

351) 구체적으로는 "A memory for storing data for access by an application program

matter)로 취급하여 특허적격을 부정한 특허청과 특허심판원의 판단에 대해, 인쇄된 간행물로 거절하기 위해서는 문제되는 발명이 오로지 인간의 사고(human mind)에만 유용하고 이해될 수 있어야 하므로, 만약 문제되는 발명이 기계나 컴퓨터에 의해 정보가 처리될 것을 요구하는 경우에는 이를 인쇄된 간행물로 거절하는 것은 부적법하다고 판단했다.[352] 참고로 상술한 *Lowry* 사건은 데이터 구조 자체를 청구하는 경우 특허적격을 부정한다고 판시한 *Warmerdam* 사건과 비교하여 이해해야 할 것이다.[353]

한편 *Beauregard* 사건에서 연방순회항소법원은 표시장치에 표시되는 폴리곤(polygon)을 구성하는 알고리즘을 컴퓨터가 읽을 수 있는 매체 형식으로 청구한 출원의 거절을 파기하여 해당 출원이 등록되도록 하였다.[354]

---

being executed on a data processing system"로 청구된 발명이 문제되었는데, "메모리"는 컴퓨터가 읽을 수 있는 매체의 일종으로 이해된다.

352) *In re* Lowry, 32 F.3d 1579, 1583 (Fed. Cir. 1994) ("This case, moreover, is distinguishable from the printed matter cases. The printed matter cases dealt with claims defining as the invention certain novel arrangements of printed lines or characters, useful and intelligible only to the human mind. The printed matter cases have no factual relevance where the invention as defined by the claims requires that the information be processed not by the mind but by a machine, the computer.") (citations and quotations omitted).

353) *In re* Warmerdam, 33 F.3d 1354 (Fed. Cir. 1994). 현행 심사실무는 컴퓨터로 읽을 수 있는 매체를 설명적 자료(descriptive material)로 취급하며, 이러한 설명적인 자료를 다시 기능적 설명적 자료(functional descriptive material)와 비기능적 설명적 자료(non-functional descriptive material)로 구분한다. 기능적 설명적 자료는 자료에 담긴 내용이 기능적 특징(즉, 자료에 담긴 내용에 의해 기계, 컴퓨터의 동작이 달라지는 특징)을 갖는 것으로, 기능적 설명적 자료가 컴퓨터가 읽을 수 있는 매체에 구체화되어 해당 매체와 구조적 기능적으로 상호관계를 갖는 경우에는 특허적격이 인정된다. *See* MPEP § 2106.01 ("When functional descriptive material is recorded on some computer-readable medium, it becomes structurally and functionally interrelated to the medium and will be statutory in most cases since use of technology permits the function of the descriptive material to be realized."). 그러나 기능적 설명적 자료라도 매체에 구체화되지 않거나, 오직 비기능적 설명적 자료(음악 CD에 담긴 데이터와 같이 음악, 문학, 사진 등에 관한 자료이거나 단순한 수집된 자료 또는 기계장치와 기능적으로 무관한 자료)만이 청구되는 경우에는 특허적격이 부정된다. *See* MPEP § 2106.01.

354) *In re* Beauregard, 53 F.3d 1583 (Fed. Cir. 1995). 정확하게는 연방순회항소법원이 특허적격에 관하여 판단한 것이 아니라 특허청장이 자발적으로 파기/환송을 요청한 것이다. 특허청장의 이러한 조치는 상술한 *Lowry* 판결에 따라 *Beauregard* 청구항의 특허적격이 인정될 것으로 예상되었기 때문에 이루어졌다.

Beauregard 사건을 계기로, 컴퓨터에서 처리 가능한 명령어들을 컴퓨터가 읽을 수 있는 매체로도 청구하는 실무가 확립되어, 이후 이러한 청구항들을 *Beauregard* 청구항이라 부르게 된다.[355)]

실무상 *Beauregard* 청구항의 중요성이 점차 감소하고 있다는 견해가 있다. 이는 인터넷 등의 컴퓨터 네트워크의 발전으로 인해, CD/DVD-ROM, Floppy-Disk와 같은 광학/자기 매체 대신에 네트워크를 통해 소프트웨어를 배포하는 경우가 증가하기 때문인 것으로 이해된다. 이러한 시장 상황의 변화에 따라 컴퓨터로 읽을 수 있는 매체를 대신하여 "신호(signal)"를 청구하려는 시도가 있었으나 연방순회항소법원은 *Nuitjen* 사건에서 신호의 특허적격을 부정한 바 있다.[356)] 법원은 본 사건에서 신호가 방법발명에 해당한다는 출원인의 주장에 대해 방법발명은 단일 또는 일련의 행위로 구성되나 "신호"는 이러한 행위가 아니며, 신호는 기계, 제조물, 조성물의 정의에 비추어 어느 곳에도 해당하지 않으므로 특허적격이 없다고 판단했다.

제8절 | 인용형식으로의 병합

Ⅰ. 서

인용형식으로의 병합(Incorporation by Reference)은 등록특허, 공개특허, 기술문서 등의 외부문서의 내용을 명세서에 직접 기재하는 대신 해당 문서를

355) *Beauregard* 사건에서 문제된 청구항은 "An article of manufacture comprising: a computer usable medium having computer readable program code means embodied therein..."과 같이 기재되어 제조물(article of manufacture)로 이해되고 있다. *Beauregard* 사건의 청구항은 U.S. Patent No. 5,710,578을 통해 확인할 수 있다.

356) *In re* Nuijten, 500 F.3d 1346 (Fed. Cir. 2007). 본 사건에서 거절된 청구항 중 하나인 청구항 14를 보면 다음과 같다. Claim 14: A signal with embedded supplemental data, the signal being encoded in accordance with a given encoding process and selected samples of the signal representing the supplemental data, and at least one of the samples preceding the selected samples is different from the sample corresponding to the given encoding process.

단순히 인용하는 형식으로 기재하는 것을 말한다. 인용형식으로 병합이 허용된다면 출원인 입장에서는 명세서의 분량을 줄일 수 있지만 공중(public)의 입장에서는 병합된 외부문서를 별도로 검색해야만 출원인의 명세서를 완전히 이해할 수 있다는 문제가 발생한다.[357] 미국특허법은 출원인과 공중의 이익을 함께 고려하여 일정한 요건을 만족하는 경우에만 인용형식으로의 병합을 허용하는바, 외부문서가 병합되는 부분이 부수적 사안(non-essential matter)인 경우에는 거의 모든 형식의 외부문서가 병합되도록 허용하지만, 병합되는 부분이 명세서의 필수적 사안(essential matter)인 경우에는 병합되는 외부문서의 종류를 제한한다. 구체적인 내용은 다음과 같다.

II. 필수적 사안/부수적 사안의 구분

필수적 사안인지 여부에 따라 인용형식으로 병합될 수 있는 외부자료의 종류가 결정되므로, 이하에서는 필수적 사안과 부수적 사안의 의미와 그 구체적 취급을 설명한다.

1. 필수적 사안

필수적 사안(essential matter)은 i) 상세한 설명의 기재요건(35 U.S.C. § 112 규정이 첫 번째 단락)의 요건[358]을 만족시키는데 필요한 내용, ii) 청구항 기재요건(35 U.S.C. § 112 규정이 두 번째 단락)의 요건[359]을 만족시키는데 필요한 내용 및 iii) 기능식 청구항 기재요건(35 U.S.C. § 112 규정이 여섯 번째 단락)의 요건을 만족시키는데 필요한 내용[360]을 의미한다.[361]

---

357) *See* MPEP § 608.01(p).

358) 35 U.S.C. § 112 첫 번째 단락에 따르면 명세서(specification)는 발명이 속하는 기술분야 또는 가장 근접한 분야에서 기술을 갖춘 자에 의해 실시가능할 정도로 완전하고, 명료하고, 간결하며, 정확한 용어를 사용하여 발명 및 발명을 제조/사용하는 방법과 과정을 기술하는 상세한 설명을 포함해야 한다.

359) 35 U.S.C. § 112 두 번째 단락의 요건은 i) 청구항이 출원인이 발명으로 생각하는 구성요소를 청구해야 함을 규정하는 주관적 요건과 ii) 청구항이 발명을 상세하게 지시하고 구별되게 청구(particularly pointing out and distinctly claiming)하도록 작성되어야 함을 규정하는 객관적 요건으로 구분된다.

360) 청구항에 기재된 기능(function)에 대응되는 구성(structure, material, or acts)을 기재하는 부분을 말한다.

필수적 사안에 있어서 인용형식으로의 병합될 수 있는 외부문서의 종류는 미국등록특허(issued patent) 및 미국공개출원(published application)으로 제한된다.[362] 따라서, 필수적 사안이 문제되는 경우, 외국특허, 논문 등과 같은 자료가 인용형식으로 기재된 경우에는 명세서에 병합될 수 없다. 주의할 점은 미국등록특허를 인용하는 경우라 해도 인용되는 미국등록특허가 다시 외부문서를 인용하는 경우에는 인용이 불가능하다는 것이다.[363]

2. 부수적 사안

부수적 사안(non-essential matter)은 필수적 사안을 제외한 나머지를 말한다.[364] 부수적 사안의 경우, i) 미국, 외국 특허청 등에서 공개된 등록특허 또는 출원, ii) 본 발명과 함께 또는 그 이전에 출원되고, 양수인이 공통되는 미국출원[365], iii) 비특허문서가 병합 가능하다.

1) 관련문제 — 하이퍼링크에 관한 취급

하이퍼링크(hyperlink)나 기타 인터넷 브라우저에서 동작가능한 코드를 통

---

361) 37 C.F.R. § 1.57(c) ("'Essential material' is material that is necessary to: (1) Provide a written description of the claimed invention, and of the manner and process of making and using it, in such full, clear, concise, and exact terms as to enable any person skilled in the art to which it pertains, or with which it is most nearly connected, to make and use the same, and set forth the best mode contemplated by the inventor of carrying out the invention as required by the first paragraph of 35 U.S.C. 112; (2) Describe the claimed invention in terms that particularly point out and distinctly claim the invention as required by the second paragraph of 35 U.S.C. 112; or (3) Describe the structure, material, or acts that correspond to a claimed means or step for performing a specified function as required by the sixth paragraph of 35 U.S.C. 112."). 즉, 필수적 사안은 명세서에 기재된 내용 중 청구항과 관련되거나 최적실시예(best mode) 요건과 관련된 내용이다.

362) 37 C.F.R. § 1.57(c). 판례는 공개된 바 없이 포기된 출원이라도 해당 출원이 공중에 접근가능한 경우에는 인용형식으로의 병합을 허용한다. *In re* Fouche, 439 F.2d 1237 (C.C.P.A. 1971). 따라서 포기된 출원이라도 미국등록특허 등에 인용된 바 있으면 인용형식으로의 병합이 가능하다.

363) 예를 들어, 등록특허 X의 명세서에 등록특허 Y와 논문 Z가 인용된 상황에서 본 발명의 명세서에 등록특허 X만이 인용형식으로 기재된 경우, 등록특허 Y 및 논문 Z의 내용은 본 발명의 명세서에 적법하게 병합된 게 아니다.

364) 37 C.F.R. § 1.57(d). 통상 종래기술에 관한 기재가 문제된다.

365) 발명자가 달라도 양수인이 공통되는 경우 병합이 허용된다. *In re* Fried, 329 F.2d 323 (C.C.P.A. 1964).

해 인용되는 것은 허용되지 않는다.[366] 즉, 부수적 사안이라 하더라도 하이퍼링크에 관한 사항을 병합시킬 수는 없다.[367]

Ⅲ. 인용의 형식

만약 인용형식을 통해 명세서의 일부로 병합되기 위해서는 인용의 형식으로 병합을 하려는 명확한 의도를 표시해야 한다.[368] 단순히 외부 문서를 인용하는 것만으로는 부족하다. 출원인은 반드시 "incorporate"라는 표현과 "reference"라는 표현을 사용해야 한다.[369] 만약 이러한 표현이 사용되지 않았으나 출원인이 인용형식으로 병합을 의도한 것으로 판단된 경우, 심사관은 37 C.F.R. § 1.57(g)에 따라 기간을 정하여 적법한 형식으로 인용할 것을 요구할 수 있다.

Ⅳ. 적절하게 인용된 경우의 취급

적절하게 인용된 경우는 명세서의 일부로 병합된다. 따라서 사후에 적절하게 인용된 외부 문서의 내용을 추가하는 보정을 하더라도 이는 신규사항을 추가하는 것이 아니다.[370] 만약 적절하게 인용된 외부 문서의 내용을 명세서에 추가하는 보정을 하는 경우에는 보정서와 함께 보정되는 내용에

---

366) 37 C.F.R. § 1.57(d).
367) 이 경우에는 부적절한 인용이 문제되는바, 명세서에 대한 보정을 통해 하이퍼링크의 내용을 추가시킬 수 있다.
368) 37 C.F.R. § 1.57(b) ("[I]ncorporation by reference must be set forth in the specification and must: (1) Express a clear intent to incorporate by reference by using the root words 'incorporat(e)' and 'reference' (e.g., 'incorporate by reference'); and (2) Clearly identify the referenced patent, application, or publication.").
369) 반드시 incorporate/incorporating/incorporated 등의 표현과 reference/referencing 등의 표현이 사용되어야 한다. *See* MPEP § 801.01(p). 예를 들어, "~, which is hereby incorporated by reference as if fully set forth herein" 또는 "~, the disclosure of which is incorporated here in by reference" 등이 사용 가능하다. 만약 이러한 표현이 없는 경우라도 해석상 명세서의 내용으로 병합하려는 의도가 파악되는 경우에는 흠결의 치유가 가능하나, 단순히 외부문서의 출처만을 표시한 경우에는 흠결의 치유가 불가능하다.
370) *See* MPEP § 2163.07(b).

신규사항이 없다는 진술서(statement)가 포함되어야 한다.[371]

한편 적절하게 인용된 경우에도 심사관에 의해 외부문서의 사본이 요구될 수 있다. 심사관이 발명의 내용을 정확하게 이해하는데 필요할 수 있기 때문이다. 이 경우 외부문서의 사본과 함께 제출되는 사본이 본 발명의 명세서에서 인용한 것과 동일한 문서임을 진술하는 진술서(statement)가 함께 제출되어야 한다.[372]

V. 부적절하게 인용된 경우의 취급

만약 “incorporate”라는 표현과 “reference”라는 표현이 없이 단순히 인용된 경우에는, 심사관은 인용 방법의 적법 여부를 판단할 것 없이 심사를 진행할 수 있고, 이 경우 외부문서의 내용은 명세서의 일부로 병합되지 않는다.[373] 상술한 표현이 사용되지는 않았으나 출원인이 인용형식으로의 병합을 명확히 의도(clearly indicate)한 것으로 판단된 경우, 심사관은 기간을 정하여 적법한 형식으로 인용할 것을 요구할 수 있다.[374] 만약 37 C.F.R. § 1.57(g)의 요건에 따라 인용형식이 적법하게 정정된 경우 출원일에는 영향이 없다.

만약 적절한 표현으로 인용은 되었으나 인용되는 외부문서의 종류가 부적절한 경우에는 37 C.F.R. § 1.57(f)에 따른 보정을 통해 외부문서에 있는 내용을 명세서에 반영할 수 있다. 이 경우에는 보정되는 내용에 신규사항이 없다는 진술서가 보정서와 함께 제출되어야 한다.[375] 보정을 통해 외부문서에 있는 내용을 반영하는 경우 외부문서의 사본이 요구될 수 있다. 심사관이 만약 외부문서의 사본이 요구되는 경우에는, 제출되는 사본이 본 발명의

---

371) 37 C.F.R. § 1.57(f).

372) 37 C.F.R. § 1.57(e).

373) 따라서 외부문서에 있는 내용에 근거하여 특허성을 주장할 수 없으며, 외부문서에 있는 내용을 보정으로 통해 추가할 수도 없다. 만약 부적절하게 인용된 외부문서의 내용을 명세서 추가하는 경우 신규사항금지의 위반을 근거로 해당 보정을 각하한다.

374) 그러나 “incorporate” 및 “reference”라는 표현을 사용하지 않았을 뿐만 아니라, 외부문서를 본 발명의 명세서에 병합하려는 명확하고 구체적인 의도(clear specific intent)를 표시하지 않은 경우에는 37 C.F.R. § 1.57(g)에 의해 인용형식을 정정하는 것이 허락되지 않는다. 한편 인용형식을 정정하는 것은 심사절차(prosecution)가 종료되기 전까지 가능하다.

375) 37 C.F.R. § 1.57(f).

명세서에서 인용한 것과 동일한 문서임을 진술하는 진술서가 함께 제출되어야 한다.[376)]

VI. 인용형식으로의 대체[377)]

최초에 명세서에 직접적으로 개시한 내용을 사후에 인용형식으로 대체하는 것도 가능하다. 즉 최초에 기재된 내용을 보정을 통해 삭제하고, 삭제된 내용을 외부문서에 의해 인용하는 것도 가능하다. 이 경우에는 보정서와 더불어 i) 보정을 통해 삭제되는 내용과 인용되는 외부문서가 동일하다는 것과, ii) 외부문서를 통해 신규사항이 추가되지 않는다는 것[378)]을 진술하는 진술서가 제출되어야 한다. 해당 진술서는 출원인 또는 대리인에 의해 서명된다.

VII. 관련문제 — 청구항에 대한 인용형식으로의 병합

청구항은 그 자체로 완전해야 하므로 인용형식으로의 병합이 허용되지 않는다. 그러나 예외적으로 도면이나 테이블이 청구항에 중복시키는 것에 비해 인용형식으로 병합시키는 것이 훨씬 간결한 방법이며 인용형식으로 병합시키는 것 이외에는 도면이나 테이블의 내용 기재할 현실적 방법이 없는 경우에는 예외적으로 허용된다.[379)]

한편 시퀀스 리스트, 데이터베이스 접근 번호(Database Accession Number) 등을 청구항에 기재하는 경우가 있는데, 이 경우 출원인이 청구항에 특정하려는 시퀀스가 청구항에 기재된 시퀀스 리스트 또는 데이터베이스 접근 번호에 의해 유일하게(uniquely) 특정될 수 있다면 청구항에 시퀀스 리스트, 데

376) 37 C.F.R. § 1.57(e).

377) *See* MPEP § 608.01(p).

378) 비록 명세서의 내용은 삭제되는 경우이지만, 외부 문서에 신규사항이 추가될 수도 있으므로 이러한 내용의 진술이 요구된다.

379) *Ex parte* Fressola, 27 USPQ2d 1608, 1609 (B.P.A.I. 1993). 극히 예외적인 상황에서만 허용됨을 주의해야 한다. 또한 도면이나 테이블이 병합된 경우 권리범위해석에 관한 확립된 법리가 없다는 점도 주의해야 한다.

이터베이스 접근 번호를 기재할 수 있다. 예를 들어, “A nucleic acid molecule of Genbank Accession No X-23456”와 같이 기재된 청구항이 문제되는 경우 해당 데이터베이스 접근 번호에 의해 시퀀스가 유일하게 특정된다면 인용형식으로의 병합이 가능하다. 그러나 상술한 청구항은 “incorporate”라는 표현과 “reference”라는 표현이 없이 데이터베이스 접근 번호만을 기재하였으므로 인용형식에 흠결이 발생한다. 인용형식에 흠결이 발생하는 경우 심사관은 상술한 바와 같이 출원인이 인용형식으로의 병합을 명확히 의도(clearly indicate)하였는지를 판단하고 명확한 의도가 판단되는 경우, 기간을 정하여 적법한 형식으로 인용할 것을 요구한다. 실무상 시퀀스 리스트, 데이터베이스 접근 번호가 기재된 경우에는 출원인의 명확한 의도가 인정되므로, 이 경우 심사관은 청구항에 “incorporate”라는 표현과 “reference”라는 표현을 기재하도록 요구함과 동시에 해당 데이터베이스 접근 번호에 의해 시퀀스가 유일하게 특정되는지를 밝히도록 요구한다. 한편, 해당 시퀀스에 관한 내용이 발명의 상세한 설명에 (인용형식이 아닌) 직접적인 방식으로 개시되지 않은 경우, 해당 시퀀스에 대한 내용을 상세한 설명에 추가 보정하도록 요구하는 동시에 보정으로 추가하려는 외부문서의 사본, 제출되는 외부문서의 사본이 청구항에 인용된 외부문서와 동일한 문서임을 진술하는 진술서(37 C.F.R. § 1.57(e)의 진술서) 및 보정되는 내용이 신규사항이 아니라는 진술서(37 C.F.R. § 1.57(f)의 진술서)를 요구할 수 있다.

제9절 | 출원일 인정요건

Ⅰ. 서

미국특허법은 원칙적으로 선발명주의 원칙을 채택하고는 있으나, 출원일(filing date)은 특허요건을 판단하는 데 큰 의미를 갖는다. 특허법은 출원일을 인정하기 위한 요건을 법정하는바, 만약 출원일 인정요건에 흠결이 발생하거나, 출원일은 인정되었으나 기타 서류가 미비한 경우에는 출원인에게 해당

사실을 통지하게 된다. 출원 시에 일부 서류를 누락한 출원인은 특허청의 지시에 따라 누락되거나 미비한 서류를 보충하여 해당 출원에 대한 출원계속을 유지해야 한다.

II. 출원일 인정요건

정규출원(Non-Provisional Application)의 출원일(filing date)이 인정되기 위해서는, i) 특허법 제112조(35 U.S.C. § 112) 첫 번째 단락의 요건(상세한설명요건, 실시가능요건, 최적실시예요건)을 만족하는 상세한 설명, ii) 적법하게 기재된 청구항,[380] iii) (발명의 이해를 위해 필요한 경우에 한하여)[381] 도면이 요구된다.[382] 가출원의 경우, 가출원일이 인정되기 위해서는 i) 특허법 제112조 첫 번째 단락의 요건(상세한설명요건, 실시가능요건, 최적실시예요건)을 만족하는 상세한 설명과 ii) (발명의 이해를 위해 필요한 경우에 한하여) 도면이 요구된다.[383]

III. 출원일 인정요건 위반시의 취급

정규출원 또는 가출원의 출원일 인정요건을 만족시키지 못하는 출원서가 제출된 경우, 기간을 정하여 흠결을 치유하도록 명한다.[384] 만약 지정된 기간 이내에 흠결이 치유되지 못하면, 출원서와 관납료 중 처리비용을 제외한 나머지는 반납되고 절차는 무효로 처리된다.[385]

380) 출원일이 인정되기 위해서는 청구항의 명확성(definiteness) 요건을 만족하는 청구항이 하나 이상 포함되어야 한다고 규정되어 있으나, 실무상 청구항이 있기만 하면 출원일이 인정된다.

381) 도면이 필요한 지를 판단하는 방법은 MPEP § 601.01(f)에 기재되어 있다.

382) 37 C.F.R. § 1.53(b).

383) 37 C.F.R. § 1.53(c). 한편 가출원에는 해당 출원이 가출원이고, 발명의 제목과, 발명자에 대한 정보 및 연락처가 포함된 가출원표지(cover sheet)가 요구(출원일 인정요건은 아님)된다. 37 C.F.R. §§ 1.51(c)(1), 1.53(c)(1).

384) 37 C.F.R. § 1.53(e).

385) 출원일 인정요건에 관한 다툼은 청원(petition)으로 해결한다. 37 CFR § 1.53(e)(2).

1. 발명의 상세한 설명의 누락[386)]

모든 페이지가 누락되어 상세한 설명으로 인정할 내용이 없는 경우에는 출원일을 인정하지 않으면서 불완전출원통지(Notice of Incomplete Application)를 발송해야 한다. 만약 발명의 상세한 설명 중 일부 페이지가 누락된 경우, 출원일을 인정하면서 누락항목통지(Notice of Omitted Items)를 발송한다. 만약 출원인이 모든 페이지를 제출했음에도 페이지가 누락된 것으로 취급된 경우, 누락항목통지(Notice of Omitted Items) 발송일로부터 2월 이내(연장 불가능)에 관련 증거와 함께 37 C.F.R. § 1.53(e) 청원을 제출하여 다툴 수 있다. 만약 출원인이 실제로 일부 페이지를 누락한 경우에는 누락항목통지(Notice of Omitted Items) 발송일로부터 2월 이내(연장 불가능)에 누락된 페이지와 함께, 해당 페이지의 내용을 표시한 선서서/선언서(37 C.F.R. § 1.63에 따른 선서서/선언서)를 제출할 수 있고, 이 경우에는 누락된 페이지가 제출된 날이 출원일로 인정된다. 한편, 본 출원이 국내/조약 우선권을 향유하는 경우에는(2004년 9월 21일 및 그 이후의 출원에 대해서는) 모출원의 내용을 인용형식으로 병합(Incorporation by Reference)한 것으로 취급하므로, 누락된 내용을 예비보정(Preliminary Amendment) 형식으로 추가하는 보정이 가능하다. 보정을 통해 누락된 내용을 추가하면 출원일에 대한 불이익이 없다. 다만, 이러한 예비보정은 누락항목통지(Notice of Omitted Items) 발송일로부터 2월 이내(연장 불가능)에 이루어져야 한다. 물론 출원인은 누락항목통지(Notice of Omitted Items)에 대해 2월 이내에 대응하지 않을 수도 있다. 만약 출원인이 대응하지 않은 경우에는 누락된 페이지를 무시하고 출원을 진행하겠다는 의사를 밝힌 것으로 간주한다. 이 경우, 최초 명세서에 누락된 페이지는 출원에서 제외된다. 한편, 누락된 페이지로 인해 페이지 번호가 연속하지 못하는 경우에는 보정이 요구될 수 있다.

2. 청구항의 누락[387)]

청구항이 누락된 경우, 출원일을 인정하지 않으면서 불완전출원통지(Notice of Incomplete Application)를 발송해야 한다. 출원인 청구항과 함께 해당 페이지의 내용을 표시한 선서서/선언서(37 C.F.R. § 1.63에 따른 선서서/선언

386) *See* MPEP § 601.01(d).
387) *See* MPEP § 601.01(d).

서)를 제출할 수 있으며, 이 경우 청구항이 제출된 일자가 출원일로 인정된다.

Ⅳ. 출원서의 흠결에 대한 취급

출원일 인정요건에는 문제가 없으나, 관납료 미납, 선언서/선서서 미제출(가출원의 경우는 해당 없음), 가출원표지 미제출(정규출원의 경우는 해당 없음) 등이 문제되는 경우에는 기간을 정하여 흠결을 치유하도록 명하는 누락서류 통지(Notice of Missing Parts)가 통보된다.[388] 통상 2개월 이내에 누락서류를 제출할 것을 요구하지만,[389] 해당 기간은 연장 가능하다. 만약 누락서류를 보충하지 않는 경우, 해당 출원은 포기된 것으로 간주된다.[390]

Ⅴ. 국제출원(PCT)의 특칙

1. 국제출원일

국제출원일은 미국 국내법이 아니라 조약(PCT)에 의해 규율되며, 수리관청(Receiving Office)에서 국제출원일을 결정한다.

2. 국내단계진입일

미국에 국내단계 진입을 원하는 국제출원인은 미국 특허청에 i) 수수료, ii) 국제출원서 사본(번역문 포함), iii) 국제단계에서 수행된 보정서, iv) 선서서/선언서, v) 기타 번역문(국제예비심사보고서 등)을 제출하여야 한다.[391] 국내단계진입일은 i) 수수료, ii) 국제출원서 사본(번역문 포함), iii) 국제단계에서 수행된 보정서, iv) 선서서/선언서, v) 기타 번역문을 완전히 제출한 날로 정해진다.[392]

---

388) 정규출원의 경우 37 CFR § 1.53(f)에 따른 통지가 통보되고, 가출원의 경우 37 CFR 1.53(g)(1)-(3)에 따른 통지가 통보된다.
389) *See* MPEP § 601.01(a), (b).
390) 출원이 포기되는 경우, 37 C.F.R. § 1.137 규정에 따른 부활을 위한 청원(petition to revive)이 가능하다.
391) 35 U.S.C. § 371(c).
392) 37 C.F.R. § 1.491(b).

3. 국내단계진입 요건

미국으로의 국내단계 진입은 국제출원일로부터 30개월 이내에 이루어져야 하는 바 30개월의 기간은 연장 불가능하다.[393] 만약 30개월이 경과하면 국제출원은 미국 내에서는 포기 간주된다. 단, 국제출원일로부터 30개월 이내에 반드시 제출되어야 하는 서류는 기본 국내 수수료(Basic National Fee)와 국제출원서의 사본(번역문은 제외)으로 한정되며,[394] 나머지 서류/수수료는 30개월이 경과한 이후에 제출/납부해도 해당 출원은 포기를 면할 수 있다.[395] 만약 보정서, 선서서/선언서, 번역문 등이 제출되지 않은 경우 심사관은 출원인에게 누락된 사실을 통보하고 기간을 정하여 누락된 서류의 제출을 요구한다.[396]

국제출원을 기초로 국내단계를 진입하는 국내단계출원 역시 선서서/선언서가 요구된다. 국내단계출원을 위한 선서서/선언서는 37 C.F.R. § 1.63 규정(통상적인 정규출원의 선서서/선언서에 관한 규정)이 아닌 37 C.F.R. § 1.497 규정에 따르지만, 선서서/선언서에 포함되는 내용이나 발명자의 사망/심신상실/비협조/행방불명 등의 경우에 대응하는 방법은 통상적인 정규출원의 선서서/선언서와 동일하다.

제10절 | 소 기 업

Ⅰ. 서

개인 발명자나 대학교, 비영리단체 등이 출원을 하는 경우 소기업(Small Entity)으로 인정된다. 출원인이 소기업의 자격을 가질 때는 출원료 등의 수수료에 대한 감면혜택을 누린다.

---

393) 37 C.F.R. § 1.495(a).

394) 37 C.F.R. § 1.495(b). 30개월 이내에 납부되어야 하는 수수료는 기본 국내 수수료(basic national fee)로 한정되며 기타 수수료는 30개월 경과 이후에도 납부 가능하다.

395) 37 C.F.R. § 1.495(b)-(c).

396) 37 C.F.R. § 1.495(c)(1)-(2).

II. 소기업의 요건

1. 개 인[397]

발명자나 발명자로부터 발명에 관한 권리를 양수한 개인은 소기업으로서의 지위를 갖는다. 그러나 개인 발명자는 소기업으로 인정되지 않는 당사자(개인/기업 등)에게 발명에 관한 권리를 양도/수여/라이선싱(assign, grant, convey, or license)했거나 그럴 의무를 부담한 경우 소기업의 지위를 잃는다. 만약 다수의 발명자가 문제되는 경우, 모든 자가 소기업으로서의 지위를 가져야 수수료 감면의 혜택을 누릴 수 있다.

2. 기 업[398]

계열사를 포함하여 최근 12개월간의 평균고용규모(임시직 직원 포함)가 500인 이하인 기업은 소기업으로서의 지위를 갖는다. 그러나 해당 기업이 소기업으로 인정되지 않는 당사자(개인/기업 등)에게 발명에 관한 권리를 양도/수여/라이선싱(assign, grant, convey, or license)했거나 그럴 의무를 부담한 경우 소기업의 지위를 잃는다.

3. 비영리단체[399]

미국 또는 외국의 대학교와 같은 고등교육기관, 미국국세청에 비영리단체로 등록되어 있거나, 각 주법에 따라 비영리단체로 인정되는 비영리단체 또는 외국의 기관이지만 미국국세청이나 주법 기준에 따라 비영리단체로 인정되는 경우에는 소기업의 지위를 갖는다. 그러나 해당 교육기관이 소기업으로 인정되지 않는 당사자(개인/기업 등)에게 발명에 관한 권리를 양도/수여/라이선싱(assign, grant, convey, or license)했거나 그럴 의무를 부담한 경우 소기업의 지위를 잃는다.

---

397) 37 C.F.R. § 1.27(a)(1).
398) 37 C.F.R. § 1.27(a)(2).
399) 37 C.F.R. § 1.27(a)(3).

4. 관련문제

비록 연방정부는 소기업의 지위를 갖지는 못하지만, 연방정부에 라이선스를 부여하는 것으로 인해서는 소기업의 지위를 잃지 않는다.[400]

Ⅲ. 절 차

출원과정에서 별도의 증명서류가 제출되는 것은 아니며, 출원 시에 소기업(small entity)에게 요구되는 액수를 정확하게 납부하면 해당 출원인에게 소기업의 자격이 부여된다.[401]

Ⅳ. 효 과

소기업은 수수료 감면 혜택을 누린다. 모든 수수료에 대한 감면을 받는 것은 아니지만, 출원료나 등록 유지료와 같은 주된 수수료에 대해서는 50% 감면 혜택을 받는다.[402]

400) 37 C.F.R. § 1.27(a)(4).
401) 37 C.F.R. § 1.27(c)(3).
402) *See* MPEP § 509.02.

제1절 | 심사일반

Ⅰ. 심사의 의무

특허청장은 새로운 발명이라 주장되는 출원에 대해 심사를 하여야 하고, 심사 결과 출원인이 특허법에 따른 특허를 받을 권리를 갖는 경우 특허를 부여할 의무를 진다.1)

Ⅱ. 심사를 위한 전제조건

특허청(USPTO)에 정상적으로 수리된 통상의 정규출원(Non-Provisional Application)은 각 심사국(Technology Center 또는 TC)에 배정되어 심사된다. 일단 출원이 심사국에 배정되면 심사관은 해당 출원이 적법 요건을 만족하는지 판단한다.2)

---

1) 35 U.S.C. § 131 ("The Director shall cause an examination to be made of the application and the alleged new invention; and if on such examination it appears that the applicant is entitled to a patent under the law, the Director shall issue a patent therefor.").

2) 구체적으로, 35 U.S.C. § 111(a)에 규정된 내용을 만족하는지 판단한다. 즉, 하나 이상의 청구항을 포함하는 명세서, 도면, 선서서/선언서 및 수수료가 제출되었는지를 판

Ⅲ. 선행기술 검색의 수행

명세서가 불충분하여 심사를 수행하기 곤란한 사정이 인정되는 특별한 경우[3]가 아닌 한, 심사관은 발명의 내용에 따른 선행기술 검색을 수행한다.

Ⅳ. 심사관의 정보요구

1. 서

심사관은 출원인으로 하여금 심사에 합리적으로(reasonable) 요구되는 정보를 제출하도록 요구할 수 있다.[4] 이 경우, 심사관은 제출기간을 정하여 정보 제출을 요구한다. 심사에 합리적으로 요구되는 정보의 종류의 일례는 37 C.F.R. § 1.105(a)에 규정되어 있으나 이는 예시적인 것에 불과하다.[5] 심사관의 정보요구에 대해서는 폭 넓은 재량권이 인정되기 때문에, 일단 심사관이 심사에 합리적으로 요구된다고 판단하면 언제든지 출원인에게 정보의 제출을 요구할 수 있다. 다만, 정보요구는 최후거절(Final Rejection) 이후에는 이루어지지 않는 것이 일반적이다.[6]

2. 출원인의 불복

출원인은 심사관의 정보요구가 부당하고 판단하는 경우, 해당 정보요구의 철회 또는 수정을 요구할 수 있다.[7] 출원인이 정보요구의 철회 또는 수정을 요구하는 경우, 37 C.F.R. § 1.181에 따른 청원(petition)의 형태로 정보요구의 부당함을 다툴 수 있다.[8]

단한다. MPEP § 702.

3) 만약, 명세서가 불충분하여 심사를 수행하기 곤란한 사정이 인정되는 특별한 경우에는 선행기술 검색 없이도 거절을 부여할 수 있다. 관련 내용은 MPEP §702.01에 기재되어 있으나, 실무상 이와 같은 경우는 거의 발생하지 않으므로 상세한 설명은 생략한다.

4) 37 C.F.R. § 1.105.

5) 참고로 37 C.F.R. § 1.105(a)에는 출원인이 알고 있는 상업 데이터베이스, 선행기술 검색결과 등이 예시되어 있다.

6) *See* MPEP § 704.11(b).

7) 또한 심사관에게 제출된 정보를 심사관이 심사에 고려할 것을 요구할 수도 있다.

8) MPEP § 704.14(c).

3. 심사관에 의해 요구되지 않은 정보의 제출

출원인은 심사관이 요구한 정보만을 제출해야 한다. 만약 심사관이 요구한 범위를 넘는 정보를 제출하는 경우에는 IDS 형태로 제출해야 하며, 이 경우에는 IDS 제출기간에 관한 시기적 요건 및 수수료에 관한 규정이 적용된다.[9]

4. 심사관의 정보요구와 출원인의 정보개시의무

특허출원 및 심사에 관련된 당사자들은 미국 특허청에 대해 정직(candor)과 신의 성실(good faith)의 의무를 진다.[10] 이러한 정직과 신의 성실의 의무에는 미국 특허청에 특허성과 관련된 중대한 정보를 개시할 정보개시의무(Duty of Disclosure)도 포함된다.[11]

출원인에 부여되는 정직과 신의 성실의 의무는 심사관의 정보요구에 대해서도 적용되므로 출원인은 심사관의 정보요구에 성실하게 대응해야 한다. 심사관의 정보요구와 출원인의 정보개시의무는 서로 밀접한 관련을 갖지만, 양자가 요구하는 정보의 수준이 완전히 일치하는 것은 아니다. 일반적으로 출원인의 정보개시의무의 대상이 되는 정보는 까다롭게 판단되므로, 출원인에게 정보개시의무가 부여되지 않은 정보라 할지라도 심사관의 정보요구의 대상이 될 수 있다.[12] 따라서 특허성에 관련된 중대한 정보가 아니라는 이유로 심사관의 정보요구를 거절할 수 없다.

한편 심사관의 정보요구에 대한 응신은 심사관이 정한 제출기간 이내에 이루어지면 충분하므로, 심사관의 정보요구에 대한 응신에 대해서는 IDS (Information Disclosure Statement) 제출기간에 관한 시기적 요건 및 수수료에 관한 규정이 적용되지 않는다.[13]

---

9) MPEP § 704.14(d).

10) 공익이 달성되기 위해서는 효율적인 특허심사가 이루어져야 하기 때문이다. *See* 37 C.F.R. § 1.56.

11) 이러한 출원인의 정보개시의무는 IDS(Information Disclosure Statement)를 제출하는 방식으로 만족된다. 37 C.F.R. § 1.56(a).

12) MPEP § 704.12(a) (citing Star Fruits S.N.C. v. United States, 280 F.Supp.2d 512, 515-16 (E.D.Va 2003)).

13) MPEP § 704.14(d).

5. 관련문제 — 심사관의 정보요구

만약 이미 거절통지(OA)가 있은 후 심사관의 정보요구에 따라 제출된 응신(reply)에 기재된 새로운 선행기술을 기초로 새로운 거절통지(OA)를 부여하는 경우에 해당 거절통지는 최후성(finality)을 가질 수 없다. 그러나 청구항의 보정된 내용으로 인해 새로운 선행기술이 적용된 경우에는 최후성을 가질 수 있다.

제2절 | 심사의 진행 — 우선심사

Ⅰ. 서

정규출원이 이루어지면, 각 출원은 심사국(Technology Centers)에 배정되어 심사가 진행된다. 미국특허법은 심사청구제도를 인정하지 않으므로 별도의 심사청구가 없더라도 모든 출원에 대한 실체심사가 진행되며 심사가 진행되는 순서는 미국 특허청(USPTO)에 출원된 순서에 따른다.[14] 참고로, 국제출원(PCT)을 통해 국내단계로 진입한 국내단계출원(National Stage Application)은 국제출원일이 아니라 국내단계진입일 순으로 심사를 진행한다.[15]

Ⅱ. 우선심사

1. 심사의 순서

원칙적으로 심사는 출원된 순서에 따른다. 그러나 보류 중인 소송이 문제되는 출원이나 우선심사의 대상이 되는 출원은 우선적으로 심사된다. 구체적으로, 보류 중인 소송이 문제되는 출원과 재심사절차는 가장 우선적으로 심사된다.[16] 예를 들어, 재발행출원, 당사자계 재심사절차, 결정계 재심사절

14) *See* MPEP § 708.

15) *See* MPEP § 1893.03.

16) 재발행, 재심사 등에 관한 특허청(USPTO)의 판단 결과는 침해소송에서 특허권의 존재 여부와 그 범위를 결정하므로 법원은 침해소송의 절차 진행을 보류할 수 있다. 만

차에 관련된 소송 진행이 보류 중이라면 해당 절차는 최우선으로 심사된다. 보류 중인 소송이 문제되는 출원을 제외하면, 연장 불가능한 30일의 기간이 부여된 받은 사건들이 우선적으로 심사된다.[17]

2. 우선심사의 구분

소송이 보류 중인 경우 등을 제외하면 i) 출원 또는 절차의 특성에 따라 우선심사가 인정되는 경우와 ii) 출원인의 청원(petition)에 의해 우선심사가 되는 인정되는 경우에 우선심사가 이루어진다. 출원 또는 절차의 특성에 따라 우선심사가 인정되는 경우는 i) 공익을 위한 발명으로 해당 정부기관의 장이 우선심사의 이유를 제공한 경우, ii) 거절통지(OA)에 대한 대응으로 인해 다른 심사관에게로 할당된 경우, iii) 저촉절차에 관련된 경우, iv) 형식적 사항(formal matter)에서의 문제를 제외하고는 등록가능한 경우, v) 환송된 사건의 경우, vi) 최후거절이 가능한 경우, vii) 5년 이상 심사가 계류 중인 경우, viii) 재심사 출원의 경우이다.[18] 출원인의 청원에 의해 우선심사가 되는 경우는 이하에서 보다 상세하게 설명한다.

Ⅲ. 출원인의 청원에 의한 우선심사[19]

1. 출원인의 청원에 의한 우선심사에 적용되는 공통사항[20]

2006년 8월 25일 및 그 이후의 출원으로 출원인의 고령이나 건강 상태를 이유로 우선심사를 신청하거나 미국 특허청이 외국 특허청과 시범적으로 운영하고 있는 특허심사하이웨이(Patent Prosecution Highway 또는 PPH)[21]를 이용하지 않는 출원인 경우, 이하와 같은 공통 요구 사항을 추가로 만족해야

약 법원이 소송의 절차 진행을 보류하면 특허청 측에서는 소송과 관련된 심사를 최대한 신속하게 진행한다.

17) 예를 들어, 심사관보정에 대한 답변이 문제되는 사건 등은 우선적으로 심사될 수 있다. MPEP § 708.01.

18) *See* MPEP § 708.01.

19) *See* MPEP § 708.02.

20) *See* MPEP § 708.02(a).

21) 양국에 특허가 공통으로 출원된 경우, 먼저 특허가 출원된 국가에서 특허가 등록이 되면, 상대국에서 신속하게 심사가 진행되는 절차를 말한다.

만 우선심사가 적용된다. 참고로 국제출원(PCT)을 기초로 미국 국내단계에 진입한 국내단계출원에 대해서는 이하의 전통적인 우선심사가 적용되지 않는다. 따라서 국내단계출원의 경우, 특허심사하이웨이(Patent Prosecution highway 또는 PPH)를 활용해야 할 것이다.

1) 우선심사를 신청하는 청원과 수수료

청원은 서면으로 작성되어야 하며, 수수료는 테러 방지와 같이 수수료가 면제되는 경우가 아닌 이상 납부되어야 한다.

2) 우선심사의 대상이 될 수 있는 출원

고령, 건강 상태, 특허심사하이웨이(PPH)의 사유가 아닌 기타 사유로 신청하는 우선심사는 국제출원(PCT)을 기초로 미국을 진입한 국내단계출원에는 적용되지 않는다. 또한 계속심사청구(RCE)가 신청된 출원의 경우, 계속심사청구(RCE)가 제출되기 이전에 이미 우선심사가 허락된 경우가 아니면 우선심사의 대상이 되지 않는다. 한편, 재발행(Reissue)이나 재심사(Reexamination) 절차에 관련된 특허는 청원이 없더라도 우선심사의 대상이 되므로, 청원에 의한 우선심사의 신청이 불가능하다.

3) 청원의 전자적 제출

우선심사를 위해 제출되는 청원은 특허청(USPTO)의 전자 출원 시스템인 "EFS"를 통해 전자적으로 제출되어야 한다.

4) 출원이 심사 가능한 상태에 있을 것

우선심사의 대상이 되는 출원은 심사 가능한 상태에 있어야 한다. 예를 들어, 출원에 대한 기본적인 수수료가 모두 납부되어 있어야 하고, 출원서의 일부로 제출되는 선서서/선언서(37 C.F.R. § 1.63에 따른 선서서/선언서)가 제출되어야 한다.

5) 청구항의 개수에 대한 제한

우선심사의 대상이 되는 출원은 3개 이하의 독립항을 포함해야 하고 총 20개 이하의 청구항을 포함해야 한다. 청원에 의한 우선심사를 신청하는 경우, 심사과정 또는 이에 대한 심판단계에서 종속항에 대한 특허성을 독립항과 분리하여 별도로 주장할 수 없다. 한편, 출원인이 제출하는 청원에는 출원인이 이후의 심사과정에서 종속항에 대한 특허성을 분리하여 주장하지 않겠다는 취지의 진술서(statement)가 포함되어야 한다.

6) 발명의 단일성

우선심사의 대상이 되는 출원의 청구항들은 하나의 발명에 관련되어야 한다. 만약 발명이 복수의 발명에 관련된 경우, 출원인은 전화상으로 어느 하나를 지정해야 하며, 심사관의 한정요구에 반박할 수 없다. 한편 출원인이 제출하는 청원에는 심사관이 요구하는 경우 출원인이 전화상으로 발명을 지정할 것이며 심사관의 요구에 반박하지 않겠다는 취지의 진술서(statement)가 포함되어야 한다.

7) 인 터 뷰

우선심사를 신청하는 출원인은 심사관의 인터뷰 요구에 반드시 응해야 한다. 한편 출원인이 제출하는 청원에는 심사관이 요구하는 경우 출원인이 인터뷰에 응하겠다는 취지의 진술서(statement)가 포함되어야 한다.

8) 사전 선행기술 조사

출원인은 반드시 사전에 선행기술 조사가 이루어졌다는 취지의 선언서를 제출해야 한다. 해당 선언서에는 특허청(USPTO)의 분류 기준에 따른 검색 영역, 검색을 수행한 데이터베이스, 검색식, 검색일자 등에 관한 정보가 포함되어야 한다.[22]

9) 우선심사지지서류의 제출

우선심사 시에 출원인은 우선심사지지서류(accelerated examination support document)를 제출해야 한다. 우선심사지지서류에는 본 발명에 관련된 선행기술들이 기재된 IDS(Information Disclosure Statement)가 포함되어 한다.[23] 이 경우, 우선심사지지서류에는 해당 선행기술들이 청구항의 구성 요소 중 어느 것을 개시하고 있는지, 해당 청구항이 문제되는 선행기술에 비해 어떻게 특허성을 확보하는지, 청구항에 기재된 내용이 발명의 상세한 설명의 어느 부분에 의해 뒷받침되는지에 관한 설명이 기재되어야 한다. 또한 우선심사지지서류에는 독립항에 기재된 발명의 유용성(utility)에 관한 설명이 기재되어야 한다.

---

22) 사전 선행기술 조사에 관한 구체적인 사항은 MPEP § 708.02(a)에 설명되어 있다. 참고로 별도의 선행기술 조사 없이 외국 특허청에서 발행한 선행기술 보고서를 제출할 수도 있으나, 이 경우에는 해당 선행기술 보고서가 MPEP § 708.02(a)에 기재된 요건을 만족해야 한다.

23) 어느 선행기술이 35 U.S.C. § 103(c)에 의해 선행기술의 자격을 갖지 못하는 경우라 해도 해당 선행기술에 관한 정보를 기재해야만 한다.

2. 우선심사사유

출원인이 청원을 통해 우선심사를 신청할 수 있는 사유는 이하와 같다. 다만, i) 출원인의 건강 상태 및 ii) 고령을 제외한 나머지 사유로 우선심사를 신청하는 경우에는 상술한 공통사항을 만족해야 함을 주의해야 한다.

1) 출원인의 건강 상태

출원인의 건강 상태에 문제가 있어 출원 진행에 문제가 있는 경우, 출원인은 이를 증명하는 증거와 함께 우선심사를 신청하는 청원을 제출할 수 있다. 출원인의 건강 상태를 이유로 우선심사를 신청하는 경우 우선심사에 따른 수수료가 없다.

2) 고 령

출원인이 65세 이상인 경우, 출원인의 연령을 증명하는 증거와 함께 우선심사를 신청하는 청원을 제출할 수 있다. 출원인의 고령을 이유로 우선심사를 신청하는 경우 우선심사에 따른 수수료가 없다.

3) 제품의 제조

출원의 대상이 된 발명과 관련된 제품을 제조하려는 경우, 출원인은 이를 근거로 우선심사를 신청하는 청원(petition)을 제출할 수 있다. 이 경우 청원과 함께 출원인, 양수인 또는 해당 출원의 대리인에 의해 작성된 진술서(statement)가 제출된다. 진술서에는 i) 제품을 제조하려는 자가 충분한 양을 제조하기에 충분할 만큼 자본과 시설을 갖추었다는 진술, ii) 해당 출원이 등록되지 않은 경우 제품을 제조하려는 자가 제조를 단념하거나 현재 시설을 늘리지 않을 것이라는 진술, iii) 자신의 투자 및 시설을 보호하는 출원이 등록되는 경우 미국 또는 미국령에서 충분한 양을 실시할 것이라는 진술 및 iv) 출원인 또는 양수인이 선행기술 검색을 성실하게 수행하였거나 관련된 선행기술에 대한 충분한 지식을 갖추었다는 진술이 포함되어야 한다. 제품의 제조를 이유로 우선심사를 신청하는 경우 우선심사에 따른 수수료를 납부해야 한다.

4) 침 해

단순히 침해가 예상되는 경우가 아니라 실제 침해가 발생한 경우, 출원인은 이를 근거로 우선심사를 신청하는 청원을 제출할 수 있다. 이 경우 청원과 함께 출원인, 양수인 또는 해당 출원의 대리인에 의해 작성된 진술서가 제출된다. 진술서에는 i) 거래 업계에서 침해품이 존재하고 있거나 방법발명이 침해되고 있다는 진술, ii) 침해품 등이 청구된 발명에 속한다는 진술, iii) 출원인 또는 양수인이 선행기술 검색을 성실하게 수행하였거나 관련된 선행기술에 대한 충분한 지식을 갖추었다는 진술을 포함되어야 한다. 침해를 이유로 우선심사를 신청하는 경우 우선심사에 따른 수수료를 납부해야 한다.

5) 환경보호

환경보호에 실질적으로 도움이 되는 발명의 경우, 출원인은 이를 이유로 우선심사를 신청하는 청원을 제출할 수 있다. 명세서의 내용에 비추어 환경보호에 실질적으로 도움이 됨이 명확하게 확인 가능하지 않은 경우에는 출원인, 양수인 또는 해당 출원의 대리인에 의해 작성된 진술서를 함께 제출한다.[24] 환경보호에 도움이 되는 것을 이유로 우선심사를 신청하는 경우 우선심사에 따른 수수료가 없다.

6) 에너지 자원의 발견 및 개발

에너지 자원(energy resource)의 발견 및 개발에 도움이 되는 발명이나 에너지 효율의 효율적 이용 또는 보존에 도움이 되는 발명의 경우, 출원인은 이를 이유로 우선심사를 신청하는 청원을 제출할 수 있다. 명세서의 내용에 비추어 에너지 자원에 관계됨이 명확하지 않은 경우에는 출원인, 양수인 또는 해당 출원의 대리인에 의해 작성된 진술서를 함께 제출한다.[25] 에너지 자원에 관련되는 것을 이유로 우선심사를 신청하는 경우 우선심사에 따른 수수료가 없다.

7) DNA 재조합

DNA 재조합(recombinant)에 관련된 발명의 경우, 출원인은 이를 이유로 우선심사를 신청하는 청원을 제출할 수 있다. 이 경우 해당 발명이 DNA 재조합과 관련되었음을 진술하는 진술서가 함께 제출되며, 진술서는 출원인, 양수인 또는 해당 출원의 대리인에 의해 작성될 수 있다. DNA 재조합에

---

24) 명세서의 내용에 비추어 환경보호에 실질적으로 도움이 됨이 명확하게 확인 가능한 경우에는 별도의 진술서가 필요 없다. 이 경우에는 우선심사에 따른 청원에 우선심사의 사유가 환경보호라는 취지가 기재되면 충분하다.

25) 명세서의 내용에 비추어 에너지 자원에 관련됨이 명확하게 확인 가능한 경우에는 별도의 진술서가 필요 없다. 이 경우에는 우선심사에 따른 청원에 우선심사의 사유가 에너지에 관련되었다는 기재가 있으면 충분하다.

관련되는 것을 이유로 우선심사를 신청하는 경우 우선심사에 따른 수수료를 납부해야 한다.

8) 사전선행기술검색

출원인은 사전에 수행된 선행기술조사를 근거로 우선심사를 신청하는 청원을 제출할 수 있다. 이 경우 출원인은 우선심사에 따른 수수료를 납부해야 한다. 사전선행기술검색을 근거로 우선심사를 신청할 때에는 다음과 같은 사항이 요구된다.

A. 하나의 발명에 관련된 청구항들의 특정

출원인은 우선심사 신청 시에 하나의 발명에 관련된 청구항들을 지정할 수 있다. 만약 출원인이 청구항들을 지정하지 않고 우선심사를 신청하였고, 특허청이 판단하기에 청구항들이 둘 이상의 발명에 관련되는 경우, 출원인에게 여러 발명 중 어느 하나에 관련된 청구항들을 지정하도록 요구할 수 있다. 만약 출원인이 일부 청구항들만을 지정하는 것을 거부하는 경우 우선심사는 거절된다.

B. 사전선행기술검색의 결과

사전에 수행된 선행기술검색에 관한 사항이 진술서를 통해 제출되어야 한다. 선행기술에 대한 검색은 우선심사의 대상이 되는 청구항에 관한 것이어야 한다. 만약 동일하거나 유사한 권리범위를 갖는 해외출원에 대해 미국 이외의 특허청에서 수행한 선행기술검색이 있다면 이를 제출할 수 있다.

C. 선행기술 사본

검색된 선행기술 중 가장 유사하다고 판단되는 적어도 하나의 선행기술에 대한 사본을 제출해야 한다. 다만, IDS 등을 통해 미리 제출한 경우에는 우선심사를 위해 별도로 제출할 필요는 없다.

D. 특허성에 관한 설명

사전에 검색된 선행기술에 비해 본 발명의 청구항이 어떻게 특허성을 갖는지에 관한 구체적인 설명을 제출해야 한다.

9) 초전도 발명

초전도 물질(superconductivity materials)에 관련된 발명[26]의 경우, 출원인은

26) 초전도 물질 자체뿐만 아니라 초전도 물질로 인한 제조물 또는 이에 관한 적용예(application) 역시 이에 해당한다.

발명이 초전도 물질에 관련된 진술서를 제출하며 우선심사를 신청할 수 있다. 초전도 발명을 이유로 우선심사를 신청하는 경우 우선심사에 따른 수수료가 없다.

10) 에이즈 또는 암 치료에 관한 발명

에이즈(HIV/AIDS) 또는 암 치료/처치/진단/예방에 관련된 발명의 경우, 출원인은 이를 이유로 우선심사를 신청하는 청원을 제출할 수 있다. 우선심사 신청 시 해당 발명이 에이즈 또는 암에 대한 치료, 처치, 진단 또는 예방에 어떻게 기여하는지를 구체적으로 설명하는 진술서가 함께 제출되어야 한다. 에이즈 또는 암 치료를 이유로 우선심사를 신청하는 경우 우선심사에 따른 수수료를 납부해야 한다.

11) 테러 방지에 관한 발명

테러 방지에 관한 발명의 경우 출원인은 이를 이유로 우선심사를 신청하는 청원을 제출할 수 있다. 테러 방지에 관한 발명의 일례로는 폭발물의 감지 및 식별, 항공기 감지/보안 시스템, 차량 바리케이드를 들 수 있다.[27) 명세서의 내용에 비추어 테러 방지에 실질적으로 도움이 되는 것이 명확하게 확인되지 않은 경우에는 출원인, 양수인 또는 해당 출원의 대리인에 의해 작성된 진술서를 함께 제출한다.[28) 테러 방지에 도움이 되는 것을 이유로 우선심사를 신청하는 경우 우선심사에 따른 수수료가 없다.

12) 생명공학

소기업이 생명공학에 관련된 발명을 한 경우 우선심사를 신청할 수 있다. 이 경우, 출원인은 수수료를 납부하며, i) 해당 출원인이 소기업이며, ii) 해당 발명의 내용이 해당 소기업의 주된 재산이며, iii) 해당 발명에 관한 심사가 지연되는 경우 기술 개발에 심각한 손해가 발생함을 진술하는 청원을 제출해야 한다.

---

27) 한편 "테러"에 관한 정의는 18 U.S.C. § 2331에 정의되어 있다.

28) 명세서의 내용에 비추어 테러 방지에 실질적으로 도움이 됨이 명확하게 확인 가능한 경우에는 별도의 진술서가 필요 없다. 이 경우에는 우선심사에 따른 청원에 우선심사의 사유가 테러 방지라는 취지가 기재되면 충분하다.

Ⅳ. 한미 특허심사하이웨이[29)]

1. 서

특허심사하이웨이(Patent Prosecution Highway 또는 PPH) 제도를 이용하는 경우, 상술한 내용의 제약 없이 우선심사를 신청할 수 있다.[30)] 한국과 미국 간의 특허심사하이웨이(PPH) 제도는 2008년 1월 28일부터 시범 운영되는 제도였으나, 1년간의 성공적인 시범운영을 통해 2009년 1월 28일부터는 영구적인 제도로 운영되고 있다. 한편 특허청(USPTO)은 2010년 5월을 기해 특허심사하이웨이에 따른 수수료(130달러)를 폐지하여 특허심사하이웨이 제도의 활성화를 꾀하고 있다. 이하, 한국 특허청에 먼저 출원된 출원을 기초로 미국 특허청에 우선심사를 신청하는 절차를 설명한다.[31)]

2. 특허심사하이웨이의 대상

한국출원을 기초로 미국출원에 대해 우선심사를 할 수 있는 대상은 다음과 같다.

1) 통상적인 조약우선권주장출원

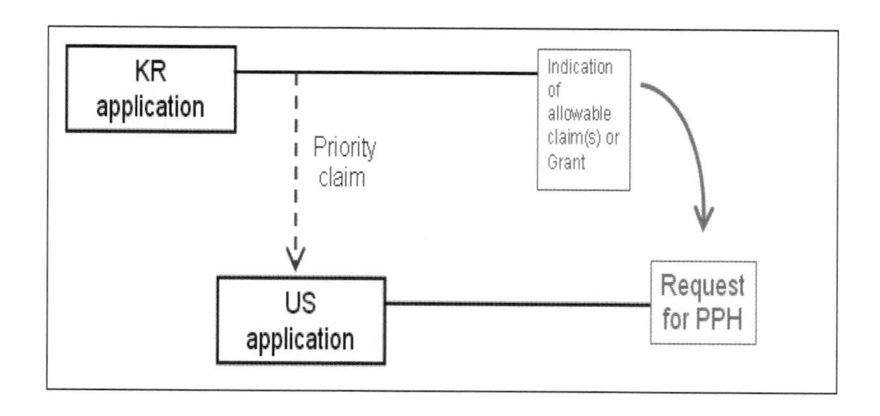

29) 이하 내용은 미국 특허청의 공보(Official Gazette)에 게재된 내용을 정리한 것이다. 해당 공보는 "http://www.uspto.gov/web/offices/com/sol/og/2009/week08/TOC.htm"를 통해 확인 가능하다.

30) 상술한 12가지 우선심사의 사유에 해당할 필요도 없다.

31) 물론 미국에 먼저 출원하고 이를 기초로 한국에 우선심사를 신청하는 것도 가능하지만, 본서에서는 설명하지 않도록 한다.

위와 같이 한국출원을 기초로 파리조약우선권을 주장한 통상의 미국출원에 대해 우선심사를 신청하는 것이 가능하다.

2) 복합우선권주장출원(1)

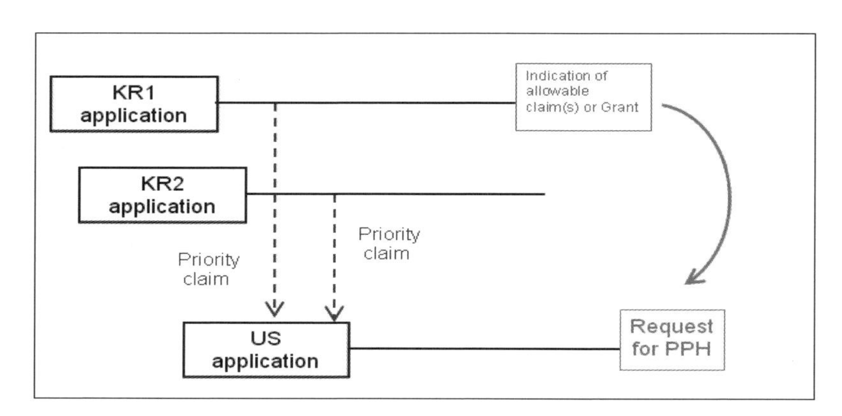

위와 같이 복수의 한국출원을 기초로 복합우선권을 주장한 통상의 미국출원에 대해 한국에 가장 먼저 출원된 출원의 등록가능(또는 등록)을 기초로 우선심사를 신청하는 것이 가능하다.

3) 복합우선권주장출원(2)

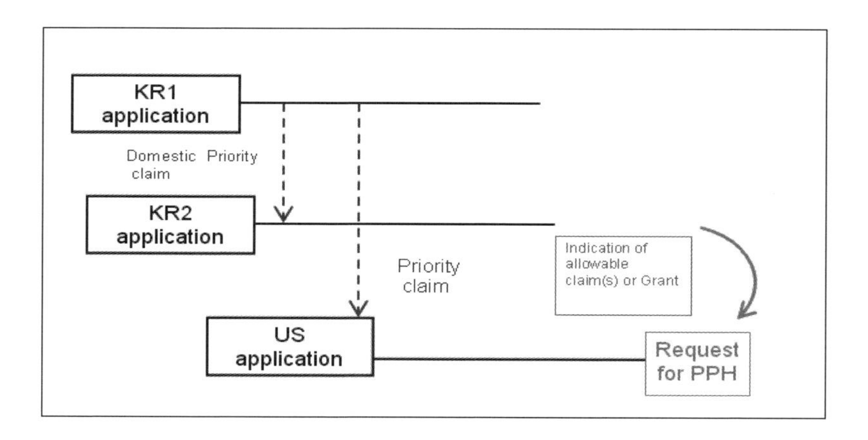

위와 같이 복수의 한국출원을 기초로 복합우선권을 주장한 통상의 미국출원에 대해 한국에 나중에 출원된 출원의 등록가능(또는 등록)을 기초로 우선심사를 신청하는 것이 가능하다.

4) 조약우선권주장출원에 대한 분할출원

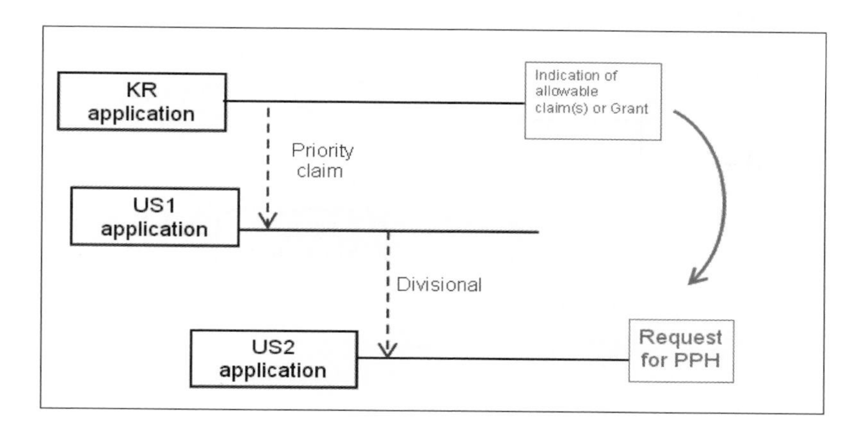

위와 같이 한국출원을 기초로 파리조약우선권을 주장한 통상의 미국출원에 대해 나중에 분할출원한 또 다른 통상의 출원에 대해서도 한국출원의 등록가능(또는 등록)을 기초로 우선심사를 신청하는 것이 가능하다.

5) 한국에 진입한 국제출원에 대한 조약우선권주장출원

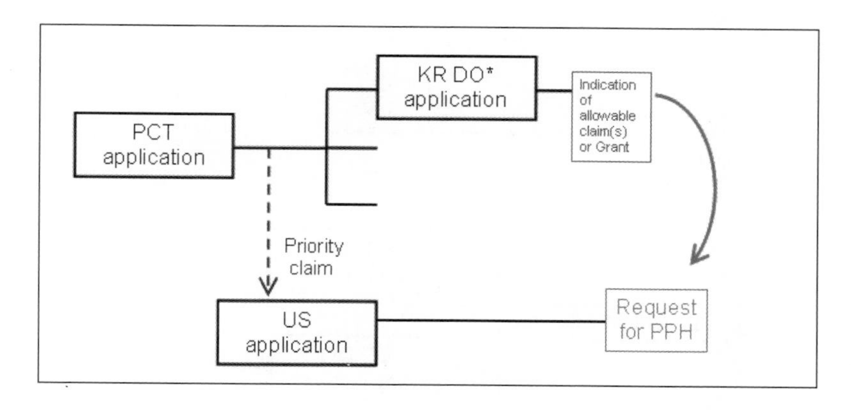

위와 같이 국제출원(PCT)을 기초로 파리조약우선권을 주장한 통상의 미국출원에 대해서도 우선심사를 신청하는 것이 가능하다. 이 경우, 해당 국제출원은 한국 국내단계에 진입해야 하고, 한국에서는 실체심사가 진행되어 등록가능(또는 등록)으로 판단되어야 한다.

6) 미국에 진입한 국제출원(1)

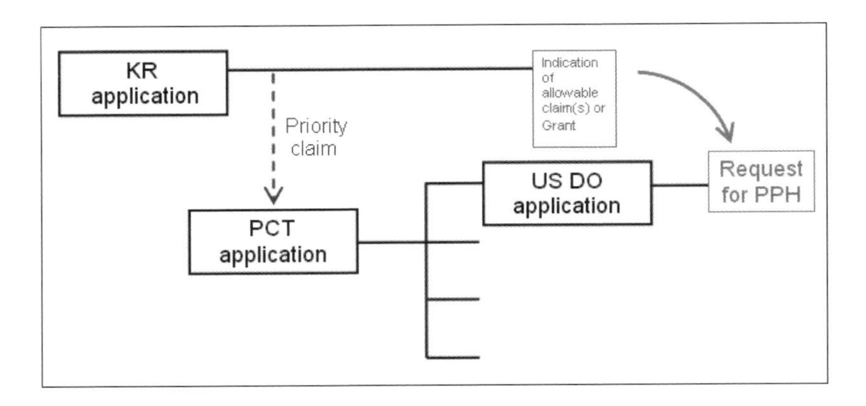

위와 같이 한국출원을 기초로 미국 국내단계에 진입한 국내단계출원에 대한 우선심사 신청이 가능하다. 이 경우, 국제출원(PCT)은 한국출원에 대한 파리조약우선권을 주장했고, 한국에서는 실체심사가 진행되어 등록가능(또는 등록)으로 판단되어야 한다.

7) 미국에 진입한 국제출원(2)

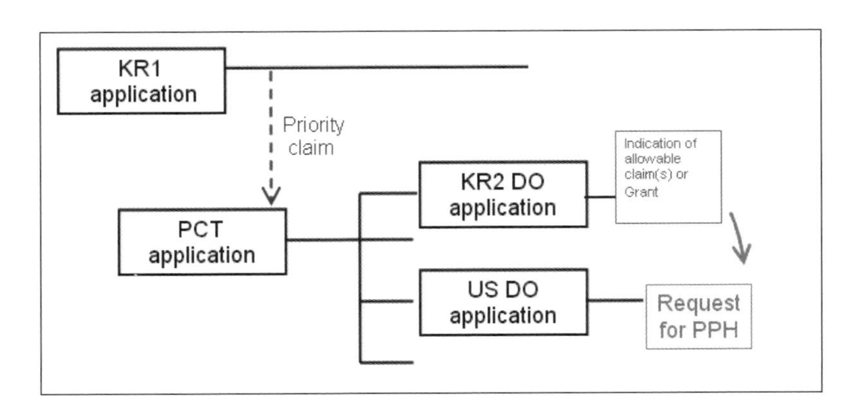

위와 같이 한국에 국내단계 진입한 국제특허출원을 기초로 미국 국내단계에 진입한 국내단계출원에 대한 우선심사 신청이 가능하다. 이 경우, 국제출원(PCT)이 또 다른 한국출원에 대해 우선권주장을 했어도 무방하며, 한국에서는 실체심사가 진행되어 등록가능(또는 등록)으로 판단되어야 한다.

8) 미국에 진입한 국제출원(3)

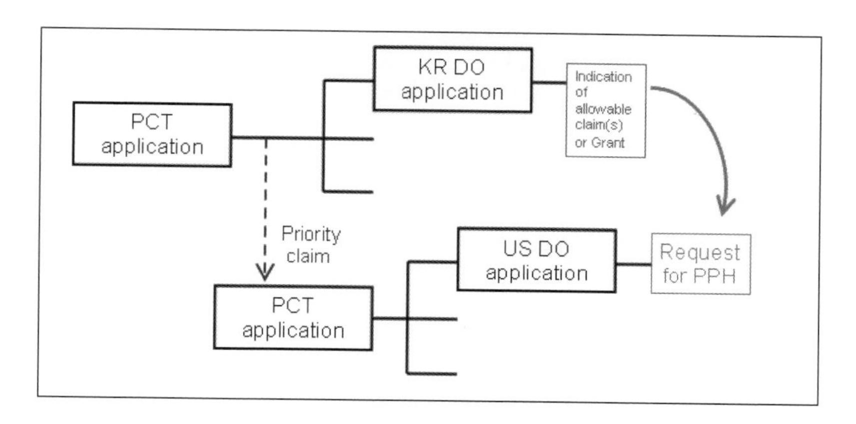

위와 같이 한국에 국내단계 진입한 국제특허출원을 기초로 미국 국내단계에 진입한 국내단계출원에 대한 우선심사 신청이 가능하다. 미국 국내단계출원의 기초가 되는 국제출원(PCT)은 한국 국제특허출원의 기초가 되는 국제출원(PCT)에 대해 조약우선권을 주장한 상황에서, 한국에서는 실체심사가 진행되어 등록가능(또는 등록)으로 판단되어야 한다.

9) 미국에 진입한 국제출원(4)

아래와 같이 한국에 국내단계 진입한 국제특허출원을 기초로 미국 국내단계에 진입한 국내단계출원에 대한 우선심사 신청이 가능하다. 이 경우, 국제출원(PCT)이 또 다른 국제출원(차후에 국내단계를 진행하지 않았음)에 대해 조약우선권주장을 했어도 무방하며, 한국에서는 실체심사가 진행되어 등록가능(또는 등록)으로 판단되어야 한다.

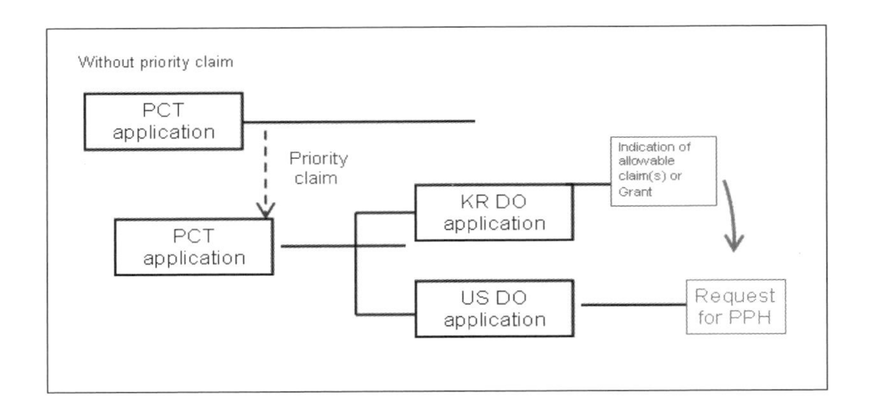

10) 미국에 진입한 국제출원(5)

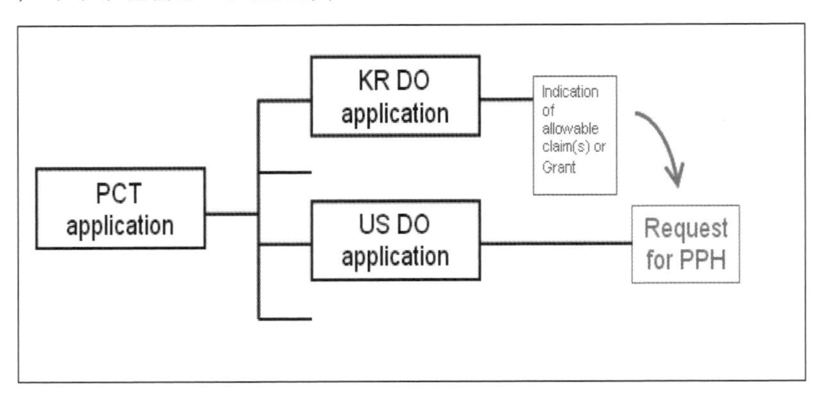

위와 같이 한국에 국내단계 진입한 국제특허출원을 기초로 미국 국내단계에 진입한 국내단계출원에 대한 우선심사 신청이 가능하다. 한국에서는 실체심사가 진행되어 등록가능(또는 등록)으로 판단되어야 한다.

11) 국제출원에 기초하는 연속출원(1)

아래와 같이 한국출원에 대해 파리조약우선권을 주장하는 국제출원(PCT)에 대해 국내우선권을 주장하는 연속출원(계속/분할/부분계속출원)에 대한 우선심사 신청이 가능하다. 한국출원을 기초로 미국에서의 연속출원에 대해 우선심사를 신청하기 위해서는, 한국에서는 실체심사가 진행되어 등록가능(또는 등록)으로 판단되어야 한다.

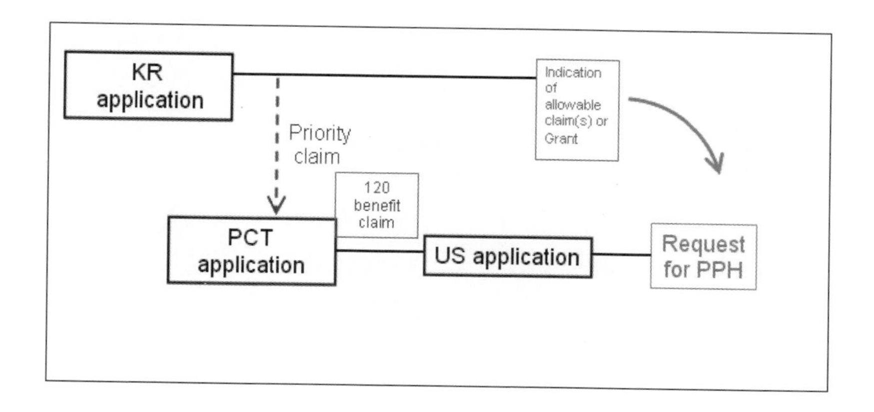

12) 국제출원에 기초하는 연속출원(2)

아래와 같이 국제출원(PCT)에 대해 파리조약우선권을 주장하는 국제출원(PCT)에 대해 국내우선권을 주장하는 연속출원(계속/분할/부분계속출원)에 대한 우선심사 신청이 가능하다. 이 경우, 한국출원은 국제출원에 기초한 국제특허출원일 수 있고, 한국에서는 실체심사가 진행되어 등록가능(또는 등록)으로 판단되어야 한다.

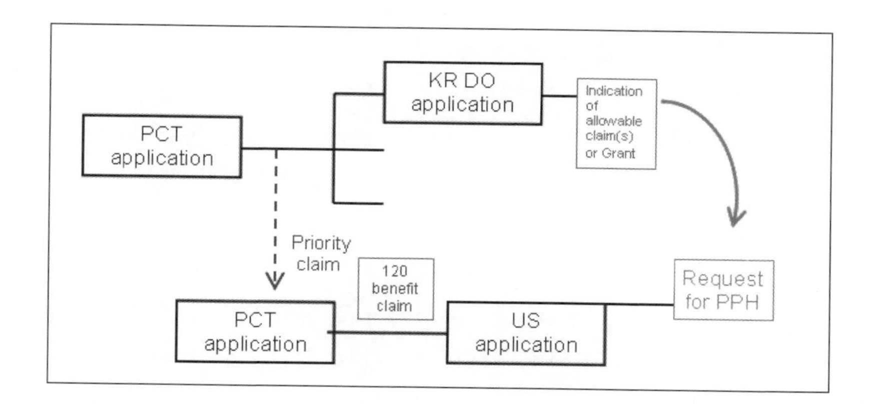

13) 국제출원에 기초하는 연속출원

아래와 같이 한국출원에 대해 파리조약우선권을 주장하는 국제출원(PCT)에 대해 국내우선권을 주장하는 연속출원(계속/분할/부분계속출원)에 대한 우선심사 신청이 가능하다. 한국출원을 기초로 미국에서의 연속출원에 대해 우선심사를 신청하기 위해서는, 한국에서는 실체심사가 진행되어 등록가능

(또는 등록)으로 판단되어야 한다.

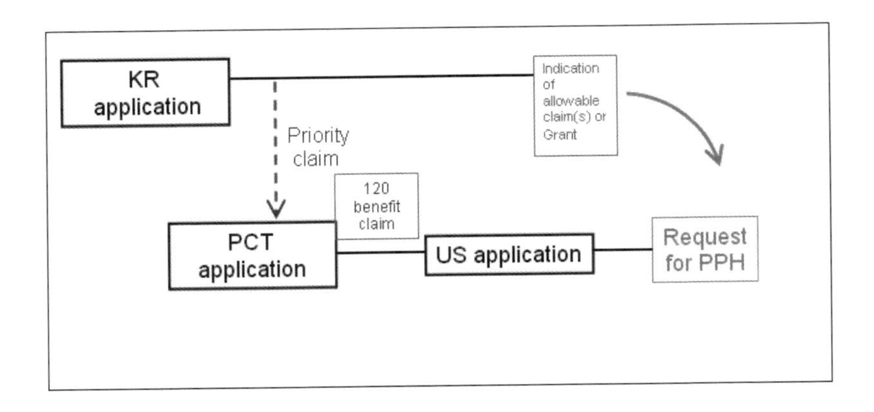

3. 특허심사하이웨이를 기초로 한 우선심사의 요건

1) 미국출원의 요건

가출원, 식물출원, 디자인출원, 재발행출원, 재심사절차에는 특허심사하이웨이에 따른 우선심사가 적용되지 않는다. 통상의 실용특허(Utility Patent)만이 우선심사의 대상이 된다.

2) 한국출원의 등록가능 또는 등록

한국출원의 청구항 중 적어도 하나가 등록가능하거나 등록된 상태이어야 한다. 우선심사를 신청하는 출원인은 i) 한국출원에서 등록가능하거나 등록된 청구항, ii) 해당 청구항에 대한 번역문, iii) 번역문이 정확하다는 진술서(statement)를 제출해야 한다.

3) 청구항 간의 대응성

우선심사가 가능하기 위해서는 한국에서 등록되거나 등록가능한 청구항과 미국출원의 "모든" 청구항이 서로 충분히 대응(correspond)되어야 한다. 출원인은 이를 증명하기 위해, 한국에서 등록되거나 등록가능한 청구항과 미국출원의 모든 청구항을 비교하는 표(table)를 영어로 작성하여 제출해야 한다.

4) 미국출원의 심사개시 불요

미국출원에 대해 실체심사가 개시될 필요는 없다.

5) 우선심사신청서의 제출

출원인은 우선심사신청서를 제출해야 한다.[32] 2010년부터 수수료가 면제됨은 상술한 바와 같다.

6) 한국 특허청의 의견제출통지서의 제출

한국 특허청에서 부여한 의견제출통지서의 사본과 번역문과 함께 번역문이 정확하다는 진술서(statement)를 제출해야 한다. 등록결정서와 같이 등록에 관련된 서류는 제출할 필요가 없다.

7) 한국 특허청에서 인용된 선행기술의 제출

한국 특허청에서 인용된 선행기술을 IDS를 통해 제출해야 한다. 다만, IDS를 이미 제출했다면, 추가적인 IDS를 제출해야 하는 것은 아니다.

4. 절차의 진행

우선심사신청서가 제출되는 경우, 누락된 사항이 있으면 출원인에게 누락된 사항에 관한 통지가 발송된다. 만약 특허심사하이웨이에 의해 우선심사를 신청했으나, 우선심사에 관한 절차가 진행되는 도중에 통상의 심사(우선심사가 아닌 통상의 심사)가 진행되는 경우에는 우선심사신청의 효과는 소멸한다. 이 경우, 특허심사하이웨이에 따른 우선심사에 문제되는 보정범위의 제한 등이 적용되지 않는다.

1) 관련문제 — 연속출원

만약 미국출원에 대해 별도로 연속출원을 하는 경우에는 해당 연속출원에 대해 별도로 한미 특허심사하이웨이에 근거한 우선심사를 신청해야 한다. 연속출원에 대해서도 자동으로 우선심사가 인정되는 것은 아니기 때문이다.

2) 보정범위의 제한

특허심사하이웨이에 따른 우선심사가 진행되는 경우, 보정범위에 제한이 문제된다. 우선심사의 대상이 되는 미국출원의 청구항은 한국출원에서 등록되거나 등록허가된 청구항과 대응(correspond)해야 하므로, 미국출원에 대해 보정(수정하거나 추가)한 청구항이 한국출원의 청구항에 대응하지 못한 경우, 해당 보정은 각하된다.

32) 특허청(USPTO) 양식은 "http://www.uspto.gov/web/patents/pph/pph_kipo.html"을 통해 확인 가능하다.

5. 출원인의 정보개시의무

심사가 신속하게 진행된다 하여 출원인에게 부여되는 정보개시의무(Duty of Disclosure)가 경감되는 것은 아니다. 즉, 출원인은 다른 출원과 동일한 정보개시의무를 부담하는바, 성실하게 IDS를 제출해야 한다.

제3절 | 심사보류

I. 서

출원인은 심사를 빠르게 진행시키는 우선심사를 신청할 수 있을 뿐만 아니라 일정기간 실체심사를 보류하는 심사보류(Suspension of Action)를 요청할 수도 있다. 만약 심사보류에 대한 요청이 받아들여지는 경우, 출원인에 의해 특정된 기간 동안 심사가 이루어지지 않는다.

II. 심사보류와 거절통지

심사보류를 요청하는 사유에 상관없이, 심사보류는 응신이 이루어지지 않은 거절통지(OA)가 없는 상황에서만 요청 가능하다. 따라서 거절통지(OA)에 대해 출원인이 아직 응신하지 않았다면, 거절통지(OA)에 대한 기간연장을 진행해야지 심사보류를 요청할 수는 없다.

III. 심사보류가 허용되는 상황[33)]

출원인이 심사보류를 요청하기 위해서는 i) 출원인에게 심사보류에 대한 정당하고 충분한 사유가 있거나, ii) 출원인이 계속심사청구(RCE)와 함께 심사보류를 요청하거나, iii) 출원인이 신규출원을 하면서 심사보류를 요청해야 한다.

---

33) *See* MPEP § 709.

1. 정당하고 충분한 사유에 의한 심사보류

출원인은 심사가 보류되어야 하는 정당하고 충분한 사유를 제시하고, 심사가 보류될 기간(6개월을 초과할 수 없음)을 특정하고, 수수료를 납부하면서 심사를 보류할 수 있다.[34] 출원인이 IDS 제출을 위해 심사의 보류를 요청하는 것은 심사의 보류를 위한 정당하고 충분한 사유가 없는 것으로 판단된다.

2. 계속심사청구의 신청에 따른 심사보류[35]

출원인은 계속심사청구(RCE)와 함께 최대 3개월의 심사보류를 요청할 수 있다. 구체적으로 출원인은 적법한 계속심사청구[36]를 진행하면서, 심사가 보류될 기간(3개월을 초과할 수 없음)을 특정하고, 수수료를 납부하면서 심사를 보류할 수 있다.[37] 계속심사청구 신청과 함께 심사의 보류를 요청하는 경우, 심사의 보류를 요청하는 정당한 사유를 제시할 필요가 없다.

3. 신규출원에 따른 심사보류

신규출원에 대해 특허청에서 아직 심사하지 않은 경우, 신규출원에 대한 심사를 보류해줄 것을 요청하는 것이 가능하다. 구체적으로 출원인은, 거절통지(OA) 또는 허여통지서(Notice of Allowance)가 부여되기 전에, 출원일(국제출원일 포함)로부터 3년을 초과하지 않는 기간을 특정하고, 수수료를 납부하면서 심사의 보류를 요청할 수 있다.[38] 심사보류가 요청되는 경우 해당 출원은 출원 공개 가능한 상태이어야 한다. 따라서 출원인이 비공개신청서(non-publication request)를 제출한 경우, 비공개신청은 철회하여야 한다. 신규출원에 대한 심사의 보류를 요청하는 경우, 심사의 보류를 요청하는 정당한 사유를 제시할 필요가 없다.

---

34) 37 C.F.R. § 1.103(a).

35) 참고로, 디자인 출원의 경우 CPA 출원과 함께 심사의 보류가 가능하다.

36) 적법한 계속심사청구(RCE)가 되기 위해서는 수수료와 제출(submission) 요건을 만족해야 한다.

37) 37 C.F.R. § 1.103(c).

38) 37 C.F.R. § 1.103(d).

제4절 | 출원공개(강제공개)

Ⅰ. 서/의의

본래 미국특허법은 강제공개제도를 채택하지 않았기 때문에 심사 중인 특허출원은 등록이 되기 전까지는 공개되지 않았다. 그러나 1999년 발명자 보호법[39]을 개정하여 강제공개[40]를 채택하기에 이르렀다.

Ⅱ. 출원공개의 대상

원칙적으로 2000년 11월 29일 및 그 이후로 출원된 모든 특허출원[41]은 출원공개의 대상이 된다. 그러나 다음의 경우에는 그렇지 않다.[42]

1. 2000년 11월 29일을 기준으로 심사 계류 중인 출원

2000년 11월 29일을 기준으로 심사 계류 중인 출원의 경우 출원인의 신청[43]이 있는 경우에만 출원공개가 된다.

2. 포 기

더 이상 출원계속이 유지되지 않는 출원의 경우 출원공개가 되지 않는다.

---

39) American Inventors Protection Act of 1999 (2000년 11월 29일 발효됨).

40) 통상 특허등록 이전에 강제공개가 이루어지므로 "Pre-Grant Publication" 또는 "PG PUB"라 칭한다.

41) 비록 2000년 11월 29일 이전에 출원된 출원이라도 2000년 11월 29일 및 그 이후에 계속출원(Continuation Application), 분할출원(Divisional Application), 부분계속출원(CIP)을 한 경우, 해당 계속출원, 분할출원, 부분계속출원은 출원공개의 대상이 된다. 한편 국내단계로 진입한 국제출원의 경우, 국제출원일이 2000년 11월 29일 및 그 이후인 경우에는 출원공개의 대상이 된다.

42) 35 U.S.C. § 122(b)(1); *See* MPEP § 1120.

43) 37 C.F.R. § 1.221(a). 이러한 신청은 반드시 전자출원시스템(EFS)을 통해 제출되어야 한다.

3. 디자인 출원

디자인 출원의 경우 출원공개가 되지 않는다.

4. 국방상 발명

국방상 발명의 경우 출원공개가 되지 않는다.[44] 35 U.S.C. § 181에 따른 비밀유지명령(secrecy order)이 부여된 출원 역시 출원공개가 제한된다.

5. 가출원(Provisional Application)

가출원의 경우 출원공개가 되지 않는다. 가출원은 가출원일로부터 1년 이내에 정규출원으로 전환하지 않으면 소멸되기 때문이다.

6. 출원인의 비공개신청

출원인은 i) 자신의 발명이 조약 우선권 또는 국제출원을 통해 타국에 출원된 바 없고, ii) 출원일 이후에도 외국에 출원을 할 의도가 없는 경우, 출원과 함께 비공개신청서(non-publication request)를 제출하여 출원공개를 회피할 수 있다.[45] 만약 비공개신청서가 제출된 이후 타국에 출원을 하는 경우에는, 출원인은 외국에서의 출원일(국제출원일 포함)로부터 45일 이내에 특허청에 이를 통지하고 종전의 비공개신청을 철회(rescind)해야 한다.[46] 45일 이내 통지규정을 위반한 경우 해당 출원은 포기된 것으로 간주된다.[47] 예를 들어, 비공개신청은 철회했지만 특허청에 45일 이내에 통지하지 못한 경우에는 출원포기를 면할 수 없다.[48] 출원인의 비공개신청은 반드시 출원 시에 이루어져야 한다. 만약 출원 시에 비공개신청을 하지 못한 경우, 해당 출원에 대한 연속출원(계속/분할/부분계속출원)을 하면서 비공개신청서를 제출하여야 한다. 이 경우에도, 원래 연속출원의 기초가 되는 모출원을 포기해야 원출원에 대한 비공개를 방지할 수 있다.

---

44) 35 U.S.C. § 122(d).

45) 35 U.S.C. § 122(b)(2)(B)(i); *See* 37 C.F.R. § 1.213(a).

46) 35 U.S.C. § 122(b)(2)(B)(iii); 37 C.F.R. § 1.213(a); *See* MPEP § 1123.

47) 출원이 포기된 경우라 하더라도 37 C.F.R. § 1.137의 규정에 따라 포기된 출원의 부활(revival)을 위한 청원은 가능하다.

48) *See* MPEP § 711.03(c).

Ⅲ. 출원공개의 시점

출원공개의 대상이 되는 출원에 대한 출원공개는 최선일로부터 18개월 이후에 이루어진다.[49] 우선권을 향유하는 경우, 우선권의 기초가 되는 모출원의 출원일이 최선일로 정해진다. 예를 들어, 조약우선권을 주장하는 경우, 그 기초가 되는 외국출원일이 최선일이 되고, 가출원(Provisional Application)을 기초로 우선권을 주장하는 경우 가출원일이 최선일이 된다. 또한 연속출원(계속/분할/부분계속출원)의 경우 연속출원의 기초가 되는 모출원의 출원일이 최선일이 된다.

Ⅳ. 출원공개문서의 기재사항[50]

출원공개문서는 출원일에 제출된 명세서(specification), 도면 및 선서서/선언서를 기초로 작성된다.[51] 출원공개문서에는 양수인(assignee)에 관한 정보는 포함되지 않는 것이 원칙이지만, 만약 출원인(즉, 발명자)이 출원송달서(application transmittal form)나 출원데이터시트(ADS)에 양수인에 관한 정보를 포함시키는 경우 출원공개문서에 양수인에 관한 정보가 포함될 수 있다.[52]

출원일 이후에 상세한 설명, 요약서, 청구항 또는 도면에 보정이 이루어진 경우, 보정된 내용을 기초로 출원공개문서가 작성되며, 미국으로 진입한 국제출원의 경우에는 국제단계에서 제출된 보정서도 출원공개문서에 포함된다.[53] 그러나 출원일 이후에 보정된 내용이 있더라도 보정된 내용이 출원공개일에 근접해서 제출된 경우에는 보정되기 전의 내용에 따라 출원공개문서가 작성될 수 있다. 따라서 출원인은 전자출원시스템(EFS)을 통해 보정된 내

49) 37 C.F.R. § 1.211. 경우에 따라서는 최선일로부터 18개월을 훨씬 경과한 경우에도 출원공개가 이루어질 수 있다. 예를 들어, 연속출원과 그 모출원의 출원일 간에 18개월 이상의 시간 차이가 있는 경우, 해당 연속출원의 출원공개는 최선일(모출원의 출원일)로부터 18개월을 훨씬 경과한 이후에 이루어진다.

50) 출원공개공보에 기재되는 사항은 37 C.F.R. § 1.215에 규정되어 있다. 또한 기재사항에 대한 상세한 설명은 MPEP § 1121에 기재되어 있다.

51) 37 C.F.R. § 1.215(a).

52) 37 C.F.R. § 1.215(b).

53) *See* MPEP § 1121.

용이 반영된 공개용 사본을 통해 제출하여 보정된 내용이 누락되는 것을 방지하는 것이 바람직하다.[54] 공개용 사본은 최선일로부터 14개월 또는 확인번호(Confirmation number) 통지일로부터 1월 중 늦은 때까지 제출될 수 있다.

V. 재공개 및 수정공개

1. 재공개 및 출원공개정정신청[55]

출원인이 재공개를 원하거나[56] 출원공개된 내용에 오류가 있어 수정을 요하는 경우, 수수료를 납부하며 재공개(republication)를 신청할 수 있다. 또한 출원공개된 내용의 오류가 특허청(USPTO)의 잘못으로 인한 경우에는 수수료 부담 없이 출원공개정정(Correction of Patent Application Publications)을 신청할 수 있다. 그러나 출원공개정정신청은 출원공개된 내용에 본질적인 오류(Material Mistake)[57]가 있는 경우로 제한되며, 비본질적인 오류[58]가 있는 경우에는 출원공개정정을 통해서는 출원공개된 내용의 오류를 수정할 수 없다.[59] 재공개 신청은 출원계속 중이라면 언제든지 가능하지만, 출원공개정정신청은 잘못된 출원공개가 있었던 때로부터 2개월(연장불가능) 내에 출원공개정정 신청을 해야만 한다.[60]

2. 수정공개(redacted publication)[61]

미국출원에 대응되는 외국출원의 내용이 미국출원에 비해 적은 경우,

54) 공개용 사본은 명세서/도면/선언서/선서서에 대한 보정이 문제되는 경우, 보정된 내용이 모두 반영된 교정본(clean copy)을 말한다.

55) 37 C.F.R. § 1.221; *See* MPEP § 1130.

56) 예를 들어, 최초 공개 이후에 보정된 상세한 설명, 도면 및/또는 청구항 등의 내용을 공개하고자 하는 경우에 재공개가 문제될 수 있다.

57) 청구항, 상세한 설명, 도면, 우선권에 관한 정보의 전부/일부가 누락된 경우는 본질적인 오류가 있는 경우로 취급된다. *See* MPEP § 1130.

58) 양수인(assignee)에 관한 정보 자체가 누락되거나, 양수인에 관한 정보가 잘못되거나, 출원인이 적시에 우선권주장을 하지 않아 우선권에 관한 정보가 누락되거나, 보정된 내용이 누락되거나, 공개된 청구항의 권리범위해석에 영향을 미치지 않는 오탈자가 포함된 경우는 비본질적인 오류로 취급된다. MPEP § 1130.

59) 37 C.F.R. § 1.221(a).

60) 37 C.F.R. § 1.221(b).

61) 37 C.F.R. § 1.217; *See* MPEP § 1132.

미국출원에만 포함된 내용을 제외한 공개용 수정본(redacted copy)을 제출할 수 있다. 이러한 수정본은 최선일로부터 16개월 이내에 제출되어야 한다.

VI. 출원공개를 막기 위한 포기

출원인은 출원공개를 막기 위해 특허출원을 포기할 수 있다. 이 경우 출원인은 수수료와 함께 출원공개의 방지를 위한 청원(petition)을 제출해야 한다.[62] 출원공개의 방지를 위한 청원이 적시에 인용되기 위해서는 출원공개가 임박한 시점에 제출되어서는 안 된다. 해당 청원이 출원공개가 임박한 시점에 제출되면 해당 청원이 인용되기 전에 특허청에 의해 출원공개가 이루어질 수 있기 때문이다. 따라서 출원인은 출원공개가 예상되는 시점으로부터 4주 전에 포기를 요청하는 청원(petition)을 제출할 것이 권장된다.[63]

VII. 출원 공개의 효과

1. 비밀유지의무 소멸

특허청(USPTO)은 출원공개가 있기 전까지는 출원인 등의 권리자의 동의가 없는 한 특허청에 계속 중인 출원에 대한 정보에 대해 비밀유지의무를 부담한다.[64] 따라서 제3자에게 해당 출원에 관한 정보를 제공할 수 없다. 그러나 이러한 의무는 출원공개를 통해 소멸되는바, 제3자는 출원 공개 이후부터 해당 출원에 관한 정보를 특허청으로부터 얻을 수 있다.

2. 정보제공

출원공개일부터 출원에 대한 정보제공(Third Party Submission)이 가능하다.[65]

---

62) 37 C.F.R. § 1.138(c).

63) 따라서 특허청은 해당 청원을 팩시밀리로 제출할 것을 강력히 권장하고 있다. MPEP § 1125.

64) 35 U.S.C. § 122(a) ("[A]pplications for patents shall be kept in confidence by the Patent and Trademark Office and no information concerning the same given without authority of the applicant or owner . . . .").

65) 37 C.F.R. § 1.99. 보다 구체적인 내용은 제5장 제2절 "정보제공"에서 설명한다.

정보제공은 누구라도 가능하지만 정보제공의 내용은 반드시 인쇄된 간행물에 기초하여야 하며, 정보제공을 통해 제출되는 인쇄된 간행물에 대해 어떠한 부연 설명도 첨부될 수 없다. 한편 정보제공은 출원공개일로부터 2월 또는 허여통지서(Notice of Allowance) 발송일 중 빠른 날까지 이루어져야 한다.

3. 이의제기의 금지

이의제기(protest)는 누구나 할 수 있으며, 해당 출원의 특허성에 관해 부정적인 모든 형태의 정보가 제출될 수 있다.[66] 그러나 이의제기는 출원공개 전까지만 가능하다.

4. 임시보호권리

1) 서/의의

출원 공개가 되면 특허권이 발생하기 전까지 통상의 실시료 상당액을 청구할 수 있는 임시보호권리(Provisional Rights)가 부여된다.[67]

2) 권리발생요건

A. 출원공개

임시보호권리가 발생하기 위해서는 해당 출원이 미국특허법에 따라 공개되어야 한다.[68] 즉, 임시보호권리에 따른 권리는 미국특허법에 따라 공개

66) 37 C.F.R. § 1.291. 보다 구체적인 내용은 제5장 제1절 "이의제기"에서 설명한다.

67) 미국특허의 임시보호권리는 한국특허법 제65조에 규정된 보상금 청구권에 대응되는 권리다.

68) 35 U.S.C. § 122(b) 규정에 따른 공개가 이루어지면 미국에 국내 공개된 날부터 임시보호권리가 발생한다. 35 U.S.C. § 154(d)(1) ("[P]atent shall include the right to obtain a reasonable royalty . . . during the period beginning on the date of publication of the application for such patent under section 122(b) . . . ."). 그러나 국제출원의 경우 국제출원의 특칙(35 U.S.C. § 154(d)(4))에 따라 국제공개일 또는 번역문의 미국 특허청 도달일부터 임시보호의 권리의 발생일이 소급되므로 통상의 국내출원에 비해 크게 불리해지지 않는다. 35 U.S.C. § 154(d)(4)(A) ("The right . . . to obtain a reasonable royalty based upon the publication under the treaty defined in section 351(a) of an international application designating the United States shall commence on the date of publication under the treaty of the international application, or, if the publication under the treaty of the international application is in a language other than English, on the date on which the Patent and Trademark Office receives a translation of the publication in the English language.").

된 날부터 발생하는 것이 원칙이다.

B. 실질적으로 동일한 발명

임시보호권리를 행사하기 위해서는 특허된 청구항의 발명이 공개된 청구항의 발명과 실질적으로 동일(substantially identical)해야 한다.[69] 실질적으로 동일한 발명으로 인정되기 위해서는 특허된 청구항이 공개된 청구항에 비해 실체적으로 변경(substantive change)된 바 없어야 한다.[70] 따라서 심사과정에서 청구항을 실체적으로 변경하는 경우 특허된 청구항과 공개된 청구항이 상이해져 임시보호권리를 행사하지 못할 수 있다. 법원은 선행기술을 회피하기 위해 심사단계에서 청구항을 보정한 특허의 임시보호권리가 문제된 사안에서 "선행기술로 인해 거절된 청구항을 실체적으로 변경하지 않고 특허 가능하도록 만드는 것을 예상하기 힘들다"는 것을 이유로 보정되어 특허된 청구항은 최초 공개된 청구항과 실질적으로 동일할 수 없다고 판단한 바 있다.[71]

C. 통　지

공개된 청구항에 기재된 발명을 실시하는 자에게 해당 발명이 공개된 발명임을 통지/경고(actual notice)해야 한다. 만약 임시보호권리가 영어 이외의 외국어로 된 국제공개에 기초하는 경우 해당 국제공개의 영어 번역문이 요구된다.[72]

D. 효　과

공개된 청구항에 기재된 발명을 제조(make), 사용(use), 판매를 위한 청약(offer for sale), 판매(sell) 또는 수입(import)하거나 공개된 청구항에 기재된 방법(process)에 따라 제조된 제품(product)을 사용, 판매를 위한 청약, 판매 또는 수입한 자에게 공개일로부터 등록일까지 통상의 실시료 상당액을 청구할 수 있는 임시보호권리가 발생한다.[73] 한편 국제출원(PCT)이 문제되는 경우에는,

---

69) 35 U.S.C. § 154(d)(2) ("The right . . . to obtain a reasonable royalty shall not be available under this subsection unless the invention as claimed in the patent is substantially identical to the invention as claimed in the published patent application.").

70) Laitram Corp. v. NEC Corp., 163 F.3d 1342, 1346 (Fed. Cir. 1998).

71) *Laitram*, 163 F.3d 1348 ("[I]t is difficult to conceive of many situations in which the scope of a rejected claim that became allowable when amended is not substantively changed by the amendment . . . .").

72) 35 U.S.C. § 154(d)(1)(B).

해당 국제출원이 영어로 국제공개되었다면 국제공개일부터 통상의 실시료 상당액을 산정하며, 영어 이외의 언어로 국제공개된 경우 영어번역문의 사본이 미국 특허청에 도달한 날부터 통상의 실시료 상당액을 산정한다.[74] 이러한 임시보호권리는 특허권과 별개의 권리이므로 특허권에 따른 손해배상 등에 영향을 미치지 않는다.

E. 제소기간의 제한

임시보호권리는 특허가 등록된 지 6년 이내에 행사되어야 한다.[75]

Ⅷ. 관련문제

1. PCT 21(2)에 따른 국제공개와 35 U.S.C. § 122(b)에 따른 국내공개의 관계

원칙적으로 PCT 조약에 따른 국제공개는 35 U.S.C. § 122(b)에 따른 국내공개와 동일한 효과를 갖는다.[76] 다만, 이러한 원칙에는 두 가지 예외가 있다. 첫 번째 예외는 국제공개된 국제출원이 35 U.S.C. § 102(e)에 따른 선행기술의 자격에 관한 것으로, 국제출원이 국제공개되었더라도 i) 국제출원일이 2000년 11월 29일 및 그 이후[77]이고, ii) 미국이 지정국으로 지정되어 있고, iii) PCT 21(2)에 의해 영어로 국제공개된 경우에만 35 U.S.C. § 102(e)에 의한 선행기술로서의 지위를 갖는다는 것이다. 두 번째 예외는 출원공개에 따른 임시보호권리에 관한 것으로, 국제출원을 기초로 임시보호권리를 주장하기 위해서는 해당 출원이 국내단계로 진입하여 국내공개가 되어야 한다는 것이다.[78]

---

73) 35 U.S.C. § 154(d)(1)(A).

74) 35 U.S.C. § 154(d)(4).

75) 35 U.S.C. § 154(d)(3).

76) 35 U.S.C. § 374.

77) 국제출원일이 2000년 11월 29일 이전에 이루어진 경우에는, 해당 국제출원이 공개되었는지 여부에 상관없이, USPTO에 의해 특허등록이 되어야만 35 U.S.C. § 102(e)에 의한 선행기술이 될 수 있다. 이 경우 선행기술로서의 자격을 갖는 날(effective date of the reference)은 i) 수수료, ii) 번역문 및 iii) 국내단계 진입 시에 제출되어야 하는 선언서 또는 선서가 제출된 날이다. 선행기술로서의 자격을 갖는 날이 국제출원일이 아님을 주의해야 한다.

78) 물론 국제출원에 대한 특칙(35 U.S.C. § 154(d))으로 인해 통상의 실시료 상당액을

2. 관련문제 — 법정발명등록

법정발명등록(Statutory Invention Registration 또는 SIR)은 출원인이 자신의 출원에 대한 특허권을 포기하면서 공개하는 공개문서의 일종이다. 출원인은 출원서를 제출하면서 또는 출원계속 중에 자신의 출원을 법정발명으로 등록할 수 있다.[79] 법정발명등록은 예견성(신규성) 및 자명성(진보성)의 선행기술로 사용될 수 있으므로 사후에 타인의 특허 확보를 막을 수 있다.

IX. 조기공개(Early publication)

1. 서

출원인이 신청하는 경우 우선일로부터 18개월 이전이라도 조기공개가 이루어질 수 있다.[80]

2. 요 건

출원인만이 조기공개를 신청할 수 있다. 조기공개를 위해서는 수수료와 조기공개를 위한 출원서 사본을 제출해야 한다.

3. 효 과

조기공개는 통상적인 출원공개와 동일한 효과를 갖는다. 한편 조기공개를 신청하는 출원인은 조기공개일을 지정할 수 있으나 특허청은 이에 구속되지 않는다.

산정하는 기산일은 국내공개일이 아니라 국제공개일(영어 이외의 외국어로 공개된 경우 영어 번역문의 사본이 미국 특허청에 도달한 날)로 소급된다.

79) 법정발명등록을 위해서는 해당 출원의 내용이 발명의 상세한 설명의 기재요건을 만족해야 하며 법정발명등록을 위한 별도의 수수료가 요구되므로 실무상 거의 활용되지 않는다.

80) 37 C.F.R. § 1.219.

제5절 | 거절의 구분

Ⅰ. 형식에 대한 거절과 실체에 대한 거절

발명의 상세한 설명이나 청구항에 기재된 발명의 대상이 특허 받을 수 없는 것일 때 심사관은 실체에 대한 거절(rejection)을 부여한다.[81] 그러나 청구항에 기재된 발명이 특허를 받을 수 있는 대상인지에 상관없이 청구항, 명세서, 도면 등에 기재된 내용의 형식에 문제가 있는 경우 심사관은 형식에 대한 거절(objection)을 부여한다.[82]

예를 들어, 청구항에 예견성(신규성), 자명성(진보성)의 요건에 따른 거절이 문제되는 경우에는 "rejection"이 부여된다. 그러나 해당 청구항을 인용하는 종속항이 있고, 해당 종속항에는 특허성이 인정된다면 해당 종속항에 대해서는 "objection"이 부여될 뿐이다.[83] 한편, 인용되는 청구항이 삭제되었음에도 종속항이 삭제된 청구항을 인용하는 경우에는 완전성(completeness) 요건 위반으로 실체에 대한 거절(rejection)이 부여된다.[84]

Ⅱ. 불복방법

형식에 대한 거절(objection)의 경우, 먼저 해당 거절을 극복하기 위한 대응을 수행한 이후 심사관에게 재고(reconsideration)를 요청하고, 만약 재고가 받아들여지지 않은 경우 특허청장에 대한 청원(petition)을 할 수 있다.[85] 한편, 실체에 대한 거절(rejection)의 경우, 먼저 해당 거절을 극복하기 위한 대응을 수행한 이후 심사관에게 재고(reconsideration)를 요청하고, 만약 재고가 받아들여지

81) "rejection"은 주로 발명의 대상 적격, 예견성(신규성), 자명성(진보성), 발명의 상세한 설명의 기재요건에 대한 흠결로 인해 발생한다.
82) "objection"은 주로 종속항/도면의 기재요건불비, 발명의 상세한 설명의 표현상 오류로 인해 발생한다.
83) *See* MPEP § 608.01(n).
84) *See* MPEP § 608.01(n).
85) 참고로 청구항에 독립되거나 구별되는 둘 이상이 발명이 기재되어 한정요구(Restriction Requirement)가 문제되는 경우의 취급도 이와 동일하다.

지 않은 경우 특허심판원(BPAI)에 불복심판(appeal)을 청구할 수 있다.[86)]

제6절 | 최후거절에 따른 절차진행권의 제한[87)]

Ⅰ. 서

심사과정에서 최후거절(Final Rejection)이 부여되는 경우, 출원인의 절차진행권이 크게 제한된다. 출원절차(prosecution)가 종료되면 출원인의 절차진행권에 제한이 가해지는데 출원절차는 가장 최근에 부여된 거절통지에 최후성(finality)이 인정되거나, 해당출원의 거절에 대한 불복심판이 진행 중이거나, 해당 출원에 대해 허여통지서(Notice of Allowance)가 부여되는 경우 종료된 것으로 취급되기 때문이다.[88)] 구체적으로 명세서에 대한 보정, 심사관의 인터뷰 및 출원에 관련된 새로운 증거를 제출하는 것이 제한된다.[89)]

Ⅱ. 최후거절 이후 보정의 제한

최후거절 이전의 보정의 경우, 신규사항추가 금지의 원칙만이 적용되므로 청구항을 확장/변경하는 보정이 자유롭게 가능하다. 그러나 최후거절이 부여된 이후에는 보정의 범위가 제한된다.[90)] 구체적으로, 최후거절이 부여된

86) *See* MPEP § 706.01. 심판원(BPAI)은 실체에 대한 거절에 대해서만 판단하므로, 형식에 대한 거절은 심판을 통해 다툴 수 없다.

87) 일반적으로 최후거절통지(Final OA)가 부여되는 경우, 해당 거절통지(OA)는 "최후성(finality)"을 갖는다고 표현한다. 참고로 최후거절통지 부여될 수 없는 상황임에도 최후거절통지가 부여된 경우에 출원인의 재고(reconsideration) 요청에 따라 최후거절통지(Final OA)가 철회되고 비최후거절통지(Non-Final OA)가 부여되는 경우, 또는 출원인이 계속심사청구(RCE)를 제출하는 경우 해당 최후거절통지의 최후성이 철회(withdraw)되었다고 표현한다.

88) 37 C.F.R. § 1.114(b).

89) 물론 보정, 인터뷰, 새로운 증거가 완전히 금지되는 것은 아니지만, 더 이상 출원인에게 당연한 권리(as a matter of rights)로 인정되지는 않는다는 점을 유의해야 한다.

90) 통상적으로 최후거절 이후의 보정은 인정되지 않는 경우가 많다.

이후 불복심판을 청구하기 전까지는 i) 청구항을 삭제하거나 종전 거절통지(OA)에서 명시적으로 요구한 사항에 부합하도록 하는 보정, ii) 불복심판에서의 판단을 위해 거절된 청구항을 보다 나은 방식으로 기재하는 보정, iii) 보정이 필요한 이유와 함께 좀더 일찍 보정이 이루어지지 못한 이유를 충분하게 설명하면서 명세서의 실체적인 내용을 수정하는 보정만이 허용된다.[91]

관련문제 — 불복심판 이후의 보정

불복심판이 청구된 이후에도 청구이유서(Appeal Brief) 제출 이전까지는 최후거절 이후의 보정과 동일한 조건으로 보정이 가능하다.[92] 즉, 청구이유서 제출 이전이라면 i) 청구항을 삭제하거나 종전 거절통지(OA)에서 명시적으로 요구한 사항에 부합하도록 하는 보정, ii) 불복심판에서의 판단을 위해 거절된 청구항을 보다 나은 방식으로 기재하는 보정, iii) 보정이 필요한 이유와 함께 좀더 일찍 보정이 이루어지지 못한 이유를 충분하게 설명하면서 명세서의 실체적인 내용을 수정하는 보정이 가능하다.

그러나 청구이유서가 제출된 이후에는 보정 범위가 더욱 제한된다. 구체적으로, 심판 단계에서 심사절차가 재개되는 경우가 아니면 청구항을 삭제하는 보정 또는 종속항을 독립항으로 기재하는 보정만이 허용된다.[93]

Ⅲ. 최후거절 이후의 새로운 증거의 제출

최후거절 이후 불복심판을 청구하기 전까지 새로운 증거를 제출하려면 i) 새로운 증거가 제출되어야 하는 이유와 ii) 새로운 증거가 좀더 일찍 제출되지 못한 이유를 충분하게 설명해야만 한다.[94]

관련문제 — 불복심판 이후의 증거 제출

불복심판이 청구된 이후 청구이유서(Appeal Brief) 제출 이전에 새로운 증

91) 37 C.F.R. § 1.116(b).참고로, 재심사절차에서 최후거절이 부여된 경우에도 이와 유사하게 보정의 범위가 제한된다. *See* 37 C.F.R. § 1.116(b), (d).

92) 37 C.F.R. § 41.33(a).

93) 37 C.F.R. § 41.33(b).

94) 37 C.F.R. § 1.116(e). 선서진술서(Affidavit)도 증거의 일종이므로 동일한 원칙이 적용된다.

거를 제출하는 것은 더욱 제한된다. 구체적으로, 새로운 증거가 필요한 이유와 함께 좀더 일찍 새로운 증거가 제출되지 못한 이유를 충분하게 설명하는 동시에 제출하려는 증거에 의해 모든 거절이 극복된다고 심사관이 판단해야만 새로운 증거의 제출이 가능하다.[95] 한편, 청구이유서 제출 이후에는 심사가 재개되지 않는 이상, 새로운 증거의 제출이 불가능하다.[96]

Ⅳ. 최후거절 이후의 인터뷰의 제한

일단 심사관에 의해 거절통지(OA)가 부여되는 경우, 출원인은 인터뷰를 요청할 권리를 갖는다.[97] 그러나 최후거절이 부여되면 더 이상 당연한 권리로서 인터뷰를 요청할 수 없으며, 심사관의 재량에 따라 인터뷰가 허락된다. 일반적으로 최후거절 이후라도 한 번의 인터뷰는 허락되지만, 두 번 이상의 인터뷰는 심사관이 먼저 요청하는 등의 극히 예외적인 상황이 아니면 허락되지 않는다.[98]

인터뷰는 응신(reply)에 해당하지 않으므로 거절통지(OA)에 대한 응신을 위한 단기법정기간(통상 3개월)을 초과하여 인터뷰를 진행하더라도 인터뷰 진행을 위해 기간연장을 신청하거나 기간연장에 따른 수수료를 납부할 필요는 없다.[99] 물론 인터뷰는 OA 응신을 위한 법정기간(6개월)이 경과하기 전까지 이루어져야 한다. 법정기간을 초과한 경우에는 해당 출원이 포기되기 때문이다.

---

95) 37 C.F.R. § 41.33(d)(1).
96) 37 C.F.R. § 41.33(d)(2).
97) 참고로 거절통지(OA)가 부여되기 전까지는 출원인이 당연한 권리로 인터뷰를 요청할 수 있는 것은 아니지만, 출원인의 인터뷰 요청은 허여될 수 있다. 한편 출원이 이루어지기 전에는 인터뷰가 불가능하다. 인터뷰는 특허청에 방문하는 방법 이외에도 심사관의 재량에 따라 전화, 화상회의, 전자메일 등에 의할 수 있다. *See* MPEP § 713.
98) *See* MPEP § 714.12.
99) *See* MPEP § 713.09.

제7절 | 최후거절에 대한 대응

I. 실체상의 거절(rejection) 및 최후성

발명의 상세한 설명이나 청구항에 기재된 발명의 대상이 특허 받을 수 없는 것일 때 심사관은 실체에 대한 거절(rejection)을 부여한다. 거절이 부여되는 심사관의 거절통지에는 거절(rejection)의 근거에 관한 완전한 설명이 포함되어야 한다.[100] 그러나 최후거절(Final Rejection)이 문제되는 경우, 완전한 설명을 기재하지 않고 종전의 거절을 다시 인용할 수 있지만, 이 경우에라도 해당 거절에 대해 불복심판(appeal)이 진행되면 심사관은 심사관답변서(Examiner's Answer)를 통해 완전한 설명을 기재하여야 한다. 한편, 출원인이 거절에 반박하는 의견을 개진한 경우, 심사관은 다음 번 거절에 해당 의견에 대한 반박을 기재하여야 한다.

실체상의 거절과 관련하여 주로 문제되는 것은 최후거절(Final Rejection)이다.[101] 비최후거절(Non-Final Rejection)의 경우, 해당 거절에 대해 법정기간 이내에 응신하면 포기를 면할 수 있지만, 최후거절의 경우에는 단순히 법정기간 이내에 응신한다고 포기를 면할 수 없으며, 법정기간 이내에 거절의 최후성(finality)을 철회시키거나, 거절을 극복하고 해당 출원을 허여가능 하도록 만들거나, 불복심판(appeal)을 진행해야 하기 때문에 최후거절에 대한 요건과 대응방법을 정확하게 이해하는 것이 필수적이다.

II. 최후거절통지

심사관이 최후거절통지를 부여하는 경우, 출원인의 절차진행권이 제한된다.[102)]

100) *See* MPEP § 706.07.
101) 거절통지(OA)에 최후거절(Final rejection)이 포함되면 최후거절통지(Final OA)이 된다.
102) *See* MPEP § 706.07(a).

1. 최후거절의 요건 — 원칙

출원 이후 심사관이 최초로 부여하는 거절통지에 포함되는 거절은 최후거절(Final Rejection)이 될 수 없음이 원칙이다.[103] 따라서 심사관의 최후거절은 심사관이 두 번째 이후로 부여하는 거절통지(OA)에서 문제되는 것이 일반적이다. 그러나 두 번째 이후의 거절이라도 최후성이 부정되거나, 첫 번째 거절이라도 최후성이 인정되는 예외가 있다.

1) 예외 1 — 두 번째 이후의 거절임에 최후성이 부정되는 경우[104]

원칙적으로 i) 심사관이 거절의 새로운 근거(new ground of rejection)를 제시하고, ii) 해당 근거가 청구항의 보정으로부터 발생하지 않았으며, iii) 해당 근거가 최초거절통지 이후 및 최후거절통지(Final OA) 이전에 수수료와 함께 제출된 IDS(Information Disclosure Statement)[105]로부터 발생하지도 않은 경우에는 두 번째 이후의 심사관의 행위라 해도 최후성을 가질 수 없다.

따라서 심사관이 새로운 거절의 근거를 제시하지 않는 경우에는 청구항의 보정 여부 또는 거절의 근거가 IDS에 기재되었는지 여부에 상관없이 최후거절이 가능하다. 또한 청구항이 보정된 경우에는 새로운 근거의 제시 여부 및 새로운 거절의 근거가 IDS에 기재된 선행기술인지 여부에 상관없이 최후거절이 가능하다.[106] 또한 새로운 거절의 근거가 수수료와 함께 제출된 IDS에 기재된

103) 심사관이 해당 출원에 대해 최초로 부여하는 거절통지(OA)는 비최후거절통지(Non-Final OA)가 되는 것이 일반적이지만, 예외적으로 연속출원(계속/분할/부분계속출원)의 경우에는 최초거절통지가 최후거절통지가 될 수 있다. 구체적인 내용은 이하에서 별도로 설명한다.

104) *See* MPEP § 706.07(a).

105) 최초거절통지 이전에는 IDS 제출시 수수료를 내지 않지만, 최초거절통지 이후에 IDS를 제출하는 경우 수수료를 내는 경우와 그렇지 않은 경우가 있다. 즉, 출원인이 IDS을 통해 제출하는 선행기술이 IDS 제출일로부터 3개월 이전에 알았거나 3개월 이전에 미국 이외의 국가에서 선행기술로 제시되었던 사정이 있는 경우에는 수수료를 납부해야 한다. 만약 이러한 사정이 없다면 최초거절통지 이후라 해도 최후거절통지 이전에 수수료를 납부하지 않고 IDS를 제출할 수 있다. 한편 IDS에서 수수료의 납부 여부의 기준이 되는 최초거절통지(OA)는 실체적인 내용에 관한 거절통지를 말한다.

106) 그러나 이 경우에도 보정되지 않은 청구항에 대해 최초거절통지 이후 및 최후거절통지 이전에 수수료와 함께 제출된 IDS에 기재된 바 없는 새로운 선행기술을 기초로 거절하는 경우, 나머지 청구항이 보정되어 심사관이 새로운 선행기술을 필요로 하는 상황이라 해도 최후거절은 불가능하다.

선행기술인 경우에도 다른 조건에 상관없이 최후거절이 가능하다.[107)]

그러나 출원인의 보정이 합리적으로 예측되는 경우에는 위와 같은 원칙에 대한 예외가 인정된다. 구체적으로, 출원인이 거절통지에 대응하여 보정된 청구항의 내용으로 인해 거절(rejection)이 발생하여 그 다음 거절통지가 부여되는 경우, 해당 거절은 최후성을 가지는 것이 원칙이지만, 청구항에 대한 보정이 심사관이 합리적으로 예측할 수 있는 것이었고,[108)] 새로운 선행기술을 근거로 거절이 부여되는 경우에는 최후성을 가질 수 없다.

A. 거절의 새로운 근거의 의미

법원은 거절의 새로운 근거(new ground of rejection)의 의미를 출원인에게 유리한 방향으로 해석하는 경향이 강하다. 법원은 거절의 새로운 근거란 출원 절차에 있어서 새로운 입장이나 원리(a position or rationale new to the proceedings)라 해석하며, 만약 특허청(USPTO)이 거절의 새로운 근거를 제시하는 경우 반드시 출원인에게 이에 대응할 기회를 보장해야 한다고 판시한 바 있다.[109)] 구체적으로 이미 제시된 증거(예를 들어, 선행기술)의 새로운 부분을 인용하거나,[110)] 심사관이 특정한 기술적 특징이 법원/특허청에 자명한 불요증사실이므로 별도의 선행기술이 필요 없다고 주장하다가 이를 증명하기 위해 별도의 선행기술을 나중에 제시하거나,[111)] 이미 제시된 복수의 선행기술

107) 그러나 이 경우에도 청구항의 보정으로 인하지 않은 새로운 거절의 근거가 하나라도 있다면 최후거절이 불가능하다.

108) 일반적으로 심사관은 출원인이 어떤 방향으로 보정할지 예측할 수 없으므로, 명세서 기재불비 극복을 위해 심사관이 보정 방향을 제시해준 경우와 같은 특별한 사정이 없는 한 심사관이 합리적으로 예측할 수 없다 할 것이다.

109) *See In re* DeBlauwe, 736 F.2d 699, 706 n. 9 (Fed. Cir. 1984).

110) *In re* Wiechert, 370 F.2d 927, 933 (C.C.P.A. 1967) ("In the present case, the rejection first advanced by the board left appellant without an opportunity to make a showing of unobviousness. . . . An applicant's attention and response are naturally focused on that portion of the reference which is specifically pointed out by the examiner. More important, where, as here, the appellant depends on a showing of unexpected properties to support patentability, the comparison which results in a conclusion of unexpected properties cannot practically be made for all of the compounds which might be mentioned in a particular reference. Under such circumstances, we conclude that when a rejection is factually based on an entirely different portion of an existing reference the appellant should be afforded an opportunity to make a showing of unobviousness *vis-a-vis* such portion of the reference.") (footnote omitted); *See In re* Echerd, 471 F.2d 632, 635 (C.C.P.A. 1973).

이 조합 가능하다는 것을 증명하는 별도의 선행기술을 나중에 제시하거나,[112] 이미 제시된 사실(예를 들어, 선행기술)에 새로운 법리를 적용하는 경우,[113] 거절의 새로운 근거가 발생했다고 인정한다.

그러나 특허청(USPTO)은 심사관이 부여하는 거절통지(OA)의 최후성이 적절한지를 판단하는 경우, 거절의 새로운 근거를 매우 좁게 해석하여 최후거절통지(Final OA)를 쉽게 부여하는 경향이 강하다.[114] 예를 들어, 이미 제시된 선행기술의 새로운 부분을 인용하는 경우나, 이미 제시된 선행기술에 새로운 법리를 적용하는 경우,[115] 거절의 새로운 근거가 없는 것으로 취급하여 최후거절을 부여하는 경우가 대부분이다.[116] 심사실무에 따르면, 예견성(신규성)의 거절을 부여한 이후 동일한 선행기술을 근거로 자명성(진보성)의 거절을 부여하는 경우, 예견성(신규성)의 거절을 부여한 이후 종전과는 다른 선행기술을 근거로 예견성의 거절을 부여하는 경우, 선행기술 A를 근거로 하는 자명성의 거절을 부여한 이후 선행기술 A를 근거로 한 자명성의 거절과 선행기술 A 및 새로운 선행기술 B를 조합한 자명성의 거절을 함께 부여하는 경우 등은 거절의 새로운 근거가 발생하지 않은 상황으로 취급한다. 또한 비최후거절통지(Non-Final OA)에서는 거절이유를 불명확하게 기재한 이후 최후거절통지(Final OA)에서는 이를 명확하게 기재한 경우에도 심사관이

---

111) *In re* Ahlert, 424 F.2d 1088, 1092 n. 4 (C.C.P.A. 1970).

112) *Ex parte* Mathur, 1996 WL 1795838 (B.P.A.I. 1996).

113) *In re* Meyer, 599 F.2d 1028, 1031 (C.C.P.A. 1979) ("[W]e are convinced that this constituted a new ground of rejection. Considering that the examiner expressly stated the statutory ground of rejection was 35 U.S.C. s 103, that he never mentioned s 102, and that he never asserted Reissert anticipated the claimed subject matter, we conclude that the sole ground of rejection was, indeed, s 103. We decline to rely on conjecture as a basis for ascertaining what statutory ground of rejection the examiner might have had in mind.") (citation omitted). 본 사건의 법원은 35 U.S.C. § 103의 근거가 된 선행기술 중 어느 하나를 35 U.S.C. § 102 거절로 다시 지적하는 것은 "거절의 새로운 근거"에 해당한다 하였다.

114) *See* MPEP §§ 706.07(e); 1207.03.

115) 예를 들어, 선행기술 X를 102(b)의 선행기술로 제시하다가 다음 번 OA를 통해 동일한 선행기술을 102(a)의 선행기술로 제시하는 경우 거절의 새로운 근거에 해당하지 않는다고 주장하는 심사관이 대부분이다.

116) 미국 실무자들 역시 이 부분에 대해 크게 문제 삼지 않는 것으로 보인다. 추측하건대, 거절의 최후성에 관한 적법성의 문제는 불복심판(appeal)의 대상이 되지 않기 때문에 법리적으로 크게 다투어지지 않는 것으로 보인다.

거절의 새로운 근거가 발생하지 않았다고 주장하는 경향이 강하다.[117)]

B. **구체적인 예**[118)]

예 1

심사관이 35 U.S.C. § 112 위반(명세서기재요건)을 이유로 비최후거절통지(Non-Final OA)를 부여하였고 출원인은 이에 대응하여 보정 없이 35 U.S.C. § 112 위반이 없다는 의견만을 제출했는데 심사관이 여전히 35 U.S.C. § 112 위반이 있음을 확인한 경우에는 최후거절통지(Final OA)가 적법하게 부여될 수 있다. 그러나 비최후거절통지(Non-Final OA)가 부여된 이후 심사관이 추가로 선행기술을 검색하여 IDS에 기재된 바 없는 새로운 선행기술을 발견하고, 이를 근거로 예견성(신규성) 또는 자명성(진보성)을 이유로 하는 거절을 추가한다면, 설사 35 U.S.C. § 112 거절이 그대로 유지되더라도 최후거절통지(Final OA)가 부여될 수는 없다. 청구항에 대한 보정이 없었고 거절의 근거가 새롭게 제시되었기 때문이다.

예 2

심사관이 선행기술 X에 기초하여 예견성(신규성)을 이유로 비최후거절통지(Non-Final OA)를 부여하였고 출원인은 이에 대응하여 상세한 설명에만 기재된 특징을 추가하는 방식으로 청구항을 보정을 했는데, 심사관이 판단하기에 해당 보정을 통해 선행기술 X에 따른 예견성의 거절은 극복되었으나 이후에 추가로 수행한 선행기술 검색을 통해 검색된 선행기술 Y 및 Z(모두 IDS에 기재된 바 없음)를 조합하면 자명성(진보성)의 거절이 가능한 경우, 최후거절통지(Final OA)가 적법하게 부여될 수 있다. 새로운 거절의 근거가 있지만 이는 청구항의 보정으로 인해 발생되었기 때문이다.

예 3

심사관이 선행기술 X에 기초하여 예견성(신규성)을 이유로 비최후거절통

117) 이 경우 출원인은 종전 거절이유가 불명확하다는 점을 부각하는 것보다 종전 거절이유와 최근 거절이유 간에 서로 모순되는 내용이 있음을 지적하여 최후성을 철회하는 것이 바람직하다.

118) 판례가 아니라 특허청(USPTO)의 심사실무에 기초한 일례이다.

지(Non-Final OA)를 부여하였고 출원인은 청구항에 대한 보정 없이 거절이유에 대한 의견만을 제출한 경우, 심사관이 판단하기에 해당 의견을 통해 선행기술 X에 따른 예견성의 거절은 극복되었으나, 이후에 추가로 수행한 선행기술 검색을 통해 검색된 선행기술 Y(IDS에 기재된 바 없음)를 근거로 예견성의 거절이 가능한 경우, 최후거절통지(Final OA)가 부여될 수 없다. 또한 이후에 검색된 선행기술 Y 및 Z(모두 IDS에 기재된 바 없음)를 조합하여 자명성(진보성)의 거절이 가능한 경우에도 최후거절통지(Final OA)를 부여할 수는 없다. 청구항에 대한 보정이 이루어지지 않았기 때문이다.

C. **관련문제 — 심사관의 정보요구**

만약 이미 거절통지(OA)가 있은 후 심사관의 정보요구(37 C.F.R. § 1.105에 따른 정보요구)에 따라 제출된 응신(reply)에 기재된 새로운 선행기술을 기초로 새로운 거절통지(OA)를 부여하는 경우에 해당 거절통지는 최후성을 가질 수 없다. 그러나 청구항의 보정된 내용으로 인해 새로운 선행기술이 적용된 경우에는 최후성을 가질 수 있다.

D. **관련문제 — 35 U.S.C. 102(e)에 따른 선행기술을 기초로 103 거절을 부여한 경우의 취급**

만약 35 U.S.C. 102(e)에 따른 선행기술을 기초로 부여된 자명성 거절에 대응하여 35 U.S.C. § 103(c)를 주장하여 선행기술을 배제(disqualify)시킨 경우, i) 출원인이 청구항을 보정하지 않았고, ii) 거절의 새로운 근거가 제시되었다면, 차후의 심사관의 거절통지는 최후성을 가질 수 없다. 그러나 이러한 경우라 해도, 거절의 새로운 근거가 상기 35 U.S.C. 102(e)에 따른 선행기술을 기초로 한 중복특허인 경우에는, i) 출원인의 보정 또는 ii) 최초거절통지(First OA) 이후 및 최후거절통지 이전에 수수료와 함께 제출된 IDS로부터 발생하지 않은 새로운 거절이 부여되지 않는 한, 중복특허를 기초로 한 거절이 최후성을 갖는다.

2) 예외 2 — 최초거절통지가 최후성을 가지기 위한 요건

원칙적으로 최초거절통지(First OA)는 최후성을 가질 수 없다. 그러나 i) 심사의 대상이 되는 출원이 종전 출원에 대한 연속출원(계속/분할/부분계속출원[119])이거나 과거 출원에 대해 우선권의 관계는 없지만 종전 출원된 내용을 그대로 출원한 대체출원(substitute application)에 해당하고, ii) 심사의 대상이

되는 출원에 청구된 발명이 종전 출원과 동일하고, 해당 청구항이 만약 종전 출원에 기재되었다면 종전 출원에 대해 최후거절이 부여될 수 있는 경우에는 첫 번째 거절통지라도 최후성을 가진다.[120)]

계속심사청구(RCE)가 진행되는 경우에도, 계속심사청구 이후에 발생하는 최초거절통지가 최후성을 가질 수 있다. 만약 i) 계속심사청구와 함께 제출된 청구항이 종전에 청구된 발명과 동일한 발명이고, ii) 심사관이 부여하는 거절통지가 종전의 출원에 부여되었다면 해당 거절통지가 최후성을 가질 수 있는 상황이라면, 계속심사청구 이후에 발생하는 첫 번째 거절통지가 최후성을 가질 수 있다.[121)]

한편 연속출원(계속/분할/부분계속출원) 또는 계속심사청구(RCE) 이전에 제출되기는 하였으나 최후거절통지(Final OA) 이후에 제출되어 심사관에 의해 고려되지 않은 내용이 있다면, 해당 내용이 고려되기 전까지는 최후거절이 부여될 수 없다.[122)]

2. 거절통지의 최후성에 관한 불복

심사관의 최후거절통지(Final OA)가 적법하게 최후성(finality)을 갖는지 여부에 관한 다툼은 37 C.F.R. § 1.181에 따른 청원(petition)의 대상일 뿐 심판의 대상이 아니다. 따라서 최후성에 대해 불복하려는 출원인은 심사관에게 재고(reconsideration)를 요청하고, 받아들여지지 않는 경우 37 C.F.R. § 1.181에 따른 청원(petition)을 제출하여야 한다.[123)] 만약 출원인의 재고 요청이 받아들여지는 경우, 해당 거절통지에 대한 최후성이 철회된다.[124)]

---

119) 연속출원 중 부분계속출원(CIP) 경우, 모출원에서는 청구되지 않은 내용이 부분계속출원에서 청구된 경우 최초거절통지는 최후성을 가질 수 없다.

120) *See* MPEP § 706.07(b).

121) *See* MPEP § 706.07(b).

122) 예를 들어, 최후거절에 대응한 보정이 부적법한 것으로 각하되었을 때에는, 각하된 보정을 다시 기재하며 제출된 연속출원 또는 계속심사청구에 대해서는 곧바로 최후거절을 부여할 수 없다.

123) *See* MPEP § 706.07(c).

124) *See* MPEP § 706.07(d)-(e).

3. 최후거절통지에 대한 응신기간[125)]

최후거절(Final Rejection)이 포함된 거절통지에 대한 응신, 즉 최후거절통지(Final OA)에 대한 응신은 최후거절통지의 발송일로부터 6개월 이내에 이루어져야 한다.[126)] 6개월의 응신기간은 법정기간(Statutory Period)으로 어떠한 상황에서도 연장이 불가능하다.[127)] 실무자들이 주의할 점은 최후거절통지의 발송일로부터 6개월이 경과하면 해당 출원은 포기된다는 것이다. 즉, 6개월 이내에 적절한 응신이 이루어졌는지 여부에 상관없이, 최후거절로부터 6개월이 되는 시점에 해당 출원은 포기되므로, 이러한 포기를 막기 위해서는 최후거절로부터 6개월 이내에 i) 거절통지(OA)의 최후성을 철회시키면서 응신하거나,[128)] ii) 해당 출원을 허여가능한 상태로 만들거나, iii) 심사결과에 불복하는 심판청구서(Notice of Appeal)를 특허심판원(BPAI)에 제출해야 한다.[129)] 물론 위의 3가지 방법 이외에도 최후거절통지의 발송일로부터 6개월 이내에 연속출원(계속/분할/부분계속출원)을 출원하여 다시 심사를 받는 것이 가능하지만, 이 경우에는 최후거절통지가 부여된 모출원에 대한 포기는 막을 수 없다.[130)]

출원인은 최후거절통지의 발송일로부터 3개월의 법정단기기간(Shortened

---

125) *See* MPEP § 706.07(f).

126) 청구항 중 일부가 허여되었더라도 전체 청구항이 허여되지 않는 이상 6개월 이내에 응신하지 않은 경우 해당 출원은 포기된다.

127) 다만 6개월이 되는 날이 토요일, 일요일, 워싱턴 D.C. 지역의 연방공휴일인 경우, 다음 업무일까지 응신이 가능할 뿐이다. 상술한 바와 같이, 어떠한 경우에도 6개월의 기간은 연장되지 않으므로 심사관이 적절한 시기에 권고(Advisory Action)를 발송하지 않더라도 6개월의 기간이 경과하면 해당 출원은 포기를 면할 수 없다.

128) 계속심사청구(RCE)를 신청하면 거절통지(OA)의 최후성이 철회된다. 비최후거절통지(Non-Final OA)와 달리 거절통지의 발송일로부터 6개월 내에 응신하는 것만으로는 출원의 포기를 막을 수 없으므로 반드시 최후성을 철회시키면서 응신해야만 한다.

129) 개인적으로 미국특허법에 따른 최후거절(final rejection)은 한국특허법 상의 최후거절이유통지와 혼동하기 쉽다고 생각한다. 그러나 미국특허법에 따른 최후거절은 한국특허법에 따른 거절결정으로 이해해야 한다. 최후거절 이후에는 원칙적으로 더 이상의 심사가 이루어지지 않으며, 출원이 포기 간주되기 위해 특허청의 추가적인 행정 행위가 필요하지 않기 때문이다.

130) 즉, 위의 3가지 방법 중 어느 하나를 진행하면, 종전 출원에 대한 절차가 계속되는 것이지만, 최후거절 이후에 종전 출원에 대해서는 별도의 조치를 취하지 않고 연속출원만을 진행하게 되면 새로운 출원 번호를 부여 받은 별도의 연속출원 만이 진행되는 것이다.

Statutory Period 또는 SSP) 내에 최후거절에 대해 응신을 하면 기간연장에 따른 수수료를 낼 필요가 없지만, 해당 법정단기기간을 경과하는 경우 연장수수료를 납부해야 한다. 법정단기기간이 만료된 이후 응신을 제출하는 경우, 법정단기기간에 대한 기간연장을 미리 신청할 필요는 없으며, 응신(의견/보정)을 제출하면서 기간연장을 신청하면 충분하다.[131)]

4. 최후거절에 대한 응신이 있는 경우 심사관의 취급

출원인이 최후거절통지(Final OA)로부터 2개월 이내에 응신하는 경우, 심사관은 반드시 i) 해당 출원을 허여가능 하도록 하거나, ii) 형식적 사항에 대한 결함을 치유하는 조건으로 해당 출원을 허여가능 하도록 하거나, iii) 해당 출원에 대한 허여(allowance)를 불허하면서 권고(Advisory Action)를 작성해야 한다.[132)]

1) 심사관의 권고(Advisory Action)

출원인이 최후거절통지(Final OA)에 대해 응신한 경우, 심사관은 이에 대한 권고(Advisory Action)를 부여할 수 있다. 구체적으로, 심사관의 권고에는 출원인의 의견과 보정이 심사관에 의해 받아들여졌는지가 표시된다. 예를 들어, 출원인이 제출한 보정이 최후거절통지(Final OA) 이후의 보정 요건에 위배되는 경우 해당 보정이 각하되었음이 표시되고, 출원인이 제출한 의견이나 선서진술서/선언서(Affidavit/Declaration)이 심사관에 의해 받아들여졌는지가 표시된다.

심사관의 권고(Advisory Action)는 출원인의 응신을 통해서도 해당 출원이 허여가능하지 못한 경우에 발송된다. 권고를 부여할지 여부는 심사관의 재량이지만, 만약 출원인이 최후거절통지의 발송일로부터 2개월 이내에 응신을 한 경우, 최후거절통지의 발송일로부터 3개월 이내에 권고를 부여해야 한다.

---

131) 예를 들어, 3월 1일에 최후거절이 발송된 경우, 6월 1일(토요일/일요일/연방공휴일이 아니라 가정함)까지 응신하면 연장 수수료가 발생하지 않는다. 만약 6월 2일 이후에 응신하는 경우 미리 법정단기기간에 대한 기간연장을 신청할 필요는 없으며, 9월 1일(토요일/일요일/연방공휴일이 아니라 가정함)까지 응신하면서 기간연장을 신청하고 수수료를 납부하면 충분하다.

132) 드문 경우지만, 심사관이 최후거절통지(Final OA)를 부여한 이후에 발견한 새로운 자료를 근거로 해당 청구항이 허여가능하다는 결론에 이른 경우, 심사관은 자발적으로 출원인에게 최후성이 철회되었음을 통보한다.

만약 심사관이 최후거절통지(Final OA) 발송일로부터 3개월 이내에 권고를 부여하지 못한 경우, 3개월의 법정단기기간은 자동으로 연장된다. 그러나 주의할 점은 심사관의 권고가 늦어짐에 따라 3개월의 법정단기기간이 연장되더라도 최후거절통지(Final OA)에 대해 6개월의 법정기간에는 변화가 없으므로 최후거절통지(Final OA)로부터 6개월 이후에는 해당 출원이 포기된다는 것이다.

2) 구체적인 예[133)]

예 1

최후거절통지(Final OA)가 3월 1일에 발송되어 출원인이 5월 1일까지 응신하였으나 해당 응신을 통해서도 거절이유를 극복할 수 없어 심사관이 5월 25일에 권고(Advisory Action)를 발송한 경우, 법정단기기간(SSP)은 최후거절통지(Final OA)로부터 3개월인 6월 1일에 만료된다. 따라서 6월 2일에서 7월 1일까지 추가로 응신하는 경우 1개월의 기간연장 수수료를, 7월 2일에서 8월 1일까지 추가로 응신하는 경우 2개월의 기간연장 수수료를, 8월 2일에서 9월 1일까지 추가로 응신하는 경우 3개월의 기간연장 수수료를 부담해야 한다. 한편 최후거절통지(Final OA)에 적절하게 응신했는지 상관없이 최후거절로부터 6개월이 경과하면 해당 출원은 포기되므로, 출원인은 9월 1일까지 i) 최후거절통지(OA)의 최후성을 철회시키거나, ii) 해당 출원을 허여가능한 상태로 만들거나, iii) 심사결과에 대한 불복심판을 특허심판원(BPAI)에 진행시켜야 한다.

예 2

최후거절통지(Final OA)가 3월 1일에 발송되어 출원인이 5월 1일까지 응신하였으나 해당 응신을 통해서도 거절이유를 극복할 수 없어 심사관이 6월 10일에 권고(Advisory Action)를 발송한 경우, 법정단기기간(SSP)은 최후거절통지(Final OA)로부터 3개월인 6월 1일이 아니라 권고가 발송된 6월 10일에 만료된다. 따라서 6월 11일에서 7월 10일까지 추가로 응신하는 경우 1개월의 기간연장 수수료를, 7월 11일에서 8월 10일까지 추가로 응신하는 경우 2개

133) 토요일, 일요일, 워싱턴 D.C. 지역의 연방공휴일에 관련된 문제는 고려하지 않았다.

월의 기간연장 수수료를, 8월 11일에서 9월 1일까지 추가로 응신하는 경우 3개월의 기간연장 수수료를 부담해야 한다. 한편 심사관의 권고와 무관하게 최후거절통지의 발송일로부터 6개월이 경과하면 해당 출원은 포기되므로, 출원인은 9월 1일까지 i) 최후거절통지(OA)의 최후성을 철회시키거나, ii) 해당 출원을 허여가능한 상태로 만들거나, iii) 심사결과에 대한 불복심판을 특허심판원(BPAI)에 진행시켜야 한다.

5. 심사관보정(Examiner's Amendment)

형식적인 사항에 하자가 있는 경우 심사관이 보정안을 제안하는 경우도 있는바, 이를 심사관의 보정(Examiner's Amendment)이라 한다.[134] 심사관보정(Examiner's Amendment)이 제시되는 경우 출원인은 이러한 심사관보정을 인정(authorization)할 수 있으며, 이 경우에는 출원인이 보정한 것과 동일한 효과가 발생한다. 다만, 심사관보정에 대한 인정이 단기법정기간(주로 OA가 발송된 지 3개월로 지정됨)을 초과하여 이루어졌다면 결과적으로 출원인이 단기법정기간을 초과하여 응신한 것이 되므로 기간연장에 따른 수수료 부담해야 한다.[135] 그러나 출원인이 최후거절통지(Final OA)의 발송일로부터 2개월 이내에 응신하였고, 이에 대응하여 심사관보정이 부여되어 해당 출원이 허여가능해졌다면, 심사관보정이 언제 발생했는지 여부에 상관없이 출원인은 기간연장에 따른 수수료를 부담하지 않는다. 심사관보정은 최후거절통지(Final OA)로부터 6개월 이후에는 제시하지 않는다. 출원이 포기되기 때문이다.

6. 최후거절통지 이후의 인터뷰

실무상 최후거절통지(Final OA)가 부여된 이후에도 최후거절통지(Final OA)로부터 6개월이 경과하지 않았다면 심사관과 인터뷰가 가능하다. 그러나 비최후거절통지(Non-Final OA)가 부여된 상황과 달리 최후거절통지(Final OA)

---

134) 신속한 심사를 촉진하기 위해 심사관이 해당 출원을 허여 상태로 만들 수 있는 보정을 제안할 수 있다. 심사관보정은 상세한 설명, 청구항, 요약서, 도면 등에 적용된다. 일반적으로 한정요구에 따라 미지정된 청구항의 삭제가 요구되거나, 청구항의 번호의 수정, 명세서의 오탈자 등을 수정할 것이 제안되는 것이 일반적이다.

135) 다만, 심사관보정이 오로지 형식적 사항(formal matter)에 관련된 것인 경우에는 기간연장에 따른 수수료가 발생하지 않는다.

가 부여된 상황에서는 심사관과의 인터뷰가 출원인에게 보장된 권리는 아니며 심사관의 재량에 따라 이루어진다.

제8절 | 실체보정

Ⅰ. 서

실무상 실체보정은 주로 명세서, 특히 청구항에 대해 이루어지는 것이 일반적이나, 도면에 대한 보정도 가능하다. 보정이 이루어지는 시기를 기준으로 본다면 실체보정은 예비보정(Preliminary Amendment), 최후거절 이전의 보정, 최후거절 이후의 보정, 허여통지서 이후의 보정, 등록료 납부 이후의 보정으로 분류될 수 있다. 일반적으로 최초거절통지를 부여 받은 이후에 명세서에 대한 보정을 진행하지만, 일단 최초거절통지에 대응하여 보정을 진행하는 경우 그 다음 번 거절통지가 최후거절통지(Final OA)가 될 가능성이 매우 높으므로, 최초거절통지가 부여되기 전에 예비보정을 진행하는 것도 바람직하다. 보정의 범위와 관련하여 최후거절통지가 부여된 이후에는 보정의 범위가 극히 제한됨을 주의해야 한다.

Ⅱ. 예비보정

예비보정(Preliminary Amendment)은 최초거절통지가 발송된 날 또는 그 이전에 특허청에 수신된 보정을 말한다.[136] 예비보정이 출원일에 제출된 경우에는 예비보정된 내용은 최초 명세서의 내용으로 취급되므로 해당 예비보정에 신규사항이 포함되었는지가 문제되지 않지만,[137] 출원일 이후에 제출된

136) 37 C.F.R. § 1.115(a) ("A preliminary amendment is an amendment that is received in the Office (§ 1.6) on or before the mail date of the first Office action under § 1.104."). 만약 예비보정이 특허청에 수신된 날이 최초거절통지가 발송된 날 이후인 경우에는 최후거절통지(Final OA) 이전의 보정에 따른 요건을 만족해야 한다. MPEP § 714.01(e).

137) 출원일에 제출된 예비보정의 경우 선언서/선서서에 관련된 문제가 발생할 수 있다.

경우에는 최초 명세서의 내용으로 취급 받지 않기 때문에 해당 예비보정에 신규사항이 포함된 경우에는 보정이 받아들여질 수 없다. 한편, 국제출원(PCT)을 기초로 미국을 진입한 국내단계출원의 경우, 미국에 진입한 날은 출원일이 아니므로 국내단계진입과 동시에 예비보정을 제출한다고 하더라도 해당 예비보정의 내용이 최초 명세서의 내용으로 취급되는 것은 아니다.

1. 시기적 요건

예비보정은 최초거절통지가 발송된 날 또는 그 이전까지 제출 가능하다.[138] 그러나 최초거절통지 발송 이전이라도 심사관의 거절통지(OA)의 부여를 불합리하게 방해하는 경우에는 예비보정은 거절될 수 있다.[139] 그러나 예비보정이 i) 출원일(연속출원인 경우에는 연속출원일)로부터 3개월 이내, ii) 국내단계진입일로부터 3개월 이내인 경우에는 거절통지에 대한 방해 여부에 상관없이 무조건 예비보정이 허용된다.[140]

2. 예비보정의 범위

실체적인 측면에서 예비보정의 범위에는 제한이 없다. 즉, 보정서의 형식적인 제출요건[141] 또는 신규사항추가금지의 원칙에 위배되지 않는 한 어떠한 보정도 가능한 것이 원칙이다.[142]

구체적으로 출원일이 2004년 9월 21일 이전인 경우에는 출원서와 함께 제출된 선언서/선서서에 예비보정에 관한 언급이 있어야만 예비보정의 내용이 최초 명세서의 내용으로 취급되는 제한이 있고, 2004년 9월 21일 또는 그 이후의 출원에는 이러한 제한 없이 최초 명세서의 내용으로 취급되지만 예비보정에 출원서에 없는 내용이 기재되는 경우에는 출원서의 일부로 제출되는 선언서/선서서에 예비보정에 관한 언급이 있거나 보충 선언서/선서서(supplemental oath or declaration)를 통해 예비보정에 관한 언급을 해야만 한다. 만약 예비보정에 출원서에는 없는 내용이 기재되었음에도 최초로 제출된 선언서/선서서 또는 보충 선언서/선서서에 이에 관한 언급이 없는 경우 선언서/선서서 제출요건의 흠결이 발생한다. MPEP § 714.01(e).

138) 37 C.F.R. § 1.115(a).

139) 37 C.F.R. § 1.115(b)(2). 거절통지의 부여를 방지하는지는 i) 거절통지의 준비 정도와 ii) 보정으로 인한 명세서의 변경 정도로 판단되어야 하는바, 구체적인 판단에는 MPEP § 714.01(e)에 기재되어 있다.

140) 37 C.F.R. § 1.115(b)(3). 3개월의 기간은 법정불변기간이다.

141) 37 C.F.R. § 1.121에 따른 요건을 말한다.

142) 예외적으로 예비보정이 허가되지 않는 경우는 i) 새로운 청구항의 추가 없이 예비보

Ⅲ. 최후거절통지 이전의 보정[143)]

심사관에 의해 최초거절통지가 부여되는 경우, 해당 거절통지에 대응하는 응신(reply)의 일부로 보정을 제출할 수 있다. 최후거절통지(Final OA) 이전의 보정은 출원인의 당연한 권리로 취급되므로, 출원인은 청구항의 범위를 자유롭게 확장, 변경할 수 있다.

1. 시기적 요건

보정은 의견서 등이 포함된 응신(reply)의 일부로 제출되는데, 출원인의 응신은 최초거절통지에 대한 응신기간 이내(일반적으로, 거절통지 발송일로부터 3개월)에 이루어져야 한다.[144)] 따라서 보정은 최초거절통지에 대한 응신기간 이내에 이루어진다. 출원인이 응신을 제출하면 이를 보충하는 보충응신(Supplemental Reply)을 제출할 수 없는 것이 원칙이나, 예외적으로 법정된 요건을 만족하면 보충응신이 허용될 수 있다.[145)]

정이 모든 청구항을 삭제하거나, ii) 예비보정으로 인해 심사절차가 불합리하게 방해받는 경우(심사관이 거절통지작성을 위해 이미 많은 시간을 들인 상태에서 예비보정이 제출되는 경우)이다. 이러한 경우라도 예비보정이 출원일 또는 국내단계진입일로부터 3개월 이내(연장 불가능)에 제출되는 경우에는 보정이 불허될 수 없다. 37 C.F.R. § 1.115(b).

143) 최초거절통지 이후부터 최후거절통지 이전까지의 보정을 말한다. 최초거절통지 발송일까지의 보정은 예비보정이 된다. 한편 2차 거절통지(Second OA)라도 최후성(finality)이 없다면 "최후거절통지 이전의 보정"의 요건이 적용될 뿐이다.

144) 통상 거절통지(OA)에 대한 응신기간은 거절통지 발송일로부터 3개월(연장가능)이 부여된다. 35 U.S.C. § 133에 따라 거절통지(OA)에 대한 응신기간은 어떠한 경우에도 6개월을 초과할 수 없는바, 만약 응신기간이 3개월로 부여된 경우, 추가로 3개월의 기간연장이 가능하다.

145) MPEP § 714.03(a)에 따르면 보충응신을 허락할지 여부는 심사관의 재량으로 결정된다. 37 C.F.R. § 1.111(2) 규정은 심사관이 보충응신을 허락할 수 있는 경우를 예시하고 있으나 심사관이 이에 구속되는 것은 아니다. 참고로 37 C.F.R. § 1.111(2) 규정에 따르면 심사관은 보충응신이 i) 청구항을 취소하거나, ii) 심사관의 제안을 수용하거나, iii) 출원을 등록가능한 상태로 만들거나, iv) 최초 응신이 제출된 이후에 심사관이 새롭게 통지한 요구사항(requirement)에 대응하거나, v) 오탈자와 같은 형식적 사항을 정정하거나, vi) 심판을 위해 이슈를 간략화(simplification)하는 경우에 허락할 수 있다고 규정한다. 상술한 바와 같이, 보충응신은 원칙적으로 허용되지 않지만 예외적으로 심사가 보류(suspension)되는 중에는 보충응신이 출원인의 당연한 권리로 인정된다. 37 C.F.R. § 1.111(a)(2)(ii). 참고로, 보충응신의 대상이 되는 최초 응신이 거절통지(OA)에 대한 완전한

관련문제 ― 뒤늦게 제출된 보정의 취급

비최후거절통지(Non-Final OA) 또는 최후거절통지(Final OA)에 대한 응신 기간 이후에 보정이 제출되었으나, 기간연장에 대한 신청 없는 경우, 해당 보정은 허가(entry)되지 않는다. 보정이 허가되지 않는 경우, 해당 보정은 포대(file) 내에 보관되기는 하지만 심사의 대상이 되지는 않는다.[146)]

2. 객체적 요건

최후거절통지(Final OA) 이전의 보정이 이루어지는 경우, 해당 보정은 형식적인 제출요건 또는 신규사항추가금지의 원칙에 위배되지 않아야 한다. 한편, 거절통지(OA)에 대응하는 응신(reply)에 반드시 보정이 포함될 필요는 없으나, 출원인의 응신(의견 및 보정 포함)은 심사관의 거절통지(OA)에 완전한 대응하는(fully responsive) 응신일 것이 요구된다.[147)] 출원인의 응신이 거절통지(OA)에 대해 완전히 대응하기 위해서는, 해당 응신이 심사관이 제시한 모든 거절 및 요구사항(rejection, objection, requirement)을 다루고 있어야 한다.[148)] 즉, 출원인의 응신은 심사관이 제시한 모든 절차적, 실체적 거절 이유에 전부에 대해 빠짐없이 반박하고 명세서에 포함된 청구항의 특허성을 증명하는 방식으로 기재되어야 한다.

응신이었다면, 보충응신을 제출하면서 기간연장에 따른 수수료를 납부할 필요는 없다. *See* MPEP § 710.02(e).

146) *See* MPEP § 714.17.

147) 37 C.F.R. § 1.111(b)-(c). 즉, 출원인의 응신은 심사관이 지적한 내용에 대해 모두 대응되어야 한다. 일부 거절이유에 대해서 나중에 대응하는 것은 적절한 응신이 아니다. 주의할 점은 응신이 거절통지(OA)에 완전히 대응해야 한다는 요건은 보정에 관련된 직접적인 요건은 아니라는 것이다. 따라서 출원인은 심사관이 지적하지 않은 부분에 대해서도 신규사항추가금지의 원칙에 위배되지 않는 범위 내에서 청구항/발명의 상세한 설명 등을 추가, 삭제, 변경할 수 있다. 다만, 출원인은 위와 같은 보정이 포함된 응신(reply)이 거절통지(OA)에서 지적된 거절이유를 극복할 수 있음을 명확하게 다루어야 하는 부담을 지는 것뿐이다.

148) *See* MPEP § 714.03.

Ⅳ. 최후거절통지 이후의 보정

1. 시기적 요건

최후거절통지 이후의 보정 역시 응신(reply)의 일부로 제출되는데, 출원인의 응신은 최후거절통지(Final OA)에 대한 응신기간 이내(거절통지 발송일로부터 6개월)에 이루어져야 한다.[149] 따라서 보정은 최후거절통지에 대한 응신기간 이내에 이루어진다. 출원인이 응신을 제출하면 이를 보충하는 보충응신(Supplemental Reply)을 제출할 수 없는 것이 원칙이나, 예외적으로 법정된 요건을 만족하면 보충응신이 허용될 수 있다.[150]

2. 객체적 요건

최후거절이 부여된 이후에는 보정의 범위가 제한된다.[151] 구체적으로, 최후거절이 부여된 이후 불복심판(Appeal)을 청구하기 전까지는 i) 청구항을 삭제하거나 종전 거절통지(OA)에서 명시적으로 요구한 사항에 부합하도록 하는 보정, ii) 불복심판에서의 판단을 위해 거절된 청구항을 보다 나은 방식으로 기재하는 보정, iii) 보정이 필요한 이유와 함께 좀더 일찍 보정이 이루어지지 못한 이유를 충분하게 설명하면서 명세서의 실체적인 내용을 수정하는 보정만이 허용된다.[152]

---

149) 통상 거절통지(OA)에 대한 응신기간은 거절통지 발송일로부터 3개월(연장가능)이 부여된다. 35 U.S.C. § 133에 따라 거절통지(OA)에 대한 응신기간은 어떠한 경우에도 6개월을 초과할 수 없는바, 만약 응신기간이 3개월로 부여된 경우, 추가로 3개월의 기간연장이 가능하다.

150) MPEP § 714.03(a)에 따르면 보충응신을 허락할지 여부는 심사관의 재량으로 결정된다. 37 C.F.R. § 1.111(2) 규정은 심사관이 보충응신을 허락할 수 있는 경우를 예시하고 있으나 심사관이 이에 구속되는 것은 아니다. 참고로 37 C.F.R. § 1.111(2) 규정에 따르면 심사관은 보충응신이 i) 청구항을 취소하거나, ii) 심사관의 제안을 수용하거나, iii) 출원을 등록가능한 상태로 만들거나, iv) 최초 응신이 제출된 이후에 심사관이 새롭게 통지한 요구사항(requirement)에 대응하거나, v) 오탈자와 같은 형식적 사항을 정정하거나, vi) 심판을 위해 이슈를 간략화(simplification)하는 경우에 허락할 수 있다고 규정한다.

151) 통상적으로 최후거절 이후의 보정은 인정되지 않는 경우가 많다.

152) 37 C.F.R. § 1.116(b).

Ⅴ. 허여통지서 이후의 보정

허여통지서(Notice of Allowance)가 발송된 이후의 보정은 출원인의 당연한 권리로 제출할 수 있는 것은 아니므로 특허청의 승인이 필요하다.[153] 즉 허여통지서가 발송된 이후 도면, 상세한 설명 및 청구항에 대한 보정서를 제출해도 특허청의 승인이 없다면 보정의 효력은 없다. 허여통지서가 발송된 이후에 제출된 i) 발명자정정, ii) 발명자 설명의 오탈자 정정을 위한 청원, iii) 발명자 표시 순서를 정정하기 위한 청원 및 iv) 재발행출원(Reissue Application)에 대한 보충선서서/선언서(Supplemental Oath or Declaration) 등도 허여통지서 발송 이후의 보정으로 취급된다.[154] 따라서 특허청의 승인한 경우에만 해당 서류를 제출할 수 있다. 그러나 재발행출원이 아닌 정규출원의 보충선서서/선언서는 허여통지서 발송 이후의 보정으로 취급되지 않는다. 따라서 이 경우에는 출원인의 당연한 권리로 보충선서서/선언서를 제출할 수 있다.[155]

허여통지서 발송된 이후의 보정이 허가(entry)되기 위해서는 i) 보정이 필요한 이유, ii) 보정된 내용에도 불구하고 추가적인 선행기술이 필요하지 않은 이유, iii) 청구항에 대한 보정이 있는 경우 보정된 청구항이 등록가능한 이유, iv) 해당 보정이 미리 제출되지 못한 이유에 대해 충분하고 명확하게 설명해야 한다.[156] 일반적으로 보정에 대한 허가는 전부 허가/전부 각하가 원칙이나 허여통지서(Notice of Allowance) 발송 이후의 보정에 대해서는 일부 허가가 허용된다.[157]

---

153) 37 C.F.R. § 1.312. 참고로, 허여통지서 발송되면 담당 심사관은 해당 사건에 대해서 더 이상 관여하지 않는 것이 원칙이나, 심사관보정(examiner's amendment)을 부여하거나 허여통지서 발송 이후의 보정을 허여할 수는 있다. *See* MPEP § 714.16.

154) *See* MPEP § 714.16.

155) *See* MPEP § 603.01 (citing Cutter Co. v. Metropolitan Electric Mfg. Co., 275 F. 158 (2d Cir. 1921)).

156) *See* MPEP § 714.16. 허여통지서 발송 이후의 보정을 통해 청구항을 추가하거나 청구항의 보호 범위를 변경하는 것도 불가능한 것은 아니다. 물론 추가된 청구항에 대한 수수료가 요구될 수 있다. *See* MPEP § 714.16(c)-(d).

157) *See* MPEP § 714.16(e).

VI. 일부 각하의 가부(可否)

일반적으로 보정에 대한 허가(entry)는 전부 허가/전부 각하가 원칙이다.[158] 따라서 다수의 청구항 중 어느 하나라도 보정 요건을 만족하지 못하는 경우 전부 각하될 수 있으므로 주의가 요구된다. 그러나 대체 명세서(substitute specification)가 제출되거나, 허여통지서(Notice of Allowance)가 발송된 이후에 보정이 허가되는 경우에는 일부 허가가 허용된다.[159]

한편 출원단계에서 보정이 각하된 청구항은 기록상으로는 표시되지만 심사의 대상이 되지 않는다. 따라서 불복심판을 제기하더라도 심사단계에서 각하된 청구항에 대해서는 심판이 진행되지 않는다. 그러나 기록상으로는 청구항 번호가 남아 있으므로, 각하된 이후 다시 청구항을 추가하는 보정을 하는 경우, 기록상으로 가장 큰 청구항 번호 다음 번호부터 청구항 번호가 시작된다.

VII. 심판청구 이후의 보정

불복심판이 청구된 이후에도 청구이유서(Appeal Brief) 제출 이전까지는 최후거절 이후의 보정과 동일한 조건으로 보정이 가능하다.[160] 즉, 청구이유서 제출 이전이라면 i) 청구항을 삭제하거나 종전 거절통지(OA)에서 명시적으로 요구한 사항에 부합하도록 하는 보정, ii) 불복심판에서의 판단을 위해 거절된 청구항을 보다 나은 방식으로 기재하는 보정, iii) 보정이 필요한 이유와 함께 좀더 일찍 보정이 이루어지지 못한 이유를 충분하게 설명하면서 명세서의 실체적인 내용을 수정하는 보정이 가능하다.

그러나 청구이유서(Appeal Brief)가 제출된 이후에는 보정 범위가 더욱 제한된다. 구체적으로, 심판 단계에서 심사절차가 재개되는 경우가 아니면 i) 청구항을 삭제하는 보정 또는 ii) 종속항을 독립항으로 기재하는 보정만이 허용된다.[161]

---

158) *See* MPEP § 714.20 ("To avoid confusion of the record the general rule prevails that an amendment should not be entered in part.").

159) *See* MPEP § 714.16(e).

160) 37 C.F.R. § 41.33(a).

관련문제 — 증거 제출

불복심판이 청구된 이후 청구이유서 제출 이전에는 새로운 증거를 제출하는 것이 더욱 제한된다. 구체적으로, 새로운 증거가 필요한 이유와 함께 좀더 일찍 새로운 증거가 제출되지 못한 이유를 충분하게 설명하는 동시에 제출하려는 증거에 의해 모든 거절이 극복된다고 심사관이 판단해야만 새로운 증거의 제출이 가능하다.[162] 한편 청구이유서 제출 이후에는, 심사가 재개되지 않는 이상, 새로운 증거의 제출이 불가능하다.[163]

Ⅷ. 등록료 납부 이후의 보정

등록료를 납부한 이후의 보정은 허가되지 않는다.[164] 등록료 납부 이후에 보정은 등록철회(withdraw)를 통해 등록철회가 인용된 경우에만 허용된다.

Ⅸ. 등록된 이후의 권리범위의 변경

원칙적으로 연방법원은 권리범위를 변경시킬 권한이 없다.[165] 따라서 권리범위를 변경시키려는 자는 특허청(USPTO)에서의 절차를 통해 권리범위를 변경시켜야 한다. 구체적으로, 권리범위의 확장을 위해서는 등록일로부터 2년 이내 재발행출원(Reissue Application)을 진행해야 하며, 기타의 경우에는 재발행출원 또는 재심사절차(Reexamination Proceeding)를 활용해야 한다. 참고로, 정정증명서(Certificate of Correction)를 통해서는 권리범위를 변경시킬 수 없다.

161) 37 C.F.R. § 41.33(b).
162) 37 C.F.R. § 41.33(d)(1).
163) 37 C.F.R. § 41.33(d)(2).
164) 37 C.F.R. § 1.312.
165) *See* Process Control Corp. v. HydReclaim Corp., 190 F.3d 1350, 1357 (Fed. Cir. 1999) ("More importantly, we do not permit courts to redraft claims.") (citation omitted).

X. 도면의 취급

실체보정은 주로 명세서에 대해 이루어지며, 도면에 대한 보정은 도면이 흐려서 식별이 불가능하거나 도면 부호가 잘못 표시된 것과 같은 사정이 있는 경우에만 이루어지는 것이 일반적이다. 도면에 대한 하자가 발견되어 보정이 명해진 경우, 심사관이 정한 기간 이내에 적절히 응신해야 해당 출원의 포기를 면할 수 있음을 주의해야 한다.

도면에 관한 보정을 자발적으로 진행하는 경우 특허가 허여되기 전에 신속하게 이루어지는 것이 바람직하다.[166] 도면에 관한 하자가 있는 경우, 하자가 치유되기 전까지는 실체심사가 개시되지 않으나,[167] 만약 도면에 관한 하자가 있음에도 특허에 대한 허여가 가능한 상황이라면 허여가능통지서(Notice of Allowability)를 발송하면서 도면에 대한 하자를 치유할 것을 명할 수 있다. 이 경우, 허여가능통지서의 발송일로부터 3개월(연장불가능) 이내에 수정된 도면을 제출해야 출원의 포기를 면할 수 있다.

도면의 내용이 수정되어야 하는 경우에는 도면 상단에 대체시트(Replacement Sheet)[168]라 불리는 도면을 제출하는데, 대체시트는 수정이 필요 없는 나머지 도면도 전부 포함해야 한다.[169] 새로운 도면이 추가되는 경우에는 도면 상단에 신규시트(New Sheet)라 불리는 도면을 제출하는데, 신규시트는 새로운 도면만을 포함한다.[170] 필요한 경우 도면의 수정된 내용을 도면상에 표시한 주석시트(Annotated Sheet)가 제출할 수 있는데, 만약 심사관이 주석시트를 요구하는 경우[171]에는 반드시 제출해야 한다.[172]

---

166) MPEP § 608.02(q). 일단 허여통지서(Notice of Allowance)가 발송되면 출원인의 당연한 권리(as a matter of right)로 보정할 수 있는 것은 아니라 특허청에 의해 승인에 의해서만 보정할 수 있다. 37 C.F.R. § 1.312; MPEP § 714.16.

167) 37 C.F.R. 1.95(a).

168) "amended"로 표시되지 않는다.

169) 도면이 수정되는 경우 수정사항에 관한 상세한 설명이 반드시 포함되어야 한다. 37 C.F.R. § 1.121(d).

170) 37 C.F.R § 1.121(d).

171) 심사관은 MPEP § 608.02(w)를 참조하여 주석시트를 요구할지를 결정한다.

172) 37 C.F.R. 1.121(d)(1)-(2).

제9절 | 신규사항추가금지

Ⅰ. 의　의

명세서에 대한 보정은 신규사항추가금지 원칙을 만족해야 한다. 즉 명세서에 대한 보정이 허가(entry)되기 위해서는 보정으로 추가되는 내용이 최초 명세서에 지지되지 않는 신규사항에 해당되지 않아야 한다. 미국특허법에 따른 신규사항추가금지의 근거규정은 35 U.S.C. § 112와 35 U.S.C. § 132로 구분된다. 만약 신규사항이 포함된 보정이 청구항에 영향을 끼치는 경우,[173] 청구항이 명세서에 의해 뒷받침되지 않는다는 이유로 35 U.S.C. § 112 첫 번째 단락 위반을 이유로 한 실체에 대한 거절(Rejection)이 부여된다.[174] 그러나 신규사항이 포함된 보정이 청구항에 영향을 끼치지 않는 경우에는 35 U.S.C. § 132 위반을 이유로 한 형식에 대한 거절(Objection)이 부여된다.[175]

Ⅱ. 신규사항과 상세한설명요건

신규사항의 판단방법은 35 U.S.C. § 112에 따른 상세한설명요건(Written Description Requirement)의 판단방법을 따른다.[176] 따라서 보정된 내용이 최초 명세서에 의해 뒷받침되는지, 즉 발명자가 발명 당시에 지배한 내용인지에 따라 신규사항 여부가 결정된다. 일반적으로 i) 최초 명세서에 의해 지지되

173) 청구항에 대한 직접적인 보정뿐만 아니라 발명의 상세한 설명을 보정하는 경우도 이에 포함될 수 있다. 예를 들어, 청구항에 사용된 용어가 발명의 상세한 설명에서 정의되는 경우, 해당 정의 부분을 보정하는 것은 청구항의 해석에 영향을 미치는 것이므로, 청구항에 대한 보정이 없더라도 청구항에 영향을 끼치는 보정에 해당한다. *See* MPEP § 2163.03.

174) *See* MPEP § 2163.01. 신규사항인지 여부의 구체적 판단방법은 상세한설명요건(Written Description Requirement)의 판단방법과 동일하다.

175) *See* MPEP § 2163.01 (citing *In re* Rasmussen, 650 F.2d 1212 (C.C.P.A. 1981)). 한편, 재발행출원(Reissue Application)의 경우에도 보정이 가능한바, 재발행출원의 경우 청구항에 영향을 끼치지 않는 신규사항이 추가되는 경우 35 U.S.C. § 132가 아니라 35 U.S.C. § 251을 근거로 거절(Objection)이 부여된다.

176) *See* MPEP § 2163.01.

지 않는 사항을 추가하는 경우, ii) 최초 명세서에 의해 개시된 내용(구체적인 성분 또는 그 비율)을 확장/변경하는 경우, iii) 최초 명세서에 의해 개시된 필수 구성요소를 삭제하는 경우에 신규사항이 문제될 수 있다. 청구항의 구성요소를 삭제하거나 추가하는 경우 모두 신규사항금지원칙의 위반이 발생할 수 있으며, 수치 한정에 관한 보정을 하는 경우에도 최초 명세서에 의해 뒷받침 되지 않는 경우에는 신규사항금지원칙의 위반이 발생할 수 있다.

Ⅲ. 관련문제

1. 최초 청구항

최초 출원 시에 첨부된 최초 청구항(original claim)에 기재된 내용은 해당 내용이 발명의 상세한 설명 및 도면에 기재되어 있는지 여부에 상관없이 신규사항에 해당하지 않는다.[177] 따라서 출원인이 최초 청구항에 기재된 내용을 차후에 다른 청구항에 추가하는 보정을 하거나 발명의 상세한 설명에 추가하는 보정을 하는 것은 신규사항 추가금지에 해당하지 않는다.

한편 최초 청구항에 기재되어 있으나 도면에 기재되지 않은 내용이 문제되는 경우, 해당 내용을 도면에 추가하는 보정을 해야 한다.[178] 청구항에 기재된 모든 특징은 도면에 도시되어야 하기 때문이다.[179] 물론 도면에 추가되는 내용은 최초 청구항에 의해 지지되는 내용이므로, 도면에 대한 보정은 신규사항에 해당하지 않는다.

---

177) *See* MPEP § 706.03(o). 다만, 출원실무상 최초 청구항에서부터 사용된 용어라 해도 상세한 설명에 없는 용어가 사용된 경우, 심사관이 37 C.F.R. 1.75(d)(1) 위반을 근거로 objection을 부여하기도 한다. *See* MPEP § 608.01(o).

178) 만약 도면에 대한 보정을 하지 않는 경우, 37 C.F.R. § 1.83(a) 위반에 따른 형식에 대한 거절(objection)이 부여된다.

179) 37 C.F.R. § 1.83(a) ("The drawing in a nonprovisional application must show every feature of the invention specified in the claims. However, conventional features disclosed in the description and claims, where their detailed illustration is not essential for a proper understanding of the invention, should be illustrated in the drawing in the form of a graphical drawing symbol or a labeled representation (*e.g.*, a labeled rectangular box)."); *See* MPEP § 608.02(d). 위와 같은 요건은 미국특허에서 특유적으로 요구되는 것으로, 실무자들은 도면 작성시 청구항의 구성요소가 빠짐없이 기재되었는지를 확인하는 것이 바람직하다.

2. 요 약 서

요약서는 출원서의 일부로 포함되므로 요약서에 기재된 내용을 기초로 명세서를 보정할 수 있다. 즉, 요약서에 기재된 내용은 최초 출원 시에 발명의 상세한 설명 또는 청구항에 기재된 내용과 동일하게 취급되므로, 명세서에는 기재되어 있지 않았지만, 요약서에 기재되어 있다면 해당 내용은 신규사항에 해당하지 않는다. 따라서, 요약서에만 기재된 내용을 발명의 상세한 설명 또는 청구항에 추가하는 보정은 신규사항에 해당하지 않으며, 부적법한 요약서가 제출되어 새로운 요약서가 제출하는 보정도 신규사항에 해당하지 않는다.[180]

제10절 | 계속심사청구(RCE)

I. 서

최후성이 있는 거절통지, 즉 최후거절통지가 통지되는 경우 출원절차(prosecution)는 종료된 것으로 취급된다.[181] 이 경우, 출원인은 최후성을 철회시키기 위해 수수료를 납부하고 계속심사청구(Request for Continued Examination 또는 RCE)를 할 수 있다.[182]

II. 대 상

계속심사청구(RCE)는 실용특허출원에 적용되며, 디자인 출원, 재심사(reexamination) 절차, 가출원(Provisional Application)에 대해서는 적용되지 않는다. 참고로, 디자인 특허출원의 경우 계속심사청구(RCE) 대신 계속심사출원(CPA)을 활용할 수 있다.

---

180) *See* MPEP § 608.01(b).

181) 37 C.F.R. § 1.114(b).

182) 37 C.F.R. § 1.114(a) ("If prosecution in an application is closed, an applicant may request continued examination of the application by filing a submission and the fee . . . ."); *See* 35 U.S.C. § 132(b).

Ⅲ. 요　건[183)]

1. 시기적 요건

계속심사청구(RCE)는 등록료(Issue Fee)를 납부하기 이전,[184)] 해당 출원이 포기되기 이전 또는 심사결과에 대한 불복의 소를 법원에 제기하기 이전까지 진행할 수 있다.[185)]

2. 객체적 요건

계속심사청구를 진행하는 출원인은 수수료를 납부하면서 이하에서 설명하는 제출 요건(Submission Requirement)을 만족할 수 있는 서류를 특허청에 제출해야 한다.

1) 제　출(submission)

적법하게 계속심사청구가 진행되기 위해서는 계속심사청구서와 함께 "제출"이 이루어져야 한다.[186)] 이러한 "제출"로 인정되는 예는 IDS의 제출,[187)] 발명의 상세한 설명에 대한 보정, 청구항에 대한 보정, 도면에 대한

---

183) *See* MPEP § 706.07(h).

184) 등록료가 납부된 경우에는 계속심사청구를 할 수 없음이 원칙이나 예외적으로 37 C.F.R. § 313에 따른 등록 철회(Withdrawal from issue)를 하면 계속심사청구가 가능하다. 등록료 납부 이후 등록을 철회하고 계속심사청구(RCE)를 진행하는 경우, 등록료는 환불되지 않는다. 그러나 계속심사청구(RCE) 이후 계속심사된 결과 해당 출원이 등록가능하다면 종전에 납부한 등록료에 비해 추가된 등록료를 납부하면 등록이 이루어진다.

185) 37 C.F.R. § 1.114 (a)(1)-(3).

186) 즉, 특허청에 대해 아무런 서류도 제출하지 않으면서 오로지 계속심사청구(RCE)만을 신청하는 것은 부적법하다. 실무자 입장에서 주의할 점은 최후거절통지(Final OA) 이후 6개월이 되는 시점까지 특허청에 아무런 서류도 제출하지 않다가 6개월이 되는 시점에 계속심사청구만을 신청한다 하여 해당 출원의 포기가 방지되는 것이 아니라는 것이다. 즉, 6개월이 경과하기 이전에 계속심사청구와 더불어 보정서, 의견서 등을 함께 제출해야 한다.

187) 주의할 점은, 이미 부여된 거절통지(통상의 거절통지 이외에도 *Ex parte Quayle* Action 포함)에 대응하여 계속심사청구(RCE)를 진행할 때에는 반드시 거절통지에 대응하는 응신(즉, 의견서/보정서)을 제출해야 한다는 것이다. 출원인이 거절통지에 대응하는 응신을 제출하지 않으면서 IDS만을 첨부하여 계속심사청구를 신청하는 것은 허용되지 않으며, 이러한 부적법한 계속심사청구의 신청은 거절통지(OA)에 대한 선의의 시도 *bona fide* attempt)로 취급되지도 않는다. 이 경우 거절통지에 대해 적정한 응신을 제출하지 않으면 해당 건은 포기를 면하지 못한다. 참고로 계속심사청구시 IDS만이 제출되어도

보정, 새로운 의견(argument)의 제출, 특허성에 관련된 새로운 증거의 제출 등이 있다.[188]

2) 거절통지(OA)가 부여된 상황에서의 제출요건

이미 부여된 거절통지(OA)에 대응하여 계속심사청구(RCE)를 진행하는 경우, 계속심사청구에 따른 제출요건이 만족되기 위해서는 해당 제출이 37 C.F.R. § 1.111에 규정된 거절통지(OA)에 대한 대응요건을 만족해야 한다. 즉, 계속심사청구를 진행하면서 해당 거절통지(OA)에 대한 응신을 함께 제출하여야 제출요건을 만족시킬 수 있다. 한편 최후거절통지(Final OA)가 부여된 이후 불복심판이 계속 중인 상황에서 계속심사청구를 진행하는 경우에도 해당 계속심사청구와 함께 이루어지는 "제출"은 37 C.F.R. § 1.111에 규정된 거절통지(OA)에 대한 대응요건을 만족해야 한다. 따라서 불복심판이 계속 중인 경우에는, 불복심판의 대상이 되는 계속심사청구에 대한 응신을 함께 제출하여야 제출요건을 만족시킬 수 있다.

한편, 최후거절통지(Final OA)가 부여된 이후 계속심사청구(RCE)를 진행하는 경우 해당 최후거절통지(Final OA)에 대한 의견이 심사관을 설득하기에 충분하지 않거나 최후거절통지(Final OA)에 대한 보정이 각하되더라도 제출요건이 만족되지 않는 것은 아니다. 최후거절통지(Final OA)에 대한 의견/보정이 37 C.F.R. § 1.111에 규정된 거절통지(OA)에 대한 대응요건에만 만족하면 해당 계속심사청구(RCE)의 진행은 적법한 것이기 때문이다.

3) 구체적인 예[189]

예 1

2009년 3월 1일에 최후거절통지(Final OA)가 부여된 상황에서 출원인이 해당 거절통지에 대응하는 방안으로 계속심사청구를 택하였다면, 계속심사청구(RCE)는 2009년 9월 1일까지 진행되어야 한다. 구체적으로 2009년 6월 1일까지는 기간연장에 따른 수수료 없이 계속심사청구가 가능하며, 그 이후에는 기간연장 수수료를 납부하는 조건으로 계속심사청구가 가능하다. 계속심

제출 요건이 만족되는 경우는 해당 출원에 대한 허여통지서(Notice of Allowance)가 발송된 이후 계속심사청구를 진행하는 경우이다.

188) 37 C.F.R. § 1.114(c).

189) 토요일, 일요일, 워싱턴 DC 지역 연방공휴일의 문제는 고려하지 않았다. 또한 계속 중인 불복심판(Appeal)이 없다는 것을 전제하였다.

사청구가 적법하기 위해서는 제출요건이 만족되어야 하는바, 기간연장 수수료를 부담하더라도 2009년 9월 1일까지는 의견(argument) 및/또는 보정(amendment)을 "제출"하고 수수료를 납부하면서 계속심사청구(RCE)를 진행하여야만 한다. 한편 출원인이 계속심사청구서(수수료 포함)를 적법하게 제출하였더라도, 9월 1일까지 제출이 이루어지지 않으면 해당 출원은 포기된다.

예 2

2009년 3월 1일에 발송된 최후거절통지(Final OA)에 대응하여 계속심사청구 없이 최후거절통지(Final OA)에 대응하는 의견 및/또는 보정만을 제출하였으나 심사관의 거절이유가 유지되는 경우, 출원인은 2009년 9월 1일까지 계속심사청구(RCE)를 진행할 수 있으며, 이 경우 출원인은 종전의 의견/보정을 원용할 수 있다. 구체적으로, 2009년 3월 1일에 최후거절통지(Final OA)가 부여되어, 2009년 5월 1일에 최후거절통지(Final OA)에 대응하는 의견 및/또는 보정을 제출하였으나 심사관에 의해 보정이 각하된 경우 2009년 9월 1일 이전까지 계속심사청구(RCE)를 진행할 수 있다. 이 경우 2009년 5월 1일에 제출된 의견/보정이 계속심사청구를 위한 제출 요건을 만족하므로, 계속심사청구를 하면서 반드시 새로운 의견/보정을 제출해야만 하는 것은 아니다.

예 3

2009년 3월 1일에 발송된 최후거절통지(Final OA)에 대응하여 계속심사청구(RCE)를 신청했으나 해당 계속심사청구와 함께 제출된 응신이 최후거절통지(Final OA)에 대한 완전한 대응이 아닌 것으로 판단된 경우에도,[190] 해당 출원은 2009년 9월 1일이 경과한 이후에도 포기되지 않을 수 있다. 즉, 첨부된 응신에 대해 거절통지(OA)에 완전하게 대응하려는 "선의의 시도(*bona fide* attempt)"가 인정되면 거절통지(OA)의 대응에 관한 법정기간의 진행은 중단되며 해당 출원은 포기를 면하게 된다.[191] 이 경우 출원인에게는 거절통지

190) 원칙적으로 모든 거절통지(OA)에 대해서는 완전한 대응이 요구되며, 만약 출원인의 응신이 거절통지에 대한 완전한 대응이 아닌 경우 해당 출원이 포기되는 것이 원칙이다.

191) 예를 들어, i) 출원인이 보정을 통해 추가하려는 발명이 한정요구에 대응하여 출원인이 미지정한 발명(non-elected invention)에 해당하는 경우 또는 ii) 보정서의 기재 방식에 흠결이 있는 경우에는 거절통지(OA)에 대한 완전한 대응으로 인정될 수 없지만,

(OA)에 대하여 완전한 대응을 할 수 있는 법정기간이 추가로 부여된다.

그러나 위와 같은 경우라 해도 9월 1일까지 IDS만을 제출하면서 계속심사청구(RCE)를 진행하였다면, 이러한 IDS에는 대해서는 거절통지(OA)에 완전하게 대응하려는 "선의의 시도"가 인정될 수 없으므로 거절통지(OA)의 대응에 관한 법정기간의 진행은 중단되지 않으며 해당 출원은 포기된다. 즉, 거절통지에 대응하는 의견서/보정서가 제출된 바가 없다면, 2009년 9월 1일까지 의견 및/또는 보정을 "제출"하고 수수료를 납부하면서 계속심사청구(RCE)를 진행하여야만 한다. 예를 들어, 9월 1일까지 제출 없이 수수료를 납부하고 계속심사를 신청하기만 하였다면 해당 건은 포기를 면할 수 없다.

4) 거절통지가 부여되지 않은 상황에서의 제출요건

거절통지(OA)가 부여되지 않은 상황에서도 계속심사청구(RCE)를 진행할 수 있다. 예를 들어, 허여통지서(Notice of Allowance)가 부여된 이후에 IDS 제출을 위해서 계속심사청구를 진행하는 것이 가능하다. 이 경우에는 계속심사청구서와 함께 제출되는 IDS를 통해 제출요건이 만족된다.[192)]

5) 수수료 납부

계속심사청구의 효과를 발생시키기 위해서는 계속심사청구에 따른 수수료가 납부되어야 한다.[193)] 그러나 계속심사청구에 따른 수수료가 아닌 기타 수수료가 지연되는 경우에는 계속심사청구의 효과가 적법하게 발생한다. 예를 들어, 계속심사청구와 함께 제출된 보정서가 청구항의 개수를 증가시켜 이에 따른 수수료가 발생하는 경우, 해당 수수료가 계속심사청구 이후에 납부되어도 계속심사청구의 효과는 적법하게 발생된다.

3. 효 과[194)]

1) 최후성의 철회 및 심사절차의 재개

적법한 제출(submission) 및 수수료와 함께 계속심사청구(RCE)가 진행되는 경우, 해당 출원에 대한 심사절차(prosecution)가 재개(reopen)된다. 구체적으로

완전한 대응을 하려는 선의의 시도(*bona fide* attempt)가 있었던 것으로 인정될 수 있다.

192) 참고로 허여통지서가 부여된 이후 계속심사청구를 진행하는 경우에는, IDS, 보정서, 새로운 의견서 또는 새로운 증거 등이 "제출" 요건을 만족시킬 수 있다. *See* MPEP § 706.07(h).

193) 즉 수수료의 납부를 늦출 수 없으며, 수수료가 납부되지 않은 경우 최후성의 철회와 같은 계속심사청구의 효과가 발생하지 않는다.

194) *See* MPEP § 706.07(h).

해당 출원에 대해 최후거절통지(Final OA)가 부여되었던 경우 해당 거절통지의 최후성(finality)이 철회되며, 해당 출원에 대한 거절불복심판(appeal)이 진행되었던 경우 해당 심판은 철회된 것으로 간주되며 해당 출원은 종전 심사관에 의해 다시 심사된다.

2) 부적절한 계속심사청구에 대한 취급

출원인의 계속심사청구(RCE)가 부적절한 경우 해당 계속심사청구가 부적절하다는 사실이 출원인에게 즉시 통보된다. 부적절하게 제출된 계속심사청구(RCE)로 인해 거절통지(OA)에 대한 응신기간이 연장되는 것이 아니므로, 출원인은 시기적 요건(예를 들어, 거절통지의 발송일로부터 6월)을 만족하는 기간 이내에 적절한 계속심사청구(RCE)를 신청해야만 해당 출원의 포기를 막을 수 있다. 그러나 아래와 같은 특별한 경우에는 부적절한 계속심사청구(RCE)에 대한 취급이 일반적인 경우와 다르다.

A. 심사절차가 종료되지 않았음에도 계속심사청구를 신청한 경우

심사절차가 종료되지 않은 경우(예를 들어, 비최후거절통지(Non-Final OA)가 부여된 경우) 계속심사청구를 신청할 필요가 없지만, 만약 출원인이 계속심사청구를 신청했다면, 해당 계속심사청구서에 첨부된 의견/보정을 고려하여 심사를 진행한다.

B. 출원에 대한 심판이 진행 중인 경우

거절통지(OA)에 대한 불복심판(appeal)이 진행 중인 상황에서 계속심사청구를 신청한 경우, 해당 계속심사청구가 부적절한지 여부에 상관없이 심판은 철회(withdraw)된 것으로 취급된다. 이 경우, 해당 출원은 종전 심사관에 전달되어 심사절차(prosecution)가 재개되며, 부적절한 계속심사청구가 문제된 경우 이와 관련된 통지가 출원인에게 전달된다.[195] 한편 불복심판에 대한 심결이 임박한 경우 출원인은 심판원에 계속심사청구의 신청 사실을 통지하여야 하며, 만약 통지가 없는 경우 심판원은 출원인이 계속심사청구를 신청한 이후에도 심결을 내릴 수 있다.

---

195) 예를 들어, 수수료가 미납되거나 제출요건에 흠결이 발생한 경우, 수수료의 납부를 요구하거나 제출요건을 만족할 수 있는 의견서, 보정서 등의 제출을 요구하는 통지를 출원인에게 전달한다.

C. 실용특허에 대해 계속심사출원(CPA)를 신청한 경우

계속심사출원(Continued Prosecution Application 또는 CPA)은 디자인특허에만 적용되고 실용특허(Utility Patent)에는 적용되지 않는다. 만약 출원인의 착오에 의해 실용특허에 대해 계속심사출원(CPA)을 진행한 경우에는 계속심사청구(RCE)를 신청한 것으로 간주한다.

3) 적절한 계속심사청구에 대한 취급

적절한 계속심사청구(RCE)가 신청되면 해당 출원에 대한 재심사가 이루어진다. 만약 계속심사청구가 진행되기 이전에 허가(entry)되지 않고 각하된 보정이 있는 경우, 심사관은 해당 보정을 허가하고 해당 보정을 기초로 다시 심사를 진행하는 것이 일반적이다.[196] 만약 최후거절통지(Final OA)에 대한 보정서를 제출했으나 각하된 이후 계속심사청구(RCE)를 진행하면서 새로운 보정서를 제출하는 경우, 출원인은 종전 보정서의 내용도 함께 제출하는지 여부를 특정해야 한다. 만약 출원인이 종전 보정서의 내용도 함께 제출하는지 여부를 특정하지 않은 경우, 심사관은 종전 보정서 및 새로운 보정서의 내용을 모두 허가하고 심사를 진행한다.

한편 상술한 바와 같이 심판이 계속 중인 상황에서 계속심사청구(RCE)가 제출된 경우 심판은 철회된 것으로 취급되며 해당 출원은 종전 심사관에 전달되어 심사절차(prosecution)가 재개된다. 한편 불복심판에 대한 심결이 임박한 경우 출원인은 심판원에 계속심사청구의 신청 사실을 통지하여야 하며, 만약 통지가 없는 경우 심판원은 출원인이 계속심사청구를 신청한 이후에도 심결을 내릴 수 있다.

4. 관련문제

1) 심사의 보류 요청

출원인이 적법하게 계속심사청구를 신청한 경우, 일시적인 심사보류(Suspension of Action)를 요청할 수 있다. 일반적으로 출원인이 IDS, 선서진술

196) 예를 들어 최후거절통지(Final OA) 이후 새로운 이슈(new issue)를 제기했다는 이유로 청구항에 대한 보정이 각하된 경우, 계속심사청구와 함께 보정이 제출되면 해당 거절통지(OA)에 대한 최종성이 철회되므로 새로운 이슈를 제기하는 청구항에 대한 보정을 허가하고 해당 청구항에 대한 심사를 진행한다. 물론 신규사항이 포함된 보정이 문제되는 경우에는 35 U.S.C. § 112 첫 번째 단락의 위반이 문제된다.

서(affidavit), 선언서(declaration) 등을 제출할 시간을 확보하지 못한 경우에 주로 활용된다.

2) 청구항의 보정 가부

신규사항을 추가하지 않는 한, 계속심사청구를 하면서 청구항에 대한 보정을 하는 것은 가능하다. 청구항에 대한 보정을 하는 경우 최초 명세서에 의해 뒷받침되는 내용이라면 어떠한 내용도 추가될 수 있지만, 만약 심사관의 한정요구(Restriction Requirement)에 대응하여 미지정(non-election)된 청구항을 추가하는 보정을 할 수는 없다.[197)]

3) 계속심사청구 이후에 최초 거절통지가 최후성을 갖는 경우

원칙적으로 최초거절통지는 최후성을 가질 수 없다. 그러나 계속심사청구를 신청한 이후 부여되는 최초거절통지는 최후거절통지(Final OA)가 될 수 있다. 계속심사청구 이후에 다시 심사를 진행하여 거절의 근거를 찾았으나 이러한 거절의 근거가 계속심사청구 이전에 부여된 최후거절통지(Final OA)에 비추어 새로운 거절의 근거가 아닌 경우 계속심사청구 이후에 부여되는 최초 거절통지는 최후거절통지(Final OA)일 수 있다.

4) 심결 이후의 계속심사청구 진행

특허심판원(BPAI)의 심결이 있어도 이에 대한 항소가 가능한 기간 이내에는 계속심사청구의 진행이 가능하다.[198)] 이 경우, 해당 심결의 대상이 된 거절통지의 최후성은 철회되며, 계속심사청구와 함께 제출된 의견/보정의 내용을 함께 고려하여 심사를 다시 진행하게 된다.

심결이 출원인에게 불리하여 계속심사청구가 진행된 경우라면, 해당 심결에 의한 기판력(*res judicata*)이 문제될 수 있음을 주의해야 한다.[199)] 해당 심결의 내용은 판례법처럼 작용하므로, 심사관은 해당 심결에 모순/저촉되는 등록결정을 내릴 수 없다. 따라서 출원인에게 불리한 심결이 있은 후 계속

197) 이러한 보정이 이루어지는 경우, 이러한 보정은 각하의 대상이 되어 심사의 대상에 포함되지 않게 된다. MPEP § 706.07(h).

198) 그러나 항소가 진행된 경우에는 계속심사청구(RCE) 진행이 불가능하다.

199) 심판원의 심결에 기판력이 부여되기 위해서는 해당 심결이 법원에 의해 판단되지 않았어야 한다. 따라서 심결이 있은 후 계속심사청구(RCE)를 진행하고 해당 심결에 대해 법원에 항소하지 않은 경우에만 심결에 의한 기판력이 발생하며, 만약 계속심사청구(RCE)를 진행한 이후 해당 심결에 대한 항소를 진행한 경우에는 해당 심결로 인한 기판력은 발생하지 않는다.

심사청구를 진행하는 경우, 출원인은 청구항에 대한 보정을 해야만 한다.

한편 심결이 있은 후 부적절한 계속심사청구가 진행된 경우, 출원인에게 계속심사청구가 부적절하다는 통지를 부여하지만 부적절한 항소로 인해 항소가능기간이 연장되는 것은 아니다. 따라서 항소가능기간 이내에 계속심사청구의 흠결이 치유되지 않고 항소가능기간이 경과하면, 더 이상 계속심사청구(RCE)는 진행될 수 없으며 해당 심결은 확정된다. 따라서 심사관은 해당 심결에 따라 허여통지서(Notice of Allowance)를 부여하거나 해당 심결에 따라 출원이 포기되었음을 통지한다.

5) 심결 이후에 출원인의 절차진행

심결이 있더라도 이에 대한 항소가 가능한 기간 동안에는 연속출원 또는 계속심사청구(RCE)가 모두 가능하다. 다만, 연속출원이나 계속심사청구(RCE)를 통해 새로운 심사가 진행되어도, 다음 번 거절의 근거가 종전의 거절의 근거와 동일한 경우, 연속출원 또는 계속심사청구(RCE) 이후에 발생하는 OA가 최후성을 가질 수 있음을 주의해야 한다.

또한 심결 이후 연속출원 또는 계속심사청구(RCE)를 진행하는 경우, 해당 심결에 기판력이 부여될 수 있음은 동일하다.[200] 따라서 연속출원 또는 계속심사청구(RCE) 모두 심결의 내용을 고려하여 청구항에 대한 보정을 수행하는 것이 바람직하다.

제11절 | 기 간

Ⅰ. 기간의 계산

출원인이 특정한 기간 이내에 특허청(USPTO)에 대해 응신해야 하는 경우, 특허청에서 서류를 발신한 날을 기준으로 응신기간을 계산한다.[201] 한국특허법에서 적용되는 초일불산입의 원칙은 미국특허법에도 그대로 적용된다.

---

200) *See* MPEP § 706.03(w).
201) *See* MPEP § 710.01(a).

기간의 계산방법은 자연적 계산방법과 역법적 계산방법으로 구분될 수 있다. 자연적 계산방법은 주로 단기간(예를 들어, 30일)에 적용되며, 역법적 계산방법은 주로 장기간(예를 들어, 3개월)에 적용된다. 미국특허법은 자연적 계산방법과 역법적 계산방법을 모두 사용한다.[202]

II. 판 단

1. 구체적인 예

예 1

8월 10일에 발송된 거절통지(OA)에 대하여 3개월의 법정단기기간(Shortened Statutory Period 또는 SSP)이 부여된 경우, 11월 10일까지 응신하는 것이 원칙이다.

예 2

11월 30일에 발송된 거절통지(OA)에 대하여 3개월의 법정단기기간(SSP)이 부여된 경우, 2월의 마지막 날(28일 또는 29일)까지 응신하여야 한다. 기간의 만료일이 해당 월에 없다면, 해당 월의 가장 마지막 날이 기간의 만료일이 된다.[203] 다만, 1개월의 기간은 최소한 30일의 기간을 보장받는 예외가 있다. 예를 들어, 1월 31일로부터 1월 이내에 응신을 해야 하는 경우, 2월 28일(윤년이 아닌 경우)이 아니라, 1월 31일로부터 30일째인 3월 2일까지 응신하면 충분하다.

예 3

2월 28일(윤년이 아닌 경우)에 발송된 거절통지(OA)에 대하여 3개월의 법정단기기간(SSP)이 부여된 경우, 5월 31일 아닌 5월 28일까지 응신하여야 한다.[204] 기산일이 해당 월의 마지막 날인지 여부는 문제되지 않는다.

---

202) 1월의 응신기간이 주어지더라도, 1월의 기간이 30일보다 짧다면 1개월을 초과하더라도 30일 이내에 응신했다면 응신기간을 초과하지 않은 것으로 취급된다. 35 U.S.C. § 133에 따라 출원인은 최소한 30일 이상의 응신기간을 보장받기 때문이다. *See* MPEP § 710.02(b).

203) *See* MPEP § 710.01(a) (citing *Ex parte* Messic, 7 USPQ 57 (Comm'r Pat. 1930)).

204) *See* MPEP § 710.01(a) (citing *Ex parte* Messic, 7 USPQ 57 (Comm'r Pat. 1930)).

예 4

1월 31일 발송된 거절통지(OA)에 대하여 3개월의 법정단기기간(SSP)이 부여된 경우, 4월 30일까지 응신하여야 한다. 만약 4월 30일이 토요일인 경우, 그 다음 업무일인 5월 2일(월요일)까지 응신이 가능하다. 만약 출원인이 1개월의 기간연장을 신청하는 경우, 응신의 마감일은 6월 2일 또는 5월 30일이 아니라 5월 31일이다. 1월 31일에 발송된 거절통지(OA)가 문제되는 경우, 원칙적으로 응신의 마감일은 "매달 31"일이어야 한다.[205] 비록 4월은 31일이 없으므로 4월의 말일이 3개월의 기간의 만료일이 되지만, 4월 30일에서 1개월을 연장하는 경우에는 매달 31일이 만료일이 되어야 하는 원칙이 다시 적용된다.

2. 공휴일의 취급[206]

특허청에 대해 서류나 응신을 제출해야 하는 기간이 만료하는 날이나 수수료를 납부해야 하는 기간이 만료하는 날이 토요일, 일요일 및 워싱턴 DC 지역의 연방공휴일인 경우, 다음 업무일에 제출/납부할 수 있다.[207] 이러한 공휴일에 관한 규정은 심판원의 심결에 불복하는 소를 제기할 때에도 동일하게 적용된다.[208]

워싱턴 DC 지역의 연방공휴일

미국은 연방정부와 주정부는 서로 다른 휴일을 가질 수 있는바, 연방공휴일은 신정(1월 1일), 마틴 루터 킹 기념일(1월 세 번째 월요일), 워싱턴 대통령 기념일(2월 두 번째 월요일), 메모리얼 데이(5월 마지막 월요일), 독립기념일(7월 4일), 노동절(9월 첫 번째 월요일), 컬럼버스 기념일(10월 두 번째 월요일), 재향군인 기념일(11월 11일), 추수감사절(11월 네 번째 목요일), 성탄절(12월 25일)로 법정되어 있다.[209] 또한 4년마다 거행되는 대통령 취임일(1월 20일)도 워싱턴 DC 지역의 연방공휴일로 간주된다.

---

205) *See* MPEP § 710.01(a).
206) *See* MPEP § 710.05.
207) 35 U.S.C. § 21.
208) 37 C.F.R. § 1.304.
209) 5 U.S.C. § 6103(a); MPEP § 710.05.

3. 법정기간의 계산[210]

심사관은 출원에 대한 거절통지(OA)를 부여할 때 단기법정기간(Shortened Statutory Period 또는 SSP)을 지정하고 해당 기간 내에 응신을 요구한다.[211] 단기법정기간(SSP)은 심사관의 거절통지(OA)의 종류에 따라 1개월, 2개월 또는 3개월로 지정된다. 출원인이 단기법정기간 이내에 심사관의 거절통지에 응신하지 못한 경우에는, 거절통지의 발송일로부터 6개월 이내에 기간연장에 따른 수수료를 납부하면서 기간연장을 신청하는 청원을 제출할 수 있다. 통상의 출원에 대한 거절통지[212]에 대한 응신기간은 자동으로 연장이 되는 기간에 해당하므로 출원인의 기간연장은 자동으로 허락된다.[213] 즉, 통상의 출원에 대한 거절통지에 대한 기간연장은 거절통지(OA)의 발송일로부터 6개월 이내까지 이루어지면 충분하므로, 기간연장을 단기법정기간(SSP)의 만료일 이전에 미리 할 필요는 없다.[214] 한편 출원인이 최초의 응신 이후에 제출하는 보충응신(Supplemental Reply)이 문제되는 경우, 최초 응신이 거절통지(OA)에 대한 완전한 응신이었다면 보충응신을 제출하면서 기간연장에 따른 수수료를 납부할 필요는 없다.[215]

1) 1개월의 법정기간

한정요구(Restriction Requirement)가 부여되는 경우 또는 비최후거절통지(Non-Final OA)에 대한 응신이 제출되었으나 충분한 응신이 아닌 경우[216]에 심사관은 1개월의 단기법정기간을 부여할 수 있다. 1개월의 기간은 최소 30일이어야 하며, 만약 1개월의 기간이 30일 미만인 경우에는 30일로 계산해야 한다.

---

210) *See* MPEP § 710.02(b).

211) 이 경우 단기법정기간은 30일 미만일 수는 없다. 35 U.S.C. § 133.

212) 재심사절차에 따른 거절이 문제되는 경우에는 기간연장이 자동으로 허락되지 않는다.

213) 따라서 기간연장이 허여되었음을 별도로 통지하지 않는다.

214) 이는 OA의 응신기간에 대한 기간연장이 자동으로 허락되기 때문이다. 만약 자동으로 허락되지 않은 응신기간이 문제되는 경우(예를 들어, 당사자계/결정계 재심사절차 또는 저촉절차에서의 응신기간이 문제되는 경우)에는 반드시 응신기간이 경과하기 이전에 미리 기간연장을 신청해야 한다.

215) *See* MPEP § 710.02(e).

216) 출원인의 응신에 사소한 흠결(minor deficiency)이 아니라 심각한 흠결이 있는 경우, 예를 들어 출원인 또는 대리인의 서명이 누락되었거나 전혀 다른 사건에 대한 응신이 제출된 경우에 1개월의 법정기간의 부여된다. *See* MPEP § 714.03.

2) 2개월의 법정기간

심사관은 i) 저촉절차(interference)의 결과 선발명자로 인정받은 출원인이 저촉절차에서 발생한 거절통지(OA)에 대해 응신해야 하는 경우, ii) *Ex parte Quayle* 거절(*Ex parte Quayle* Action)[217]이 문제되는 경우, iii) 청구항의 개수가 지나치게 많은 것을 이유로 거절통지(OA)가 부여되는 경우[218]에 2개월의 단기법정기간을 부여할 수 있다.

3) 3개월의 법정기간

심사관은 실체적인 사항에 관한 거절통지(OA)가 부여되는 경우에 3개월의 단기법정기간(SSP)을 부여할 수 있다.[219]

4) 관련문제 — 청구이유서(Appeal Brief)

심판(appeal)에 관련된 기간의 경우 관련 요건이 엄격한 편이나, 청구이유서(Appeal Brief)를 제출하는 기간에 관해서는 취급이 다르므로 유의해야 한다. 구체적으로 심판청구서(Notice of Appeal)가 특허청(USPTO)에 수신된 날로부터 2개월 이내에 청구이유서를 제출해야 하며, 제출된 청구이유서에 흠결이 있는 경우 흠결의 통지가 발송된 날로부터 1개월 이내에 새로운 청구이유서를 제출해야 하나, 이러한 기간은 연장 불가능한 기간은 아니며, 자동으로 연장되는 기간에 해당한다. 따라서 수수료를 납부하는 경우, 추가로 5개월의 기간연장이 가능하다.[220] 즉, 청구이유서(Appeal Brief)에 관한 기간은 법정기간이 아니므로, 통상적인 응신기간처럼 응신기간이 최대 6개월로 제한되는 것이 아니라, 처음에 부여되는 1개월 또는 2개월의 기간에 대해 추가적인 5개월의 기간연장이 가능하다.

---

217) *Quayle* 사건 (*Ex parte* Quayle, 25 USPQ 74, 1935 C.D. 11; 453 O.G. 213 (Comm'r Pat. 1935))에 의해 인정된 거절통지(OA)로, 발명의 실체적인 내용은 등록가능하나 형식적인 부분에 사소하거나 자명한 실수가 있는 경우 부여된다. *Ex parte Quayle* 거절이 부여되는 경우, 출원인은 형식적인 실수를 치유하는 보정만을 제출할 수 있다.

218) *See* MPEP § 2173.05(n).

219) 실무상 문제되는 대부분의 거절통지(OA)에 대해서는 3개월의 단기법정기간이 부여된다.

220) *See* MPEP § 710.02(d).

4. 지정기간(비법정기간)[221]

심사관은 특정한 경우 (단기)법정기간 대신 지정기간(Specified Time Limits)을 지정하여 출원인의 응신을 요구할 수 있다. 법정기간이 아니라 지정기간을 부여하는 경우는 i) 출원인이 아닌 제3자가 해당 출원에 접근을 요청할 때 출원인이 이에 동의하는지에 관한 응신을 요구하는 경우,[222] ii) IDS (Information Disclosure Statement)를 통해 제출되어야 하는 서류가 누락된 경우,[223] iii) 출원인이 청구항을 지정(election)하면서 심사관의 한정요구에 반박(traverse)을 하였고 지정된 청구항은 등록가능한 상태이나 미지정된 청구항(non-elected claim)을 삭제보정하지 않은 경우,[224] iv) 출원인이 저촉절차를 요구하는 과정에서 일부 사항을 누락한 경우[225]에는 심사관의 재량에 따라 지정기간이 부여된다.

5. 관련문제 — 법정기간과 지정기간의 차이[226]

1) 포기간주

법정기간 이내에 적절한 응신을 제출하지 못한 경우 해당 출원은 포기된다.[227] 그러나 지정기간이 부여되는 경우 적절한 응신이 없더라도 출원이 포기되지는 않는다.

2) 30일 미만의 기간

법정기간이 부여되는 경우 30일 미만의 기간은 부여될 수 없으나, 지정기간이 부여되는 경우에는 심사관의 재량에 따라 30일 미만의 기간도 부여될 수 있다.

---

221) *See* MPEP § 710.02(c).

222) 만약 출원인이 지정기간 내에 응신하지 않는 경우, 해당 출원에 대한 접근이 허락된다.

223) 예를 들어, 외국 특허청에서 공개된 문서를 표시하기는 하였으나 해당 문서의 사본을 제출하지는 않은 경우 등이 문제된다. 출원인이 지정기간 내에 응신하지 않는 경우, 누락된 자료들은 심사에 반영되지 않는다.

224) 만약 출원인이 지정기간 내에 응신하지 않는 경우, 미지정된 청구항을 삭제 보정하고 지정된 청구항에 대해서는 등록을 허여한다.

225) 만약 출원인이 지정기간 내에 응신하지 않는 경우, 저촉의 대상이 되는 상대방 특허가 먼저 발명된 것으로 인정한 것으로 간주한다.

226) *See* MPEP § 710.02(d).

227) 포기되는 경우에는 청원(petition)을 통해 해당 출원을 부활(revival)시킬 수 있을 뿐이다. 37 C.F.R. § 1.137.

3) 심사관의 재량

지정기간을 경과하여 응신이 접수되는 경우, 지정기간을 경과한 사유가 충분히 설명된 경우에는 심사관의 재량에 따라 적절한 응신이 이루어진 것으로 간주될 수 있다. 그러나 법정기간이 경과한 경우에는 바로 포기 간주되며 심사관의 재량이 개입할 여지가 없다.

Ⅲ. 기간의 연장[228)]

미국특허법에 따른 기간은 i) 자동으로 연장되는 기간, ii) 연장의 사유가 있어야 연장되는 기간, iii) 어떠한 경우에도 연장되지 않는 기간으로 구분될 수 있다.

1. 자동으로 연장되는 기간[229)]

37 C.F.R. § 1.136(a)에 따른 기간이 문제되는 경우에는 기간연장은 월 단위로 이루어지며 최대 5개월까지 연장 가능하다. 자동으로 연장되는 기간에 해당하는 경우, 출원인의 기간연장 신청은 항상 받아들여진다. 즉, 출원인이 법정된 수수료와 함께 기간연장의 청원(petition)을 제출하면 기간연장이 자동으로 이루어진다. 만약 5개월의 연장 기간이 모두 소모된 경우에는 정당한 연장의 사유를 근거로 연장을 할 수 있을 뿐이다.[230)]

미국특허법에 따라 i) 법률에 별도의 규정이 있거나, ii) 거절통지(OA) 등에 명시적으로 다르게 통지된 사정이 없는 모든 기간은 자동으로 연장되는 기간에 해당한다.[231)] 주의할 점은 심사관의 거절통지(OA)에 대한 응신기간은 자동으로 연장되는 기간에는 해당되나, 특허법에 따른 별도의 규정[232)]이 존

---

228) *See* MPEP § 710.02(e).

229) 37 C.F.R. § 1.136(a).

230) 즉, 37 C.F.R. § 1.136(a)에 따른 기간연장을 모두 소모한 경우에는 37 C.F.R. § 1.137(b)에 의한 기간연장만이 가능할 뿐이다.

231) 따라서 법정기간인지 여부와 상관없이 원칙적으로 출원인은 최대 5개월의 기간을 연장을 요청할 수 있다. MPEP § 710.02(e). 그러나 위와 다른 법규정이 있거나 위와 다르게 OA에 기재된 바가 있으면, 연장 가능한 기간이 5개월에 비해 단축되거나 기간연장을 위해 연장의 사유(cause)가 요구될 수 있다.

232) 35 U.S.C. § 133에 따르면 거절통지가 발송된 날로부터 6월 이내에 응신이 있어야 한다.

재하므로 항상 5개월까지 자동 연장되는 것은 아니라는 것이다. 거절통지(OA)가 부여되는 경우, 최후거절인지 여부에 상관없이, 거절통지가 발송된 날로부터 6개월 이내에 응신이 이루어져야 한다. 따라서 단기법정기간(SSP)이 3개월로 정해진 거절통지(OA)가 발송되는 경우, 출원인이 수수료를 납부하며 추가로 연장할 수 있는 기간은 최대 3개월이다.

2. 연장의 사유가 있어야 연장되는 기간[233)]

37 C.F.R. §1.136(b)에 법정된 기간이 문제되는 경우에는, 정당한 연장의 사유가 인정되는 경우에만 합리적인 정도의 기간연장이 허락된다. 구체적으로 연장의 사유가 요구되는 경우는, 심판 단계에서 제출되는 답변이유서(Reply Brief), 심판 단계에서의 구술심리(oral hearing)에 대한 요청, 특허심판원(BPAI)의 결정에 불복하여 법원에 불복에 관한 소의 제소기간, 재심사절차(Reexamination Proceeding)에 따른 기간이 문제되는 경우, 저촉절차(interference proceeding)에 따른 기간이 문제되는 경우, 거절통지(OA)에서 연장의 사유를 요구한 경우,[234)] 거절통지(OA)가 아니더라도 비법정기간이 통지되면서 연장의 사유를 요구한 경우 등이다.[235)]

연장의 사유가 요구되는 경우, 기간연장을 신청하면서 기간의 연장이 요구되는 이유를 진술해야 한다. 이 경우 기간연장 여부는 제출된 연장의 사유가 정당한지 여부를 기초로 결정되는바, 기간연장에 관한 신청은 원래 응신해야 하는 기간 이내에 제출되어야 한다.

3. 연장 불가능한 기간

일부 기간의 경우 연장이 불가능하다. 실무상 주로 문제되는 기간은 허여통지 이후 등록료 납부에 관련된 기간, IDS 제출, 출원일 인정요건과 관련된 기간이다. 구체적으로 등록이 가능하다는 허여통지서가 발송된 날로부터 3개월 이내에는 등록료(Issue Fee)를 내야 하는바, 이러한 3개월의 기간은 연장이 불가능하며, 도면(drawing)이나 발명자의 선언서(declaration)에 흠결이

---

233) 37 C.F.R. § 1.136(b).

234) 관련 소송이 계류 중인 재발행출원에 관한 응신이 문제되는 경우, 기간연장의 정당한 사유가 요구된다. MPEP § 710.02(e).

235) 37 C.F.R. § 1.136(b); *See* MPEP § 710.02(e).

있는 경우 허여가능통지서(Notice of Allowability)를 발송하면서 등록료 납부 이전까지 해당 흠결에 대한 치유를 요구되는바 이러한 흠결의 치유를 위한 기간을 연장하는 것은 불가능하다. 또한 IDS 제출과 관련된 기간은 연장이 불가능하며, 출원일 인정요건과 관련하여 발명의 상세한 설명 등이 누락한 경우에 발송되는 누락항목통지(Notice of Omitted Items)에 따른 기간도 연장 불가능하다.

제12절 | 출원의 포기

I. 서

출원인이 거절통지(OA)에 대해 법정기간 내에 적절하게 응신하지 못하거나 특허청(USPTO)에 대해 명시적으로 포기의 의사를 제출한 경우 해당 출원은 포기된다. 미국특허법에 따르면, 최후거절통지(Final OA)가 아닌 거절통지라 해도 법정기간 내에 적절하게 응신하지 못하면 출원이 포기되므로 주의해야 한다.[236] 한편 미국특허법은 포기된 건이라 해도 부활(revival)을 폭넓게 인정하므로, 출원인이 일정한 수수료를 제출하고 부활을 신청하는 경우, 포기된 출원에 대해서도 다시 심사를 받을 수 있음을 유념해야 한다.

II. 포기의 태양

1. 기간의 경과에 따른 포기

거절통지(OA)가 부여된 이후 출원인이 법정기간 이내에 적절하게 응신하지 못한 경우 해당 출원은 포기된다.[237] 거절통지에 대한 단기법정기간(1개월, 2개월 또는 3개월)이 부여된 경우, 이에 대한 응신기간은 자동 연장되므

---

236) 한국특허법과 같이 최초거절통지 이후 별도의 거절결정을 부여하고 거절결정의 확정을 기다려 해당 건에 관한 절차를 종결시키는 것이 아님을 주의해야 한다. 즉 최초거절통지에 대해 응신하지 않으면 해당 건은 포기 간주된다.

237) *See* MPEP § 711.

로 거절통지의 발송일로부터 6개월까지는 기간연장을 통해 적절하게 응신할 수 있지만, 6개월을 경과하면 해당 건은 포기된다.

2. 명시적 포기

출원인 등은 특허청에 계속 중인 출원에 대해 서면으로 포기의 의사를 표시할 수 있다. 출원에 대한 포기는 출원인 또는 기록상의 대리인으로 제한되나, 계속출원을 하면서 계속출원의 기초가 되는 모출원을 포기하는 경우에는 기록상의 대리인이 아니라 대리인으로서 행동하는 대리인도 포기의 의사를 표시할 수 있다.[238)]

관련문제 — 출원공개를 막기 위한 포기

출원인은 출원공개를 막기 위해 특허출원을 명시적으로 포기할 수 있다. 다만, 출원공개가 임박한 시점에 출원공개를 포기하는 경우, 특허청에 의해 출원공개가 이루어질 수 있기 때문에 출원공개가 예상되는 시점으로부터 4주 전에 포기를 요청하는 청원(petition)을 제출할 것을 권장하고 있다.[239)]

Ⅲ. 출원의 포기에 관한 다툼

만약 출원이 포기된 것이 부당하다고 판단되는 경우, 출원인은 포기의 재고(Reconsideration of Holding of Abandonment)를 요청할 수 있다.[240)] 포기의 재고와 이하에서 설명하는 출원의 부활을 위한 청원(petition to revive)의 차이

---

238) MPEP § 711. 참고로, "기록상의 대리인"은 특허청에 위임장을 제출한 대리인(Patent Attorney/Patent Agent)을 말한다. 일반적으로 "기록상의 대리인"만이 적법한 대리권을 인정받지만 37 C.F.R. § 1.34는 예외를 인정한다. 구체적으로, 미국 특허청에 별도로 위임장을 제출하지 않았더라도 특허청에 등록한 대리인이 서명을 하고 서류를 제출하는 경우에는 대리인으로서 행동하는(acting in a representative capacity) 대리인으로서의 대리권을 인정한다. 이 경우, 차후에 위임장의 제출이 요구될 수 있다.

239) 37 C.F.R. § 1.138. 따라서 특허청은 해당 청원을 팩시밀리로 제출할 것을 강력하게 권유하고 있다.

240) *See* MPEP § 711.03. 참고로 포기에 관한 재고를 요청하는 청원에 대한 상세한 내용은 MPEP § 711.03(a)-(d)에 기술되어 있다.

는, 포기의 재고는 포기된 것 자체가 부당하다고 다투는 것이고 출원의 부활을 위한 청원은 일단 포기되었음을 전제한다는 것이다.

Ⅳ. 출원의 부활

포기된 출원을 부활시키기 위해서는 부활을 위한 청원(petition to revive)을 제출해야 하는바, 청원을 통해 출원을 부활시킬 수 있는 경우는 i) 피할 수 없는 사유로 인해 응신이 지연된 경우[241]와 ii) 출원에 대한 포기가 의도적이지 않은 경우[242]이다.

1. 출원의 부활을 위한 청원이 가능한 경우

출원의 부활을 위한 청원은 가출원(Provisional Application)에 대한 특허청의 요구사항에 대해 적절히 응신하지 못해 포기된 경우, 정규출원(Non-Provisional Application)의 심사과정에서 적절하게 대응하지 못한 경우, 등록료(Issue Fee)를 적시에 납부하지 못한 경우 등에 활용 가능하다.

2. 피할 수 없는 사유에 의한 응신 지연에 따른 출원의 부활[243]

피할 수 없는 사유에 의해 응신이 지연되어 출원이 포기된 경우, 출원의 부활을 신청하는 청원(petition)은 i) 응신, ii) 응신이 지연된 것이 피할 수 없는(unavoidable) 사유였음을 증명하는(showing) 진술서[244] 및 iii) 수수료와 함께 제출되어야 한다.[245] 주의할 점은, 청원과 함께 원래 제출되어야 했던 "응신"이 청원과 함께 제출되어야 한다는 것이다.[246] 예를 들어, 비최후거절

241) 37 C.F.R. § 1.137(a).

242) 37 C.F.R. § 1.137(b).

243) *See* MPEP § 711.02.

244) 구체적으로 i) 거절통지에 대해 적시에 대응하지 못한 원인이 피할 수 없는 것이었다는 것과 ii) 응신했어야 하는 날부터 청원을 제출하는 날까지의 지연이 피할 수 없었던 것임을 증명하여야 한다. MPEP § 711.02. 특허청의 구체적인 판단예는 MPEP § 711.03(c)에 기재되어 있다.

245) 참고로 1995년 이전의 출원이나 디자인 출원의 경우 존속기간포기서(terminal disclaimer)가 함께 제출되어야 한다. 37 C.F.R. § 1.137(d).

246) 만약 등록료 등의 수수료의 미납으로 출원이 포기된 경우에는 해당 수수료를 납부하면서 출원의 부활을 위한 청원을 제출해야 한다. *See* MPEP § 711.03(c).

통지(Non-Final OA)에 대해 6개월 내에 응신하지 못하여 출원이 포기된 경우, 적시에 응신하지 못한 것이 피할 수 없는 사유에 의한 것임을 보임과 동시에 i) 해당 비최후거절통지(Non-Final OA)에 대응하는 의견서/보정서를 함께 제출하거나 ii) 포기된 출원을 모출원으로 하는 연속출원(계속/분할/부분계속출원)을 제출해야 한다. 또한 최후거절통지(Final OA)에 대해 6개월 내에 응신하지 못하여 출원이 포기된 경우, 적시에 응신하지 못한 것이 피할 수 없는 사유에 의한 것임을 보임과 동시에 i) 적법한 수수료와 함께 심판청구서(Notice of Appeal)를 제출하거나, ii) 최후거절 이후의 보정요건(37 C.F.R. § 1.116)을 만족하는 보정서를 제출하거나, iii) 제출요건을 만족하는 적법한 계속심사청구(RCE)를 신청하거나, iv) 포기된 출원을 모출원으로 하는 연속출원(계속/분할/부분계속출원)을 제출해야 한다.

3. 의도치 않은 포기에 따른 출원의 부활

의도치 않은 포기에 의해 출원이 포기된 경우, 출원의 부활을 신청하는 청원(petition)은 i) 응신, ii) 응신이 지연된 것이 비의도적임(unintentional)을 증명하는 진술서[247) 및 iii) 수수료와 함께 제출되어야 한다.[248) 응신의 지연은 비의도적이어야 하므로, 특허성이 없다는 이유로 출원을 포기한 경우에는 출원의 부활을 신청하는 청원을 제출할 수 없다. 의도치 않은 포기에 따른 출원의 부활이 문제되는 경우 청원과 함께 원래 제출되어야 했던 "응신"이 제출되어야 함은 피할 수 없는 사유에서의 출원의 부활의 경우와 같다.

V. 청원이 기각된 경우의 불복

만약 포기된 특허출원의 부활을 위한 청원이 기각되는 경우 기각 결정이 발송된 날로부터 2개월 이내 또는 기각 결정을 통해 지정된 기간 이내에

247) 구체적으로 응신했어야 하는 날부터 청원을 제출하는 날까지의 지연이 의도적인 것이 아님을 진술해야 한다. *See* MPEP § 711.02. 이러한 진술에 의문이 있는 경우 출원인에게 추가적인 정보를 요구할 수 있으나, 일반적으로 특허청은 출원인의 진술을 신뢰한다. MPEP § 711.03(c).

248) 참고로 1995년 이전의 출원이나 디자인 출원의 경우 존속기간포기서(terminal disclaimer)가 함께 제출되어야 함은 위와 같다.

해당 결정의 재고(reconsideration)를 요청할 수 있다.[249)]

제13절 | 한정요구

I. 서

한정요구(Restriction Requirement 또는 RR)란 서로 독립되거나 구별되는 복수의 발명이 하나의 출원을 통해 청구된 경우 해당 발명 중 어느 하나를 출원인으로 하여금 지정(election)하도록 요구하는 거절통지(OA)를 말한다. 심사관이 한정요구를 부여한 경우, 출원인은 반드시 어느 하나의 발명을 지정하여야 하며, 지정된 발명만이 심사의 대상이 된다. 한정요구에 관련된 문제는 순전히 출원과정에서만 문제되며, 한정요구의 요건을 심사관이 간과하여 한정요구가 부여되지 않았더라도 특허의 효력에 영향을 끼치는 것은 아니다.[250)]

II. 한정요구의 요건

한정요구(Restriction Requirement)가 부여되기 위해서는 청구항을 통해 복수의 발명이 청구되었고 해당 발명이 서로 독립되거나 구별되어야 하며, 독립/구별되는 발명을 함께 심사하는 것이 심사에 심각한 부담(serious burden)이 되어야 한다.[251)]

---

249) 37 C.F.R. § 1.137(e). 참고로, 재고를 요청할 수 있는 기간은 연장 가능한 기간이다.

250) 35 U.S.C. § 121 ("The validity of a patent shall not be questioned for failure of the Director to require the application to be restricted to one invention."). 한정요구는 특허의 효력이나 권리범위에는 영향이 없으므로 소송단계에서 논의될 이슈가 없고, 이에 따라 관련된 판례법도 거의 없다.

251) 한정요구의 대상은 "청구항"이 아니라 청구된 "발명"이므로, 하나의 청구항에 여러 발명이 기재된 경우에는 해당 청구항에 대해서도 한정요구가 가능하다. 예를 들어, 제1항 내지 제3항 중 어느 하나를 택일적으로 인용하는 종속항이 문제되는 경우 3개의 발명이 하나의 종속항에 기재될 수 있는바, 해당 종속항이 외관상 하나의 청구항이라 할지라도 3개의 발명 중 어느 하나의 지정을 요구하는 한정요구가 가능할 수 있다.

Ⅲ. 독립성과 구별성

1. 독립되거나 구별될 것

현재 특허청(USPTO)의 실무에 따르면, 심사관의 한정요구가 적법하기 위해서는 청구항에 둘 이상의 독립되는(independent) 발명이나 둘 이상의 구별되는(distinct) 발명이 기재되어 있을 것을 요구한다.[252]

1) 독립성의 의미

"독립적(independent)"이라는 의미는 청구항에 기재된 두 발명이 관련되지 않았다는 것으로, 두 발명이 디자인적, 동작, 효과 측면에서 어떤 식으로든 연결되지 않았다는 것을 의미한다. 예를 들어, 어떤 장치발명이 특정한 방법발명에 따라 수행될 수 없고, 그 방법발명 또한 상기 장치발명에서 동작할 수 없는 경우 양 발명은 독립적인 것이라 할 수 있다.[253] 즉 양 발명에는 독립성이 인정되므로 한정요구가 문제될 수 있다.

발명의 종류에 따라서는 그 속성상 서로 독립적이기 힘들어 발명 간에 관련성이 인정될 수밖에 없는 발명이 있다. 특허청(USPTO) 실무에 따르면 i) 콤비네이션/서브콤비네이션 관계를 갖는 발명,[254] ii) 방법 및 이를 이용하는 장치에 관한 발명,[255] iii) 제조방법 및 이러한 제조방법에 의해 제조되는 물건에 관한 발명,[256] iv) 장치 및 이를 통해 제조된 물건에 관한 발명,[257] v) 물건 및 이를 이용하는 방법에 관한 발명,[258] vi) 중간생성물 및 최종물에 관한

---

252) 참고로 35 U.S.C. § 121가 독립되고 구별되는 발명이 있는 경우에 한정요구를 할 수 있다고 규정되어 있다. 35 U.S.C. § 121 ("If two or more independent and distinct inventions are claimed in one application, the Director may require the application to be restricted to one of the inventions.") (emphasis added). 비록 35 U.S.C. § 121가 독립되고 구별되는 발명이 있는 경우에 한정요구를 할 수 있다고 규정하고 있으나, 현재 특허청의 실무는 독립되거나 구별되는 발명이 있는 경우에 한정요구를 부여한다. MPEP §803. 한편, 한정요구를 판단할 때에는 청구항에 기재된 둘 이상의 발명이 독립되는지 혹은 구별되는지가 여부가 모두 판단되어야 하지만 만약 둘 이상의 발명이 구별되지 않음이 확실한 경우에는 한정요구가 부여될 수 없다. MPEP § 803(citing *In re* Lee, 199 USPQ 108 (Comm'r Pat. 1978)).

253) *See* MPEP §§ 802.01, 806.06.

254) MPEP § 806.05(d).

255) MPEP § 806.05(e).

256) MPEP § 806.05(f).

257) MPEP § 806.05(g).

발명[259] 및 vii) 물건, 물건의 제조방법 및 물건의 사용방법에 관한 발명[260]이 이에 해당한다. 이러한 발명에 대해서는 독립성을 증명하기 힘들기 때문에 상술한 발명들에 대한 한정요구의 적법성이 문제되는 경우 주로 "구별성"이 문제된다.

2) 구별되는 발명의 의미[261]

만약 청구항에 기재된 둘 이상의 발명에 관련성이 인정되는 경우, 즉 한정요구를 위한 독립성 요건이 만족될 수 없는 경우에는 해당 발명들이 구별(distinct)되는지를 판단해야 한다. 만약 관련성 있는 발명들이 서로 구별될 수도 없는 상황이라면, 한정요구는 어떠한 경우에도 적법할 수 없다.[262]

구별성은 둘 이상의 발명 중 어느 하나가 다른 발명에 비하여 특허성(신규성, 진보성)이 있는 경우에 인정된다. 즉 청구된 발명들 중 어느 하나에 비하여 다른 하나가 특허성이 있는 경우, 해당 발명 간에는 구별성이 인정되어 한정요구의 대상이 될 수 있다. 출원서에 청구된 발명들이 서로 자명한 변화라는 것이 명시적으로 개시된 경우에는 해당 발명들에 대해 구별성이 인정될 수 없다.[263]

일반적으로 서로 다른 카테고리의 청구항들 간에 한정요구를 부여하기 위해서는 "일 방향 구별성(one-way distinctness)"만이 요구된다.[264] 그러나 콤

---

258) MPEP § 806.05(h).

259) MPEP § 806.04(b). 예를 들어, 청구항에 기재된 두 개의 발명 중 하나는 탄소 화합물의 하위개념들에 관한 것으로 중간생성물에 해당하고, 나머지 하나는 탄소 화합물의 하위개념들에 관한 것으로 최종 생성물에 해당하는 경우에 심사관의 한정요구가 가능한지 문제될 수 있다. 이 경우 각 하위개념들은 중간생성물과 최종 생성물로서 서로 관련되어 있으므로 해당 발명들에 대해서는 독립성이 인정될 수 없고 따라서 적법한 한정요구를 위해서는 두 발명에 대한 구별성이 증명되어야 한다.

260) MPEP § 806.05(i).

261) 이하에서 설명되는 바와 같이, 한정요구의 요건 중 하나인 "구별성"의 개념은 35 U.S.C. § 102/103에 규정된 예견성(신규성) 및 자명성(진보성)으로부터 도출된 개념이지만, 한정요구에 따른 구별성의 문제는 하나의 출원에 포함된 발명들에 대해 신규성/진보성을 판단하는 것이고, 예견성/자명성의 문제는 서로 별개의 출원/선행기술에 포함된 발명들을 비교하여 판단하는 것임을 주의해야 한다.

262) *See* MPEP § 806.05. 이러한 발명들을 둘 이상의 출원(한정요구에 대응하여 분할출원을 한 경우는 제외)을 통해 보호받으려는 경우 중복특허(Double Patenting)에 해당될 수 있다.

263) *See* MPEP § 80 (citing *In re* Lee, 199 UPQ 108 (Comm'r Pat. 1978)).

264) 예를 들어, 청구항에 발명 A, B가 청구된 경우, 발명 A가 발명 B에 비해 구별되거

비네이션/서브콤비네이션의 관계 및 제품/제품에 관련된 방법에 대해서는 이와 구별되는 "양 방향 구별성(two-way distinctness)"이 요구된다.[265)]

Ⅳ. 마쿠시(Markush) 청구항에 대한 독립성/구별성의 판단[266)]

1. 마쿠시 청구항

1900년대 초반까지 청구항에 택일적 형태로 구성요소를 기재하는 경우 발명이 명료하게 특정되지 않았음을 이유로 거절(objection)되었다.[267)] 이러한 종전 원칙에 처음으로 예외가 인정된 것이 마쿠시 사건이다.[268)] 본 사건에 의해, 상위개념을 특정할 수 없는 경우 출원인이 새롭게 만들어낸 상위개념을 청구항의 용어로 사용하는 청구항이 허용되었다. 이러한 마쿠시 사건의 결정에 따라 출원인이 청구하려는 구성요소를 모두 포함하는 상위개념이 존재하지 않는 경우, "selected from the group consisting of A, B and C" 등의 표현에 근거한 마쿠시 그룹(Markush group)을 청구항에 사용하는 것이 가능해졌으며, 이러한 마쿠시 그룹이 사용된 청구항을 마쿠시 청구항이라 부르기 시작하였다. 일반적으로 마쿠시 그룹에 속하는 각 구성원은 청구항에 기재된 기능을 주로 수행하는 주된 특징을 공유해야 하는 것으로 알려져 있다. 마쿠시 청구항은 화학 분야에서 많이 활용되지만 이에 한정되는 것은 아니다.

2. 마쿠시 청구항의 기재방법

마쿠시 그룹을 특정할 때는 "wherein R is a material selected from the group consisting of A, B, C and D" 또는 "wherein R is a material chosen from the group consisting of A, B, C and D"로 기재하는 것이 일반적이지만, 기재 방법 자체가 법정된 것은 아니다. 예를 들어, "wherein R is A, B,

---

나(즉, 발명 A가 발명 B에 비해 신규하며 진보하거나) 또는 발명 B가 발명 A에 비해 구별되기만 하면(즉, 발명 B가 A에 비해 신규하며 진보하기만 하면) 구별성 요건이 만족된다. 구별성을 "일 방향"으로만 판단하기 때문에, 설령 A가 B에 비해 구별되지 않더라도 B가 A에 비해 구별되기만 하면 구별성 요건이 만족되어 한정요구가 가능해진다.

265) 구체적인 판단방법은 콤비네이션/서브콤비네이션 관련 부분에서 설명한다.

266) *See* MPEP § 803.02.

267) *See Ex parte* Reid et al., 1879 C.D. 70. (Comm'r Pat. 1879).

268) *Ex parte* Markush, 1925 C.D. 126 (Comm'r Pat. 1925).

C or D"도 가능하다.[269)]

3. 심사 부담이 없는 마쿠시 청구항의 취급

마쿠시 그룹에 속하는 구성원의 개수가 적고 서로 밀접하게 연관되어 있어 심사관이 심사 부담을 가중시키지 않는 경우에는, 설사 그 구성원이 서로 독립되거나 구별되는 발명이라 하더라도 한정요구(Restriction Requirement) 없이 심사를 진행해야 한다.[270)]

4. 마쿠시 청구항에 대한 한정요구의 판단

마쿠시 청구항에 대해 한정요구를 부여하기 위해서는 마쿠시 그룹에 속하는 발명, 즉 마쿠시 그룹에 속하는 구성원들에 단일성이 부족해야 한다. 일반적으로 마쿠시 그룹에 속하는 구성원들이 i) 공통의 유용성을 가지며, ii) 해당 유용성에 필수적으로 요구되는 실질적인 구조를 공유하는 경우 해당 구성원들에 단일성이 인정된다.[271)]

일반적으로 마쿠시 청구항은 마쿠시 그룹에 속하는 발명에 대한 적절한 상위개념이 존재하지 않는 경우에 활용된다. 따라서 마쿠시 청구항에는 독립되거나 구별되는 발명들이 포함되기 쉽다. 만약 마쿠시 청구항에 독립되거나 구별되는 발명들이 포함된 경우, 심사관은 출원인으로 하여금 예비지정(provisional election)을 요구하는 한정요구를 부여할 수 있다.

예를 들어, 서로 독립되거나 구별되는 A, B, C, D, E로 구성된 그룹으로부터 선택되는 마쿠시 청구항이 문제되는 경우, 심사관은 A 내지 E 발명 중 어느 하나를 예비지정하도록 하는 한정요구를 부여할 수 있다. 출원인이 심사관의 예비지정요구에 따라 예비지정을 한 경우, 심사관은 지정된 발명과 지정된 발명으로부터 예견되거나(신규성이 없거나) 자명한 발명(진보성이 없는 발명)에 대해서만 심사하고, 심사결과 해당 발명에 대해 특허성(신규성, 진보성)이 없는 경우에는 지정되지 않은 청구항에 대해서는 더 이상 심사를 진행하지 않고 해당 마쿠시 청구항을 거절한다.[272)] 그러나 예비지정한 발명이 허

---

269) *See* MPEP § 2173.05(h).

270) *See* MPEP § 803.02. 한정요구를 요구하기 위해서는 발명의 독립성, 구별성과 더불어 심사 부담의 가중 여부가 판단되어야 하기 때문이다.

271) *See* MPEP § 803.02.

여가능(allowable)하다면, 출원인이 지정하지 않은 발명에 대해서도 심사가 진행된다. 만약 추가로 심사를 진행한 결과 출원인이 지정하지 않은 발명에 특허성(신규성, 진보성)이 없는 경우에는 해당 마쿠시 청구항을 거절한다. 이 경우, 출원인은 해당 마쿠시 청구항이 특허성이 있는 발명들만을 포함하도록 보정할 수 있다.

V. 상위/하위개념 청구항의 독립성/구별성의 판단

1. 서

청구된 발명이 상위/하위개념으로 구분되는 경우에도 한정요구가 가능하다.[273] 상위개념을 청구하는 상위개념 청구항(genus claim)과 해당 상위개념에 속하는 다수의 하위개념을 청구하는 하위개념 청구항(species claim)들이 심사되는 경우, 다수의 하위개념들에 대해 어떤 기준으로 한정요구를 부여할지가 문제된다.[274]

2. 상위/하위개념의 정의

심사지침서에 기재된 바에 따르면 상위개념 청구항은 하위개념 청구항에서 요구되는 구성요소 이외에 추가적인 중요 구성요소가 없는 청구항을 말하며, 하위개념 청구항은 상위개념 청구항의 기술적 한정을 모두 요구하는

272) 마쿠시 청구항도 일반적인 심사의 원칙에 따라 심사되므로 이미 거절통지를 받은 마쿠시 청구항에 대해 의견서/보정서를 제출하였으나 해당 의견서/보정서에도 불구하고 특허성이 없는 경우에는 최후거절통지(Final OA)가 부여될 수 있다. 즉, 의견서/보정서에도 불구하고 거절사유가 있는 경우, 해당 거절사유가 출원인의 보정에 의해 발생되지 않고, 비최후거절통지(Non-Final OA)의 발생 이후에 제출된 IDS에 기재된 선행기술이 문제되지 않으면서, 심사관이 새로운 거절의 이유를 제기하는 경우에만 비최후거절통지(Non-Final OA)가 다시 부여될 수 있다.

273) 참고로 오로지 상위개념만이 청구된 출원에 대해서는 해당 상위개념의 범위가 심사에 부담이 될 만큼 많은 하위개념들을 포함하지 않는 이상 한정요구를 부여할 수 없다. 한편 최초 출원은 상위개념만을 청구했지만, 심사과정에서 다수의 하위개념이 추가되는 보정이 이루어진 경우 한정요구가 문제될 수 있다. 즉, 출원인이 다수의 하위개념 중 일부를 지정해야 하는 문제가 발생할 수 있다. MPEP § 808.01(a).

274) 일반적으로 상위개념 청구항에 대해서는 한정요구 없이 심사(선행기술 검색)가 이루어지지만, 하위개념 청구항의 경우 한정요구에 의해 지정된 청구항에 대해서만 심사가 이루어진다.

청구항을 말한다.[275]

3. 구 별

일반적으로 하위개념 청구항은 상위개념 청구항의 권리범위에 포함되지만, 권리범위에 포함되는지 여부가 상위/하위개념의 정의가 될 수는 없다. 예를 들어, 콤비네이션 "A+B", "A+C"와 이에 대한 서브콤비네이션 "A"가 개시되고 청구된 경우, 콤비네이션 "A+B", "A+C"가 서브콤비네이션 "A"의 권리범위에 포함되지만, 발명 "A"를 발명 "A+B", "A+C"의 상위개념으로 취급하지는 않는다.

4. 상위/하위개념의 판단

특정 발명이 상위개념인지 하위개념인지는 명세서 전체를 통해 정해진다. 단순히 청구항의 관계만으로는 어느 발명이 상위인지 하위인지를 결정하는 것이 아니다.[276] 하위개념에 해당하는 발명은 명세서의 하나의 실시예에 대응되는 것이고, 상위개념에 해당하는 발명은 여러 실시예를 모두 포섭하는 것에 대응된다.[277]

5. 상위개념의 특허성 존부에 따른 취급

상위개념에 특허성(신규성, 진보성)이 인정되어 허여가능(allowable)한 경우, 그 상위개념에 속하는 모든 하위개념들은 허여가능하다. 따라서 상위개념에 특허성이 인정되는 경우, 해당 상위개념에 포함되는 하위개념에 대해서는 한정요구를 할 수 없다.[278] 그러나 선행기술 검색 이전 단계에서 한정요구를 부여하는 경우 상위개념에 특허성(신규성, 진보성)이 있는지를 알 수 없다.[279]

---

275) MPEP § 806.04. ("In general, a generic claim should require no material element additional to those required by the species claims, and each of the species claims must require all the limitations of the generic claim."). 이러한 MPEP의 개념 정의가 지나치게 불명료하다는 비판이 있다.

276) 상위개념과 하위개념이 상대적인 개념이므로, 청구항만을 기준으로 평가하면 특정이 곤란한 경우가 발생하기 때문이다.

277) *See* MPEP § 806.04(e). 참고로 하위개념 청구항은 상위개념 청구항에 대한 종속항 형태로 기재되는 것이 일반적이나, 반드시 종속항 형태로 기재될 필요는 없다. 해당 상위개념 청구항의 한정요소를 모두 포함하면 충분하다.

278) 37 C.F.R. §§ 1.141(a), 1.146.

따라서 심사관은 특정한 경우에 다수의 하위개념들에 대한 한정요구를 부여하여 출원인으로 하여금 일부의 하위개념만을 지정(election)하도록 할 수 있다.[280)]

만약 심사(선행기술 검색) 결과 상위개념에 대한 특허성이 인정되는 경우, 출원인은 지정하지 않은 하위개념들에 대해서도 특허를 받을 자격을 갖게 되므로, 출원인은 지정되지 않은 나머지 청구항들을 추가하여 등록 받을 수 있다.[281)] 한편 심사결과 상위개념에 대한 특허성(신규성, 진보성)이 없는 경우, 출원인이 지정한 청구항들에 대해서만 심사가 지속되며, 출원인이 지정하지 않은 청구항은 고려되지 않는다.

6. 하위개념에 대한 독립성

하위개념들 사이의 관계에 대해 개시된 바 없는 경우, 각 하위개념에 따른 발명들은 독립된 것으로 한정요구의 대상이 될 수 있다.[282)] 구체적으로, 하위개념들 간에 디자인적, 동작, 효과 측면에서 어떤 식으로든 연결된 바가 없으면 각 하위개념에 따른 발명들은 독립되는 것으로 한정요구의 대상이 될 수 있다.[283)] 만약 i) 청구된 상위개념에 포함되는 하위개념들에 해

---

279) 37 C.F.R. § 1.146에 따르면 상위개념에 대한 특허성이 없는 경우에 하위개념들에 대한 한정요구가 이루어진다고 규정되어 있으나, 실무상 우선 선행기술 검색 이전에 한정요구를 부여하고 차후에 상위개념에 대한 특허성을 파악하는 것도 허용된다. *See* MPEP § 808.01(a).

280) 이러한 한정요구에 대응하여, 청구된 상위개념에 특허성이 인정된다는 반박(traverse)을 하는 것은 해당 한정요구에 적절하게 응신한 것으로 취급되지 않는다. 이러한 한정요구에 대해서는 하위개념 발명 중 일부를 지정하여야 적절한 응신으로 취급된다. 한편 최초 출원에 청구되었으나 지정되지 않았던 하위개념을 별도의 분할출원을 통해 청구하는 경우에는 중복특허가 문제되지 않는다. 35 U.S.C. § 121에 의해 한정요구에 대응한 분할출원으로 취급되기 때문이다. 그러나 최초출원의 상세한 설명에만 개시되고 청구되지는 않은 하위개념을 상위개념 청구항의 허여 이후 별도의 분할출원을 통해 진행하는 경우에는 35 U.S.C. § 121가 적용되지 않으므로 중복특허의 문제가 발생할 수도 있다. *See* MPEP § 806.04(h).

281) 일반적으로 출원인이 지정하지 않은 하위개념 청구항들은 상위개념 청구항의 종속항 형태일 것이나, 반드시 종속항 형태일 필요는 없다. 즉, 나중에 추가되는 하위개념 청구항들이 상위개념 청구항의 구성요소를 전부 포함하기만 한다면 출원인은 별도의 분할출원이 없이 해당 하위개념 청구항들을 추가하여 등록 받을 수 있다. 출원인은 하위개념 청구항을 추가할 때 이러한 사정을 표시해야 한다. *See* MPEP § 809.02(a).

282) *See* MPEP § 808.01(a).

당하고, ii) 하위개념들에 대해 서로 관련성이 인정되는 경우, 해당 하위개념들에 대한 구별성이 판단되어야 한다.

7. 하위개념에 대한 구별성

하위개념들 간에 특허적으로 구별되는 특징이 있는 경우, 각 하위개념에 따른 발명들은 구별되는 것으로 한정요구의 대상이 될 수 있다.284) 다수의 하위개념들이 청구되는 경우, 심사관은 서로 특허적으로 구별되지 않는 하위개념들(즉, 서로에 대해 신규성, 진보성이 없는 하위개념들)을 같은 그룹으로 지정하고, 특허적으로 구별되는 하위개념들은 서로 다른 그룹으로 지정하여 한정요구를 부여한다.285)

8. 관련문제 — 상위/하위개념과 콤비네이션/서브콤비네이션

상위/하위개념에 대한 한정요구의 문제와 콤비네이션/서브콤비네이션에 대한 한정요구의 문제는 별개의 문제이다. 예를 들어, 두 개의 서브콤비네이션이 청구된 경우에도 상위/하위개념에 따른 문제가 발생할 수 있다. 해당 서브콤비네이션을 모두 포섭하는 상위개념 청구항이 존재할 수 있기 때문이다. 이 경우에는 콤비네이션/서브콤비네이션에 대한 한정요구의 판단방법과 상위/하위개념의 판단방법을 모두 고려해야 한다.286)

VI. 일반적으로 관련성287)이 인정되는 발명들에 대한 구별성의 판단

1. 콤비네이션/서브콤비네이션

1) 서

서브콤비네이션과 콤비네이션은 둘 이상의 발명의 관계를 설명하기 위한 개념으로, 콤비네이션은 서브콤비네이션을 발명의 일부로 포함하는 발명

---

283) *See* MPEP § 806.04(b).
284) *See* MPEP § 808.01(a).
285) *See* MPEP § 806.04(h).
286) *See* MPEP § 806.04(b).
287) "관련성"은 한정요구의 요건 중 하나인 독립성을 만족하지 못하는 발명들의 관계를 나타내는 개념이다.

을 말하고, 서브콤비네이션은 콤비네이션에 포함되는 발명을 말한다. 예를 들어, 송신 장치 및 기타 요소를 포함하는 이동통신단말기는 콤비네이션이 되고, 그 안에 포함되는 송신장치는 서브콤비네이션이 될 수 있다.

콤비네이션/서브콤비네이션에 대하여 한정요구를 부여하는 경우 주로 문제되는 것은 구별성이다.[288] 이 경우 심사관이 증명해야 하는 구별성은 일방향 구별성이 아닌 양 방향 구별성(two-way distinctness)이다. 콤비네이션/서브콤비네이션에 관련된 양 방향 구별성의 구체적인 판단방법은 다음과 같다.

2) 청구항에 서브콤비네이션들이 청구된 경우

청구항에 서브콤비네이션들이 청구된 경우, i) 각 서브콤비네이션들의 범위가 중첩되지 않고[289] 서로에 대해 자명한 변형에 해당하지 않으며, ii) 적어도 하나의 서브콤비네이션이 독자적으로 사용 가능하다는 것이 증명되면 한정요구를 위한 "구별성"이 증명된 것으로 본다.[290]

예 1

만약 발명의 상세한 설명에는 A+B가 개시되었지만, 청구항에는 A+B에 대해서는 청구되지 않고 A, B가 각각 청구되었다면, A+B는 콤비네이션에 해당하고, A, B 각각은 서브콤비네이션에 해당한다.[291] 이 경우, A, B 중 어느 하나라도 독자적으로 사용 가능하다면, 서브콤비네이션 A, B의 범

288) 콤비네이션 및 서브콤비네이션 관계를 갖는 발명들은 서로 밀접한 관련을 가지므로, 심사관이 각 발명들이 서로 독립된다는 이유로 한정요구를 부여하기 힘들기 때문이다.

289) 중첩 여부는 침해를 기준으로 판단한다. 즉 어느 하나의 발명을 실시해도 다른 하나에 대해 침해에 해당하지 않는다면 양 발명의 범위는 중첩되지 않는 것이다. *See* MPEP § 806.05.

290) *See* MPEP § 806.05(d). 참고로 서브콤비네이션들만이 청구된 경우는 콤비네이션과 서브콤비네이션이 함께 청구된 경우에 비해서 한정요구를 부여하기가 용이하다고 알려져 있다. 우선 두 번째 요건인 독자적인 사용 가능성이 쉽게 증명되는 것은, 청구항에 기재되는 발명에 대해 독자적인 사용 가능성이 부정되기가 쉽지 않기 때문이다. 또한 첫 번째 요건인 구성요소의 비중첩에 대한 증명이 쉬운 것은, 실무상 서브콤비네이션들만 청구할 때 각 발명들의 구성요소가 중첩되지 않도록 청구항이 기재되는 경우가 많기 때문이다.

291) 상위개념(genus) 및 하위개념(species)과 마찬가지로, 콤비네이션/서브콤비네이션에 해당하는지 여부는 명세서 전체를 기준으로 판단해야 할 것이다. 단순히 청구항에 기재된 두 발명이 전혀 다른 구성요소를 개시하고 있다고 해서 서로에 대해 콤비네이션/서브콤비네이션의 관계가 없다고 단정할 수 없을 주의해야 한다.

위가 서로 중첩되지 않기 때문에 한정요구를 위한 "구별성"은 증명된 것이다.

3) 청구항에 콤비네이션과 서브콤비네이션이 함께 청구된 경우

청구항에 콤비네이션과 서브콤비네이션이 함께 청구된 경우, i) 콤비네이션의 특허성(신규성, 진보성)을 위해 서브콤비네이션이 필수적이지 않는다는 것과, ii) 서브콤비네이션이 독자적인 유용성(utility)을 가지거나 콤비네이션과 다른 유용성을 갖는 것이 증명되면 한정요구를 위한 "구별성"이 증명된 것으로 본다.[292)]

※ 서브콤비네이션의 구성요소 없이도 콤비네이션의 특허성이 인정되는지 여부의 판단[293)]

a) 콤비네이션의 특허성(신규성, 진보성)을 위해 서브콤비네이션이 필수적인 경우

발명의 상세한 설명에 기재된 콤비네이션과 서브콤비네이션의 관계를 통해 서브콤비네이션이 필수적이지 않다는 증거가 발견되지 않는 한, 해당 발명들에 대한 구별성은 증명되지 못한다.

예 2 A+B, B가 각각 청구된 경우

콤비네이션에 해당하는 A+B와 서브콤비네이션에 해당하는 B가 개별적으로 청구된 경우, 심사관은 특별한 사정이 없는 한 해당 발명들에 대해 구별성이 있다는 것을 증명할 수 없다. 따라서, 해당 발명들에 대한 한정요구는 불가능하다.[294)]

---

292) *See* MPEP § 806.05(c). 구체적으로 심사관은 a) 콤비네이션과 서브콤비네이션에 해당하는 발명을 특정하고, b) 가장 넓은 권리범위를 갖는 서브콤비네이션과 이러한 서브콤비네이션을 요구하는 콤비네이션을 특정하고, 양자 간의 관계를 통해 콤비네이션의 특허성을 위해 서브콤비네이션이 필수적인지를 판단하고, c) 해당 서브콤비네이션의 유용성을 증명하는 순으로 "구별성"을 증명한다.

293) 일반적인 한정요구는 선행기술에 대한 검색이 수행되기 이전에 판단되므로 콤비네이션의 특허성이 어느 구성요소에 의존하는지를 정확하게 판단할 수 없다. 따라서 한정요구를 판단하는 경우에는, 본 발명에 기재된 서브콤비네이션과 콤비네이션의 관계만을 이용해서 콤비네이션의 특허성을 위해 서브콤비네이션이 필수적인지 여부를 판단한다.

294) 이 경우, 콤비네이션에 해당하는 A+B가 서브콤비네이션 B에 대한 종속항으로 기재되거나 별도의 독립항으로 기재될 수도 있지만, 구체적인 청구항의 기재 방식과 한정요구를 위한 구별성의 판단은 서로 무관하다. 따라서 어떤 형식으로 기재되든 한정요구는 불가능하다.

b) 콤비네이션의 특허성(신규성, 진보성)을 위해 서브콤비네이션이 필수적 이지 않은 경우

예 3 A+B, b가 각각 청구된 경우[295]

콤비네이션이 A+b가 아닌 A+B로 기재되었으므로, 이를 통해 심사관은 발명 b는 콤비네이션 A+B의 특허성을 위해서 필수적인 것은 아니라고 인정할 수 있다.[296] 즉, 서브콤비네이션 b가 콤비네이션 A+B의 특허성을 위해 필수적인 것이 아니므로, 서브콤비네이션 b가 독자적인 유용성을 가지거나 콤비네이션 A+B와 다른 유용성을 갖는 것을 추가로 증명하여 한정요구를 위한 구별성을 증명할 수 있다.[297]

예 4 A+b, b, A+B가 각각 청구된 경우[298]

앞서 설명한 바와 같이, 발명 A+b 및 b에 대해서는 한정요구가 발생할 수 없다. 그러나 상술한 바와 같이, 콤비네이션 A+B의 특허성을 위해 서브콤비네이션 b가 필수적인 것이 아니라는 판단이 가능하며, 이러한 판단은 콤비네이션 A+b의 존재에 영향을 받지 않는다.

한정요구가 부여되는 경우 심사관은 발명 A+b 및 A+B를 제1그룹으로 지정하고, 발명 b를 제2그룹으로 지정할 수 있다.[299] 출원인이 이러한 한정요구에 대응하여 제2그룹을 지정하여 b가 허여가능(allowable)한 경우, 제1그룹 중 발명 A+b은 비록 출원인이 미지정한 발명(non-elected invention)이지만 재결합(rejoinder)에 의해 심사의 대상이 된다. 출원인이 최초에 미지정한 발명 A+b의 경우, 발명 b가 허여가능하므로 특별한 사정이 없는 한 특허성이 인

295) "B"는 더 넓은 의미를 갖는 구성요소이고, "b"는 B에 비해 좁은 의미를 갖는 구성요소를 의미한다.

296) 물론 위와 같은 방식의 논리 전개가 심사관이 부여하는 OA에 명시적으로 표시되지는 않는다. OA상에 표시되는 문구는 MPEP가 정한 양식에 따른다.

297) 심사관은 발명 A+B를 제1그룹으로 정하고 발명 "b"를 제2그룹으로 정하여 출원인의 지정(election)을 요구할 수 있다. 이 경우, 출원인이 어느 그룹을 선택하여 해당 그룹이 그대로 허여되어도 다른 그룹에 대한 재결합(rejoinder)이 불가능할 수도 있다. "A+B" 발명에 신규성/진보성이 있다 해서 반드시 발명 "b"에 신규성/진보성이 있는 것이 아니며, 그 역도 마찬가지이기 때문이다.

298) "B"는 더 넓은 의미를 갖는 구성요소이고, "b"는 B에 비해 좁은 의미를 갖는 구성요소를 의미한다.

299) 그룹의 번호에는 실체적 의미도 없으므로, 그룹의 번호가 바뀔 수 있음은 당연하다.

정될 것이다.

c) **복수의 콤비네이션과 이들에 대응되는 하나의 서브콤비네이션이 문제되는 경우**

예 5 A+B, B+C, B가 각각 청구된 경우

발명 B는 복수의 콤비네이션 A+B 및 B+C에 대한 공통의 서브콤비네이션에 해당한다. 만약 콤비네이션 B+C가 없다면 서브콤비네이션 B는 콤비네이션 A+B에 대해 필수적인 것으로 취급될 수 있지만, 콤비네이션 B+C의 존재로 인해 서브콤비네이션 B가 모든 콤비네이션들의 특허성을 위해 필수적인 것은 아니라는 것이 인정될 수 있다.

한정요구가 부여되는 경우 심사관은 발명 A+B를 제1그룹으로 지정하고, 발명 B+C를 제2그룹으로 지정할 수 있다. 이 경우 발명 B는 연결청구항(Linking Claim)으로,[300] 출원인이 어느 그룹을 지정하는지에 관계없이 무조건 심사된다.

만약 출원인이 어느 하나의 그룹을 지정하여 심사한 결과 발명 B가 허여가능하다면, 해당 발명 B가 연결청구항이기 때문에 제1그룹과 제2그룹에 대한 한정요구는 철회된다. 또한 한정요구의 철회로 인해 출원인이 지정하지 않은 나머지 청구항에 대해서도 심사가 이루어지게 된다. 만약 특별한 사정이 없다면 발명 "B"에 특허성이 인정되므로 발명 A+B 및 B+C에 대해서도 특허성이 인정될 것이다.

d) **콤비네이션, 서브콤비네이션, 상위개념 및 하위개념이 문제되는 경우**

예 6 B, A+B, a1+B, a2+B가 각각 청구된 경우[301]

발명 B는 나머지 모든 발명에 대해 서브콤비네이션이며, 발명 A+B는 발명 a1+B, a2+B에 대한 상위개념에 해당한다. 앞서 살핀 바와 같이, 발명 a1+B, a2+B에 대해서는 구별성이 인정되기 때문에 양자에 대해서 한정요구가 가능하다. 즉 심사관은 발명 a1+B를 제1그룹으로 지정하고, 발명 a2+B를 제2그룹으로 지정할 수 있다. 이 경우 발명 B 및 A+B는 연결청구

---

300) 연결청구항(linking claim)은 한정요구의 대상이 되는 청구항들의 구성요소를 연결시키는 청구항으로, 만약 자신이 허여가능(allowable) 하다면 자신이 연결하는 청구항들에 적법하게 부여된 한정요구를 철회시킬 수 있는 청구항을 말한다.

301) 발명 "A" 는 발명 "a1" 및 "a2"의 상위개념이다.

항(Linking Claim)이기 때문에 출원인이 어느 그룹을 지정하는지에 관계없이 무조건 심사된다.[302)]

만약 출원인이 어느 하나의 그룹을 지정하여 심사한 결과 발명 B 및 A+B가 허여가능하다면, 해당 발명들이 연결청구항이기 때문에 제1그룹과 제2그룹에 대한 한정요구는 철회된다. 또한 한정요구의 철회로 인해 출원인이 지정하지 않은 나머지 청구항에 대해서도 심사가 이루어지게 된다. 만약 특별한 사정이 없다면 발명 B에 특허성이 인정되므로 발명 A+B 및 B+C에 대해서도 특허성이 인정될 것이다.

e) 복수의 서브콤비네이션과 이들에 대응되는 하나의 콤비네이션이 문제되는 경우

예 7 A+B, A, B가 각각 청구된 경우

발명 A+B는 복수의 서브콤비네이션 A 및 B에 대한 공통의 콤비네이션에 해당한다. 이 경우 서브콤비네이션들이 개별적으로 존재하므로 서브콤비네이션 A 및 B가 콤비네이션들의 특허성을 위해 필수적인 것은 아니라는 것을 이유로 한정요구가 부여될 수 있다. 즉 심사관은 발명 A를 제1그룹으로, 발명 B를 제2그룹으로, 발명 A+B를 제3그룹으로 지정할 수 있다.[303)]

출원인이 제1그룹을 지정하여 심사가 진행된 결과 발명 A가 허여가능하다면, 출원인이 미지정한 제3그룹의 발명, 즉 발명 A+B는 재결합(rejoinder)을 통해 심사될 것이다. 이 경우 발명 A가 허여가능하므로 특별한 사정이 없는 한 발명 A+B의 특허성이 인정될 것이다.

출원인이 제2그룹을 지정하여 심사가 진행된 결과 발명 B가 허여가능한 경우에도 출원인이 미지정한 제3그룹의 발명, 즉 발명 A+B는 재결합(rejoinder)을 통해 심사된다. 이 경우에도 발명 B가 허여가능하므로 특별한 사정이 없는 한 발명 A+B의 특허성이 인정될 것이다.

4) 청구항에 콤비네이션들이 청구된 경우

실무상 콤비네이션들이 청구된 경우의 취급은 콤비네이션과 서브콤비네이션이 함께 청구된 경우의 취급과 같다. 즉, i) 콤비네이션의 특허성(예견성,

---

302) 발명 "B"는 통상 서브콤비네이션 연결청구항(subcombination linking claim)이라 불리며, 발명 "A+B"는 상위 연결청구항(generic linking claim)이라 불린다.

303) 이 경우에 발명 "A+B"는 나머지 발명 "A" 및 "B"에 대한 연결청구항이 될 수 없음을 주의해야 한다.

자명성 등)을 위해 서브콤비네이션이 필수적이지 않는다는 것과, ii) 서브콤비네이션이 독자적인 유용성(utility)을 가지거나 콤비네이션과 다른 유용성을 갖는 것이 증명되면 한정요구를 위한 "구별성"이 증명된 것으로 본다.

예 8 A+B, B+C가 각각 청구된 경우

발명의 상세한 설명에는 각각의 콤비네이션 A+B 및 B+C를 연결하는 서브콤비네이션 B가 개시되어 있으나, 청구항에는 기재되지 않은 경우에는, 서브콤비네이션 B가 청구되지 않았음을 근거로 콤비네이션의 특허성을 위해 서브콤비네이션이 필수적이지 않다는 한정요구가 부여될 수 있다.[304] 이 경우 심사관은 각 콤비네이션을 별도의 그룹으로 지정할 수 있다.

2. 방법 및 이를 이용하는 장치[305]

방법 및 이를 이용한 장치 간의 구별성이 인정되기 위해서는 i) 방법이 실질적으로 다른 장치 또는 수작업에 의해 실시가능하거나, ii) 장치가 실질적으로 다른 방법에 의해 실시가능하여야 한다. 실질적으로 다른 장치 또는 방법에 의해 실시가능하다는 사실은 심사관에 의해 증명되어야 한다. 만약 출원인이 실질적으로 차이가 없는 장치 또는 방법에 의해서만 실시된다는 것을 증명하거나 신빙성 있는 주장을 제기하는 경우, 심사관은 실질적으로 다른 장치 또는 방법에 의해 실시가능하다는 것을 증명할 문서를 제시해야 한다.

3. 제조방법 및 이러한 제조방법에 의해 제조되는 물건[306]

제조방법 및 이러한 제조방법에 의해 제조되는 물건(product)[307] 간의 구별성이 인정되기 위해서는 i) 청구된 방법이 해당 물건을 만든 방법으로서

---

304) 특허청 실무상, 복수의 콤비네이션만 청구되고 이를 연결하는 서브콤비네이션은 청구되지 않은 경우의 심사방식은 복수의 콤비네이션과 이를 연결하는 서브콤비네이션이 함께 청구된 경우와 동일하다.

305) *See* MPEP § 806.05(e).

306) *See* MPEP § 806.05(f).

307) "Product-by-Process" 청구항도 카테고리는 물건발명이므로, 해당 물건을 제조하는 방법발명과 함께 청구되는 경우 한정요구가 발생할 수 있다. *See* MPEP § 806.05(f) (citing *In re* Bridgeford, 357 F.2d 679 (C.C.P.A. 1966)).

자명한 것이 아니고, 해당 방법이 해당 물건과 실질적으로 다른 물건을 제조하는 데 사용 가능하거나, ii) 청구항에 기재된 물건이 실질적으로 다른 방법에 의해 제조될 수 있어야 한다. 청구된 방법이 실질적으로 다른 물건을 제조하는 데 사용 가능하다거나 실질적으로 다른 방법에 의해 만들어질 수 있다는 사실은 심사관에 의해 증명되어야 한다. 만약 출원인이 실질적으로 반증하거나 신빙성 있는 주장을 제기하는 경우, 심사관은 실질적으로 다른 물건을 제조하는 데 사용 가능하다거나 실질적으로 다른 방법에 의해 만들어질 수 있다는 것을 증명할 문서를 제시해야 한다.

4. 장치 및 이를 통해 제조된 물건(product)[308]

장치 및 이를 통해 제조된 물건 간의 구별성이 인정되기 위해서는 i) 청구된 장치가 해당 물건을 제조하는 데 자명한 장치가 아니고, 해당 장치가 실질적으로 다른 물건을 제조하는 데 사용하거나, ii) 해당 물건이 실질적으로 다른 장치에 의해 제조될 수 있어야 한다. 청구된 장치가 실질적으로 다른 물건을 제조하는 데 사용 가능하다거나 실질적으로 다른 장치에 의해 만들어질 수 있다는 사실은 심사관에 의해 증명되어야 한다. 만약 출원인이 실질적으로 반증하거나 신빙성 있는 주장을 제기하는 경우, 심사관은 실질적으로 다른 물건을 제조하는 데 사용 가능하다거나 실질적으로 다른 장치에 의해 만들어질 수 있다는 것을 증명할 문서를 제시해야 한다.

5. 물건 및 이를 이용하는 방법[309]

물건 및 이를 이용하는 방법 간의 구별성이 인정되기 위해서는 i) 청구된 방법이 실질적으로 다른 물건에 의해 사용될 수 있거나, ii) 해당 물건이 실질적으로 다른 방법에 의해 사용될 수 있어야 한다. 청구된 방법이 실질적으로 다른 물건에 의해 사용 가능하다거나, 해당 물건이 실질적으로 다른 방법에 의해 만들어질 수 있다는 사실은 심사관에 의해 증명되어야 한다. 만약 출원인이 실질적으로 반증하거나 신빙성 있는 주장을 제기하는 경우, 심사관은 자신의 주장을 정당화하는 문서를 제시해야 한다.

---

308) *See* MPEP § 806.05(g).
309) *See* MPEP § 806.05(h).

6. 중간생성물(intermediate product) 및 최종물(final product)[310)]

중간생성물과 최종물 간의 구별성이 인정되기 위해서는, i) 중간생성물과 최종물의 권리범위가 중첩되지 않고[311)] 각자가 서로에 대해 자명하지 않으며, ii) 중간생성물이 최종물을 생성하는 것 이외에도 유용하여야 한다.[312)]

7. 물건, 물건의 제조방법 및 물건의 사용방법[313)]

만약 하나의 출원에 물건, 물건의 제조방법 및 물건의 사용방법이 함께 청구된 경우, 제조방법이 해당 물건과 구별되는 경우에만, 물건, 제조방법 및 사용방법 중 어느 하나를 지정할 것을 요구하는 한정요구를 부여할 수 있다. 만약 제조방법과 물건이 구별되지 않는 경우라면 제1그룹을 제조방법과 물건으로 정하고 제2그룹을 사용방법으로 정하여 출원인의 지정(election)을 요구할 수 있다. 그러나 위의 경우라 해도 사용방법과 물건이 구별되지 않는 경우에는 어떠한 한정요구도 부여할 수 없다.

Ⅶ. 심사에 심각한 부담이 될 것

현재 특허청의 실무에 따르면, 설사 청구항에 기재된 둘 이상의 발명이 독립되거나 구별되더라도, 해당 청구항을 심사하는 것에 심각한 부담(serious burden)이 없는 경우, 심사관은 한정요구 없이 해당 청구항을 심사할 것을 요구한다.[314)] 심사에 "심각한 부담"이 있다는 것의 근거는 i) 별개의 기술

---

310) 예를 들어, 청구항에 기재된 두 개의 발명 중 하나는 탄소 화합물의 하위개념들에 관한 것으로 중간생성물에 해당하고, 나머지 하나는 탄소 화합물의 하위개념들에 관한 것으로 최종 생성물에 해당하는 경우에 심사관의 한정요구가 가능한지 문제될 수 있다. 이 경우 각 하위개념들은 중간생성물과 최종 생성물로서 서로 관련되어 있으므로 해당 발명들에 대해서는 독립성이 인정될 수 없고 따라서 적법한 한정요구를 위해서는 위와 같은 방법으로 두 발명에 대한 구별성이 증명되어야 한다.

311) 중첩 여부는 침해를 기준으로 판단한다. 즉 어느 하나의 발명을 실시해도 다른 하나에 대해 침해에 해당하지 않는다면 양 발명의 범위는 중첩하지 않는 것이다. *See* MPEP § 806.05.

312) *See* MPEP § 806.04(b).

313) *See* MPEP § 806.05(i).

314) *See* MPEP § 803 ("If the search and examination of all the claims in an application can be made without serious burden, the examiner must examine them on the merits,

분류, ii) 해당 기술 분야에서의 별개의 지위(status), iii) 별개의 검색 분야에서 찾을 수 있다.[315]

Ⅷ. 한정요구의 시기적 요건

한정요구는 최후거절(Final OA)이 부여되기 전까지 부여될 수 있다.[316] 그러나 대부분의 경우 본안에 관한 거절통지(예를 들어, 예견성, 자명성을 이유로 한 거절통지)가 부여되기 이전에 부여된다.[317]

Ⅸ. 한정요구의 형태

한정요구는 서면에 의하거나 전화통화에 의할 수 있다. 전화통화에 의하는 것은 절차의 신속을 위한 것으로, 심사관이 해당 사건의 대리인(Patent Attorney/Patent Agent)에게 전화로 한정요구가 발생했음을 알리고 어느 발명을 지정할지를 전화상으로 알려줄 것을 요청하는 식으로 진행된다.[318]

Ⅹ. 관련문제 — 국제출원

국제출원을 기초로 국내단계로 진입한 국내단계출원(National Stage Application)은 미국 국내법에 기초한 한정요구(Restriction Requirement)의 대상이 아니라 국제조약(PCT)에 따른 발명의 단일성(Unity of Invention) 요건의 대상이 된다.[319] 즉, 국내단계출원에 대해서는 상술한 요건에 따른 한정요구가 부여될 수 없다.[320] 하지만 국내단계출원에 대해 발명의 단일성 요건의 흠결

---

even though they include claims to independent or distinct inventions.").

315) *See* MPEP § 808.02.

316) 참고로 한정요구가 부여되는 횟수에 제한이 있는 것은 아니다. 따라서 과거에 한정요구가 부여되어 출원인이 적절하게 대응한 경우라 해도 최후거절(Final OA) 이전까지는 추가적인 한정요구가 가능하다. *See* MPEP § 811.02.

317) *See* MPEP § 811.

318) 상세한 내용은 MPEP § 812.01에 기재되어 있다.

319) 구체적으로 PCT 규칙(rule) 제13조에 따른다. PCT Rule 13에 대한 미국 특허청의 해석은 MPEP § 1850에 기재되어 있다.

이 발견되면 심사관은 출원인으로 하여금 일군의 발명을 지정(elect)하도록 요구하는 거절통지(OA)를 발송할 수 있다. 이러한 거절통지는 본안에 관한 거절통지(OA on the merits) 이전에 이루어지는 것이 바람직하지만, 심사관의 재량에 따라 최후거절통지(Final OA) 이전까지 이루어질 수 있다.[321)]

제14절 | 재 결 합

I. 서 / 의의

재결합(rejoinder)은 한정요구에 대응하여 출원인이 지정한 발명을 심사하여 허여가능한(allowable) 구성요소를 확인한 결과 출원인이 미지정한 발명(non-elected invention)이 허여가능한 구성요소를 공유하는 경우 해당 미지정 발명에 대해 추가로 심사를 진행하는 것을 말한다.

II. 재결합의 요건

출원인은 한정요구에 대응하여 지정하지 않은 미지정발명(non-elected invention)이라 해도 i) 출원인이 지정하여 심사된 발명이 허여가능(allowable)하고, ii) 미지정발명이 허여가능한 청구항의 종속항이거나 허여가능한 구성요소 전부를 포함하는 경우 해당 미지정발명을 재결합을 통해 추가로 심사 받을 수 있다. 재결합을 위해서는 미지정발명이 허여가능한 청구항의 종속항이거나 허여가능한 구성요소 전부를 포함해야 하므로, 미지정발명이 허여가능한 구성요소 중 어느 하나라도 누락한다면 재결합의 대상이 될 수 없다. 출원인이 재결합을 원한다면 심사절차(prosecution)가 종료되기 전까지 보정을 통해 미지정발명이 허여가능한 청구항의 종속항이 되도록 하거나 허여가능

320) 다만 단일성의 의미에 있어 미국 국내법과 조약 간에 실무상 의미가 있는 차이가 발생하는지는 의문이다.
321) 37 C.F.R. § 1.499.

한 구성요소 전부를 포함하도록 하여야 한다. 만약 심사절차 종료 전까지 재결합의 요건을 만족시키지 못하는 경우 출원인은 재결합을 요구할 권리를 상실한다.[322)]

III. 재결합의 효과

재결합이 이루어지는 경우, 재결합의 대상이 되는 미지정발명에 대해 종전에 부여된 한정요구는 철회(withdraw)된다. 한정요구가 철회되면 처음부터 한정요구가 없었던 것으로 취급되기 때문에 한정요구의 대상이 되었던 미지정발명을 재결합이 아닌 별도의 분할출원으로 청구하는 경우 중복특허의 문제가 발생할 수 있다.[323)]

한편, 재결합이 있더라도 거절통지의 최후성을 부여하는 요건에는 변화가 없다.[324)] 즉 최초거절통지(OA) 이후에 재결합을 통해 미지정청구항이 추가로 심사되는 경우, 해당 미지정청구항에 예견성(신규성), 자명성(진보성) 또는 발명의 상세한 설명의 기재요건(35 U.S.C. § 112)의 흠결이 있는 경우 심사관은 최후거절통지(Final OA)를 부여할 수 있다.[325)]

IV. 재결합이 문제되는 경우

재결합에 의해 추가로 심사될 수 있는지가 문제되는 경우로는 콤비네이션/서브콤비네이션, 물건발명과 해당 물건발명에 기초하는 방법발명(예를 들어, 해당 물건을 사용하거나 제조하는 방법발명), 연결청구항이 문제되는 경우를 들 수 있다.

---

322) *See* MPEP § 821.04.

323) *See* MPEP § 821.04 (citing *In re* Ziegler, 443 F.2d 1211, 1215 (C.C.P.A. 1971)). 35 U.S.C. § 121에 의해 한정요구에 대응하여 출원된 분할출원에 대해서는 중복특허를 이유로 특허를 거절할 수 없으나 한정요구가 철회되면 35 U.S.C. § 121에 의한 혜택을 향유할 수 없기 때문이다.

324) 즉, 최후거절통지(Final OA)의 요건과 관련된 MPEP § 706.07의 실무는 재결합이 있는 경우에도 그대로 적용된다.

325) 거절이유가 출원인의 보정으로 인해 발생되었기 때문이다. *See* MPEP § 821.04.

1. 콤비네이션/서브콤비네이션

1) 콤비네이션이 선택된 경우

일단 서브콤비네이션에 대해 한정요구가 적법하게 부여되었어도, 선행기술의 검색결과 콤비네이션의 특허성이 해당 콤비네이션의 서브콤비네이션 중 어느 하나에 의존하는 경우에는 해당 한정요구는 철회되어야 하며, 특허성이 확인된 서브콤비네이션에 대해서는 재결합을 통해 추가적인 심사가 이루어진다.

2) 서브콤비네이션이 선택된 경우

만약 서브콤비네이션의 특허성이 인정되는 경우, 해당 서브콤비네이션의 구성요소를 전부 포함하는 콤비네이션에 대해서는 재결합을 통해 추가적인 심사가 이루어진다.

2. 물건발명과 해당 물건발명에 기초하는 방법발명

만약 물건발명에 특허성이 인정되는 경우, 해당 방법발명에 대해서는 재결합을 통해 추가적인 심사가 이루어진다.

3. 연결청구항[326)]

연결청구항은 자신이 허여가능하다면 자신이 연결하는 청구항들에 적법하게 부여된 한정요구를 철회시킬 수 있으므로, 출원인이 지정한 연결청구항이 허여가능하다면 해당 연결청구항에 의해 연결되는 미지정청구항들도 재결합을 통해 추가적인 심사가 이루어진다.

제15절 | 연결청구항

Ⅰ. 서 / 의의

연결청구항(Linking Claim)은 한정요구의 대상이 되는 청구항들의 구성요

326) 연결청구항에 관해서는 별도로 상세하게 설명한다.

소를 연결시키는 청구항으로, 만약 자신이 허여가능(allowable)하다면 자신이 연결하는 청구항들에 적법하게 부여된 한정요구를 철회시킬 수 있는 청구항을 말한다. 연결청구항이 허여가능한 경우, 해당 연결청구항에 의해 연결되는 청구항들은 재결합(rejoinder)에 의해 등록될 수 있다.

II. 일반적으로 문제되는 유형

연결청구항은 한정요구의 대상이 되는 물건들을 연결하거나, 한정요구의 대상이 되는 방법들을 연결하는 것이 일반적이다. 일반적으로 널리 활용되는 연결청구항의 유형은 i) 서로 다른 하위개념 청구항(species claim)을 연결시키는 상위개념 청구항(genus claim),[327] ii) 서로 다른 콤비네이션을 연결시키는 서브콤비네이션,[328] iii) 장치 및 방법청구항을 연결시키는 수단(means)에 관련된 청구항,[329] iv) 제조방법 및 사용 방법을 연결시키는 물건 청구항[330] 등이 있다.[331]

III. 연결청구항의 취급

연결청구항이 존재하는 경우, 출원인이 심사관의 한정요구에 대응하여 어떤 발명을 지정하는지에 상관없이, 해당 연결청구항은 심사의 대상이 된다. 만약 한정요구가 부여된 이후에 심사(선행기술 검색)가 진행되어 연결청구항이 허여가능(allowable)한 경우로 밝혀지면, 해당 한정요구는 철회(withdraw)된다.[332] 한정요구가 철회되면 출원인이 지정하지 않은 청구항도 재결합

327) 예를 들어, A, a1 및 a2가 청구된 경우 A가 연결청구항에 해당한다.

328) 예를 들어, A, A+B 및 A+B가 청구된 경우에는 A가 연결청구항에 해당한다. 참고로 A+B, A 및 B가 청구된 경우에는 A+B가 연결청구항에 해당하지 않음을 주의해야 한다.

329) 예를 들어, "수단 A", "A가 포함된 장치", "A가 포함되는 방법"이 청구된 경우, "수단 A"가 연결청구항에 해당한다.

330) 예를 들어, "물건 A", "A가 사용하는 방법", "A를 제조하는 방법"이 청구된 경우, "물건 A"가 연결청구항에 해당한다.

331) *See* MPEP § 809.02-03.

332) 연결청구항이 허여가능한 경우, 미지정발명(non-elected invention)이 삭제 보정되었는지에 상관없이 종전의 한정요구는 철회된다. 35 U.S.C. § 121에 따르면, 한정요구에

(rejoinder)을 통해 추가로 심사되므로 미지정발명(non-elected invention)도 별도의 분할출원 없이 등록이 가능할 수 있다.

만약 출원인이 지정하지 않은 청구항을 삭제 보정한 이후에 연결청구항의 특허가능성이 확인되었다면 심사관은 삭제 보정된 청구항들도 연결청구항에 대한 재결합을 통해 등록이 가능하다는 것을 출원인에게 통지해야 한다. 이 경우 출원인은 별도의 분할출원 없이 미지정발명의 내용을 청구항을 추가하는 보정을 할 수 있다.[333)]

제16절 | 한정요구에 대한 출원인의 대응

Ⅰ. 서

심사관이 한정요구를 부여하는 경우 출원인은 심사관의 한정요구에 따라 청구항을 지정(elect)해야 한다. 이 경우 출원인은 한정요구의 부당함을 다투는 반박(traverse)을 제출할 수 있다. 즉, 심사관이 한정요구에 대응하여 출원인은 한정요구의 부당함을 다투지 않으면서 청구항을 지정하거나, 한정요구의 부당함을 다투는 동시에 청구항을 지정할 수 있다.

Ⅱ. 지 정

지정(election)이란 심사의 대상이 되는 청구항을 정하는 것으로, 심사관

대응하여 분할출원이 이루어진 경우에는 해당 한정요구의 적법여부에 상관없이 이후의 분할출원에 대하여 중복특허의 문제가 제기될 수 없다. 그러나 한정요구가 철회(withdraw)되는 경우에는 더 이상 35 U.S.C. § 121의 보호를 받지 못하므로, 철회된 한정요구에 근거하여 분할출원이 이루어진 경우에도 중복특허의 문제가 제기될 수 있다.

333) 재결합을 위해서는 미지정발명이 허여가능한 청구항의 종속항이거나 허여가능한 구성요소 전부를 포함해야 한다. 따라서 미지정발명을 청구항에 추가하는 경우, 반드시 연결청구항에 대한 종속항 형태로 기재될 필요는 없다. 즉, 미지정발명을 반영하는 청구항이 연결청구항의 모든 구성요소를 포함하기만 하면 재결합을 통해 추가로 심사될 수 있다. *See* MPEP § 809.

이 한정요구를 통해 지정한 복수 개의 그룹 중 어느 하나를 선택하는 방식으로 이루어진다.[334] 심사관이 한정요구를 부여하는 경우, 출원인은 심사관의 판단에 동의하는지 여부에 상관없이 향후 출원 절차의 대상이 되는 청구항을 지정해야 한다. 출원인이 지정하지 않은 청구항은 향후 출원절차(prosecution)의 대상이 되지 않기 때문에, 향후 심사의 대상에서 제외된다.

Ⅲ. 반 박[335]

출원인은 한정요구의 부당함을 주장하는 반박(traverse)과 함께 청구항을 지정할 수 있다. 출원인은 한정요구가 부당함을 다투기 위해 해당 발명의 구별성이나 독립성에 대한 심사관의 분석을 반박해야 하는바, 구별성에 관한 반박을 제출하는 경우에는 해당 발명들이 서로 구별되지 않는다는 명확한 증거를 제출하거나 해당 발명들이 서로 자명한 변화에 지나지 않는다는 사실을 명확하게 자백하여야 한다.[336]

Ⅳ. 대응의 시기적 요건

한정요구는 본안에 관한 내용(예를 들어, 자명성)이 포함된 거절이유에 포함되거나 실체적인 내용 없이 오직 한정요구만을 요구하는 거절이유의 형태로 부여될 수 있다. 만약 실체적인 내용에 포함되는 경우에는 해당 거절이유를 응신할 수 있는 기간 내에 대응하면 된다. 또한 실체적인 내용 없이 오직 한정요구만 부여된 경우에는 일반적으로 1개월 이내에 대응해야 한다.[337]

---

334) *See* MPEP § 818.

335) 실무상 반박은 자주 활용되지 않는다. 한정요구에 대한 출원인의 반박이 거의 받아들여지지 않기 때문이다. 참고로 한정요구의 적법 여부는 심판 대상이 아니며, 특허청장을 상대로 한 청원(petition)을 통해 판단된다.

336) *See* MPEP § 818.03(b). 이 경우, 해당 증거나 자백은 심사관이 발견한 별도의 선행기술과 결합하여 35 U.S.C. § 103(a)에 따른 자명성(진보성) 판단의 근거로 활용될 수 있음을 주의해야 한다.

337) *See* MPEP § 810. 해당 기간은 기간연장 수수료를 부담하는 조건으로 5개월이 추가로 연장될 수 있다. 한편 1개월의 기간이 30일 미만인 경우에는 1개월이 경과했더라

Ⅴ. 관련문제

1. 분할출원

분할출원은 한정요구에 대한 대응책은 아니며, 출원인의 미지정발명(non-elected invention)에 대한 특허권을 확보하기 위해 활용될 수 있는 수단 중 하나일 뿐이다.[338] 한편 심사관의 한정요구에 대응하여 미지정발명에 대해 분할출원을 한 경우, 해당 분할출원에 대해서는 중복특허의 거절이 발생하지 않는다.[339]

2. 출원인의 태도 변경

출원인이 한정요구에 따라 어느 청구항을 지정한 경우, 향후 출원 절차에 있어서 출원인이 지정하지 않은 청구항에 대해서는 더 이상 심사가 이루어지지 않는다. 따라서 출원인이 태도를 변경하여 지정하지 않은 청구항을 보정하거나, 계속심사청구(RCE)를 제출하여 지정하지 않은 청구항에 대해 심사를 받는 것은 허용되지 않는다.[340]

제17절 | 중복특허

Ⅰ. 서

중복특허(Double Patenting)는 특허 또는 출원 간에 동일하거나 특허적으로 구별되지 않는 청구항이 포함된 경우에 문제된다. 중복특허의 문제가 발

도 30일 이내에 대응하여도 충분하다.

338) 한정요구에 대한 출원인의 유일한 대응책은 지정이다. 비록 분할출원은 한정요구에 대응하여 청구항을 지정한 이후에 주로 활용되기는 하지만 분할출원으로 한정요구가 극복되는 것은 아니다.

339) 35 U.S.C. § 121. 이 경우 심사관의 한정요구의 적법여부는 묻지 않는다. 행정청을 신뢰한 출원인의 신뢰이익을 보호해야 하기 때문이다.

340) *See* MPEP § 819. 출원인은 분할출원과 같은 연속출원을 통해 미지정발명(non-elected invention)을 보호받아야 한다.

생하는 경우, 특허청 또는 법원은 특허권의 부당한 확장을 막기 위해 어느 하나의 특허만을 허여하는 한편, 나머지 특허의 존속기간과 양수를 제한하는 조치를 취하게 된다.

II. 구 별

중복특허는 법적 근거가 특허법(35 U.S.C.)에 있는지 여부에 따라 법정중복특허(Statutory Double Patenting)와 비법정중복특허(Non-Statutory Double Patenting)로 구분된다. 또한 중복특허의 문제가 본 출원의 심사단계에서 문제되는 경우, 심사관이 제시한 중복특허의 근거가 출원계속 중인 특허출원인 경우 예비거절(provisional rejection)이 부여될 수도 있다.

1. 법정중복특허와 비법정중복특허

중복특허는 법정중복특허와 비법정중복특허로 구별될 수 있다. 법정중복특허는 근거규정이 35 U.S.C. § 101이기 때문에 "법정(statutory)" 중복특허라 불린다.[341)]

비법정중복특허는 판례법에 의해 인정되는 것으로, 자명성 유형의 중복특허와 기타 유형의 비법정중복특허로 구분된다. 비법정중복특허의 원칙은 i) 선행특허에 수록된 내용에서 특허적으로 구분되지 않는 새로운 청구항을 별도의 특허로 청구함으로써 부당하게 특허권의 존속기간을 확장하는 것을 방지하고, ii) 청구항이 특허적으로 구별되지 않는 복수의 등록특허가 서로 다른 양수인에게 양도되는 경우를 방지[342)]하기 위함이다.[343)]

---

341) 본래 35 U.S.C. § 101는 발명의 대상적격에 관한 규정이다. 35 U.S.C. § 101 규정은 "발명자는 하나의 특허를 받을 수 있다("Whoever invents or discovers . . . may obtain patent")"고 규정하는데, 법원 및 특허청이 본 규정을 발명자가 하나의 발명으로 두 개 이상의 특허를 받는 것을 금지하는 법정중복특허의 근거로 해석하기 때문에 35 U.S.C. § 101은 법정중복특허의 근거규정으로도 활용된다.

342) 후술하는 바와 같이, 37 C.F.R. § 1.321(c)(3), (d)(3) 규정에 따라 비법정중복특허의 극복을 위해 양도의 제한이 요구될 수 있다. *See* MPEP § 804.

343) 비법정중복특허의 주된 취지가 특허권의 존속기간을 부당하게 확장하는 것을 방지하기 위함이기는 하지만, 이것이 중복특허배제 원칙의 유일한 취지는 아니라는 것을 주의해야 한다. 예를 들어, 본 출원이 계속출원(Continuation Application)인 경우, 해당 계속출원의 기초가 되는 모출원을 근거로 본 출원에 대한 중복특허의 거절이 가능하

2. 예비거절과 통상의 거절[344)]

심사단계[345)]에서는 i) 등록된 특허와 출원, ii) 출원계속 중인 복수의 출원 간에 중복특허의 문제가 발생된다. 심사단계에서 심사관은 중복특허의 기초가 되는 특허(등록특허 또는 특허출원)의 상태(등록 여부)에 따라 예비거절을 부여하거나 통상의 거절을 부여할 수 있다. 구체적으로 심사관은 중복특허(법정 및 비법정중복특허)의 근거가 특허출원인 경우에는 예비거절(provisional rejection)을 부여하고, 중복특허의 기초가 되는 발명이 이미 등록된 등록특허인 경우에는 통상의 거절을 부여한다.

예비거절은 심사관이 잠재적인 중복특허의 문제를 출원인에게 사전 경고하여 중복특허가 예상되는 출원들의 청구항의 권리범위를 조절하도록 유도하기 위함이다. 만약 중복특허의 기초가 등록특허인 경우, 이미 선행특허의 권리범위가 확정되었으므로 예비거절을 통해 선행 특허의 권리범위를 조절하기는 불가능하다. 따라서 이 경우에는 통상의 거절만이 부여될 수 있다.

III. 법정중복특허의 판단방법

1. 주체적 기준

둘 이상의 특허(등록특허 또는 특허출원)의 i) 발명자가 동일하거나, ii) 발명자 중 적어도 하나가 공통되거나, iii) 발명의 양수인이 공통되거나,[346)] iv) 발

다. 계속출원의 특허존속기간은 그 모출원에 비해 확장될 수 없으므로, 중복특허의 취지를 존속기간의 부당한 확장만으로 이해한다면, 계속출원에 대해 중복특허를 인정하는 것은 부당한 것으로 보일 것이다.

344) 참고로 본 출원이 법정중복특허임을 이유로 예비거절 및 비법정중복특허임을 이율호한 한 예비거절이 모두 가능하다. 즉 중복특허의 근거 여부에 상관없이 예비거절은 가능하다.

345) 중복특허를 이유로 거절하기 위해서는 반드시 중복특허의 기초가 되는 미국특허(특허출원 또는 등록특허)가 있어야 한다. 예를 들어, 미국으로 진입하지 않은 국제출원은 중복특허의 기초가 될 수 없다. 참고로 재심사절차에서도 중복특허 여부가 심사된다. *See* MPEP § 804.

346) "양수인의 공통(commonly assigned/owned)"이 인정되기 위해서는 공통되는 양수인(복수이어도 무방함)이 특허의 지분을 100% 소유해야만 한다. 예를 들어, 양수인 X가 어느 특허에 대해서는 100%의 지분을 갖지만, 다른 특허에 대해서는 90%의 지분만을 갖는 경우 양 특허에는 "양수인의 공통"이 인정되지 않는다. *See* MPEP §§ 706.02(l)(2), 804.03.

명의 양수인에 공통된 바가 없더라도 둘 이상의 특허가 35 U.S.C. §103(c)에 따른 공동연구협약의 결과물인 경우에 중복특허의 문제가 발생할 수 있다.

2. 객체적 기준

법정중복특허는 상세한 설명이 아닌 청구항을 기준으로 판단하는바, 법정중복특허의 기초가 되는 특허(등록특허 또는 특허출원)의 청구항이 본 출원의 청구항과 동일한지를 판단한다. 심사단계를 예로 들면, 법정중복특허를 이유로 한 거절은 본 출원의 청구항과 등록된 특허의 청구항이 동일한(same) 경우에만 부여될 수 있다.[347] 법정중복특허의 기초가 되는 특허는 35 U.S.C. § 102의 선행기술일 필요는 없다.

청구항이 동일한지 여부는 법정중복특허의 기초가 되는 특허의 청구항을 침해(문언침해)하지 않으면서 본 출원의 청구항을 침해할 수 있는지를 기준으로 판단한다.[348] 만약 법정중복특허의 기초가 되는 특허의 청구항과 본 출원의 청구항 중 어느 하나만을 침해하고 나머지 하나를 침해하지 않는 가상의 실시예가 존재한다면 본 출원에 대해서는 법정중복특허가 인정될 수 없다.[349] 그러나 특허의 청구항과 청구항 중 어느 하나를 침해하면 나머지에 대해서도 침해가 인정될 수밖에 없다면 법정중복특허가 인정된다.

연속출원(계속/분할/부분계속출원)의 취급

연속출원(Continuing Application)과 그 연속출원의 기초가 되는 모출원(Parent Application) 간에도 법정중복특허의 문제는 발생할 수 있다. 예를 들어, 모출원에 대해 계속출원(Continuing Application)의 심사과정 단계에서 해당 계속출원의 모출원이 등록되었다면, 해당 등록특허를 기초로 하여 해당 계속출원에 대해 중복특허의 거절을 부여할 수 있다.[350]

---

347) 동일한 특허는 일치하거나 실질적으로 동일한(identical or substantively the same) 특허를 포함한다. 한편 등록특허 대신 출원계속 중인 타 출원이 문제되는 경우에는 통상적인 법정중복특허가 아니라 "예비" 법정중복특허만이 부여된다.

348) *See* MPEP § 804 (citing *In re* Vogel, 422 F.2d 438 (C.C.P.A. 1970)).

349) 예를 들어, 본 출원에는 할로겐이 기재되어 있고, 등록특허에는 염소가 기재된 경우, 등록특허를 침해하지 않으면서 본 출원의 청구항을 침해하는 것이 가능할 것이다. 이 경우에는 본 출원에 대해 법정중복특허를 근거로 거절을 부여할 수 없다. *See* MPEP § 804.

350) 등록된 특허가 아닌 출원계속 중인 출원이 중복특허의 기초가 되는 경우에는 "예비" 중복특허만이 부여된다.

그러나 한정요구에 대응하는 분할출원(Divisional Application)의 경우 중복특허의 거절로부터 보호를 받을 수 있다. 구체적으로 심사관의 한정요구(Restriction Requirement)에 따라 분할출원을 진행한 경우, 심사관은 분할출원의 모출원을 기초로 해당 분할출원에 대한 중복특허의 거절을 부여할 수 없다.[351] 이 경우 한정요구가 철회되었다면 중복특허의 거절로부터 보호되는 효과가 사라진다. 따라서 한정요구가 부여된 이후 재결합(rejoinder)에 의해 한정요구가 철회되는 경우, 재결합을 통해 추가로 심사 받지 않는 경우 중복특허의 거절이 문제될 수 있다.[352]

3. 둘 이상의 출원에 예비거절(법정중복특허)이 문제되는 경우 특허청의 실무[353]

만약 복수의 출원 중 어느 하나의 출원에 대해서는 예비법정중복특허(Provisional Statutory Double Patenting)만이 문제되고 나머지 출원에 대해서는 예비법정중복특허 이외에도 거절이유가 존재한다면, 심사관은 기타 거절이유가 없는 출원에 대해서는 등록을 허여하는 동시에, 나머지 출원에 대해서는 예비법정중복특허를 근거로 한 거절을 통상의 법정중복특허를 근거로 한 거절로 전환한다.

만약 복수의 출원 모두에 대해 예비 법정중복특허 이외의 거절이유가 존재하지 않는다면, 심사관은 출원일이 가장 빠른 출원에 대해 등록을 허여하고, 출원일이 늦은 나머지 출원에 대해서는 예비법정중복특허를 근거로 한

---

351) 35 U.S.C. § 121 규정에 따라 심사관의 한정요구에 따라 출원된 분할출원에 대하여 분할출원의 기초가 된 원출원을 근거로 거절하는 것이 금지되기 때문이다. 35 U.S.C. 121 ("A patent issuing on an application with respect to which a requirement for restriction under this section has been made, or on an application filed as a result of such a requirement, shall not be used as a reference either in the Patent and Trademark Office or in the courts against a divisional application or against the original application or any patent issued on either of them, if the divisional application is filed before the issuance of the patent on the other application."). 한편 35 U.S.C. § 121 규정 적용 시에는 한정요구의 적법 여부를 묻지 않기 때문에 설사 심사관의 한정요구가 잘못된 것이어도 이에 따라 분할출원을 한 출원인은 중복특허의 위험으로부터 보호를 받게 된다.

352) *See* MPEP § 821.04 (citing *In re* Ziegler, 443 F.2d 1211, 1215 (C.C.P.A. 1971)).

353) *See* MPEP § 804.

거절을 통상적인 법정중복특허를 근거로 한 거절로 전환한다. 이 경우, 출원일이 모두 동일하다면 출원인은 어느 출원을 먼저 등록 받을지 선택할 수 있다. 물론 출원인에 의해 선택되지 않은 출원에 대해서는 예비법정중복특허를 근거로 한 거절이 통상의 법정중복특허를 근거로 한 거절로 전환된다.

Ⅳ. 비법정중복특허의 판단방법

실무상 문제되는 비법정중복특허의 대부분은 자명성 유형의 중복특허(Obviousness-type Double Patenting)이다.[354] 실무상 동일한 청구항이 기재되는 경우는 극히 드물기 때문이다.

1. 주체적 요소

법정중복특허의 경우와 동일하다. 즉, 둘 이상의 특허(출원 및 등록된 특허 포함)의 i) 발명자가 동일하거나, ii) 발명자 중 적어도 하나가 공통되거나, iii) 발명의 양수인이 공통되거나, iv) 발명의 양수인에 공통된 바가 없더라도 둘 이상의 특허가 35 U.S.C. § 103(c)에 따른 공동연구협약의 결과물인 경우에 자명성 유형의 중복특허의 문제가 발생할 수 있다.[355]

2. 객체적 요소

본 출원과 중복특허의 기초가 되는 특허(등록특허 또는 특허출원)의 청구항을 기준으로 본 출원의 청구항의 예견성 및 자명성을 판단한다.[356] 구체적으로 자명성 유형의 중복특허는 본 발명의 청구항이 중복특허의 기초가 되는 특허의 청구항으로부터 예견가능하거나(즉, 신규성이 없는 경우), 자명한 경우(즉, 진보성이 없는 경우)에 문제된다.[357] 심사단계를 예로 들면, 본 출원의

---

354) "자명성 유형의 중복특허"라 불리기는 하지만, 후술하는 판단방법에 따르면 자명성(진보성)뿐만 아니라 예견성(신규성)의 문제도 고려됨을 주의해야 한다.

355) *See* MPEP § 804 (citing Eli Lilly & Co. v. Barr Labs., Inc., 251 F.3d 955 (Fed. Cir. 2001); *Ex parte* Davis, 56 USPQ2d 1434, 1435-36 (B.P.A.I. 2000)).

356) 자명성 유형의 중복특허 판단할 때 단방향 테스트 및 쌍방향 테스트가 사용될 수 있는바, 이하의 내용은 단방향(one-way) 테스트를 기초로 설명한 것임을 주의해야 한다.

357) 청구항이 동일하지는 않지만 본 발명의 청구항 중 적어도 하나가 등록특허의 청구항에 비해 "특허적으로 구분(patentably distinct)되지 않는 경우"에 자명성 유형의 중복

청구항이 중복특허의 기초가 되는 특허의 청구항으로부터 예견가능(신규성이 없거나)하거나, 자명한 경우(진보성이 없는 경우)에 자명성 유형의 중복특허의 거절이 부여된다.[358] 물론 법정중복특허와 마찬가지로 비법정중복특허의 기초가 되는 특허는 35 U.S.C. § 102의 선행기술일 필요는 없다.

자명성 유형의 중복특허의 판단방법은 35 U.S.C. § 102에서 논의된 예견성(신규성)의 판단방법 또는 35 U.S.C. § 103에서 자명성(진보성)의 판단방법과 동일하다.[359] 다만, 예견성과 자명성은 선행기술의 상세한 설명까지도 모두 판단하지만 자명성 유형의 중복특허를 판단하는 경우에는 중복특허의 기초가 되는 특허의 청구항 만을 판단한다.[360]

1) 판단방법의 구분

심사단계에서 자명성 유형의 중복특허의 판단방법은 단방향 테스트와 쌍방향 테스트로 구분될 수 있다. 일반적인 경우에는 단방향 테스트에 따라 판단하지만 특별한 경우에는 쌍방향 테스트가 사용된다.

A. **단방향**(one-way) **테스트**

단방향 테스트는 본 출원의 청구항이 중복특허의 기초가 되는 특허의 청구항으로부터 예견가능(신규성)하거나 자명(진보성)한지를 판단하는 방법이다.[361] 중복특허의 기초가 되는 특허의 출원일보다 본 출원의 출원일이 늦거

특허가 문제된다고 표현하기도 한다.

358) 앞서 설명한 바와 같이, 중복특허의 기초가 되는 특허가 등록특허인 경우에는 통상적인 거절(rejection)이 부여되고 그 기초가 출원계속 중인 특허출원인 경우에는 예비거절(provisional rejection)이 부여된다.

359) 즉 자명성 유형의 중복특허를 부여하는 경우에는 *Graham* 사건에서 제시된 4가지 기초사실(선행기술의 범위 및 내용, 선행기술과 청구항에 기재된 발명 간의 차이, 당업계의 수준, 상업적 성공과 같은 2차적 고려사항)을 기초로 판단해야 한다. 다만 35 U.S.C. § 103(a)의 판단의 기초가 되는 선행기술은 35 U.S.C. § 102를 만족해야 함이 원칙이나, 자명성 유형의 중복특허의 기초가 되는 특허는 35 U.S.C. § 102의 요건을 만족할 필요가 없다. MPEP §804 (citing *In re* Braat, 937 F.2d 589 (Fed. Cir. 1991); *In re* Longi, 759 F.2d 887 (Fed. Cir. 1985)).

360) 상술한 바와 같이 자명성 유형의 중복특허를 판단할 때 판단의 대상은 청구항인 것이 원칙이지만, 예외적으로 발명의 상세한 설명이 판단의 대상이 될 수 있다. 예를 들어, 발명의 상세한 설명이 청구항에 기재된 용어의 의미를 판단하는 사전과 같은 기능을 수행할 수 있는 경우에는, 청구항뿐만 아니라 발명의 상세한 설명까지도 참조하여 중복특허의 문제를 판단한다. *See* MPEP § 804 (citing Toro Co. v. White Consol. Indus., Inc., 199 F.3d 1295, 1299 (Fed. Cir. 1999)).

361) 이후에 소개되는 쌍 방향(two-way) 테스트에 비해 중복특허에 해당함을 증명하기가

나, 출원일이 동일한 경우에는 단방향 테스트가 적용된다. 또한 중복특허가 문제되는 본 출원이 중복특허의 기초가 되는 특허에 비해 먼저 출원되었더라도 i) 특허청이 해당 출원의 심사 진행을 지연시켰고, ii) 출원인이 해당 출원의 청구항을 선행 특허에 포함시킬 수 없었던 사정이 인정되지 않으면, 해당 출원에 대해 일 방향(one-way) 테스트를 근거로 비법정중복특허의 거절을 부여할 수 있다.

B. **쌍방향**(two-way) **테스트**

쌍방향 테스트는 본 출원의 청구항이 중복특허의 기초가 되는 특허의 청구항으로부터 자명한지 여부와 함께 중복특허의 기초가 되는 특허의 청구항이 본 출원의 청구항으로부터 자명한지를 모두 판단하여 두 개의 판단 결과가 모든 자명한 경우에만 비법정중복특허를 인정하는 판단방법이다.[362]

쌍방향 테스트는 i) 특허청이 해당 출원의 심사 진행을 지연(특허청이 심사를 지연하여 본 출원이 먼저 출원하였음에도 중복특허의 기초가 되는 특허에 비해 나중에 심사되는 결과를 초래한 경우)시켰고,[363] ii) 출원인이 해당 출원의 청구항을 중복특허의 기초가 되는 특허에 포함시킬 수 없었던 사정이 인정되는 경우에만 적용된다. 만약 출원인이 본 출원의 청구항을 중복특허의 기초가 되는 선행 특허에 포함시킬 수 있었다면 어차피 위의 2가지 요건을 만족할 수 없기 때문에, 특허청의 심사 지연여부에 상관없이 단방향 테스트만을 적용한다.[364]

2) 관련문제 — 35 U.S.C. § 102(f), (g)에 기초한 거절과의 관계

만약 자명성 유형의 중복특허의 기초가 되는 선행 특허가 35 U.S.C. § 102(f), (g)의 선행기술에 해당하는 경우, 해당 선행기술을 근거로 35 U.S.C. § 102(f), (g)에 따른 예견성(신규성)의 거절을 중복특허의 거절과 함께 부여한다. 또한 35 U.S.C. § 102(f), (g)에 따른 선행기술을 근거로 자명성(진보성)의 거절을 함께 부여할 수 있다.

용이하다.

362) 단방향 테스트는 본 발명의 청구항이 선행특허로부터 자명한지를 일방적으로 판단하면 충분하지만 쌍방향 테스트는 그 역도 함께 판단하므로, 쌍방향 테스트를 사용하는 경우 중복특허의 존재를 증명하기가 상대적으로 곤란해진다.

363) 특허청에서의 지연이 있었는지를 구체적으로 판단하는 방법은 MPEP §804에 소개되어 있다.

364) *See* MPEP § 804 (citing *In re* Berg, 140 F.3d 1428 (Fed. Cir. 1998)).

3. 복수의 출원 간에 비법정중복특허가 문제되는 경우[365)]

일반적으로 비법정중복특허의 거절이 부여되는 경우 존속기간포기서(Terminal Disclaimer) 제출을 통해 해당 거절을 극복할 수 있는바, 하나의 특허출원과 등록특허 간에 비법정중복특허의 문제가 발생하는 경우 해당 출원에만 존속기간포기서를 제출하여 비법정중복특허의 문제를 극복할 수 있다. 그러나 복수의 특허출원 간에 비법정중복특허가 문제되는 경우, 어느 출원에 대해 존속기간포기서를 요구할지가 문제된다.

1) 먼저 출원된 출원에 다른 거절이유가 없는 경우

출원일이 앞서는 출원에는 예비비법정중복특허(provisional Non-Statutory Double Patenting)를 제외한 다른 거절이유는 없고, 출원일이 늦은 출원에는 예비 비법정중복특허 이외에도 다른 거절이유가 있는 경우, 심사관은 출원일이 앞서는 출원에 대해 등록을 허여한다. 이 경우, 출원일이 앞서는 출원에 대해서는 존속기간포기서가 요구되지 않는다.

2) 나중에 출원된 출원에 다른 거절이유가 없는 경우

출원일이 늦은 출원에는 예비비법정중복특허를 제외한 다른 거절이유는 없고, 출원일이 앞선 출원에는 예비비법정중복특허 이외에도 다른 거절이유가 있는 경우, 심사관은 출원일이 늦은 출원에 대해 등록을 허여한다. 이 경우에는 출원일이 늦은 출원에 대해서 존속기간포기서를 요구해야만 한다. 한편, 비법정중복특허가 문제되는 출원의 개수가 3개 이상인 경우, 가장 출원일이 빠른 출원(만약 출원일이 같은 출원들이 존재한다면, 그 중 기초 발명에 해당하는 출원)을 제외한 나머지 모든 출원에 대해 존속기간포기서가 제출되어야 한다.[366)]

3) 모든 출원에 다른 거절이유가 없는 경우

출원일이 앞서는 출원과 늦은 출원 모두에 다른 거절이유는 없고 예비비법정중복특허만이 문제되는 경우, 심사관은 출원일이 앞서는 출원에 대해

---

365) *See* MPEP § 804.

366) 예를 들어, 출원일이 가장 빠른 출원 X와 이후에 출원된 출원 Y, Z에 대해 비법정중복특허의 문제가 발생한 경우, 즉 출원 X가 출원 Y, Z로부터 자명하고, 출원 Y가 출원 X, Z로부터 자명하고, 출원 Z가 출원 X, Y로부터 자명한 경우, 출원 Y, Z 모두에 대해서 존속기간포기서(Terminal Disclaimer)가 제출되어야 하며, 제출되는 존속기간포기서(Terminal Disclaimer) 각각에는 3개의 출원이 모두 언급되어야 한다. *See* MPEP § 804.

서는 존속기간포기서(Terminal Disclaimer) 없이 등록을 허여하고, 출원일이 늦은 출원에 대해서는 존속기간포기서를 요구해야 한다.

4) 출원일이 동일한 복수의 출원에 대한 취급

출원일이 동일한 복수의 출원이 문제되는 경우, 어느 것이 기초발명[367]에 해당하는지를 정하여, 기초 발명에 해당하는 출원에 대해서는 존속기간포기서 없이 등록을 허여하고, 나머지 출원에 대해서는 존속기간포기서(Terminal Disclaimer)를 요구해야 한다.

4. 부적절한 특허권 연장을 이유로 한 비법정중복특허의 취급

1) 서

비록 자명성 유형의 중복특허가 주로 문제되지만, 특별한 경우에는 자명성 유형의 중복특허의 요건을 만족하지 못하는 경우라 해도 부적절한 특허권 연장을 이유로 중복특허로 취급될 수 있다.

2) *Schneller* 사건[368]

Schneller 사건은 법원이 부적절한 특허권 연장을 이유로 비법정중복특허를 인정한 사건이다. 기록에 따르면, 발명자는 A+B+C의 구성을 갖는 종래기술에 구성요소 X 및 Y를 부가하는 클립(clip)을 완성하였다. 발명자는 최초특허를 통해 B+C+X, A+B+C+X를 청구하였고, 상세한 설명에 개시된 최적의 실시예는 A+B+C+X+Y였지만, 발명자는 최초 특허를 통해 B+C+X 및 A+B+C+X만을 청구하였다. 이는 B+C+X 및 A+B+C+X를 통해서도 최적의 실시예를 보호할 수 있었기 때문이다.[369] 최초 특허는 1955년에 출원되어 1960년에 등록되었는데, 이후 발명자는 1962년에 별도의 출원을 진행하여 A+B+C+Y, A+B+C+X+Y을 청구하는데 이에 특허청(USPTO)은 중복특허를 이유로 해당 출원을 거절한다. 발명자는 먼저 특허된 청구항(A+B+C+X)으로부터 본 출원의 청구항(A+B+C+Y)이 예견되거나 자명할 수 없음을 주장했으나 법원은 이러한 발명자의 주장을 배척한다.

---

367) 한정사항이 더 적은 발명을 기초발명(base invention)으로 정한다. *See* MPEP § 804.

368) *In re* Schneller, 397 F.2d 350 (C.C.P.A.1968). 본 사건에 관한 내용은 MPEP § 804에도 기재되어 있다.

369) 본 사건에 최초 특허의 청구항의 전이부(transition)는 개방형(open-type)으로 작성되었다.

법원은 중복특허를 배제하는 법적 취지는 부적절한 특허권의 연장일 것이므로 설사 나중에 진행된 출원의 청구항이 먼저 특허 받은 청구항으로부터 예견가능하지 않거나 자명하지 않더라도 출원인은 자신의 발명이 중복특허의 기초가 되는 특허에 비해 독립되고 구별된다(Independent and Distinct)는 것을 증명할 증명책임을 부담한다고 판시했다. 법원은 만약 문제되는 출원에 기재된 A+B+C+X+Y의 청구항을 허락하는 경우, 이미 최초 특허를 통해 충분히 향유된 A+B+C+X+Y라는 발명의 특허권이 부적절하게 연장되는 것으로 판단했고, A+B+C+Y의 청구항을 허락해준다 해도 해당 청구항이 개방형으로 작성되어 있기 때문에 결국 A+B+C+X+Y에 관한 특허권이 부적절하게 연장되는 결과를 초래하므로 새로운 특허가 독립되고 구별된다는 것이 증명되지 못하여 특허를 허여할 수 없다 하였다.[370]

3) *Schneller* 사건에 따른 중복특허에 대한 판단방법[371]

A. 주체적 요소

둘 이상의 특허(출원 및 등록된 특허 포함)의 i) 발명자가 동일하거나, ii) 발명자 중 적어도 하나가 공통되거나, iii) 발명의 양수인이 공통되거나, iv) 발

370) 주의할 점은 *Schneller* 사건에서 법원(CCPA)이 일반적인 원칙을 세운 것은 아니라는 것이다. 즉 *Schneller* 사건과 동일한 사실관계를 갖는 경우에는 그 법리에 따라 비법정 중복특허를 적용할 수는 있겠지만, 이를 일반화시켜서 이해하는 것은 부적절하다는 것이 *Schneller* 사건의 재판부의 의견이다. *Schneller,* 397 F.2d at 355. 한편 위와 유사한 사실관계지만 *Schnellre* 사건과는 달리 중복특허의 적용이 부정된 예도 있다. *Kaplan* 사건(*In re* Kaplan, 789 F.2d 1574 (Fed. Cir. 1986))에서 문제된 선행특허는 발명자 A에 의해 발명된 것으로 유기 용해제를 이용한 방법발명인바, 실시예를 통해서는 tetraglyme, sulfolane 등이 유용한 용해제의 일례로 개시되었고 이러한 내용이 청구항에도 기재되어 있었으나 tetraglyme 및 sulfolane를 혼합한 용해제를 이용한 일례는 상세한 설명에만 기재되어 있었다. 해당 발명이 특허된 이후 발명자 A 및 B는 tetraglyme 및 sulfolane를 혼합한 용해제를 이용한 방법발명을 청구했는데, 용해제의 종류를 제외한 나머지의 특징은 동일하였다. 이에 특허청 및 특허심판원(BPAI)은 중복특허의 기초가 되는 등록특허의 청구항이 본 출원의 청구항을 지배(domination: 청구항이 상위개념으로 기재되어 하위개념으로 기재된 다른 청구항의 모든 내용을 포섭하는 것)를 근거로 비법정중복특허를 거절하였지만, 연방순회항소법원(CAFC)은 지배의 여부로 비법정중복특허가 정당화되지 않으며, 중복특허의 판단 시 상세한 설명의 내용을 기초로 중복특허를 판단할 수 없다 하였다. *Kaplan*, 789 F.2d at 1577-78. 참고로 본 사건이 문제되던 당시에는 구특허법(35 U.S.C. § 116)에 따라 발명자 A 및 B가 공동으로 발명한 내용과 발명자 A가 발명한 내용을 하나의 특허출원이 아닌 별도의 출원으로 진행해야만 했었다.

371) *See* MPEP § 804.

명의 양수인에 공통된 바가 없더라도 둘 이상의 특허가 35 U.S.C. § 103(c)에 따른 공동연구협약의 결과물인 경우에 중복특허의 문제가 발생할 수 있다.

B. 객체적 요소

현재 특허청의 태도에 따르면 i) 본 출원의 청구항에 기재된 내용이 이미 선행 특허의 명세서를 통해 개시되고 이미 청구된 바 있고,[372] ii) 출원인이 해당 출원의 청구항을 선행 특허에 포함시킬 수 없었던 사정이 인정되지 않는 경우에 부적절한 특허권 연장을 이유로 비법정중복특허 거절이 부여된다.

4) 심사국장(TC Director)의 승인

Schneller 사건의 법리에 따른 비법정중복특허의 거절의 부여되기 위해서는 감독심사관(Supervisory Patent Examiner 또는 SPE)뿐만 아니라 심사국장(TC Director)의 승인까지 요구된다.[373]

5) 관련문제 – 35 U.S.C. § 102(f), (g)에 기초한 거절과의 관계

만약 상술한 비법정중복특허의 기초가 되는 선행 특허가 35 U.S.C. § 102(f) 또는 35 U.S.C. § 102(g)의 선행기술에 해당하는 경우, 해당 선행기술을 근거로 35 U.S.C. § 102(f) 또는 35 U.S.C. § 102(g) 예견성(신규성) 거절을 중복특허의 거절과 함께 부여한다. 또한 35 U.S.C. § 102(f) 또는 35 U.S.C. § 102(g)의 근거로 자명성(진보성)의 거절을 함께 부여할 수 있다.

Ⅴ. 중복특허 문제의 극복방법

1. 법정중복특허

법정중복특허에 기초한 거절이 문제되는 경우, 출원인은 본 출원의 청구항을 법정중복특허의 기초가 되는 특허의 청구항과 상이하도록 보정을 해야 한다.[374] 법정중복특허의 문제는 37 C.F.R. § 1.131에 따른 선서진술서/선언서(Affidavit/Declaration)에 의해서 극복되지 않으며,[375] 37 C.F.R. § 1.321

372) 만약 선행특허가 아니라 출원계속 중인 출원이 문제되는 경우에는 예비거절이 부여된다. 예비거절은 본 출원뿐만 아니라 중복 특허의 기초가 되는 출원에 대해서도 부여된다. MPEP § 804.

373) 실제로 *Schneller* 사건의 법리에 의해 거절되는 경우는 극히 드물다. MPEP § 804.

374) 심사관의 거절이 부적법한 경우 청구항에 대한 보정 없이 의견서를 통해 해당 거절을 극복할 수 있음은 당연하다. 한편 적법한 거절이 부여된 경우 해당 거절이 예비거절(provisional rejection)인지 여부에 상관 없이 청구항에 대한 보정이 필요하다.

에 따른 존속기간포기서(Terminal Disclaimer)에 의해서도 극복되지 않는다.[376]

2. 비법정중복특허

비법정중복특허에 기초한 거절이 문제되는 경우, 본 출원의 청구항이 법정중복특허의 기초가 되는 특허와 특허적으로 구별되도록 보정할 수 있다.[377] 또한 비법정중복특허의 거절은 청구항에 대한 보정 없이 37 C.F.R. § 1.321에 따른 존속기간포기서(Terminal Disclaimer)를 제출하는 것만으로도 극복된다.[378] 그러나 비법정중복특허의 거절은 37 C.F.R. § 1.131에 따른 선서진술서/선언서(Affidavit/Declaration)로는 극복되지 않는다.[379]

3. 관련문제 — 존속기간포기서

1) 의 의

존속기간포기서(Terminal Disclaimer)는 특허에 관한 권리를 포기하는 권리포기서(disclaimers)의 일종으로,[380] 주로 특허존속기간의 마지막 일부를 포기하는 데 활용된다. 존속기간포기서가 제출되면 해당 존속기간포기서에 표시된 등록특허들 중에서 존속기간이 가장 먼저 만료하는 때에 존속기간포기서가 제출된 특허권이 존속기간도 함께 만료한다.

2) 포기의 대상

존속기간포기서는 청구항이 아니라 출원에 대해 적용된다. 따라서 일부 청구항에 대해서만 존속기간포기서를 제출하는 것은 불가능하다.

3) 존속기간포기서의 제출

비법정중복특허를 극복하기 위해 제출되는 존속기간포기서에는 비법정중복특허의 기초가 되는 등록특허의 표시가 표시되며, 중복특허의 기초가 되는 등록특허의 존속기간을 초과하는 부분에 대해서는 특허권을 포기한다는 의사가 표시된다.[381] 본 출원으로부터 발생하는 특허의 독점배타권은 중복특

---

375) *See* MPEP § 804.02 (citing *In re* Dunn, 349 F.2d 433 (C.C.P.A. 1965)).
376) *See* MPEP § 804.02.
377) 심사관의 거절이 부적법한 경우 청구항을 보정하지 않고 의견서를 통해 해당 거절을 극복할 수 있음은 당연하다.
378) *See* MPEP § 804.02.
379) *See* MPEP § 804.02.
380) 37 C.F.R. § 1.321.

허의 기초가 되는 등록특허와 함께 공통으로 소유되는 경우에만 행사 가능한 경우에는 관련된 양도의 제한에 관련된 의사표시도 포함되어야 한다.[382) 한편 존속기간포기서는 특허권자 또는 해당 사건을 대리하는 대리인(Patent Attorney/Patent Agent)에 의해 작성될 수 있다.[383)]

4) 존속기간포기서의 효과

A. 특허존속기간의 단축

비법정중복특허를 극복하기 위해 존속기간포기서가 제출되는 경우, 존속기간포기서에 표시된 등록특허, 즉 중복특허의 기초가 되는 특허의 존속기간이 만료할 때 본 출원으로부터 발생하는 특허의 존속기간도 함께 만료한다.[384)]

B. 양도의 제한

만약 본 출원의 발명 당시에 i) 본 출원과 중복특허의 기초가 되는 특허(등록특허 또는 특허출원)의 양수인이 공통되거나 ii) 본 출원과 중복특허의 기초가 되는 특허가 공동연구협약(joint research agreement)의 결과물인 경우, 비법정중복특허의 거절을 극복하기 위한 존속기간포기서에는 본 출원으로부터 발생하는 특허가 중복특허의 기초가 되는 특허로부터 분리되어 양도되는 것을 제한하는 규정이 반드시 포함되어야 한다.[385)]

---

381) 존속기간포기서를 제출한 이후에 중복특허의 기초가 되는 등록특허가 등록유지료(maintenance fee)의 미납, 법원에 의한 무효선언, 특허권자에 의한 포기, 재심사절차에 따른 청구항 취소, 재발행 등을 이유로 먼저 소멸하더라도 본 출원으로 발생하는 특허권의 존속기간이 더 단축되지 않는다는 의사도 표시된다.

382) 37 C.F.R. § 1.321(c)(3), (d)(3)에 따른 양도의 제한이 필요한 경우는 후술하도록 한다.

383) 37 C.F.R. § 1.321(b)(1). 특허권자의 서명 대신에 해당 사건의 대리인의 서명만으로 존속기간포기서의 제출이 가능하기 때문에 실무상 대리인이 작성하는 것이 일반적이다.

384) 그러나 존속기간포기서의 제출 이후에 발생한 사정에 의해 존속기간포기서에 표시된 등록특허가 먼저 소멸되더라도 본 출원으로 발생한 특허의 존속기간이 더 단축되는 것은 아니다.

385) 37 C.F.R. § 1.321(c)(3), (d)(3); *See* MPEP § 802.04. 예를 들어, 선행특허 A와 본 출원 B에 공통의 양수인 X가 있고, 본 출원 B에 대해 선행특허 A를 기초로 비법정중복특허의 거절이 부여되어 이를 극복하기 위해 존속기간포기서가 제출된다면, 출원 B로부터 발생하는 특허는 특허 A의 양수인에 의해 소유되어야 하고, 만약 공통의 양수인에 소유되지 않고 분리 양도되는 경우에는 특허 B에 대한 특허권 행사가 포기된다는 규정이 포함된다.

C. 관련문제 — 자백

존속기간포기서(Terminal Disclaimer)를 제출했다 하여 본 발명이 자명하다는 것을 자백하는 것은 아니다. 즉 비법정중복특허(Non-Statutory Double Patenting)를 극복하기 위해 존속기간포기서를 제출하는 경우, 이는 본 발명이 비법정중복특허의 거절의 기초가 되는 특허에 비해 자명하다는 것을 인정하는 것이 아니다.[386]

5) 다수의 출원/특허가 문제되는 경우

비법정중복특허의 기초가 되는 특허(등록특허 또는 특허출원)이 다수인 경우, 해당 특허 각각에 대해 존속기간포기서가 제출됨이 원칙이다.[387] 한편 비법정중복특허의 기초가 되는 선행출원이 문제되는 경우(즉 예비거절이 문제되는 경우), 심사관은 가장 출원일이 빠른 출원(만약 출원일이 동일한 복수의 출원이 존재하는 경우에는 그 중 기초 발명에 해당하는 출원)을 제외한 나머지 모든 출원에 대해 존속기간포기서를 요구하여야 한다.[388]

6) 예견성/자명성의 문제를 극복하는 데 사용할 수 있는지 여부

존속기간포기서는 비법정중복특허의 거절을 극복하기 위해 활용되는 것이 일반적이다. 중복특허의 문제와 35 U.S.C. § 102에 따른 선행기술을 근거로 판단하는 예견성(신규성) 및 자명성(진보성)의 문제는 별개이므로, 존속기간포기서를 사용해서 35 U.S.C. § 102(e)의 거절을 극복하거나 35 U.S.C.

---

386) Quad Envtl. Tech. Corp. v. Union Sanitary Dist., 946 F.2d 870, 874 (Fed. Cir. 1991).

387) 예를 들어, 본 출원 A에 대해 선행특허 B, C를 근거로 비법정중복특허의 거절이 부여되는 경우, 본 출원 A에 대해서는 선행특허 B의 존속기간을 초과하는 잔여 존속기간을 포기하는 존속기간포기서와 선행특허 C의 존속기간을 초과하는 잔여 존속기간을 포기하는 존속기간포기서가 제출되어야 한다. 이 경우 각각의 존속기간포기서는 별개로 취급되므로 존속기간포기서에 따른 수수료가 두 배로 증가하는 것이 원칙이다. 그러나 중복특허의 기초가 되는 특허의 개수가 복수라 해도 i) 공통의 양수인이 있거나 ii) 중복특허의 기초가 되는 특허와 본 출원이 모두 공동연구협약의 결과물인 경우에는 하나의 존속기간포기서로 제출이 가능하여 수수료가 두 배로 증가하지 않는다. MPEP § 804.02. 이 경우에는 하나의 존속기간포기서에 중복특허의 기초가 되는 복수의 특허가 모두 기재된다.

388) 예를 들어, 출원일이 가장 빠른 출원 X와 출원 Y, Z에 대해 비법정중복특허의 문제가 발생한 경우, 즉 출원 X가 출원 Y, Z로부터 자명하고, 출원 Y가 출원 X, Z로부터 자명하고, 출원 Z가 출원 X, Y로부터 자명한 경우 출원 Y, Z 모두에 대해서 존속기간포기서(Terminal Disclaimer)가 제출되어야 하며, 제출되는 존속기간포기서(Terminal Disclaimer) 각각에는 3개의 출원이 모두 언급되어야 한다. *See* MPEP § 804.

§ 103(a)의 거절을 극복하는 것은 불가능하다.[389)]

VI. 지배(domination) 개념과 중복특허

어느 하나의 출원에 기재된 청구항이 다른 특허출원 또는 등록특허의 청구항을 모두 포함하는 것으로 해석되는 경우, 즉 해당 출원의 청구항이 넓게 기재되어 다른 출원/특허의 청구항의 기재사항을 완전히 포함할 때, 해당 출원은 다른 출원/특허를 "지배"한다고 표현할 수 있다. 이러한 지배의 개념은 중복특허의 개념과 관련이 있지만, 서로 구별되는 개념이다. 따라서 본 출원이 타 출원/특허를 "지배"한다는 것만을 이유로 중복특허를 부여할 수는 없으며,[390)] 본 출원이 타 출원을 "지배"한다는 이유만으로 중복특허가 극복되었다고 주장할 수도 없다.[391)]

---

389) *See* MPEP § 804.02.
390) *See* MPEP § 804 (citing *In re* Kaplan, 789 F.2d 1574, 1577-78 (Fed. Cir. 1986)).
391) *See* MPEP § 804 (citing *In re* Schneller, 397 F.2d 350 (C.C.P.A. 1968)).

출원의 구분

제1절 | 국내출원 및 국내단계출원

Ⅰ. 구 별

1. 국내출원

국내출원(National Application)은 35 U.S.C. § 111(a)에 출원되거나 35 U.S.C. § 111(b)에 출원된 경우를 말한다. 35 U.S.C. § 111(a)는 국제출원(PCT)에 기초하지 않은 정규출원(Non-Provisional Application)에 관한 규정이고, 35 U.S.C. § 111(b)는 가출원(Provisional Application) 규정이다. 예를 들어, 한국특허출원에 대한 파리조약 우선권을 주장하며 미국에 출원을 한 경우, 해당 출원은 35 U.S.C. § 111(a)에 따른 국내출원이 된다. 또한 국제출원이 미국국내단계로 진입한 이후, 이를 기초로 계속출원을 진행한 경우 해당 계속출원은 35 U.S.C. § 111(a)에 따른 출원이 된다.

미국특허법은 디자인 역시 특허의 일종으로 취급하므로, 디자인은 35 U.S.C. § 111(a)에 의해 출원된다. 그러나 디자인은 35 U.S.C. § 111(b)에 따른 출원, 즉 가출원에 의해서는 출원될 수 없다.

2 국내단계출원

국내단계출원(National Stage Application)이란 35 U.S.C. § 71 규정에 따라 미국국내단계로 진입한 국제출원을 말한다. PCT 조약에 따라 디자인 출원은 국제출원이 불가능하다.

II. 구별실익

일반적으로 국내단계출원은 국내출원과 동일하게 취급되지만, 다음과 같은 차이가 있다.[1)]

1. 한정요구[2)]

미국특허법에 따른 한정요구(Restriction Requirement)는 국내단계출원에는 적용되지 않으며 국내출원에만 적용된다. 국내단계출원의 경우, 발명의 단일성(Unity of Invention) 요건[3)]에 따라 심사되므로 한정요구에 관한 규정은 적용되지 않는다. 심사관은 국내단계출원에 대해서도 단일성 위반을 이유로 거절통지(OA)를 부여할 수 있지만, 그 근거규정이 미국특허법이 아니라 조약의 내용이 반영된 37 C.F.R. § 1.475가 된다. 비록 국내단계출원에 대해서는 국내출원과 상이한 기준에 따라 단일성이 심사되지만, 일단 단일성 요건에 위배되는 경우에는 한정요구와 유사한 방식으로 절차가 진행된다. 즉, 심사관은 발명을 여러 개의 그룹으로 나눠서 출원인에게 선택(election)을 요구하고, 선택된 청구항에 대해서만 심사를 진행하는 방식은 국내단계출원에 대해서도 동일하게 적용된다.

2. 출원일/국내단계진입일 인정요건

35 U.S.C. § 111(a)에 따른 정규출원(Non-Provisional Application)의 출원일(filing date)이 인정되기 위해서는, i) 특허법 제112조 첫 번째 단락의 요건(상세한설명요건, 실시가능요건, 최적실시예요건)을 만족하는 상세한 설명, ii) 적법하게 기재된 청구항,[4)] iii) (발명의 이해를 위해 필요한 경우에 한하여)[5)]

---

1) *See* MPEP § 201. 국내단계출원은 국내출원에 대한 보다 상세한 비교는 MPEP §1896에 첨부된 표(table)를 참조하기 바란다.

2) 35 U.S.C. § 1893.03(d); 37 C.F.R. § 1.499.

3) 37 C.F.R. § 1.475 규정에 따라 단일성이 판단된다. 37 C.F.R. § 1.475 규정은 조약의 내용이 반영된 것이므로 미국 특허청이 국제조사기관(International Searching Authority) 또는 국제예비심사기관(International Preliminary Examining Authority)의 역할을 수행할 때도 사용된다.

도면이 요구된다.[6] 출원일 인정요건은 만족되나 기타 서류(예를 들어, 선서서/선언서)가 누락되는 경우에는 누락서류통지(Notice of Missing Parts)가 통보된다.

미국으로의 국내단계 진입은 국제출원일로부터 30개월 이내에 이루어져야 하며, 이러한 30개월의 기간은 연장 불가능하다.[7] 만약 30개월이 경과하면 국제출원은 미국 내에서는 포기 간주된다. 단, 국제출원일로부터 30개월 이내에 반드시 제출되어야 하는 서류는 기본 국내 수수료(Basic National Fee)와 국제출원서의 사본(번역문은 제외)으로 한정되며,[8] 나머지 서류/수수료는 30개월이 경과한 이후에 제출/납부해도 해당 출원은 포기를 면할 수 있다.[9] 만약 보정서, 선서서/선언서, 번역문 등이 제출되지 않은 경우 심사관은 출원인에게 누락된 사실을 통보하고 기간을 정하여 누락된 서류의 제출을 요구한다.[10]

3. 출원과정에서의 취급

일단 국제출원이 적법하게 국내단계로 진입한 경우, 심사관은 i) 발명의 단일성에 대해 미국특허법에 따른 한정요구의 기준이 적용되지 않는다는 것과 ii) 특허성의 판단 시점이 국제출원일(국제출원이 적법한 우선권을 향유하는 경우에는 우선일)로 정해진다는 것을 제외하고는 국내단계출원과 통상의 국내출원을 동일하게 취급하여 심사한다.[11]

---

4) 출원일이 인정되기 위해서는 청구항의 명확성(definiteness) 요건을 만족하는 청구항이 하나 이상 포함되어야 한다고 규정되어 있으나, 실무상 청구항이 있기만 하면 출원일이 인정된다.

5) 도면이 필요한지를 판단하는 방법은 MPEP §601.01(f)에 기재되어 있다.

6) 37 C.F.R. § 1.53(b).

7) 37 C.F.R. § 1.495(a).

8) 37 C.F.R. § 1.495(b). 30개월 이내에 납부되어야 하는 수수료는 기본 국내 수수료(basic national fee)로 한정되며 기타 수수료는 30개월 경과 이후에도 납부 가능하다.

9) 37 C.F.R. § 1.495(b)-(c).

10) 37 C.F.R. § 1.495(c)(1)-(2).

11) MPEP § 1893.03. 양자에 차이가 없다는 것은 특허성(예견성, 자명성, 명세서 기재요건)에 관한 심사에 관련하여 차이가 없다는 것이다. 그러나 해당 출원이 선행기술로 사용되는 경우 국내단계출원과 국내출원의 취급이 다를 수 있다. 예를 들어, 35 U.S.C. § 102(e)에 따른 선행기술의 자격이 문제될 때 양자는 취급이 따르다. 또한, 출원공개에 따른 임시보호권리(Provisional Rights, 우선심사의 가능 여부와 같이 특허성에

제2절 | 계속출원

I. 연속출원과의 관계

계속출원은 연속출원(Continuing Application) 중 하나이다. 연속출원은 이미 특허청(USPTO)에 정규출원(Non-Provisional Application)으로 출원된 모출원(Parent Application)의 출원계속 중에 모출원에 대한 출원일의 이익(특허성에 관한 판단시점의 소급)을 주장하면서 추가로 진행되는 출원을 말한다.[12] 연속출원의 종류는 계속출원(Continuation Application), 분할출원(Divisional Application), 부분계속출원(Continuation-In-Part Application 또는 CIP) 및 계속심사출원(Continued Prosecution Application 또는 CPA)이 있으나, 계속심사출원(CPA)은 2003년 7월 14일 이후부터 실용특허에 대해서는 적용되지 않는다.[13]

II. 서

계속출원은 이미 출원된 모출원이 포기되거나 특허되기 전에 모출원(patent application)의 청구항에 기재된 발명을 위해 별도로 출원되는 정규출원을 말한다.[14] 적법하게 출원된 계속출원이 이루어진 경우, 계속출원에 대한 특허성의 판단시점은 모출원의 특허성의 판단시점으로 소급된다. 계속출원은 부분계속출원(CIP)과 달리 명세서에 신규사항이 추가될 수 없다. 참고로 2003년 이전에는 37 C.F.R. § 1.53(d) 규정에 의해서도 실용특허(utility

---

관한 심사가 아닌 문제에 대해서는 양자의 취급이 다를 수 있음을 주의해야 한다.

12) 이하 연속출원(모출원이 미국을 지정한 국제출원인 경우 포함) 및 가출원(provisional application)에 따라 인정되는 특허성 판단시점의 소급효를 국내우선권(domestic priority)이라 부르기도 한다.

13) 실용특허(utility patent) 대신 디자인특허(design patent)에만 적용되므로 이하에서는 별도로 설명하지 않는다. 참고로 계속심사출원(CPA)에 관한 사항은 37 C.F.R. § 1.53(d)를 통해 규정된다.

14) *See* MPEP § 201.07 ("A continuation is a second application for the same invention claimed in a prior nonprovisional application and filed before the original prior application becomes abandoned or patented.").

patent)의 계속출원이 가능했지만, 현재는 디자인 특허에 대해서만 37 C.F.R. § 1.53(d) 규정에 의한 계속출원이 가능하며 실용특허에 대해서는 37 C.F.R. § 1.53(b) 규정에 의한 계속출원만이 가능하다.[15]

Ⅲ. 계속출원의 요건[16]

계속출원이 특허성의 판단시점에 관한 소급효(즉, 우선권)를 향유하기 위해서는 계속출원의 요건을 만족해야 한다.

1. 인적 요건

계속출원의 발명자와 모출원의 발명자 중 적어도 한 명은 동일해야 한다.

2. 객체적 요건

1) 모출원의 요건

특허청에 출원된 정규출원[17]은 계속출원의 기초가 되는 모출원이 될 수 있다. 계속출원의 기초가 되기 위해서는 출원일 인정요건을 만족해야 하고 수수료를 납부해야만 한다.[18] 또한 미국이 지정국으로 포함된 국제출원(PCT) 역시 계속출원의 기초가 될 수 있다.[19] 국제출원이 계속출원의 기초가 되기

---

15) 출원인이 37 C.F.R. § 1.53(d) 규정에 따른 절차를 진행하는 경우, 즉 계속심사출원(CPA)의 방식으로 연속출원을 진행하는 경우에는, 이미 출원된 모출원은 계속심사출원(CPA)에 의해 포기 간주된다. 계속심사출원(CPA)의 방식으로는 계속출원(Continuation Application)과 분할출원(Divisional Application)만이 가능하다. 한편 출원인이 계속심사출원(CPA) 방식으로 연속출원을 진행하면 특허청에서는 모출원의 포대 이외에 새로운 포대(file)를 만들지 않으므로, 계속심사출원(CPA)이 문제되는 경우 모출원에 기재된 사항이 계속심사출원(CPA)에 원용되는 특징이 있다. 이러한 37 C.F.R. § 1.53(d)에 의한 절차는 디자인 특허에 대해서는 여전히 유효하게 적용되지만, 실용 특허에는 적용되지 않는다.

16) *See* 35 U.S.C. §120; 37 C.F.R. § 1.53(b); MPEP §§ 201.7, 201.11.

17) 국제출원(PCT)을 기초로 미국국내단계로 진입한 국내단계출원도 포함된다. 또한 연속출원도 계속출원의 기초가 될 수 있다. 따라서 계속출원에 대해 다시 계속출원을 할 수 있다. 한편 가출원(provisional application)이 모출원이 되는 경우에는 근거 규정이 35 U.S.C. § 120이 아니라 35 U.S.C. § 119(e)가 되므로, 이 경우에는 계속출원이라 부르지 않는다.

18) *See* MPEP § 201.11.

위해서는 국제출원일 인정요건[20]을 만족해야 한다.

2) 계속출원의 요건

계속출원이 우선권을 향유하기 위해서는 모출원에 개시된 내용[21]과 계속출원의 청구항의 내용이 동일해야 한다. 이 경우 모출원에 개시된 내용은 발명의 상세한 설명의 기재요건[22]을 만족해야만 한다.[23]

또한 모출원에 대한 언급(reference)[24]이 계속출원의 명세서 첫 번째 문장[25]에 포함되거나, 출원데이터시트(ADS)에 포함되어야 한다. 후출원, 즉 계속출원에서 모출원을 언급할 때는 후출원이 어떤 종류의 연속출원인지를 정확하게 특정해야 한다. 단순히 "this application claims the benefit of Application No. ---, filed ---" 정도로 기재한 것은 불충분하며, "this application is a continuation of prior Application No. ---, filed ---." 정도로 기재해야 한다.[26]

---

19) 35 U.S.C. § 363, 365(c); *See* MPEP § 201.07. 국내단계진입이 없이 국제단계에 있는 국제출원이라도 미국이 지정국으로 포함되면 계속출원이 가능하다. 35 U.S.C. § 363 규정에 따라 미국이 지정국으로 포함된 국제출원은 미국 특허청에 출원된 출원과 동일한 효력을 갖기 때문이다.

20) PCT Article 11. *See* 37 C.F.R. § 1.78(a)(1)(i).

21) 우선권이 적법하기 위해서는 모출원에 개시된 내용이 발명의 상세한 설명의 기재요건(35 U.S.C. § 112 첫 번째 단락)을 만족해야 한다.

22) 35 U.S.C. § 112 첫 번째 단락에 따른, 상세한설명요건, 실시가능요건, 최적실시예요건을 말한다.

23) 35 U.S.C. § 120 ("An application for patent for an invention <u>disclosed in the manner provided by the first paragraph of section 112</u> of this title in an application previously filed in the United States . . . .") (emphasis added).

24) "언급" 요건이 만족되기 위해서는 i) 모출원의 출원번호가 정확하게 특정되어야 하고, ii) 모출원과 연속출원과의 관계(연속출원의 종류)가 명확하게 특정되어야 한다. 참고로 디자인 출원에서 활용되는 계속심사출원(CPA)의 경우, 모출원에 대한 언급(reference)이 요구되지 않는다. MPEP § 201.11.

25) 즉 "발명의 명칭" 바로 다음에 표시된다. MPEP § 201.11.

26) 국제출원일로 특허성의 판단시점을 소급하기 위하여, 국제출원(PCT)에 따른 국내단계출원을 모출원으로 하여 계속출원을 하는 경우에는 "This application is a continuation of U.S. Application No. 08/---, which was the National Stage of International Application No. PCT/DE95/---, filed---."와 같이 기재할 수 있다. 또한 가출원일로 특허성의 판단시점을 소급하기 위하여, 가출원을 기초로 출원된 모출원에 대해 다시 계속출원을 하는 경우에는 "This application is a continuation of U.S. Application No. 10/---, filed ---, which claims the benefit of U.S. Provisional

3. 시기적 요건

다른 연속출원과 마찬가지로 계속출원의 요건은 35 U.S.C. § 120 규정에 기초하는바, 35 U.S.C. § 120 규정에 따른 우선권을 향유하기 위해서는 모출원의 동시계속(copendency) 도중에 계속출원이 출원되어야 한다. 동시계속 요건은 모출원이 i) 등록되거나, ii) 포기되거나, iii) 모출원에 관한 절차가 종료되기 이전[27]에 계속출원이 이루어진 경우에 만족된다.[28]

1) 등 록

계속출원은 모출원의 등록 이전에 출원되면 충분하므로, 모출원에 대한 등록료(Issue Fee)가 납부되었더라도 등록(issue)되기 이전에는 계속출원이 가능하다.[29] 다만, 주의할 점은 통상 등록료(Issue Fee) 납부 후 4주면 등록이 이루어질 수 있으므로, 되도록이면 등록료 납부 이전에 계속출원을 해야 한다는 것이다.[30]

2) 포 기

계속출원은 모출원이 포기되기 이전에 출원되어야 하므로 모출원이 포기(abandon)된 경우에는 계속출원이 불가능하다. 그러나 출원의 포기에 대해서는 출원의 부활(revival)[31]이 가능하므로 모출원을 부활시킨 이후 이를 기초로 계속출원을 진행하는 것은 가능하다.

3) 절차 종료[32]

출원인이 등록료(Issue Fee)를 법정기간[33] 이내에 납부하지 않은 경우 해당 법정기간 만료일에 절차가 종료한 것으로 취급된다. 따라서 법정기간 만

Application No. 60/---, filed ---."와 같이 기재할 수 있다. MPEP § 201.11.

27) 등록되거나, 포기되거나, 절차 종료된 날에 계속출원을 완료하여 출원일을 인정받으면 계속출원은 유효하다. *See* MPEP § 201.11.

28) *See* MPEP § 201.11.

29) 참고로, 디자인 출원에서 활용되는 계속심사출원(CPA)의 경우, 등록료가 납부되면 37 C.F.R. § 1.313(c)에 의한 등록의 철회(withdraw from issue)를 요청해야만 한다.

30) *See* MPEP § 201.11.

31) 포기된 출원을 부활시키기 위해서는 37 C.F.R. § 1.137에 따른 부활을 위한 청원(petition to revive)을 제출해야 하는바, 청원을 통해 출원을 부활시킬 수 있는 경우는 i) 피할 수 없는 사유로 인해 응신이 지연된 경우와 ii) 출원에 대한 포기가 의도적이지 않은 경우이다.

32) *See* MPEP § 711.02(c).

33) 일반적으로 허여통지서(Notice Of Allowance) 발송일로부터 연장 불가능한 3개월이 부여된다.

료일 다음 날부터는 계속출원을 할 수 없다.[34] 또한 특허심판원(BPAI)에서의 심판에서 패소하거나 심판 청구가 부적법하여 각하된 경우에는 심판원의 결정에 항소할 수 있는 기간이 만료한 날 출원에 관한 절차가 종료된 것으로 취급된다. 이 경우 항소할 수 있는 기간이 경과하면 계속출원을 할 수 없다. 연방순회항소법원(CAFC)에서의 심결취소소송이 문제되는 경우 연방순회항소법원(CAFC)의 판결에 불복할 수 있는 기간 이내에 계속출원을 해야 한다.

Ⅳ. 계속출원의 효과

1. 특허성의 판단시점 소급(우선권)

계속출원에 대한 특허성 판단은 계속출원의 모출원의 출원일을 기준으로 이루어진다. 계속출원의 기초가 되는 모출원은 미국 출원이므로 35 U.S.C. § 102에 규정된 법정제한요건(statutory bar) 판단 시[35]에 선행기술을 극복하는 데 사용될 수 있다.

2. 존속기간의 만료일

한편 계속출원의 특허존속기간의 만료일은 계속출원의 출원일이 아닌 모출원의 출원일을 기초로 산정된다. 즉, 계속출원이 등록되는 경우 특허존속기간의 만료일은 모출원의 출원일로부터 20년이 되는 날이다.[36] 따라서 계속출원을 진행하는 경우 신속하게 계속출원을 진행해야 특허권의 존속기간을 늘릴 수 있다.

---

34) 등록료를 미납하여도 해당 출원에 대해서는 37 C.F.R. § 1.137에 따른 출원의 부활이 가능하다. 해당 출원이 부활되면 등록일까지 계속출원이 가능하다.

35) 35 U.S.C. § 102(b), (d)와 같은 특허요건은 미국출원일을 기준으로 하기 때문에, 미국출원일이 선행기술에 비해 늦은 경우에는 조약우선권으로는 극복할 수 없다. 그러나 계속출원의 모출원은 미국출원이므로 모출원일로부터 1년 이후에 공개된 35 U.S.C. § 102(b) 등의 선행기술을 극복할 수 있다.

36) 물론 특허존속기간조정(PTA) 규정이나 해치-왁스만(Hatch-Waxman) 법안 등에 의해 존속기간이 추가로 연장될 수는 있다. 참고로 i) 미국을 지정국으로 포함한 국제출원을 모출원을 기초로 출원된 계속출원 및 ii) 미국을 지정국으로 포함한 국제출원을 모출원으로 하여 출원된 국제출원(미국을 지정국으로 포함)의 특허존속기간의 만료일은 국내우선권을 향유하는 후출원이 아니라 국내우선권의 기초가 되는 모출원의 출원일로부터 20년이 되는 날이다. 35 U.S.C. § 154(a)(2).

예 1

2006년 1월 1일에 정규출원을 하고, 2008년에 6월 1일에 정규출원을 기초로 35 U.S.C. § 120의 우선권을 주장하며 적법하게 계속출원을 한 경우, 특허존속기간의 만료일의 기산점은 2006년 1월 1일이 된다.

예 2

2006년 1월 1일에 가출원을 하고, 이를 기초로 2006년 7월 1일 미국에 통상의 정규출원을 진행한 이후, 2007년 1월 1일에 i) 상기 가출원에 대하여 35 U.S.C. § 119(e)에 따른 우선권 및 ii) 상기 정규출원에 대하여 35 U.S.C. § 120에 따른 우선권을 주장하면서 미국 특허청에 국제출원(PCT)을 하고, 2008년 7월 1일에 적법하게 미국국내단계로 진입한 출원이 2010년 2월 1일에 등록된 경우, 특허존속기간만료일의 기산점은 2006년 7월 1일이 된다.

3. 모출원에 대한 출원계속의 유지

계속출원을 하더라도 모출원은 자동으로 포기되지 않으므로 모출원의 출원은 계속된다. 계속출원과 모출원은 별개의 출원이므로 양 출원의 청구항에 동일하거나 특허적으로 구별되지 않은 발명이 청구되는 경우 법정 또는 비법정의 중복특허(Double Patent)의 문제가 발생할 수 있다.

V. 우선권주장가능기간

1. 원 칙[37)]

우선권(즉, 35 U.S.C. § 120 규정의 출원일의 이익)[38)]을 향유하는 계속출원이 통상의 국내출원인 경우, 우선권주장가능기간은 해당 계속출원의 출원일로부터 4개월 및 계속출원의 기초가 되는 모출원일로부터 16개월 중 늦은

37) *See* 37 C.F.R. § 1.78(a)(2)(ii); MPEP § 201.11.

38) 35 U.S.C. § 119(a)-(d)에 의해 규정되는 조약우선권과 달리 연속출원에 대한 우선권이 문제되는 경우, 우선권증명서류(Certified Copy)는 제출될 필요가 없다. 미국 특허청이 우선권증명서류를 확보할 수 있기 때문이다. 참고로 가출원을 기초로 하는 우선권 역시 우선권증명서류의 제출이 요구되지 않는다.

때에 만료한다.[39] 또한 우선권을 향유하는 계속출원이 국제출원(PCT)을 기초로 국내단계를 진입한 국내단계출원인 경우, 우선권주장가능기간은 국내단계진입일[40]로부터 4개월 및 우선권의 기초가 되는 모출원일로부터 16개월 중 늦은 때에 만료한다.

만약 최초 출원 시에 제출된 우선권주장에 대한 추가/보정이 필요하면 우선권주장가능기간 내에 우선권을 추가/보정해야 한다. 우선권주장이 적법하기 위해서는 모출원에 대한 언급(reference)이 명세서의 첫 번째 문장 또는 출원데이터시트(ADS)에 포함되어야 하는바, 우선권을 추가/보정하려는 출원인은 명세서를 보정하거나[41] 출원데이터시트를 제출하는 방식으로 우선권을 추가/보정할 수 있다.

2. 누락된 우선권주장의 취급

4개월/16개월의 우선권주장가능기간은 법정불변기간으로 연장이 불가능하며, 해당 법정기간 이내에 우선권에 대한 주장을 하지 못하면 우선권주장은 포기(waiver)된 것으로 간주된다.[42] 우선권주장이 포기되면 심사관은 계속출원의 출원일을 기준으로 특허성을 심사한다.

한편 심사관은 부적법한 우선권이 발견되는 경우 출원접수증(filing receipt)을 통해 부적법한 우선권에 관해 통지할 수 있다. 따라서 출원인은 출원접수증에 우선권주장에 관한 통지가 포함되었는지 확인하는 것이 바람직하다.[43]

---

39) 참고로, 계속심사출원(CPA)의 경우 별도의 우선권주장이 필요 없다. 계속심사출원(CPA)의 경우 새로운 포대가 만들어지는 것도 아니기 때문이다.

40) 국내단계진입일은 미국 특허청에 i) 수수료, ii) 국제출원서 사본(번역문 포함), iii) 국제단계에서 수행된 보정서, iv) 선서서/선언서, v) 기타 번역문을 모두 제출한 날이다. 37 C.F.R. § 1.491(b).

41) 연속출원의 출원일에 인용형식으로 병합되지 않은 모출원이 문제되는 경우, 해당 모출원을 기초로 우선권주장을 추가하는 것은 허용되나 해당 출원의 내용을 인용형식으로 병합하는 것은 허용되지 않는다. 출원일이 경과하여 인용형식으로 병합하는 것은 신규사항 추가에 해당하기 때문이다. *See* MPEP § 201.06(c) (citing Dart Indus. v. Banner, 636 F.2d 684 (C.A.D.C. 1980)).

42) 37 C.F.R. § 1.78 (a)(2)(ii).

43) 한편 우선권주장이 적법함에도 출원접수증에 다르게 표시된 경우 수정된 출원접수증을 요청하는 신청서(request for a corrected filing receipt)를 제출할 수 있다.

3. 누락된 우선권주장을 위한 청원[44]

출원인의 우선권주장이 비의도적으로(unintentionally) 지연된 경우에는 청원[45]을 통해 누락된 우선권을 추가적으로 주장할 수 있다.[46] 누락된 우선권주장을 위한 청원에는 i) 모출원에 대한 적법한 언급(reference),[47] ii) 수수료 및 iii) 우선권주장가능기간으로부터 해당 청원이 제출되기까지의 전 기간이 비의도적으로 지연된 것임을 진술하는 진술서가 포함되어야 한다.

만약 출원인이 적법하게 우선권주장을 하지 않았지만 특허청이 이러한 우선권주장을 고려하여 우선권주장에 관한 사항을 출원접수증(filing receipt)에 표시한 경우에는 누락된 우선권주장을 위한 청원이 필요 없다. 이 경우에는 모출원에 대한 언급(reference)이 명세서의 첫 번째 문장 포함되도록 보정하거나 모출원에 관한 정보가 포함된 출원데이터시트(ADS)를 제출하면 충분하다. 그러나 우선권주장이 적법하지도 않았고 특허청이 이러한 우선권주장을 출원증(filing receipt)에 표시하지도 않았다면, 반드시 누락된 우선권주장을 위한 청원을 제출하면서, 모출원에 대한 언급(reference)이 명세서의 첫 번째 문장 포함되도록 보정하거나 모출원에 관한 정보가 포함된 출원데이터시트(ADS)를 제출해야 한다.

한편 해당 계속출원에 대해 최후거절통지(Final OA) 또는 허여통지(Notice of Allowance)가 부여된 이후에는 보정서/출원데이터시트(ADS)의 제출이 제한되므로, 최후거절통지(Final OA) 또는 허여통지(Notice of Allowance) 이후에 제출된 보정서/출원데이터시트(ADS)가 특허청에 의해 허가되지 않을 수 있다. 이 경우에 출원인은 누락된 우선권주장을 위한 청원과 함께 계속심사청구(RCE)를 진행하여야 한다. 만약 해당 출원이 등록되었다면 계속심사청구가 불가능하므로, 재발행출원(Reissue application), 정정증명서(Certificate of Correction) 또는 재심사

44) *See* MPEP § 201.11.

45) "petition under 37 C.F.R. § 1.78(a)"라 불린다.

46) 누락된 우선권주장이 4개월/16개월의 우선권주장기간 내에 추가/보정되지 못한 경우 누락된 우선권주장을 위한 청원(petition)이 요구되는 것이 원칙이나, 모출원에 대해 우선권주장기간 내에 언급된 상황에서 i) 모출원과 연속출원과의 관계를 정정(예를 들어, 계속출원을 분할출원으로 정정)하는 경우, ii) 모출원의 출원일을 정정하는 경우, iii) 정규출원으로 표시된 모출원을 가출원으로 정정하는 경우에는 청원 없이 우선권주장을 추가/보정하는 것이 가능하다.

47) 즉, 청원과 함께 명세서를 보정하거나 출원데이터시트(ADS)를 제출해야 한다.

절차(Reexamination Proceeding)를 통해 우선권주장을 추가/보정해야 한다.

4. 우선권주장의 취소[48]

모출원에 대한 우선권의 삭제는 계속출원의 계속 중에 가능하다. 출원인은 명세서에 기재된 모출원에 대한 언급(reference)을 삭제하거나, 모출원에 대한 언급이 삭제된 출원데이터시트(ADS)를 제출하여 이미 주장된 우선권주장을 취소할 수 있다.[49]

출원인이 우선권주장을 취소하면, 우선권주장가능기간(계속출원의 출원일로부터 4개월 및 계속출원의 기초가 되는 모출원일로부터 16개월 중 늦은 때)이 경과한 이후에는 취소한 우선권주장을 다시 추가할 수 없다. 출원인이 우선권주장을 비의도적으로(unintentionally) 지연한 것이 아니므로 누락된 우선권주장을 위한 청원을 제출할 수 없기 때문이다.

계속출원의 경우 특허존속기간 만료일의 기산일이 모출원의 출원일이므로, 모출원에 대한 우선권주장을 삭제하면 계속출원의 특허존속기간이 증가하는 효과가 발생한다. 계속출원이 일단 등록되면 재발행출원, 정정증명서, 재심사절차 등을 통해서 우선권주장을 취소하는 것은 허용되지 않는다.

VI. 선서서/선언서 면제

계속출원(Continuation Application)이 문제되는 경우 i) 해당 출원의 기초가 되는 모출원(Parent Application)에 적법하게 선서서/선언서가 제출되었고, ii) 계속/분할출원의 발명자가 모출원의 발명자와 완전히 동일하거나 모출원의 발명자의 일부이고,[50] iii) 계속/분할출원에 신규사항이 포함되지 않았다면, 모출원을 위해 제출된 선서서/선언서의 사본을 계속/분할출원을 위해 제출할 수 있다.[51]

---

48) *See* MPEP § 201.11.

49) 상술한 바와 같이 출원에 대해 최후거절통지(Final OA) 또는 허여통지(Notice of Allowance)가 부여된 이후에는 보정서/출원데이터시트(ADS)의 제출이 제한되므로, 최후거절통지(Final OA) 또는 허여통지(Notice of Allowance) 이후에 제출된 보정서/출원데이터시트(ADS)가 특허청에 의해 허가되지 않을 수 있음을 주의해야 한다.

50) 즉, 계속출원 및 분할출원을 통해 새로운 발명자가 추가되지 않아야 한다.

제3절 | 분할출원

Ⅰ. 의 의

분할출원(Divisional Application)은 모출원이 포기되거나 특허되기 전에 모출원에 기재된 내용을 청구하는 출원을 말한다.[52] 분할출원에는 모출원에 기재된 사항 중 분할출원의 청구항에 기재된 발명과 관련성이 있는 사항이 포함되어야 한다.[53] 참고로 2003년 이전에는 37 C.F.R. §1.53(d) 규정에 의해서도 실용특허의 분할출원이 가능했지만, 현재는 디자인 특허에 대해서만

---

51) 37 C.F.R. § 1.63(d).

52) 계속출원(Continuation Application)과 분할출원은 극히 유사한 절차이다. 두 절차 모두 35 U.S.C. § 120의 요건을 만족해야만 출원일의 이익(즉, 우선권)을 향유할 수 있다. 두 절차 모두 특허의 존속기간이 모출원으로부터 기산되며, 두 절차 모두 신규사항이 추가될 수 없다. 개인적으로, 한정요구(Restriction Requirement)가 문제되는 경우를 제외하면 계속출원과 분할출원 간에 실무상 의미 있는 차이점을 발견하기 어렵다고 본다. 물론 판례는 계속출원과 분할출원을 구별한다. Transco Products, Inc. v. Performance Contracting, Inc., 38 F.3d 551, 555-56 (Fed. Cir. 1994) ("'Continuation' and 'divisional' applications are alike in that they are both Continuing Applications based on the same disclosure as an earlier application. They differ, however, in what they claim. A 'continuation' application claims the same invention claimed in an earlier application, although there may be some variation in the scope of the subject matter claimed. A 'divisional' application, on the other hand, is one carved out of an earlier application which disclosed and claimed more than one independent invention, the result being that the divisional application claims only one or more, but not all, of the independent inventions of the earlier application.") (citations omitted). 그러나 신규사항 없이 청구항에 변화를 주면서 연속출원을 하는 경우, 계속출원이나 분할출원이 출원실무상 모두 가능하다. 또한 연속출원 간에 종류를 구분한 것은 특허청(USPTO)의 행정편의를 위한 것이라는 해석이 일반적이다. *Transco*, 38 F.3d at 556 ("The PTO has noted that the expressions 'continuation,' 'divisional,' and 'continuation-in-part' are merely terms used for administrative convenience."). 따라서, 한정요구가 문제되는 경우가 아니라면 계속출원과 분할출원의 구분은 큰 의미가 없는 것으로 보인다. 물론, 연속출원을 진행할 때 출원인은 자신의 출원이 계속출원(Continuation Application)과 분할출원(Divisional Application) 중 어디에 해당하는지를 명시적으로 표시해야 한다. *See* MPEP § 201.11.

53) *See* MPEP § 201.06.

1.53(d) 규정[54]에 의한 분할출원이 가능하며 실용특허에 대해서는 37 C.F.R. § 1.53(b) 규정에 의한 분할출원만이 가능하다.

분할출원은 심사관의 한정요구(Restriction Requirement)로 인해 제출되는 경우가 많다. 즉, 모출원에 대한 한정요구에 의해 독립적(independent)이거나 구별(distinct)되는 발명 중 지정(elect)되지 않은 발명을 청구하기 위해 분할출원이 활용되는 것이 일반적이다.[55]

II. 분할출원의 요건[56]

분할출원이 특허성의 판단시점에 관한 소급효(즉, 우선권)를 향유하기 위해서는 분할출원의 요건을 만족해야 한다.

1. 인적 요건

분할출원의 발명자와 모출원의 발명자 중 적어도 한 명은 동일해야 한다.

2. 객체적 요건

1) 모출원의 요건

계속출원과 마찬가지로 특허청(USPTO)에 출원된 정규출원[57]은 분할출원

54) 출원인이 37 C.F.R. § 1.53(d) 규정에 따른 절차를 진행하는 경우, 즉 계속심사출원(CPA)의 방식으로 연속출원을 진행하는 경우에는, 이미 출원된 모출원은 계속심사출원(CPA)에 의해 포기 간주된다. 계속심사출원(CPA)의 방식으로는 계속출원(Continuation Application)과 분할출원(Divisional Application)만이 가능하다. 한편 출원인이 계속심사출원(CPA) 방식으로 연속출원을 진행하면 특허청에서는 모출원의 포대 이외에 새로운 포대(file)를 만들지 않으므로, 계속심사출원(CPA)이 문제되는 경우 모출원에 기재된 사항이 계속심사출원(CPA)에 원용되는 특징이 있다. 이러한 37 C.F.R. § 1.53(d)에 의한 절차는 디자인출원에 대해서는 여전히 유효하게 적용된다.

55) 주의할 점은 한정요구가 있다고 하여 반드시 분할출원을 해야 하는 것은 아니며, 분할출원을 하기 위해서 반드시 한정요구가 있어야만 하는 것도 아니라는 것이다. 심사관의 한정요구로 인해 전체 청구항 일부만 지정했더라도, 나머지 청구항들을 분할출원을 통해 청구할지 여부는 출원인의 선택의 문제이다. 또한 실무상 심사관에 의한 한정요구가 문제되지 않았던 출원에 대해서도 분할출원이 가능하다.

56) 35 U.S.C. § 121 규정이 35 U.S.C. § 120 규정을 준용하므로 계속출원과 실질적으로 동일하다고 볼 수 있다.

57) 국제출원을 기초로 미국국내단계로 진입한 국내단계출원도 포함된다. 국제출원을 기

의 기초가 되는 모출원이 될 수 있다. 분할출원의 기초가 되기 위해서는 출원일 인정요건을 만족해야 하고 수수료를 납부해야만 한다.[58] 또한 미국이 지정국으로 포함된 국제출원(PCT) 역시 분할출원의 기초가 될 수 있다.[59] 분할출원의 기초가 되는 국제출원(미국이 지정국으로 포함된 국제출원)은 국제출원일에 관한 요건[60]을 만족해야 한다.

2) 분할출원의 요건

모출원에 개시된 내용[61]과 분할출원의 청구항의 내용이 동일해야 한다.[62] 이 경우 모출원에 개시된 내용은 발명의 상세한 설명의 기재요건[63]을 만족해야 하는 것은 계속출원과 동일하다.[64]

또한 모출원에 대한 언급(reference)[65]이 분할출원의 발명의 명세서의 첫 번째 문장[66]에 포함되거나, 출원데이터시트(ADS)에 포함되어야 한다. 후출원, 즉 분할출원에서 모출원을 언급할 때는 후출원이 어떤 종류의 연속출원인지를 정확하게 특정해야 한다. 단순히 "this application claims the benefit of Application No. ---, filed ---" 정도로 기재한 것은 불충분하며, "this application is a divisional application of prior Application No. ---, filed ---." 정도로 기재해야 한다.[67]

초로 미국국내단계로 진입한 국내단계출원도 포함된다. 또한 연속출원도 분할출원의 기초가 될 수 있다. 따라서 분할출원에 대해 다시 분할출원을 할 수 있다. 만약 가출원이 모출원이 되는 경우에는 근거 규정이 35 U.S.C. § 120/121이 아니라 35 U.S.C. §119(e)가 되므로, 이 경우에는 분할출원이라 부르지 않는다.

58) *See* MPEP § 201.11.

59) 35 U.S.C. § 363, 365(c); *See* MPEP § 201.06.

60) PCT Article 11; *See* 37 C.F.R. § 1.78(a)(1)(i).

61) 우선권이 적법하기 위해서는 모출원에 개시된 내용이 발명의 상세한 설명의 기재요건(35 U.S.C. § 112조 첫 번째 단락)을 만족해야 한다.

62) 물론 분할출원에는 신규사항이 추가될 수 없다.

63) 35 U.S.C. § 112조 첫 번째 문장의 요건을 말한다.

64) 35 U.S.C. § 120.

65) "언급" 요건이 만족되기 위해서는 i) 모출원의 출원번호가 정확하게 특정되어야 하고, ii) 모출원과 연속출원과의 관계(연속출원의 종류)가 명확하게 특정되어야 한다. 참고로 디자인 출원에서 활용되는 계속심사출원(CPA)의 경우, 모출원에 대한 언급(reference)이 요구되지 않는다. *See* MPEP § 201.11.

66) 즉 발명의 명칭 바로 다음에 표시된다. *See* MPEP § 201.11.

67) *See* MPEP § 201.11. 만약 국제출원으로 기초로 하는 국내단계출원에 대한 분할출원을 하는 경우에는 "This application is a divisional application of U.S. Application No. 08/---, which was the National Stage of International Application No. PCT/DE95/---,

3) 시기적 요건

분할출원의 우선권은 35 U.S.C. § 120 규정에 기초하는바, 35 U.S.C. § 120 규정의 우선권을 향유하는 후출원은 모출원과 동시계속(copendency) 중에 출원되어야 한다. 상세한 내용은 계속출원과 같다.

Ⅲ. 분할출원의 효과[68]

1. 특허성의 판단시점 소급(우선권)

계속출원의 경우처럼 분할출원에 대한 특허성 판단은 분할출원의 모출원의 출원일을 기준으로 이루어진다.

2. 존속기간의 만료일

계속출원과 동일하게 존속기간의 만료일이 계산된다. 즉 분할출원의 특허존속기간의 만료일은 분할출원의 출원일이 아닌 모출원의 출원일을 기초로 산정되는바, 특허존속기간의 만료일은 모출원의 출원일로부터 20년이 되는 날이다.[69] 따라서 분할출원을 진행하는 경우 신속하게 분할출원을 진행해야 특허권의 존속기간을 늘릴 수 있다.

3. 모출원에 대한 출원계속의 유지

분할출원을 하더라도 모출원은 자동으로 포기되지 않으므로 모출원의 출원은 계속된다. 분할출원과 모출원은 별개의 출원이므로 양 출원의 청구항에 동일하거나 특허적으로 구별되지 않은 발명이 청구되는 경우 법정 또는 비법정의 중복특허(Double Patent)의 문제가 발생하는 것이 원칙이지만 아래와 같은 분할출원 특유의 효과에 의해 중복특허의 문제가 차단될 수 있다.

---

filed ---."과 같이 기재할 수 있다.

68) 계속출원과 동일한 내용이므로 중복되는 설명은 생략하도록 한다.

69) 물론 특허존속기간조정(PTA) 규정이나 해치-왁스만(Hatch-Waxman) 법안 등에 의해 존속기간이 추가로 연장될 수는 있다.

4. 분할출원 특유의 효과

35 U.S.C. § 121 규정에 의하면, 출원인이 심사관의 한정요구에 대응하여 분할출원을 한 경우 해당 분할출원은 그 모출원에 의해 거절되거나 무효되지 않는다.[70] 본 규정은 중복특허의 문제와 밀접한 관련이 있다.[71]

예 1

모출원에 청구된 2개의 발명 A, B에 대하여 부여된 한정요구(Restriction Requirement)에 대응하여 출원인이 발명 A를 지정하여 특허를 받았다. 출원인은 발명 A에 대해 특허를 받기 전에 발명 B를 청구하는 분할출원을 적법하게 진행하였다. 이 경우 발명 A와 B가 동일하여 법정중복특허(Statutory Double Patent)의 문제가 발생하는 상황(즉, 발명 A에 대한 청구항과 발명 B에 대한 청구항이 동일한 경우)이 아니라면, 모출원을 근거로 분할출원에 대해 비자명성의 중복특허(Obviousness-type Double Patent)를 주장할 수 없다.[72] 한정요구에 대응하여 분할출원이 이루어진 경우. 35 U.S.C. § 121 규정에 의해 모출원을 근거로 분할출원을 거절시키거나 무효시킬 수 없기 때문이다.

예 2

모출원의 상세한 설명에는 발명 A, A', B가 기재되었고 청구항에는 A, B가 청구된 상황에서, 해당청구항에 부여된 한정요구에 대응하여 출원인이

---

70) 35 U.S.C. § 121 ("A patent issuing on an application with respect to which a requirement for restriction under this section has been made, or on an application filed as a result of such a requirement, shall not be used as a reference either in the Patent and Trademark Office or in the courts against a divisional application or against the original application or any patent issued on either of them . . . ."). 참고로 위 규정의 효과는 오로지 분할출원에만 적용된다는 것이 판례의 태도이다. Pfizer, Inc. v. Teva Pharmaceuticals USA, Inc., 518 F.3d 1353, 1361 (Fed. Cir. 2008 ("Congress would have concluded that section 121 should be limited to divisional applications.").

71) 분할출원의 기초가 되는 모출원이 또 다른 출원에 대한 부분계속출원(CIP)이 아닌 일반적인 상황에서는 모출원과 분할출원은 특허성의 판단 시점이 동일하게 취급되기 때문에, 중복특허가 아닌 거절사유가 문제될 때는 모출원을 선행기술로 하여 분할출원을 거절하는 것이 어렵기 때문에, 중복특허에서만 분할출원 특유의 효과가 의미를 가진다.

72) 중복특허 또는 예비중복특허(provisional double patent) 모두 문제될 수 없다.

발명 A를 지정하여 특허를 받았다. 출원인은 모출원의 발명 A에 대해 특허를 받기 전에 발명 A'을 청구하는 분할출원을 적법하게 진행하였다. 이 경우 청구항에 기재된 발명 A'이 모출원의 청구항에 기재된 발명 A로부터 자명하게 발명할 수 있는 것이라면 비자명성의 중복특허가 문제될 수 있다.[73) 35 U.S.C. § 121 규정은 심사관의 한정요구에 대응하여 출원된 분할출원에만 적용되기 때문에, 한정요구의 대상이 아니었던 발명 C를 청구하는 분할출원에 대해서는 적용되지 않는다.

Ⅳ. 우선권주장가능기간[74)]

계속출원과 유사하게, 분할출원일로부터 4개월 및 모출원일로부터 16개월 중 늦은 때까지 우선권에 관한 주장을 해야 한다. 분할출원 시에 우선권주장을 누락한 경우에는 4개월/16개월의 우선권주장가능기간까지 우선권주장을 추가/보정해야 한다. 4개월/16개월의 기간은 법정불변기간으로 연장이 불가능하다.

만약 해당 기간 이내에 우선권에 대한 주장을 하지 못하면 우선권주장은 포기(waiver)된 것으로 간주된다. 그러나 출원인의 우선권주장이 비의도적으로(unintentionally) 지연된 경우에는 진술서 및 수수료와 함께 제출되는 청원에 의해 포기를 면할 수 있는 특징은 계속출원과 동일하다.

Ⅴ. 선서서/선언서 면제

계속출원(Continuation Application)이 문제되는 경우 i) 해당 출원의 기초가 되는 모출원(Parent Application)에 적법하게 선서서/선언서가 제출되었고, ii) 계속/분할출원의 발명자가 모출원의 발명자와 완전히 동일하거나 모출원의 발명자의 일부이고,[75)] iii) 계속/분할출원에 신규사항이 포함되지 않았다면, 모출원을 위해 제

73) 경우에 따라 중복특허 또는 예비중복특허가 문제될 것이다.
74) 분할출원에 대한 우선권주장기간, 누락된 우선권주장의 취급, 누락된 우선권주장을 위한 청원 및 우선권주장의 취소에 관련된 내용은 계속출원과 동일하므로 별도로 반복하여 설명하지 않는다.
75) 즉, 계속출원 및 분할출원을 통해 새로운 발명자가 추가되지 않아야 한다.

출된 선서서/선언서의 사본을 계속/분할출원을 위해 제출할 수 있다.[76)]

제4절 | 부분계속출원

Ⅰ. 의 의

부분계속출원(Continuation-In-Part Application 또는 CIP)은 모출원이 포기되거나 특허되기 전에 모출원에 기재된 내용과 함께 신규사항을 추가로 개시하는 출원을 말한다.[77)] 통상 부분계속출원은 심사관의 거절이유를 극복하기 위해 신규사항이 필요한 경우에 활용된다.[78)]

Ⅱ. 부분계속출원의 요건

부분계속출원에 대한 우선권이 인정되기 위해서는 부분계속출원의 요건을 만족해야 한다.

1. 인적 요건

부분계속출원의 발명자와 모출원의 발명자 중 적어도 한 명은 동일해야 한다.

2. 객체적 요건

1) 모출원의 요건

계속출원과 마찬가지로, 특허청에 출원된 정규출원[79)]은 부분계속출원의

76) 37 C.F.R. § 1.63(d).

77) *See* MPEP § 201.08.

78) 그러나 부분계속출원을 한 것만으로 출원인이 심사관의 거절이유를 인정했다는 추정이 성립되지는 않는다. *See* MPEP §201.08. ("The mere filing of a continuation-in-part does not itself create a presumption that the applicant acquiesces in any rejections which may be outstanding in the copending national nonprovisional application or applications upon which the continuation-in-part application relies for benefit.").

79) 국제출원을 기초로 미국국내단계로 진입한 국내단계출원도 포함된다. 국제출원을 기

기초가 되는 모출원이 될 수 있다. 부분계속출원의 기초가 되기 위해서는 출원일 인정요건을 만족해야 하고 수수료를 납부해야만 한다.[80] 또한 미국이 지정국으로 포함된 국제출원(PCT) 역시 부분계속출원의 기초가 될 수 있다.[81] 부분계속출원의 기초가 되는 국제출원(미국이 지정국으로 포함된 국제출원)은 국제출원일에 관한 요건[82]을 만족해야 한다.

2) 부분계속출원의 요건

모출원에 개시된 내용[83]과 부분계속출원의 청구항의 내용이 동일한 경우 청구항의 특허성에 관한 판단시점이 모출원의 출원일로 소급된다. 위와 같은 출원일의 이익(즉, 우선권)을 향유하기 위해서는 모출원에 개시된 내용이 발명의 상세한 설명의 기재요건[84]을 만족해야만 한다.[85]

한편 모출원에 대한 언급(reference)[86]이 부분계속출원의 발명의 명세서의 첫 번째 문장에 포함되거나, 출원데이터시트(ADS)에 포함되어야 하는 점은 계속출원 또는 분할출원과 동일하다.

3. 시기적 요건

부분계속출원의 우선권은 35 U.S.C. § 120 규정에 기초하는바, 35 U.S.C. § 120 규정의 우선권을 향유하는 후출원은 모출원과 동시계속(copendency) 중에 출원되어야 한다. 상세한 내용은 계속출원과 같다.

초로 미국국내단계로 진입한 국내단계출원도 포함된다. 또한 연속출원도 부분계속출원의 기초가 될 수 있다. 따라서 연속출원에 대해 다시 부분계속출원을 할 수 있다. 만약 가출원이 모출원이 되는 경우에는 근거 규정이 35 U.S.C. § 120이 아니라 35 U.S.C. § 119(e)가 되므로, 이 경우에는 부분계속출원이라 부르지 않는다.

80) *See* MPEP § 201.11.

81) 35 U.S.C. § 363, 365(c); *See* MPEP § 201.08.

82) PCT Article 11; *See* 37 C.F.R. § 1.78(a)(1)(i).

83) 우선권이 적법하기 위해서는 모출원에 개시된 내용이 발명의 상세한 설명의 기재요건(35 U.S.C. § 112조 첫 번째 단락)을 만족해야 한다.

84) 35 U.S.C. § 112조 첫 번째 문장의 요건을 말한다.

85) 35 U.S.C. § 120.

86) "언급" 요건이 만족되기 위해서는 i) 모출원의 출원번호가 정확하게 특정되어야 하고, ii) 모출원과 연속출원과의 관계(연속출원의 종류)가 명확하게 특정되어야 한다. MPEP § 201.11.

Ⅲ. 부분계속출원의 효과[87)]

1. 특허성의 판단시점 소급(우선권)

부분계속출원의 청구항에 기재된 발명이 모출원에 기재된 발명과 동일한 경우에는, 해당 청구항의 특허성의 판단은 모출원의 출원일을 기준으로 판단한다. 그렇지 않은 경우에는 부분계속출원의 출원일을 기준으로 특허성을 판단한다.

심사실무상 부분계속출원에 기재된 내용이 출원일의 이익, 즉 우선권을 향유하는지 여부를 항상 판단하는 것은 아니다. 통상 모출원일과 부분계속출원의 출원일 사이에 선행기술로의 지위를 갖는 선행기술[88)]이 부분계속출원의 특허성에 영향을 끼칠 때만 출원일의 이익이 적법한지를 판단한다.

2. 존속기간의 만료일

다른 연속출원과 동일하게 존속기간의 만료일이 계산된다. 즉, 부분계속출원의 특허존속기간의 만료일은 분할출원의 출원일이 아닌 모출원의 출원일을 기초로 산정된다. 즉, 부분계속출원이 등록되는 경우 특허존속기간의 만료일은 모출원의 출원일로부터 20년이 되는 날이다.[89)] 따라서 부분계속출원을 진행하는 경우 신속하게 부분계속출원을 진행해야 특허권의 존속기간을 늘릴 수 있다.

3. 모출원의 출원계속

부분계속출원을 하더라도 모출원은 자동으로 포기되지 않으므로 모출원의 출원은 계속된다. 분할출원과 모출원은 별개의 출원이므로 양 출원의 청구항에 동일하거나 특허적으로 구별되지 않은 발명이 청구되는 경우 법정 또는 비법정의 중복특허(Double Patent)의 문제가 발생하는 것이 원칙이다.

---

87) 계속출원과 동일한 내용이므로 중복되는 설명은 생략하도록 한다.
88) 통상 중간선행기술(intervening reference)이라 부른다.
89) 물론 특허존속기간조정(PTA) 규정이나 해치-왁스만(Hatch-Waxman) 법안 등에 의해 존속기간이 추가로 연장될 수는 있다.

Ⅳ. 우선권주장가능기간[90]

부분계속출원의 경우도 부분계속출원일로부터 4개월 및 모출원일로부터 16개월 중 늦은 때까지 우선권에 관한 주장을 해야 한다. 또한 부분계속출원 시에 우선권주장을 누락한 경우에는 4개월/16개월의 우선권주장가능기간까지 우선권주장을 추가/보정해야 한다. 4개월/16개월의 기간은 법정불변기간으로 연장이 불가능하다.

만약 해당 기간 이내에 우선권에 대한 주장을 하지 못하면 우선권주장은 포기(waiver)된 것으로 간주된다. 그러나 출원인의 우선권주장이 비의도적으로(unintentionally) 지연된 경우에는 진술서 및 수수료와 함께 제출되는 청원에 의해 포기를 면할 수 있다.

Ⅴ. 선서서/선언서 면제 여부

계속출원이나 분할출원의 경우 발명자가 새롭게 추가되지 않은 경우 계속/분할출원 시에 새로운 선서서/선언서의 제출이 면제되나 부분계속출원의 경우에는 발명자가 추가되었는지 여부에 상관없이 새로운 선서서/선언서가 요구된다. 모출원을 위해 작성된 선서서/선언서의 사본을 제출할 수 없다.

제5절 | 가 출 원

Ⅰ. 서

가출원(Provisional Application)은 청구항 없이 임시로 제출되는 출원으로, 청구항을 작성할 필요가 없고 선서서/선언서를 제출할 필요가 없어 출원서

90) 분할출원에 대한 우선권주장기간, 누락된 우선권주장의 취급, 누락된 우선권주장을 위한 청원 및 우선권주장의 취소에 관련된 내용은 계속출원과 동일하므로 별도로 반복하여 설명하지 않는다.

준비가 간단하고, 먼저 출원하더라도 특허존속기간에 영향을 끼치지 않아 보다 적은 비용으로 빠른 우선일을 확보하려는 출원인에게 유용한 출원이다. 특히 가출원을 기초로 미국에 정규출원을 하거나 한국에 조약우선권출원을 하는 것이 모두 가능하므로, 여러 국가에 출원을 진행하는 국내 출원인에게 널리 활용되고 있다.

II. 제출서류

가출원 시에 수수료와 함께 제출해야 하는 서류는 다음과 같다.[91]

1. 가출원표지(cover sheet): 가출원이라는 표시와 더불어 발명자에 관한 정보가 포함되는 표지가 제출되어야 한다.[92] 만약 가출원표지가 누락된 경우에 해당 출원은 정규출원(Non-Provisional Application)으로 취급된다.

2. 명세서(specification): 발명의 상세한 설명 기재요건(즉, 35 U.S.C. § 112의 첫 번째 단락)을 만족하는 명세서가 제출되어야 하나 청구항의 제출이 요구되지는 않는다.[93] 명세서는 반드시 영어로 기재될 필요는 없다. 정규출원의 경우 영어 이외의 언어로 출원된 경우 반드시 번역문이 제출되어야 함에 반해, 가출원의 경우 번역문의 제출이 강제되지는 않는다.[94] 그러나 가출원을 기초로 정규출원을 하는 경우에는 외국어로 제출된 가출원에 대한 번역문이 반드시 필요하다.[95]

3. 도면(drawing): 도면의 제출이 필요한 경우에는 도면작성요건(즉, 35 U.S.C. § 113 규정)에 맞도록 작성된 도면을 제출해야 한다.

91) 35 U.S.C. § 111(b); 37 C.F.R. §1.53(c); *See* MPEP §201.04(b).
92) 37 C.F.R. § 1.53(c)(1).
93) 비록 청구항은 요구되지 않아도 발명의 상세한 설명에 대해서는 정규출원과 동일한 기준이 적용됨을 주의해야 한다.
94) 37 C.F.R. § 1.52(b)(1)-(2).
95) 37 C.F.R. § 1.78(a)(5)(iv).

Ⅲ. 출원일 인정요건[96)]

가출원의 출원일("가출원일")을 인정받기 위해서는 i) 특허법 제112조 첫 번째 단락의 요건(상세한설명요건, 실시가능요건, 최적실시예요건)을 만족하는 발명의 상세한 설명과 ii) (발명의 이해를 위해 필요한 경우에 한하여) 도면이 요구된다.[97)] 한편 가출원의 경우, 해당 출원이 가출원임을 나타내는 표시, 발명의 제목, 발명자에 대한 정보 및 연락처가 포함된 가출원표지(cover sheet)가 추가된다.[98)] 가출원표지가 누락되거나 또는 수수료가 미납된 경우 2개월 이내에 출원을 완성할 것을 지시하는 누락서류통지(Notice of Missing Parts)가 발송된다. 만약 출원인이 2개월 이내에 출원을 완성하지 못하는 경우 해당 가출원은 포기된 것으로 간주된다.[99)]

Ⅳ. 가출원을 기초로 하는 우선권주장의 요건

가출원을 기초로 출원되는 정규출원은 이하의 우선권주장의 요건을 만족하는 경우 특허성의 판단시점의 소급효(우선권)를 주장할 수 있다.

1. 인적 요건

가출원의 우선권을 주장하는 정규출원의 발명자와 가출원의 발명자 중 적어도 한 명은 공통되어야 한다.

2. 객체적 요건

미국에 출원되는 통상의 정규출원 또는 미국을 지정국으로 하는 국제출원(PCT)은 가출원을 기초로 하는 우선권을 향유할 수 있다.[100)] 가출원을 기

---

96) 35 U.S.C. § 111(b)(4).

97) 37 C.F.R. § 1.53(c).

98) 37 C.F.R. §§ 1.51(c)(1), 1.53(c)(1).

99) 물론 37 C.F.R. § 1.137의 규정에 따라 포기된 가출원을 부활(revival)시키는 것이 가능하지만, 가출원은 가출원일로부터 12개월 동안만 유효하므로 가출원일로부터 12개월 이내에 부활시켜야 한다.

100) 35 U.S.C. § 119(e)(1). 참고로, 한국 등 외국에 출원을 하면서 가출원에 대한 조약우선권을 주장하는 것도 가능하다. 가출원은 파리조약에 의한 정규의 국내출원으로 인

초로 하는 우선권을 향유하기 위해서는 가출원에 기재된 내용이 발명의 상세한 설명의 기재요건(35 U.S.C. § 112 첫 번째 단락)을 만족해야 하고, 해당 내용이 가출원의 우선권을 주장하는 출원의 청구항의 내용과 동일해야 한다.[101] 한편 가출원을 기초로 우선권을 주장하기 위해서는 해당 가출원에 대한 출원일 인정요건이 만족되어야 하고, 해당 가출원에 대한 수수료가 납부되어야 한다.[102]

가출원의 우선권을 향유하는 정규출원에는 모출원에 대한 언급(reference)이 포함되어야 한다. 구체적으로 가출원에 대한 언급이 정규출원의 발명의 명세서의 첫 번째 문장[103]에 포함되거나, 출원데이터시트(ADS)에 포함되어야 한다. 정규출원에 가출원에 관한 언급이 포함되는 경우 "This application claims the benefit of U.S. Provisional Application No. 60/---, filed ---, and U.S. Provisional Application No. 60/---, filed ---"와 같은 방식으로 기재될 수 있다.

3. 시기적 요건

가출원은 가출원일로부터 12개월이 경과하면 자동으로 포기된다. 따라서 가출원을 기초로 한 우선권주장출원은 가출원일로부터 12개월 이내에 이루어져야 한다.[104]

1) 우선권주장가능기간[105]

가출원의 이익(즉, 35 U.S.C. § 119(e) 규정에 따른 우선권)을 향유하는 정규출원의 경우, 우선권을 향유하는 후출원일로부터 4개월 및 모출원일로부터 16개월 중 늦은 때까지 우선권[106]에 관한 주장을 해야 한다. 만약 출원 시

정받기 때문이다.

101) *See* MPEP § 201.11.

102) 37 C.F.R. § 1.78(a)(4).

103) 즉, 발명의 명칭 바로 다음에 표시된다. *See* MPEP § 201.11.

104) 12월째 되는 날이 토요일, 일요일, 연방공휴일인 경우에는 다음 업무일(succeeding business day)에 제출할 수 있다.

105) 가출원을 기초로 하는 우선권주장기간, 누락된 우선권주장의 취급, 누락된 우선권주장을 위한 청원 및 우선권주장의 취소에 관련된 내용은 계속출원과 동일하므로 별도로 반복하여 설명하지 않는다.

106) 35 U.S.C. § 119(a)-(d)에 따른 조약우선권과 달리 가출원에 대한 우선권 및 연속출원에 대한 우선권이 문제되는 경우, 우선권증명서류(Certified Copy)는 제출될 필요가

에 우선권주장을 누락한 경우에는 상술한 기간까지 우선권에 대한 주장을 해야 한다.[107] 상술한 기간은 법정불변기간으로 연장이 불가능하다. 만약 해당 기간 이내에 우선권에 대한 주장을 하지 못하면 우선권주장은 포기(wavier)된 것으로 간주된다.[108] 그러나 출원인의 우선권주장이 비의도적으로(unintentionally) 지연된 경우에는 진술서 및 수수료와 함께 제출되는 청원에 의해 포기를 면할 수 있다.[109]

2) 외국어로 제출된 가출원의 취급

가출원이 영어 이외의 외국어로 이루어진 이후에, 이를 기초로 우선권을 주장하며 정규출원을 진행하는 경우, i) 해당 가출원에 대한 번역문 및 ii) 번역이 정확하다는 진술서가 제출되어야 한다. 만약 가출원계속 중에 가출원에 대한 번역문 및 번역이 정확하다는 진술서가 미리 제출된 경우에는 우선권주장 시에 해당 서류를 다시 제출할 필요가 없다. 번역문 및 진술서가 미제출된 경우, 심사관은 기간을 정해 번역문 등을 제출하라고 명할 수 있고, 출원인이 정해진 기간 이내에 번역문을 제출하지 않는 경우에는 해당 정규출원은 포기된 것으로 간주된다.[110]

Ⅴ. 가출원에 기초한 우선권의 효과

가출원을 기초로 우선권을 주장하며 정규출원을 한 경우,[111] 해당 정규출원의 특허성의 판단시점은 가출원일이 된다. 가출원일은 미국출원일로 취급되므로, 35 U.S.C. § 102에 규정된 법정제한요건(statutory bar) 판단 시[112]

없다. 미국 특허청이 우선권증명서류를 확보할 수 있기 때문이다. 따라서 가출원을 기초로 하는 경우 가출원에 대한 우선권증명서류를 제출할 필요는 없다.

107) 상술한 바와 같이 명세서에 첫 번째 단락에 모출원이 언급되도록 보정하는 것도 함께 이루어져야 한다. 37 C.F.R. § 1.78 (a)(5)(ii).

108) 37 C.F.R. § 1.78 (a)(5)(ii).

109) 37 C.F.R. § 1.78 (a)(6).

110) *See* MPEP § 201.11. 설사 정규출원이 영어로 출원되었다 해도, 기초가 되는 가출원이 외국어이고 번역문이 미제출된 경우에는 포기를 면할 수 없다. 이 경우 출원인은 가출원에 대한 우선권을 철회하여 정규출원에 대한 포기를 면할 수도 있다.

111) 35 U.S.C. § 119(e)에 따른 우선권을 주장하는 정규출원을 말한다.

112) 35 U.S.C. § 102(b) 또는 (d)와 같은 특허요건은 미국출원일을 기준으로 하기 때문에, 미국출원일이 선행기술에 비해 늦은 경우에는 조약우선권으로는 극복할 수 없다.

에 선행기술을 극복하는 데 사용될 수 있다.

한편 가출원의 우선권을 주장하는 정규출원의 특허존속기간은 정규출원의 출원일을 기초로 산정된다.[113] 예를 들어, 2006년 1월 1일에 가출원을 하고, 2007년에 1월 1일에 가출원을 기초로 정규출원을 한 경우, 특허존속기간만료일의 기산점은 2006년 1월 1일이 아니라 2007년 1월 1일이 된다.

VI. 출원의 전환[114]

출원의 전환(conversion)은 출원의 상태를 변경시키는 절차로, 가출원을 정규출원으로 전환하거나 정규출원을 가출원으로 전환하는 것이 가능하다.

1. 정규출원에서 가출원으로의 전환[115]

정규출원으로 진행된 출원을 가출원으로 전환하는 것이 가능하다. 이 경우 전환된 가출원의 출원일은 모출원의 출원일이 된다. 전환된 가출원은 일반적인 가출원과 동일하게 취급된다.

1) 시기적 요건

i) 정규출원의 포기, ii) 등록료의 납부, iii) 출원일로부터 12개월의 경과, iv) 법정발명등록(Statutory Invention Registration)의 출원 이전에 정규출원에서 가출원으로 전환할 수 있다.

2) 가출원으로의 전환의 효과

출원의 전환은 새로운 출원이 이루어진 것이 아니므로 처음 정규출원 시에 부여받은 출원일은 계속해서 출원일로 인정된다. 다만, 가출원으로 전환되었기 때문에 출원일로부터 12개월이 경과하면 자동으로 포기 간주되므로, 해당 가출원의 우선권을 주장하며 정규출원을 해야 한다.

만약 전환하려는 정규출원이 우선권을 향유하고 있는 경우, 해당 정규

그러나 가출원은 미국출원이므로 가출원일로부터 1년 이후에 공개된 35 U.S.C. § 102(b) 등의 선행기술을 극복할 수 있다.

113) 한국특허법 제55조에 따른 국내우선권과 유사하다고 볼 수 있다.

114) *See* MPEP § 601.01(c). 출원의 전환은 가출원을 기초로 우선권주장출원을 하는 것이 아님을 주의해야 한다. 일반적으로 한국 출원인은 가출원의 전환을 많이 활용하지 않고 있다.

115) *See* 37 C.F.R. § 1.53(c)(2).

출원을 가출원으로 전환할 수는 있지만 전환된 출원은 우선권을 향유할 수는 없다. 가출원은 우선권을 향유할 수 없기 때문이다.

3) 실무상 활용

정규출원이 이루어진 이후 해당 출원에 누락된 사항이 발견되었고 누락된 사항을 추가하는 보정이 신규사항(new matter)추가에 해당하는 경우, 출원인은 i) 부분계속출원(CIP) 또는 ii) 출원의 전환을 택일하여 활용할 수 있다. 부분계속출원(CIP)을 진행하는 경우 모출원계속 중 새로운 출원을 통해 누락된 내용을 추가할 수 있다. 만약 출원인이 출원의 전환을 진행하는 경우에는, 일단 정규출원을 가출원으로 전환하고, 차후에 상기 가출원에 대한 우선권을 주장하면서 신규사항이 포함된 정규출원을 할 수 있다.

2. 가출원에서 정규출원으로의 전환

가출원을 정규출원으로 전환하는 것도 가능하지만 추천되지 않는 방법이므로 구체적으로 설명하지 않도록 한다.[116] 출원인은 가출원을 정규출원으로 전환할 것이 아니라 가출원을 기초로 우선권을 주장하며 정규출원을 해야 할 것이다.[117]

Ⅶ. 가출원의 특이성

1. 선 언 서

가출원은 선서서/선언서가 요구되지 않는다.

2. 우선권주장

가출원은 다른 출원에 대해 우선권을 주장할 수 없다. 가출원은 다른 정규출원의 우선권의 기초만이 될 수 있을 뿐이다.

3. 디자인발명과의 관계

디자인발명은 가출원의 대상이 아니다. 따라서 가출원은 디자인 출원의

---

116) 가출원을 전환하는 경우, 존속기간만료일의 기산점이 가출원일로 판단된다. 따라서 가출원을 기초로 우선권을 주장하는 경우보다 존속기간이 일찍 만료한다.

117) 35 U.S.C. § 119(e)에 따른 우선권주장을 말한다.

우선권의 기초가 될 수 없다.

4. 실체심사

가출원의 실체 심사가 이루어지지 않는다. 따라서 IDS의 제출이 불가능하며, 실체 보정 역시 불가능하다.

5. 출원공개

가출원은 출원일로부터 12개월이 지나면 포기되므로 출원공개의 대상이 아니다.

제6절 | 조약우선권

Ⅰ. 서

외국에 출원된 출원을 기초로 파리조약에 의한 우선권을 주장하며 미국에 출원할 수 있다. 조약 우선권이 문제되는 경우, 적법한 우선권주장과 실체적인 우선권 요건이 문제되는데, 만약 적법하게 우선권이 주장되고 우선권 증명서류가 제출되고 실체적으로 우선권을 향유할 수 있는 요건을 만족하는 경우 특허성의 판단시점은 외국출원일로 소급한다. 조약우선권을 향유하는 출원의 존속기간의 만료일은 외국출원일이 아닌 미국에 조약우선권주장출원이 이루어진 날로부터 기산하므로, 출원인 입장에서는 유리한 측면이 많다.

Ⅱ. 우선권의 요건

조약우선권을 주장하기 위해서는 조약우선권의 기초가 되는 외국출원과 조약우선권을 향유하는 미국출원이 아래와 같은 요건을 만족해야 한다.

1. 인적 요건

조약우선권주장의 기초가 되는 외국출원의 출원인은 i) 미국출원의 발명자와 동일하거나, ii) 미국 출원의 발명자에 대한 양수인(assignee), 대리인(agent) 또는 법적 대리인(legal representative)이어야 한다.118) 예를 들어, 한국출원이 우선권주장의 기초가 되는 경우, 한국출원의 출원인이 미국출원의 발명자이거나, 한국출원의 출원인이 미국출원의 발명자에 대한 양수인/대리인/법적 대리인이어야 한다. 대부분의 한국출원의 출원인은 발명자가 아닌 발명자의 고용주이므로, i) 한국의 출원인이 미국출원의 발명자와 동일한 경우는 많지 않을 것이지만, ii) 한국출원에 표시된 발명자가 미국출원의 발명자와 일치하고, 한국출원의 출원인이 미국출원의 발명자에 대한 양수인/법적 대리인이라는 진술이 선서서/선언서(37 C.F.R. §1.63에 따른 선서서/선언서) 또는 출원데이터시트(ADS)에 포함되는 경우, 상술한 인적 요건이 만족될 것으로 판단된다.

일반적으로, 조약우선권에 따른 인적 요건을 만족시키기 위해서는 한국출원의 발명자와 미국출원의 발명자가 완전히 동일할 것이 요구된다. 즉, 한국출원/미국출원의 발명자가 동일하지 않다면 조약우선권을 향유할 수 없음이 원칙이다. 그러나 제1국 출원과 제2국 출원에 대하여 동시에 우선권주장을 하는 복합우선이 문제되는 경우에는 외국출원의 발명자와 미국출원의 발명자가 다를 수 있다. 즉, 제1국 출원의 발명자가 A이고, 제2국 출원의 발명자가 B이고, 미국출원의 발명자가 A와 B인 경우, A와 B의 발명 각각에 대해 적법한 우선권주장이 가능하다.119)

2. 객체적 요건

1) 모출원의 요건

조약우선권의 기초가 되는 모출원은 i) 미국출원이나 미국 시민에 대해 동등한 권리를 부여하는 국가 또는 WTO 가입국에서 출원되거나, ii) 미국과

---

118) 35 U.S.C. § 119(a) ("An application for patent for an invention filed in this country by any person who has, or whose legal representatives or assigns have, previously regularly file an application for a patent for the same invention in a foreign country . . . shall have the same effect as the same application would have if filed in this country on the date on which the application for patent for the same invention was first filed in such foreign country . . . .") (emphasis added); *See* MPEP § 201.13.

119) *See* MPEP § 201.13. 참고로, 미국에서도 i) 제1국 출원과 제2국 출원에 대하여 동시에 우선권주장을 하는 복합우선이나 ii) 제1국 출원에 기재되지 않은 내용을 추가하면서 제1국 출원의 우선권을 주장하는 부분우선이 모두 가능하다.

체결된 조약[120]에 의해 인정되는 국가에 출원되어야 한다.[121] 즉, 조약우선권을 향유할 수 있는 외국출원은 해당 출원이 이루어진 국가에 따른 제한이 있다. 그러나 거의 모든 국가에서의 출원이 조약우선권을 향유할 수 있으므로 실무상 큰 의미는 없다.[122]

모출원은 최선의 출원이어야 한다. 예를 들어, 제1국에 1982년 1월 4일에 출원(제1출원)하고, 제1출원과 동일한 출원을 제2국에 1982년 3월 3일에 출원(제2출원)하고, 미국에 1983년 2월 2일에 동일한 출원을 진행하는 경우, 제1국이 미국에 대한 조약우선권을 향유하지 않는 국가라는 특별한 사정이 없다면,[123] 우선권주장이 불가능하다. 이하에서 설명하는 바와 같이 조약우선권주장출원은 1년 이내에 출원되어야 하는데, 1년의 기간은 최선의 출원(즉, 제1출원)의 출원일로부터 계산되기 때문이다.[124] 다만, 35 U.S.C. 119(c) 규정에 의해, 차선 출원(즉, 제2출원)이 출원되기 전에 최선의 출원(즉, 제1출원)이 i) 철회, 포기, 또는 폐기되고, ii) 공개된 바가 없고, iii) 다른 우선권주장의 기초가 된 바가 없다면, 예외적으로 최선의 출원(즉, 제1출원) 대신 차선 출원(즉, 제2출원)을 기초로 우선권주장이 가능하다.[125]

최선의 출원인지는 발명을 기준으로 판단해야 한다. 위의 경우라 해도, 만약 제2출원이 제1출원의 내용 이외에 추가적인 발명을 포함하는 경우, 추가적인 발명에 대해서는 제2출원이 최선의 출원이 된다. 만약 미국에서 추가적인 발명에 대해서만 우선권주장을 한다면, 이는 최선의 출원에 대한 우선권주장으로 취급된다.[126]

---

120) 조약에 의한 동맹국들을 인정국가(recognized country)라 부른다. 이러한 인정국가의 리스트는 MPEP § 201.13에 소개되어 있다.

121) 35 U.S.C. §119(a); *See* MPEP § 201.13.

122) 심지어 북한도 인정국가에 포함되어 있다. *See* MPEP § 201.13.

123) 즉, 제1국이 미국출원/국민에 권리를 인정하지 않고, WTO 가입국도 아니고, 인정국가도 아닌 경우에만 우선권주장이 가능하다.

124) *See* MPEP § 201.13 (citing Ahrens v. Gray, 1931 C.D. 9, 402 O.G. 261 (B.P.A.I. 1929)).

125) 35 U.S.C. § 119(c) ("[T]he right provided in this section may be based upon a subsequent regularly filed application in the same foreign country instead of the first filed foreign application, provided that any foreign application filed prior to such subsequent application has been withdrawn, abandoned, or otherwise disposed of, without having been laid open to public inspection and without leaving any rights outstanding, and has not served, nor thereafter shall serve, as a basis for claiming a right of priority.") (emphasis added).

국제출원의 특칙

한편 미국 특허청에 정규출원(Non-Provisional Application)을 하면서 먼저 출원된 국제출원(미국뿐만 아니라 그 이외의 국가를 하나 이상 지정한 국제출원)에 대하여 조약우선권을 주장하는 것도 가능하다. 또한 외국에서의 출원이나 국제출원(미국뿐만 아니라 그 외의 국가를 하나 이상 지정한 국제출원)을 기초로 조약우선권을 주장하며 국제출원(미국이 지정된 국제출원)을 하는 것도 가능하다.[127)]

2) 조약우선권주장출원의 요건

조약우선권이 인정되기 위해서는 조약우선권주장출원의 청구항에 기재된 내용과 조약우선권의 기초가 되는 외국출원에 개시된 내용이 동일해야 하며, 해당 외국출원에 개시된 내용은 발명의 상세한 설명의 기재요건(즉, 35 U.S.C. § 112 첫 번째 단락)을 만족해야 한다.[128)]

3. 시기적 요건

조약우선권주장출원은 최초로 출원된 외국출원일(최우선일)로부터 12개월(디자인출원은 6개월) 이내[129)]에 미국에 출원되어야 한다.[130)]

Ⅲ. 우선권주장

조약우선권주장출원을 하는 경우 적법하게 조약우선권을 주장해야 한다.

---

126) *See* MPEP § 201.13.

127) 35 U.S.C. § 365(a)-(b); *See* MPEP § 201.13(b).

128) 35 U.S.C. § 119(a) ("An application for patent for an invention filed in this country by any person who has, or whose legal representatives or assigns have, previously regularly filed an application for a patent for the same inventioin a foreign country . . . shall have the same effect as the same application would have if filed in this country on the date on which the application for patent for the same invention was first filed in such foreign country . . . .") (emphasis added); *See* MPEP § 201.15 ("The foreign application must be examined for the question of sufficiency of the disclosure under 35 U.S.C. 112, as well as to determine if there is a basis for the claims sought.").

129) 다만 12개월(또는 6개월)이 되는 날이, 토요일, 일요일 또는 연방공휴일인 경우에는 그 다음 업무일에 출원하면 된다.

130) 35 U.S.C. §§ 119(a), 172.

이러한 우선권주장의 형태에는 제한이 없다. 예를 들어, 해당 사건을 담당하는 대리인(Patent Attorney/Patent Agent)이 진술서(statement)를 통해 주장하거나, 적법하게 작성된 선서서/선언서[131] 또는 서명이 없는 선서서/선언서에 외국출원을 기재하는 방식으로 주장하거나 출원데이터시트(ADS)에 외국출원을 기재하는 방식으로 주장할 수 있다.[132]

조약우선권을 주장하는 경우, 최초 출원된 외국출원(즉, 최선의 출원)에 대한 우선권을 주장해야 한다.[133] 또한 미국출원일로부터 1년 이전(디자인출원의 경우 6개월)에 우선권의 기초가 되는 외국출원과 동일한 내용을 갖는 또 다른 외국출원이 있는 경우, 해당 출원에 관한 사항을 우선권주장에서 밝혀야 한다.[134]

※ 우선권주장가능기간[135]

미국 특허청에 조약우선권주장출원을 하는 경우, 조약우선권주장출원일로부터 4개월 및 최우선일로부터 16개월 중 늦은 때까지 우선권을 주장해야 한다.[136] 만약 출원 당시에 우선권주장을 누락한 경우에는 상술한 기간까지 우선권을 주장해야 한다. 상술한 기간은 법정불변기간으로 연장이 불가능하다.[137] 만약 해당 기간 이내에 우선권에 대한 주장을 하지 못하면 우선권주장은 포기(waiver)된 것으로 간주된다.[138] 그러나 출원인의 우선권주장이 비의

131) 출원서의 일부로 제출되는 선서서/선언서(즉, 37 C.F.R. § 1.63에 따른 선서서/선언서)를 말한다.

132) *See* MPEP § 201.13.

133) 참고로, 복합우선의 경우에는 우선권주장의 기초가 되는 복수의 외국출원 모두에 대해 우선권을 주장해야 한다.

134) 37 C.F.R. § 1.55(a)(1)(i); *See* MPEP § 201.14. 이러한 외국출원에 관한 정보가 출원데이터시트(ADS)에 포함되지 않았다면, 출원서의 일부로 제출되는 선서서/선언서(즉, 37 C.F.R. § 1.63에 따른 선서서/선언서)에 포함되어야 한다. 37 C.F.R. § 1.63(c)(2); *See* MPEP §§ 602, 201.14.

135) 참고로 미국 특허청에 진행된 정규출원을 위해 파리조약 우선권을 주장하거나 이를 위한 증명서류를 제출하는 경우, 한국특허법과는 상이한 시기적 요건이 적용된다. 파리조약은 우선권주장 및 증명서류 제출에 관한 요건을 각국 국내법에 위임하기 때문이다.

136) 37 C.F.R. § 1.55(a)(1)(i); *See* MPEP § 201.13.

137) *See* MPEP § 201.13.

138) 37 C.F.R. § 1.55(c).

도적으로(unintentionally) 지연된 경우에는 진술서 및 수수료와 함께 제출되는 청원에 의해 포기를 면할 수 있다.[139)]

한편, 조약우선권을 향유하는 국제출원(PCT)을 기초로 미국국내단계를 진입한 국내단계출원(즉, 35 U.S.C. § 365(b)의 출원)의 경우, 상술한 내용이 적용되지 않는다.[140)] PCT 규칙 26의2.1(a)에 따르면 우선권주장의 추가/정정이 국제출원일로부터 4개월 이내에 수리관청 또는 국제사무국에 제출된 경우에 한하여, 최우선일(추가/정정된 최우선일)로부터 16개월 이내에 우선권주장의 추가/정정이 가능하다. 또한 PCT 규칙 17에 따르면 최우선일로부터 16개월 이내에 우선권증명서류의 제출이 가능하다.[141)]

Ⅳ. 우선권증명서류

조약우선권주장출원을 하는 경우 우선권증명서류(Certified Copy)[142)]를 제출해야 한다. 국제출원(PCT)을 기초로 미국국내단계를 진입한 국내단계출원이 아닌 경우, 우선권증명서류는 특허등록 전까지 제출되어야 하나,[143)] 특허

---

139) 구체적으로 37 C.F.R. § 1.55(c)에 의한 청원이 문제되는바, i) 적절한 우선권주장이 추가되고, ii) 우선권주장이 지연된 것이 비의도적이라는 진술서를 제출하면서, iii) 수수료(1410달러)를 납부하면 포기를 면할 수 있다. 37 C.F.R. § 1.55(c); *See* MPEP § 201.14(a).

140) 37 C.F.R. § 1.55(a)(1)(ii) ("In an application that entered the national stage from an international application after compliance with 35 U.S.C. 371, the claim for priority must be made during the pendency of the application and within the time limit set forth in the PCT and the Regulations under the PCT."); MPEP § 201.14. 또한 37 C.F.R. § 1.55(c)에 의한 청원 역시 35 U.S.C. § 365(b)에는 적용이 없다. 참고로 우선권주장기간에 대해서는 한국특허법 역시 유사하게 규정하고 있다. 한국특허법 제199조 제2항에 따르면 국제특허출원(미국의 national stage application에 대응됨)에 관해서는 법 제54조의 조약우선권에 관한 규정(미국의 35 U.S.C. § 119(a)-(d)에 대응됨)을 적용하지 않는다. 국제출원을 통해 국내단계를 진입한 출원의 우선권에 관한 내용은 국내법이 아니라 PCT를 따르기 때문이다.

141) 참고로 우선권주장 및 증명서류의 제출기한에 관한 상술한 내용은 대한민국에 진입한 국제특허출원에도 동일하게 적용되는 내용이다. 국내법이 아니라 PCT를 따르기 때문이다.

142) 가출원에 대한 우선권 및 연속출원에 대한 우선권과 달리 35 U.S.C. § 119(a)-(d)에 따른 조약우선권의 경우, 우선권증명서류가 제출되어야 한다

143) 37 C.F.R. § 1.55(a)(2). 단, 등록료(Issue Fee)가 제출된 이후에는 추가 수수료를 납부

청이 기간을 정하여 제출을 요구한 경우에는 해당 기간까지 제출되어야 한다.[144] 조약우선권주장출원의 증명서류는 외국 특허청에서 인증된 사본으로 명세서와 도면을 포함한다.

만약 우선권증명서류에 기재된 내용과 출원인이 제출한 선서서/선언서 또는 출원데이터시트(ADS)의 내용 간에 불일치가 있거나, 우선권증명서류에 기재된 내용과 다른 내용이 선서서/선언서 또는 출원데이터시트(ADS)에 포함되었다면, 심사관은 거절통지(OA)를 통해 새로운 선서서/선언서 또는 출원데이터시트(ADS)를 요구할 수 있다.[145]

Ⅴ. 관련문제

1. 연속출원을 통한 치유

만약 모출원에 우선권주장이 누락된 상황에서 연속출원에서 우선권주장을 제기하는 경우, 해당 모출원이 최선일로부터 12개월 이내에 출원되었다면, 우선권주장을 누락한 흠결을 치유할 수 있다.[146] 그러나 연속출원 단계에서 우선권주장과 우선권증명서류가 제출되지 못하는 경우에는 우선권주장이 불가능하다.[147]

2. 재발행출원 및 정정증명서를 통한 치유

상술한 법정불변기간 동안 조약우선권을 주장하지 않았거나, 특허등록까지(또는 심사관 등에 의해 제출이 요구된 기일까지) 조약우선권을 증명하지 않은 경우, 즉 적법하게 조약우선권주장을 완성하지 못한 경우에는 재발행출원(Reissue Application)이 가능하다.[148] 그러나 판례법에 의하면 재발행출원 대신

해야 한다.

144) 37 C.F.R. § 1.55(a)(3).

145) *See* MPEP § 201.14(c).

146) *See* MPEP § 201.14 (citing *In re* Tangsrud, 184 USPQ 746 (Comm'r Pat. 1973)).

147) *See* MPEP § 201.14.

148) *See* MPEP § 201.16 (citing Brenner v. State of Israel, 400 F.2d 789 (D.C. Cir. 1968)). 비록 *Brenner* 사건은 우선권주장은 있었으나 우선권증명서류가 누락된 경우 재발행출원을 통해 우선권주장의 완성을 허용한 사건이지만, 재발행출원을 통해서는 우선권주장 자체를 누락한 하자도 치유할 수 있다. *See* MPEP § 1417 (citing Fontijn v. Okamoto, 518 F.2d 610, 622 (C.C.P.A. 1975)). 한편 2000년 11월 29일 및 그 이후에

에 정정증명서(Certificate of Correction)로 조약우선권을 완성할 수 있는 경우가 있다. 구체적으로, 조약우선권주장이 완성되지 않은 출원이 연속출원(계속/분할/부분계속출원)이고, 해당 연속출원의 모출원이 특허청(USPTO)에 출원된 정규출원(Non-Provisional Application)이고, 해당 모출원이 최초 외국출원에 대해 조약우선권의 모든 요건을 만족하고, 해당 모출원에서 적법한 조약우선권주장이 완성된 경우에는, 정정증명서를 통해 조약우선권주장이 완성되지 않은 연속출원(계속/분할/부분계속출원)에 대해 조약우선권을 완성할 수 있다.[149] 다만, 이 경우에는 연속출원에서 출원인이 우선권을 적시에 완성시키지 않은 것이 비의도적(unintentionally)이라는 진술서 및 수수료와 함께 제출되는 청원[150]이 제출되어야 한다. 만약 i) 모출원이 조약우선권의 요건을 만족하지 못하거나, ii) 모출원에서 조약우선권주장이 완성되지 못한 경우에는 재발행출원을 통해서만 조약우선권이 완성될 수 있다.

3. 외국출원의 번역문

조약우선권의 기초가 되는 외국출원에 대한 번역문 및 이러한 번역문이 진실한 것이라는 진술서(statement)는 조약우선권주장의 요건이 아니다. 따라서 출원 시에 번역문 등을 제출할 필요가 없다. 그러나 중간선행기술(intervening reference)[151]이 문제되는 경우에는 번역문을 제출하여 선행기술을 극복할 수 있다.

4. 특허성 판단시점[152]

심사관은 조약우선권의 기초가 되는 외국출원이 영어 이외의 언어로 출원된 경우, 외국출원일이 아닌 조약우선권주장출원일을 기초로 심사할 수 있

출원된 특허에 우선권주장과 우선권증명서류가 함께 누락된 경우에는 우선권주장이 비의도적으로(unintentionally) 지연된 진술하는 청원(37 C.F.R. § 1.55(c)에 의한 청원)을 제출해야 한다. *See* MPEP §§ 201.16, 1417.

149) *See* MPEP § 201.16 (citing *In re* Van Esdonk, 187 USPQ 671 (Comm'r Pat. 1975)). 참고로 *Van Esdonk* 사건은 계속출원(Continuation Application)에만 해당되는 것이지만, 미국 특허청은 모든 연속출원에 *Van Esdonk*의 법리가 적용된다고 설명한다.

150) 앞서 설명한 37 C.F.R. § 1.55(c)에 따른 청원이다.

151) 선행기술로서의 자격을 갖는 날이 우선권주장의 기초가 되는 외국출원일과 우선권주장출원일 사이에 있는 선행기술을 말한다.

152) *See* MPEP § 201.15.

다. 즉 조약우선권이 문제되는 경우, 심사관은 조약우선권이 없는 것처럼 취급하는 것이 가능하다.

만약 심사관이 제시한 선행기술이 조약우선권의 기초가 되는 외국일보다 늦게 발생한 중간선행기술(intervening reference)인 경우, 출원인은 조약우선권에 의해 판단시점이 소급됨을 주장함으로써 해당 선행기술을 극복할 수 있다. 이 경우 출원인은 외국출원에 대한 번역문 및 이러한 번역문이 진실한 것이라는 진술서(statement)를 제출하여 판단시점이 소급됨을 증명해야 한다. 이러한 우선권주장의 완성 시에 37 C.F.R. § 1.131에 따른 선서진술서/선언서(Affidavit/Declaration) 등을 제출해야 하는 것은 아니며, 제출된 번역문과 미국출원의 내용을 비교하면서 적법한 조약우선권에 의해 판단시점이 소급됨을 증명하면 충분하다.

VI. 우선권주장의 효과

조약우선권주장출원의 경우, 조약우선권의 기초가 되는 외국출원에 개시된 내용과 동일한 내용에 대해서는 해당 외국출원일로 판단시점이 소급된다.[153] 그러나 외국출원일이 미국출원일로 인정되는 것은 아니다. 따라서 35 U.S.C. § 102에 따른 법정제한요건(statutory bar)이 문제되는 경우, 조약우선권주장에 의해서는 극복될 수 없다.[154]

한편 조약우선권주장출원이 특허되는 경우, 특허존속기간의 만료일은 미국 출원일로부터 20년이 되는 날이다.[155] 예를 들어, 2006년 1월 1일에 한국에 특허출원을 하고, 이를 기초로 2007년에 1월 1일에 미국에 우선권주장출원을 한 경우, 특허존속기간만료일의 기산점은 2006년 1월 1일이 아니라 2007년 1월 1일이 된다.

---

153) *See* MPEP § 201.13. 물론 상술한 바와 같이 심사관이 자발적으로 우선권주장의 적합 여부를 판단하는 경우는 극히 드물다. 판단시점의 소급을 위해서는 출원인이 번역문 등을 제출하여 우선권을 완성시켜야 한다.

154) 주로 문제되는 선행기술은 35 U.S.C. § 102(b), (d)에 따른 선행기술이다.

155) 35 U.S.C. § 154(a)(2). 물론 특허존속기간조정(PTA) 규정이나 해치-왁스만(Hatch-Waxman) 법안 등에 의해 존속기간이 추가로 연장될 수는 있다.

Ⅶ. 특허법 § 102(e) 선행기술로서의 자격

적법하게 출원된 조약우선권주장출원에 대한 특허성의 판단시점은 소급되지만, 35 U.S.C. § 102(e)에 의한 선행기술로서의 자격을 갖는 날은 소급되지 않는다. 예를 들어, 한국에 2005년 1월 1일에 한국에 출원되고, 2006년 1월 1일에 조약우선권주장출원이 미국에 진행되고, 2006년 8월 1일에 출원공개가 된 경우, 35 U.S.C. § 102(e)에 의한 선행기술을 갖는 날(effective date of the reference)은 2006년 1월 1일이 된다.[156] 이에 반해 미국에 2005년 1월 1일에 미국에 가출원되고, 2006년 1월 1일에 가출원에 대한 우선권을 주장하며 정규출원이 진행되고, 2006년 8월 1일에 출원공개가 된 경우, 35 U.S.C. § 102(e)에 의한 선행기술을 갖는 날은 2005년 1월 1일이 된다.[157]

156) 심사관이 2005년 5월에 출원된 특허를 심사한다면, 해당 공개특허는 35 U.S.C. § 102(e)에 따른 선행기술이 될 수 없다.

157) 심사관이 2005년 5월에 출원된 특허를 심사한다면, 해당 공개특허는 35 U.S.C. § 102(e)에 따른 선행기술로의 자격을 갖는다.

제3자의 심사참여

제1절 | 출원에 대한 이의제기(Protest)

Ⅰ. 서

일반 공중이 특허출원의 등록에 반대하는 경우 해당 출원(재발행출원 포함)의 등록에 대한 이의를 제기할 수 있다.

Ⅱ. 요 건

1. 주체적 요건

누구나 이의제기를 할 수 있는바, 자연인, 법인, 공공 기관 등이 이의제기자가 될 수 있다.[1] 또한 실제 이의제기자가 누구인지를 밝히지 않고 대리인 이름으로 이의제기를 하는 것도 가능하다.[2] 그러나 동일한 당사자가 하나의 특허출원에 대해 반복하여 이의 제기를 할 수는 없다.[3]

---

1) 37 C.F.R. § 1.291(a).

2) *See* MPEP § 1901.01.

3) 예외적으로, 새로운 이의제기의 내용이 최초 이의제기에 포함되지 못했던 이유 및 새로운 이의제기의 내용이 최초 이의제기와 중대하게(significantly) 다른 이유에 관한 설명이 포함되는 경우 새로운 이의제기가 가능하다. 37 C.F.R. § 1.291(c)(5).

2. 객체적 요건

이의제기는 출원계속 중인 특허의 특허성에 부정적인 모든 형태의 정보에 기초할 수 있다. 즉, 선행기술에 관련된 정보에 한정되고 출원인의 불공정 행위(Inequitable Conduct), IDS 제출의무 위반 등에 관한 정보 등도 이의제기를 통해 제출할 수 있다.[4] 또한 선행기술에 관한 정보의 경우 공연한 사용(public use) 등과 같이 인쇄된 간행물이 아닌 선행기술도 이의제기를 통해 제출할 수 있다.[5]

이의제기자가 제출할 수 있는 증거 또는 정보의 형식에는 제한이 없다. 그러나 이의제기자가 제출한 증거나 문서의 신뢰성에 대해 특허출원인이 의문을 제기할 수 있고 이 경우에는 제출된 증거나 문서의 진정 성립과 증명력에 대해 심사관이 판단하여야 한다.[6]

3. 시기적 요건

원칙적으로 이의제기(protest)는 출원공개일 및 허여통지서(Notice of Allowance) 발송일 중 먼저 도래하는 날까지 이루어져야 한다.[7] 다만, 뒤늦은 이의제기에 대해 특허출원인의 서면 동의가 있고 심사가 여전히 진행 중인 경우에는 이의제기가 허용될 수 있다.[8]

이의제기는 등록된 특허에 대해서는 불가능하다. 재발행출원(Reissue Application)의 경우에도 출원계속 중에는 이의제기가 가능하지만 공보(Official Gazette)에 재발행출원이 게재된 지 2개월 이후에 이의제기를 하는 경우 지연된 사유를 설명하는 청원(petition)이 요구될 수 있다.[9]

Ⅲ. 이의제기서 제출

이의제기자가 제출하는 이의제기서는 i) 이의제기의 기초가 되는 정보(선

---

4) *See* MPEP § 1901.02.
5) 특허출원에 대한 정보제공(third party submission) 또는 등록특허에 대한 정보제공(citation of prior art)에 비해 제공할 수 있는 정보가 매우 넓다는 것을 주의해야 한다.
6) *See* MPEP § 1901.02.
7) 37 C.F.R. § 1.291(b).
8) 37 C.F.R. § 1.291(b)(1).
9) 37 C.F.R. § 1.291; MPEP § 1441.01.

행기술 등)의 리스트, ii) 해당 정보와 출원 간의 관련성에 관한 간략한 설명, iii) 이의제기의 기초가 되는 정보의 사본, iv) 영어 이외의 외국어 문서의 경우 전부 또는 관련된 부분에 대한 영어 번역 및 v) 이의제기자가 해당 출원에 대해 이미 이의제기를 한 경우 새로운 이의제기의 내용이 최초 이의제기에 포함되지 못했던 이유 및 새로운 이의제기의 내용이 최초 이의제기와 중대하게(significantly) 다른 이유에 관한 설명을 포함해야 한다.[10]

Ⅳ. 특허출원인에 대한 사본 송달

이의제기자는 이의제기서의 사본을 특허출원인에게 송부해야 한다.[11]

Ⅴ. 이의제기의 효과

이의제기가 적법한 경우 이의제기의 내용은 심사에 고려될 수 있다. 그러나 이의제기가 적법하더라도 이의제기자가 심사절차에 참여할 수 있는 것은 아니며 이의제기가 어떻게 심사에 고려되었는지를 설명할 의무가 발생하는 것도 아니다.[12] 심사관이 이의제기를 통해 특허출원의 특허성에 관한 의문이 발생한 경우, 출원인에게 이의제기에 관련된 추가적인 정보를 제출할 것을 요구할 수 있다. 이 경우 출원인에게 1개월의 기간을 부여하여 추가적인 정보를 요구하는 것이 일반적인데, 이러한 1개월의 기간은 연장 가능한 기간이다.[13]

---

10) 37 C.F.R. § 1.291(c). 만약 최초 이의제기인 경우에는 해당 이의제기가 최초임을 진술하는 선언서(statement)를 제출해야 한다. 37 C.F.R. § 1.291(b)(2).

11) 37 C.F.R. § 1.291.

12) 37 C.F.R. § 1.291(d).

13) 심사관은 이의제기를 통해 IDS 제출의무 위반 여부, inequitable conduct의 존재 여부 등이 문제가 되더라도 이에 대해 판단해서는 안 될 뿐만 아니라 출원인에게 추가적인 정보를 요구할 필요도 없다. 이러한 문제는 특허청이 아니라 법원에서 판단하는 문제이기 때문이다. MPEP § 1901.06.

제2절 | 출원에 대한 정보제공 (Third Party Submission)

Ⅰ. 서

한국특허법처럼 미국특허법에서도 특허출원이 공개되면 일반 공중이 심사에 관련된 정보를 제공하는 정보제공제도가 인정된다. 정보제공자는 인쇄된 간행물에 기초하여 정보를 제공할 수 있으나 해당 간행물과 특허출원과의 관련성에 관해 설명할 수는 없다.

Ⅱ. 제출요건

1. 주체적 요건

누구나 정보제공자가 될 수 있다.[14]

2. 객체적 요건

정보제공은 인쇄된 간행물에 기초하여야 한다.[15] 즉, 정보제공을 통해 제출될 수 있는 정보는 정보제공의 대상이 되는 출원에 대해 선행기술의 자격을 갖는 인쇄된 간행물로 제한된다.[16] 또한 정보제공을 통해 제출될 수 있는 인쇄된 간행물의 개수는 최대 10개로 제한된다.[17]

정보제공에 첨부되는 인쇄된 간행물에 대해서는 어떠한 부연 설명도 할 수 없다.[18] 만약 간행물에 대한 부연 설명이 함께 제출되는 경우에는 해당

---

14) 37 C.F.R. § 1.99(a) ("A submission by a member of the public of patents or publications relevant to a pending published application may be entered in the application file . . . .").

15) 즉, 선행기술에 기초한 예견성(신규성) 및 자명성(진보성)만이 정보제공의 대상이 된다.

16) 특허공개공보와 같은 특허문서 역시 정보제공의 기초가 될 수 있다.

17) 37 C.F.R. § 1.99(d). 한편 특허출원에 대한 정보제공의 경우 등록특허에 대한 정보제공(citation of prior art) 때와는 달리 선서진술서(affidavit)나 선언서(declaration)가 첨부될 수 없다. MPEP § 610.

18) 37 C.F.R. § 1.99(d). 예를 들어 인쇄된 간행물에 밑줄을 추가하는 것도 허용되지 않

내용이 심사관에게 전달되기 전에 부연 설명이 제거되며, 만약 부연 설명이 제거되기 어려운 경우에는 제공된 정보 전체를 폐기한다.[19] 만약 정보제공의 기초가 되는 인쇄된 간행물이 영어 이외의 외국어로 작성된 경우 영어 번역문을 첨부해야 한다.[20] 이 경우, 영어 번역문은 전체 또는 관련되는 일부분에 대해 작성될 수 있다.

3. 시기적 요건

정보제공은 출원공개일부터 가능하며, 출원공개일로부터 2월 또는 허여통지서(Notice of Allowance) 발송일 중 먼저 도래하는 날까지 정보제공서를 제출해야 한다.[21]

Ⅲ. 정보제공서의 제출

정보제공자는 수수료와 함께 i) 정보제공의 기초가 되는 선행기술의 리스트, ii) 이의제기의 기초가 되는 선행기술의 사본, iii) 영어 이외의 외국어 문서의 경우 전부 또는 관련된 부분에 대한 영어 번역이 포함된 정보제공서를 제출/납부해야 한다.[22]

Ⅳ. 특허출원인에 대한 사본 송달

정보제공자는 정보제공서의 사본을 특허출원인에게 송부해야 한다.[23]

는다. 다만 정보제공자가 인쇄된 간행물의 전체 내용 중 관련성이 있다고 믿는 부분만을 발췌한 편집본(redacted version)을 제출하는 것은 허용된다. *See* MPEP § 610.

19) *See* MPEP § 610.

20) 37 C.F.R. § 1.99(b)(4).

21) 예외적으로 출원 공개될 당시에는 정보제공의 필요성이 없었으나 출원 공개 이후 청구항에 대한 보정으로 인해 새롭게 정보제공의 필요성이 발생한 경우에는 해당 사유를 소명하고 정보제공을 하는 것이 가능하다. 37 C.F.R. § 1.99(e).

22) 37 C.F.R. § 1.99(b).

23) 37 C.F.R. § 1.99(c).

V. 효 과

정보제공이 적법한 경우 첨부된 선행기술은 심사에 고려될 수 있다. 그러나 정보제공이 적법하더라도 정보제공자가 심사절차에 참여할 수 있는 것은 아니며, 특허청이 정보제공의 내용이 어떻게 심사에 고려되었는지를 설명할 의무를 부담하는 것도 아니다.[24] 심사관은 통상 1개월의 답변 기간을 정하여 정보제공에 대한 출원인의 의견을 요청할 수 있다.[25]

관련문제 — 정보제공과 IDS 제출의무

특허성에 관한 중대한 사안을 포함하는 선행기술이 문제되는 경우, 해당 선행기술을 제3자가 정보제공을 통해 특허청에 제출했다 하더라도 출원인의 IDS 제출의무가 항상 충족되는 것은 아니다. 예를 들어, 정보제공이 절차상의 부적법으로 인해 심사에 고려되지 않았으나 출원인이 이러한 정보제공의 내용이 특허성에 관한 중대한 사안임을 알게 되었다면 IDS를 제출해야 한다.

제3절 | 등록특허에 대한 정보제공(Citation of prior art)

I. 서

특허출원뿐만 아니라 등록된 특허에 대해서도 정보제공이 가능하다. 등록특허에 대해 정보제공이 이루어지는 경우, 제공된 정보는 등록특허의 포대의 일부로 포함되어 공중에 공개되지만, 별도의 재심사신청이 없다면 특허청에서 해당 등록특허의 특허성을 다시 판단하는 것은 아니다.

---

24) 37 C.F.R. § 1.99(f).
25) *See* MPEP § 610.

II. 정보제공의 요건

1. 주체적 요건

어떠한 자라도 등록특허의 특허성에 관한 정보를 제공할 수 있으며, 정보제공자는 자신이 누구인지를 기밀로 유지할 수 있다.[26] 정보제공자는 누구나(any person) 가능하므로 특허권자 및 실시권자 등도 정보제공이 가능하다.[27]

2. 객체적 요건

정보제공은 인쇄된 간행물(printed publication)에 기초해야 한다.[28] 즉 정보제공을 통해 제출할 수 있는 선행기술(prior art)은 인쇄된 간행물로 제한된다.

3. 시기적 요건

등록특허에 대한 정보제공은 특허권의 행사가능기간(period of enforceability) 내라면 언제든지 신청할 수 있다. 정보제공을 위한 "특허권의 행사가능기간"은 특허가 등록유지료(Maintenance Fee) 불납 등의 이유로 사전에 소멸하지 않은 이상 특허권 존속기간 만료일로부터 6년까지의 기간이다.[29]

III. 정보제공서의 제출

정보제공자는 정보제공의 대상이 되는 등록특허와 정보제공의 기초가 된 선행기술 간의 관련성을 설명해야 한다.[30] 정보제공자는 등록특허와 선

26) 35 U.S.C. § 301 ("Any person at any time may cite to the Office in writing prior art consisting of patents or printed publications which that person believes to have a bearing on the patentability of any claim of a particular patent. . . . At the written request of the person citing the prior art, his or her identity will be excluded from the patent file and kept confidential.").

27) *See* MPEP § 2203.

28) 특허공개공보와 같은 특허문서 역시 정보제공의 기초가 될 수 있다. 35 U.S.C. § 301.

29) 35 U.S.C. § 286에 의해 특허 소송의 제소 기간은 손해발생일로부터 6년 이내이므로 특허권이 행사될 수 있는 마지막 날은 특허권 존속기간 만료일로부터 6년인 날이 되기 때문이다. *See* MPEP § 2204.

30) 35 U.S.C. § 301; *See* MPEP § 2205.

행기술 간의 관련성을 등록특허의 청구항과 선행기술과 관련성에 관한 진술서(statement)가 포함된 정보제공서를 통해 설명할 수 있다.[31] 한편 정보제공서에는 등록특허와 선행기술 간의 관련성을 설명하기 위한 선서진술서/선언서(Affidavit/Declaration)가 포함될 수 있다.[32]

Ⅳ. 특허권자에 대한 사본 송달

정보제공자가 특허권자가 아닌 경우 정보제공자는 정보제공서의 사본을 특허권자에게 송부해야 한다.[33]

Ⅴ. 정보제공의 효과

등록특허에 대한 적법한 정보제공이 이루어지는 경우, 제공된 정보는 등록특허의 포대의 일부로 포함되어 공중에 공개된다. 참고로 등록특허에 대해 별도의 재심사 신청이 없다면 특허청은 정보제공이 있었다는 사실만으로 등록특허에 대해 재심사를 하는 것은 아니다.

---

31) 정보제공서에 포함되는 진술서는 선행기술의 내용과 청구항의 한정 사항의 관계를 보이는 방식으로 작성될 수 있다. 참고로 정보제공서를 통해 해당 선행기술과 등록특허의 청구항이 어떻게 차별화되는지를 설명하는 것도 가능하다. *See* MPEP § 2205.

32) 진보성(자명성)의 문제의 경우 상업적 성공 등의 2차적 고려 사항이 특허성의 판단에 필수적 요소로 판단되는바 이러한 자료는 정보제공서에 첨부될 수 있다. *See* MPEP § 2205.

33) 특허권자가 정보제공의 기초가 된 인쇄된 간행물을 기초로 특허권의 유효성을 판단하고 향후에 정보제공의 내용을 기초로 재발행(reissue) 출원이나 재심사절차(Reexamination Proceeding)를 진행하는 기회를 부여하기 위함이다. *See* MPEP § 2202. 참고로 특허출원에 대한 정보제공(third party submission) 및 이의제기(protest)를 하는 경우에도 정보제공자/이의제기자가 특허청에 제출하는 서류의 사본이 특허권자에게도 송달된다.

불복심판(Appeal)

Ⅰ. 서

출원인이 심사관의 결정에 불복하거나 재심사를 신청한 특허권자 또는 제3자가 재심사절차(Reexamination Proceeding)의 결정에 불복하는 경우, 특허심판원(Board of Patent Appeals and Interferences 또는 BPAI)에서 불복심판(appeal)을 진행할 수 있다.[1)]

Ⅱ. 요 건

1. 주체적 요건

출원인(재발행출원인 포함)은 심사절차의 결과에 불복하여 심판을 청구할 수 있으며,[2)] 결정계 또는 당사자계 재심사절차를 신청한 특허권자 역시 재심사절차의 결과에 불복하는 경우 심판을 청구할 수 있다. 또한 당사자계 재심사절차를 신청한 제3자 역시 재심사절차의 결과에 불복하는 경우 심판

1) 35 U.S.C. § 134(a)-(c).

2) 일반적으로 재발행출원(reissue application)도 출원의 일종으로 취급되므로 심판 청구가 가능하다.

을 청구할 수 있다.

2. 객체적 요건

통상의 출원 절차가 문제되는 경우, 출원인은 청구항이 두 번 이상 거절(rejection)된 경우에 심사관의 거절에 대해 불복심판을 청구할 수 있다.[3)] 심판 청구를 위해서는 두 번 이상 거절이면 충분하며 반드시 최후거절까지 받아야 할 필요는 없다. 만약 계속출원의 기초가 된 모출원에 대해 이미 1회의 거절이 부여된 경우에는 계속출원에 대해 1회의 거절만 있어도 심판을 청구할 수 있다.[4)] 한편 출원인이 심판을 청구하기 위해서는 심판 청구 당시에 해당 출원에 대한 거절이 부여되어 있어야 한다.[5)] 예를 들어, 계속출원 또는 계속심사청구(RCE) 진행 이전에 이미 두 번 이상의 거절이 부여되었더라도 심판 청구 당시에는 모든 거절이 해소된 상태라면 심판을 청구할 수 없다. 한편 결정계 재심사절차가 문제가 되는 경우에는 특허권자는 최후거절(Final Rejection)을 받은 경우에 불복심판을 청구할 수 있다.[6)]

3. 시기적 요건

통상의 출원 절차가 문제되는 경우, 거절통지(OA)에 대한 응신기간 이내에 심판청구서(Notice of Appeal)를 제출해야 한다. 예를 들어, 거절통지에 대한 응신(reply)을 위한 단기법정기간(Shortened Statutory Period 또는 SSP)이 3개월로 지정된 경우 거절통지에 대한 응신을 위한 법정기간은 자동 연장의 대상이므로 추가로 3개월까지 기간연장이 가능하다.[7)] 따라서 심판청구서의 제출은 늦어도 거절통지의 발송일로부터 6개월 이내에 이루어져야 하며 6개월의 기간 이후에는 기간연장이 불가능하다.

---

3) 37 C.F.R. § 41.31(a)(1). 형식에 대한 거절(objection)의 경우 심판의 대상이 아니며 청원(petition)의 대상이다.

4) *See* MPEP § 1204 (citing *Ex parte* Lemoine, 46 USPQ2d 1420, 1423 (B.P.A.I. 1994)).

5) *See* MPEP § 1204.

6) 37 C.F.R. § 41.31(a)(3).

7) 37 C.F.R. § 41.31(a), (d).

Ⅲ. 심판청구서 제출 이후의 진행

1. 청구이유서(Appeal Brief)의 제출

1) 제출기간

심판청구인은 심판청구서(Notice of Appeal)가 특허청에 도달된 이후 2개월 이내에 청구이유서(Appeal Brief)를 제출해야 하며, 제출된 청구이유서에 흠결이 있는 경우 흠결의 통지가 발송된 날로부터 1개월 이내에 새로운 청구이유서를 제출해야 한다.[8] 청구이유서의 제출기간은 법정기간이 아니다. 따라서 청구이유서의 제출이 반드시 심판청구서 도달 이후 6개월 이내로 제한되는 것이 아니라, 원래 주어진 청구이유서 제출기간에 추가하여 최대 5개월까지의 기간연장이 가능하다.[9]

적법한 청구이유서를 제출기간 내에 제출하지 못하거나 수수료를 미납한 경우, 해당 심판은 각하(dismissal)된다. 심판이 각하되는 경우, 출원은 심사관에게 환송되어 허여가능한 청구항을 허여(allow)하고, 재심사의 대상이 된 특허는 재심사 결과에 따라 재심사증명서(Reexamination Certificate)가 발행된다.[10]

2) 제출항목

청구이유서에는 다음과 같은 항목 순으로 심판 청구의 이유가 기재되어야 한다.[11] 만약 일부 항목을 누락한 경우에는 청구이유서에 흠결이 있는 것으로 취급되어 새로운 청구이유서를 1개월 이내에 제출하도록 요구 받는다.

(i) 실제 이해당사자(Real party in interest): 실제로 이해관계를 갖는 자를 진술한다.

(ii) 관련 심판 및 저촉절차(Related appeals and interferences): 심판의 결과에 영향을 미칠 수 있는 다른 심판, 저촉절차, 소송 등이 있는지를

---

8) *See* MPEP § 1205.01.

9) *See* MPEP § 710.02(d). 참고로 청구이유서(Appeal Brief)에 관한 기간연장은 자동으로 허락되며, 심판에 관련된 기타 서류(예를 들어, 답변이유서(Reply Brief) 등)에 관한 제출기한과 달리 연장의 사유를 설명할 필요가 없다.

10) *See* MPEP § 1205.01.

11) 37 C.F.R. § 41.37(c); *See* MPEP § 1205.02.

진술한다. 구체적으로 심판청구인, 대리인, 양수인이 관련된 심판 또는 저촉절차 중 본 사건에 영향(예를 들어, 기판력)을 미칠 수 있는 것이 있는지를 진술한다.

(iii) 청구항의 상태(Status of claims): 각 청구항의 상태와 현재 계류 중인 청구항을 진술한다. 구체적으로 각 청구항이 허여(allowed)되었는지, 거절(rejected 또는 objected)되었는지, 철회(withdrawn)되었는지 등을 진술한다.

(iv) 보정의 상태(Status of amendments): 최후거절(Final Rejection) 이후에 제출된 보정이 있는지, 보정이 있었다면 보정이 허여되었는지 등을 진술한다.

(v) 청구항에 기재된 발명의 요약(Summary of claimed subject matter): 각 청구항에 기재된 발명에 관한 요약을 발명의 상세한 설명 및 도면을 기초로 진술한다. 청구항에 기재된 내용은 구체적인 페이지/줄 또는 도면 번호를 기초로 설명되어야 한다.

(vi) 거절의 근거(Grounds of rejection to be reviewed on appeal): 심판의 대상이 되는 심사관의 거절의 근거에 대해 간략하게 설명한다.

(vii) 의견(Argument): 심사관의 거절이 부당하다는 심판청구인의 의견을 기재한다.

(viii) 청구항(Claims appendix): 심판의 대상이 되는 청구항을 부록으로 첨부한다.

(ix) 증거(Evidence appendix): 심사단계에서 심사관에 의해 받아들여진 증거를 첨부한다. 심사단계에서 심사관에 의해 받아들여지지 않은 증거를 첨부하지는 못한다.

(x) 관련 절차(Related proceedings appendix): 만약 본 심판과 관련된 심판, 저촉절차가 있다는 것이 진술된 경우, 해당 절차에서의 결론을 첨부한다.

3) 심판 청구 이후의 보정

불복심판이 청구되면 청구이유서 제출 이전까지는 최후거절 이후의 보정과 동일한 조건으로 보정이 가능하다.[12] 즉, 청구이유서 제출 이전이라면

12) 37 C.F.R. § 41.33(a).

i) 청구항을 삭제하거나 종전 거절통지(OA)에서 명시적으로 요구한 사항에 부합하도록 하는 보정, ii) 불복심판에서의 판단을 위해 거절된 청구항을 보다 나은 방식으로 기재하는 보정, iii) 보정이 필요한 이유와 함께 좀더 일찍 보정이 이루어지지 못한 이유를 충분하게 설명하면서 명세서의 실체적인 내용을 수정하는 보정이 가능하다.

그러나 청구이유서가 제출된 이후에는 보정 범위가 더욱 제한된다. 구체적으로, 심판 단계에서 심사절차가 재개되는 경우가 아니면 청구항을 삭제하는 보정 또는 종속항을 독립항으로 기재하는 보정만이 허용된다.[13]

4) 불복심판 이후의 증거 제출

출원절차가 종료되므로 증거의 제출도 제한된다. 구체적으로 불복심판이 청구된 이후 청구이유서 제출 이전에는 새로운 증거가 필요한 이유와 함께 좀더 일찍 새로운 증거가 제출되지 못한 이유를 충분하게 설명하는 동시에 제출하려는 증거에 의해 모든 거절이 극복된다고 심사관이 판단해야만 새로운 증거의 제출이 가능하다.[14] 한편 청구이유서 제출 이후에는, 심사가 재개되지 않는 이상, 새로운 증거의 제출이 불가능하다.[15]

2. 심사관의 조치

출원인이 청구이유서를 제출하는 경우, 심사관은 이에 대응하여 i) 심사절차를 재개하거나,[16] ii) 종전 거절을 철회하고 허여하거나, ii) 심판협의절차(Appeal Conference)를 수행하고 심사관답변서(Examiner's Answer)를 작성함으로써 심판을 유지할 수 있다.[17]

1) 심사관의 제1조치 — 심사절차의 재개

심사관은 심판청구인의 청구이유서의 제출 또는 답변이유서(Reply Brief) 제출 이후 새로운 거절의 근거(new ground of rejection)를 제시하기 위해 심사

---

13) 37 C.F.R. § 41.33(b).
14) 37 C.F.R. § 41.33(d)(1).
15) 37 C.F.R. § 41.33(d)(2).
16) 심사관이 심사관의 답변의 발송 없이 심사절차를 재개하는 경우(MPEP § 1207.04)와 심사관의 답변 내에 새로운 거절의 근거가 포함되어 출원인의 선택에 의해 심사절차가 재개되는 경우(MPEP § 1207.03)는 서로 구별되는 것임을 주의해야 한다. 심사관이 양자의 절차 중 어느 하나를 선택하는 기준은 MPEP § 1207.03에 기재되어 있다.
17) *See* MPEP § 1207.

절차(prosecution)를 재개할 수 있다.[18] 심사절차가 재개되는 경우 심사관은 새로운 거절의 근거에 기초하여 새로운 거절통지(OA)를 부여한다. 만약 새로운 거절의 근거가 출원인의 보정에 의해 발생하였거나, 해당 근거가 최초거절통지(First OA) 이후 및 최후거절통지(Final OA) 이전에 수수료와 함께 제출된 IDS[19]로부터 발생한 경우에는 최후거절통지가 부여된다.

심사절차가 재개되는 경우 심판청구인은 i) 심사관이 새롭게 부여한 거절통지(OA)에 대해 응신(reply)하거나,[20] ii) 새로운 거절통지(OA)에 대응하여 새로운 심판청구서(Notice of Appeal)를 제출하고 새로운 청구이유서(Appeal Brief)를 제출할 수 있다.[21]

2) 심사관의 제2조치 ― 종전 거절에 대한 철회 및 허여

심사관은 청구이유서에 따라 종전 거절을 철회하고 허여할 수 있다. 이 경우 일반적인 허여(allowance)의 절차를 따른다.

3) 심사관의 제3조치 ― 심판협의절차 및 심사관답변서

A. 심판협의절차[22]

심판협의절차(Appeal Conference)는 불복심판의 대상의 대상이 되는 거절의 합당함을 주장하는 심사관답변서(Examiner's Answer)를 작성하기 위해 수행되는 회의이다. 심사관답변서는 반드시 심판협의절차가 수행된 이후에 작성

18) 만약 심사관이 심사절차를 재개한 이후 다시 거절통지(OA)를 부여한다면, 제출된 모든 증거를 고려해야 한다. 즉 최후거절 이후에 제출되어 각하된 보정 및 새로운 증거가 있다면, 이러한 증거/보정들을 모두 고려하여 새로운 거절통지(OA)를 부여해야 한다. *See* MPEP § 1207.04.

19) 최초거절통지 이전에는 IDS 제출시 수수료를 내지 않지만, 최초거절통지 이후에 IDS를 제출하는 경우 수수료를 내는 경우와 그렇지 않은 경우가 있다. 즉, 출원인이 IDS을 통해 제출하는 선행기술이 IDS 제출일로부터 3개월 이전에 알았거나 3개월 이전에 미국 이외의 국가에서 선행기술로 제시되었던 사정이 있는 경우에는 수수료를 납부해야 한다. 만약 이러한 사정이 없다면 최초거절통지 이후라 해도 최후거절통지 이전에 수수료를 납부하지 않고 IDS를 제출할 수 있다. 한편, IDS에서 수수료의 납부 여부의 기준이 되는 최초거절통지(OA)는 실체적인 내용에 관한 거절통지를 말한다.

20) 새로운 OA에 응신하는 경우에는, 일반적인 심사절차에서 응신하는 것과 동일한 방식으로 응신이 이루어진다.

21) 새로운 심판청구서(Notice of Appeal) 및 청구이유서(Appeal Brief)를 제출하는 경우 종전에 비해 수수료가 인상된 사정이 없으면 수수료를 납부할 필요가 없다. *See* MPEP § 1207.04.

22) *See* MPEP § 1207.01.

되어야 하며, 만약 심판협의절차 없이 심사관답변서가 작성된 경우에는 해당 답변은 특허심판원(BPAI)에 의해 반려된다.

심판협의절차에는 i) 심사관답변서를 준비하는 심사관, ii) 해당 심사관의 감독심사관(SPE), iii) 해당 기술 분야에서 충분한 경험을 가진 또 다른 심사관이 참여한다. 심사관들은 심판협의절차를 통해 종전 거절의 이유가 합당한지를 판단하며. 심사관답변서를 준비하는 심사관은 다른 심사관들의 의견을 고려하여 심사관답변서를 작성한다.

B. **심사관답변서**[23)]

심사관은 심판청구인의 청구이유서(Appeal Brief) 또는 이후에서 설명하는 답변이유서(Reply Brief)에 대응하여 심사관답변서(Examiner's Answer)를 작성한다.[24)] 심사관답변서는 청구이유서나 답변이유서의 수신일로부터 2개월 이내에 작성되는 것이 원칙이다. 심사관은 심사관답변서를 통해 거절의 근거 중 철회할 것과 유지할 것을 특정하고, 심판청구인이 청구이유(청구이유서 또는 답변이유서)를 통해 주장한 의견에 대한 반박을 기재한다. 심사관이 영어 이외의 언어로 기재된 문서를 근거로 거절의 근거를 제시하는 경우, 해당 문서에 관한 번역문을 첨부해야 한다.

심사관답변서에는 새로운 거절의 근거(new ground of rejection)가 포함될 수 있으며, 만약 심사관답변서에 새로운 거절의 근거가 포함되는 경우, 심판청구인은 심사관답변서가 발송된 날로부터 2개월[25)] 이내에 i) 심사절차(prosecution)의 재개(reopen)를 요청하거나 ii) 심판을 유지하면서 심사관답변서에 반박하는 답변이유서(Reply Brief)를 제출하여야 한다.[26)] 만약 심판청구인이 심사절차의 재개를 요청하면 심판청구인은 심사관답변서가 발송된 날로부터 2개월 이내에 응신(reply)을 제출해야만 한다. 이 경우 해당 응신은 일

23) *See* MPEP § 1207.02.

24) 심판청구인의 처음 제출된 청구이유서(Appeal Brief)에 대응하는 답변은 심사관답변서라 부르고, 심판청구인의 답변이유서(Reply Brief)에 대응하는 답변은 심사관보충답변서(Supplemental Examiner's Answer)라 부른다. 심사관답변서는 청구이유서와 마찬가지로 법정된 항목에 따라 작성되어야 한다. 심사관답변서 포함되어야 하는 항목에 관한 구체적인 내용은 MPEP § 1207.02에 기재되어 있다.

25) 심판에 관련된 일반적인 기간들과 마찬가지로 연장을 위한 정당한 연장의 사유가 있어야만 연장 가능하다.

26) 만약 2개월 이내에 어떤 대응도 하지 않는다면 새로운 거절의 근거의 대상이 된 청구항들에 대해서는 심판이 각하된 것으로 취급된다. 37 C.F.R. § 41.39(b).

반적인 거절통지(OA)에 대한 응신을 하는 것과 동일한 방식으로 이루어진다.27) 한편 심판을 유지하면서 답변이유서를 제출하는 경우, 심판청구인은 명세서에 대한 보정을 하거나 새로운 증거를 제출할 수 없으며, 만약 새로운 보정이나 새로운 증거를 제출하는 경우 심사절차의 재개를 요청하는 것으로 간주한다.28)

C. **심판청구인의 답변이유서**(Reply Brief)29)

심판청구인은 심사관답변서(Examiner's Answer)에 대응하여 답변이유서(Reply Brief)를 제출할 수 있다. 답변이유서는 심사관답변서의 발송일로부터 2개월 이내에 제출되어야 한다.30) 심판청구인은 답변이유서를 통해 새로운 이슈를 제기할 수 있다. 이 경우, 심사관은 새로운 이슈에 대응하는 심사관보충답변서(Supplemental Examiner's Answer)를 제출할 수 있다.

답변이유서는 심판청구인의 선택에 따라 제출되는 것이므로 반드시 제출되어야 하는 것은 아니다. 그러나 심사관답변서에 새로운 거절의 근거(new ground of rejection)가 포함된 경우 심판청구인은 해당 답변의 발송일로부터 2개월 이내에 i) 심사절차의 재개(reopen)를 요청하거나 ii) 심판을 유지하면서 심사관답변서에 반박하는 답변이유서(Reply Brief)를 제출해야만 하므로, 만약 심사절차의 재개를 원치 않는 심판청구인은 새로운 거절의 근거가 발생한 경우 반드시 답변이유서를 제출하여야 한다.

심판청구인이 답변이유서를 제출하는 경우, 심판청구인은 명세서에 대한 보정을 하거나 새로운 증거를 제출할 수 없으며, 만약 새로운 보정이나 새로운 증거를 제출하는 경우 심사절차의 재개를 요청하는 것으로 간주한다.31) 답변이유서가 제출된 이후 심사관의 보충 답변이 없는 경우, 심판청구인은 답변이유서를 보충하는 또 다른 답변이유서를 제출할 수 없다. 예를 들어, 심판청구인의 답변이유서에 의해 일부 청구항에 대한 거절이 철회되어도 이는 보충 답변에 해당하지 않으므로 심판청구인이 다시 답변이유서를

---

27) 37 C.F.R. § 41.39(b)(1). 즉, 심판청구인의 선택에 따라 명세서에 대한 보정을 하면서 의견을 제출할 수 있다.

28) 37 C.F.R. § 41.39(b)(2).

29) *See* MPEP § 1208.

30) 일반적인 심판 절차에 관련된 기간과 마찬가지로 정당한 연장의 사유가 인정되는 경우에만 기간연장이 가능하다. 37 C.F.R. § 1.136(b).

31) 37 C.F.R. § 41.39(b)(2).

제출할 수 있는 것은 아니다.

D. **심사관보충답변서**(Supplemental Examiner's Answer)[32)]

심판청구인의 답변이유서에 대응하여 심사관은 i) 최후거절(Final Rejection)을 철회하고 심사절차(prosecution)를 재개(reopen)하거나, ii) 더 이상 답변을 제출하지 않고 특허심판원의 심결을 기다리거나, ii) 심판청구인의 답변이유서(Reply Brief)에 포함된 새로운 이슈에 대응하기 위한 심사관보충답변서(Supplemental Examiner's Answer)를 제출할 수 있다.

심사관이 심판청구인의 답변이유서(Reply Brief)에 대응하여 보충 답변서를 제출하기 위해서는 반드시 심판청구인의 답변서에 새로운 이슈가 포함되어야 한다.[33)] 한편 보충 답변서는 특허심판원의 환송심결(remand)에 대응하여 작성될 수도 있다.[34)]

심사관보충답변서에는 새로운 이슈가 제기될 수 없음이 원칙이다.[35)] 그러나 거절의 재고(further consideration of a rejection)를 명하는 환송심결에 대응하는 보충 답변서에는 새로운 이슈가 제기될 수 있다.

심사관보충답변서가 제출되는 경우 심판청구인은 추가적인 답변이유서를 제출할 수 있다.[36)] 이 경우 답변이유서는 심사관보충답변서의 발송일로부터 2개월 이내에 제출되어야 하지만 추가적인 답변이유서의 제출이 강제

---

32) *See* MPEP § 1207.05.

33) 환송심결에 대응하여 보충 답변서가 제출되는 경우와 달리, 심판청구인의 답변이유서에 대응하여 보충 답변서가 제출되는 경우에는 심판청구인이 심사절차의 재개를 요청할 수 있다. 이 경우, 심판청구인이 심사절차의 재개를 원하는 경우에는 계속심사청구(RCE)를 진행해야만 한다.

34) 만약 거절의 재고를 명하는 환송심결에 대응하여 심사관의 보충 답변서가 제출된 경우, 심판청구인은 해당 보충 답변서에 새로운 거절의 근거가 포함되는지 여부에 상관 없이 보충 답변서의 발송일로부터 2개월 이내에 i) 심사절차를 재개하여 해당 답변에 대응하는 응신(reply)을 제출하거나, ii) 심판을 유지하며 답변이유서를 제출하여야 한다. 만약 2개월 이내에 어떤 대응도 하지 않는다면 환송의 대상이 된 청구항들에 대해서는 심판이 각하된 것으로 취급된다. 한편 거절의 재고를 명하는 것 이외의 목적으로 환송심결이 내려진 경우 출원인은 심판청구인은 심사관의 보충 답변서의 발송일로부터 2개월 이내에 답변이유서를 제출할 수 있으나 제출이 강제되지는 않는다. 이 경우에는 심판청구인의 요청에 의한 심사절차의 재개가 허락되지 않는다.

35) 예를 들어, 환송을 명하는 심결이 있더라도 그 목적이 거절의 재고가 아닌 이상 심사관은 새로운 이슈를 제기할 수 없다.

36) 통상 보충답변이유서(Supplemental Reply Brief)라 불린다.

되는 것은 아니다.

Ⅳ. 구술심리

구술심리(Oral Hearing)에 대한 요청은 심사관답변서(Examiner's Answer)의 발송일로부터 2개월 이내에 제출되어야 한다. 구술심리의 요청은 서면이어야 하며 수수료가 함께 납부되어야 한다.[37] 만약 구술심리의 요청이 부적법한 경우, 구술심리 없이 서면에만 의존하여 심결을 내릴 수 있다. 또한 구술심리의 요청이 합법적이더라도 특허심판원의 판단에 의해 구술심리가 필요하지 않은 경우에는 구술심리 요청이 거절될 수 있다.[38] 예를 들어, 심결을 내릴 만큼 사건이 성숙하지 못한 경우나 심사관의 거절이 부당한 경우에는 구술심리를 진행하지 않을 수 있다.[39]

구술심리가 진행되는 경우, 심판청구인 및 심사관은 심사과정에서 각하되지 않은 증거와 보정에 관해서만 진술하는 것이 원칙이나 예외적으로 정당한 사유를 증명하는 경우 해당 심판과 관련성이 있는 특허심판원의 심결례 또는 법원의 판례에 기초한 새로운 의견을 진술할 수 있다.[40]

Ⅴ. 특허심판원의 판단

심판청구인의 청구이유서(보충되는 이유서 포함) 및 심사관답변서(보충되는 답변서 포함)의 제출이 완료되면 해당 심판에 관한 기록은 특허심판원으로 전달된다. 특허심판원은 심판청구인과 심사관이 제출한 자료를 기초로 심결을 내리게 된다. 특허심판원의 판단은 거절된 청구항에만 한정되지 않으므로 심사과정에서 허여가능한 것으로 취급된 청구항에 대해서도 새로운 거절의 근거를 제시할 수 있다.[41] 특허심판원은 필요한 경우 심판청구인으로 하여

---

37) 37 C.F.R. § 41.47(b). 참고로 2개월의 기간은 심판과 관련된 다른 기간들처럼 연장을 위한 정당한 연장의 사유가 있어야만 연장 가능하다.
38) 37 C.F.R. § 41.47(f).
39) *See* MPEP § 1209.
40) 37 C.F.R. § 41.47(e).
41) 37 C.F.R. § 41.50(b).

금 추가적인 청구 이유를 제출하도록 명할 수 있다.[42]

VI. 심판의 종료

1. 특허심판원의 심결

특허심판원은 심결을 통해 심사관의 거절의 근거 중 전부나 일부를 인용하거나 파기할 수 있으며, 필요한 경우 심사관에게 해당 사건을 환송(remand)할 수도 있다.[43] 또한 심결을 통해 새로운 거절의 근거를 제시[44]하거나 거절을 극복할 수 있는 보정을 권고[45]하는 것이 가능하다. 만약 심결문에 환송을 명하는 내용이 포함되는 경우, 심사관에게 환송된 이후 해당 사건에 대한 결론이 내려지면 특허심판원은 최초에 환송을 명했던 심결문의 내용을 최종 심결로 채택하거나 환송된 이후의 결론을 참고하여 새로운 심결을 내리고 이를 최종 심결로 채택할 수 있다.[46]

특허심판원이 환송을 명할 때는 거절의 재고(further consideration of a rejection)를 명하는 환송을 명할 수 있다.[47] 예를 들어, 선행기술과 본 발명의 청구항 간의 관련성이 불확실한 경우 심사관으로 하여금 더 상세한 설명을 요구하기 위해 거절의 재고를 명하는 환송을 명할 수 있다. 또한 특허심판원은 거절의 재고 이외의 목적으로도 환송을 명할 수 있다. 예를 들어, 보다 관련성 있는 선행기술 대신 관련성이 떨어지는 선행기술이 거절의 근거로

42) 37 C.F.R. § 41.50(d).

43) 37 C.F.R. § 41.50(a)(1).

44) 새로운 거절의 근거를 제시하는 경우 심판청구인은 심결일로부터 2개월 이내에 i) 심사절차를 재개하여 새로운 거절의 근거에 대한 응신을 제출하여 심사관에게 다시 심사를 받거나, ii) 특허심판원에 재심리(rehearing)를 요청해야만 한다. 37 C.F.R. § 41.50(b); *See* MPEP § 1214.01.

45) 만약 보정이 권고되는 경우, 심판청구인이 보정할 수 있는 기간은 심결에 불복하여 법원에 소를 제기할 수 있는 기간으로 한정된다. 주의할 점은 심판청구인이 권고에 따라 보정한다고 해서 항상 등록가능한 것은 아니라는 것이다. 만약 심사관이 보정된 내용에 새로운 거절의 근거를 발견하는 경우에는 심결에 따라 권고된 청구항에 대해서도 거절할 수 있다. 37 C.F.R. § 41.50; *See* MPEP § 1213.01.

46) 37 C.F.R. § 41.50(e); *See* MPEP § 1213. 환송을 명하는 심결은 연방법원의 사법심사의 대상이 되는 심판원의 최종 심결에 해당하지 않으므로, 환송된 사건이 결론에 이르렀을 때 사법심사의 대상이 되는 심판원의 최종 심결이 어느 것인지가 확정되는 것이다.

47) 환송을 명하는 심결문에 거절의 재고를 명하는지 여부가 표시되는 것이 일반적이다.

인용되었거나 심판청구인의 IDS(Information Disclosure Statement), 답변이유서, 보정 등에 대한 판단이 미흡한 경우에 심사관에게 사건을 환송할 수 있다.

환송을 명하는 심결이 있는 경우 심사관은 심사관보충답변서(Supplemental Examiner's Answer)를 제출할 수 있다.[48] 만약 거절의 재고를 명하는 환송심결에 대응하여 심사관보충답변서가 제출된 경우, 심판청구인은 심사관보충답변서에 새로운 거절의 근거가 포함되는지 여부에 상관 없이 심사관보충답변서의 발송일로부터 2개월 이내에 i) 심사절차를 재개하여 해당 답변에 대응하는 응신(reply)을 제출하거나, ii) 심판을 유지하며 답변이유서(Reply Brief)를 제출하여야 한다.[49] 만약 2개월 이내에 어떤 대응도 하지 않는다면 환송의 대상이 된 청구항들에 대해서는 심판이 각하된 것으로 취급된다. 한편 거절의 재고를 명하는 것 이외의 목적으로 환송심결이 내려진 경우 심판청구인은 심사관보충답변서의 발송일로부터 2개월 이내에 답변이유서를 제출할 수 있으나 제출이 강제되지는 않는다. 이 경우에는 심판청구인의 요청에 의한 심사절차의 재개가 허락되지 않는다.

2. 심판의 철회(withdrawal)

심판청구인은 심결이 있기 전까지 심판의 철회를 요청할 수 있다.[50] 심판이 철회되면 해당 사건의 심사관은 허여가능한 청구항에 대해서는 허여하고 해당 사건을 마무리한다. 심판청구인이 심판을 철회하면서 다시 심사절차(prosecution)를 재개(reopen)하기를 원하는 경우, 심결이 있기 전까지 계속심사청구(RCE)를 진행하여 해당 출원에 대한 심사절차를 재개할 수 있다.[51] 심판

48) 거절의 재고를 명하는 환송심결에 대응하는 심사관보충답변서에는 새로운 이슈가 제기될 수 있으나 그 외의 경우에는 새로운 이유가 제기될 수 없다.
49) 37 C.F.R. § 41.50(a)(2).
50) 심판을 철회하면 심판의 대상이 되는 출원이 포기되는 경우(허여가능한 청구항이 없는 경우)가 아니라면, 특허청에 등록된 대리인은 기록상의 대리인이 아니더라도 심판의 철회를 요청할 수 있다. *See* MPEP § 1215.01.
51) 심판을 청구한 이후에 심사절차가 재개되는 경우는 i) 심판 과정에서 제시된 새로운 거절의 근거를 극복하거나 거절의 재고(further consideration of a rejection)를 명하는 환송심결에 대응하는 보충 답변서(Supplemental Examiner's Answer)를 극복하기 위해 심사절차의 재개를 신청하는 경우와 ii) 심결이 있기 전에 자발적으로 계속심사청구(RCE)를 진행하는 경우이다. 전자의 경우 계속심사청구(RCE)에 따른 수수료의 부담이 없으나 후자는 수수료를 부담해야 한다.

청구인이 계속심사청구를 진행하는 경우, 해당 계속심사청구가 부적법하더라도 심판은 철회된다.[52]

심결이 임박한 경우 심판을 철회하면서 심판원에 심판의 철회에 관한 사항을 곧바로 통지하는 것이 바람직하다. 또한 계속심사청구를 진행하더라도 심결이 임박한 경우에는 계속심사청구의 진행을 심판원에 통지하는 것이 바람직하다. 심판청구인이 심판원에 적절한 통지를 하지 않은 경우 심판원은 해당 사건에 관한 심결을 내릴 수 있기 때문이다.

심판의 철회는 일부 청구항에 대해서도 가능하다. 만약 일부 청구항에 대해서만 심판의 철회가 있는 경우 심판이 철회된 청구항에 대해서는 해당 청구항을 삭제하는 효과가 발생하고 나머지 청구항에 대해서는 심판이 계속된다.[53]

3. 심판의 각하(dismissal)

심판청구인이 적법한 제출기간 이내에 청구이유서(Appeal Brief)를 제출하지 못하거나 수수료를 미납하거나 심사관답변서/심사관보충답변서에 적절하게 대응하지 않은 경우,[54] 심판은 각하(dismiss)된다. 심판이 각하되면 해당 사건의 심사관은 허여가능한 청구항을 허여(allow)하고 해당 사건을 마무리한다.

1) 심판의 회복

심판은 각하되었으나 허여가능한 청구항이 하나 이상 존재하여 출원은 포기되지 않은 경우에는 심판의 회복(reinstate)을 청구할 수 있다.[55] 심판의 회복을 위해서는 심판청구인의 대응이 적시에 제출되지 못한 것이 심판청구인이 피할 수 없는 지연(unavoidable delay)에 의한 것이거나 비의도적인 지연(unintentional delay)에 의한 것이었다는 것을 진술하는 청원(petition)을 제출하

---

52) *See* MPEP § 1215.01. 예를 들어, 계속심사청구(RCE)를 진행하면서 종전 거절에 대한 응신이 포함되지 않은 경우, 계속심사청구(RCE) 진행에 따라 심판이 철회되는 동시에 해당 출원이 포기될 수 있다. 따라서 심판 단계에서 계속심사청구(RCE)를 진행하는 경우 출원인의 주의가 요구된다.

53) *See* MPEP § 1215.03.

54) 심사관답변서에 새로운 거절의 근거(new ground of rejection)가 포함되거나 거절의 재고를 명하는 환송심결에 대응하여 심사관보충답변서가 제출된 경우, 해당 답변서의 발송일로부터 2개월 이내에 심사절차의 재개나 심판의 유지를 선택하지 않은 경우를 말한다.

55) 허여가능한 청구항이 있는 경우 해당 청구항은 심사관에 의해 허여될 것이나 나머지 청구항들은 삭제된 것으로 취급된다. 이 경우에 심판의 회복을 청구하면 삭제된 것으로 취급된 청구항에 대해 심판이 회복될 수 있다. *See* MPEP § 1215.04.

여야 한다.[56] 참고로 심판이 각하되어 출원이 포기된 경우(허여가능한 청구항이 없는 경우)에는 출원 자체의 부활(revival)을 청구할 수 있다.[57]

4. 심판 철회/각하에 따른 청구항의 취급

심판이 철회되거나 각하되는 경우, 심판의 대상이 된 출원에 허여가능한 청구항이 없는 경우 해당 출원은 포기된다. 그러나 허여가능한 청구항이 하나라도 있는 경우 해당 출원은 포기되지 않으며, 심사관은 허여가능한 청구항을 허여(allow)하고 해당 사건을 마무리한다. 심판이 철회/각하되는 경우 허여가능한 청구항에 대한 심사관의 취급은 다음과 같다.

예 1

독립항 1항 및 (1항에 대한) 종속항 2항은 허여가능하고 독립항 3항은 거절되어 불복심판이 청구된 경우, 심판이 각하되면 심사관은 청구항 1항 및 2항에 대해서만 허여한다.

예 2

모든 청구항이 거절되어 불복심판이 청구된 경우, 심판이 각하되면 해당 출원은 포기된다.

예 3

독립항 1항 및 3항은 거절되었고 청구항 1항에 대한 종속항 2항은 허여가능한 구성요소를 포함하였으나 청구항 1항을 인용하는 것을 이유로 거

56) 피할 수 없는 사유(unavoidable delay)나 의도적인 지연(unintentional delay)을 증명(showing)하는 방법은 출원의 부활을 위한 청원(37 C.F.R. § 1.137에 따른 청원)에서의 증명하는 방법과 동일하다. 한편, 심판의 회복을 청구하는 심판청구인은 해당 청원과 함께 i) 적법한 계속심사청구(RCE)를 진행하거나 ii) 적법한 청구이유서(Appeal Brief) 및 수수료를 제출하여야 한다. *See* MPEP § 1205.01.

57) 즉, 출원의 부활을 위한 청원(37 C.F.R. § 1.137에 따른 청원)을 제출할 수 있다. 구체적으로, 청원을 통해 출원을 부활시킬 수 있는 경우는 i) 피할 수 없는 사유로 인해 응신이 지연된 경우와 ii) 출원에 대한 포기가 의도적이지 않은 경우이다. 37 C.F.R. § 1.137(a)-(b). 출원의 부활을 위한 청원에 관한 보다 상세한 설명은 제3장 제12절 "출원의 포기"에서 설명한다.

절(objection)되어 불복심판이 청구된 경우, 심판이 각하되면 해당 출원은 포기된다. 제2항이 허여되는 것이 아님을 주의해야 한다.

예 4

독립항 1항은 거절되었고 청구항 1항에 대한 종속항 2항은 허여가능한 구성요소를 포함하였으나 청구항 1항을 인용하는 것을 이유로 거절(objection)되었고 독립항 3항은 허여가능한 상황에서 불복심판이 청구된 경우, 심판이 각하되면 청구항 제3항만이 허여된다.

Ⅶ. 심결의 확정

특허심판원(BPAI)의 심결에 대한 불복의 소를 제기할 수 있는 기간이 경과되면 해당 심결은 확정된다. 심결에 따라 일부 청구항에 대해서는 허여가능한 경우, 심사관은 허여가능한 청구항을 허여하고 해당 사건을 마무리한다.[58]

Ⅷ. 심결취소소송

불복심판에 따른 심결에 불복하는 자[59]는 심결일(date of the decision)로부터 2개월 이내에 연방순회항소법원(CAFC) 또는 워싱턴 DC에 위치한 연방지방법원에 소를 제기할 수 있다.[60] 연방순회항소법원은 법률심이므로 연방순회항소법원에 바로 소를 제기하는 경우 새로운 주장 및 증거를 제출할 수 없으나, 워싱턴 DC에 위치한 연방지방법원은 사실심이므로 새로운 주장 및 증거를 제출하는 것이 허용되어야 한다. 그러나 현재 판례 및 실무에 따르

58) 일부 청구항이 허여가능하다는 심결이 확정된 때에 각 청구항에 대한 취급은 앞서 설명한 심판이 각하/철회된 때와 동일하다.

59) 심결취소의 소는 출원인/재발행출원인에 의해 제기되는 일반적이다. 재심사절차(Reexamination Proceeding)가 문제되는 경우에는 특허권자 또는 재심사절차의 신청인이 제기할 수도 있다. 35 U.S.C. § 141.

60) 연방순회항소법원(CAFC)에 바로 소를 제기하는 경우가 많다. DONALD S. CHISUM ET. AL., PRINCIPLES OF PATENT LAW 130 (Foundation Press 3rd ed. 2004).

면 연방지방법원에 심결취소의 소를 제기하더라도 행정절차법(Administrative Procedures Act 또는 APA)에 의해 특허심판원(BPAI) 단계에서 출원인의 태만으로 인해 제출하지 못한 새로운 주장/증거의 제출이 제한된다.[61] 2개월의 제소기간은 서면으로 정당한 사유를 설명한 경우 연장될 수 있다.[62] 특허법에 따른 일반적인 기간들과 마찬가지로 해당 2개월이 60일 미만인 경우 2개월을 경과했어도 60일 이내에 소를 제기하면 충분하다.

법원에 심결의 취소를 구하기 위해서는 해당 심결이 특허심판원(BPAI)의 최종 판단이어야 한다. 만약 심사관의 거절에 대해 불복심판을 청구한 경우에는 해당 심판에 따른 심결이 특허심판원의 최종 판단에 해당되므로 해당 심결에 대해서는 심결취소소송이 가능하지만,[63] 심결을 통해 새로운 거절의 근거가 제시된 경우에는 해당 심결이 특허심판원의 최종 판단이 아닌 것으로 취급되어 해당 심결에 대해서는 심결취소소송이 불가능하다. 이 경우에는

61) 그러나 심결취소소송의 심리범위에 대해 연방순회항소법원의 전원합의체(en banc) 판결이 예정되어 있어 귀추가 주목된다. 구체적으로 2010년 2월에 연방순회항소법원(CAFC)은 연방지방법원에서 새로운 증거의 제출을 제한한 *Hyatt* 사건(Hyatt v. Doll, 576 F.3d 1246 (Fed. Cir. 2009))을 파기하고, 해당 사건의 판단을 위한 전원합의체(en banc) 소집을 허여한 바 있다. Hyatt v. Kappos, 366 Fed.Appx. 170 (Fed. Cir. 2010). 이번에 파기된 *Hyatt* 사건에서는 행정절차법(APA)에 따라 증거제출을 제한하는 다수의견(Michel 판사와 Dyk 판사)과 이에 반대하는 소수의견(Moore 판사)이 극명하게 대립했는데, 다수의견은 행정절차법에 따라 새로운 증거의 제출이 제한되는 원칙을 재확인했다. *Hyatt*, 576 F.3d at 1266-70 ("In sum, it has been the general practice of federal courts for over eighty years in certain circumstances to exclude evidence which a party could and should have introduced before the Patent Office but did not despite an obligation to do so. Our own cases likewise have not adopted a *de novo* standard for trial. We have said that '[c]learly, the applicant does not start over to prosecute his application before the district court unfettered by what happened in the PTO.' On the other hand, it is beyond question that in appropriate circumstances new evidence may be submitted to the district court in a § 145 action (subject, at least, to the Federal Rules of Evidence). . . . [T]he admission of new evidence is limited by the APA.") (citations omitted). 그러나 해당 사건에 대한 전원합의체 판결이 예정되어 있으므로, 향후 심결취소소송의 심리범위의 논의에 큰 영향을 끼칠 것으로 예상된다.

62) 37 C.F.R. § 1.304(a)(3).

63) 이 경우 심결취소의 소를 제기하지 않고 심결일로부터 2개월 이내에 특허심판원의 재심리(rehearing)를 요청하는 것도 가능하다. 만약 재심리를 요청하였으나 재심리에 따른 심결에 불복하는 경우에는 재심리에 따른 심결일로부터 2개월 이내에 연방순회항소법원(CAFC) 또는 워싱턴 DC에 위치한 연방 지방 법원에 소를 제기할 수 있다.

심사절차(prosecution)의 재개(reopen)를 요청하거나 특허심판원에 재심리(Rehearing)를 요청해야 한다. 만약 심사절차가 재개되었으나 다시 거절된다면 해당 거절에 대해서는 불복심판이 가능하다. 한편 재심리를 요청하는 경우 재심리에 따른 심결이 내려지는바, 이에 대해서는 연방순회항소법원(CAFC) 또는 워싱턴 DC에 위치한 연방지방법원에 해당 심결의 취소를 구하는 소를 제기할 수 있다.

IX. 관련문제 — 청구이유서제출이전협의절차(Pre-Appeal Brief Conference)

1. 서

청구이유서제출이전협의절차(Pre-Appeal Brief Conference)는 청구이유서(Appeal Brief)의 제출 이전에 다수의 심사관으로 하여금 거절을 다시 판단하게 하는 절차이다. 청구이유서제출이전협의절차는 불필요한 심판을 감소시켜 본 심판에 대한 청구이유서 준비 및 절차 진행에 따른 출원인의 비용 부담을 줄이기 위해 제안된 제도로서 2005년부터 시범적으로 운영되고 있다.

2. 요 건

1) 주체적 요건

적법하게 심판청구서(Notice of Appeal)를 제출한 심판청구인이라면 누구나 청구이유서제출이전협의절차(Pre-Appeal Brief Conference)를 신청할 수 있다.[64]

2) 객체적 요건

일반적으로 청구이유서제출이전협의절차(Pre-Appeal Brief Conference)는 심사관의 거절에 법적으로 또는 사실상의 명백한 결함이 있는 경우에 추천된다. 만약 선행기술이 개시하고 있는 내용에 관하여 다툼이 있거나 청구항의 해석에 관한 다툼이 있는 경우에는 청구이유서제출이전협의절차 없이 본 심판을 진행하는 것이 바람직하다.

64) 단, 재심사절차(Reexamination Proceeding)에서 발생한 거절에 대한 불복심판이 문제되는 경우 청구이유서제출이전협의절차(Pre-Appeal Brief Conference)를 신청할 수 없다.

3) 시기적 요건

심판청구서를 제출하면서 청구이유서제출이전협의절차(Pre-Appeal Brief Conference)를 신청해야 한다. 만약 청구이유서제출이전협의절차의 심판청구서가 수신된 날 이후에 수신되는 경우 청구이유서제출이전협의절차에 대한 신청은 각하된다.

3. 청구이유서제출이전협의절차 신청의 효과

청구이유서제출이전협의절차를 신청한 경우, 심판청구서가 특허청에 수신된 이후 2개월 이내 및 청구이유서제출이전협의절차에 따른 결정이 발송된 지 1개월 중 늦은 때까지 본 심판에 대한 청구이유서(Appeal Brief)를 제출할 수 있다.[65]

4. 청구이유서제출이전협의절차 신청

청구이유서제출이전협의절차(Pre-Appeal Brief Conference) 신청서와 함께 첨부된 의견을 제출해야 한다. 의견[66]은 5페이지를 초과할 수 없으므로 심사관의 거절의 결함을 간략하고 명백하게 기술해야 한다. 만약 심사절차 과정에서 제출된 의견과 같은 내용을 제출하고자 하는 경우, 내용을 다시 기재할 필요 없이 과거에 제출된 내용을 인용하는 것이 추천된다. 청구이유서제출이전협의절차는 심판에 따른 과정이므로, 심판의 대상이 될 수 없는 사항에 대해서는 판단하지 않는다.[67]

5. 심판청구인의 절차 진행

청구이유서제출이전협의절차(Pre-Appeal Brief Conference)는 심사관들로 이루어진 패널에 의해 수행된다. 심판청구인은 패널들과 인터뷰를 할 수 없으며 패널들의 결정 과정에 참여할 수 없다. 일단 청구이유서제출이전협의절차가 신청된 이후에는 추가적인 의견을 제출할 수 없으며, 어떠한 경우에도

---

65) 본래 청구이유서는 심판청구서가 특허청에 수신된 지 2월 이내에 제출되어야 하나, 청구이유서제출이전협의절차가 진행되는 경우 해당 기간이 연장되는 효과를 누릴 수 있다.

66) "pre-appeal brief"라 부르기도 한다.

67) 심판이 아니라 청원(petition)을 통해 다투어야 하는 사항에 대해서는 판단하지 않는다.

청구이유서제출이전협의절차 신청에 따른 수수료는 반납되지 않는다.

6. 패널의 구성

심사국(Technology Center 또는 TC)의 감독심사관은 관련 기술 분야의 심사관들을 패널로 구성한다. 패널들은 거절의 근거와 심판청구인의 의견을 기초로 결정문을 작성한다. 결정문은 청구이유서제출이전협의절차(Pre-Appeal Brief Conference)의 신청이 수신된 날로부터 45일 이내에 발송되어야 한다.

7. 청구이유서제출이전협의절차(Pre-Appeal Brief Conference)의 결정

만약 심판을 통해 다투어야 할 문제가 있는 경우, 심판은 그대로 유지된다. 패널의 심판 유지 결정은 심판원(BPAI)의 최종 심결이 아니므로 심판청구인은 패널의 결정에 대해 법원에 항소하는 것이 아니라 청구이유서(Appeal Brief)를 제출하여 본 심판 절차를 그대로 유지해야 한다. 만약 패널들의 판단 결과 심사절차(prosecution)가 재개되어야 하는 경우, 심사는 재개되며 패널들의 판단에 따라 적절한 거절통지(OA) 등이 부여될 수 있다. 만약 심사절차가 재개되는 경우 패널들이 보정 안을 권고할 수 있으며, 만약 출원인이 권고안을 수락하는 경우 해당 출원은 허여될 수 있다. 만약 패널들의 판단결과 출원이 허여가능한 경우, 해당 출원은 허여되며 심사절차(prosecution)는 종료된다. 만약 청구이유서제출이전협의절차의 신청이 부적법한 경우에는 결정으로 각하한다.

8. 청구이유서제출이전협의절차의 종료

심판청구인이 청구이유서제출이전협의절차(Pre-Appeal Brief Conference)를 신청한 이후 패널들의 결정이 있기 전에 i) 청구이유서(Appeal Brief)를 제출하거나, ii) 계속심사청구를 진행하거나, iii) 보정을 제출하거나, iv) 새로운 증거를 제출하거나, iv) 저촉절차를 요청하거나, iv) 청구이유서제출이전협의절차의 포기를 요청하는 경우 청구이유서제출이전협의절차는 자동으로 종료된다.

제1절 | 특허허여(allowance)

Ⅰ. 서/의의

특허출원에 대한 심사 결과 특허법에 따른 특허요건과 특허청의 요구사항이 모두 만족된 것으로 판단되는 경우 심사관은 해당 특허출원이 허여될 것이라고 통지한다. 출원인은 특허출원이 허여될 것이라는 통지를 받은 이후 해당 출원에 대한 등록료를 납부하여 해당 출원을 등록시킬 수 있다.

Ⅱ. 특허출원에 대한 허여 통지

1. 허여가능통지서(Notice of Allowability)[1)]

특허출원이 허여가능한 경우 심사관은 허여가능통지서를 발송한다. 만약 청구항이 허여가능하지만 대체도면(replacement drawing)이나 기타 서지적 사항에 관한 정보 등이 요구되는 경우, 허여가능통지서를 통해 3개월의 법정기간을 부여하며 출원인에게 해당 서류/정보의 제출을 요구할 수 있다. 상기 3

---

1) 국내 실무자에 따라서는 허여가능통지서(Notice of Allowability)와 허여통지서(Notice of Allowance)를 구분하지 않고 "NOA"로 부르기도 하지만 양자는 서로 다른 통지이다. 경우에 따라 허여가능통지서와 허여통지서가 함께 송부되기도 한다.

개월의 법정기간은 연장 불가능하며, 만약 지정된 기간 이내에 적절하게 응신하지 못한 경우 해당 출원은 포기(abandon)된다.

만약 심사관의 허여이유(Reasons for Allowance)나 심사관이 자발적으로 명세서에 대한 보정을 제안하는 심사관보정(Examiner's Amendment)[2] 또는 출원인과 심사관과의 인터뷰에 관한 요약(interview summary)이 추가되는 경우 해당 내용은 허여가능통지서에 첨부된다.

2. 관련문제 — 심사관의 허여이유

심사관은 특허를 허여하기 전에 청구항의 등록가능한 구성 요소를 특정하고 해당 구성요소 특허 가능한 이유를 밝힐 수 있다. 심사관의 허여이유는 강제 사항은 아니지만 일반 공중에 대한 심사관의 책무의 일종으로 권장된다.[3] 한편 심사관이 허여이유를 명확하게 설명하기 힘든 경우에는, 허여이유가 명확하게 설명되기 힘들다는 식으로 허여이유를 기재할 수 있다.[4]

출원인이 심사관의 허여이유에 대해 반박할 사항이 있는 경우, 심사관의 허여이유에 대한 의견(Comments on Statement of Reasons for Allowance)을 제출할 수 있다. 심사관의 허여이유에 대한 의견은 심사관이 지정한 기간 이내에 제출하여야 하는바,[5] 일반적으로 등록료(Issue Fee) 납부 전까지 제출하도록 요구된다. 출원인이 심사관의 허여이유에 대한 의견을 제출한 이후에 이에 모순되는 행위를 하는 경우 금반언(estoppel)에 따른 문제가 발생할 수 있음을 주의해야 한다. 한편 출원인이 심사관의 허여이유에 대한 의견을 제출하지 않더라도 심사관의 허여이유에 대해 인정한 것은 아니라는 것이 판례의 태도이다.[6]

출원인이 심사관의 허여이유에 대한 의견을 제출하더라도 어떠한 법적

---

2) 신속한 심사를 촉진하기 위해 심사관이 해당 출원을 허여 상태로 만들 수 있는 보정을 제안할 수 있다. 심사관보정은 상세한 설명, 청구항, 요약서 등에 적용될 수 있다.

3) *See* MPEP § 1302.14.

4) 37 C.F.R. § 1.104(e).

5) 37 C.F.R. § 1.104(e).

6) *See* MPEP § 1302.14 (citing Salazar v. Procter & Gamble Co., 414 F.3d 1342, 1347 (Fed. Cir. 2005)) ("The failure of applicant to comment on the examiner's statement of reasons for allowance should not be treated as acquiescence to the examiner's statement.").

효과도 발생하지 않는다.[7] 일반적으로 심사관의 허여이유에 대한 의견은 심사관에게 전달되지 않기 때문이다.

3. 허여통지서(Notice of Allowance)

출원인의 특허출원이 특허될 수 있는 상태가 되면 허여통지서(Notice of Allowance)를 발송한다. 허여통지서에는 등록료(Issue Fee)의 액수가 특정되어 표시된다. 허여통지서 발송일로부터 3개월 이내에 등록료가 납부되어야 특허등록이 이루어지는바, 3개월의 등록료 납부기간은 법정기간으로 연장이 불가능하다.[8] 만약 3개월 이내에 등록료를 납부하지 못한 경우 해당 출원은 포기 간주된다.[9]

Ⅲ. 허여통지와 명세서에 대한 보정

1. 출원절차의 종료

원칙적으로 출원인은 출원절차가 종료되기 이전까지 해당 출원의 등록을 위한 다양한 절차를 진행할 수 있다. 그러나 출원절차(prosecution)가 종료되면 출원인의 절차 진행에 제한이 가해진다. 출원의 거절에 대한 불복심판이 진행 중이거나, 가장 최근에 부여된 거절통지에 최후성이 인정되거나, 해당 출원에 대해 허여통지서(Notice of Allowance)가 부여되는 경우 등이 출원절차가 종료되는 대표적인 예이다.[10]

2. 허여통지서 발송 이후의 보정

허여통지서가 발송된 이후의 보정은 출원인의 당연한 권리(as a matter of right)로 제출할 수 있는 것은 아니므로 특허청의 승인이 필요하다.[11] 즉, 허

---

7) 37 C.F.R. § 1.104(e).
8) 37 C.F.R. § 1.311(a).
9) 37 C.F.R. § 1.316. 피할 수 없는 지연 또는 비의도적인 지연으로 인해 등록료를 미납한 경우에는 37 C.F.R. § 1.137에 따른 청원을 통해 해당 출원을 부활시킬 수 있다.
10) 37 C.F.R. § 1.114(b).
11) 37 C.F.R. § 1.312. 참고로, 허여통지서가 발송되면 담당 심사관은 해당 사건에 대해서 더 이상 관여하지 않는 것이 원칙이나, 심사관보정(examiner's amendment)을 부여하거나 허여통지서 발송 이후의 보정을 허여할 수는 있다. *See* MPEP § 714.16.

여통지서가 발송된 이후 도면, 상세한 설명 및 청구항에 대한 보정서를 제출해도 특허청의 승인이 없다면 보정의 효력은 없다. 허여통지서가 발송된 이후에 제출된 i) 발명자정정, ii) 발명자 설명의 오탈자 정정을 위한 청원, iii) 발명자 성명의 순서를 정정하기 위한 청원 및 iv) 재발행출원(Reissue Application)에 대한 보충선서서/선언서(Supplemental Oath or Declaration) 등도 허여통지서 발송 이후의 보정으로 취급된다.[12] 따라서 특허청이 승인한 경우에만 해당 서류를 제출할 수 있다. 그러나 재발행출원이 아닌 정규출원의 보충선서서/선언서는 허여통지서 발송 이후의 보정으로 취급되지 않는다. 따라서 이 경우에는 출원인의 당연한 권리로 보충선서서/선언서를 제출할 수 있다.[13]

허여통지서 발송된 이후의 보정이 허가(entry)되기 위해서는 i) 보정이 필요한 이유, ii) 보정된 내용에도 불구하고 추가적인 선행기술이 필요하지 않은 이유, iii) 청구항에 대한 보정이 있는 경우 보정된 청구항이 등록가능한 이유, iv) 해당 보정이 미리 제출되지 못한 이유에 대해 충분하고 명확하게 설명해야 한다.[14] 일반적으로 보정에 대한 허가는 전부 허가/전부 각하가 원칙이나 허여통지서 발송 이후의 보정에 대해서는 일부 허가가 허용된다.[15]

3. 등록료 납부 이후의 보정

등록료를 납부한 이후의 보정은 허가되지 않는다.[16] 등록료 납부 이후에 보정은 등록철회(withdraw)를 통해 등록철회가 인용된 경우에만 허용된다.

IV. 등록지연의 요청

출원인은 등록료를 납부한 이후에 한하여 등록지연(Deferring Issuance)을

12) *See* MPEP § 714.16.
13) *See* MPEP § 603.01 (citing Cutter Co. v. Metropolitan Electric Mfg. Co., 275 F. 158 (2d Cir. 1921)).
14) *See* MPEP § 714.16. 허여통지서 발송 이후의 보정을 통해 청구항을 추가하거나 청구항의 보호 범위를 변경하는 것도 불가능한 것은 아니다. 물론 추가된 청구항에 대한 수수료가 요구될 수 있다. *See* MPEP § 714.16(c)-(d).
15) *See* MPEP § 714.16(e).
16) 37 C.F.R. § 1.312.

요청할 수 있다.[17] 특별한 사정이 없는 한 출원인이 등록의 지연을 요청할 수 있는 기간은 최대 1개월이다.[18]

V. 동시등록의 요청

허여통지서를 받은 출원이 복수개가 존재하는 경우, 해당 출원들을 같은 날에 등록해줄 것을 요청할 수 있다.[19]

제2절 | 등록철회(Withdrawal from Issue)

I. 서

출원에 대한 등록이 이루어지면 더 이상 연속출원(Continuing Application)을 하거나 계속심사(Continued Examination) 받을 수 없기 때문에 사후에 특허성에 중대한 흠결이 발견되어도 이를 치유하기가 어렵다. 따라서 필요한 경우 출원인은 등록의 철회를 요청해야 한다.[20] 미국특허법에 따르면 허여통

17) 37 C.F.R. § 1.314. 등록료를 납부하지 않은 경우에는 등록지연을 요청할 수 없다. 등록료 납부를 위한 3개월의 기간은 연장할 수 없는 법정기간이기 때문이다.

18) 특별한 사정이 있는 경우에는 1개월을 초과하는 지연을 요청할 수 있다. 그러나 실시권 협상의 존재, 외국 출원 준비, 연속출원 준비, 관련된 출원들의 동시 등록 등은 1개월 초과를 위한 특별한 사정(extraordinary circumstances)으로 인정되지 못한다는 것이 특허청 실무이다. MPEP § 1306.01 ("Situations like negotiation of licenses, time for filing in foreign countries, collection of data for filing a continuation-in-part application, or a desire for simultaneous issuance of related applications are not considered to amount to extraordinary circumstances.").

19) *See* MPEP § 1306.02. 특별한 사정이 없는 한 동시등록의 요청은 허락된다. 등록지연에 대한 요청과는 달리 취급된다.

20) 등록철회(Withdrawal from Issue)는 특허등록을 철회하는 것을 의미하는 것이 아니라 특허로서 등록될 수 있는 상태나 자격을 철회할 뿐이다. 한편, 등록일(issue date) 이후에는 특허등록은 철회될 수 없으며, 등록유지료 미납 등으로 인해 특허가 소멸되거나, 특허청에서의 재심사절차(Reexamination Proceeding)에 의해 청구항이 취소되거나, 특허청에 의해 재발행(reissue)되거나 연방법원에 의해 무효가 선언될 뿐이다.

지서(Notice of Allowance)가 발송된 이후라도 출원인의 요청이 있거나 특허청이 등록이 부적절하다고 판단한 경우 등록철회가 가능하다. 출원인이 등록철회를 요청하는 경우에는 등록철회가 필요한 이유를 설명해야 한다.

II. 출원인의 요청에 의한 등록철회

1. 등록료 납부 이전의 철회

등록철회를 원하는 출원인은 i) 등록철회를 위한 청원을 제출하거나,[21] ii) 계속심사청구(RCE)를 진행해야 한다.[22] 등록철회를 위한 청원을 제출하는 경우, 등록철회가 필요한 적절하고 충분한 이유(good and sufficient reasons)가 증명(showing)되어야 한다. 참고로, 별도의 등록철회를 요청하지 않으면서 연속출원을 진행하고 연속출원의 모출원에 대해서는 등록료를 납부하지 않아도 등록을 철회한 효과와 동일한 효과가 발생한다.

2. 등록료 납부 이후의 철회

등록철회를 원하는 출원인은 등록철회를 위한 청원을 제출해야 한다.[23] 등록철회를 위한 청원을 제출하는 경우, i) 적어도 하나의 청구항이 특허 받을 수 없다는 것을 명확하게 밝히는 진술서(statement), ii) 등록철회와 함께 계속심사청구(RCE)를 진행하겠다는 의사표시 또는 해당 출원에 대한 명시적인 포기의 의사표시가 첨부되어야 한다.[24]

등록철회의 효과는 철회를 구하는 청원이 특허청에 의해 인용(grant)된 때에 발생한다. 따라서 등록철회를 위한 청원이 등록일 이전에 접수되었더라도 등록일 이전까지 인용되지 않으면 해당 출원에 대한 특허등록이 이루어질 수 있으며 이러한 특허등록은 유효하다.[25] 따라서 등록철회를 원하는 출

---

21) 37 C.F.R. § 1.313(a).

22) 적법한 계속심사청구(RCE)의 진행을 위해서는 "제출(submission)" 요건이 만족되어야 하므로 계속심사청구를 하면서 IDS나 보정서 등을 함께 제출해야 함을 유의해야 한다.

23) 37 C.F.R. § 1.313(c). 등록철회를 위한 청원이 없는 한 계속심사청구(RCE)는 불가능하다.

24) 출원에 대한 포기의사를 밝혔더라도 연속출원을 진행하는 것은 가능하다. 37 C.F.R. § 1.313(c).

25) 37 C.F.R. § 1.313(d).

원인은 지체 없이 청원을 제출해야만 한다.

Ⅲ. 특허청에 의한 등록철회

출원에 대한 특허허여가 부적절한 경우 출원인의 요청 없이도 특허청이 등록을 철회할 수 있다.[26] 그러나 출원인이 등록료를 납부하면 특허청이 등록철회를 할 수 있는 사유는 법정된 사유로 제한된다. 구체적으로 i) 등록과 관련된 특허청의 실수, ii) 정보개시의무(Duty of Disclosure) 규정 위반 또는 출원의 불법성(illegality), iii) 청구항 전부/일부의 특허 요건 위반 또는 iv) 해당 출원이 저촉절차(interference proceeding)[27]로 인해 등록이 철회되는 경우가 아닌 한 특허청은 등록을 철회할 수 없다.[28]

Ⅳ. 등록철회 이후 재등록

등록이 철회된 이후 다시 심사가 진행된 결과 해당 특허출원이 허여가능한 경우, 새로운 허여통지서(Notice of Allowance)가 발송된다.[29]

제3절 | 등록유지료

Ⅰ. 서

특허등록의 효력이 유지되기 위해서는 특허청(USPTO)에 등록유지료

---

26) 참고로 허여통지서 발송 이후에라도 새로운 선행기술이 발견되는 경우 심사관은 새로운 거절을 부여할 수 있다. *See* MPEP § 1308.01.

27) 예를 들어 해당 출원이 저촉절차의 대상이 되는 경우 등록이 철회될 수 있다.

28) 37 C.F.R. § 1.313(b) ("Once the Issue Fee has been paid, the Office will not withdraw the application from issue at its own initiative for any reason except: (1) A mistake on the part of the Office; (2) A violation of § 1.56 or illegality in the application; (3) Unpatentability of one or more claims; or (4) For interference.").

29) 37 C.F.R. § 1.313(a).

(Maintenance Fee)를 납부해야 한다.[30] 등록특허에 대한 등록유지료가 법정된 기간에 납부되지 않은 경우, 법정된 추납기간에 추납수수료와 함께 등록유지료를 납부할 수 있다. 등록특허에 대한 등록유지료가 추납기간에도 납부되지 않은 경우 해당 특허는 장래적으로 소멸한다.

II. 등록유지료의 납부

1. 등록유지료의 납부가 요구되는 특허

실용 특허(utility patent)의 경우에만 등록유지료가 요구된다.[31] 즉, 식물특허 또는 디자인 특허에는 등록유지료가 요구되지 않는다.[32] 등록유지료는 청구항의 개수와 무관하게 일률적으로 산정된다.

2. 등록유지료를 납부할 수 있는 자

특허권자뿐만 아니라 이해관계 없는 제3자도 등록유지료를 납부할 수 있다. 등록유지료 납부를 위해서는 특허권자의 허락이 필요 없으므로 이에 관한 내용은 등록유지료 납부 시에 요구되지 않는다.[33]

3. 등록유지료를 납부할 수 있는 기간

등록유지료의 납부 마감일은 등록일(Issue Date)로부터 3.5년(3년 6개월), 7.5년(7년 6개월) 및 11.5년(11년 6개월)이 되는 날이다.[34] 만약 해당일 자정까지 등록유지료가 납부되지 않은 경우, 6개월의 추납기간(grace period)이 부여

30) 등록유지료(maintenance fee)는 특허 등록을 위한 등록료(Issue Fee)와는 구분되는 개념으로 이미 등록된 특허에 대해 납부하는 관납료를 말한다. 한국을 비롯한 많은 국가는 매년 등록유지료를 요구하지만 미국의 경우 등록일로부터 3.5년, 7.5년 및 11.5년에만 등록유지료를 요구하고 있다.

31) 구체적인 등록유지료 및 추납 수수료는 37 C.F.R. § 1.20(e)-(h)에 규정되어 있다. 현재 등록유지료는 대기업(large entity) 기준으로 3.5년 차에는 930달러, 7.5년 차에는 2360달러, 11.5년 차에는 3910달러로 책정되어 있다. 참고로 소기업(small entity)은 50% 감면 혜택을 누린다.

32) 35 U.S.C. § 41(b); *See* 37 C.F.R. § 1.362(b). 실용 특허의 경우도 1980년 12월 12일 또는 그 이후에 등록된 특허에 대해서만 등록유지료가 요구된다.

33) 37 C.F.R. § 1.366(a).

34) 35 U.S.C. § 41(b).

된다. 등록유지료는 납부 마감일 이전 6개월이 되는 날부터 납부할 수 있다.[35] 즉, 등록일로부터 3년, 7년 및 11년이 되는 날부터 6개월 동안에는 추납수수료(surcharge) 없이 등록유지료를 납부할 수 있다.[36]

한편 등록유지료의 납부 마감일 또는 추납기간의 만료일, 즉 등록일로부터 3.5/7.5/11.5년이 되는 날 또는 등록일로부터 4/8/12년이 되는 날이 토요일, 일요일, 워싱턴 DC 지역의 연방공휴일인 경우에는 그 다음 업무일(business day)까지 기간이 연장된다.[37]

Ⅲ. 등록유지료 미납의 효과

등록유지료를 추납기간의 만료일까지 납부하지 않은 경우 해당 등록특허는 사후적으로 소멸(expire)한다.[38] 구체적으로 등록유지료에 대한 추납기간이 만료일 자정에 특허가 소멸한다.[39]

Ⅳ. 등록유지료 미납으로 소멸한 특허에 대한 회복

미국특허법은 추납기간이 만료하여 특허가 소멸했더라도 등록유지료를 낼 수 있었던 당사자가 피할 수 없는 지연(unavoidable delay) 또는 비의도적 지연(unintentional delay)으로 등록유지료를 미납한 경우 특허의 회복(reinstate)을 허용하고 있다.[40] 소멸된 특허의 회복을 위한 구체적인 요건은 다음과 같다.

---

35) 등록유지료의 경우, 법정된 납부 기간에만 납부 가능하다. 따라서 등록유지료를 미리 납부하는 것은 불가능하다. 35 U.S.C. § 41(f); *See* MPEP § 2506.

36) 37 C.F.R. § 1.362(d).

37) 35 U.S.C. § 21; *See* MPEP § 2506.

38) 소멸의 기준이 등록유지료의 납부 마감일일(3.5/7.5/11.5년)이 아니라 추납기간의 만료일임을 주의해야 한다.

39) 35 U.S.C. § 41(b). 예를 들어 추납기간의 만료일이 토요일인 경우, 그 다음 업무일에 추납 수수료와 함께 등록유지료를 납부할 수 있지만, 해당 업무일까지 등록유지료가 납부되지 않은 경우 특허 소멸의 효과는 토요일 자정을 기준으로 장래적으로 발생한다.

40) 35 U.S.C. § 41(c).

1. 피할 수 없는 지연으로 인해 소멸된 특허의 회복

소멸된 특허의 회복을 구하는 청원(petition)은 특허권자, 양수인, 이해관계인 또는 특허청에 등록된 대리인에 의해 제출 가능하다.[41] 피할 수 없는 지연으로 인해 소멸된 특허를 회복시키는 경우 언제든지 특허의 회복을 위한 청원을 제출할 수 있다.[42] 등록유지료의 미납이 당사자가 피할 수 없는 지연(unavoidably delay)에 의한 것인 경우 i) 등록유지료, ii) 특허의 회복을 위한 추납수수료 및 iii) 등록유지료가 적시에 납부되도록 합리적인 주의를 기울였고 특허권자가 특허의 소멸을 알게 된 후 즉시 특허의 회복을 위한 청원을 제출하였음을 증명하는 청원을 제출해야 한다.[43] 당사자가 합리적인 주의를 기울였고 즉시 청원을 제출했음을 증명하기 위해서는 i) 등록유지료를 적시에 납부하도록 취했던 조치, ii) 특허권자가 특허의 소멸을 알게 된 방식과 그 날짜, iii) 청원을 즉시에 제출하기 위해 취했던 조치를 열거하여 설명해야 한다.[44]

2. 비의도적인 지연으로 인해 소멸된 특허의 회복

소멸된 특허의 회복을 구하는 청원은 특허권자, 양수인, 이해관계인 또는 특허청에 등록된 대리인에 의해 제출 가능하다. 비의도적인 지연으로 인해 소멸된 특허를 회복시키는 청원은 등록유지료의 추납기간 만료일로부터 2년 이내에 제출되어야 한다.[45] 등록유지료의 미납이 당사자의 비의도적인 지연(unintentional delay)에 의한 것인 경우 i) 등록유지료와 ii) 특허의 회복을

41) 오직 등록유지료만을 관리하는 개인이나 기관은 특허의 회복을 구하는 청원을 제출할 수 없다. *See* MPEP § 2590.

42) *See* MPEP § 2590. 비의도적인 지연의 경우처럼 24개월의 고정된 제출기한이 주어지는 것은 아니지만, 후술하는 바와 같이 특허권자가 특허의 소멸을 알게 된 후 즉시 청원을 제출해야 한다.

43) 37 C.F.R. § 1.378(b).

44) "피할 수 없는 사유로 인한 지연"은 거절통지(OA)에 응신하지 못해 포기된 출원의 부활을 위한 청원에 관련된 규정에서도 동일하게 사용되는 문구이다. 따라서 피할 수 없는 사유로 인한 지연의 판단기준은 포기된 출원이나 미납된 등록유지료의 문제에 대해 동일하게 적용된다. *See* MPEP § 2590 (citing Ray v. Lehman, 55 F.3d 606, 608-09 (Fed. Cir. 1995)). 참고로 *Ray* 사건의 법원은 특허권자가 등록유지료 납부 의무의 존재를 몰랐다는 것을 기초로 당사자가 "피할 수 없는 사유로 인한 지연"이 발생했다고 주장하는 것은 불가능하다 판시하였다.

45) 37 C.F.R. § 1.378(c).

위한 추납수수료 및 iii) 등록유지료의 미납이 비의도적인 지연에 의한 것이었음을 진술하는 진술서(statement)가 포함된 청원을 제출해야 한다.[46] 비의도적인 지연을 통해 특허를 회복시키기 위해서는 등록유지료의 지연과 관련된 모든 기간의 지연이 비의도적인 것으로 인정되어야 한다. 만약 등록유지료의 미납은 비의도적인 지연에 의했더라도 등록유지료의 미납을 인지한 이후에 의도적으로 청원을 지연하여 제출한 경우와 같이 등록유지료의 지연과 관련된 일부 기간의 지연이 의도적인 경우, 등록유지료의 지연과 관련된 일부 기간이 의도적인 것이기 때문에 비의도적인 지연을 근거로 한 청원이 불가능하다.[47]

Ⅴ. 청원이 기각된 경우의 불복

만약 소멸된 특허의 회복을 위한 청원이 기각되는 경우 기각 결정이 발송된 날로부터 2개월 이내 또는 기각 결정을 통해 지정된 기간 이내에 해당 결정의 재고(reconsideration)를 요청할 수 있다.[48] 만약 재고의 요청이 받아들여지지 않는 경우 더 이상 불복할 수 없다.

Ⅵ. 특허의 회복에 따른 중용권의 부여

등록유지료 미납으로 인해 소멸한 특허가 회복되는 경우 해당 특허는 소멸하지 않은 것으로 간주된다.[49] 그러나 등록유지료 추납기간의 만료일[50]로부터 등록유지료가 납부된 날[51]까지의 기간 도중에 해당 특허를 실시한 당사자를 보호하기 위해 중용권(Intervening Right)이 인정된다.[52]

---

46) 37 C.F.R. § 1.378(c).
47) *See* MPEP § 2590.
48) 37 C.F.R. § 1.378(e).
49) 37 C.F.R. § 1.378(a).
50) 등록일(issue date)로부터 4/8/12년째 되는 날이다.
51) 특허의 회복을 위한 청원이 인용된 날이다.
52) 35 U.S.C. 41(c)(2). 미국특허법에서 중용권이 인정되는 경우는 재발행출원, 재심사절차와 특허료 미납이 문제되는 경우이다. 중용권에 대한 상세한 내용은 제8장 제1절 "재발행출원"에서 설명한다.

Ⅶ. 관련문제 ― 등록유지료 납부 통지[53]

현행 특허법 규정상 특허청은 특허권자에게 등록유지료의 납부 기한이 도래했음을 통지할 의무를 부담하지 않는다. 등록유지료를 적시에 납부할 의무는 순전히 특허권자가 부담한다. 그러나 특허청은 특허권자의 편의를 위해 등록유지료에 관한 통지를 발송할 수 있다. 특허청이 등록유지료 납부에 관한 기한을 통지하는 방법은 허여통지서(Notice of Allowance)를 통해 통지하거나, 공보를 통해 통지하거나, 특허권자에게 리마인더(maintenance fee reminder)를 발송하는 형태 등이 있다.

제4절 | 존속기간[54]

Ⅰ. 서

특허존속기간은 특허의 효력이 인정되는 기간이다. 특허존속기간에 관련해서는 특허존속기간의 시작일과 만료일이 문제되는데, 특허존속기간이 시작되는 날은 해당 특허의 등록일(Issue Date)이며, 특허존속기간의 시작점에 관해서는 특허법이 개정된 바가 없다. 그러나 존속기간의 만료일에 관한 규정에 대해서는 근래에 많은 개정이 있었으므로 주의가 요구된다. 구체적으로 구법에 따르면 존속기간의 만료일의 기산일이 등록일이어서, 출원인이 심사를 지연시켜 존속기간의 만료일을 인위적으로 늦추는 문제가 발생하였다. 그러나 현행법은 다른 주요국가들의 특허법과 마찬가지로 존속기간의 만료일을 출원일로부터 산정하여 (존속기간이 연장되는 것을 고려하지 않는다면) 출원일로부터 20년까지만 특허의 효력을 인정하고 있다. 특허존속기간의 만료일에 관련된 구체적인 규정은 다음과 같다.

---

53) *See* MPEP § 2575.

54) 식물 특허의 존속기간은 실용 특허의 존속기간과 동일하다. 참고로 현행법상 디자인 특허의 존속기간은 등록일로부터 14년이 되는 날 만료한다. 이하의 내용은 실용 특허에 관한 내용이다.

II. 특허존속기간의 만료일

1. 1995년 6월 8일 및 그 이후에 출원된 실용 특허[55)]

특허의 출원일이 1995년 6월 8일 이후인지를 판단할 때는, 해당 특허가 국내우선권(연속출원, 가출원을 기초로 하는 우선권) 및/또는 조약 우선권을 주장하는지 여부에 상관없이, 현실의 출원일(모출원 또는 외국출원의 출원일이 아님)을 기준으로 판단한다.

1) 일반적인 경우

1995년 6월 8일 및 그 이후에 출원된 실용 특허에 대한 특허존속기간의 만료일은 해당 특허의 출원일로부터 20년이 되는 날이다.[56)]

2) 연속출원이 문제되는 경우

1995년 6월 8일 및 그 이후에 출원된 실용특허출원이 모출원에 대한 국내우선권을 주장하는 연속출원(계속/분할/부분계속출원)에 해당하는 경우, 특허존속기간의 만료일은 국내우선권을 향유하는 후출원이 아니라 국내우선권의 기초가 되는 모출원의 출원일로부터 20년이 되는 날이다.[57)]

1995년 6월 8일 및 그 이후에 출원된 실용특허출원이 i) 미국을 지정국으로 포함한 국제출원을 모출원으로 하여 국내우선권을 주장하며 출원된 정규출원이거나, ii) 미국을 지정국으로 포함한 국제출원을 모출원으로 하여 국내우선권을 주장하며 출원된 국제출원(미국을 지정국으로 포함)인 경우, 특허존속기간의 만료일은 국내우선권을 향유하는 후출원이 아니라 국내우선권의 기초가 되는 모출원의 출원일로부터 20년이 되는 날이다.

3) 가출원을 기초로 한 정규출원이 문제되는 경우

1995년 6월 8일 및 그 이후에 출원된 실용특허출원이 가출원(Provisional Application)에 대한 우선권을 주장하는 정규출원(Non-Provisional Application)에 해당하는 경우, 특허존속기간의 만료일은 가출원이 아니라 정규출원의 출원일로부터 20년이 되는 날이다.

---

55) 35 U.S.C. § 154(a); *See* MPEP § 2701.

56) 의약발명의 경우 해치-왁스만(Hatch-Waxman) 법안에 따라 최대 5년까지의 존속기간의 연장이 가능하다. 35 U.S.C. § 156.

57) 부분계속출원(CIP)이 문제된 경우, 신규사항이 추가되었는지 여부에 상관없이 모출원일로부터 20년이 되는 날에 특허가 만료함을 유의해야 한다.

4) 외국출원을 기초로 한 정규출원이 문제되는 경우

1995년 6월 8일 및 그 이후에 출원된 실용특허출원이 외국 출원에 대한 조약우선권을 주장하는 정규출원에 해당하는 경우, 특허존속기간의 만료일은 정규출원의 출원일(외국 출원일 아님)로부터 20년이 되는 날이다.

2. 1995년 6월 8일 이전에 출원된 실용 특허

출원일이 1995년 6월 8일 이전인 실용 특허의 경우, 특허존속기간의 만료일은 정규출원의 출원일로부터 20년 및 등록일로부터 17년이 되는 날 중 늦은 때이다.

Ⅲ. 현행법에 따른 존속기간 만료일의 조정

1. 의　의

현행 미국특허법에 따르면 모든 실용 특허의 존속기간 만료일은 특허존속기간조정(Patent Term Adjustment 또는 PTA)에 따르게 된다. 즉 모든 특허가 그 출원일로부터 20년이 되는 날 소멸하는 것이 원칙이지만, 특허존속기간 조정에 따라 추가적으로 부여된 날만큼 더 존속하고 소멸할 수도 있다.

2. 대　상

출원일이 2000년 5월 29일 및 그 이후인 실용 특허에 해당한다. 2000년 5월 29일 이후의 출원인지를 판단할 때는, 해당 특허가 국내우선권(연속출원, 가출원을 기초로 하는 우선권) 및/또는 조약 우선권을 주장하는지 여부에 상관없이 후출원일(모출원 또는 외국출원의 출원일이 아님)을 기준으로 판단한다.

3. 판　단

현행 35 U.S.C. § 154(b)에 정해진 방법에 따라 추가로 부여할 존속기간의 일수를 산정하는바, 특허청의 행정지연으로 특허 등록이 지연된 날과 출원인의 대응지연으로 특허 등록이 지연된 날을 비교하여 특허청의 행정지연으로 특허 등록이 지연된 날이 많으면 출원인의 대응지연으로 지연된 날을 차감한 후 추가할 존속기간을 정한다.[58)]

4. 통지 및 재고요청

허여통지서(Notice of Allowance)를 통해 특허존속기간조정(PTA)에 의해 추가된 존속기간의 일수를 통지한다.[59] 만약 특허청의 특허존속기간조정 결정에 불복하는 출원인/특허권자는 해당 특허의 등록일로부터 2개월 이내에 재고(reconsideration)를 요청해야 한다.[60] 상기 2개월의 기간은 연장 불가능하다.[61]

IV. 구법에 따른 존속기간 만료일의 조정

구특허법을 따르는 일부 실용 특허의 존속기간 만료일은 구법에 따른 특허존속기간연장(Patent Terms and Extensions 또는 PTE)에 따르게 된다. 구체적으로 특허의 출원일이 1995년 6월 8일 및 그 이후인 동시에 2000년 5월 29일 이전인 실용 및 식물 특허는 구특허법 35 U.S.C. § 154에 따라 존속기간 만료일을 조정하게 된다.

58) 특허존속기간조정(PTA) 제도는 존속기간을 연장시키기 위한 것이므로, 출원인의 대응지연이 특허청의 행정지연에 비해 크다고 하더라도 존속기간의 만료일이 출원일로부터 20년이 되는 날 이전으로 조정되는 것은 아니다.

59) 37 C.F.R. § 1.705(a).

60) 37 C.F.R. § 1.705(d). 제3자는 특허존속기간조정 결정에 대한 재고를 요청할 수 없다. 37 C.F.R. § 1.705(f).

61) 37 C.F.R. § 1.705(e).

8 특허의 변경

제1절 | 재발행출원

I. 특허권의 변경과 재발행출원

출원이 적법하게 심사되어 등록되면 해당 출원으로부터 발생되는 특허의 내용은 특허청에 의해 변경되지 않는 것이 원칙이다.[1] 그러나 예외적으로 i) 재발행출원(Reissue Application), ii) 정정증명서(Certificate of Correction), iii) 권리포기서(disclaimer), iv) 재심사절차(Reexamination Proceeding)를 통해 특허의 내용에 대한 변경이 가능하다.[2]

특허의 재발행(Reissue)은 이미 등록 내지 발행(issue)된 특허에 대해 다시 등록/발행을 구하는 절차로, 출원과 유사한 절차로 진행되기 때문에 재발행출원(Reissue Application)으로 불린다. 미국특허법에 따르면 재발행출원을 통해 권리범위를 확장하는 것도 가능하고 무효 사유가 있는 청구항의 오류를 치유하는 것도 가능하다.

---

1) 참고로 미국 특허청은 특허권의 무효(invalidation) 여부를 심판할 권한이 없다. 특허권의 무효를 선언할 권한은 연방법원에 전속적으로 귀속되기 때문이다.

2) *See* MPEP § 1400.01 ("A patent may be corrected or amended in four ways, namely: (A) by reissue, (B) by the issuance of a certificate of correction which becomes a part of the patent, (C) by disclaimer, and (D) by reexamination.").

II. 재발행출원

1. 관련법령 — 특허법 제251조(35 U.S.C. § 251)

기만적 의도(deceptive intention)가 없는 오류로 인한 명세서/도면의 결함 또는 권리범위의 지나친 광협(廣狹)을 이유로 특허의 전부 또는 일부가 동작 불가능하거나 무효되는 경우, 특허청장은 원특허가 만료하기 전에 특허권자가 종전 특허권의 포기를 조건으로 신규사항이 추가된 바 없고 최초 특허, 최초 출원 및 보정된 출원에 의해 개시된 발명에 기초한 특허를 재발행할 수 있다.[3)]

2. 출원의 요건

재발행출원의 주체적 요건과 관련해서는 발명자와 특허권자 중 누가 재발행출원을 진행하는지가 문제되며, 객체적 요건과 관련해서는 원특허에 기만의 의도가 없는 오류가 있는지와 재발행출원을 통해 청구하는 발명이 원특허에서 포기된 발명을 회복(recapture)하는지가 문제되며, 시기적 요건과 관련해서는 청구항의 보호범위를 확장하려는 재발행출원의 출원 시점이 문제된다.

1) 주체적 요건 — 재발행선서서/선언서

재발행출원도 "출원"이므로 재발행출원과 함께 선서서/선언서(Oath/Declaration)가 제출되어야 한다.[4)] 재발행선서서/선언서에는 통상의 정규출원(Non-Provisional Application)시에 요구되는 선서서/선언서(37 C.F.R. § 1.63에 의한 선서서/선언서)에 기재되는 사항[5)]에 추가하여 i) 출원인이 원특허의 전부

---

3) 35 U.S.C. § 251 ("Whenever any patent is, through error without any deceptive intention, deemed wholly or partly inoperative or invalid, by reason of a defective specification or drawing, or by reason of the patentee claiming more or less than he had a right to claim in the patent, the Director shall, on the surrender of such patent and the payment of the fee required by law, reissue the patent for the invention disclosed in the original patent, and in accordance with a new and amended application, for the unexpired part of the term of the original patent. No new matter shall be introduced into the application for reissue.").

4) 재발행선서서(reissue oath) 또는 재발행선언서(reissue declaration)라 부른다.

5) 즉, 37 C.F.R. § 1.63의 선서서/선언서에 기재되는 내용은 재발행출원을 위한 선서서/선언서에도 포함된다. 37 C.F.R. § 1.175(a) ("The reissue oath or declaration in addition

또는 일부가 동작 불가능하거나 무효될 것이라 믿는 판단의 근거에 관한 진술서, ii) 재발행출원의 근거가 되는 적어도 하나의 오류를 진술하는 진술서, iii) 재발행출원을 통해 치유하려는 모든 오류가 출원인의 기만적 의도에 의한 것이 아님을 진술하는 진술서가 포함되어야 한다.6) 한편, 재발행출원과 함께 재발행선서서/선언서가 제출된 이후 최초 재발행선서서/선언서에 기재되지 않은 추가적인 오류를 치유하려는 경우 출원인은 보충재발행선서서/선언서(Supplemental Reissue Oath/Declaration)를 제출해야 한다.7)

권리범위를 확장시키려는 의도로 재발행출원을 진행하는 경우, 재발행선서서/선언서는 모든 발명자에 의해 서명되어야 한다. 그러나 발명자 중 전부/일부가 사망하거나, 무능력상태이거나, 서명을 거부하거나, 발명자의 행방이 불명한 때에는 발명자 이외의 자가 서명을 할 수 있다.8) 한편 권리범위를 확장시키지 않는 경우 재발행선서서/선언서는 전체 특허권자(양수인 포함)에 의해 작성될 수 있다.9)

재발행선서서/선언서 작성시 주의할 점은 재발행선언서/선서서의 작성의 주체에 상관없이 모든 특허권자(양수인 포함)의 서면 동의를 재발행선서서/선언서에 첨부해야 한다는 것이다.10) 예를 들어, 최초 출원 이후 출원/특허에 관한 양도/양수가 없는 상황에서 원출원의 발명자 X, Y 중 X만이 재발행출

---

to complying with the requirements of §1.63, must also state that . . . .").

6) 37 C.F.R. § 1.175(a). 진술서에 기재되어야 하는 구체적인 내용은 MPEP § 1414에 설명되어 있다.

7) 37 C.F.R. § 1.175(b). 보충재발행선서서/선언서의 구체적 기재방법은 MPEP § 1414.01에 설명되어 있다.

8) 구체적으로 발명자의 사망/무능력이 문제되는 경우 법정대리인이 대신 서명할 수 있고, 발명자 일부의 서명을 얻을 수 없는 경우(비협조 또는 행방불명)에는 나머지 발명자 전부가 대신 서명할 수 있으며, 발명자 전부의 서명을 얻을 수 없는 경우에는 발명에 대한 재산상의 이익을 갖는 자(예를 들어, 특허권자/양수인)가 대신 서명을 할 수 있다.

9) 발명자에 대한 정정은 권리범위를 확장시키는 것에 해당하지 않는다. 따라서 발명자 정정을 위해 재발행출원을 진행시키는 경우, 발명자의 동의 또는 서명이 없어도 전체 특허권자/양수인의 서명만으로도 재발행출원이 가능하다. *See* MPEP § 1412.04.

10) 37 C.F.R. § 1.172(a) ("A reissue oath must be signed and sworn to or declaration made by the inventor or inventors except as otherwise provided (*See* §§ 1.42, 1.43, 1.47), and must be accompanied by the written consent of all assignees . . . .").

원을 원하는 경우 적법한 재발행출원을 진행할 수 없다. 비록 재발행선언서/선서서는 Y를 대신하여 X가 작성할 수 있으나, 모든 특허권자(X 및 Y)의 서면 동의를 제출할 수 없기 때문이다.[11)]

발명자정정을 위해 재발행출원을 하는 경우, 추가될 발명자 역시 재발행선언서/선서서에 서명을 해야 한다. 그러나 삭제될 발명자는 재발행선언서/선서서에 서명할 필요가 없다. 재발행선언서/선서서에는 원특허의 발명자가 누구로 기재되었는지에 상관없이 진정한 발명자가 서명을 하는 것이 원칙이기 때문이다.[12)]

재발행선언서/선서서 및 이에 첨부되는 특허권자/양수인의 동의는 재발행출원에 대한 출원일의 인정요건은 아니다. 따라서 해당 서류가 누락되더라도 기간을 정하여 누락서류통지(Notice of Missing Parts)가 부여될 뿐 출원일은 정상적으로 부여된다.

2) 객체적 요건

재발행출원인은 기만적 의도가 없는 오류가 있음을 진술해야 하고, 이러한 오류를 치유할 수 있는 청구항을 포함시켜야 한다. 한편 재발행출원을 통해 권리범위의 확장이 가능하지만, 재발행출원인은 원특허의 심사과정에서 포기된 것으로 취급된 보호범위를 재발행출원을 통해 회복할 수 없다.

A. 기만적 의도가 없는 오류

재발행을 위해서는 원특허에 반드시 기만적 의도가 없는 적어도 하나의 오류(error)가 있어야만 한다. 따라서 원특허에 오류(error)가 없다면 특허의 재발행은 불가능하다. 또한 특허법 규정상 재발행을 위해서는 원특허의 오류로 인해 특허의 전부 또는 일부가 동작 불가능하거나 무효될 것을 요구하므로, 명세서/도면 상의 사소한 오류(오탈자 등)를 근거로 특허의 재발행을 요청할

11) *See* MPEP § 1412.04. 이 경우 발명자가 잘못 지정된 경우라면 법원에 발명자정정을 요청할 수 있다. 법원이 발명자에 관한 정정을 명하면 특허청은 이에 따라 정정증명서를 발급해야 한다. 35 U.S.C. § 256 (“The court before which such matter is called in question may order correction of the patent on notice and hearing of all parties concerned and the Director shall issue a certificate accordingly.”).

12) *See* MPEP § 1412.04. 그러나 삭제될 발명자가 특허권자(양수인 포함)의 자격을 갖추고 있다면 재발행출원 시 해당 발명자의 동의는 여전히 필요하다. 누가 재발행선언서/선서서를 작성하는지에 상관없이 특허권자/양수인의 동의가 제출되어야 하기 때문이다. *See* MPEP § 1410.01.

수 없다.[13] 재발행출원의 근거가 되는 오류 중 대표적인 것은 i) 청구범위(즉, 권리범위)가 지나치게 넓거나 좁게 작성된 오류, ii) 명세서/도면을 통해 개시된 내용이 불명확한 내용이 포함된 오류, iii) 조약 우선권주장을 누락했거나 잘못한 경우,[14] iv) 미국 출원을 기초로 출원일의 이익에 관한 주장(국내우선권)을 누락했거나 잘못한 경우[15] 등이 있다.[16] 이 외에도 대리인의 발명에 대한 오해로 인한 오류,[17] 발명자가 잘못 지정된 오류,[18] 컴퓨터로 읽을 수 있는 기록매체(computer-readable medium)를 청구하지 않은 오류[19] 등도 재발행출원의 근거가 되는 오류로 취급된다.

재발행출원 시에는 반드시 원특허에 포함된 오류를 특정하는 진술이 포함되어야 하며, 이러한 진술이 누락된 경우에는 재발행출원이 부적법해진다. 재발행출원 시에 원특허에 포함된 오류에 관한 진술은 반드시 재발행출원과 함께 제출되는 재발행선서서/선언서에 포함되어야 한다.[20]

재발행을 위해서는 재발행청구항이 원특허에서 발생한 오류를 치유하는

13) 이러한 기재상의 사소한 오류는 재발행출원 대신 정정증명서(certificate of correction)를 통해 치유된다. *See* MPEP § 1402.

14) 원특허의 출원 과정에서 우선권주장 자체를 누락했거나 증명서류를 제출하지 못한 경우 등이 모두 재발행을 통해 치유될 수 있다. MPEP § 201.16 (citing Brenner v. State of Israel, 400 F.2d 789 (D.C. Cir. 1968)).

15) 조약 우선권과 마찬가지로 우선권 자체를 누락했거나 증명서류를 제출하지 못한 경우 등이 모두 재발행을 통해 치유될 수 있다. Fontijn v. Okamoto, 518 F.2d 610, 622 (C.C.P.A. 1975). 참고로 우선권의 종류 및 출원일에 따라 비의도적으로 지연된 우선권 주장의 회복을 위한 청원(petition for an unintentionally delayed priority claim)을 재발행출원서와 함께 제출해야 하는 경우가 있다. 이와 관련된 경과 규정은 MPEP § 1402에 상세하게 기재되어 있다.

16) *See* MPEP § 1402. 참고로 재발행출원의 근거가 되는 오류의 태양이 구체적으로 법정된 것은 아니다.

17) MPEP § 1402 (citing *In re* Wilder, 736 F.2d 1516, 222 USPQ 369 (Fed. Cir. 1984)).

18) 35 U.S.C. § 256에 의한 발명자정정(정정증명서에 의한 발명자정정)이 불가능한 경우에는 재발행출원을 통해 발명자정정이 가능하다. *See* MPEP § 1402 (citing *Ex parte* Scudder, 169 USPQ 814, 815 (B.P.A.I. 1971)). 또한 단독 발명자 A를 단독 발명자 B로 정정하는 것도 재발행출원을 통해 가능하다는 것이 판례의 태도다. *See* MPEP § 1402.04 (citing A.F. Stoddard & Co. v. Dann, 564 F.2d 556, 567 n.16 (D.C. Cir. 1977)).

19) MPEP § 1412.02 (citing *Ex parte* Wikdahl, 10 USPQ2d 1546 (B.P.A.I. 1989)). 한편 이 경우는 권리범위를 확장시키는 재발행출원에 해당된다.

20) 37 C.F.R. § 1.175(a)(1).

것이야 한다. 따라서, 청구항이 지나치게 넓게 작성되어 보다 좁은 권리범위의 청구항을 포함하는 재발행출원을 진행하는 경우, 원특허에 기재된 청구항에 대해서는 반드시 보정(삭제 보정도 포함)을 해야 한다. 원특허에 기재된 청구항을 그대로 유지하면서 좁은 권리범위의 청구항만을 추가한다면, 원특허에 오류가 있다는 것을 진술한 것도 아니고 이러한 오류를 치유하는 것도 아니기 때문이다.[21] 주의할 점은 재발행청구항이 원특허의 청구항을 그대로 포함하는 것이 불가능한 것은 아니라는 것이다. 예를 들어, 재발행출원이 필요한 이유가 권리범위의 광협이 아닌 다른 오류 때문인 경우, 재발행출원인은 재발행출원에 새로운 청구항뿐만 아니라 원특허의 청구항을 다시 포함시킬 수 있다. 다시 포함된 원특허의 청구항은 원특허에서 발생한 오류를 치유할 수 없지만 새롭게 추가된 청구항이 원특허에서 발생한 오류를 치유할 수 있기 때문이다.[22]

a) **분할출원 및 재발행출원**

원특허의 심사과정에서 분할출원(Divisional Application)을 할 수 있었으나 분할출원을 진행하지 않은 경우, 분할출원을 통해 보호받을 수 있었던 청구항을 재발행출원을 통해 청구하는 것이 가능한지 문제된다. 판례에 따르면, 분할출원을 통해 보호받을 수 있었던 청구항을 재발행출원을 통해 청구하는 것은 원특허에 오류가 있는 경우에 해당되지 않는 것으로 취급되므로, 재발행출원을 통해 분할출원을 통해 보호받을 수 있었던 청구항을 청구하면 특허법 제251조 위반의 거절(rejection)이 부여된다.[23] 한편 연결청구항(Linking Claim)[24]을 재발행출원을 통해 청구하는 것이 가능한지에 관해서는, 만약 분할출원을 할 수 있었으나 분할출원을 진행하지 않은 사정이 없다면, 재발행출원을 통해 청구하는 청구항이 연결청구항에 해당한다고 하여 재발행출원

21) 참고로 원특허의 출원 단계에서 더 다양한 권리범위의 청구항을 기재할 수 있었으나 그렇게 하지 못했던 것은 재발행출원의 근거가 되는 "오류"에 해당하지 않는다. *See* MPEP § 1402.

22) 그러나 이 경우에는 원특허의 청구항과 새로운 청구항 간에 한정요구가 부여될 수 있다. 원특허의 청구항과 새로운 청구항 간에 한정요구가 부여될 수 있는 상황에서의 취급은 이하에서 설명한다.

23) *See* MPEP § 1412.01 (citing *In re* Orita, 550 F.2d 1277, 1280 (C.C.P.A. 1977)).

24) 연결청구항은 한정요구의 대상이 되는 청구항들의 구성요소를 연결시키는 청구항으로, 만약 자신이 허여가능(allowable)하다면 자신이 연결하는 청구항들에 적법하게 부여된 한정요구를 철회시킬 수 있는 청구항을 말한다.

이 차단되는 것은 아니므로 연결청구항에 대해 재발행출원이 가능하다.[25)]

b) 재발행청구항

재발행출원의 청구항은 원특허에 개시된 발명에 관한 것이어야 한다.[26)] 판례에 따르면 i) 재발행청구항은 원특허의 상세한 설명에 의해 뒷받침되는 동시에 실시가능하여 35 U.S.C. § 112 첫 번째 단락의 요건이 만족되어야 하고, ii) 재발행청구항의 대상이 되는 발명에 대해 원특허에서 청구하지 않으려는 의도(intent)가 드러난 사정이 없어야 한다.[27)] 한편, 재발행청구항의 대상이 되는 발명이 원특허에서 청구될 수 있었으나 청구되지 않았다는 사정만으로는 이러한 의도가 드러났다 볼 수 없다. 원특허에서 청구하지 않으려는 의도(intent)가 인정되기 위해서는 원특허에서 재발행청구항의 대상이 되는 발명을 의도적으로 청구하지 않았다는 명시적 진술(explicit statement) 등이 있어야만 한다.[28)]

B. 청구항의 회복금지[29)]

판례에 따르면 원특허의 심사과정에서 포기되었던 발명의 대상을 다시 회복(recapture)하는 재발행은 금지된다.[30)] 판례는 재발행이 금지되는 "회복"인지 여부의 판단을 위해 3단계 판단방법을 이용한다. 3단계 판단방법은 i) 재발행청구항이 어느 측면에서든 원특허의 청구항을 확장한 것인지를 판단하고(제1단계), ii) 재발행청구항의 확장된 측면이 원특허의 심사과정에서 포기된 내용과 관련된 것인지를 판단하고(제2단계), iii) 재발행청구항이 다른 측면에서 원특허의 권리범위를 실질적으로 감소시켜 재발행이 금지되는 "회복"에 해당할 수 없는 특별한 사정이 있는지를 판단하는 단계(제3단계)로 이루어진다.[31)]

---

25) *See* MPEP § 1412.01 (citing *In re* Doyle, 293 F.3d 1355 (Fed. Cir. 2002)).

26) 35 U.S.C. § 251.

27) *See* MPEP § 1412.01 (citing *In re* Amos, 953 F.2d 613, 618-21 (Fed. Cir. 1991)).

28) *See* MPEP § 1412.01 ("One should understand, however, that the mere failure to claim a disclosed embodiment in the original patent (absent an explicit statement in the original patent specification of unsuitability of the embodiment) would not be grounds for prohibiting a claim to that embodiment in the reissue.").

29) *See* MPEP § 1412.02.

30) *In re* Clement, 131 F.3d 1464 (Fed. Cir. 1997).

31) *See* MPEP § 1412.02 (citing North American Container, Inc. v. Plastipak Packaging, Inc., 415 F.3d 1335 (Fed. Cir. 2005)) ("We apply the recapture rule as a three-step process: (1) first, we determine whether, and in what respect, the reissue claims are

a) 제1단계

재발행청구항이 어느 측면에서든 원특허의 청구항을 확장한 것인지를 판단한다. 만약 어느 측면에서든 원특허의 청구항을 확장한 사정이 없다면 회복금지원칙에 관한 제2 내지 제3단계의 판단은 불필요하다.[32] 즉 이 경우에는 회복금지원칙에 따른 문제가 발생하지 않는다.

b) 제2단계

재발행청구항의 확장된 측면이 원특허의 심사과정에서 포기된 내용과 관련된 것인지를 판단한다. 심사과정에서 포기되었는지 여부는 다음과 같은 두 단계를 통해 결정된다. 우선 재발행청구항의 어느 구성요소가 원특허의 청구항에 비해 확장되었는지를 특정한다. 확장된 구성요소(원특허의 청구항에서 삭제된 구성요소도 포함)가 특정된 경우, 해당 구성요소가 원특허의 심사과정에서 선행기술을 회피하기 위해 활용된 것인지를 판단한다. 만약 해당 구성요소가 선행기술을 회피하기 위해 활용된 것인 경우, 해당 구성요소는 원특허의 심사과정에서 포기된 것으로 취급한다.[33] 일반적으로 출원인이 의견

---

broader in scope than the original patent claims; (2) next, we determine whether the broader aspects of the reissue claims relate to subject matter surrendered in the original prosecution; and (3) finally, we determine whether the reissue claims were materially narrowed in other respects, so that the claims may not have been enlarged, and hence avoid the recapture rule.").

32) 예를 들어, 원특허의 최초 청구항이 A+B+C이었으나 심사과정에서 A+B로 보정되어 특허된 이후, 재발행출원을 통해 A+B+C만을 청구하는 경우, 재발행청구항을 통해 권리범위를 확장한 사정이 없으므로 회복금지원칙에 위배되는 문제는 발생하지 않는다. 재발행청구항(A+B+C)이 최초 청구항(A+B+C)과 동일하다 하더라도 최초 청구항을 "회복"한 것이 아님을 주의해야 한다.

33) 예를 들어 원특허의 청구항은 A+b였으나 재발행청구항이 A+B인 경우(B는 b의 상위개념임), 재발행을 통해 확장하려는 종전의 구성요소 'b'가 원특허의 심사과정에서 선행기술을 회피하기 위해 활용되었는지를 판단하고, 만약 'b'를 통해 원특허의 특허성을 확보하였다면 'b'에 대해서는 재발행이 포기된 것으로 취급한다. 참고로, 원특허의 심사단계에서 출원인이 "청구항의 모든 구성요소가 선행기술에 의해 개시된 바가 없다"는 식의 일반적인 주장을 한 경우, 이를 근거로 청구항의 모든 구성요소가 선행기술을 회피하기 위해 활용된 것이라고 주장할 수는 없다. 선행기술을 회피하기 위해 활용된 것으로 인정되기 위해서는 출원인의 의견 및/또는 보정을 통해 해당 구성요소가 구체적으로 언급되었어야 하기 때문이다. MPEP § 1412.02 ("An argument that merely states that all the limitations of the claims define over the prior art will also not, by itself, be sufficient to establish surrender and recapture.").

및/또는 보정을 통해 특정한 구성요소를 언급한 경우에는 선행기술을 회피하기 위한 활용으로 취급되어 해당 구성요소에 대한 포기가 인정되지만, 허여통지서에 기재되는 심사관의 허여이유(Reasons for Allowance)에 대응하지 않았다는 사정만이 인정되는 경우에는 해당 구성요소에 대한 포기가 인정되지 않는다.[34]

만약 위와 같은 판단 결과 재발행청구항을 통해 확장하려는 구성요소가 원특허의 심사과정에서 포기된 것으로 인정되지 않는다면 회복금지원칙에 관한 제3단계의 판단은 불필요하다. 즉 이 경우에는 회복금지원칙에 따른 문제가 발생하지 않는다.

c) 제3단계

재발행청구항이 다른 측면에서 원특허의 권리범위를 실질적으로 감소시켜 재발행이 금지되는 "회복"에 해당될 수 없는 특별한 사정이 있는지를 판단하는 제3단계는 i) 재발행청구항을 원특허에서 "취소된 청구항"과 비교하는 단계, ii) 재발행청구항의 권리범위를 감축시키는 한정사항을 분석하는 단계, iii) 출원인이 원특허에서 간과한 특징(overlooked aspects)을 청구하는지를 파악하는 단계로 구성된다.[35]

우선 재발행청구항이 원특허에서 "취소된 청구항"에 비해 확장되었는지 감축되었는지를 판단한다. 취소된 청구항이란 선행기술을 극복하기 위하여 i) 원특허의 출원단계에서 다른 청구항으로 대체되지 않고 삭제 보정된 청구항이나, ii) 삭제 보정되면서 다른 청구항으로 대체는 되었지만 대체 청구항이 삭제된 청구항에 비해 적어도 어느 하나의 측면에서 권리범위가 감축된 청구항을 의미한다.[36]

만약 재발행청구항이 취소된 청구항과 동일한 권리범위를 갖거나 모든 측면에서 좁은 권리범위를 갖는다면 해당 재발행청구항은 회복금지원칙에 위배될 여지가 없다. 따라서 회복금지원칙에 위배되었는지를 더 이상 판단하

---

34) *See* MPEP § 1412.02 (citing *Ex parte* Yamaguchi, 61 USPQ2d 1043 (B.P.A.I. 2001)). 그러나 출원인이 심사관의 허여이유에 대해 지지하는 코멘트(comment)를 제출한 경우에는 포기가 인정될 수 있다.

35) *See* MPEP § 1412.02.

36) 대체 청구항(replacement claim)인지 여부는 청구항 번호를 기준으로 판단하는 것이 아니라 권리범위를 기준으로 판단하므로 새롭게 추가된 청구항도 대체 청구항이 될 수 있다. MPEP § 1412.02.

지 않는다. 만약 재발행청구항이 취소된 청구항과 동일한 권리범위를 갖거나 모든 측면에서 넓은 권리범위를 갖는다면 해당 재발행청구항은 회복금지원칙에 위배되는 것으로 처리한다.[37)]

그러나 재발행청구항이 취소된 청구항에 비해 일부 측면에서는 권리범위가 감축되었고 또 다른 측면에서는 권리범위가 확장된 경우, 재발행청구항의 권리범위를 감축시키는 한정사항에 대해 추가적으로 판단한다. 만약 재발행청구항의 권리범위를 감축시키는 한정사항이 원특허에서 선행기술에 비해 특허성을 확보하기 위해 사용되었던 한정사항 전부를 포함하는 경우, 설사 다른 측면에서 권리범위가 확장되었더라도 해당 재발행청구항은 회복금지원칙에 위배되지 않는다.

만약 재발행청구항의 권리범위를 감축시키는 한정사항이 원특허에서 선행기술에 비해 특허성을 확보하기 위해 사용되었던 한정사항을 모두 포함하지 않은 경우, 출원인이 원특허에서 간과한 특징(overlooked aspects)을 청구하는지 추가적으로 판단한다. 만약 재발행청구항의 권리범위를 감축시키는 한정사항이 출원인이 간과하여 원특허에 청구하지 못한 내용인 경우에는 회복금지원칙에 위배되지 않는 것으로 처리한다.[38)] 그러나 재발행청구항의 권리범위를 감축시키는 한정사항이 출원인이 간과하여 원특허에 청구하지 못한 내용에 해당하지 않는 경우에는 회복금지원칙에 위배되어 재발행이 금지된다.

3) 시기적 요건[39)]

특허권이 소멸하기 전까지라면 언제든지 재발행출원을 진행할 수 있다. 그러나 권리범위의 확장의 의사가 있는 경우, 재발행출원은 원특허의 등록일(Issue Date)로부터 2년 이내에 이루어져야 한다.[40)] 주의할 점은 재발행출원

---

37) *See* MPEP § 1412.02 (citing Ball Corp. v. United States, 729 F.2d 1429, 1436 (Fed. Cir. 1984)).

38) *See* MPEP § 1412.02 (citing Hester Industries, Inc. v. Stein, Inc., 142 F.3d 1472, 1482-83 (Fed. Cir. 1998)). 한편 원특허에서 출원인이 한번이라도 청구하려 했던 내용은 "간과한 특징"에 해당될 수 없다. 이 경우에는 회복금지원칙에 위배되는 것으로 처리된다.

39) *See* MPEP § 1412.03.

40) 35 U.S.C. § 251. 참고로 미국 특허 등록과 관련하여 "grant", "issue" 등의 서로 다른 표현들이 사용되지만 실무상 그 의미에는 차이가 없다. 허여통지서(Notice of Allowance) 발송일로부터 3개월 이내에 등록료(Issue Fee)를 납부하면 특허청에서 등록번호(Patent Number)와 등록일(issue date)을 결정하고 "Patent Grant"를 등록일(issue

시에 권리범위 확장의 의도(intent)가 명확하게 표시되었다면, 원특허의 등록일로부터 2년 이후에도 보정 등을 통해 원특허에 비해 권리범위를 확장하는 재발행청구항을 청구할 수 있다는 것이다.[41)]

재발행출원에 대해 계속출원 또는 분할출원을 진행하는 경우, 해당 계속/분할출원을 통해서 원특허에 비해 권리범위를 확장할 수 있다. 즉, 계속/분할출원의 기초가 되는 재발행출원이 원특허의 등록일로부터 2년 이내에 이루어졌다면 해당 재발행출원에 대한 계속출원 또는 분할출원 통해서도 권리범위를 확장할 수 있다.

재발행출원을 통해 권리범위를 확장하기 위해서는 원특허의 등록일로부터 2년 이내에 출원일 인정요건을 만족하는 재발행출원이 진행되면 충분하다. 따라서 원특허의 등록일로부터 2년 이내 재발행출원을 제출했다면, 재발행선언서/선서서를 누락하거나 수수료를 미납하거나 양수인의 동의를 누락했더라도 차후에 권리범위의 확장이 가능하다.

A. **관련문제 — 권리범위확장의 의미**[42)]

재발행청구항이 원특허의 권리범위에 기재된 모든 한정사항을 포함하는 경우 권리범위의 확장은 없는 것으로 판단된다. 그러나 재발행청구항이 적어도 어느 한 측면에서 원특허의 권리범위를 확장하는 경우 권리범위의 확장이 있는 것으로 취급된다. 따라서 재발행청구항이 일부 측면에서 원특허의 권리범위를 감축하더라도 다른 측면에서 권리범위를 확장하는 경우 해당 재발행출원은 원특허의 등록일로부터 2년 이내에 이루어져야 한다.

일반적으로 새로운 카테고리의 청구항을 추가하는 것은 권리범위의 확장으로 취급된다.[43)] 그러나 원특허에서 물건(product)을 청구한 상황에서 재발행청구항이 물건의 제조 방법 또는 사용 방법을 청구하는 경우는 권리범위를 확장하는 경우가 아닌 것으로 취급된다.

한편 재발행청구항이 원특허의 권리범위를 확장하는 것으로 취급되기 위해서는 재발행청구항의 권리범위가 원특허의 모든 청구항에 의해 정해지

---

date)에 발송하므로 특허가 "grant"된 날짜나 "issue"된 날짜는 동일해지기 때문이다.

41) 예를 들어, 재발행선서서/선언서에 권리범위를 확장할 의사가 표시된 경우에는 등록일로부터 2년 이후라도 권리범위의 확장이 가능하다. *See* MPEP § 1412.03 (citing *In re* Doll, 419 F.2d 925, 928 (C.C.P.A. 1970)).

42) *See* MPEP § 1412.03.

43) *See* MPEP § 1412.03 (citing *Ex parte* Wikdahl, 10 USPQ2d 1546 (B.P.A.I. 1989)).

는 권리범위에 비해 확장하는 것이어야 한다. 예를 들어, 재발행청구항이 어느 청구항과 비교하면 권리범위를 확장하는 것이지만 다른 청구항과 비교하면 권리범위를 확장하는 것이 아니라면 해당 재발행출원은 원특허의 등록일로부터 2년 이내에 이루어져야 할 필요가 없다.

Ⅲ. 심사의 진행

1. 통상의 정규출원과 동일한 방식의 심사

재발행출원도 일반적인 출원에 해당하므로 통상의 정규출원(Non-Provisional Application)과 동일한 방식으로 심사가 진행되는 것이 원칙이다.[44] 그러나 재발행출원에 대해서 인정되는 몇 가지 예외가 있다. 구체적으로 i) 모든 재발행출원은 강제공개의 대상이고,[45] ii) 재발행출원이 공보에 실린 지 2개월 이내에는 심사가 진행되지 않으며,[46] iii) 일단 심사가 진행되면 모든 재발행출원은 우선적으로 심사되고,[47] iv) 재발행출원과 관련된 소송이 진행이 진행 중인 경우 특허청에 해당 사실을 통지해야 하며,[48] v) 재발행출원과 관련된 소송이 진행 중인 경우 재발행출원의 심사가 중단될 수 있고,[49] vi)

44) 37 C.F.R. § 1.176(a) ("A reissue application will be examined in the same manner as a non-reissue, non-provisional application, and will be subject to all the requirements of the rules related to non-reissue applications.").

45) 37 C.F.R. § 1.11(b). 재발행출원에 따른 수수료가 납부되면 신속하게 공개된다.

46) *See* MPEP § 1441.

47) 37 C.F.R. § 1.176(a) ("Applications for reissue will be acted on by the examiner in advance of other applications."). 설사 출원인이 신속하게 대응하지 않더라도 우선심사의 지위에는 영향이 없다. MPEP § 1442. 만약 해당 재발행출원의 심사 결과를 기다리기 위해 법원에서 소송을 중단시킨 경우 해당 재발행출원은 최우선으로 심사되며, 설사 재발행출원이 공보에 실린 지 2개월이 경과하지 않았더라도 심사가 진행될 수 있다. MPEP § 1442.03.

48) 37 C.F.R. § 1.178(b) ("In any reissue application before the Office, the applicant must call to the attention of the Office any prior or concurrent proceedings in which the patent (for which reissue is requested) is or was involved, such as interferences, reissues, reexaminations, or litigations and the results of such proceedings . . . ."). 엄격히 말하면 이러한 요구사항은 재발행출원에만 적용되는 것은 아니다. 즉, 드물기는 하겠지만 통상의 정규출원에 관련된 소송이 문제된다면 해당 사항을 심사관에게 개시해야 한다. 그러나 침해소송 등과 관련하여 재발행출원이 진행되는 경우가 많아서 이러한 요구사항이 37 C.F.R.을 통해 강조된 것으로 보인다.

재발행출원과 관련된 소송이 진행 중에 거절통지(OA)가 부여되면 이에 대한 응신기간은 통상 1개월만 부여되며, 응신기간에 대해 자동으로 기간연장이 허락되지 않고 명백하게 정당한 사유가 있을 때만 기간연장이 허락된다.[50]

A. 재발행출원에 대한 한정요구[51]

재발행출원에 대해서도 한정요구(Restriction Requirement)가 부여될 수 있다.[52] 일반적으로 재발행출원에 대해 한정요구가 부여되는 기준 및 이에 대한 대응방법은 정규출원과 동일하다. 그러나 재발행출원을 통해 새롭게 추가된 청구항과 원특허의 청구항과 동일한 청구항에 대하여 한정요구가 부여되는 경우에는 심사방법이 달라진다.[53] 구체적으로, 재발행출원에 한정요구가 부여되면, 원특허의 청구항에 대해 권리 포기가 이루어지지 않았다면 원특허의 청구항에 대해 지정(election)이 있는 것으로 간주하고 심사가 진행된다.[54] 한정요구가 부여된 재발행청구항 중 지정되지 않은 청구항(새롭게 추가된 청구항)은 분할재발행출원(Divisional Reissue Application)을 통해서만 심사 받을 수 있다.[55] 만약 재발행원출원인이 특허의 청구항에 대해 포기한다면 새롭게 추가된 청구항에 대해 심사가 진행된다.

재발행청구항 중 원특허의 청구항에 대해 심사를 진행한 결과 허여가능(allowable)하다는 결론에 이른 경우, 심사관은 해당 재발행출원에 대한 추가

---

49) *See* MPEP § 1442.02.

50) *See* MPEP § 1442.01.

51) *See* MPEP § 1450.

52) 참고로 해당 출원의 원특허가 PCT 출원을 기초로 미국에 진입한 국내단계출원에 기초한 것인지는 문제되지 않는다. 설사 원특허가 국내단계출원에 기초했더라도 해당 특허에 대한 재발행출원은 조약이 아니라 미국 국내법을 따르기 때문에 그 취급에 차이가 없다. *See* MPEP § 1450.

53) 물론 재발행출원을 통해 새롭게 추가된 청구항과 원특허의 청구항과 동일한 청구항이 함께 청구되는 경우라도, 한정요구를 부여하는 기준 자체는 통상의 정규출원과 동일하다.

54) 37 C.F.R. § 1.176(b). 실무상 거절통지(OA)를 통해 한정요구가 부여되었음을 알리고, 재발행청구항 중 원특허의 청구항에 대해 자동으로 지정되었음을 알리고, 해당 청구항에 대한 심사결과를 알린다. 만약 원특허의 청구항이 허여가능한 경우 출원으로 하여금 분할출원을 진행해야 함을 알린다. *See* MPEP § 1450.

55) 분할재발행출원(divisional reissue application)은 재발행출원에 대한 분할출원(divisional of a parent reissue application)과는 구별되는 출원이다. 분할재발행출원(divisional reissue application)과 계속재발행출원(continuation reissue application)에 관한 상세한 설명은 MPEP § 1451에 기재되어 있다.

적인 심사를 중단하고 재발행출원인으로 하여금 미지정된(non-elected) 청구항에 대해 분할재발행출원을 진행할 기회를 부여한다. 심사관이 허여가능 함에도 등록을 허락하지 않고 재발행출원에 대해 심사를 중단하는 이유는 원특허의 청구항이 허여가능하므로 원특허에 오류가 없을 수 있기 때문이다. 만약 출원인이 분할재발행출원을 진행하여 미지정된 청구항, 즉 새롭게 추가된 청구항을 심사한 결과, 해당 미지정된 청구항도 허여가능한 경우 심사관은 재발행출원에 기재된 청구항을 분할재발행출원에 포함시키고 해당 재발행출원을 포기하도록 한 후 분할재발행출원을 등록한다. 만약 출원인이 분할재발행출원을 진행하지 않는 경우, 재발행청구항은 원특허의 오류를 치유하는 것이 아니므로 재발행출원의 요건을 만족시키지 못한다는 이유로 재발행출원에 대한 거절이 부여된다.

한편 심사관은 원특허의 청구항들이 그대로 재발행청구항에 기재된 경우, 원특허의 청구항들에 대해서는 한정요구를 부여할 수 없다.[56] 그러나 재발행출원을 통해 새롭게 추가된 청구항들에 대해서는 2회 이상의 한정요구를 부여하는 것도 가능하다.

2. 재발행출원에 대한 IDS 제출의무

재발행출원도 일반적인 출원에 해당하므로 통상의 정규출원(Non-Provisional Application)과 마찬가지로 출원인에게 정보개시의무(Duty of Disclosure)가 부여된다.[57] 따라서 IDS 제출과 관련된 규정은 재발행출원에도 동일하게 적용된다. 재발행출원의 출원인은 원특허의 심사과정에서 IDS 통해 제출된 선행기술들을 다시 특허청에 제출할 의무를 갖는 것은 아니지만 재발행청구항의 권리범위를 고려하여 관련된 선행기술을 제출해야 한다.

3. 재발행출원에 대한 계속출원 및 계속심사청구

재발행출원도 출원의 일종이므로 이에 대한 분할출원 또는 계속출원이 가능하며,[58] 계속심사청구(RCE) 역시 가능하다. 만약 재발행출원에 대해 다

56) 37 C.F.R. § 1.176(b) ("[R]estriction involving only subject matter of the original patent claims will not be required.").
57) *See* MPEP § 2012 ("Questions of 'fraud,' 'inequitable conduct,' or violation of 'duty of disclosure' or 'candor and good faith' can arise in reissue applications.").

수의 분할출원/계속출원(DA)이 진행되는 경우 복수의 재발행이 이루어질 수 있다.59)

4. 재발행출원에 대한 보정

재발행출원에 대해서도 보정이 가능하다. 실체적 측면에서 재발행출원에 대한 보정은 통상의 정규출원과 유사하나, 보정서의 구체적인 제출방법은 통상의 정규출원에 비하여 매우 엄격한 규칙에 따른다.60)

5. 재발행출원에 대한 불복심판

재발행출원도 일종의 출원이므로 일반적인 출원과 마찬가지로 심사관의 결정에 불복하여 불복심판을 청구할 수 있다.61)

Ⅳ. 재발행의 효과

1. 원특허의 포기

재발행출원은 재발행이 이루어질 때 원특허를 포기할 것이라는 의사표시로 취급되기 때문에, 재발행출원이 등록되면 원특허는 포기 간주된다.62)

---

58) *In re* Bauman, 683 F.2d 405 (C.C.P.A. 1982). 경우에 따라 "*Bauman* type continuation/divisional application"이라고도 불린다.

59) 다수의 재발행특허가 등록되는 경우 37 C.F.R. § 1.177에 규정된 특칙이 적용된다. *See* MPEP § 1451.

60) 구체적으로 37 CFR. 1.173에 따른 방법에 따른다.

61) 청구이유서(Appeal brief)에 관한 요구사항은 통상의 정규출원에 대한 불복심판이 문제되는 경우와 동일하다. *See* MPEP § 1454.

62) 35 U.S.C. § 251("[T]he Director shall, on the surrender of such patent and the payment of the fee required by law, reissue the patent for the invention disclosed in the original patent . . . ."). 재발행출원이 등록되어야 포기의 효과가 발생하므로, 재발행출원이 등록되기 전까지는 원특허의 효력에 변함이 없다. 37 C.F.R. § 1.178(a) ("The application for reissue of a patent shall constitute an offer to surrender that patent, and the surrender shall take effect upon reissue of the patent. Until a reissue application is granted, the original patent shall remain in effect.").

2. 특허의 재발행

A. 재발행의 소급효 여부[63)]

재발행출원의 심사 결과에 따라 새로운 특허(재발행특허)가 등록된다. 재발행특허는 재발행된 때부터 장래적으로 효력을 갖지만, 재발행청구항이 원특허의 청구항과 실질적으로 동일(substantially identical)한 경우, 청구항이 실질적으로 동일한 범위 내에서는 원특허를 기초로 발생한 소송에 영향을 끼치지 않는다.[64)] 즉, 원특허의 등록일과 재발행일 사이에 제3자가 재발행된 특허를 침해한 경우, 만약 재발행출원을 통해 청구항의 내용을 수정한 바가 없다면 재발행 특허에 소급효가 인정되어 해당 제3자에게 침해의 책임을 물을 수 있지만, 만약 재발행 과정에서 청구항에 대한 보정이 있었거나 청구항이 추가되는 등의 사정으로 인해 새로운 청구항이 재발행되는 경우에는 해당 청구항이 원특허의 청구항과 "실질적으로 동일"한지 여부에 따라 상술한 제3자에게 침해의 책임을 물을 수 있다. 재발행특허에 실질적 동일성이 인정되어 특허권이 소급되는 경우에는 이하에서 설명하는 중용권(Intervening Right)이 적용되지 않지만, 만약 실질적 동일성이 부정되어 특허권이 소급되지 않으면 이하에서 설명하는 중용권이 문제된다.

판례는 "실질적으로 동일"한지 여부는 재발행 전후의 청구항에 "실질적인 변화(substantive change)"가 있었는지를 기준으로 판단하는데, "실질적 동일"이 문자 그대로 동일성을 요구하는 것은 아니라 판시했다.[65)] "실질적인 변화" 여부를 판단할 때는 재발행(또는 재심사) 전후의 청구항을 전체적으로 비교해야 하는바, 예를 들어 재발행 이전의 독립항에 "furnace"가 포함되고 해당 독립항에 대한 종속항은 "furnace"를 "radiant tube"로 한정한 상황에서, 재발행 과정에서 해당 종속항을 삭제하고 해당 독립항의 "furnace"를 "radiant tube"로 보정하였다면 이는 실질적으로 동일한 청구항으로 취급된다.[66)] 즉,

---

63) 재발행 특허의 소급효 인정여부는 손해배상액수의 산정과 밀접한 관련이 있다. 즉 소급효가 인정되는 경우에는 침해가 발생한 기간이 길게 산정되어 손해배상액수가 증가하게 되는 것이다.

64) 35 U.S.C. § 252.

65) Bloom Eng'g Co. v North Am. Mfg. Co., 129 F.3d 1247, 1250 (Fed Cir. 1997) (citing Seattle Box Co. v. Industrial Crating & Packing, Inc., 731 F.2d 818, 827-28 (Fed. Cir. 1984)) ("'Identical' does not mean verbatim, but means at most without substantive change.").

재발행(또는 재심사) 이전의 독립항이 A+B+C로 기재되고, 이에 대한 종속항이 A를 a로 한정하는 경우, 재발행을 통해 a+B+C로 보정하여도 실질적으로 동일한 청구항으로 취급되어 재발행 특허의 배타권에 소급효가 인정된다. 그러나 재발행(또는 재심사) 이전의 독립항이 A+B+C로 기재되고, 이에 대한 종속항이 A를 a로 한정하는 동시에 B를 b로 한정한 상황에서, 재발행을 통해 a+B+C(a+b+C가 아님)로 보정하였다면 실질적으로 동일한 청구항이 아니라는 것이 판례의 태도이다.[67]

"실질적인 변화"를 판단하는 경우, 만약 재발행(또는 재심사) 전후의 청구항 용어가 균등하다면, 실질적인 변화가 없는 것으로 취급된다. 연방순회항소법원은 *Minco* 사건에서 재심사 전에 사용된 "furnace"라는 용어와 "housing"이라는 용어의 동일성을 판단하게 되는데, 법원은 발명의 상세한 설명의 내용을 볼 때 두 개의 용어가 서로 같은 사물을 지칭하는 경우가 많아 당업자라면 "furnace"라는 용어가 "housing"이라는 용어로 변경된 것이 발명의 보호범위를 변경하지 않은 것이라고 인식할 것이므로 실질적인 변화가 없다고 판단한 바 있다.[68] 또한 재발행(또는 재심사) 이전의 청구항에 묵시적으로(implicitly) 또는 내재적으로(inherently) 개시된 내용을 명시적으로 추가하는 것은 청구항에 대한 "실질적 변화"가 아니라는 것이 판례의 태도이다.[69] 구체적으로 "first wall"을 "first bottom wall"로 변경한 것이 문제된 *Tennant* 사건에서, 연방순회항소법원은 청구항의 내용에 비추어 "first wall"은 반드시 "bottom"에 있어야 하므로 이러한 청구항의 보정으로 인해 "실질적 변화"가 인정되는 것은 아니라 판단했다.[70] 또한 법원은 선행사(antecedent)를 잘못 사용한 것을 수정하면서 묵시적 또는 내재적으로 개시된 내용을 추가하는 것에 대해서도 "실질적 변화"의 존재를 부정했다.[71]

---

66) 상술한 *Bloom* 사건에서 문제된 내용이다. 다만 *Bloom* 사건에서는 재발행이 아니라 재심사절차가 문제되었다.

67) Fortel Corp. v. Phone-Mate, Inc., 825 F.2d 1577 (Fed. Cir. 1987).

68) Minco, Inc. v. Combustion Engineering, Inc., 95 F.3d 1109, 1115 (Fed. Cir. 1996).

69) Seattle Box Co., Inc. v. Industrial Crating & Packing, Inc., 731 F.2d 818, 827-28 (Fed. Cir. 1984) (It is clear, though, that 'identical' means, at most, 'without substantive change.' . . . Here, the addition is not a matter of a mere clarification of language to make specific what was always implicit or inherent.").

70) Tennant Co. v. Hako Minuteman, Inc., 878 F.2d 1413, 1417 (Fed. Cir. 1989).

71) Slimfold Mfg. Co., Inc. v. Kinkead Industries, Inc., 810 F.2d 1113, 1116-17 (Fed.

"실질적인 변화"의 의미와 관련하여, 재발행 과정에서 선행기술을 극복하기 위해 청구항의 용어를 보정(종속항의 내용을 독립항에 반영하는 보정은 아님)한 것이 "실질적인 변화"에 해당하는지가 문제된 바 있다. 연방순회항소법원(CAFC)은 *Laitram* 사건에서 재심사(재심사와 재발행은 동일하게 취급)에 따라 청구항의 용어가 변경된 이유가 선행기술 극복을 위한 것인 경우에 무조건 "실질적인 변화"가 인정되는 것은 아니라면서도,72) "선행기술로 인해 거절된 청구항을 실체적으로 변경하지 않고 특허 가능하도록 만드는 것을 예상하기 힘들다"고 판시하여,73) 선행기술 극복이 문제되는 보정이 있다면 법원이 "실질적인 변화"의 존재를 기정사실화하는 것으로 이해된다.

B. 중용권(Intervening Right)74)

중용권은 통상 절대적 중용권(Absolute Intervening Rights)과 형평법에 의한 중용권(Equitable Intervening Rights)으로 구분된다. 절대적 중용권에 따르면, 재발행특허의 등록 이전에 특허된 물건을 제조, 구입, 판매를 위한 청약, 사용, 수입한 자는 특허침해에 대한 책임 없이 해당 물건을 판매하거나 사용할 수 있다.75) 절대적 중용권은 재발행 당시에 존재하는 물건에만 적용되므

Cir. 1987).

72) Laitram Corp. v. NEC Corp., 163 F.3d 1342, 1347 (Fed. Cir. 1998) (citing *Laitram I*, 952 F.2d at 1362) ("[W]e held that a claim amendment made during reexamination following a prior art rejection is not per se a substantive change."). 참고로 *Laitram* 사건은 소위 "*Laitram I*"과 "*Laitram II*"로 구분되는바, 선행기술 극복을 위한 보정이 항상 "실질적인 변화"가 아님을 판단한 1심 법원의 판단(즉, *per se* rule을 적용한 판단)이 잘못되었음을 지적한 것이 *Laitram I* 사건이고, *Laitram I*에 따른 환송심에 대해 재항소한 것이 문제된 것이 *Laitram II* 사건이다.

73) *Laitram*, at 1348 ("[I]t is difficult to conceive of many situations in which the scope of a rejected claim that became allowable when amended is not substantively changed by the amendment . . . .").

74) 중용권은 재발행, 재심사에 따라 청구항의 보정되거나 등록유지료 미납으로 인해 소멸한 특허가 회복하는 경우에 문제된다.

75) 35 U.S.C. § 252 ("A reissued patent shall not abridge or affect the right of any person or that person's successors in business who, prior to the grant of a reissue, made, purchased, offered to sell, or used within the United States, or imported into the United States, anything patented by the reissued patent, to continue the use of, to offer to sell, or to sell to others to be used, offered for sale, or sold, the specific thing so made, purchased, offered for sale, used, or imported unless the making, using, offering for sale, or selling of such thing infringes a valid claim of the reissued patent

로 방법에는 적용되지 않는다. 형평법에 의한 중용권에 따르면, 재발행 이전에 특허된 제품을 제조, 구입, 사용하거나 제조, 구입, 사용을 위한 사업을 실질적으로 준비(substantial preparation)한 자는, 법원의 재량에 따라, 재발행 이후에도 계속적으로 제조, 사용 판매를 할 수 있다.[76] 형평법에 의한 중용권은 침해자에게 절대적 면책을 인정하는 것이 아니며, 법원의 판단에 따라 무조건적으로 또는 일정한 조건(예를 들어, 판매 지역, 수량 등을 제한함)으로 계속적인 실시를 보장한다.[77]

C. 존속기간의 만료일

한편, 재발행특허의 존속기간 만료일은 원특허의 존속기간의 만료일보다 늦을 수 없다.[78] 예를 들어, 재발행출원을 통해 연속출원(계속/분할/부분계속출원)에 따른 우선권을 철회한다고 해도 이로 인해 재발행특허의 존속기간의 만료일이 늦어지는 것이 아니다. 그러나 재발행특허의 존속기간 만료일이 원특허의 존속기간 만료일보다 빨라질 수는 있다. 예를 들어, 재발행출원의 심사과정에서 존속기간포기서(Terminal Disclaimer)를 제출한 경우에는 존속기간 만료일이 빨라질 수 있다.

---

which was in the original patent."). 그러나 재발행/재심사가 문제되는 경우, 재발행/재심사 전후의 청구항이 실질적으로 동일한 경우에는 절대적 중용권이 적용될 여지가 없다.

76) 35 U.S.C. § 252 ("The court before which such matter is in question may provide for the continued manufacture, use, offer for sale, or sale of the thing made, purchased, offered for sale, used, or imported as specified, or for the manufacture, use, offer for sale, or sale in the United States of which substantial preparation was made before the grant of the reissue, and the court may also provide for the continued practice of any process patented by the reissue that is practiced, or for the practice of which substantial preparation was made, before the grant of the reissue, to the extent and under such terms as the court deems equitable for the protection of investments made or business commenced before the grant of the reissue.").

77) Seattle Box Co., Inc. v. Industrial Crating & Packing, Inc., 731 F.2d 818, 830 (Fed. Cir. 1984) ("The court is given the discretion to fashion a remedy from a wide range of options available to it. The court may, for example, (1) confine Industrial to the use of those double-concave blocks already in existence, (2) permit Industrial to continue in business under conditions which limit the amount, type, or geographical location of its activities, or (3) permit Industrial to continue in business unconditionally.").

78) *See* MPEP § 1405. 또한 원특허에 대해 존속기간포기서(terminal disclaimer)가 제출된 경우 재발행특허에도 영향을 미치지만, 이 경우에 재발행특허에 대해 존속기간포기서의 사본 등이 요구되는 것은 아니다. MPEP § 1490.

제2절 | 정정증명서(Certificates of Correction)

Ⅰ. 서

출원이 적법하게 심사되어 등록되면 해당 출원으로부터 발생되는 특허의 내용은 특허청에 의해 변경되지 않는 것이 원칙이다.[79] 그러나 예외적으로 i) 재발행출원(Reissue Application), ii) 정정증명서(Certificate of Correction), iii) 권리포기서(disclaimer), iv) 재심사절차(Reexamination Proceeding)를 통해 특허의 내용에 대한 변경이 가능하다.[80]

정정증명서는 특허청의 잘못이나, 출원인의 잘못으로 인해 특허에 오류가 있는 경우 해당 오류를 소급적으로 치유하는 증명서이다. 정정증명서는 재발행출원에 비해 절차적으로 간단하게 이루어지며, 권리행사 단계에서 특허권의 소급 여부나 중용권 등이 문제되지 않으므로, 간단한 오탈자를 정정하기 위해서는 정정증명서를 활용하는 것이 추천된다.

Ⅱ. 특허청의 잘못으로 인한 오류의 정정

미국 특허청(USPTO)의 잘못으로 인해 특허에 오류가 있음이 기록상 자명한 경우, 특허청은 정정증명서를 부여할 수 있는바, 이러한 정정증명서를 통해 정정된 내용에 대해서는 소급효가 인정된다.[81]

---

79) 참고로 미국 특허청은 특허권의 무효(invalidation) 여부를 심판할 권한이 없다. 특허권의 무효를 선언할 권한은 연방법원에 전속적으로 귀속되기 때문이다.

80) *See* MPEP § 1400.01 ("A patent may be corrected or amended in four ways, namely: (A) by reissue, (B) by the issuance of a certificate of correction which becomes a part of the patent, (C) by disclaimer, and (D) by reexamination.").

81) 35 U.S.C. § 254 ("Whenever a mistake in a patent, incurred through the fault of the Patent and Trademark Office, is clearly disclosed by the records of the Office, the Director may issue a certificate of correction stating the fact and nature of such mistake, under seal, without charge, to be recorded in the records of patents . . . . Every such patent, together with such certificate, shall have the same effect and operation in law on the trial of actions for causes thereafter arising as if the same had been originally issued in such corrected form.").

1. 정정증명서를 요청할 수 있는 자

특허청의 잘못으로 인해 특허에 오류가 발생한 경우 정정증명서의 부여를 요청할 수 있는 자는 i) 해당 특허의 특허권자, ii) 해당 특허의 오류를 발견한 특허청 또는 iii) 해당 특허의 오류를 발견한 제3자이다.[82] 특허청의 잘못으로 인한 오류가 문제되는 경우에는 정정증명서의 요청에 따른 수수료가 부과되지 않는다.

2. 정정의 대상

특허청의 잘못으로 인해 발생한 것으로 기록상 특허에 오류가 있음이 자명한 사항이 정정의 대상이 된다.

3. 절차의 진행

정정증명서에 대한 요청에 있는 경우, 특허청은 정정증명서의 부여 여부를 결정한다. 정정증명서를 부여할지 여부에 관하여는 특허청의 재량이 인정된다.[83] 따라서 특허권자 또는 제3자의 요청이 있더라도 정정의 대상이 되는 특허의 오류가 자명한 경우에는 정정증명서의 요청을 거절할 수 있다. 정정증명서가 부여되는 경우, 특허청은 반드시 특허권자에게 정정의 내용과 관한 사항을 통지하고 특허권자의 의견을 청취할 기회를 부여해야 한다.[84]

Ⅲ. 출원인의 잘못으로 인한 오류의 정정

출원인의 잘못으로 인해 특허에 오탈자 등의 오류가 발생한 경우, 특허청은 해당 오류가 선의(good faith)의 잘못에 의한 것임을 증명된 경우 정정증명서를 부여할 수 있는바, 이러한 정정증명서를 통해 정정된 내용에 대해서

---

82) 37 C.F.R. § 1.322(a)(1) ("The Director may issue a certificate of correction pursuant to 35 U.S.C. 254 to correct a mistake in a patent, incurred through the fault of the Office, which mistake is clearly disclosed in the records of the Office: (i) At the request of the patentee or the patentee's assignee; (ii) Acting sua sponte for mistakes that the Office discovers; or (iii) Acting on information about a mistake supplied by a third party.").

83) *See* MPEP § 1480.

84) 37 C.F.R. § 1.322(a)(4).

는 소급효가 인정된다.[85)]

1. 정정증명서를 요청할 수 있는 자

출원인의 잘못으로 인해 특허에 오류가 발생한 경우 정정증명서의 부여를 요청할 자는 해당 특허의 특허권자(양수인 포함)로 제한된다.[86)] 특허청의 잘못으로 인한 오류가 문제되는 경우에는 수수료가 부과되지 않지만, 출원인의 잘못으로 정정증명서를 요청하는 경우 수수료를 납부해야 한다.

2. 정정의 대상

정정증명서를 통해 정정될 수 있는 대상은 사무적 사항에 관한 오류, 오탈자, 사소한 사항[87)]에 관한 오류로 한정된다.[88)] 만약 위와 같은 오류 이외의 사항을 정정하는 경우에는 재발행출원(Reissue Application)을 진행해야 한다. 또한 정정증명서를 통해 증명되는 대상은 신규사항을 구성하거나 새로운 실체 심사를 필요로 하지 않아야만 한다.

3. 절차의 진행

정정증명서에 대한 요청에 있는 경우, 특허청은 해당 오류가 정정증명서의 대상인지 여부를 판단한다. 만약 해당 오류가 정정증명서의 대상이 아닌 경우 정정증명서의 요청은 거절된다.

4. 관련문제 — 법원에 의한 정정증명서

출원인의 실수가 문제되는 경우 법원이 정정증명서를 부여할 수도 있으나, 만약 정정되는 내용으로 인해 i) 청구항 및/또는 상세한 설명에 관한 합

85) 35 U.S.C. § 255 ("Whenever a mistake of a clerical or typographical nature, or of minor character, which was not the fault of the Patent and Trademark Office, appears in a patent and a showing has been made that such mistake occurred in good faith, the Director may . . . issue a certificate of correction. . . . Such patent, together with the certificate, shall have the same effect and operation in law on the trial of actions for causes thereafter arising as if the same had been originally issued in such corrected form.").

86) 37 C.F.R. § 1.323.

87) 권리범위에 영향을 끼치는 경우는 사소한 사항이 아니다.

88) *See* MPEP § 1481.

리적인 논쟁이 발생할 수 있거나, ii) 청구항/상세한 설명에 대한 해석에 변경이 발생할 수 있다면 정정증명서의 발급이 불허된다.[89)]

IV. 발명자정정을 위한 정정증명서

진정한 발명자가 아닌 자가 발명자로 기재된 경우 해당 특허는 무효될 수 있다. 그러나 35 U.S.C. § 256에 따른 발명자정정(correction of named inventor)을 위한 정정증명서(Certificates of Correction)를 통해 발명자에 대한 흠결을 치유할 수 있다. 구체적으로, 35 U.S.C. § 256은 발명자가 아닌 자가 발명자로 기재(misjoinder)되거나 진정한 발명자가 누락(nonjoinder)되더라도 기만의 의도(deceptive)가 없는 경우에는, 특허청(USPTO)은 해당 특허에 관련된 모든 당사자들의 신청에 의해 발명자정정을 위한 정정증명서를 부여할 수 있으며, 만약 정정증명서를 통해 발명자가 정정되는 경우 해당 특허는 발명자가 잘못 지정되었다는 이유로 무효되지 않는다.[90)]

1. 정정증명서를 요청할 수 있는 자

특허청에 대하여 발명자정정을 위한 정정증명서를 요청하는 경우, 양수인을 포함한 모든 당사자가 정정증명서를 요청해야 한다.[91)] 발명자정정이

89) *See* MPEP § 1481 (citing Novo Industries, L.P. v. Micro Molds Cor, 350 F.3d 1348 (Fed. Cir. 2003)) ("The Federal Circuit stated that when Congress in 1952 defined USPTO authority to make corrections with prospective effect, it did not deny correction authority to the district courts. A court, however, can correct only if '(1) the correction is not subject to reasonable debate based on consideration of the claim language and the specification and (2) the prosecution history does not suggest a different interpretation. . .'").

90) 35 U.S.C. § 256 ("Whenever through error a person is named in an issued patent as the inventor, or through error an inventor is not named in an issued patent and such error arose without any deceptive intention on his part, the Director may, on application of all the parties and assignees . . . issue a certificate correcting such error. The error of omitting inventors or naming persons who are not inventors shall not invalidate the patent in which such error occurred if it can be corrected as provided in this section.").

91) 35 U.S.C. § 256. 따라서 발명자 중 일부가 정정증명서의 요청에 협조하지 않거나 협조할 수 없는 경우에는 특허청에 대한 정정증명서의 요청은 불가능하다. 이 경우에

요청되는 경우, 추가되는 발명자 각각이 발명자에 관한 오류가 기만적 의도 없이 발생한 것임을 진술하는 진술서, 기존의 발명자(삭제되는 발명자도 기존의 발명자로 취급)가 이에 대해 다툼이 없음을 진술하는 진술서 및 모든 양수인이 발명자정정에 동의함을 진술하는 진술서와 수수료를 납부/제출해야 한다.[92]

2. 판 단

진정한 발명자가 아닌 무권리자가 발명자로 기재된 경우, 발명자에게 기만의 의도가 있었는지만을 기준으로 발명자정정 여부를 판단한다. 법원은 35 U.S.C. § 256의 입법취지는 진정한 발명자에게 기만의 의도가 없는 경우에 발명자정정을 허락하는 것이므로, 발명자정정을 허용할지 여부를 판단할 때 진정한 발명자가 아닌 자들의 행동이나 발명자가 발명자정정을 위해 합리적인 노력(due diligence) 등을 기울였는지 여부는 판단할 필요가 없다고 하였다.[93]

1) 법원에 의한 발명자정정이 문제되는 경우

등록특허의 발명자에 관한 사항에 의문이 있는 경우 법원은 모든 당사자에게 통지하고 해당 당사자에게 의견을 청취하여 그 결과에 따라 발명자정정을 명할 수 있다. 법원이 발명자정정을 명하는 경우 특허청은 이에 따른 정정증명서를 부여해야 한다.[94]

2) 양수인 정정이 문제되는 경우

등록료 납부 시에 양수인에 관한 정보를 제공하지 않는 경우, 출원인이 양수인(즉, 특허권자)이 된다.[95] 만약 등록료 납부 이후에 양수인을 변경해야

는 재발행출원(재발행출원이 항상 가능한 것은 아니며, 재발행출원의 주체적 요건을 만족할 수 있는 경우에 한함)을 진행하거나 법원에 소를 제기하여 특허청에 발명자정정을 명하도록 하여야 한다.

92) 37 C.F.R. § 1.324(b); MPEP § 1481.02.

93) Stark v. Advanced Magnetics, Inc., 29 F.3d 1570 (Fed. Cir. 1994).

94) 35 U.S.C. § 256. 예를 들어 공동 발명자가 양수인을 지정하지 않아 발명자 각각이 특허권자인 경우, 어느 한 발명자가 발명자정정을 동의하지 않으면 특허청을 통한 정정증명서 및 재발행출원을 진행할 수 없다. 이 경우에는 법원을 통해 발명자를 정정할 수 있다. *See* MPEP § 1412.04.

95) *See* MPEP §1481.01 (“The Fee(s) Transmittal Form portion (PTOL-85B) of the Notice of Allowance provides a space (item 3) for assignment data . . . . Unless an assignee’s

하는 경우 양수인 정정을 위한 정정증명서를 요청해야 한다.[96]

Ⅴ. 부적법한 우선권주장의 치유를 위한 정정증명서

부적법한 우선권주장을 치유하기 위해 정정증명서를 요청할 수 있다. 그러나 재발행출원과 달리 정정증명서를 통한 부적법한 우선권주장의 치유에는 일정한 제약이 따른다. 예를 들어, 조약 우선권주장 자체를 누락한 경우에는 정정증명서를 통해 치유될 수 없고, 미국 가출원의 우선권을 주장하는 경우에는 어떠한 경우에도 정정증명서를 통한 치유가 불가능하다.[97]

제3절 | 권리포기서

Ⅰ. 서

권리포기서(disclaimer)는 특허 또는 출원에 관련된 권리자에 의해 제출되는 일종의 선언서로, 해당 권리자가 자신의 권리를 포기하기 위해 제출된다.

---

name and address are identified in the appropriate space for specifying the assignee, (i.e., item 3 of the Fee(s) Transmittal Form PTOL-85B), the patent will issue to the applicant.").

96) *See* MPEP § 1481.01 ("Any request for the issuance of an application in the name of the assignee submitted after the date of payment of the Issue Fee, and any request for a patent to be corrected to state the name of the assignee must: (A) state that the assignment was submitted for recordation as set forth in 37 C.F.R. § 3.11 before issuance of the patent; (B) include a request for a certificate of correction under 37 C.F.R. § 1.323 along with the fee set forth in 37 C.F.R. § 1.20(a); and (C) include the processing fee set forth in 37 C.F.R. § 1.17(i).").

97) 조약 우선권, 미국 가출원을 기초로 한 우선권, 미국 정규출원을 기초로 한 우선권(계속출원, 분할출원, 부분계속출원)의 주장에 흠결이 있는 경우, 재발행출원(reissue application)을 통해 해결하는 것이 원칙이다. 정정증명서의 경우, 우선권의 종류와 출원일에 따라 제약이 있으므로 경과규정 등을 살펴 정정증명서를 요청해야 한다. 정정증명서를 통한 우선권주장의 치유에 관한 사항은 MPEP § 1481.03에 상세하게 설명되어 있다.

실무상 주로 문제되는 권리포기서는 중복특허의 극복을 위해 활용되는 특허존속기간포기서(Terminal Disclaimer)이다.

II. 종 류

권리포기서는 법정권리포기서(Statutory Disclaimer)와 특허존속기간포기서(Terminal Disclaimer)로 구분된다.[98] 법정권리포기서는 적어도 하나의 청구항을 포기하기 위해 제출되는 선언서이며, 특허존속기간포기서는 특허의 존속기간 전부 또는 일부를 공중에 기증하기 위해 제출되는 선언서이다

III. 권리포기서를 제출할 수 있는 자[99]

포기의 대상이 되는 등록특허/출원에 관한 권리를 갖는 자는 포기서를 제출할 수 있다. 또한 특허 또는 출원에 대해 권리를 갖는 자의 대리인 역시 포기서를 제출할 수 있다.[100] 출원 단계에서 권리포기서가 문제되는 경우, 출원에 관한 권리를 양도하였다면 그 양수인이 권리포기서를 제출할 수 있고, 만약 양도한 바 없다면 발명자가 권리포기서를 제출할 수 있다. 만약 특허된 이후 단계에서 권리포기서가 문제된다면, 특허에 관한 권리를 갖는 자가 권리포기서를 제출할 수 있다.

---

98) 경우에 따라서는 특허존속기간 포기서를 법정권리포기서의 일종으로 설명하기도 한다.

99) 37 C.F.R. § 1.321; *See* MPEP § 1490.

100) 이 경우 기록상의 대리인은 대신 서명할 수 있으나 대리인으로서 행동하는(acting in a representative capacity) 대리인은 대신 서명할 수 없다. *See* MPEP § 1490. 참고로 "기록상의 대리인"은 특허청(USPTO)에 위임장을 제출한 대리인을 말한다. 일반적으로 "기록상의 대리인"만이 적법한 대리권을 인정받지만 37 C.F.R. § 1.34는 예외를 인정한다. 구체적으로, 미국 특허청에 별도로 위임장을 제출하지 않았더라도 특허청에 등록한 대리인이 서명을 하고 서류를 제출하는 경우에는 대리인으로서 행동하는(acting in a representative capacity) 대리인으로서의 대리권을 인정한다.

Ⅳ. 효 과[101)]

1. 법정권리포기서(Statutory Disclaimer)

법정권리포기서가 제출되면 권리포기서의 대상이 되는 적어도 하나의 청구항에 대한 권리자의 권리가 포기된다. 권리포기서에 의해 포기된 내용은 해당 권리를 양수한 자들에게도 미치며, 권리포기서의 내용은 공보에 기재된다.

법정권리포기서는 특허 또는 출원의 일부 지분에 대해서도 가능하다. 즉, 일부 지분만을 갖는 권리자도 권리포기서를 제출할 수 있으며, 해당 권리포기서는 해당 권리자의 일부 지분에만 미친다.

2. 특허존속기간포기서(Terminal Disclaimer)

특허존속기간포기서가 제출되면 존속기간의 전부 또는 일부가 포기된다. 존속기간포기서는 비법정중복특허를 극복하기 위해 제출되는 것이 대부분이며, 이 경우에 특허의 존속기간은 존속기간포기서에 표시된 등록특허(예비거절의 경우에는 출원), 즉 중복특허의 기초가 되는 특허의 존속기간이 만료할 때 본 출원으로부터 발생하는 특허의 존속기간도 함께 만료한다.[102)]

존속기간포기서는 청구항이 아니라 출원에 대해 적용된다. 따라서 일부 청구항에 대해서만 존속기간포기서를 제출하는 것은 불가능하다. 또한 특허존속기간포기서는 일부 지분에 대해서만 미칠 수 없다. 즉, 특허존속기간포기서를 제출할 수 있는 자는 지분 전체에 대한 권리를 갖는 자이어야 한다.[103)]

한편 비법정중복특허의 거절을 위해 존속기간포기서가 제출되는 경우에는 양도의 제한이 요구될 수 있다. 구체적으로 본 출원의 발명 당시에 i) 본 출원과 중복특허의 기초가 되는 특허(등록특허 또는 특허출원)의 양수인이 공통되거나 ii) 본 출원과 중복특허의 기초가 되는 특허가 공동연구협약(joint

---

101) *See* MPEP § 1490.

102) 그러나 존속기간포기서의 제출 이후에 발생한 사정에 의해 존속기간포기서에 표시된 등록특허가 먼저 소멸되더라도 존속기간포기서가 제출된 특허의 존속기간이 함께 단축되는 것은 아니다. 또한 모출원에 대해 존속기간포기서가 제출되었다 하여 그에 대한 연속출원에 대해서도 존속기간포기서의 효과가 미치는 것은 아니다. *See* MPEP § 1490.

103) 따라서 공동 출원인 또는 공통 특허권자가 문제되는 경우, 전부의 동의가 필요하다. *See* MPEP § 1490.

research agreement)의 결과물인 경우, 비법정중복특허의 거절을 극복하기 위한 존속기간포기서에는 본 출원으로부터 발생하는 특허가 중복특허의 기초가 되는 특허로부터 분리되어 양도되는 것을 제한하는 규정이 반드시 포함되어야 한다.[104] 만약 특허존속기간포기서에 포함된 양도제한규정을 위반하는 경우 해당 특허권의 행사가 제한된다.

제4절 | 재심사절차

Ⅰ. 서

미국특허법에 따르면 등록특허를 무효시킬 수 있는 권한은 법원에 독점적으로 귀속된다.[105] 따라서 이미 등록된 특허가 예견성(신규성), 자명성(진보성) 등의 요건을 만족하는지를 특허청으로 하여금 다시 판단하게 할 수 없음이 원칙이다. 그러나 미국특허법은 인쇄된 간행물에 기초하는 특허성에 대해서는 특허청이 다시 심사하는 것을 허용하는바, 이러한 절차를 재심사절차(Reexamination Proceeding)라 부른다.[106] 본래 재심사절차는 결정계(*Ex parte*) 방식으로 진행되던 결정계 재심사절차 형태만이 허용되었으나, 1999년 개정법에 의해 당사자계(*Inter partes*) 방식으로 진행되는 당사자계 재심사절차도 가능하게 되었다. 결정계 재심사절차는 특허권자가 아닌 제3자가 재심사절차를 신청하는 것으로 제3자의 절차 참여권을 극히 제한하지만, 당사자계 재심사

104) 37 C.F.R. § 1.321(c)(3), (d)(3); MPEP § 802.04. 예를 들어, 선행특허 A와 본 출원 B에 공통의 양수인 X가 있고, 본 출원 B에 대해 선행특허 A를 기초로 비법정중복특허의 거절이 부여되어 이를 극복하기 위해 존속기간포기서가 제출된다면, 출원 B로부터 발생하는 특허는 특허 A의 양수인에 의해 소유되어야 하고, 만약 공통의 양수인에 소유되지 않고 분리 양도되는 경우에는 특허 B에 대한 특허권 행사가 포기된다는 규정이 포함된다.

105) 즉 미국에는 특허청에 의한 무효심판 제도가 존재하지 않는다. 미국특허에서 인정되는 심판은 심사관의 거절 결정에 불복하는 심판이 유일하다.

106) 재심사절차는 통상적인 출원에 대한 심사절차와 유사하게 진행된다. 즉 심사관은 인쇄된 간행물을 기초로 등록특허의 특허성을 다시 판단하여 특허성에 의문이 발생하면 특허권자에게 거절통지(OA)를 부여하는 방식으로 재심사를 진행한다.

절차는 제3자에게 넓게 절차 참여권을 넓게 인정한다.

II. 결정계 재심사절차

1. 요 건

1) 주체적 요건

누구나 결정계 재심사절차를 신청할 수 있다.[107] 따라서, 이해관계 없는 제3자도 등록된 특허의 재심사를 요청하여 특허권을 변동시킬 수 있다. 누구나 재심사절차를 신청할 수 있으므로, 특허권도 재심사를 요청하는 것이 가능하다.[108]

2) 객체적 요건

A. 재심사의 기초가 되는 특허 요건을 기초로 할 것

재심사절차는 등록된 특허의 청구항 전부 또는 일부에 대해 특허요건의 위반이 있는지를 재심사하는 절차이나,[109] 재심사 시에 판단되는 특허요건은 인쇄된 간행물을 기초로 한 특허요건으로 제한되는 것이 원칙이다.[110] 즉, 재심사절차에서는 등록된 특허가 인쇄된 간행물(printed publications)을 기초로 한 예견성(신규성), 자명성(진보성) 요건을 만족하는지가 문제되는 것이 일반적이다.[111] 그러나 예외적으로 자백한 선행기술(admitted prior art)은 재심사의

---

107) 35 U.S.C. § 302 ("Any person at any time may file a request for reexamination . . . ."). 법인이나 정부 기관 역시 재심사절차를 신청할 수 있으며 자신의 고객이 누구인지를 기밀로 하는 변호사도 재심사절차를 신청할 수 있다. *See* MPEP § 2212. 또한 재심사 신청이 없어도 특별한 사정이 있는 경우 특허청의 직권으로 재심사절차를 진행할 수 있으나, 실제 활용되는 경우는 거의 없다. 37 C.F.R. § 1.520.

108) 재심사절차는 특허권자에 의해서도 많이 활용된다. 특허권자가 최초 심사단계에서 고려되지 않은 인쇄된 간행물(선행기술)을 발견한 경우, 자신의 특허가 해당 간행물에 비추어도 특허성을 확보함을 확인 받을 수 있기 때문이다.

109) 재심사 청구인이 청구항 일부에 대해서만 재심사를 청구했더라도 특허청의 직권으로 다른 청구항에 대해서도 재심사를 진행할 수 있다. *See* MPEP § 2243.

110) 공개특허문서 역시 재심사의 기초가 될 수 있다. 35 U.S.C. §§ 301, 302.

111) 재심사의 기초가 되는 선행기술은 35 U.S.C. § 102에 법정된 선행기술 중 인쇄된 간행물로 제한되는 것이 일반적이나 비법정중복특허를 기초로 재심사를 하는 경우에는 35 U.S.C. § 102에 법정된 선행기술인지 여부에 상관없이 통상적인 비법정중복특허의 요건에 따라 재심사가 진행된다. MPEP § 2258 (citing *In re* Lonardo, 119 F.3d 960 (Fed. Cir. 1997)).

기초가 될 수 있다.[112] 자백한 선행기술은 심사단계에서의 출원인이 선행기술이라 자백한 선행기술뿐만 아니라 소송기록에 비추어 특허권자가 선행기술이라 자백한 선행기술을 포함된다.[113]

인쇄된 간행물을 기초로 하지 않는 예견성/자명성 요건이나 명세서기재요건 등을 이유로 재심사를 신청할 수는 없다. 예를 들어, 공연한 사용(public use)을 이유로 재심사를 신청하거나, 공연한 사용을 증명하기 위해 인쇄된 간행물을 제출하며 재심사를 신청하는 경우에는 해당 재심사 신청은 허용될 수 없다.[114]

B. 특허성에 관한 실질적으로 새로운 문제를 제기할 것

재심사 신청인이 선행기술을 기초로 재심사를 신청했다 하더라도 적법하게 재심사가 개시되기 위해서는 재심사 신청인에 의해 "특허성에 관한 실질적으로 새로운 문제(substantial new question of patentability)"가 제기되어야만 한다.[115] 재심사 신청인은 재심사절차를 통해 판단 받으려는 특허성에 관한 문제가 최초 심사단계에서 판단된 특허성에 관한 문제와 실질적으로 다르다는 점을 재심사 신청서를 통해 설명해야 한다. 구체적으로, 재심사 신청인은 재심사의 기초가 되는 선행기술이 해당 등록특허의 최초의 심사단계 또는 그 이후의 절차[116] 등에서 판단되지 않은 새로운 기술적 사항을 개시하고 있다는 것을 구체적으로 설명해야 한다. 다만, 주의할 점은 재심사의 대상이 되는 등록특허의 최초의 심사단계 또는 그 이후의 절차에서 이미 판단된 선행기술이라도 재심사의 기초가 될 수 있다는 것이다.[117] 이 경우 재심사 신청인은 해당 선행기술을 종전의 절차에서 판단된 것과 다른 관점/방식으로

112) *See* MPEP §§ 2217, 2258.

113) *See* MPEP § 2217.

114) 이 경우에는 "Public Use Proceedings"가 가능하다. "Public Use Proceedings"에 관한 상세한 사항은 37 C.F.R. § 1.292, MPEP § 720에 설명되어 있다.

115) 35 U.S.C. § 303(a); 37 C.F.R. § 1.510(b)(1).

116) 예를 들어, 이미 재심사 신청이 있었거나 재발행출원이 이루어진 경우, 해당 절차에서 판단되지 않은 새로운 기술적 사항을 개시하고 있다는 것을 구체적으로 설명해야 한다.

117) 35 U.S.C. § 303(a) ("The existence of a substantial new question of patentability is not precluded by the fact that a patent or printed publication was previously cited by or to the Office or considered by the Office."). 참고로 본 규정은 2002년 11월 2일 이후에 재심사가 명해진 사건에 대해서만 적용된다.

선행기술을 설명해야 한다.[118)]

3) 시기적 요건

재심사절차는 특허권의 행사가능기간(period of enforceability) 내라면 언제든지 신청할 수 있다.[119)] 재심사절차를 위한 "특허권의 행사가능기간"은 특허가 등록유지료(Maintenance Fee) 불납 등의 이유로 사전에 소멸하지 않은 이상 특허권 존속기간 만료일로부터 6년까지의 기간이다.[120)]

2. 재심사 신청서의 작성

재심사 신청서에는 i) 해당 재심사를 통해 특허성에 관한 실질적으로 새로운 문제를 제기하고 있음을 진술하는 진술서, ii) 재심사의 대상이 되는 청구항과 재심사의 기초가 되는 인쇄된 간행물과의 관련성에 관한 설명, iii) 재심사의 기초가 되는 인쇄된 간행물의 사본,[121)] iv) 재심사의 대상이 되는 특허의 사본, v) 재심사 신청인이 특허권자가 아닌 경우 재심사신청서의 사본을 특허권자에게 송달했음을 증명하는 증명서가 포함된다.[122)] 재심사 신청서에 위의 내용이 모두 포함되고 적법한 수수료가 납부되는 경우, 재심사절차의 제출일(filing date)이 부여되고 재심사에 관한 사항이 공보에 기재된다.[123)]

3. 재심사의 진행

1) 재심사명령

재심사 신청인이 재심사의 기초가 될 수 있는 선행기술을 기초로 특허성에 관한 실질적으로 새로운 문제를 제기한 경우, 특허청(USPTO)은 심사관으로 하여금 결정계 재심사를 명하는 재심사명령(order for *Ex parte* reexamination)을 부여한다.[124)] 재심사 신청이 허여되어 재심사명령이 부여되는 경우

---

118) *See* MPEP §§ 2216, 2258.01.

119) 37 C.F.R. § 1.501(a).

120) 35 U.S.C. § 286에 의해 특허 소송의 제소 기간은 손해발생일로부터 6년 이내이므로 특허권이 행사될 수 있는 마지막 날은 특허권 존속기간 만료일로부터 6년인 날이 되기 때문이다. *See* MPEP § 2211.

121) 인쇄된 간행물이 영어 이외의 언어로 작성된 경우, 재심사의 대상이 되는 등록특허와 관련된 부분의 번역문이 필요하다.

122) 37 C.F.R. § 1.510(b).

123) *See* MPEP § 2215.

124) 특허청장은 적법한 재심사 신청이 있은 지 3개월 이내에 재심사를 명할지 여부를

특허권자는 재심사를 통해 제기된 특허성에 관한 문제에 관한 진술서(statement)를 제출할 수 있으며, 특허권자가 진술서를 제출한 경우 재심사 신청인도 특허권자의 진술서에 대응하는 진술서를 제출할 수 있다.[125]

어떠한 당사자도 재심사명령에 불복할 수는 없는 것이 원칙이다.[126] 따라서 재심사명령에 불복하는 청원을 제출하거나 재심사명령에 불복하는 심판을 청구하는 것은 불가능하다. 한편, 재심사 요건의 흠결로 인해 재심사명령이 부여되지 않고 재심사 신청이 거절된 경우, 재심사 신청인은 재심사 신청에 대한 거절이 발송된 날로부터 1개월 이내에 청원(petition)을 제출하여 재심사 신청의 거절에 대해 다툴 수 있다.[127]

특허청은 상술한 재심사의 요건을 증명하는 데 도움이 되는 선서진술서(affidavit), 선언서(declaration) 및 기타 증거를 참고할 수는 있으나 인쇄된 간행물의 형태가 아닌 기타 선행기술은 참고할 수 없다.[128]

2) 특허권자 및 재심사 신청인의 진술서 제출

특허권자는 재심사명령이 부여되기 전까지는 재심사 신청에 관련된 진술서를 제출할 수 없다.[129] 그러나 재심사명령이 부여된 이후에는 최소 2개월 이내에 재심사명령에 대응하는 진술서를 제출할 수 있다. 특허권자의 진술서에는 특허된 청구항이 재심사 신청인이 제출한 인쇄된 간행물에도 불구하고 특허성을 갖는 이유가 명확하게 기재되어야 한다.[130] 특허권자가 재심

결정해야 한다. 35 U.S.C. § 303(a). 재심사 요건에 흠결이 있는 경우 재심사 신청인에게 해당 사항을 통지하고 해당 흠결을 치유할 기회를 부여한다. 이에 관한 자세한 사항은 MPEP § 2227에 설명되어 있다.

125) 35 U.S.C. § 304. 결정계 재심사절차에서는 특허권자가 아닌 재심사 신청인에게는 진술서 등을 제출할 절차진행권이 보장되지 않는 것이 원칙이나, 특허권자가 재심사명령에 대응하는 진술서를 제출한 경우에는 특허권자가 아닌 재심사 신청인에게도 절차진행권이 부여된다.

126) 다만 재심사명령이 인쇄된 간행물에 기초하지 않는 등의 특별한 사정이 있는 경우에는 재심사명령에 대한 재고 요청이나 재심사명령의 파기를 위한 청원의 제출이 가능하다. *See* MPEP § 2246.

127) 해당 청원이 기각되는 경우 더 이상 불복할 수 없다. 37 C.F.R. § 1.515(c).

128) *See* MPEP §§ 2216, 2217.

129) 37 C.F.R. § 1.530. 재심사명령 이전에 특허권자가 제출한 선언서나 기타 의견은 특허청에 의해 판단되지 않고 반환되거나 폐기된다.

130) 특허권자는 진술서와 함께 명세서/도면에 관한 보정을 제출할 수 있으나 이러한 보정을 통해서 권리범위를 확장할 수는 없다. 37 C.F.R. § 1.552(b).

사명령에 대응하는 진술서를 제출하는 경우, 해당 진술서의 사본을 재심사 신청인에게 송달해야 한다.[131]

한편 특허권자는 재심사명령에 대응하는 진술서를 제출하지 않을 수도 있다. 통상 특허청은 특허권자가 진술서를 제출할 수 있는 기간 동안 재심사절차를 진행하지 않는데, 만약 특허권자가 재심사명령에 대응하는 진술서를 제출하지 않는다는 의사표시를 서면으로 제출하는 경우 특허권자의 진술서를 기다리지 않고 재심사절차를 속행하게 된다.[132]

특허권자가 재심사명령에 대응하는 진술서를 제출한 경우, 특허권자가 아닌 재심사 신청인은 특허권자의 진술서에 대응하는 답변서(reply)를 제출할 수 있다. 재심사 신청인의 답변서는 특허권자가 재심사 신청인에게 진술서의 사본을 송달한 지 2개월 이내에 제출되어야 한다.[133] 재심사 신청인의 답변서는 결정계 재심사절차에서 특허권자가 아닌 재심사 신청인이 자신의 의견을 제출할 수 있는 최후의 기회이므로,[134] 2개월 이후에 제출되는 재심사 신청인의 의견이나 답변은 재심사과정에서 판단되지 않는다.[135] 재심사 신청인이 특허권자의 진술서에 대응하는 답변서를 제출하는 경우, 해당 답변서의 사본을 특허권자에게 송달해야 한다.[136]

특허권자가 아닌 재심사 신청인의 답변서에는 재심사 신청 당시에 제기되지 않았던 새로운 이슈가 포함될 수는 있으나, 답변서의 모든 내용은 인쇄된 간행물에 기초해야 한다. 만약 재심사 신청인의 답변 내용이 인쇄된 간행물에 기초하는 경우 해당 내용에 관한 심사관의 판단은 거절통지(OA) 등을 통해 특허권자 및 재심사신청인에게 통지되며, 설사 재심사 신청인의 답변 내용이 인쇄된 간행물에 기초하지 않더라도 해당 내용이 심사관에 의해 판단되지 않았다는 사실이 거절통지(OA) 등을 통해 특허권자 및 재심사

131) 해당 진술서의 사본이 특허권자가 아닌 재심사 신청인에게 적절하게 송달되었음이 증명되지 않은 경우 해당 진술서는 심사관에 의해 고려되지 않는다. 37 C.F.R. § 1.540.

132) *See* MPEP § 2249.

133) 35 U.S.C. § 304. 2개월의 답변서 제출기간은 연장이 불가능하다.

134) *See* MPEP § 2254.

135) 37 C.F.R. § 1.535. 기간을 경과하여 제출된 답변서는 재심사 신청인에게 반환된다. *See* MPEP § 2251.

136) 해당 답변서의 사본이 특허권자에게 적절하게 송달되었음이 증명되지 않은 경우 해당 진술서는 심사관에 의해 고려되지 않는다. 37 C.F.R. § 1.540.

신청인에게 통지된다.[137]

3) 결정계 방식의 심사 진행

결정계 재심사절차는 결정계(*Ex parte*) 방식으로 심사가 진행된다. 즉, 결정계 재심사절차는 특허권자와 특허청(USPTO) 간의 절차로 진행되며 재심사 신청인이 특허권자가 아니라면 재심사 신청인의 절차진행권은 극히 제한된다.[138]

결정계 재심사절차는 재심사 신청인 또는 특허권자의 신청 여부에 상관없이 우선심사의 대상으로 진행된다.[139] 또한 재심사절차에서 부여된 거절통지(OA)에 대한 답변서(response) 제출기간은 통상적인 심사 절차에서 거절통지(OA)에 대한 응신(reply)의 제출기간에 비해 짧게 부여된다. 구체적으로 재심사과정에서 심사관이 거절통지를 부여하는 경우 특별한 사정이 없는 한 특허권자는 거절통지의 발송일로부터 2개월 이내에 답변서를 제출해야 한다.[140] 거절통지(OA)에 대한 2개월의 응신기간은 충분한 사유(sufficient cause)가 소명된 경우에만 연장 가능하다.[141] 재심사절차에서 발생한 거절통지의 대응 방법은 일반적인 심사 절차에서의 대응 방법과 유사하다.[142]

4) 재심사의 대상

재심사명령이 부여되는 경우 심사관은 재심사 신청인이 특정한 청구항

---

137) 37 C.F.R. § 1.552(c). *See* MPEP § 2254.

138) 기본적으로 재심사를 진행하는 심사관은 특허권자 이외의 당사자가 절차 진행 중인 재심사절차에 관해 의견을 제출하거나 질의하는 것을 허용할 수 없다. *See* MPEP § 2212.01. 다만 심사관은 특허권자가 아닌 재심사 신청인에게도 거절통지(OA)를 통지한다. 37 C.F.R. § 1.104(a)(2).

139) 35 U.S.C. § 305. 참고로 재심사절차의 대상이 되는 특허는 특허청에서 진행되는 절차 중 가장 높은 우선 순위를 부여 받는다. 또한 재심사절차의 대상이 되는 특허에 관련된 소송이 진행 중인 경우에는 더욱 높은 우선 순위를 부여 받는다. *See* MPEP § 2261.

140) 만약 재심사절차의 대상이 되는 특허에 관련된 소송이 재심사절차로 인해 법원에서 절차 중단(보류) 중이라면, 특허권자는 거절통지(OA)의 발송일로부터 1개월 이내에 응신해야 한다. *See* MPEP § 2263.

141) 37 C.F.R. § 1.550(c); *See* MPEP § 2265.

142) 재심사절차에서 부여되는 거절통지(OA) 역시 비최후거절통지(Non-Final OA)와 최후거절통지(Final OA)로 구분된다. 또한 거절통지에 대한 답변서가 갖추어야 하는 요건 역시 37 C.F.R. § 1.111(통상적인 심사절차에서 부여된 비최후거절통지(Non-Final OA)에 대한 응신 요건) 및 1.116(통상적인 심사절차 부여된 최후거절통지(Final OA)에 대한 응신의 요건) 규정이 그대로 적용된다.

에 대해 재심사하는 것이 일반적이나, 심사관이 이에 한정되는 것은 아니다. 즉, 재심사 신청인이 특정하지 않은 청구항을 재심사하는 것도 가능하며, 재심사 신청인이 제출한 간행물 이외의 간행물을 기초로 재심사를 하는 것도 가능하다.[143]

재심사 신청의 근거는 인쇄된 간행물로 한정되므로 35 U.S.C. § 112에 따른 명세서기재요건 위반을 근거로 재심사를 신청할 수는 없다. 그러나 재심사절차 중에도 명세서에 대한 보정이 가능하므로, 명세서에 대한 보정으로 인해 35 U.S.C. § 112에 따른 명세서기재요건의 위반이 새롭게 발생할 수 있다. 심사관은 재심사절차에서 명세서에 대한 보정이 있는 경우, 명세서기재불비의 문제가 있는지와 신규사항이 추가되었는지를 심사할 수 있다.[144]

5) 재심사에 따른 보정

신규사항이 아닌 한 재심사절차에서도 명세서(도면 포함)에 관한 실체적 보정을 할 수 있다.[145] 또한 재심사절차 중에도 청구항을 추가하는 보정이 가능하지만, 권리범위를 확장하는 보정은 불가능하다.[146] 특허권자가 재심사를 신청하는 경우 재심사 신청서와 함께 보정서를 제출할 수 있으며, 재심사명령에 대응하는 선언서와 함께 보정서를 제출할 수 있고, 재심사과정에서 거절통지(OA)가 부여되는 경우 이에 대응하여 보정서를 제출할 수 있다.

4. 관련문제

1) 재심사를 통한 발명자정정

재심사절차를 통해서도 발명자정정이 가능하다. 구체적으로 재심사의 대상이 되는 등록특허의 발명자가 기만의 의도(deceptive intention) 없이 잘못 기재된 경우, 재심사절차가 진행되는 도중에 발명자정정을 요청하는 청원을 제출하여 발명자정정을 할 수 있다.[147]

---

143) *See* MPEP §§ 2243, 2244. 물론 재심사과정에서 심사관이 스스로 새로운 선행 기술을 검색하는 일은 드물다.

144) *See* MPEP § 2258.

145) 37 C.F.R. § 1.121(j); *See* MPEP §§ 2234, 2250.

146) 35 U.S.C. § 305; 37 C.F.R. §§ 1.530(j), 1.550(b). 권리범위를 확장하는지 여부에 관한 판단방법은 재발행출원에서의 판단방법과 동일하다. 즉, 어느 측면에서라도 권리범위가 확장되는 경우 권리범위를 확장하는 보정으로 취급된다. *See* MPEP § 2250.

147) 37 C.F.R. § 1.530; *See* MPEP §§ 2250.02, 2258.

2) 재심사를 통한 우선권주장의 추가 및 보정

특허권자는 재심사 도중 해외 및 국내우선권주장을 추가하거나 보정할 수 있다. 구체적으로 우선권주장 자체를 누락했거나 우선권증명서류를 누락한 경우 재심사절차를 통해 우선권주장을 추가하거나 보정할 수 있다.[148)]

3) 재심사절차의 부활

특허권자가 거절통지(OA)에 적절하게 답변서를 제출하지 못한 경우에 해당 재심사절차는 종료된다. 이 경우 특허권자가 종료된 재심사절차를 부활을 위한 청원을 제출할 수 있다. 재심사절차의 부활을 위한 청원은 i) 피할 수 없는 사유로 인한 지연 및 ii) 비의도적인 지연으로 인해 절차가 종료된 경우에 제출 가능하다.[149)]

4) 연속출원

재심사절차 도중에 연속출원(계속/분할/부분계속출원)을 하는 것은 불가능하다. 재발행출원(Reissue Application)은 "출원"의 일종으로 취급 받기 때문에 재발행출원 과정에서 연속출원이 가능하지만 재심사절차는 출원에 해당하지 않으므로 연속출원은 불가능하다.

5) 정보개시의무

일반적인 출원절차와 마찬가지로 재심사절차에도 정보개시의무(Duty of Disclosure)가 문제된다. 즉, 특허권자 또는 그 대리인이 재심사의 대상이 되는 특허의 특허성에 관한 중대한(material) 정보를 가지고 있는 경우 해당 정보를 IDS 형태로 특허청에 제출해야 한다.[150)] 재심사과정에서 IDS 제출에 관한 시기적 요건은 일반적인 출원 절차와 동일하나, 특허권자는 재심사명령이 부여된 이후 2개월 이내에 IDS를 제출하는 것이 바람직하다.[151)]

---

148) 참고로 우선권의 종류 및 출원일에 따라 비의도적으로 지연된 우선권주장의 회복을 위한 청원(petition for an unintentionally delayed priority claim)을 재발행출원서와 함께 제출해야 하는 경우가 있다. 또한 가출원을 기초로 우선권을 주장하는 경우에는 출원일에 따라 우선권주장이 불가능할 수도 있다. 이와 관련된 경과 규정은 MPEP § 2258에 상세하게 기재되어 있다.

149) 구체적인 제출요건은 정규출원(non-provisional application)의 부활을 위한 청원(petition to revive)과 동일하다. 정규출원의 부활을 위한 청원에 관한 규정인 37 C.F.R. § 1.137 규정은 재심사절차에도 그대로 적용되기 때문이다.

150) 37 C.F.R. § 1.555. 재심사의 대상이 되는 특허와 관련된 소송 등이 존재한다면 이에 관한 사항도 특허청에 통지해야 한다. 37 C.F.R. § 1.565.

151) 37 C.F.R. § 1.555(a).

6) 인 터 뷰

결정계 재심사절차에서 심사관과의 인터뷰는 가능하다. 결정계 재심사절차는 “결정계” 방식으로 진행되므로 특허권자에게만 인터뷰가 허락되며 특허권자가 아닌 재심사 신청인에게는 인터뷰가 허락되지 않는다.[152)]

7) 불복심판

특허권자는 청구항 일부 또는 전부에 대해 특허성을 부정하는 재심사 결과, 즉 특허성을 부정하는 최후거절통지(Final OA)에 대해 불복심판을 청구할 수 있다.[153)] 불복심판은 특허권자만이 청구할 수 있기 때문에 특허권자가 아닌 재심사 청구인은 재심사 결과에 대한 불복심판을 청구할 수 없다. 불복심판은 최후거절통지에 대해 답변서를 제출할 수 있는 기간 이내에 청구되어야 한다.[154)] 특허권자가 적법하게 불복심판을 청구한 경우, 심판청구일로부터 2월 이내에 청구이유서(Appeal Brief)를 제출해야 한다.[155)]

5. 재심사절차의 종료

1) 재심사증명서

결정계 재심사절차가 종료되면 심사관은 결정계 재심사증명서(*Ex parte* Reexamination Certificate)를 부여한다.[156)] 심사관이 재심사증명서를 부여하는 경우 해당 사실을 특허권자 및 재심사 신청인에게 통지하고 공보에 기재한다.[157)]

---

152) 다만 부적법한 재심사 신청에 관한 사항을 논의하기 위한 경우에는 특허권자가 아닌 재심사 신청인도 심사관과 인터뷰할 수 있다. *See* MPEP § 2281.

153) 35 U.S.C. § 306. 1999년 개정법에 따라 불복심판을 청구하기 위해서는 반드시 최후거절통지(Final OA)가 부여되어야 한다. 통상의 출원절차의 경우, 불복심판청구를 위해 반드시 최후거절통지가 부여될 필요가 없는 것과 구분된다.

154) 통상 최후거절통지(Final OA)에 대한 답변서 제출기간은 2개월이므로, 일반적인 경우에는 최후거절통지 발송일로부터 2개월 이내에 심판청구서(notice of appeal)를 제출해야 한다. 통상의 출원절차의 경우 최후거절통지에 대한 응신기간이 자동 연장되므로 최후거절통지의 발송일로부터 6개월 이내에 심판청구서를 제출하면 충분한 것과 구분된다.

155) *See* MPEP § 2274.

156) 재심사증명서는 등록특허의 일부로 배포된다. 즉 재심사의 대상이 되었던 등록특허의 내용을 미국 특허청 등에서 제공하는 데이터 베이스를 통해 검색하는 경우, 최초 등록된 특허의 내용뿐만 아니라 재심사증명서도 함께 제공된다. *See* MPEP § 2292.

157) 구체적으로 심사관은 결정계 재심사증명서 부여의도통지서(Notice of Intent to Issue

재심사증명서는 재심사에 따라 특허성이 재확인된 경우뿐만 아니라 특허성이 부정되는 경우나 특허권자에 의해 재심사절차가 적절하게 수행되지 못한 경우에도 부여된다. 구체적으로 재심사의 대상이 된 특허의 청구항이 여전히 등록가능한 경우,[158] 재심사에 의해 최후거절통지(Final OA)가 부여된 이후 해당 거절통지의 최후성(finality)이 철회된 바 없이 불복심판 청구 기간이 경과한 경우,[159] 재심사에 불복하는 불복심판이 종료된 경우, 특허권자가 재심사과정에서 부여된 거절통지(OA)에 적절하게 대응하지 않아 재심사절차가 종료되는 경우에 결정계 재심사증명서가 발급된다.

재심사절차 도중 보정되거나 새롭게 추가된 청구항에 대해 특허성이 인정되는 경우 해당 청구항은 종전 특허에 병합되며, 재심사 결과 특허성이 부정된 청구항들에 대해서는 특허가 취소된다. 구체적으로 재심사증명서는 i) 특허성이 부정된 청구항을 취소하고, ii) 특허성이 재확인된 청구항들의 특허성을 확인하며, iii) 보정되거나 추가된 청구항을 종전 특허에 병합시키는 효과를 발생시킨다.[160]

2) 소급효 및 중용권

재심사절차를 통해 청구항이 보정되거나 새로운 청구항이 추가되는 경우, 재심사증명서가 부여되기 이전의 침해행위에 대해서도 침해의 책임을 소급하여 물을 수 있는지가 문제된다. 미국특허법 제307(b)조에 따르면, 재심사절차에 따른 특허권의 소급효와 중용권은 재발행특허에 대한 소급효/중용권과 동일하게 취급된다.[161] 즉, 재심사를 통해 변경된 청구항이 해당 청구항

Ex parte Reexamination Certificate 또는 NIRC)를 부여한다. 해당 통지서가 발급된 이후에는 재심사의 대상이 된 특허에 대한 보정이나 IDS 제출이 불가능한 것이 원칙이다. *See* MPEP § 2287.01.

158) 재심사증명서에는 각 청구항에 대해 특허성이 인정되는 이유가 기재되어야 한다. *See* MPEP § 2287.

159) 심판 청구가 부적법한 경우에도 재심사절차는 종료된다. *See* MPEP § 2273.

160) 35 U.S.C. § 307(a).

161) 35 U.S.C. § 307(b) ("Any proposed amended or new claim determined to be patentable and incorporated into a patent following a reexamination proceeding will have the same effect as that specified in section 252 of this title for reissued patents on the right of any person who made, purchased, or used within the United States, or imported into the United States, anything patented by such proposed amended or new claim, or who made substantial preparation for the same, prior to issuance of a certificate under the provisions of subsection (a) of this section.").

이 재심사 이전의 청구항과 실질적으로 동일한 경우에는 특허권의 효력이 재심사증명서 부여 이전으로 소급한다. 만약 특허권이 소급하지 않는 경우에는 제3자에게 절대적 또는 형평법 상의 중용권이 부여될 수 있다.

Ⅲ. 당사자계 재심사절차

본래 재심사절차는 결정계로만 운영되었지만 1999년 개정법에 의해 당사자계 재심사절차가 허용되었다. 당사자계 재심사절차를 통하면 특허무효확인소송에 비해 저렴한 비용으로 신속하게 특허의 효력을 부정할 수 있고, 침해자 입장에서는 증거개시절차(discovery)에 의한 자사제품의 정보공개의 위험 없이 특허권자의 특허를 무력화시킬 수 있고, 특허소송과 달리 특허의 유효성 추정(Presumption of Validity)[162]의 부담 없이 무효주장이 가능하다는 장점이 있다. 그러나 재심사절차에 의하는 경우, 인쇄된 간행물을 근거로만 무효주장이 가능하며, 재심사절차에서 불리한 결과를 얻는 경우 금반언에 의해 소송 등에서도 무효주장을 하지 못하는 문제가 발생함을 주의해야 한다.

---

162) 특허소송(침해소송 또는 특허확인소송) 단계에서는 등록특허가 유효인 것으로 추정된다. 35 U.S.C. § 282 ("A patent shall be presumed valid. Each claim of a patent (whether in independent, dependent, or multiple dependent form) shall be presumed valid independently of the validity of other claims; dependent or multiple dependent claims shall be presumed valid even though dependent upon an invalid claim."). 법원은 본 규정을 근거로 등록특허의 무효를 주장하는 자에게 민사소송에서 가장 높은 증명의 정도인 명백하고도 확실한 증거(clear and convincing evidence)에 의한 증명을 요구한다. American Hoist & Derrick Co. v. Sowa & Sons, Inc., 725 F.2d 1350, 1359-60 (Fed. Cir.1984), *cert. denied*, 469 U.S. 821 (1984). 통상 법원단계에서 침해자가 특허청(USPTO)에 의해 이미 고려된 선행기술을 기초로 다시 무효주장을 하는 경우 유효성 추정을 극복하기는 어려워지지만, 만약 특허청에 의해 고려된 바 없는 선행기술을 새롭게 제시하는 경우에는 유효성 추정 규정의 효력은 약해지는 것이 일반적이다. KSR Int'l. Co. v. Teleflex Inc., 550 U.S. 398, 426 (2007) ("We nevertheless think it appropriate to note that the rationale underlying the presumption-that the PTO, in its expertise, has approved the claim-seems much diminished here."). 그러나 재심사절차가 문제되는 경우, 등록특허임에도 불구하고 본 규정이 적용되지 않으므로 침해자를 포함한 제3자는 보다 용이하게 등록특허의 무효성을 증명할 수 있다.

1. 요 건

1) 주체적 요건

어떠한 제3자(third-party requester)도 당사자계 재심사절차를 신청할 수 있다.[163] 당사자계 재심사 신청인에게는 어떠한 이해관계도 요구되지 않는다.

2) 객체적 요건

A. 재심사의 기초가 되는 특허 요건을 기초로 할 것

재심사절차는 등록된 특허의 청구항 전부 또는 일부에 대해 특허요건의 위반이 있는지를 재심사하는 절차이나,[164] 재심사시에 판단되는 특허요건은 인쇄된 간행물을 기초로 한 특허요건으로 제한되는 것이 원칙이다.[165] 즉, 재심사절차에서는 등록된 특허가 인쇄된 간행물(printed publications)을 기초로 한 예견성(신규성), 자명성(진보성) 요건을 만족하는지가 문제되는 것이 일반적이다.[166] 그러나 예외적으로 자백한 선행기술(admitted prior art)은 재심사의 기초가 될 수 있다.[167] 자백한 선행기술은 심사단계에서의 출원인이 선행기술이라 자백한 선행기술뿐만 아니라 소송기록상 특허권자가 선행기술이라 자백한 선행기술을 포함된다.[168]

인쇄된 간행물을 기초로 하지 않는 예견성/자명성 요건이나 명세서기재요건 등을 이유로 재심사를 신청할 수는 없다. 예를 들어, 공연한 사용(public use)을 이유로 재심사를 신청하거나, 공연한 사용을 증명하기 위해 인

---

163) 35 U.S.C. § 311. ("Any third-party requester at any time may file a request for inter partes reexamination"). 결정계 재심사절차와 달리 당사자계 재심사절차는 특허권자가 아닌 제3자(third-party requester)를 위한 절차이다. 참고로 당해 재심사 신청이 금반언의 원칙에 위배되는 특별한 사정이 있는 경우 재심사절차의 신청이 차단된다. 구체적으로 i) 당사자계 재심사절차가 계류 중인 사안에 대해 동일 당사자가 새로운 당사자계 재심사절차를 신청할 수 없고, ii) 당사자계 재심사에 따른 재심사증명서가 부여된 이후 이에 모순되는 행위를 할 수 없는 금반언의 원칙이 문제되는바, 당해 재심사 신청이 이러한 금반언의 원칙에 위배되는 경우 재심사절차를 신청할 수 없다. 37 C.F.R. § 1.907; 37 C.F.R. § 1.913.

164) 재심사 청구인이 청구항 일부에 대해서만 재심사를 청구했더라도 특허청의 직권으로 다른 청구항에 대해서도 재심사를 진행할 수 있다. *See* MPEP § 2643.

165) 공개특허문서 역시 재심사의 기초가 될 수 있다. 35 U.S.C. §§ 301, 311(a).

166) 비법정중복특허를 이유로도 재심사의 신청이 가능하다. *See* MPEP § 2658 (citing *In re* Lonardo, 119 F.3d 960 (Fed. Cir. 1997)).

167) *See* MPEP §§ 2617, 2658.

168) *See* MPEP § 2617.

쇄된 간행물을 제출하며 재심사를 신청하는 경우에는 해당 재심사 신청은 허용될 수 없다.[169]

B. 특허성에 관한 실질적으로 새로운 문제를 제기할 것

당사자계 재심사 신청인이 선행기술을 기초로 재심사를 신청했다 하더라도 적법하게 재심사가 개시되기 위해서는 재심사 신청인에 의해 "특허성에 관한 실질적으로 새로운 문제(a substantial new question of patentability)"가 제기되어야만 한다.[170] 재심사 신청인은 재심사를 통해 판단 받으려는 특허성에 관한 문제가 최초 심사단계에서 판단된 특허성에 관한 문제와 실질적으로 다르다는 점을 재심사 신청서를 통해 설명해야 한다. 구체적으로, 재심사 신청인은 재심사의 기초가 되는 선행기술이 해당 등록특허의 최초의 심사단계 또는 그 이후의 절차[171] 등에서 판단되지 않은 새로운 기술적 사항을 개시하고 있다는 것을 구체적으로 설명해야 한다. 다만, 주의할 점은 재심사의 대상이 되는 등록특허의 최초의 심사단계 또는 그 이후의 절차에서 이미 판단된 선행기술이라도 재심사의 기초가 될 수 있다는 것이다.[172] 이 경우 재심사 신청인은 해당 선행기술을 종전의 절차에서 판단된 것과 다른 관점/방식으로 선행기술을 설명해야 한다.[173]

C. 시기적 요건

재심사절차는 특허권의 행사가능기간(period of enforceability) 내라면 언제든지 신청할 수 있다.[174] 재심사절차를 위한 "특허권의 행사가능기간"은 특허가 등록유지료(Maintenance Fee) 불납 등의 이유로 사전에 소멸하지 않은 이상 특허권 존속기간 만료일로부터 6년까지의 기간이다.[175]

---

169) 이 경우에는 "Public Use Proceedings"가 가능하다. "Public Use Proceedings"에 관한 상세한 사항은 37 C.F.R. § 1.292; MPEP § 720에 설명되어 있다.

170) 35 U.S.C. § 312(a).

171) 예를 들어, 이미 재심사 신청이 있었거나 재발행 등의 절차가 있었던 경우, 해당 절차에서 판단되지 않은 새로운 기술적 사항을 개시하고 있다는 것을 구체적으로 설명해야 한다.

172) 35 U.S.C. § 312(a) ("The existence of a substantial new question of patentability is not precluded by the fact that a patent or printed publication was previously cited by or to the Office or considered by the Office.") 참고로, 본 규정은 2002년 11월 2일 이후에 재심사가 명해진 사건에 대해서만 적용된다.

173) *See* MPEP § 2616.

174) 37 C.F.R. § 1.913.

175) 35 U.S.C. § 286에 의해 특허 소송의 제소 기간은 손해발생일로부터 6년 이내이므

2. 재심사 신청서

결정계 재심사 신청서와 마찬가지로 당사자계 재심사 신청서에도 i) 해당 재심사를 통해 특허성에 관한 실질적으로 새로운 문제를 제기하고 있음을 진술하는 진술서, ii) 재심사의 대상이 되는 청구항과 재심사의 기초가 되는 인쇄된 간행물과의 관련성에 관한 설명, iii) 재심사의 기초가 되는 인쇄된 간행물의 사본,176) iv) 재심사의 대상이 되는 특허의 사본, v) 재심사신청서의 사본이 특허권자에게 송달되었음을 증명하는 증명서가 포함되어야 한다.177) 또한 당사자계 재심사 신청서에는 당해 재심사 신청이 금반언(estoppel)의 원칙에 위반하지 않는다는 증명서 및 재심사절차를 신청하는 실제 이해당사자(real party in interest)가 누구인지를 식별하는 진술서가 추가되어야 한다.178) 재심사 신청서에 위의 내용이 모두 포함되고 적법한 수수료가 납부되는 경우 재심사절차의 제출일(filing date)이 부여되고 재심사에 관한 사항이 공보에 기재된다.179)

3. 당사자계 재심사의 진행

1) 재심사명령

재심사 신청인이 재심사의 기초가 될 수 있는 선행기술을 기초로 특허성에 관한 실질적으로 새로운 문제를 제기한 경우, 특허청은 심사관으로 하여금 당사자계 재심사를 명하는 재심사명령(order for *Inter partes* reexamination)을 부여한다.180) 재심사 신청이 허여되어 재심사명령이 부여되는 경우 특허

로 특허권이 행사될 수 있는 마지막 날은 특허권 존속기간 만료일로부터 6년인 날이 되기 때문이다. *See* MPEP § 2611.

176) 인쇄된 간행물이 영어 이외의 언어로 작성된 경우, 재심사의 대상이 되는 등록특허와 관련된 부분의 번역문이 필요하다.

177) 37 C.F.R. § 1.915(b).

178) 이하에서 설명하는 재심사에 따른 금반언에 따라, 당사자계 재심사절차의 경우 i) 당사자계 재심사가 계류 중인 사안에 대해 동일 당사자가 새로운 재심사절차를 신청할 수 없고, ii) 당사자계 재심사에 따른 재심사증명서가 부여된 이후 이에 모순되는 행위를 할 수 없다. 35 U.S.C. §§ 315(c), 317(a)-(b); 37 C.F.R. § 1.907(a)-(c). 따라서 재심사 신청서에 이에 관련된 사항을 확인할 수 있는 내용이 추가된다.

179) *See* MPEP § 2615.

180) 특허청장은 적법한 재심사 신청이 있은 지 3개월 이내에 재심사를 명할지 여부를 결정해야 한다. 35 U.S.C. § 312(a). 재심사 요건에 흠결이 있는 경우 재심사 신청인에게 해당 사항을 통지하고 해당 흠결을 치유할 기회를 부여한다. 이에 관한 자세한 사

권자는 재심사명령에 대한 답변서를 제출할 수 있다. 또한 재심사명령과 함께 거절통지(OA)가 함께 부여될 수 있는데 이 경우 특허권자는 거절통지(OA)에 대한 답변서(response)를 제출할 수 있다.181) 특허권자는 재심사명령 또는 거절통지(OA)가 발송된 지 1개월 또는 2개월 이내에 답변서를 제출해야 한다. 만약 특허권자가 답변서를 제출하는 경우 재심사 신청인도 특허권자의 답변서에 대응하는 서면진술(written comment)을 제출할 수 있다.182)

어떠한 당사자도 재심사명령에 불복할 수는 없는 것이 원칙이다.183) 따라서 재심사명령에 불복하는 청원을 제출하거나 재심사명령에 불복하는 심판을 청구하는 것은 불가능하다. 한편, 재심사 요건의 흠결로 인해 재심사 신청이 거절되고 재심사명령이 부여되지 않은 경우, 재심사 신청인은 재심사 신청에 대한 거절이 발송된 날로부터 1개월 이내에 청원(petition)을 제출하여 재심사 신청의 거절에 대해 다툴 수 있다.184)

특허청은 상술한 재심사의 요건을 증명하는 데 도움이 되는 선서진술서(affidavit), 선언서(declaration) 및 기타 증거를 참고할 수는 있으나 인쇄된 간행물의 형태가 아닌 기타 선행기술은 참고할 수 없다.185)

2) 당사자계 방식의 심사 진행

당사자계 재심사절차의 경우, 특허권자 또는 재심사 신청인이 특허청에 제출한 서류는 다른 당사자에게 송부된다.186) 또한 재심사절차에서 거절통지(OA)가 부여되는 경우 특허권자는 이에 대응하는 답변서(response)를 제출할 수 있는바, 만약 특허권자에 의해 답변서가 제출된 경우 재심사 신청인은 특허권자의 답변서가 재심사 신청인에게 송달된 지 30일 이내에 특허청의 거절통지(OA) 및/또는 특허권자의 답변서에 대응하는 서면진술(written comment)을 제출할 수 있다.187) 당사자계 재심사절차에서 심사관의 거절통지(OA)에 대응

항은 MPEP § 2627에 설명되어 있다.

181) 37 C.F.R. § 1.945.

182) 35 U.S.C. § 314(b)(2); 37 C.F.R. § 1.947.

183) 다만 재심사명령이 인쇄된 간행물에 기초하지 않는 등의 특별한 사정이 있는 경우에는 재심사명령에 대한 재고 요청이나 재심사명령의 파기를 위한 청원의 제출이 가능하다. *See* MPEP § 2646.

184) 해당 청원이 기각되는 경우 더 이상 불복할 수 없다. 37 C.F.R. § 1.927.

185) *See* MPEP §§ 2616, 2617.

186) 35 U.S.C. § 314(b)(1).

187) 35 U.S.C. § 314(b)(2); 37 C.F.R. § 1.947. 당사자계 재심사절차는 “당사자계 *Inter*

하는 답변서는 일반적인 심사 절차에서 거절통지에 대한 응신과 유사한 방식으로 작성되며,[188] 재심사 신청인의 서면진술은 심사관의 거절통지 및/또는 특허권자의 답변서에 언급된 이슈만을 반박하는 방식으로 작성된다.[189]

일반적으로 심사관의 최초거절통지는 재심사명령과 함께 부여된다.[190] 만약 재심사명령과 함께 거절통지(OA)가 부여되지 않는 경우, 심사관은 재심사명령이 발송된 날로부터 2개월 이내에 거절통지(OA)를 부여해야 한다. 심사관에 의해 최초거절통지가 부여되는 경우, 특허권자는 의견서 및/또는 보정서를 포함하는 답변서를 제출할 수 있다.

당사자계 재심사절차는 재심사 신청인 또는 특허권자의 신청 여부에 상관없이 우선심사의 대상으로 진행된다.[191] 또한 재심사절차는 통상적인 심사절차에 비해 답변서 제출기간이 짧게 부여된다. 구체적으로 재심사과정에서 심사관이 거절통지(OA)를 부여하는 경우 특허권자는 거절통지(OA)의 발송일로부터 2개월 이내에 답변서를 제출해야 하는 것이 일반적이다.[192] 거절통지

---

partes)" 방식으로 진행되므로 재심사 신청인도 절차에 참여할 기회를 보장받는다.

188) 다만 특허권자의 답변서는 심사종료행위(Action Closing Prosecution 또는 ACP)가 부여되었는지 여부에 따라 그 작성 요건이 달라진다. 즉, 심사종료행위가 부여되기 이전에는 37 C.F.R. § 1.111(일반적인 심사과정에서 Non-Final OA에 대한 응신의 요건) 요건을 만족하는 답변서를 제출해야 하고, 심사종료행위가 부여된 이후에는 37 C.F.R. § 1.116(일반적인 심사과정에서 Final OA에 대한 응신의 요건) 요건을 만족하는 답변서를 제출해야 한다. *See* MPEP §§ 2666, 2671.01-02. 심사종료행위(ACP)는 통상적인 심사과정 및 결정계 재심사과정에서의 최후 OA(Final OA)와 유사한 성격을 갖는다. 즉 심사종료행위(ACP)가 부여되면 청구항의 범위를 확장할 수 없고 새로운 이슈를 제기할 수 없다. 37 C.F.R. § 1.951(a).

189) 37 C.F.R. § 1.947. 원칙적으로 재심사 신청인은 서면진술을 통해 새로운 인쇄된 간행물을 추가할 수 없으나, 특허권자/심사관의 의견을 반박하기 위해 새로운 선행기술이 필요하거나 재심사 신청 이후에 처음으로 알게 된 선행기술이 있는 경우에는 새로운 인쇄된 간행물을 추가할 수 있다. 37 C.F.R. § 1.948; MPEP § 2666.05.

190) 심사관은 청구항 전부에 대해 특허성이 있다고 판단하는 경우에도 거절통지(OA)의 일종인 심사종료행위(ACP)를 부여해야 한다. 즉 당사자계 재심사절차에서 심사관은 어떠한 경우에도 항상 최초 OA를 부여해야 하게 된다. *See* MPEP § 2662.

191) 35 U.S.C. § 314(c). 참고로 재심사절차의 대상이 되는 특허는 특허청에서 진행되는 절차 중 가장 높은 우선 순위를 부여 받는다. 또한 재심사절차의 대상이 되는 특허에 관련된 소송이 진행 중인 경우에는 더욱 높은 우선 순위를 부여 받는다. *See* MPEP § 2661.

192) 일반적으로 심사종료행위(ACP)가 부여되지 않은 경우에는 거절통지(OA)의 발송일로부터 2개월의 답변서 제출기간이 부여되고, 심사종료행위(ACP)가 부여된 경우에는 거절통지의 발송일로부터 1개월(해당 기간이 30일 미만인 경우에는 30일)의 답변서 제출

(OA)에 대한 특허권자의 답변서 제출기간은 충분한 사유(sufficient cause)가 소명된 경우에만 연장 가능하다.[193] 한편 특허권자의 답변서에 대해 재심사 신청인이 서면진술을 제출할 수 있는 30일의 기간은 연장이 불가능하다.[194]

3) 재심사의 대상

당사자계 재심사가 명해지는 경우 재심사 신청인이 특정한 청구항을 재심사하는 것이 일반적이나 심사관이 항상 이에 한정되는 것은 아니다. 즉 재심사 신청인이 특정하지 않은 청구항을 재심사하는 것도 가능하며, 재심사 신청인이 제출한 간행물 이외의 간행물을 기초로 재심사를 하는 것도 가능하다.[195]

재심사 신청의 근거는 인쇄된 간행물로 한정되므로 35 U.S.C. § 112에 따른 명세서기재요건 위반을 근거로 재심사를 신청할 수는 없다. 그러나 재심사절차 중에도 명세서에 대한 보정이 가능하므로, 명세서에 대한 보정으로 인해 35 U.S.C. § 112에 따른 명세서기재요건의 위반이 새롭게 발생할 수 있다.[196] 심사관은 재심사절차에서 명세서에 대한 보정이 있는 경우 명세서 기재불비의 문제가 있는지와 신규사항이 추가되었는지를 심사할 수 있다.

4) 재심사에 따른 보정

재심사절차에서의 보정에 관련된 규정은 당사자계 재심사 및 결정계 재심사를 구별하지 않고 적용되므로 보정에 관한 사항은 결정계 재심사절차와 유사하다.[197]

기간이 부여된다. *See* MPEP § 2662.

193) 37 C.F.R. § 1.956; *See* MPEP § 2665.

194) 37 C.F.R. § 1.947.

195) *See* MPEP §§ 2643, 2644. 물론 재심사과정에서 심사관이 스스로 새로운 선행 기술을 검색하는 일은 드물다.

196) 37 C.F.R. § 1.906(a).

197) 다만 당사자계 재심사절차의 경우 보정의 시기에 관련해서 제한이 있다. 구체적으로 37 C.F.R. § 1.939(b) 규정에 의해 당사자계 재심사절차에서는 심사관의 최초 거절통지 이전에는 보정을 할 수 없다. 참고로 결정계 재심사절차의 경우 특허권자가 재심사를 신청하면서 보정서를 제출하는 것이 가능하므로 최초 거절통지 이전에도 보정을 할 수 있다.

4. 관련문제

1) 당사자계 재심사절차에 따른 발명자정정

당사자계 재심사절차를 통해서도 발명자정정이 가능하다. 구체적으로 재심사의 대상이 되는 등록특허의 발명자가 기만의 의도(deceptive intention) 없이 잘못 기재된 경우, 재심사절차가 진행되는 도중에 발명자정정을 요청하는 청원을 제출하여 발명자를 정정할 수 있다.[198]

2) 우선권주장의 추가 및 보정

특허권자는 결정계 재심사절차와 마찬가지로 당사자계 재심사절차 도중 해외 및 국내우선권주장을 추가하거나 보정할 수 있다. 구체적으로 우선권주장 자체를 누락했거나 우선권증명서류를 누락한 경우 재심사절차를 통해 우선권주장을 추가하거나 보정할 수 있다.[199]

3) 재심사절차의 부활

재심사에 따른 거절통지(OA)를 통해 모든 청구항에 대한 특허성이 부정되는 상황에서 특허권자가 거절통지(OA)에 적절하게 답변서를 제출하지 못하는 경우 당사자계 재심사절차는 종료된다. 이 경우 특허권자가 종료된 재심사절차를 부활을 위한 청원을 제출할 수 있다. 재심사절차의 부활을 위한 청원은 i) 피할 수 없는 사유로 인한 지연 및 ii) 비의도적인 지연으로 인해 절차가 종료된 경우에 제출 가능하다.[200]

4) 연속출원

당사자계 재심사절차 도중에 연속출원(계속/분할/부분계속출원)을 하는 불가능하다. 재발행출원은 "출원"의 일종으로 취급 받기 때문에 재발행출원 과정에서 연속출원이 가능하지만 재심사절차는 출원에 해당하지 않으므로 연속출원은 불가능하다.

---

198) *See* MPEP § 2658.

199) 참고로 우선권의 종류 및 출원일에 따라 비의도적으로 지연된 우선권주장의 회복을 위한 청원(petition for an unintentionally delayed priority claim)을 재발행출원서와 함께 제출해야 하는 경우가 있다. 또한 가출원을 기초로 우선권을 주장하는 경우에는 출원일에 따라 우선권주장이 불가능할 수도 있다. 이와 관련된 경과 규정은 MPEP § 2658에 상세하게 기재되어 있다.

200) 구체적인 제출요건은 정규출원(non-provisional application)의 부활을 위한 청원(petition to revive)과 동일하다. 정규출원의 부활을 위한 청원에 관한 규정인 37 C.F.R. § 1.137 규정은 재심사절차에도 그대로 적용되기 때문이다.

5) 정보개시의무

일반적인 출원절차와 마찬가지로 재심사절차에도 정보개시의무(Duty of Disclosure)가 문제된다. 즉, 특허권자 또는 그 대리인이 재심사의 대상이 되는 특허의 특허성에 관한 중대한(material) 정보를 가지고 있는 경우 해당 정보를 IDS 형태로 특허청에 제출해야 한다.[201]

6) 인 터 뷰

당사자계 재심사절차에서도 심사관과의 인터뷰는 불가능하다.[202] 따라서 특허권자인지 여부에 상관없이 심사관과의 인터뷰를 신청할 수 없다.

7) 불복심판

결정계 재심사절차와 달리 당사자계 재심사절차에서는 재심사 신청인도 불복심판을 청구할 수 있다. 구체적으로 특허권자뿐만 아니라 재심사 신청인도 청구항 일부 또는 전부에 대한 재심사 결과에 대해 불복심판을 청구할 수 있다.[203] 불복심판은 심사관이 심판통지권리서(Right of Appeal Notice 또는 RAN)를 부여한 이후 1개월 이내에 청구되어야 하며,[204] 심판을 청구하지 않은 당사자도 상대 당사자가 심판을 청구한 지 14일 이내 반소의 일종인 반대심판(cross appeal)을 청구할 수 있다.[205]

5. 재심사절차의 종료

1) 재심사증명서

당사자계 재심사절차가 종료되면 심사관은 당사자계 재심사증명서(*Inter partes* Reexamination Certificate)를 부여한다.[206] 심사관이 재심사증명서를 부여

---

201) 37 C.F.R. § 1.933. 재심사의 대상이 되는 특허와 관련된 소송 등이 존재한다면 이에 관한 사항도 특허청에 통지해야 한다. 37 C.F.R. § 1.985.

202) 37 C.F.R. § 1.955.

203) 35 U.S.C. § 315.

204) 심판 청구는 심사종료행위(ACP)가 부여된 이후에 가능한 것이 아님을 주의해야 한다. 심판 통지 권리(Right of Appeal Notice 또는 RAN)는 심사종료행위(ACP)에 부여되는 심사관이 최종 통지로서 심판 통지 권리가 부여되는 상황은 37 C.F.R. § 1.953 및 MPEP § 2673.02에 기재되어 있다.

205) 37 C.F.R. § 41.61.

206) 재심사증명서는 등록특허의 일부로 배포된다. 즉 재심사의 대상이 되었던 등록특허의 내용을 미국 특허청 등에서 제공하는 데이터 베이스를 통해 검색하는 경우, 최초 등록된 특허의 내용뿐만 아니라 재심사증명서도 함께 제공된다. *See* MPEP § 2692.

하는 경우 해당 사실을 특허권자 및 재심사 신청인에게 통지하고 공보에 기재한다.[207]

재심사증명서는 재심사절차가 종료되는 경우 부여된다. 구체적으로 특허권자가 재심사과정에서 부여된 거절통지(OA)에 적절하게 대응하지 못한 경우 등에 당사자계 재심사증명서가 발급될 수 있다. 재심사절차 도중 보정되거나 새롭게 추가된 청구항에 대해 특허성이 인정되는 경우 해당 청구항은 종전 특허에 병합되며, 재심사 결과 특허성이 부정된 청구항들에 대해서는 특허가 취소된다. 구체적으로 재심사증명서는 i) 특허성이 부정된 청구항을 취소하고, ii) 특허성이 재확인된 청구항들의 특허성을 확인하며, iii) 보정되거나 추가된 청구항을 종전 특허에 병합시키는 효과를 발생시킨다.[208]

2) 소급효 및 중용권

당사자계 재심사절차를 통해 청구항이 보정되거나 새로운 청구항이 추가되는 경우, 재심사증명서가 부여되기 이전의 침해행위에 대해서도 침해의 책임을 소급하여 물을 수 있는지가 문제된다. 미국특허법 제316(b)조에 따르면, 재심사절차에 따른 특허권의 소급효와 중용권은 재발행특허에 대한 소급효/중용권과 동일하게 취급된다.[209] 즉, 재심사를 통해 변경된 청구항이 해당 청구항이 재심사 이전의 청구항과 실질적으로 동일한 경우에는 특허권의 효력이 재심사증명서 부여 이전으로 소급한다. 만약 특허권이 소급하지 않는 경우에는 제3자에게 절대적 또는 형평법 상의 중용권이 부여될 수 있다.

3) 당사자계 재심사에 따른 금반언

결정계 재심사절차와 달리 당사자계 재심사절차가 문제되는 경우, 재심사

---

207) 구체적으로 심사관은 당사자계 재심사증명서 부여의도통지서(Notice of Intent to Issue *Inter partes* Reexamination Certificate 또는 NIRC)를 부여한다. 해당 통지서가 발급된 이후에는 재심사의 대상이 된 특허에 대한 보정이나 IDS 제출이 불가능한 것이 원칙이다. *See* MPEP § 2687.01.

208) 35 U.S.C. § 316(a).

209) 35 U.S.C. § 316(b) ("Any proposed amended or new claim determined to be patentable and incorporated into a patent following an inter partes reexamination proceeding shall have the same effect as that specified in section 252 of this title for reissued patents on the right of any person who made, purchased, or used within the United States, or imported into the United States, anything patented by such proposed amended or new claim, or who made substantial preparation therefor, prior to issuance of a certificate under the provisions of subsection (a) of this section.").

절차를 신청한 제3자가 추후에 소송이나 별도의 당사자계 재심사절차를 통해 동일한 특허에 대한 무효 주장을 할 수 없는 금반언(*estoppel*)이 인정된다.

A. 관련규정

특허법 제315(c)조에 따라, 당사자계 재심사를 신청하여 재심사 명령을 부여받은 제3자는, 당사자계 재심사절차를 통해 제기하였거나 제기할 수 있었던 이슈를 근거로, 재심사를 통해 최종적으로 유효하다 판정 받은 청구항에 대하여, 민사소송을 통해, 무효 주장을 할 수 없다.[210)]

또한 특허법 제317(a)조에 따라, 특허에 대해 당사자계 재심사 명령이 부여되면, 재심사를 신청한 제3자 또는 그와 당사자 관계를 가지는 자는, 특허청장의 허락이 없는 한, 재심사증명서가 부여되고 공개될 때까지 해당 특허에 대해 추가적인 당사자계 재심사를 신청할 수 없다.[211)]

또한 특허법 제317(b)조에 따라, 연방법원에서의 민사소송의 종국판결에서 특정한 당사자가 소송에서 문제된 특정한 청구항의 무효를 증명할 책임을 다하지 못한 것으로 판단되었거나, 특정한 당사자가 신청한 당사자계 재심사절차에 따른 최종 판단이 특정한 청구항의 특허성을 지지하는 경우, 해당 당사자가 또는 그와 당사자 관계를 가지는 자는 해당 청구항에 대해, 해당 민사소송 또는 재심사절차에서 제기하였거나 제기할 수 있었던 이슈를 근거로, 이후에 당사자계 재심사를 신청할 수 없으며, 이러한 당사자계 재심사절차가 특허청에서 계속될 수도 없다.[212)]

---

210) 35 U.S.C. § 315(c) ("A third-party requester whose request for an inter partes reexamination results in an order under section 313 is estopped from asserting at a later time, in any civil action arising in whole or in part under section 1338 of title 28, the invalidity of any claim finally determined to be valid and patentable on any ground which the third-party requester raised or could have raised during the inter partes reexamination proceedings.").

211) 35 U.S.C. § 317(a) ("[O]nce an order for inter partes reexamination of a patent has been issued under section 313, neither the third-party requester nor its privies may file a subsequent request for inter partes reexamination of the patent until an inter partes reexamination certificate is issued and published under section 316, unless authorized by the Director.").

212) 35 U.S.C. § 317(b) ("Once a final decision has been entered against a party in a civil action arising in whole or in part under section 1338 of title 28, that the party has not sustained its burden of proving the invalidity of any patent claim in suit or if a final decision in an inter partes reexamination proceeding instituted by a third-party

B. 판 단

특허법 제315(c)조에 따른 금반언은 당사자계 재심사 이후, 연방법원에 민사소송(civil action)을 진행하는 것을 차단하는 것에 관한 것이다. 특허법 제315(c)조에 따른 금반언이 연방지방법원에서의 민사소송을 차단하는 것에는 의문이 없으나, 본 규정이 나중에 ITC 절차를 진행하는 것을 차단하는지 여부에 관해서는 다툼이 있다.[213] 특허법 제315(c)에 따른 금반언은 재심사를 통해 최종적으로 유효로 판단된 청구항에 대해 적용되므로, 만약 재심사증명서가 부여되지 않고 재심사절차가 진행 중인 경우에는 금반언의 효과가 발생하지 않는다.[214] 한편 특허법 제315(c)조에 따른 금반언이 문제되는 경우 재심사절차에서 제기하였거나 제기할 수 있었던 이슈를 근거로는 이후에 무효주장이 불가능하므로, 만약 재심사절차에서 제기할 수 없었던 이슈를 주장하는 것은 가능하다. 예를 들어, 재심사절차는 인쇄된 간행물에 한정되므로, 나중에 소송을 진행하면서 인쇄된 간행물이 아닌 선행기술을 새롭게 제출하는 것은 허용된다.[215]

특허법 제317(a)조에 따른 금반언은, 당사자계 재심사절차가 특허청(USPTO)에 계속 중인 경우에 문제되며, 추가적인 재심사신청 자체를 차단한

---

requester is favorable to the patentability of any original or proposed amended or new claim of the patent, then neither that party nor its privies may thereafter request an inter partes reexamination of any such patent claim on the basis of issues which that party or its privies raised or could have raised in such civil action or inter partes reexamination proceeding, and an inter partes reexamination requested by that party or its privies on the basis of such issues may not thereafter be maintained by the Office, notwithstanding any other provision of this chapter.").

213) 이에 관해 명확하게 판단한 판례는 없어 보이나, 과거에 연방순회항소법원이 ITC 절차는 민사소송(civil action)이 아니라는 취지의 판결(SSIH Equipment S.A. v. U.S. Int'l Trade Com'n, 718 F.2d 365, 371 (Fed. Cir. 1983))을 내린 적이 있어, ITC 절차에는 금반언이 적용되지 않는다는 견해도 있다.

214) Safoco, Inc. v. Cameron Intern. Corp., 2009 WL 2424108 (S.D.Tex. July 31, 2009) ("[T]he court concludes that a patent claim is not 'finally determined to be valid and patentable,' 35 U.S.C. § 315(c), in an inter partes reexamination proceeding until the USPTO issues a reexamination certificate.").

215) 재심사절차에서 불리한 결과를 얻은 제3자가 소송을 금반언 규정을 우회하기 위해 실제 컴퓨터와 특허청에 의해 이미 고려되었던 인쇄된 간행물을 조합하여 무효주장을 하는 것을 허용한 1심 법원의 판례가 있다. ACCO Brands, Inc. v. PC Guardian Anti-Theft Products, Inc., 3-04-cv-03526 (N.D.Cal. December 4, 2008).

다. 특허법 제317(a)조에 따른 금반언은 청구항이 아닌 "특허"에 적용되므로, 현재 계속 중인 재심사에서는 다투어지지 않는 청구항을 기초로 새로운 재심사를 신청을 해도 본 규정을 회피할 수 없다. 본 금반언 규정은 당사자 자격을 갖는 자에게도 함께 적용되는바, 특허청(USPTO)에서 당사자 자격을 갖는 자가 재심사신청을 반복하는지를 파악하기 위해 재심사 신청서에는 실제 이해당사자(real party in interest)가 기재되도록 요구되는 것은 이미 설명한 바와 같다.

특허법 제317(b)조에 따른 금반언은, 종전에 진행되었던 소송 또는 재심사와 모순되는 행위를 차단한다. 특허법 제317(b)조에 따른 금반언은 청구항 기준으로 판단되므로, 종전에 판단된 바 없는 청구항에 대해 재심사를 신청/진행하는 것이 문제되는 경우에는 본 조의 금반언이 문제되지는 않는다. 한편 제317(b)조에 따른 금반언 역시 종전 절차에서 제기하였거나 제기할 수 있었던 이슈를 새로운 재심사절차에서 다시 제기하는 것을 차단한다.[216]

216) 다만 "제기하였거나 제기할 수 있었던(raised or could have raised)"의 정확한 의미에 관한 판례나 특허청의 설명이 부족하여 그 정확한 의미에 대해서는 다툼이 있다. MATTHE A SMITH, *Inter Partes Reexamination*, Ed. 1E, page 30 (Jan. 31, 2009).

권리범위해석 및 침해

제1절 | 권리범위해석

Ⅰ. 서

권리범위해석(Claim Consturction)은 출원 및 소송단계에서 모두 문제된다. 출원단계에서는 예견성(신규성), 자명성(진보성) 등을 판단하기 위해, 심사관이 청구항의 권리범위 광협을 특정하게 되고, 소송단계에서는 침해 여부를 판단하기 위해 법관이 권리범위 광협을 판단하게 된다.

Ⅱ. 청 구 항

청구항은 권리범위해석의 표준이다. 청구항은 일반적으로 전제부, 전이부 및 특징부로 구성된다. 전제부(preamble)는 일반적인 기술적 특징이나 기술 배경을 제시한다. 전이부(transition)는 전제부와 특징부(body)를 연결하는 부분으로 "comprising"이나 "consisting" 또는 "essentially consisting" 등이 사용된다. 전이부에 의해 전제부와 연결되는 특징부(body)에는 발명이 동작하기 위해 필요한 구성요소가 기재된다.

1. 전제부에 따른 권리범위해석

전제부(preamble)는 일반적인 기술적 특징이나 기술 배경을 제시하는바,

전제부와 관련하여 문제되는 것은 전제부에 기재된 내용에 따라 권리범위가 제한되어 해석되는지 여부이다. 이에 대해, 전제부에 기재된 내용에 의해 권리범위가 한정되는지 여부는 사안에 따라 결정되어야 하며 권리범위 한정여부를 명확하게 결정하는 "리트머스 테스트"는 존재하지 않는다는 것이 법원 및 특허청의 태도이다.[1] 일반적으로 전제부는 청구항은 청구된 발명에 관련된 일반적인 기술적 특징이나 기술 배경을 제시하는 것에 불과하므로, 청구항의 권리범위가 문제되는 경우 권리범위를 한정하지 않는 것으로 취급되는 것이 일반적이다. 예를 들어, 전제부가 발명의 목적(purpose)이나 사용 용도(intended use)를 나타내는 경우에는 권리범위를 한정하지 않으므로, 침해여부 판단 시 전제부의 기재내용은 고려되지 않는 것이 원칙이다. 그러나 이하에서 설명하는 바와 같이, i) 청구항의 용어가 전제부를 통하여 그 중요성이나 의미를 부여 받는 경우, ii) 전제부가 청구항에 의해 정의되는 발명을 상세하게 지시하는 경우, iii) 명세서를 전체적으로 고려한 결과 전제부가 법률적 한정을 구성하는 경우, iv) 젭슨 청구항(Jepson claim)이 문제되는 경우에는 전제부가 권리범위를 한정하는 예외적인 경우로 취급된다.[2]

1) 전제부가 청구항 용어에 대한 중요성이나 의미를 부여하는 경우

청구항의 용어가 전제부를 통하여 그 중요성이나 의미를 부여 받는 경우의 일례는 전제부가 용어를 최초로 정의하고 이렇게 정의된 용어가 청구항의 특징부에 포함되는 경우이다.[3] 즉 청구항에 정의된 용어가 "said"나 "the"와 같은 선행사를 통해 특징부에 병합되는 경우에는 전제부가 권리범위를 한정한다.

2) 전제부가 청구된 발명을 지시하는 경우

전제부가 청구항에 의해 정의되는 발명을 상세하게 지시하는 경우의 일례는 특허권자가 청구된 발명의 대상을 정의하기 위해 전제부와 특징부(body)에 동일한 용어를 사용하는 경우이다.[4] 전제부가 발명의 목적이나 사

1) *See* MPEP § 2111.02 (citing Catalina Mktg. Int'l v. Coolsavings.com, Inc., 289 F.3d 801, 808 (Fed. Cir. 2002)).

2) KIMBERY A. MOORE ET. AL., PATENT LITIGATION AND STRATEGY 301-03 (Thomson West 3rd ed. 2008).

3) Bell Communications Research, Inc. v. Vitalink Communications Corp., 55 F.3d 615, 620 (Fed. Cir. 1995).

4) *Bell*, at 620.

용 용도만을 나타내는 경우에는 권리범위를 한정하지 않는 것이 원칙이지만,[5] 이러한 경우에도 특허권자가 출원과정에서 거절을 극복하기 위해 전제부의 내용에 의존하는 경우에는 전제부가 청구항에 의해 정의되는 발명을 상세하게 지시하는 경우에는 일례로 취급될 수 있다.[6]

3) 전제부가 법률적 한정을 구성하는 경우

전제부에 기재된 내용이 실시예 및 청구항에 반복적으로 사용된 경우에는 전제부가 법률적 한정을 구성하는 것으로 인정할 수 있다. 만약 전제부에 기재된 내용이 실시예와 청구항에 일관되게 기재되는 경우 해당 전제부는 청구된 발명의 근본적인 특성(fundamental characteristic)을 개시하는 것이므로 전제부가 권리범위를 한정하는 것으로 해석될 수 있다.[7] 또한 청구항의 일부에서는 전제부가 반복적으로 사용되었으나, 나머지 청구항에서는 해당 전제부가 반복적으로 사용되지 않은 경우, 해당 전제부가 법률적 한정을 구성하여, 해당 전제부가 사용된 청구항의 권리범위를 해석할 때 해당 전제부가 권리범위를 제한할 수 있다.[8]

4) 젭슨 청구항의 경우

젭슨 청구항이 문제되는 경우에는 항상 전제부가 권리범위를 제한한다. 젭슨 청구항(Jepson type claim)은 *Jepson* 사건[9]에 의해 적법한 청구항 기재방법으로 인정된 청구항 형태로, i) 종래기술을 개시하는 전제부(preamble), ii) 발명에 의해 새롭게 제안되는 기술적 특징을 개시하는 특징부(body 또는 inventive element) 및 iii) 상기 전제부와 특징부를 연결하는 전이부(transition)로 구성되는 청구항으로, 전제부에 종래기술이 기재되며 전이부가 "the improvement comprising"[10]으로 기재된다.

---

5) Pitney Bowes, Inc. v. Hewlett-Packard Co., 182 F.3d 1298, 1305 (Fed. Cir. 1999).

6) Metabolite Labs., Inc. v. Corp. of Am. Holdings, 370 F.3d 1354, 1358-62 (Fed. Cir. 2004).

7) Poly-America LP v. GSE Lining Tech. Inc., 383 F.3d 1303, 1310 (Fed. Cir. 2004).

8) KIMBERY A. MOORE ET. AL., PATENT LITIGATION AND STRATEGY 302 (Thomson West 3rd ed. 2008).

9) *Ex parte* Jepson, 243 Off. Gaz. Pat. Off. 525 (Comm'r Pats. 1917).

10) "wherein the improvement" 형태로 기재되기도 한다. (참고로, 37 C.F.R. § 1.75(e)에 따르면 "wherein the improvement comprises"가 권장된다.)

2. 전이부에 따른 권리범위해석

전이부(transition)은 전제부(preamble)와 특징부(body)를 연결하는 연결어를 말한다. 통상 사용되는 전이부는 "comprising, consisting of, consisting essentially" 등이 있다. 전이부는 특징부에 추가적인 구성요소를 포함할 수 있는지 여부에 따라 개방형(open-ended), 폐쇄형(close-ended)과 반폐쇄형(semi close-ended)로 구분된다. 즉, 개방형 전이부를 사용하는 청구항에는 청구항에 기재되지 않은 추가적인 구성요소도 결합이 가능한 것으로 해석되어 권리범위가 넓어질 여지가 크지만 선행기술에 의해 거절될 가능성도 커지게 된다. 폐쇄형 전이부를 사용하는 경우에는 추가적인 구성요소가 결합되지 않는 것으로 해석되므로 선행기술에 의해 거절될 가능성은 낮아지지만 권리범위가 제한된다. 반폐쇄형은 개방형과 폐쇄형의 중간적인 성격을 가진다.

1) 개방형 전이부

개방형 전이부 중 가장 널리 사용되는 것은 "comprising"이다. "comprising"으로 전이부를 기재하는 경우, 청구항에 기재된 구성요소 이외의 구성요소도 추가될 수 있다.[11] 또한 "comprising" 외에도 "including," "containing"[12] 또는 "characterized by"는 개방형 전이부로 취급된다는 것이 특허청의 태도이다.[13]

전이부로 "having"이 사용되는 경우에는 개방형 또는 폐쇄형 모두로 해석이 가능하므로, 해당 특허의 명세서에 비추어 해당 전이부를 해석해야 한다.[14] 법원은 "having"에 의미에 대해 구체적 사실관계에 따라 "comprising"과 같은 효과를 인정하기도 하고,[15] 개방형 전이부로 추정하지 않기도 한

11) *See* MPEP § 2111.03 (citing Invitrogen Corp. v. Biocrest Mfg., L.P., 327 F.3d 1364, 1368 (Fed. Cir. 2003)).

12) MPEP § 2111.03 (citing Mars Inc. v. H.J. Heinz Co., 377 F.3d 1369, 1376 (Fed. Cir. 2004)).

13) MPEP § 2111.03 ("The transitional term 'comprising', which is synonymous with 'including,' 'containing,' or 'characterized by,' is inclusive or open-ended and does not exclude additional, unrecited elements or method steps.") (citations omitted).

14) *See* MPEP § 2111.03 ("Transitional phrases such as 'having' must be interpreted in light of the specification to determine whether open or closed claim language is intended.") (citations omitted).

15) *See* MPEP § 2111.03 (citing Lampi Corp. v. American Power Products Inc., 228 F.3d 1365, 1376 (Fed. Cir. 2000)).

다.[16] 실무자 입장에서는 의미가 분명하지 않은 전이부를 사용하지 말고 "comprising"을 사용하는 것이 바람직할 것이다.

2) 폐쇄형 전이부[17]

폐쇄형 전이부로는 주로 "consisting of"가 사용된다. "consisting of"로 전이부를 기재하는 경우, 청구항에 기재된 구성요소 이외의 다른 구성요소는 추가될 수 없다.[18] 폐쇄형 전이부가 포함되는 경우 추가적인 구성요소를 부가하여 구체화하는 것은 불가능하며, "wherein" 등의 표현을 통해 한정하는 것만이 가능하다. 한편, 폐쇄형 전이부가 전제부 직후에 기재되는 경우에는 폐쇄형 전이부의 효과가 모든 구성요소에 미치지만, 하나의 구성요소 내에서만 폐쇄형 전이부가 기재되는 경우 폐쇄형 전이부의 효과는 해당 구성요소에만 미치므로 나머지 구성요소에 대해서는 부가하여 구체화하는 것도 가능하다.[19] 한편, 전이부 중 "composed of"[20] 는 구체적인 사실관계에 따라 폐쇄형 전이부나 반폐쇄형 전이부로 해석된다.

3) 반폐쇄형 전이부

반폐쇄형 전이부로는 주로 "consisting essentially"가 사용된다. 반폐쇄형 전이부는 개방형 전이부와 폐쇄형 전이부의 중간적인 취급을 받는바, 청구항에 기재되지 않은 구성요소가 포함되는 구성요소도 추가될 수 있지만, 추가되는 구성요소로 인해 이미 청구항에 기재된 발명의 기본적이고 새로운 특성(basic and novel characteristic)에 중대한 변화가 없어야 한다.[21]

---

16) *See* MPEP § 2111.03 (citing Crystal Semiconductor Corp. v. TriTech Microelectronics Int'l Inc., 246 F.3d 1336, 1348 (Fed. Cir. 2001)).

17) 참고로, 화학발명이 문제되지 않는 한 폐쇄형 전이부가 사용되는 경우는 드물다.

18) *See* MPEP § 2111.03 (citing *In re* Gray, 53 F.2d 520 (C.C.P.A. 1931)). 그러나 "consisting of" 표현이 있음에도 청구항에 기재된 구성요소 무관함을 이유로 추가적인 구성요소의 결합을 긍정한 판례도 있다. MPEP § 2111.03 (citing Norian Corp. v. Stryker Corp., 363 F.3d 1321, 1331-32 (Fed. Cir. 2004)).

19) *See* MPEP § 2111.03 (citing Mannesmann Demag Corp. v. Engineered Metal Products Co., 793 F.2d 1279 (Fed. Cir. 1986)).

20) *See* MPEP § 2111.03 ("The transitional phrase 'composed of' has been interpreted in the same manner as either 'consisting of' or 'consisting essentially of,' depending on the facts of the particular case.").

21) *See* MPEP § 2111.03 (citing *In re* Herz, 537 F.2d 549, 551-52 (C.C.P.A. 1976)).

Ⅲ. 청구항 해석의 주체

1. 청구항 해석의 주체

과거 청구항 해석의 주체가 판사인지 배심원인지에 관해 다툼이 있었으나 역사적인 마크맨(*Markman*) 판결[22]을 통해 연방순회항소법원(CAFC)은 청구항의 해석은 판사가 해석해야 하는 법률문제(matter of law)라고 선언하였고, 이러한 원칙은 연방대법원에 의해 인용되었다.[23] 마크맨 판결은 i) 배심재판(jury trial)에서도 청구항 해석의 주체는 판사임을 명시적으로 확인하였고,[24] ii) 판사가 청구항을 해석함에 있어 청구항 그 자체, 명세서 및 심사경과기록(prosecution history)을 판단의 주된 기초로 해야 함을 분명히 하였다.[25]

2. *Markman* 청문회

Markman 사건 이후 마크맨 판결을 통해 제시된 방법에 따라 청구항을 해석하기 위해, 공판(trial)이 있기 전에 마크맨 청문회(Markman Hearing)를 진행하는 것이 일반화되었다.[26] 마크맨 청문회는 각 1심 지방법원이 정한 방법에 따라 진행되므로, 변호사들이 서면으로 의견을 제출하는 방식부터 전문가 증언 등을 이용하여 실제 공판처럼 진행하는 방식까지 다양한 형태로 진행된다.[27]

---

22) Markman v. Westview Instruments, Inc., 52 F.3d 967 (Fed. Cir. 1995). 통상 *Markman I*"이라 불린다.

23) Markman v. Westview Instruments, Inc., 517 U.S. 370 (1996). 통상 *Markman II*"라 불린다.

24) *Markman*, 52 F.3d at 970-71.

25) *Markman*, 52 F.3d at 979-80.

26) 일반적으로 공판이 있기 전 증거개시절차의 마무리 단계에서 청구항에 대한 해석이 판단되는 것이 선호되지만 강제되는 것은 아니다. 연방항소법원의 판례에 따르면, 1심 지방법원은 소송운영에 넓은 재량권을 인정받기 때문이다. Vivid Technologies, Inc. v. American Science & Engineering, Inc., 200 F.3d 795, 803-04 (Fed. Cir. 1999).

27) 참고로, 캘리포니아북부지방법원(Northern District of California 또는 "N.D. Cal.")이 운영하는 마크맨 청문회 방식은 다른 지방법원에서도 참고될 만큼 널리 알려져 있다. 한편, 마크맨 청문회가 강제되는 것은 아니다. Schoenhaus v. Genesco, Inc., 440 F.3d 1354, 1356 (Fed. Cir. 2006).

3. 항소심에서의 판단방법

우리나라와 달리 미국의 항소심은 법률심이다. 따라서 사실관계에 관한 확정은 지방법원에 일임되며, 항소법원은 지방법원이 확정한 사실관계를 기초로 법령을 적용하여 판단을 내리는 것이 원칙이다. 즉, 미국의 항소법원은 지방법원(구체적으로는, 사실의 발견자[28])이 확정한 구체적 사실관계를 다시 확정하지는 않으며, 지방법원이 사실의 발견자(Finder of Fact)가 확정된 사실관계에 대해 법령을 정확하게 적용했는지를 검토(review)할 뿐이다.

항소법원이 지방법원의 판결을 검토(review)할 때는 여러 종류의 검토기준(standard of review)을 사용하는데, 지방법원의 청구항 해석에 대해 어떠한 검토기준을 적용할지에 관하여 대립이 있었다. 구체적으로 연방순회항소법원의 판례는 i) 지방법원의 청구항 해석에 명백한 잘못을 범한 경우에만 지방법원의 판결의 잘못을 인정하는 판결[29]과 ii) 지방법원의 청구항에 해석에 구속되지 않고 새롭게 심리하여 청구항의 의미를 확정하는 판결[30]로 대립하였다. 이러한 판결의 모순 문제는 *Markman* 사건의 판결에서도 언급되지 않아 이후에도 계속 문제되었으나,[31] 1998년 연방순회항소법원은 전원합의체 판결을 통해 지방법원의 판단에 구속되지 않고 새롭게 심리하여 청구항의 의미를 확정할 수 있다는 "*de novo* review" 기준을 채택하였다.[32]

IV. 청구항 해석의 기초가 되는 증거

청구항 해석의 기초가 될 수 있는 증거는 내적증거(intrinsic evidence)와 외적증거(extrinsic evidence)로 구분될 수 있다. 내적증거는 청구항, 명세서, 심

---

28) 통상 "Trier of Fact" 또는 "Finder of Fact"라 불리며 재판에서 사실관계를 확정할 권한을 가지는 자를 의미한다. 배심재판에서 사실의 결정자/발견자는 배심원이 되는 것이 원칙이다.

29) Eastman Kodak Co. v. Goodyear Tire & Rubber Co., 114 F.3d 1547, 1555-56 (Fed. Cir. 1997).

30) General Am. Transp. v. Cryo-Trans, Inc., 93 F.3d 766 (Fed. Cir. 1996).

31) 주의할 점은 *Metaullics* 사건 등에서 Radar 판사 등이 주장한 것처럼 법률문제(matter of law)라 하여 반드시 *de novo* review" 기준을 택하는 것은 아니라는 점이다. Metaullics Sys. Co. v. Cooper, 100 F.3d 938, 939 (Fed. Cir. 1996).

32) Cybor Corp. v. FAS Technologies, Inc., 138 F.3d 1448, 1454 (Fed. Cir. 1998).

사경과기록(prosecution history)으로 한정되며, 외적증거는 전문가 증언, 발명자 증언, 사전(dictionary), 논문(treatises), 선행기술(prior art) 등을 포함한다.[33] 법원은 전통적으로 청구항의 의미를 파악하는 데 사전을 활용했는데, 사전과 같은 외적증거가 내적증거에 비해 우선할 수 있는지에 관해 다툼이 있었다. 즉, 연방순회항소법원의 일부 판결[34]을 보면 청구항의 의미가 문제되는 경우 내적증거를 검토하기 전에 외적증거(주로 사전이 문제됨)를 검토하여 이를 기초로 청구항의 정상적이고 통상적인 의미(ordinary and customary meanings)를 결정하였고 이러한 법원의 태도는 이후에도 계속 유지되었다. 이에 연방순회항소법원은 *Phillips* 사건을 통하여 내적증거가 외적증거에 비해 우선한다는 판단을 내리기에 이른다.

1. *Phillips* 사건

특허권자인 Edward H. Phillips는 침해자를 상대로 특허침해의 소를 제기했으나 1심에서 패소하고, 이후에 연방순회법원에 항소하지만 연방순회항소법원 역시 침해를 부정한다. Phillips의 특허는 폭동 방지용 벽 또는 감옥의 벽으로 활용 가능한 장치에 관한 것으로, 청구항에는 "further means disposed inside the shell for increasing its load bearing capacity comprising internal steel baffles extending inwardly from the steel shell walls"와 같은 구성요소가 포함되는데, 항소심은 침해품에는 벽으로부터 직각으로 연장되는 구조가 있지만, 이러한 침해품의 구조는 특허권자의 방지재(baffle)를 실시하지 않기 때문에 침해가 성립하지 않는다고 판단했다. 즉, 청구항의 "baffle"이 벽으로부터 직각으로 연장되는 구조로 해석되면 특허침해가 인정되지만, 법원은 청구항의 "baffle"이 직각으로 연장되는 구조를 포함하지 않는 것으로 해석하였다. 구체적으로, 법원은 웹스터(Webster) 사전을 기초로 "baffle"의 정상적인 의미를 "흐름을 변형, 저지, 조절하는 것"으로 해석한 이후,[35] 발명의 상세한 설명을 참조하여 "baffle"의 의미를 더욱 한정 해석하였다.[36] 구

---

33) *Markman*, 52 F.3d at 979-80.

34) Texas Digital Systems, Inc. v. Telegenix, Inc., 308 F.3d 1193 (Fed. Cir. 2002).

35) Phillips v. AWH Corp, 363 F.3d 1207, 1212 (Fed. Cir. 2004). 사전에 기재된 의미만을 보면 "baffle"은 벽(wall)으로부터 직각으로 연장될 필요가 없으므로 특허권자에게 유리한 것이었다.

36) *Phillips*, 363 F.3d. at 1213.

체적으로 Phillips 특허의 상세한 설명에는 “baffle”이 벽으로부터 직각으로 연장되는 구조가 개시된 바가 없었는데, 법원은 상세한 설명이 더욱 한정적으로 기재되었으므로 이에 기초하여 청구항의 정상적인 의미를 더욱 한정하였다. 이에 특허권자는 전원합의체(*en banc*)에 재심리를 요청했고, 법원은 이러한 재심리 요청을 받아들여 해당 사건을 재심리를 하였다.

연방순회항소법원의 전원합의체는 i) 청구항의 정상적인 의미(ordinary meaning)가 기술의 전문가 아닌 판사에게도 분명한 상황이라면 사전을 참조하는 것이 도움이 될 수 있으나, 그 의미에 대해 다툼이 있는 경우에는 당업자가 이해한 청구항의 의미를 해석하기 위해 일반 공중에 공개된 자료를 기초로 청구항의 의미를 파악해야 하며, ii) 청구항 해석의 기준이 되는 공개된 자료에는 내적증거뿐만 아니라 외적증거도 포함되지만, 만약 사전과 같은 외적증거를 명세서에 비해 우선한다면 이는 (1) 명세서가 다툼이 있는 용어의 해석에 관한 최고의 기준(the single best guide)이며, (2) 명세서가 특허 용어의 명시적/내재적 의미를 정의하는 사전(dictionary)이라는 연방순회항소법원의 판례법에 모순되는 것이라 판단하고,[37] 외부증거에 비해 내부증거가 우선하는 것임을 분명히 하였다. 법원은 사전적 의미는 통상 매우 넓게 해석되므로 사전의 해석을 청구항의 해석의 출발점으로 설정할 수 없으므로, 청구항과 나머지 명세서, 심사경과기록을 기초로 청구항의 의미를 해석해야 한다고 하면서, “baffle”의 의미를 해당 청구항을 기초로 해석하였다.

구체적으로, 연방순회항소법원의 전원합의체는 청구항의 명시적인 기재를 기초로 “baffle”은 i) 철(steel)로 제조되어야 하며, ii) 하중을 견디는 능력(load-bearing capacity)이 있어야 하며, iii) 벽(the steel shell walls)으로부터 안쪽을 향해야(inwardly from the wall) 한다는 의미로 해석되어야 한다고 판단했다. 법원은 “baffle”이 직각으로 연장되는 경우 발사체(projectile)의 흐름을 저지, 방해, 차단할 수 없으므로 “baffle”은 직각을 연장되는 물체를 포함하는 것으로 해석될 수 없다는 침해자의 주장에 대해 i) 비록 발명의 상세한 설명 곳곳에 “baffle”이 발사체의 흐름을 차단하는 기능을 수행한다고 기재되어 있으나, 이를 기초로 모든 실시예가 발사체의 흐름을 차단하는 기능을 수행해야 하는 것으로 해석할 수는 없고, ii) 발명의 상세한 설명의 다른 부분에

37) Phillips v. AWH Cor, 415 F.3d 1303, 1314-15, 1321 (Fed. Cir. 2005).

"baffle"을 중첩시키거나 교차시킴으로써 중간 벽을 형성시킨다는 내용이 기재되어 있으므로 "baffle"이 반드시 발사체의 흐름을 차단하는 기능만을 수행하는 것은 아니며, iii) 발명의 상세한 설명에 발명의 목적이 다수 기재되어 있다는 사실[38)]을 통해 청구항에 기재된 발명이 발명의 상세한 설명에 기재된 개별적인 목적 하나하나를 모두 만족시킬 필요는 없다는 것이 인정되므로, "baffle"이 반드시 직각이 아닌 것으로 해석될 필요가 없다고 판시하였다.

2. 증거의 우선순위

비록 *Phillips* 사건을 통해 사전이 청구항의 의미에 관한 객관적이고 우선적인 해석의 근거가 될 수는 없다는 것이 확인되었지만, 여전히 특허소송에서는 사전이 활용되고 있고, 특히 내적증거가 청구항의 용어의 의미에 대해 침묵하고 있는 경우에는 가장 중요한 근거로 활용되고 있다. 사전이 가장 중요한 외적증거인 것은 판례로도 확인된바, 가장 우선시되는 외적증거는 사전과 논문이며, 그 후로는 선행기술과 전문가의 증언이 우선시되고, 발명자의 증언이 가능 마지막에 고려된다.[39)]

Ⅴ. 청구항 해석의 일반적인 원칙

1. 청구항은 바람직한 실시예로 한정되어 해석되지 않는다. 그러나 발명의 상세한 설명이나 출원경과는 참작되어야 한다.

권리범위는 청구항에 기재된 용어의 정상적이고 통상적인 의미(ordinary

---

38) 법원의 다수의견이 주목한 점은 발명의 목적이 여러 개 기재되었다는 사실 자체였다. 그러나 법원의 소수의견은 여러 개의 목적이 기재되었기는 했지만 이는 모두 발사체의 흐름을 저지하는 것에 관련되었으므로 이를 기초로 "90도" 각도를 배제할 수 없다고 주장하였다.

39) Vitronics Corp. v. Conceptronic, Inc., 90 F.3d 1576, 1584-85 (Fed. Cir. 1998). 참고로 *Markman I* 판결에서는 발명자의 의도는 심사경과기록(prosecution history)으로 기록된 것이 아니라면 청구범위의 해석에 있어서 증거로서 가치를 거의 갖지 않는다고 판단했다. Markman v. Westview Instruments, Inc., 52 F.3d 967, 985-86 (Fed. Cir. 1995). 발명자에 관해서는 사실에 관한 증언녹취(deposition) 정도만이 문제되는 것이 일반적이다.

and customary meanings)에 기초하여 결정되는 것이 원칙이다. 이러한 정상적이고 통상적인 의미를 발견하기 위해 판사는 내적증거와 외적증거를 활용할 수 있으나 가장 우선시되는 증거는 내적증거라는 것은 앞서 설명한 *Phillips* 사건의 판시사항과 같다. 일반적으로 청구항에 기재된 용어는 해당 용어의 정상적이고 통상적인 의미를 가지는 것으로 강하게 추정된다.[40] 따라서 청구항에 기재된 용어는 그 자체로 해석해야 하며, 발명의 상세한 설명에만 기재된 한정사항을 기초로 청구항을 제한하여 해석할 수 없음이 원칙이다.[41]

그러나 청구항에 기재된 용어는 청구항을 제외한 명세서와 독립되어 따로 존재하는 것이 아니기 때문에, 청구항은 명세서와 출원경과에 비추어(in light of) 해석되어야 한다.[42] 이러한 원칙에 따라, 청구항에 한정사항이 없었음에도 불구하고 발명의 상세한 설명과 출원경과를 기초로 청구항을 한정하여 해석하는 경우가 발생할 수 있다. 구체적으로, 법원이 청구항에 기재된 용어의 통상적인 의미(ordinary meaning)를 발명의 상세한 설명이나 출원경과를 기초로 참조하여 제한 해석하는 일반적인 경우는 i) 명세서나 출원결과를 기준으로 볼 때 특허권자가 사전 편찬자(lexicographer)로 행동한 경우,[43] ii) 내적증거에 의해 특허권자가 선행기술로부터 특허성을 주장하기 위해 특정한 실시예에 의존하거나, 일부 권리범위를 포기하거나, 특정한 실시예의 중요성을 언급한 경우, iii) 청구항에 기재된 용어가 명료하지 못한 경우, iv) 기능식 청구항(means-plus-function claim)이 문제되는 경우이다.[44] 통상적으로 청구항은 넓게 작성되므로 청구항의 용어만으로 권리범위를 해석하는 것은 특허권자 측에 유리하고 상세한 설명의 한정사항까지 함께 고려하는 것은 침해자 측에 유리하다. 이 때문에 발명의 상세한 설명/출원경과를 참작해야 한다는 주장은 침해자 측에서 주로 제기된다.

---

40) Johnson Worldwide Assocs., Inc. v. Zebco Corp., 175 F.3d 985, 989 (Fed. Cir. 1999).

41) *Johnson*, at 989-90.

42) Vitronics Corp. v. Conceptronic, Inc., 90 F.3d 1576, 1582 (Fed. Cir. 1998). 상세한 설명/출원경과 참작의 원칙이라 불리기도 한다.

43) 즉, 명세서나 출원경과를 통해 출원인이 청구항에 기재된 용어의 정의를 제시하는 경우를 말한다. 만약 특허권자가 명시적으로 또는 묵시적으로 청구항에 기재된 용어를 정의한 경우, 권리범위의 해석은 특허권자에 의해 정의된 바에 따라 한정된다.

44) CCS Fitness, Inc. v. Brunswick Cor, 288 F.3d 1359, 1366-67 (Fed. Cir. 2002).

2. 특허권자는 사전 편찬자로 행동할 수 있다.

특허권자는 사전 편찬자(lexicographer)로 행동하여 청구항에 사용된 용어를 정의할 수 있다. 만약 특허권자가 사전 편찬자로 행동한 경우에 청구항의 용어는 정상적이고 통상적인 의미(ordinary and customary meanings)가 아니라 특허권자가 정의한 의미에 따라 해석된다.[45] 특허권자가 사전 편찬자로 행동한 것이 인정되기 위해서는 특허권자의 이러한 의도가 상세한 설명을 통해 명확하게 표현되어야 한다.[46] 만약 특허권자가 사전 편찬자로 행동한 것이 인정되지 않은 경우에는 정상적이고 통상적인 의미에 따라 권리범위가 해석된다.

특허권자가 사전 편찬자로 행동했는지 여부는 명세서와 출원경과를 참조하여 결정된다. 특허권자는 반드시 명시적으로 청구항에 사용된 용어를 정의할 필요는 없다.[47] 즉 명시적이 아니라 묵시적인 방법으로도 청구항에 사용된 용어를 정의할 수 있는바, 만약 상세한 설명과 청구항을 통해 하나의 용어가 일관되게 사용되는 경우 청구항에 기재된 해당 용어는 상세한 설명을 통해 묵시적으로 정의(implicit definition)된 것으로 볼 수 있으므로 해당 청구항은 상세한 설명을 기초로 한정 해석될 수 있다.[48]

3. 출원경과를 참작하여 청구항을 해석한다.

본래 출원경과 참작의 원칙(doctrine of prosecution history estoppel)은 청구항 해석과 문언침해에 관련해서 문제되는 것이 아니라 균등론에 의한 침해에서 문제되는 것이 원칙이지만, 출원경과를 통해 특허권자가 권리범위의 일부를 포기한 것으로 인정되는 경우에는 문언침해 판단을 위한 청구항의 해석에도 영향을 미친다는 것이 판례의 태도이다.[49] 법원은 출원경과를 기

---

45) Intellicall, Inc. v. Phonometrics, Inc., 952 F.2d 1384, 1387-88 (Fed. Cir. 1992).

46) Merck & Co., Inc., v. Teva Pharms.USA, Inc., 395 F.3d 1364, 1370 (Fed. Cir. 2005).

47) 법원은 반드시 "I define _____ to mean _____,"와 같은 진술이 요구되는 것은 아니라고 하였다. Astrazeneca AB, Aktiebolaget Hassle, KBI-E, Inc. v. Mutual Pharmaceutical Co., Inc., 384 F.3d 1333, 1339 (Fed. Cir. 2004).

48) Bell Atlantic Network Services, Inc. v. Covad Communications Group, Inc., 262 F.3d 1258, 1270 (Fed. Cir. 2001).

49) KIMBERY A. MOORE ET. AL., PATENT LITIGATION AND STRATEGY 310 (Thomson West 3rd ed. 2008).

초로 권리범위의 포기를 인정하기 위해서는 명백하고 혼동의 우려가 없는 (clear and unmistakable) 증거를 요구하는데, 만약 심사과정에서 심사관이 제시한 선행기술을 극복하기 위해 의견서 등을 제출한 경우에는 이를 기초로 권리범위의 포기를 인정한다.50)

4. 동일한 특허의 서로 다른 청구항은 서로 다른 권리범위를 갖는 것으로 추정된다.

통상 "청구항 차별화의 원칙(Doctrine of Claim Differentiation)"이라 불리는 청구항 해석의 원칙에 따라 청구항들은 서로 다른 권리범위를 가지는 것으로 추정된다. 예를 들어, 청구항 1의 구성요소가 "A+B+C"이고, 청구항 2가 구성요소 A를 a(A의 하위개념)로 한정하는 경우, 청구항 1항의 구성요소 A는 a뿐만 아니라 또 다른 A의 하위개념을 포함하는 것으로 추정된다. 이러한 추정은 명확하고 설득력 있는 증거(clear and persuasive evidence)에 의해 복멸된다.51)

일반적으로 청구항 차별화의 원칙에 청구항이 확장되어 해석되는 경우가 많지만, 만약 청구범위가 발명의 상세한 설명 및/또는 출원경과에 의해 제한되어야 하는 경우에는 확장해석이 제한된다.52) 즉, 청구항 차별화의 원칙에 의해 확장 해석되는 권리범위는 청구범위가 발명의 상세한 설명 및/또는 출원경과에 의해 제한되는 권리범위를 초월할 수 없다.

5. 청구항은 특허가 유효하도록 해석된다.

청구항의 해석은 특허성이 확보되도록 이루어진다. 따라서 청구항이 여러 의미로 해석 가능하거나 그 의미가 불명료한 경우에는 해당 특허가 유효하도록 해석되어야 한다.53) 그러나 법원은 위와 같은 원칙을 폭넓게 적용하지는 않으며, 적용 가능한 원칙을 다 적용했음에도 여전히 청구항이 불명료한 경우에 마지막으로 유효성을 확보하는 원칙을 적용한다.54)

---

50) Omega Engineering, Inc. v. Raytek Corp., 334 F.3d 1314, 1326-27 (Fed. Cir. 2003).
51) Modine Mfg. Co. v. United States Int'l Trade Comm'n, 75 F.3d 1545, 1551 (Fed. Cir. 1996).
52) Nystrom v. TREX Co., Inc., 424 F.3d 1136, 1143 (Fed. Cir. 2005).
53) Texas Instruments, Inc. v. United States Int'l Trade Comm'n, 871 F.2d 1054, 1065 (Fed. Cir. 1989).

유효성을 확보하는 원칙에 따라 청구항을 해석하는 경우, 청구항을 축소 해석하는 것이 일반적이다. 그러나 특허성 확보를 위해 청구항을 축소 해석하더라도 청구항의 분명한 의미(plain meaning)보다 더 축소 해석할 수는 없다. 법원은 심사단계에서 고려되지 않았던 새로운 선행기술이 소송단계에서 제시되자 특허권자가 새로운 선행기술을 회피하기 위해 의미가 분명한 청구항을 축소하여 해석할 것을 주장한 사안에서, 청구항 해석은 심사 당시에 의도된 범위를 정하는 것이므로 심사경과에 반영되지 않은 선행기술을 기초로 청구항을 제한 해석할 수 없고 따라서 특허권자의 특허는 선행기술에 의해 무효된다고 판단한 바 있다.[55]

6. 이중적 의미를 갖는 경우 청구항은 좁게 해석된다.

청구항이 두 가지 방식으로 해석 가능한 상황에서 명세서가 해석의 기준을 제시하지 못하며 명세서 및 출원경과 역시 두 가지 방식의 해석을 모두 뒷받침하는 경우(즉, 두 가지 해석이 동등하게 선택 가능한 경우), 법원은 청구항이 좁은 권리범위를 갖도록 해석한다.[56] 법원은 청구항의 내용이 침해자를 비롯한 제3자에게 권리범위를 통지(notice)하는 역할을 수행함을 근거로 청구항을 좁게 해석한다.

7. 청구항은 바람직한 실시예를 포함하도록 해석된다.

청구항은 바람직한 실시예(preferred embodiment)로써 개시한 내용을 포함하도록 해석하는 것이 원칙이다.[57] 그러나 심사단계에서 출원인이 보정을 통해 바람직한 실시예를 제외한 사정이 인정되는 경우에는 바람직한 실시예가 제외되는 해석이 가능하다.[58]

8. 청구항 재작성 금지의 원칙

법원은 청구항이 무효되지 않도록 청구항을 재작성(redraft)할 권한이 없

54) Phillips v. AWH Corp., 415 F.3d 1303, 1327-28 (Fed. Cir. 2005).
55) Karsten Mfg. Corp. v. Cleveland Golf Co., 242 F.3d 1376, 1384 (Fed. Cir. 2001).
56) Athletic Alternatives, Inc. v. Prince Mfg., Inc., 73 F.3d 1573, 1581 (Fed. Cir. 1996).
57) Vitronics Corp. v. Conceptronic, Inc., 90 F.3d 1576, 1583 (Fed. Cir. 1998). 바람직한 실시예에 한정되는 것이 아니라 바람직한 실시예를 포함하는 것이다.
58) Rheox, Inc. v. Entact, Inc., 276 F.3d 1319, 1327 (Fed. Cir. 2002).

다.[59] 따라서 청구항을 적법하게 축소 해석하더라도 특허가 무효로 해석되는 경우 해당 특허를 무효시켜야지, 유효성을 확보하도록 더 좁게 해석하는 것은 결국 청구항을 재작성하는 것이므로 허용되지 않는다.[60]

9. 청구항에 사용된 용어는 일관되게 해석된다.

하나의 용어가 여러 청구항에 기재된 경우, 해당 용어는 동일하게 해석된다.[61] 청구항 용어를 일관되게 해석해야 한다는 원칙은 하나의 특허 내에서만 적용되는 것이 아니라 패밀리 특허와 같이 연관성이 있는 특허(related patents)에도 적용됨이 판례이다.[62] 예를 들어, 제1특허에 출원경과 참작의 원칙이 적용되어 청구항이 제한 해석된 경우, 제1특허와 관련된 제2특허(예를 들어, 제1특허에 대한 계속/분할/부분계속출원)에 동일한 기술적 한정사항에 출원경과참작의 원칙이 적용된다.

제2절 | 침 해(infringement)

Ⅰ. 서

침해는 문언침해(Literal Infringement)와 균등침해(Infringement under the Doctrine of Equivalents)로 구분될 수 있다. 문언침해는 침해품이 청구항에 기재된 모든 구성요소 각각을 포함하는 경우 인정된다. 즉, 문언침해가 인정되기 위해서는 청구항의 구성요소와 침해품의 구성요소가 일치하도록 대응(identical correspondence)해야 한다. 그러나 문언침해가 인정되지 않는 경우라

59) Process Control Corp. v. HydReclaim Corp., 190 F.3d 1350, 1357 (Fed. Cir. 1999) ("More importantly, we do not permit courts to redraft claims.") (citation omitted).
60) Quantum Corp. v. Rodime, PLC, 65 F.3d 1577, 1584 (Fed. Cir. 1995).
61) CVI/Beta Ventures, Inc. v. Tura LP, 112 F.3d 1146, 1159 (Fed. Cir. 1997).
62) Jonsson v. Stanley Works, 903 F.2d 812, 818 (Fed. Cir. 1990) (holding that when two patents issued from continuation-in-part applications derived from one original application, the prosecution history of a claim limitation in the first patent to issue was properly applied to the same claim limitation in the second patent to issue).

도 판례법에 의해 균등침해가 인정될 수 있다. 구체적으로 균등침해는 침해품의 구성요소가 청구항의 구성요소와 일치하지는 않더라도 균등한(equivalent) 경우에 인정된다. 특허권자는 문언침해를 주위적으로 주장하고 필요한 경우 문언침해를 예비적으로 주장할 수 있다.

II. 문언침해와 균등침해

1. 문언침해(Literal Infringement)

문언침해는 침해품이 청구항의 모든 구성요소를 구현하는 경우에 인정된다.[63] 통상 법원에 의해 청구항의 해석이 마무리되면, 해석된 청구항에 의해 침해품이 읽히는지[64]를 판단하여 만약 침해품이 해석된 청구항의 범위에 의해 그대로 읽히는 경우 문언침해가 인정된다. 일반적으로 법원에 의한 권리범위해석이 마무리되면 침해품이 청구항에 의해 읽히는지에 대해서는 다툼이 발생하지 않는다.[65] 즉, 법률문제(matter of law)인 권리범위해석에 관한 다툼이 법원에 의해 정리되고 나면 문언침해에 대해서는 더 이상 사실문제에 관해 다툼이 발생하지 않는 것이 일반적이다. 따라서 권리범위해석이 정리된 이후 특허권자 또는 침해자 측에서 약식판결신청(Motion for Summary Judgment)을 제출하게 된다.[66]

---

63) Mannesmann Demag Corp. v. Engineered Metal Products Co., Inc., 793 F.2d 1279, 1282 (Fed. Cir. 1986) ("Literal infringement requires that the accused device embody every element of the patent claim.") (citation omitted). 한편, 기능식 청구항이 문제되는 경우에는 각각의 기능(function)이 명세서에 의해 기재된 수단(즉, 상세한 설명에 기재된 구조)과 동일하거나 균등한 수단에 의해 수행되는 경우 문언침해가 인정된다. Texas Instruments, Inc. v. U.S. Intern. Trade Com'n, 805 F.2d 1558, 1563 (Fed. Cir. 1986) ("If the claim describes a combination of functions, and each function is performed by a means described in the specification or an equivalent of such means, then literal infringement holds.") (citation omitted).

64) 통상 "the accused device reads literally on the patent claims"라고 표현한다.

65) CCS Fitness, Inc. v. Brunswick Corp., 288 F.3d 1359, 1365 (Fed. Cir. 2002) ("[L]itigants frequently do not dispute the structure of the accused device, meaning the infringement analysis often turns on the interpretation of the claims alone.") (citations omitted).

66) 침해품의 구조라는 사실문제(matter of fact)에 관해서는 다툼이 없을 것이므로 약식판결의 요건인 "중대한 사실에 관해 진정한 이슈(genuine issue as to any material fact)

2. 균등침해

침해판단의 기준이 되는 청구항은 언어적으로 표현되어야 하는 한계로 인해 발명의 기술적 사상을 정확하게 반영하지 못하는 문제가 발생할 수 있다. 이 경우 청구항만으로 발명을 보호범위를 정하는 것은 특허제도의 존재 가치를 훼손할 수 있다. 이에 연방대법원은 청구항의 기재내용을 문언적으로 실시하지 않더라도 청구항의 구성요소와 균등한 범위 내에서 실시하는 경우 특허침해를 인정하는 균등론(Doctrine of Equivalents)을 발전시킨다. 현재 미국의 판례법에 의해 제시된 균등론에 따른 구체적인 균등침해의 판단방법은 3중 동일성 테스트(triple identity test)[67]와 비본질적 차이 테스트(insubstantial difference test)가 있다.

1) 3중 동일성 테스트와 비본질적 차이 테스트

3중 동일성 테스트는 *Graver Tank* 사건에서 연방대법원이 제안한 균등침해의 판단기준으로, 침해품이 청구항에 기재된 발명과 동일한 결과(the same result)를 얻기 위해, 실질적으로 동일한 방법(substantially the same way)을 통해, 실질적으로 동일한 기능(substantially the same function)을 수행하는지를 기준으로 균등침해를 판단하는 방법이다.[68] *Graver Tank* 사건의 법원은 3중 동일성 테스트 이외에도 당업계에 치환가능성(interchangeability)이 알려졌는지 여부,[69] 침해품이 독립적인 연구의 결과인지 여부[70] 등도 균등침해 판단에 참고했으나, 이후 연방순회항소법원(CAFC)은 3중 동일성 테스트에 의존하여 균등침해를 판단하는 경향을 보인다.[71]

가 존재하지 않을 것"이 만족되기 때문이다.

67) "function/way/result" 테스트 또는 "tripartite-test"라고도 불린다.

68) Graver Tank & Mfg. Co. v. Linde Air Products Co., 339 U.S. 605, 608 (1950) ("[P]atentee may invoke this doctrine to proceed against the producer of a device if it performs substantially the same function in substantially the same way to obtain the same result.") (citation omitted).

69) *Graver Tank*, at 609 ("An important factor is whether persons reasonably skilled in the art would have known of the interchangeability of an ingredient not contained in the patent with one that was.").

70) *Graver Tank*, at 611.

71) Lear Siegler, Inc. v. Sealy Mattress C, 873 F.2d 1422, 1425 (Fed. Cir. 1989) ("Thus, while infringement under the doctrine requires 'only' substantial identity, substantial identity must be proven with regard to all three elements of the doctrine specified in Graver Tank: function performed, means by which function is performed, and result

비본질적 차이 테스트(insubstantial difference test)는 *Warner-Jenkinson* 사건을 통해 연방대법원이 확인한 균등침해의 또 다른 판단기준이다. 구체적으로 *Warner-Jenkinson* 사건의 하급심 법원(연방순회항소법원의 전원합의체)은 침해품과 청구된 발명의 구성요소의 차이가 본질적인 여부를 판단했고,[72] 이러한 비본질적 차이 테스트(insubstantial difference test)는 연방대법원에 의해 균등침해의 또 다른 판단기준으로 인정된다.[73] 침해품과 청구항의 발명 간의 차이가 비본질적 차이에 해당하는지 여부를 판단하는 중요한 기준은 침해품의 구성요소와 청구항의 구성요소가 간에 상호치환성(interchange- ability)이 있음이 당업계에 알려졌는지 여부가 된다.[74]

균등침해의 구체적인 판단방법과 관련하여 동일성 테스트와 비본질적 차이 테스트의 관계가 문제되는바, *Warner-Jenkinson* 사건의 법원은 3중 동일성 테스트나 비본질적 차이 테스트 모두 균등침해를 판단하는 기준이며 구체적인 사실관계에 따라 하급심 법원이 적절한 테스트를 적용할 수 있다고 판단했다.[75] 따라서 당사자는 자신에게 유리한 테스트 방법을 주장할 수 있다. 한편 이후에서 설명하는 바와 같이 균등침해 판단에도 구성요소완비의 원칙(AER)이 적용되므로, 균등침해 판단 시에는 구성요소 대 구성요소로 비교해야 한다. 즉, 특허권자가 균등을 주장할 때 제출하는 증거는 구성요소 단위로 제출되어야 한다.[76]

---

achieved.") (citation omitted).

72) Hilton Davis Chemical Co. v. Warner-Jenkinson Co., Inc., 62 F.3d 1512, 1521-22 (Fed. Cir. 1995) ("[F]inding of infringement under the Doctrine of Equivalents requires proof of insubstantial differences between the claimed and accused products or processes.").

73) Warner-Jenkinson Co., Inc. v. Hilton Davis Chemical Co., 520 U.S. 17, 40. (1997).

74) *Hilton Davis*, at 1519 ("According to the Supreme Court, '[a]n important factor' to be considered, quite apart from function, way, and result, 'is whether persons reasonably skilled in the art would have known of the interchangeability of an ingredient not contained in the patent with one that was.' The precedent of this court has also stressed the importance of evidence of known interchangeability to show infringement under the doctrine.") (citations omitted).

75) *Warner-Jenkinson*, at 40.

76) Texas Instruments, Inc. v. Cypress Semiconductor Corp., 90 F.3d 1558, 1567 (Fed. Cir. 1996) ("[P]atentee must still provide particularized testimony and linking argument as to the 'insubstantiality of the differences' between the claimed invention and the accused device or process, or with respect to the function, way, result test when such

균등여부의 판단시점이 특허 등록인지 침해 당시인지에 관해 다툼이 있었으나 법원은 *Warner-Jenkinson* 사건을 통해 침해 당시를 기준으로 균등여부를 판단한다고 판시하였다. 이러한 *Warner-Jenkinson* 판결에 의해 특허 등록 당시에 개발되지 않은 새로운 기술이라 하더라도 침해 당시를 기준으로 상호치환성이 당업계에 알려졌음을 주장하는 것이 용이해졌으므로, 특허권자 입장에서는 균등침해의 증명이 용이해졌다 할 수 있다.

2) 관련문제 — 개척발명 및 이후에 개발된 기술의 취급

판례에 따르면 등록특허가 개척발명(pioneering invention)에 해당되거나 침해품이 등록특허 이후에 새롭게 개발된 기술을 포함하는 경우에 균등침해를 보다 넓게 인정한다. 구체적으로 법원은 유사한 발명이 많이 이루어진 분야(crowded art)에서의 개량발명인 경우에는 청구된 발명의 문언적 범위로부터 사소하게 벗어나는 침해품에 대해서도 균등침해를 인정하는 않는 경향이 강하다.[77] 그러나 개척발명에 대해서는 넓은 균등범위를 인정한다.[78] 법원이 어떤 발명을 개척발명으로 인정할지에 관해 명확한 기준을 제시한 바는 없지만, 일반적으로 기술의 속성 그 자체나, 상업적 성공 등을 통해 해당 기술이 개척발명임을 증명할 수 있을 것이다. 개척발명뿐만 아니라 침해품이 등록특허 이후에 새롭게 개발된 기술(later-developed technology)을 포함하는 경우에도 균등침해가 쉽게 인정되는 것이 판례이다.[79] 즉 청구항에 대한 문언침

evidence is presented to support a finding of infringement under the Doctrine of Equivalents. Such evidence must be presented on a limitation-by-limitation basis. Generalized testimony as to the overall similarity between the claims and the accused infringer's product or process will not suffice.").

77) Kinzenbaw v. Deere & Co., 741 F.2d 383, 389 (Fed. Cir. 1985). 본 사건에서 법원은 "crowded art"에 속하는 단순한 개량발명에 대해서는 넓은 권리범위를 부여할 필요가 없다고 판단하였다.

78) Boyden Power-Brake Co. v. Westinghouse, 170 U.S. 537, 574 (1898) ("Being of the character so described as a pioneer, the patent in suit is entitled to a broad or liberal construction. In other words, the invention is not to be restricted narrowly to the mere details of the mechanism described as a means of carrying the invention into practicable operation.").

79) Hughes Aircraft Co. v. United States, 140 F.3d 1470, 1475 (Fed. Cir. 1998) ("This is a case in which a 'subsequent change in the state of the art, such as later-developed technology, obfuscated the significance of [the] limitation at the time of its incorporation into the claim'") (citations omitted). 본 사건은 청구항에는 수동으로 위성

해를 방해하는 한정사항이 추가될 당시에 침해품에 포함된 기술이 예측 불가능한 경우에는 균등침해를 넓게 인정할 수 있다.

Ⅲ. 균등침해의 제한

1. 구성요소완비의 원칙에 의한 제한

구성요소완비의 원칙(All Elements Rule 또는 AER)은 문언침해뿐만 아니라 균등침해 여부 판단에도 적용된다.80) 즉 등록특허가 A+B+C의 구성요소를 가지는 경우, 침해품이 위 구성요소 중 어느 하나를 결여하면(예를 들어, A+B만을 실시하면) 문언침해뿐만 아니라 균등침해를 주장할 여지도 사라진다. 구성요소완비의 원칙은 문언침해뿐만 아니라 균등침해에 대한 방어방법이므로 소송에서는 침해자에 의해 주장되는 것이 일반적이다.

구성요소완비의 원칙 만족여부를 판단하는 단위는 구성요소(element)인데, 구성요소가 무엇인지에 관해서는 판례의 태도가 분명치 않다.81) 즉, 구성요소가 하나의 한정사항(limitation)을 의미하는 것인지 관련된 여러 개의 한정사항을 집합적으로 의미하는 것인지에 대해 다툼이 있다. 일반적으로 구성요소가 청구항에 기재된 하나의 한정사항을 의미하는 것으로 해석되면, 침해품이 한정사항 하나만을 누락해도 균등침해로부터 자유로워지므로 침해자측에 유리하다 볼 수 있는데, 연방순회항소법원의 판결 중 어느 일부에 따르면 구성요소는 여러 개의 한정사항을 의미할 수 있는 것으로도 해석되기도 하지만,82) 또 다른 판결을 보면 구성요소는 하나의 한정사항(limitation)에

을 조작하는 한정이 포함되었으나 침해품에는 컴퓨터로 위상을 조작하는 것이 문제된 사안이다.

80) Warner-Jenkinson Co., Inc. v. Hilton Davis Chemical Co., 520 U.S. 17, 29. (1997) ("Each element contained in a patent claim is deemed material to defining the scope of the patented invention, and thus the Doctrine of Equivalents must be applied to individual elements of the claim, not to the invention as a whole.").

81) KIMBERY A. MOORE ET. AL., PATENT LITIGATION AND STRATEGY 441-42 (Thomson West 3rd ed. 2008).

82) Corning Glass Works v. Sumitomo Elec. U.S.A., Inc., 868 F.2d 1251, 1259 (Fed. Cir. 1989) ("'Element' may be used to mean a single limitation, but it has also been used to mean a series of limitations which, taken together, make up a component of the claimed invention.") (footnote omitted).

대응되는 것으로 해석된다.[83)]

2. 출원경과 참작의 원칙(doctrine of prosecution history estoppel)에 의한 제한

청구범위는 특허권자가 심사과정에서 특허청(USPTO)에 대해 행한 행동을 참고하여 해석되어야 하며, 이러한 출원경과 참작의 원칙은 균등론의 의한 청구범위의 확장에 대해서도 한계를 부여한다. 균등침해 판단에 있어서 출원경과 참작의 원칙은 역사적인 *Warner-Jenkinson* 판결[84)]과 *Festo* 판결(*Festo I, II, III* 판결)[85)]을 통해 체계화되었고, 이러한 연방대법원의 판단 기준은 한국, 일본 등 많은 국가의 특허 실무에 영향을 끼쳤다.

1) 출원경과에 따른 판단

특허권자가 균등침해를 주장하는 경우, 청구항의 확장해석이 출원경과 참작의 원칙에 따라 제한되는지 여부를 판단하기 위해서는 다음과 같은 세 가지 요소를 순차적으로 판단해야 한다. i) 우선 청구항에 대한 축소보정이 있는지를 판단한다. 만약 심사과정에서 보정이 있었으나 이러한 보정이 축소보정이 아니라면 해당 보정으로 인해 균등침해의 주장이 제한되지는 않으므로 이하의 추가적인 단계에 대한 논의는 필요가 없다. ii) 축소보정이 있다면, 해당 축소보정이 특허성에 관련된 것인지를 판단한다. 만약 축소보정의 이유가 명확하지 않다면 판례가 제시하는 *Festo* 추정이 문제된다. iii) 만약 축소보정이 특허성 확보를 위한 것이라면 법원은 특허권자 확장해석이 가능

---

83) 법원은 청구항에 기재된 "straw-shaped, channel-forming elements" 표현 중에서 빨대 형상(straw-shaped)이라는 하나의 한정사항과 침해품을 비교하여, 침해품은 빨대 형상이 아니라 속이 찬 형상이므로, 구성요소가 완비되지 않아 균등침해가 인정되지 않는다 하였다. Hoganas AB v. Dresser Industries, Inc., 9 F.3d 948 (Fed. Cir. 1993).

84) Warner-Jenkinson Co., Inc. v. Hilton Davis Chemical Co., 520 U.S. 17 (1997).

85) *Festo* 사건은 통상 i) 연방순회항소법원(CAFC)의 전원합의체 판결(Festo Corp. v. Shoketsu Kinzoku Kogyo Kabushiki Co., Ltd., 234 F.3d 558 (Fed. Cir. 2000))과, ii) 연방순회항소법원의 판결에 대한 상고심 판결(Festo Corp. v. Shoketsu Kinzoku Kogyo Kabushiki Co., Ltd., 535 U.S. 722 (2002)) 및 iii) 연방순회항소법원에서의 환송심 판결(Festo Corp. v. Shoketsu Kinzoku Kogyo Kabushiki Co., Ltd., 344 F.3d 1359 (Fed. Cir. 2003))을 의미한다. Festo사의 특허소송과 관련된 판결이 다수 존재하므로 법원은 *Festo VI, Festo VIII, Festo X*로 위 3 판결을 구분하기도 하고, 경우에 따라서는 *Festo I, II, III*라 구분하기도 한다. 이하 *Festo I, II, III*으로 구분한다.

한 부분에 대해 권리를 포기한 것으로 추정한다. 이 경우 특허권자는 적절한 증거를 제시하여 권리포기에 대한 추정을 복멸시킬 수 있다.

A. 축소보정인지 여부

심사과정에서 보정이 있는 경우 해당 보정이 권리범위를 감축하는 축소보정에 해당한다면 균등침해의 주장이 제한될 수 있다. 물론 보정이 없다고 하여 균등침해의 주장이 항상 가능한 것은 아니다. 예를 들어, 심사과정에서 보정 없이 의견서를 통해 특허성을 다툰 경우, 의견서를 통해 특정한 권리범위를 포기한 것이 분명(clear and unmistakable)한 경우에는 균등침해의 주장이 차단된다.[86] 그러나 보정 없이 의견서를 통해 다툰 상황에서 권리범위를 포기했는지가 불분명한 경우에는 이하에서 설명하는 *Festo* 추정 등이 문제되지 않으므로 균등침해를 주장할 여지가 넓어진다.[87]

청구항에 대한 보정이 단순히 형식적인 것이라면 해당보정은 축소보정에 해당하지 않는다. 연방대법원의 *Festo II* 판결이 예시한 내용을 보면, i) 불명료한 용어의 명료화, ii) 외래어의 명료화, iii) 종속항을 독립항으로 전환에 관련된 보정은 축소보정에 해당하지 않을 수 있다.[88] 그러나 축소보정

---

86) Deering Precision Instruments, L.L.C. v. Vector Distribution system, Inc., 347 F.3d 1314, 1326 (Fed. Cir. 2003) ("To invoke argument-based estoppel, the prosecution history must evince a 'clear and unmistakable surrender of subject matter.'") (citations omitted).

87) Conoco, Inc. v. Energy & Environmental Intern., L.C., 460 F.3d 1349, 1364 (Fed. Cir. 2006) ("Unlike amendment-based estoppel, we do not presume a patentee's arguments to surrender an entire field of equivalents through simple arguments and explanations to the patent examiner. Though arguments to the examiner may have the same effect, they do not always evidence the same clear disavowal of scope that a formal amendment to the claim would have.").

88) *Festo II*, 535 U.S. at 736-37 ("The PTO might require the applicant to clarify an ambiguous term, to improve the translation of a foreign word, or to rewrite a dependent claim as an independent one. In these cases, petitioner argues, the applicant has no intention of surrendering subject matter and should not be estopped from challenging equivalent devices. While this may be true in some cases, petitioner's argument conflates the patentee's reason for making the amendment with the impact the amendment has on the subject matter. Estoppel arises when an amendment is made to secure the patent and the amendment narrows the patent's scope. If a § 112 amendment is truly cosmetic, then it would not narrow the patent's scope or raise an estoppel.").

여부는 보정 전후의 청구항을 전체적으로 비교하여 판단해야 하므로, 구성요소의 변경 없이 종속항을 독립항으로 전환한다고 하더라도 축소보정이 문제될 수 있다. 연방순회항소법원의 전원합의체(*en banc*)는 *Honeywell* 사건을 통해, 보정에도 불구하고 권리범위 변경이 없다는 사실만으로 금반언의 원칙(*estoppel*)을 회피할 수는 없으며, 만약 보정을 통해 독립항을 삭제하고 해당 독립항에 대한 종속항을 독립항 형식으로 기재했다면, 이는 축소보정에 해당한다고 판시한 바 있다.[89] 연방항소순회법원의 판례에 따르면, 예를 들어, 최초 청구항 1은 A+B+C을 포함하고, 최초 청구항 2는 제1항의 구성요소에 D를 더 포함하였으나, 보정을 통해 청구항 1이 삭제되고 청구항 2는 A+B+C+D를 포함하는 독립항으로 재작성된 경우, 설사 보정을 통해 청구항 2의 권리범위에 변경된 바가 없다 하더라도 이러한 보정은 특허성 확보를 위한 축소보정으로 취급된다.[90]

또한 균등침해의 주장의 근거가 되는 청구항에 대해 어떠한 보정이 없더라도 심사과정에서 동일한 한정사항을 포함하는 다른 청구항에서 축소보정이 이루어졌다면 균등침해 주장의 근거가 되는 청구항에 대해서도 축소보정이 이루어진 것으로 취급하는 것이 판례의 태도이다.[91] 즉, 축소범위인지 여부를 판단할 때는 개별적인 청구항이나 전체 청구항을 기초로 판단해야 한다.

---

89) Honeywell Intern., Inc. v. Hamilton Sundstrand Corp., 370 F.3d 1131, 1142 (Fed. Cir. 2004) ("[T]he fact that the scope of the rewritten claim has remained unchanged will not preclude the application of prosecution history estoppel if, by canceling the original independent claim and rewriting the dependent claims into independent form, the scope of subject matter claimed in the independent claim has been narrowed to secure the patent.") (footnote omitted).

90) 비록 *Honeywell* 사건에서는 종속항을 독립항 형태로 보정하면서 종전에 청구되지 않았던 한정사항을 추가된 것이 문제되었기 때문에 위에서 설명한 예와 그 사실관계가 완전히 일치한다고는 볼 수 없으나, *Honeywell* 사건에서 제시된 판단원칙에 따르면 위의 예와 같은 경우도 축소보정으로 해석될 것이다.

91) Deering Precision Instruments, L.L.C. v. Vector Distribution system, Inc., 347 F.3d 1314, 1326 (Fed. Cir. 2003). 구체적으로 연방순회항소법원은 균등침해의 근거가 된 독립항 4항은 보정된 바가 없었으나 동일한 한정사항이 기재된 청구항 1이 특허성 확보를 위해 축소 보정된 점이 명확하므로 동일한 한정사항을 근거로 독립항 4항을 확장 해석하는 경우, 출원경과참작의 원칙이 고려되어야 한다고 판단하였다.

B. 보정의 이유

축소보정이 있는 경우, 해당 보정이 특허성에 관련된 것인지(즉, 특허성을 확보하기 위해 보정된 것인지) 여부가 문제된다. 만약 축소보정이 특허성 확보를 위한 것인지가 불분명한 경우에는 특허성에 관련된 것으로 추정된다.92)

한편 특허성에 관련된 보정이 선행기술을 극복하기 위한 보정만을 의미하는지에 대해 연방대법원은 선행기술 극복을 위한 보정뿐만 아니라 해당 특허의 등록을 위한 모든 보정이 특허성에 관련된 보정이라고 판시한 바 있다.93)

한편 축소보정이 특허성 확보를 위한 것인지가 불분명하여 해당 보정이 특허성에 관련된 것으로 추정되는 경우, 해당 추정은 심사경과기록(prosecution history)에 의해서만 복멸 가능하다.94) 따라서 외부증거를 이용하여 특허권자의 보정이 특허성 확보와는 관련이 없었다는 것을 증명할 수는 없다.95)

C. 권리포기의 추정

만약 특허성에 관한 축소보정이 특허성에 관련된 것으로 인정되는 경

---

92) Warner-Jenkinson Co., Inc. v. Hilton Davis Chemical Co., 520 U.S. 17, 33 (1997) ("Where no explanation is established, however, the court should presume that the patent applicant had a substantial reason related to patentability for including the limiting element added by amendment."). 이러한 추정을 "*Warner-Jenkinson* 추정"이라 부른다.

93) *Festo I* 판결 이후 논쟁이 되었던 부분이었으나, 연방대법원은 *Festo II* 판결을 통해 *Festo I* 판결을 지지한다. *Festo II*, 535 U.S. at 736-37 ("Estoppel arises when an amendment is made to secure the patent and the amendment narrows the patent's scope. If a § 112 amendment is truly cosmetic, then it would not narrow the patent's scope or raise an estoppel. On the other hand, if a § 112 amendment is necessary and narrows the patent's scope-even if only for the purpose of better description-estoppel may apply. A patentee who narrows a claim as a condition for obtaining a patent disavows his claim to the broader subject matter, whether the amendment was made to avoid the prior art or to comply with § 112. We must regard the patentee as having conceded an inability to claim the broader subject matter or at least as having abandoned his right to appeal a rejection. In either case estoppel may apply.").

94) *Festo III*, 344 F.3d at 1367 ("[P]atentee's rebuttal of the *Warner-Jenkinson* presumption is restricted to the evidence in the prosecution history record.") (citation omitted).

95) 법원의 이러한 태도로 인해 "*Warner-Jenkinson* 추정"은 사실상 복멸 불가능하다는 평가가 많다.

우, 보정을 통해 축소된 권리범위를 전면적으로 포기한 것으로 인정할 지가 문제된다. 연방순회항소법원은 *Festo I* 판결을 통해 보정을 통해 축소된 권리범위에 대해 포기된 것을 인정하였으나, 이러한 엄격한 접근법(complete bar 또는 absolute bar)은 연방대법원의 *Festo II* 판결에 의해 파기된 바 있다. 구체적으로 연방대법원은 최초 청구항과 축소 보정된 청구항간에 차이가 발생하는 권리범위에 대해서는 일단 특허권자가 포기한 것으로 추정(통상, "Festo 추정"이라 불림)하고, 만약 특허권자가 i) 침해품이 청구항의 축소보정 당시에 예측 불가능했다는 사실, ii) 보정이 이루어진 근본적인 이유(the rationale underlying the amendment)가 침해품과 무관(tangential relation)하다는 사실 또는 iii) 특허권자가 침해품이 갖는 비본질적 차이를 예상할 수 없었다는 사실을 증명하는 경우 해당 추정은 복멸된다고 판시하였다.[96] 연방대법원은 연방순회항소법원의 엄격한 접근법을 폐기하고 복멸 가능한 *Festo* 추정을 기초로 권리범위의 포기 여부를 판단하는바, 연방순회항소법원에 비해 다소 유연한 접근법을 제시하였다고 평가된다.[97]

3. 공중에 기부에 의한 제한

특허권자가 명세서에는 기재되었으나 청구되지 않은 발명에 대해 권리범위의 확장을 주장하는 것은 허용되지 않는다. 명세서에는 기재되었으나 청

---

96) *Festo II*, 535 U.S. at 740-41 ("A patentee's decision to narrow his claims through amendment may be presumed to be a general disclaimer of the territory between the original claim and the amended claim. There are some cases, however, where the amendment cannot reasonably be viewed as surrendering a particular equivalent. The equivalent may have been unforeseeable at the time of the application; the rationale underlying the amendment may bear no more than a tangential relation to the equivalent in question; or there may be some other reason suggesting that the patentee could not reasonably be expected to have described the insubstantial substitute in question. In those cases the patentee can overcome the presumption that prosecution history estoppel bars a finding of equivalence.") (citation omitted).

97) 연방대법원이 인정한 3가지 예외의 구체적 의미에 대해서는 논쟁이 많으나, *Festo III* 판결 이후 관련 판례가 다수 누적된 상황이 아니어서 실무적으로 3가지 예외를 어떻게 이해해야 하는지에 관해 해석이 분분하다. 특히 *Warner-Jenkinson* 추정이 사실상 복멸 불가능하다는 상황에서 *Festo* 추정의 복멸방법 역시 명확하게 소개된 바 없어, 일단 특허권자의 보정이 축소보정으로 인정되면 실무적으로 균등침해를 주장하는 것이 불가능하다고 소개하는 학자/실무자도 적지 않다.

구되지 않은 발명은 공중에 기부된 것으로 간주하는 공중에 기부 원칙(public dedication rule) 때문이다.

비록 공중에 기부 원칙의 존재에 대해서는 큰 다툼이 없었지만, 구체적인 적용에 있어서는 판결 간에 모순/저촉이 있었다. 구체적으로 i) 공중에 기부 원칙에 따라 명세서에만 기재된 발명에 대해서는 특허 침해를 부정하는 판결[98]과 ii) 명세서에만 기재된 발명이 청구된 발명과 특허적으로 구별되는(distinct) 발명인 경우에만 공중에 기부가 인정되며, 명세서에만 기재된 발명이 청구된 발명으로부터 균등한 범위에 있는 경우에는 공중에 기부가 인정되진 않는다는 판결[99]이 대립했었다. 이에 연방순회항소법원(CAFC)은 전원합의체 판결을 통해 판결의 모순을 해결한 바 있다. 구체적으로 *Johnson & Johnston* 사건에서 연방순회항소법원의 전원합의체는 명세서에만 기재된 발명에 대해서는 해당 발명이 청구된 발명으로부터 구별되는지를 묻지 않고 공중에 기부한 것으로 취급한다고 판시하였다.[100] 법원은 심사단계에서는 좁은 권리범위를 통해 쉽게 등록을 받고 나중에 넓은 권리범위를 주장하는 것을 경계하였다. 또한 법원은 특허권자에게는 재발행출원(Reissue Application)을 통해 공중에 기부된 권리를 회수할 기회가 있다는 점도 강조하였다.

일반적으로 공중에 기부가 인정되기 위해서는 명세서에 기재된 내용이 실시가능요건(Enablement Requirement)과 같은 명세서기재요건(특허법 제112조 요건)을 만족되어야 하는 것으로 이해된다. 즉, 추상적인 상위개념이 명세서에 기재되었다면 해당 개념이 공중에 기부되었다고 보기는 어렵지만, 만약 구체적인 하위개념이 실시가능한 형태로 기재되어 당업자가 발명으로 식별할 수 있는 수준이 되는 경우, 해당 발명은 공중에 기부될 수 있다는 것이 판례의 기본적인 태도이다.[101]

---

98) Maxwell v. J. Baker, Inc., 86 F.3d 1098 (Fed. Cir. 1996).

99) YBM Magnex, Inc. v. Int'l Trade Comm'n, 145 F.3d 1317 (Fed. Cir. 1998).

100) Johnson & Johnston Associates, Inc., v. R.E. Service Co., Inc., 285 F.3d 1046 (Fed. Cir. 2002). 본 사건은 청구항에는 알루미늄 기판만이 기재되었으나 상세한 설명에는 철 기판도 개시된 것이 문제된 사안이었다. 기록에 따르면 침해자 역시 철 기판과 알루미늄 기판이 균등하다는 사실에 대해 반박하지 않았지만 공중에 기부 원칙에 의해 균등침해가 인정되지 않았다.

101) PSC Computer Products, Inc. v. Foxconn Intern., Inc., 355 F.3d 1353, 1360 (Fed. Cir. 2004) ("[I]f one of ordinary skill in the art can understand the unclaimed disclosed teaching upon reading the written description, the alternative matter disclosed

4. 선행기술에 의한 제한

균등침해를 위해 권리범위를 확장 해석하더라도, 확장된 청구항은 등록특허의 선행기술을 포함할 정도까지는 확장될 수 없다. 연방순회항소법원은 선행기술을 포함하지 않도록 청구항을 해석하기 위해, *Wilson Sporting Goods* 판결[102]을 통해 가상청구항(hypothetical claim)의 개념을 소개한 바 있다. 구체적으로 연방순회항소법원(CAFC)은 특허권자가 청구항에 기재된 문언적 기재로부터 최대 확장 가능한 가상청구항을 제시하도록 하고,[103] 침해자는 해당 가상청구항이 선행기술로부터 특허성을 확보하지 못함을 근거로 가상청구항을 감축시키는 방법으로 적절한 권리범위를 특정하려 했다.[104]

---

has been dedicated to the public. This 'disclosure-dedication' rule does not mean that any generic reference in a written specification necessarily dedicates all members of that particular genus to the public. The disclosure must be of such specificity that one of ordinary skill in the art could identify the subject matter that had been disclosed and not claimed."). 그러나 연방순회항소법원의 일부 판례는 실시가능요건이 만족되지 않는 발명이 상세한 설명에만 기재된 것이 문제된 사안에서 공중에 기부를 인정한 바 있다. Toro Co. v. White Consolidated Industries, In, 383 F.3d 1326, 1334 (Fed. Cir. 2004) ("We agree with White that the disclosure-dedication rule does not impose a § 112 requirement on the disclosed but unclaimed subject matter. The standards articulated in § 112 are directed to the claimed invention, not to disclosures in the written description that may implicate the disclosure-dedication rule.") (citation omitted).

102) Wilson Sporting Goods Co. v. David Geoffrey & Associates, 904 F.2d 677 (Fed. Cir. 1990).

103) 특허권자가 가상청구항을 주장하면서 청구항의 유효성을 확보하기 위해 권리범위를 감축하는 것은 허용되지 않는다. 즉, 청구항을 확장 해석하면서 감축 해석하는 것은 허용되지 않는다. Streamfeeder, LLC v. Sure-Feed Systems, Inc., 175 F.3d 974, 983 (Fed. Cir. 1999) ("Hypothetical claim analysis thus cannot be used to redraft granted claims in litigation by narrowing and broadening a claim at the same time.").

104) 다만 증명책임의 일부가 침해자에게 전환되는지에 대해 다툼이 있다. *Wilson Sporting Goods* 사건의 법원은 침해여부의 증명책임은 특허권자에게 부여되는 것이므로 증명책임이 침해자에 전환되지 않음을 강조했다. Wilson Sporting Goods Co. v. David Geoffrey & Associates, 904 F.2d 677, 685 (Fed. Cir. 1990) ("In this context it is important to remember that the burden is on Wilson to prove that the range of equivalents which it seeks would not ensnare the prior art Uniroyal ball. The patent owner has always borne the burden of proving infringement, and there is no logical reason why that burden should shift to the accused infringer simply because infringement in this context might require an inquiry into the patentability of a hypothetical claim.") (citation omitted). 그러나 가상청구항에 대한 다툼이 있는 경우

주의할 점은 *Wilson Sporting Goods* 판결 이후에 다른 법원에서 가상청구항을 통해 균등침해의 판단을 한 경우는 극히 드물고, 가상청구항을 통한 침해 판단이 실무상 적용하기 복잡하다는 비판이 많다는 점이다.105) 연방순회항소법원 역시 가상청구항을 통한 균등침해의 판단이 균등론의 한계를 정하는 하나의 선택수단에 불과하다고 인정하고 있어,106) 가상청구항을 기초로 균등침해를 다투는 것이 큰 의미를 가지지 못할 수도 있다.

한편, 법원은 선행기술에 의한 제한은 균등침해 주장에 대한 방어방법으로 인정하지만 균등침해에 대한 방어방법으로는 인정하지 않는다. 연방순회항소법원은 침해자가 권리범위해석에 상관없이 자신이 실시하는 발명은 선행기술과 동일하거나 이로부터 자명한 발명이라 항변한 것이 문제된 사건에서 문언침해의 판단은 청구된 발명과 침해품을 비교해서 판단해야 하는 문제이지 침해품과 선행기술을 비교하여 판단하는 문제가 아니라서 하면서 침해자의 주장을 배척하였다.107)

침해자가 주장하는 선행기술이 침해품을 포함하는지에 관한 증명책임은 침해자가 부담하는 것처럼 설명한 판례도 있다. National Presto Industries, Inc. v. West Bend Co., 76 F.3d 1185, 1192 (Fed. Cir. 1996) ("When the patentee has made a *prima facie* case of infringement under the Doctrine of Equivalents, the burden of coming forward with evidence to show that the accused device is in the prior art is upon the accused infringer, not the trial judge. West Bend did not offer such evidence. Indeed, West Bend does not reconcile the asserted unpatentability of a hypothetical claim that covers its device with its argument that its device is itself patented.").

105) KIMBERY A. MOORE ET. AL., PATENT LITIGATION AND STRATEGY 473 (Thomson West 3rd ed. 2008).

106) International Visual Corp. v. Crown Metal Mfg. C, Inc., 991 F.2d 768, 772 (Fed. Cir. 1993) ("Hypothetical claim analysis is an optional way of evaluating whether prior art limits the application of the Doctrine of Equivalents. It is simply a way of expressing the well-established principle 'that a patentee should not be able to obtain, under the Doctrine of Equivalents, coverage which he could not lawfully have obtained from the PTO by literal claims.'") (citation omitted).

107) Tate Access Floors, Inc. v. Interface Architectural Resources, Inc., 279 F.3d 1357, 1366 (Fed. Cir. 2002) ("[L]literal infringement is determined by construing the claims and comparing them to the accused device, not by comparing the ccused device to the prior art."); *See* Baxter Healthcare Corp. v. Spectramed, Inc., 49 F.3d 1575, 1583(Fed. Cir. 1995)("There is no requirement that the accused device be nonobvious in light of the prior art, or otherwise be itself patentable. Literal infringement exists if each of the limitations of the asserted claim(s) read on, that is, are found in, the accused device.").

제3절 | 침해를 구성하는 행위

I. 서

특허법 271조는 침해를 구성하는 행위에 대해서 규정하는바, 침해행위는 단일의 침해자가 발명을 직접침해(direct infringement)와 간접침해(indirect infringement)로 구분된다. 침해에 관해서 주로 다툼이 되는 것은 문언침해 또는 균등침해에 해당하는지 여부이며 침해를 구성하는 행위에 대해서는 다툼이 많지 않다.[108]

II. 직접침해와 간접침해

1. 직접침해

1) 관련규정

특허의 존속기간 도중, 정당한 권한 없이, 미국 내에서 특허된 발명을 제조(make), 사용(use), 판매를 위한 청약(offer to sell), 판매(sell)하거나 특허된 발명을 미국으로 수입(import)한 자는 특허침해의 책임을 진다.[109]

2) 구체적 판단

35 U.S.C. § 271(a)에 따라 특허권 존속기간 도중에 미국에서 특허 발명을 실시하거나 미국으로 특허 발명을 수입하는 경우 직접침해가 인정된다. 직접침해는 특허권 존속기간 도중에 인정되므로, 특허권이 만료한 이후에 특허를 실시하면 침해가 구성되지 않지만, 특허권 존속기간 도중에 판매를 위한 청약이 있었다면 그 자체로 침해가 구성될 수 있다. 또한 직접침해는 미

즉, 우리나라에서 인정되는 자유기술의 항변은 미국에서는 받아들여지기 어려운 것으로 해석된다. 침해자는 특허를 무효시키거나 재심사절차(Reexamination Proceeding) 등을 통해 특허를 감축/취소시키는 방식으로 대응해야 할 것이다.

108) KIMBERY A. MOORE ET. AL., PATENT LITIGATION AND STRATEGY 334 (Thomson West 3rd ed. 2008).

109) 35 U.S.C. § 271(a) ("[W]ithout authority makes, uses, offers to sell, or sells any patented invention, within the United States, or imports into the United States any patented invention during the term of the patent therefor, infringes the patent.").

국 내에서 이루어져야 하므로, 미국 이외의 지역에서 이루어진 행위에 대해서는 침해가 구성되지는 않지만,[110] 미국에서 판매를 위한 청약이 이루어졌다면 실제 제품의 제조 등이 외국에서 이루어져도 침해가 구성될 수 있다.[111]

한편 다른 주요국가와 마찬가지로 미국에서도 직접침해에 대한 실험적 사용(Experimental Use)의 항변이 인정되며, 그 역사적 기원은 19세기 초로 거슬러 올라간다.[112] 실험적 사용의 항변의 법리에 따르면, 해당 발명에 대한 실시가 오로지 실험적 용도로만 이루어졌다면, 침해가 구성될 수 없다. 그러나 법원은 실험적 사용에 대해 매우 엄격하게 판단하는바, 만약 등록특허의 사용이 어떤 식으로든 상업적으로 관련되어 있다면 침해를 인정하며, 예를 들어, 대학과 같은 연구기관의 특허 사용은 교육목적이라는 비상업적 성격을 가지기도 하지만 해당 연구기관의 지위 상승과 연구비 유치라는 상업적 성격을 가지므로 실험적 사용의 항변이 어렵다고 판단한 바 있다.[113] 따라서

---

110) Dowagiac Mfg. Co. v. Minnesota Moline Plow Co., 235 U.S. 641, 650 (1951) ("The right conferred by a patent under our law is confined to the United States and its territories . . . and infringement of this right cannot be predicated of acts wholly done in a foreign country.").

111) 법원은 미국에서 판매의 청약이 이루어지고, 제품의 제조 및 유통은 외국에서만 이루어진 것이 문제된 사안에서 침해를 인정하였다. Quality Tubing, Inc. v. Precision Tube Holdings Corp., 75 F.Supp.2d 613, 614 (S.D. Tex. 1999). 또한 법원은 가격안내(price quote)에 대해서도 판매를 위한 청약으로 취급할 수 있다는 입장이다. 3D Systems, Inc. v. Aarotech Laboratories, Inc., 160 F.3d 1373, 1379 (Fed. Cir. 1998) ("[T]he price quotation letters can be regarded as 'offer[s] to sell' under § 271 based on the substance conveyed in the letters, i.e., a description of the allegedly infringing merchandise and the price at which it can be purchased."). 그러나 판매를 위한 청약은 계약법에 따라 결정되는 사안이므로 구체적 사실관계에 따라 판단해야 한다. 미국 내에서 이루어진 가격안내 등에 대해 구체적 사실관계를 기초로 판매를 위한 청약이 인정하지 않은 사례도 있기 때문이다. Rotec Industries, Inc. v. Mitsubishi Corp., 215 F.3d 1246 (Fed. Cir. 2000).

112) Whittemore v. Cutter, 29 F. Cas. 1120, 1121 (C.C.D. Mass. 1813) ("[I]t could never have been the intention of the legislature to punish a man, who constructed such a machine merely for philosophical experiments, or for the purpose of ascertaining the sufficiency of the machine to produce its described effects.").

113) Madey v. Duke University, 307 F.3d 1351, 1362 (Fed. Cir. 2002) ("[M]ajor research universities . . . often sanction and fund research projects with arguably no commercial application whatsoever. However, these projects unmistakably further the institution's legitimate business objectives . . . . These projects also serve, for example, to increase

실험적 사용의 항변을 하기 위해서는 침해자가 해당 사용이 자신의 사업을 촉진/조장(furtherance of business)하는 바가 없다는 것을 증명해야 할 것이나,[114] 법원이 이를 매우 엄격히 해석함을 주의해야 할 것이다.

3) 외국에서의 일부 구성의 사용

연방순회항소법원은 *NTP* 사건[115]에서 일부 구성이 외국에서 사용된 특허와 관련하여 침해여부를 판단한 바 있다. 본 사건은 NTP가 블랙베리로 유명한 캐나다의 RIM를 상대로 특허침해를 주장한 사건이다. 본 사건에서 문제된 청구항은 시스템 청구항과 방법청구항으로 구분되는데, 양 청구항 모두 구성요소 중 하나가 미국이 아닌 캐나다에서 사용(use)되는 것이 문제되었다. 이에 연방순회항소법원(CAFC)은 시스템에 대해서는 특허침해를 인정하였으나 방법에 대해서는 특허침해를 부정하는 판단을 내린다. 구체적으로 법원은 시스템 청구항에 대하여, 35 U.S.C. § 271(a)에 의한 "사용(use)"은 시스템이 전체적으로(as a whole) 서비스를 제공하는 곳을 기준으로 판단되므로 시스템의 일부 요소(구체적으로 게이트 스위치와 같은 릴레이 요소)가 외국에 위치한다고 하여 침해를 회피할 수 없다고 판단했다.[116] 그러나 법원은 방법청구항에 대해서는, 기본적으로 시스템/장치청구항과 방법청구항은 구별되는 것임을 전제로, 시스템 청구항과는 달리 모든 청구항의 단계 각각이 미국 내에서 수행되어야 하므로 하나의 단계라도 외국에서 수행되면 침해가 인정될 수 없으므로 특허권자의 방법청구항에 대한 침해는 인정될 수 없다고

---

the status of the institution and lure lucrative research grants, students and faculty. In short . . . so long as the act is in furtherance of the alleged infringer's legitimate business . . . the act does not qualify for the very narrow and strictly limited experimental use defense.").

114) 참고로, 실험적 사용에 관한 증명책임은 침해자에게 부담된다. *Madey*, at 1361.

115) NTP, Inc. v. Research In Motion, Ltd., 418 F.3d 1282 (Fed. Cir. 2005).

116) *NTP*, at 1317 (Fed. Cir. 2005) ("The use of a claimed system under section 271(a) is the place at which the system as a whole is put into service, i.e., the place where control of the system is exercised and beneficial use of the system obtained. . . . Based on this interpretation of section 271(a), it was proper for the jury to have found that use of NTP's asserted system claims occurred within the United States. RIM's customers located within the United States controlled the transmission of the originated information and also benefited from such an exchange of information. Thus, the location of the Relay in Canada did not, as a matter of law, preclude infringement of the asserted system claims in this case.") (citations omitted).

하였다.[117]

4) 분할침해/공동침해(divided/joint infringement)

미국은 직접침해뿐만 아니라 기여침해나 유도침해 등의 다양한 침해행위를 규정하므로 특허권자가 보호받을 여지가 많다. 그러나 기여침해나 유도침해와 같은 간접침해가 구성되기 위해서는 직접침해가 요구되므로,[118] 만약 여러 침해자가 청구항의 구성요소를 분할하여 침해하는 분할침해(divided infringement)가 문제되는 경우, 분할 침해자의 행위를 직접침해로 구성하지 않는 한, 간접침해 등의 법리를 통해 침해자의 행위를 제지할 방법이 없다는 문제가 발생한다. 법원은 제조자가 첫 번째 단계를 수행하고 고객이 나머지 단계를 수행하는 등과 같이 서비스 제공자와 고객이 분할 침해자가 되는 경우에 직접침해를 인정하지 않는다.[119] 다만, 법원은 분할 침해자간에 통제나 지시(control or direction)가 인정되는 경우에는, 통제를 가한 자에 대해 직접침해를 인정할 수 있다는 원칙을 제시할 뿐이다.[120] 따라서 실무자는 침

117) *NTP*, at 1317-18 ("We reach a different conclusion as to NTP's asserted method claims. Under section 271(a), the concept of 'use' of a patented method or process is fundamentally different from the use of a patented system or device. . . . Because a process is nothing more than the sequence of actions of which it is comprised, the use of a process necessarily involves doing or performing each of the steps recited. This is unlike use of a system as a whole, in which the components are used collectively, not individually. We therefore hold that a process cannot be used 'within' the United States as required by section 271(a) unless each of the steps is performed within this country.") (citations omitted).

118) Dynacore Holdings Corp. v. U.S. Philips Corp., 363 F.3d 1263, 1272 (Fed. Cir. 2004) ("Indirect infringement, whether inducement to infringe or contributory infringement, can only arise in the presence of direct infringement, though the direct infringer is typically someone other than the defendant accused of indirect infringement.") (citations omitted).

119) Fromson v. Advance Offset Plate, Inc., 720 F.2d 1565, 1568 (Fed. Cir. 1983).

120) BMC Resources, Inc. v. Paymentech, L.P., 498 F.3d 1373, 1380-81 (Fed. Cir. 2007) ("Courts faced with a divided infringement theory have also generally refused to find liability where one party did not control or direct each step of the patented process. . . . A party cannot avoid infringement, however, simply by contracting out steps of a patented process to another entity. In those cases, the party in control would be liable for direct infringement. It would be unfair indeed for the mastermind in such situations to escape liability") (citation omitted). 법원은 위와 같은 원칙을 제시했으나 실제 소송에서는 침해자들 간의 통제의 존재를 인정하지 않았다. 또한 법원은 2인의 침해자 중

해자가 청구항의 구성요소를 분할할 여지를 최소화하도록 청구항을 작성해야 할 것이다.

5) 관련문제 — 제조방법의 추정

특허된 방법으로 제조된 물건의 수입, 판매(판매를 위한 청약 포함), 사용을 근거로 침해주장을 하는 경우, 만약 법원이 i) 해당 물건이 특허된 방법으로 제조되었다는 상당한 가능성(substantial likelihood)을 발견하고, ii) 침해를 주장하는 자가 해당 물건에 특허된 방법이 사용되었음을 판단하기 위해 합리적인 노력(reasonable effort)을 했으나 결국 판단하지 못한 경우, 침해자 측으로 증명책임이 전환된다.[121] 결국 침해자가 자신이 수입/판매/사용한 물건이 특허된 방법으로 제조되지 않았음을 증명해야 한다.

2. 간접침해

간접침해에서는 유도침해, 기여침해 등이 문제된다. 미국특허법은 다양한 형태의 간접침해를 인정하여 특허권을 보호하고 있다.

1) 유도침해

A. 관련규정

특허침해를 적극적으로 유도(actively induce)한 자는 침해자로서 책임을 진다.[122]

B. 구체적 판단

유도침해(Induced Infringement)는 형법의 교사/방조죄(aids and abets)와 유사한 개념으로,[123] 직접침해가 발생하도록 적극적으로 유도한 자는 침해의 책임을 진다. 유도침해를 인정하기 위해서는 i) 직접침해의 존재,[124] ii) 직접

1인은 진료차트를 제공하고, 나머지 1인은 해당 진료차트를 기초로 환자를 수송할 항공편을 확보하여, 공동침해가 문제된 사안에서, 침해자들이 전략적 동반자관계(strategic partnership)를 맺어 각자의 소프트웨어가 함께 동작하고, 하나의 유닛으로 소프트웨어를 판매하는 것이 문제된 사안에서도 침해자들 간의 통제나 지시(control or direction)를 인정하지 않았다. Golden Hour Data Systems, Inc. v. emsCharts, Inc., ____ F.3d ____, 2010 WL 3133539 (Fed. Cir. 2010).

121) 35 U.S.C. § 295.

122) 35 U.S.C. § 271(b) ("Whoever actively induces infringement of a patent shall be liable as an infringer.").

123) National Presto Indus., Inc. v. West Bend Co., 76 F.3d 1185, 1195 (Fed. Cir. 1996).

124) 참고로 직접침해자가 유도침해나 기여침해에 소송당사자로 참여할 필요는 없다.

침해를 유도한 적극적인 행위(positive act), iii) 유도침해의 의도(intent)가 증명되어야 한다.

35 U.S.C. § 271(b) 명문규정이 "적극적인" 유도를 요구하는바, 판례는 유도침해를 인정하기 위해서는 "적극적인 행위"의 존재가 증명되어야 함을 근거로, 침해자의 단순한 부작위(omission)만이 문제되는 경우에는 적극적인 행위를 인정하지 않으며,[125] 타인의 침해행위에 대한 강요(urge)/조장(encourage)/조력(aid)이 인정되는 경우에만 적극적인 행위를 인정하는 입장이다.[126]

유도침해가 인정되기 위해서는 유도침해의 의도가 요구되는데,[127] 이러한 유도침해의 의도는 직접증거(direct evidence)로 증명될 필요는 없으며, 정황증거(circumstantial evidence)로도 증명 가능하다.[128] 유도침해를 증명하기 위해 요구되는 의도의 수준에 관해 과거 법원의 판결 간에 모순/저촉이 있었으나 연방순회항소법원은 *DSU* 사건의 전원합의체 판결 통해 위와 같은 다툼을 정리한 바 있다. 구체적으로 *DSU* 사건의 법원은 직접침해를 발생시킨 행위에 대해 의도가 인정된다는 것에 대한 증명으로는 불충분하며, 직접침해를 유도하는 것에 대한 의도가 증명되어야 한다고 판시하였다.[129] 따라서 유도침해자가 직접침해자의 행위에 대한 지식뿐만 아니라 유도침해자가 직접침해자를 유도한 의도까지 증명되어야 하므로 특허권자 입장에서는 유도침해

Upjohn Co. v. Syntro Corp., 1990 WL 79232 (D.Del. 1990) ("Despite the rule that there can be no contributory infringement absent direct infringement . . . . [I]t is not necessary that the direct infringer be joined as a party to a suit against a contributory infringer.") (citations omitted).

125) Beverly Hills Fan Co. v. Royal Sovereign Corp., 21 F.3d 1558, 1569 (Fed. Cir. 1994).

126) Tegal Corp. v. Tokyo Electron Co., Ltd., 248 F.3d 1376, 1378-79 (Fed. Cir. 2001).

127) 일반적으로 직접침해에는 침해자의 의도가 요구되지 않지만, 유도침해와 기여침해와 같은 간접침해에는 간접침해의 의도가 요구된다.

128) Water Technologies Corp. v. Calco, Lt, 850 F.2d 660, 668 (Fed. Cir. 1988) ("While proof of intent is necessary, direct evidence is not required; rather, circumstantial evidence may suffice.") (citations omitted).

129) DSU Medical Corp. v. JMS Co., Ltd., 471 F.3d 1293, 1306 (Fed. Cir. 2006) ("[T]he intent requirement for inducement requires more than just intent to cause the acts that produce direct infringement. . . . [I]nducement requires evidence of culpable conduct, directed to encouraging another's infringement, not merely that the inducer had knowledge of the direct infringer's activities.") (citations omitted).

의 입증이 어려워진 것이다. 한편, *DSU* 사건의 법원은 i) 직접침해자와 유도침해자가 대리인을 통해 침해에 해당하지 않는다는 자문을 얻었고, ii) 유도침해자가 직접침해자 측으로부터 침해가 아니라는 진술을 확보한 점을 근거로 침해의 의도를 부정한 1심 배심원의 판단을 지지했다.[130] 따라서 유도침해자 입장에서는 변호사 등의 자문을 통해 유도침해의 의도를 반증할 수 있을 것이다.

2) 기여침해

A. **관련규정**[131]

특허된 기계(machine), 제조물(manufacture), 조합물(combination), 조성물(composition) 또는 특허된 방법을 실시하기 위한 용도의 물질(material), 장치(apparatus)에서 발명의 중대한 부분(material part)을 구성하는 부품을 미국 내에서 판매나 판매를 위한 청약을 하거나 미국으로 수입하는 자가 해당 부품이 특허침해를 위해 특별히 제조되었거나 특별히 변형(adapt)된 것을 아는 경우 기여침해자로서 책임을 진다. 그러나 해당 부품이 실질적인 비침해 용도를 위한 필수물품(staple article or commodity)인 경우에는 그렇지 아니하다.

B. **구체적 판단**

기여침해(Contributory Infringement)가 인정되기 위해서는 i) 직접침해가 있고,[132] ii) 특허된 물품 또는 특허된 방법을 사용하는 장비의 중요 부품을 판매/수입하고, iii) 판매/수입된 품목이 중대한 부분이고, iv) 기여침해자가 특허침해를 위해 제조/변형된 사실을 알아야 하고, v) 판매/수입된 부품이 비침해 용도의 필수물품인 사정이 없어야 한다. 기여침해는 제조자가 특허의 핵심적인 부품만을 판매하고 최종 사용자로 하여금 해당 부품들을 조립하도록 하여 제조자가 침해를 회피하는 것을 방지하여 특허권을 보호하는 동시에

130) *DSU*, at 1307 (Fed. Cir. 2006).

131) 35 U.S.C. § 271(c) ("Whoever offers to sell or sells within the United States or imports into the United States a component of a patented machine, manufacture, combination, or composition, or a material or apparatus for use in practicing a patented process, constituting a material part of the invention, knowing the same to be especially made or especially adapted for use in an infringement of such patent, and not a staple article or commodity of commerce suitable for substantial noninfringing use, shall be liable as a contributory infringer.").

132) 상술한 바와 같이 직접침해가 요구되지만, 직접침해자가 소송절차에 참여해야 하는 것은 아니다.

특허의 독점권의 대상이 아닌 필수물품에 대해 독점권을 부정하여 특허권의 남용을 방지한다.

C. 관련문제 — 수리/재구성의 구분[133)]

특허소모이론(exhaustion)에 의해 특허가 적용된 제품이 판매되면 해당 제품에 대한 특허권자의 독점배타권은 소모된다.[134)] 또한 특허가 적용된 제품의 구매자는 해당 제품에 고장이 발생하는 경우 해당 제품을 수리할 정당한 권리를 갖게 되지만, 구매자가 특허가 적용된 제품을 수리하는 수준을 뛰어넘어 사실상 제조(make)하는 경우, 즉 해당 제품을 재구성(reconstruction)하는 경우에는 직접침해가 인정될 수 있다.

침해자의 행위가 수리인지 재구성인지에 관한 논의는 기여침해가 논의될 때 함께 논의되는 경향이 강하다. 이는 일반적으로 특허제품의 일부 부품을 교체하는 자가 최종 소비자인 경우가 많으므로, 특허권자는 최종 소비자에게 직접침해를 주장하는 대신 최종 소비자에게 교체부품을 제공하는 부품제공업체를 상대로 기여침해를 주장하기 때문이다. 이 경우 특허권자는 기여침해를 증명하기 위해 기여침해의 요건 중에 하나인 직접침해의 존재를 입증해야 하므로, 기여침해소송에서 주된 쟁점은 교체부품을 공급 받은 소비자가 해당 부품을 교체하는 것이 정당한 수리에 해당하는지가 된다. 연방순회항소법원은 수리와 재구성을 구분하는 것이 문제된 *Sandvik* 사건에서 i) 교체행위의 속성,[135)] ii) 침해품의 속성 및 디자인 방식(즉, 침해품에서 수리를 요하는 부분이 다른 부분에 비해 수명이 짧은지 여부),[136)] iii) 수리부품이 공급되는 시장이 형성되었는지 여부,[137)] iv) 특허권자의 의도에 관한 객관적 증거[138)]

---

133) KIMBERY A. MOORE ET. AL., PATENT LITIGATION AND STRATEGY 347-48 (Thomson West 3rd ed. 2008).

134) Mallinckrodt, Inc. v. Medipart, Inc., 976 F.2d 700, 706 (Fed. Cir. 1992) ("[U]nconditional sale of a patented device exhausts the patentee's right to control the purchaser'use of the device.").

135) 교체행위가 단순히 부착하는 정도에 그치는지 여러 단계를 걸친 가공에 해당하는지를 기초로, 문제되는 행위가 단순한 수리인지 아니면 발명의 재탄생(re-creation)인지를 평가한다.

136) 일반적으로 수리를 요하는 부분이 다른 부분에 비해 수명이 짧은 경우 재구성이 아닌 수리가 인정될 개연성이 높아진다.

137) 일반적으로 수리부품이 공급되는 시장이 크게 형성되는 경우, 특허가 적용된 제품에 대한 수리가 요구된다는 합리적 기대가 높을 것이므로 재구성이 아닌 수리가 인정될

등을 고려하여 부품 교체행위가 정당한 수리가 아니라 재구성에 해당된다고 판시한 바 있다.[139)]

3. 수출입과 관련하여 침해로 간주되는 행위

1) 수출과 관련하여 침해로 간주되는 행위

청구된 발명을 요소 별로 구분하여 어느 일부 요소만을 실시하는 것은 침해에 해당하지 않지만, 만약 청구된 발명을 요소별로 분리하여 미국 소비자에게 판매하면서 특허된 방식으로 조합할 것을 적극적으로 유도하거나, 청구된 발명의 중대한 요소 중 필수물품(staple article or commodity)이 아닌 것을 미국 소비자에게 판매하면서 해당 요소가 특허침해를 위해 특별히 제조/변형된 것을 안다면 유도침해 또는 기여침해가 인정될 수 있다. 그러나 청구된 발명의 요소 중 일부만을 외국으로 수출하여 외국에서 조립되도록 적극적으로 유도하거나 기여한 경우에는 앞서 설명한 전통적인 유도/기여 침해의 법리를 적용하는 데 어려움이 있다. 일례로 1972년에 연방대법원은 미국 내에서는 등록특허의 모든 요소를 조합하지는 않았지만, 등록특허의 요소를 2 부분으로 나누어 각각 외국소비자에 수출하고, 수출된 요소의 조립방법을 설명한 설명서를 함께 제공한 것이 문제된 *Deepsouth* 사건에서 침해를 부정한 바 있다.[140)] 이에 연방의회는 35 U.S.C. § 271(f)를 신설하여 수출을 통해 침해를 부당하게 회피하는 것을 규제하게 되었다.

개연성이 높아진다.

138) 특허권자가 해당 부품을 교체 가능한 부품으로 인식했는지를 판단하기 위한 증거가 제출될 수 있는바, 예를 들어 특허권자가 부품을 따로 판매하거나 부품 교체를 위한 매뉴얼을 제작했다는 사정이 없으면 특허권자가 교체 가능한 부품으로 인식하지 않을 가능성이 높으므로 해당 부품의 교체가 수리가 아니라 재구성으로 인정될 개연성이 높아진다.

139) Sandvik Aktiebolag v. E.J. Co., 121 F.3d 669, 673 (Fed. Cir. 1997) ("There are a number of factors to consider in determining whether a defendant has made a new article, after the device has become spent, including the nature of the actions by the defendant, the nature of the device and how it is designed (namely, whether one of the components of the patented combination has a shorter useful life than the whole), whether a market has developed to manufacture or service the part at issue and objective evidence of the intent of the patentee. Under the totality of the circumstances, we hold in this case that E.J.'s actions are a reconstruction.").

140) Deepsouth Packing Co. v. Laitram Corp., 406 U.S. 518 (1972).

A. 관련규정 및 판단

35 U.S.C. § 271(f)(1)에 따르면 i) 정당한 권한 없이, ii) 등록특허의 요소(component) 전부 또는 실질적인 부분을, iii) 전체적으로(또는 부분적으로) 결합(combine)하지 않은 상태로, iv) 미국 내에서(또는 외국으로) 공급하거나 공급되도록 하면서, v) 미국에서 조합되면 특허침해가 발생할 방식으로 외국에서 조합되도록 해당 부품의 조합을 적극 유도한 자는 특허침해의 책임을 진다.[141]

또한 35 U.S.C. § 271(f)(2)에 따르면 i) 정당한 권한 없이, ii) 등록특허에 사용되도록 특별히 제조되었거나 특별히 변형된 등록특허의 일부 요소 중 iii) 실질적인 비침해 용도를 위한 필수물품(staple article or commodity)이 아닌 요소를 iv) 전체적으로(또는 부분적으로) 결합하지 않은 상태로, iv) 미국 내에서(또는 외국으로) 공급하거나 공급되도록 하면서, v) 해당 요소가 등록특허에 사용되도록 특별히 제조되었거나 특별히 변형된 것을 알면서, vi) 미국에서 조합되면 특허침해가 발생할 방식으로 외국에서 조합되도록 의도한 자는 특허침해의 책임을 진다.[142]

35 U.S.C. § 271(f)(1)은 수출을 통해 유도침해를 부당하게 회피하는 것을 방지하기 위한 규정이고, 35 U.S.C. § 271(f)(2)는 수출을 통해 기여침해를 부당하게 회피하는 것을 방지하기 위한 규정이다. 따라서 청구된 발명의 요소 중 일부만을 외국으로 수출하여 외국에서 조립되도록 적극적으로 유도

---

141) 35 U.S.C. § 271(f)(1) ("Whoever without authority supplies or causes to be supplied in or from the United States all or a substantial portion of the components of a patented invention, where such components are uncombined in whole or in part, in such manner as to actively induce the combination of such components outside of the United States in a manner that would infringe the patent if such combination occurred within the United States, shall be liable as an infringer.").

142) 35 U.S.C. § 271(f)(2) ("Whoever without authority supplies or causes to be supplied in or from the United States any component of a patented invention that is especially made or especially adapted for use in the invention and not a staple article or commodity of commerce suitable for substantial noninfringing use, where such component is uncombined in whole or in part, knowing that such component is so made or adapted and intending that such component will be combined outside of the United States in a manner that would infringe the patent if such combination occurred within the United States, shall be liable as an infringer.").

하거나 기여하는 수출업자에 대해서도 침해의 책임을 물을 수 있는 길이 열렸으나 연방대법원은 이하에서 설명하는 *Microsoft* 사건에서 35 U.S.C. § 271(f)를 제한적으로 적용한 바 있다.

Microsoft 사건[143)]

본 사건에서 AT&T은 음성 압축 및 인코딩에 관한 특허권의 양수인으로 Microsoft(이하, "MS"라 칭함)의 윈도우 운영체제의 특허침해를 주장하며 소를 제기하였다. 기록에 따르면 MS는 윈도우 운영체제의 카피를 생성시키는 마스터 버전(master version)을 외국으로 전자적으로 전송(electronic transmission)하거나 기계장치가 읽을 수 있는 매체인 마스터 디스크(master disk)에 담아 외국으로 보내고, 이를 수신한 외국 제조업체는 수신된 정보를 바탕으로 윈도우 운영체제의 카피를 생성(generate)하고 생성된 윈도우 운영체제를 컴퓨터에 설치(install)하였고, 이를 이유로 AT&T는 35 U.S.C. § 271(f)(1)에 따른 침해를 주장했다. 본 사건에서 MS의 윈도우 운영체제가 컴퓨터에 일단 설치(install)되면 해당 컴퓨터가 AT&T의 특허를 침해하는 것에는 다툼이 없었고, 다툼이 되는 논쟁은 35 U.S.C. § 271(f)(1) 규정에 따른 요소(component)에 소프트웨어가 포함되는지 여부였다.

구체적으로 법원의 판단이 요구되는 이슈는 i) 소프트웨어는 언제부터 35 U.S.C. § 271(f)(1) 규정에 따른 요소가 되는지와 ii) 본 사건에서 35 U.S.C. § 271(f)(1) 규정에 따른 요소가 MS로부터 공급된 것으로 볼 수 있는지 여부였다.[144)] 법원은 첫 번째 이슈에 대해 CD-ROM과 같이 삽입되면 컴퓨터에서 소프트웨어를 활성화(activate)시키는 물리적 매체로부터 분리된 소프트웨어 그 자체는 결합이 불가능한 것으로, 35 U.S.C. § 271(f)(1)에 따른 요소가 될 수 없다고 판단했다.[145)] 법원은 소프트웨어를 활성화시키는 물리

---

143) Microsoft Corp. v. AT & T Corp., 550 U.S. 437 (2007).

144) *Microsoft*, at 447 ("This case poses two questions: First, when, or in what form, does software qualify as a 'component' under § 271(f)? Second, were 'components' of the foreign-made computers involved in this case 'supplie[d]' by Microsoft 'from the United States'?").

145) *Microsoft*, at 449 ("Until it is expressed as a computer-readable 'copy,' e.g., on a CD-ROM, Windows software-indeed any software detached from an activating medium-

적 매체로부터 분리된 소프트웨어는 추상적인 소프트웨어(software in the abstract)이고, 이러한 추상적인 소프트웨어는 마치 건축물의 설계도처럼 취급할 수 있는데, 설사 건축물에 특허가 부여되더라도 설계도에 따라 만들어진 건축물의 일부 구성의 수출은 막을 수 있어도 설계도 그 자체의 수출을 막을 수는 없다는 논리에 근거했다. 법원은 두 번째 이슈에 대해 MS가 외국으로 보낸 것은 추상적인 소프트웨어에 지나지 않으므로, 35 U.S.C. § 271(f)(1)에 따른 요소는 MS가 미국으로부터 공급한 것이 아니라 외국 제조업체가 MS로 공급받은 코드를 통해 생성한 윈도우 운영체제 카피이며, 이에 따라 결합된 등록특허의 요소는 MS가 공급한 것이 아니라 외국 제조업체가 공급한 것이라는 판단을 내린다.[146]

2) 수입과 관련하여 침해로 간주되는 행위

물건발명의 경우 해당 물건이 외국에서 제조되어도 해당 물건이 수입되면 35 U.S.C. § 271(a)에 의한 직접침해가 구성되므로 특허권의 보호에 큰 문제가 없었으나, 제조방법에 관한 방법발명의 경우 35 U.S.C. § 271(a)에 따라 보호되는 범위는 방법 자체의 사용이므로 방법발명이 외국에서 사용되는 경우 특허권 보호에 문제가 발생할 수 있다. 이러한 문제는 35 U.S.C. §271(g)에 의해 해결 가능한바, 35 U.S.C. § 271(g)에 따르면 i) 정당한 권한 없이, ii) 미국에서 제조되면 방법특허를 침해하는 물건(product)을,[147] iii) 해당 방법특허의 존속기간 이내에, iv) 미국으로 수입하거나 미국 내에서 판매(판매를 위한 청약 포함), 사용한 자는 특허침해의 책임을 진다. 그러나 제조된 물건이 i) 후속 공정으로 인해 중대하게 변화(materially changed)했거나 ii) 제조

---

remains uncombinable. It cannot be inserted into a CD-ROM drive or downloaded from the Internet; it cannot be installed or executed on a computer."). 즉, 매체(또는, 인터넷으로부터 다운로드된 정보)로부터 활성화되어 설치나 실행이 가능한 것이 요구되는 것으로 이해된다. MS가 외국 제조업체에게 송부한 마스터 디스크나 전자적으로 전송한 내용이 법원이 언급한 "CD-ROM"이나 인터넷으로부터 다운로드된 정보와 다르게 취급되는 것도 이 때문인 것으로 이해된다.

146) 참고로, 법원의 이러한 논리에 대해 등록특허의 내용을 소프트웨어로 전환시켜 외국으로 전송하여 등록특허를 회피하려는 시도를 정당화시킨다는 비판이 많았으나, 연방대법원은 이러한 비판을 인식하면서 이러한 문제는 입법불비의 문제로 연방의회가 입법적으로 해결해야 한다고 판시한 바 있다.

147) 외국에서 수입된 제품에 미국에서 등록된 방법특허가 적용되었는지를 증명하는 경우 35 U.S.C. § 295에 따른 제조방법추정 규정을 활용할 수 있다.

된 물건이 다른 물건의 사소한 요소(trivial and nonessential component)가 된 경우에는 예외가 인정된다.[148)]

한편 35 U.S.C. § 271(g)에 관한 규정은 특허된 방법으로 생산된 실제 제품뿐만 아니라 특허된 방법으로 수집된 정보(information)에도 미치는지에 관해 다툼이 있었으나, 법원은 특허된 방법으로 수집된 정보에 대해서는 35 U.S.C. § 271(g) 규정이 적용되지 않는다고 판단했다.[149)]

---

148) 위와 같은 2가지의 방어방법은 ITC(International Trade Commission) 절차에서는 활용할 수 없다는 것이 연방순회항소법원의 태도이다. Kinik Co. v. International Trade Com'n., 362 F.3d 1359, 1363 (Fed. Cir. 2004). 따라서 연방지방법원에 소가 제기되었다면 침해가 인정되지 않았을 사안에 대해서도 ITC 절차를 통해 수입을 금지할 수 있는 경우가 발생할 수 있다. 위 판례에 대해서는 비판이 많지만 아직 폐기된 바 없는 유효한 판례법임을 주의해야 한다.

149) Bayer AG v. Housey Pharmaceuticals, Inc., 340 F.3d 1367, 1368 (Fed. Cir. 2003) ("[W]e conclude that infringement under 35 U.S.C. § 271(g) is limited to physical goods that were manufactured and does not include information generated by a patented process . . . .").

제1절 | 법원 구조

Ⅰ. 연방법원과 주법원

미국 법원시스템은 크게 연방법원(Federal Court)과 주법원(State Court)에 의한 시스템으로 구분된다. 연방법으로부터 발생한(arising under) 사건들은 연방법원에 관할이 인정되며, 그 외의 사건은 주법원에 관할이 인정된다.

연방법원은 연방지방법원(U.S. District Court), 연방항소법원(U.S. Court of Appeal) 및 연방대법원(Supreme Court)으로 이루어진다.[1] 연방지방법원은 지역에 따라 94개로 구분된다.[2] 연방지방법원에서는 배심재판(jury trial)과 판사재판(bench trial)이 가능하다. 연방지방법원의 판결에 불복하는 경우 해당 연방지방법원을 관할하는 연방항소법원(U.S. Court of Appeal)에 항소를 제기하는 것이 원칙이지만, 특허에 관한 사안은 연방순회항소법원(CAFC)에 독점관할이 인정되므로 연방순회항소법원(CAFC)에 항소를 제기해야 한다.[3] 연방항소법원

---

1) 상술한 법원 이외에도 연방배상법원(U.S. Court of Federal Claims)과 같은 특수법원이 존재한다.

2) 예를 들어, 미국 특허청(USPTO)이 위치하는 버지니아주(Virginia State)에는 버지니아주의 동부를 관할하는 버지니아동부지방법원(Eastern District Court of Virginia 또는 "E.D. Va.")과 서부를 관할하는 버지니아서부지방법원(Western District Court of Virginia 또는 "W.D. Va.")이 존재한다.

3) 예를 들어, 미국 특허청이 위치하는 Alexandria 시에서 연방법에 의한 사안(예를 들

은 11개의 항소법원, 워싱턴 DC를 관할하는 항소법원 및 연방순회항소법원(CAFC)으로 구성된다.[4] 연방순회항소법원(CAFC)을 포함한 항소법원에서는 3인의 항소법원판사에 의해 재판이 이루어진다.[5] 만약 연방순회항소법원(CAFC)의 3인의 판사에 의한 판결에 불복하는 경우 연방대법원에 이송명령(Writ of Certiorari)을 구하거나 연방순회항소법원에 전원합의체(*en banc*)에 의한 재심리를 요청할 수 있다. 연방대법원에서는 9인의 대법관(Justice)에 의해 재판이 이루어진다.

주법원(State Court)의 구조는 주법에 일임되므로 각 주마다 법원이 구성되는 방식이 다르지만 통상 연방법원과 유사하게 3심으로 구성된다. 특허에 관한 문제는 연방법으로부터 발생한 사안이므로 주법원에는 관할권이 인정되지 않는다.[6] 일반적으로 주법원은 주법에 의해 판단되어야 하는 사안(예를 들어, 형법, 계약법, 재산법, 가족법, 상속법 등에 관한 문제)을 판단하며 특허에 관한 사건은 판단하지 않는다.[7] 다만, 주법에 의해 판단되어야 하는 사안이라도 소송 당사자들이 서로 다른 주(state)의 주민인 경우, 연방법원에 제소할

어, 저작권)이 문제되는 경우, Alexandria 시를 관할하는 버지니아동부지방법원(E.D. Va.)이 1심 법원이 될 수 있다(다만, 이후에서 설명하는 바와 같이, 1심 법원은 물적관할권/인적관할권/재판적의 법리에 따라 다른 법원이 1심 법원이 될 수 있다). 또한 버지니아동부지방법원(E.D. Va.)의 판결에 불복하여 항소하는 경우, 해당 사건의 2심 법원, 즉 항소심 법원은 버지니아주, 메릴랜드주, 웨스트버지니아주, 노스케롤라이나주, 사우스케롤라이나주를 관할하는 제4항소법원(U.S. Court of Appeals for the Fourth Circuit 또는 "4th Circuit")으로 정해진다. 그러나 특허에 관한 사안은 연방순회항소법원(CAFC)에 관할의 집중이 인정되므로, 미국에서 발생한 모든 특허사건에 대해서는 연방순회항소법원(CAFC)에 항소해야 한다.

4) 연방순회항소법원(CAFC)을 제외한 나머지 12개의 항소법원을 지역법원(Regional Circuit)이라 부르기도 한다.

5) 통상 "Panel"이라 부른다.

6) *See* 28 U.S.C. § 1338(a) ("The district courts shall have original jurisdiction of any civil action arising under any Act of Congress relating to patents, plant variety protection, copyrights and trademarks. Such jurisdiction shall be exclusive of the courts of the states in patent, plant variety protection and copyright cases.").

7) 그러나 특허실시권계약(license contract)의 이행을 구하는 소는 계약에 관한 소이이므로 주법원에 소를 제기해야 한다. 또한 특허실시권에 따른 이행의 소에 대한 반소로 특허의 무효확인이 제기되는 경우에는 주법원이 특허의 무효를 판단하는 극히 예외적인 경우도 인정된다. 특허권의 소유권(ownership)에 대한 문제는 해당 주의 재산법에 의해 판단되므로 주법원에 소를 제기해야 하지만, 특허의 발명자가 누구인지에 대한 문제는 연방법인 특허법에 의해 판단되므로 연방법원에 대한 소를 제기해야 한다.

수도 있다.[8)]

II. 항소법원의 관할권 ― 특허 이외의 사건이 병합된 경우

권리자는 특허뿐만 아니라 저작권/연방상표/영업비밀 등에 관한 사안을 함께 다툴 수 있다. 이 경우 해당 사건의 1심 법원이 해당 지역을 관할하는 연방지방법원으로 정해지는 것에는 논쟁의 여지가 없으나 항소가 제기되어야 하는 법원이 연방순회항소법원(CAFC)인지 아니면 연방지방법원의 지역에 따라 정해지는 지역법원(Regional Circuit)인지가 문제된다. 이 경우, 특허가 문제되는 사안에 대해서는 기타 사안(저작권침해 등)이 함께 다루어지는 여부에 상관없이 연방순회항소법원(CAFC)에 항소해야 한다.[9)]

III. 재판의 형식

연방지방법원에서는 배심재판(jury trial)과 판사재판(bench trial)이 가능하다. 배심재판에서는 사실의 발견자(factfinder)가 배심원이므로, 법률문제의 기초가 되는 사실문제는 배심원에 의해 판단되며, 법률문제는 판사에 의해 판단되는 것이 일반적이다.[10)] 그러나 판사재판은 배심원 없이 진행되며 법률

---

8) 소위 "diversity citizenship"이 문제되는 경우에 연방법원에 제소가 가능하다. 28 U.S.C. § 1332.

9) 원칙적으로, 항소심 법원을 정하는 표준은 연방지방법원에 최초로 제출된 본소에 관한 소장(complaint)이다. 따라서 최초의 소장에 특허침해에 관한 주장이 있었다면 이후에 특허침해에 관한 합의가 있더라도 나머지 이슈에 대해 연방순회항소법원(CAFC)에 항소해야 한다. 특허에 관한 주장이 반소장에만 포함된 경우에는 해당 주장이 본소에 관한 소장에 포함되지 않았으므로 연방순회항소법원이 아닌 지역법원에 항소해야 한다. 또한 1심 판결의 내용 중 특허에 대해 항소하지 않더라도, 항소심 법원을 정하는 표준은 연방지방법원에 제출된 소장이므로, 항소는 연방순회항소법원에 제기되어야 한다. 다만 최초의 소장에 특허침해에 관한 주장이 없었더라도 사후에 보정되어 추가된 경우 연방순회항소법원이 항소심 법원이 되며, 최초의 소장에 특허침해에 관한 주장이 있었더라도 당사자가 자발적으로 해당 주장을 각하(dismiss)한 경우 지역법원이 항소심 법원이 된다.

10) 연방수정헌법 제7조에 의하면, 소송가액이 20달러를 초과하는 모든 소송에 대해서는 배심재판을 받을 권리가 기본권으로 인정된다.

문제 및 사실문제가 모두 판사에 의해 판단된다.

제2절 | 특허소송의 당사자적격(standing to sue)

Ⅰ. 침해의 소를 제기할 수 있는 자

침해의 소를 제기할 수 있는 자는 특허권자인바, 특허권자는 민사소송을 통해 침해행위에 대한 구제를 받을 수 있다.[11] 만약 특허권자가 전용실시권을 설정한 경우, 전용실시권의 성격상 전용실시권이 설정된 범위 내에서는 실시권자에게 타인에 관한 배타권도 함께 양도되는 것으로 해석되므로,[12] 전용실시권자가 단독으로 침해의 소를 제기할 수 있는지 문제된다.[13] 판례에 따르면, 전용실시권자(exclusive licensee)가 자신의 이름으로 침해의 소를 제기하기 위해서는 전용실시권자가 특허권자로부터 실질적인 모든 권리(all substantial rights)를 양도받아야만 한다.[14] 실질적인 모든 권리가 양도되었는지는 구체적인 사실관계에 따라 판단되어야 하는바, 만약 실시권자가 소를 제기했을 때 그 사실을 특허권자에게 통지할 의무를 제외하고는 어떠한 의무를 부담하지 않고 특허를 실시할 수 있는 경우에는 실질적인 모든 권리가

---

11) 35 U.S.C. § 281 ("A patentee shall have remedy by civil action for infringement of his patent.").

12) Textile Productions, Inc. v. Mead Corp., 134 F.3d 1481, 1484 (Fed. Cir. 1998) ("Because patent rights are rights to 'exclude others,' *See* 35 U.S.C. § 154(a)(1), a licenseis an exclusive licenseonly if the patentee has promised, expressly or impliedly, that 'others shall be excluded from practicing the invention' within the field covered by the license. Put another way, an exclusive license is 'a license to practice the invention . . . accompanied by the patent owner's promise that others shall be excluded from practicing it within the field of use wherein the licenseis given leave.'") (citations omitted).

13) 법원이 전용실시권자의 당사자적격을 판단하는 것은 침해자가 여러 권리자로부터 별개의 소를 당하는 것을 방지하기 위함이다. Crown Die & Tool Co. v. Nye Tool & Machine Works, 261 U.S. 24, 38 (1923).

14) Waterman v. Mackenzie, 138 U.S. 252, 255 (1891). 한편, 실질적인 모든 권리를 양도한 특허권자는 소송에 참가할 수 없다.

양도된 것으로 볼 수 있고,[15] 실시권자가 독자적으로 통상실시권을 설정할 권리를 양도받은 사실은 실질적인 모든 권리가 양도된 것으로 볼 수 있는 중요한 요소가 되며,[16] 만약 실질적인 모든 권리가 양도되었다면 전용실시권 이전에 설정된 통상실시권의 존재로 인해 전용실시권자의 당사자적격이 부정되는 것도 아니다.[17] 만약 전용실시권자가 특허권자로부터 실질적인 모든 권리를 양도받지 못한 경우에는, 특허권자를 침해소송에 참가시켜야만 침해소송이 가능한 것이 원칙이다.[18] 그러나 특허권자가 침해소송에 참가할 수 없는 경우에는 예외적으로 전용실시권자만이 침해의 소를 제기할 수 있다.[19] 한편 전용권실시권자가 아닌 통상실시권자(non-exclusive licensee)는 어떠한 경우에도 침해소송을 제기할 수 없다. 또한 통상실시권자는 소송에 참가할 수도 없다.[20]

전용실시권과 통상실시권의 구분

전용실시권자가 아니면 침해소송의 당사자가 될 수 없다. 따라서 침해소송의 당사자적격이 문제되는 경우에는 실시권 계약의 성격이 전용실시권 계약인지 문제된다. 법원은 특허권자가 해당 전용실시권과 중첩되는 실시권을 부여할 권한을 상실하는 규정이 실시권 계약에 포함되었는지 여부를 기준으로 전용실시권 여부를 판단한다.[21)

---

15) Vaupel Textilmaschinen KG v. Meccanica Euro Italia S.P.A., 944 F.2d. 870, 875-76 (Fed. Cir. 1991).

16) Prima TekII, L.L.C. v. A-RooCo., 222 F.3d 1372, 1380 (Fed. Cir. 2000).

17) Ciba-Geigy Corp. v. AlzaCorp., 804 F.supp 614, 633-34 (D.N.J. 1992).

18) Fieldturf, Inc. v. Southwest Recreational Industries, 357 F.3d 1266, 1269 (Fed. Cir. 2004). 이 경우, 전용실시권자는 연방소송규칙(Federal Rules of Civil Procedure 또는 "FED.R.CIV.P.") 19(a)(1)에 따라 특허권자를 참가시킬 수 있다. 특허권자가 참가를 거부하는 경우 법원은 연방소송규칙(FED.R.CIV.P.) 19(a)(2)에 의해 참가를 명해야 한다.

19) 특허권자가 침해자인 경우 원고로 참가가 불가능하지만, 이 경우에는 사법제도가 불합리한 결론에 이르는 것을 방지(prevent and injustice)하기 위해 전용실시권자에게 당사자 적격을 인정한다.

20) Ortho Pharmaceutical Corp. v. Genetics Institute, Inc., 52 F.3d 1026, 1031 (Fed. Cir. 1995).

21) Textile Productions, Inc. v. Mead Corp., 134 F.3d 1481, 1484 (Fed. Cir. 1998). 본 사건에서 실시권자는 특정한 수량을 생산하면 특허권자가 해당 수량을 독점적으로 구입한다는 실시권계약을 맺었지만, 해당 계약은 특허권자가 중첩되는 실시권을 부여할 권한을

A. 실시권에 관련된 소송 상의 이슈

당사자적격 이외에도 실시권에 관련된 이슈는 다양하다. 이하 간략하게 소개한다.

a) 실시권의 존속기간

실시권의 존속기간은 그 기초가 되는 특허의 존속기간을 초과할 수 없다. 따라서, 특허권이 소멸한 이후에도 실시료(loyalty)를 지급하도록 하는 실시권 계약은 효력이 없다.[22] 다만, 연방대법원은 특허출원이 계속 중인 상황에서 최초 5년 간에는 5%의 실시료를 지불하고 만약 특허출원이 등록되지 않은 경우에는 최초 5년 이후부터 2.5%의 실시료를 지불하는 실시권 계약을 체결하였으나 결국 특허등록이 이루어지지 않은 것이 문제된 *Brulotte* 사건에서, 특허등록이 없으므로 해당 계약에 연방법이 개입할 여지는 없으므로, 특허가 적용되지 않은 물품에 대해 실시료를 지급하게 하는 실시권 계약도 유효하다 판단했다.[23] 주의할 점은 설사 실시권 계약이 특허출원 중에 작성되었더라도 일단 특허등록이 이루어지면 특허소멸 이후에는 실시료를 청구할 수 없다는 것이다. 법원은 상술한 *Brulotte* 사건의 법리(소멸한 특허에 대한 실시료 청구는 불가능)는 특허등록이 이루어지는 순간부터 적용된다고 판시한 바 있다.[24]

b) 실시권의 양도성

실시권자(licensee)가 실시권 설정자인 특허권자의 동의 없이 해당 실시권을 양도할 수 있는지는 실시권 계약의 내용에 따라 정해진다. 만약 별도의 특약이 없는 경우에는 양도성이 부정됨이 판례이다.[25]

c) 직무발명에 따른 실시권 — "Shop right Doctrine"

종업원이 자신의 발명에 관한 권리를 고용주에게 양도할 의무가 없는 상황이라 하더라도, 종업원의 발명이 고용이 이루어진 시간 도중에 또는 고용주의 재산을 이용하여 완성된 경우 고용주에 대해 철회 불가능한(irrevocable) 무상의 통상실시권(non-xclusive license)을 부여한 것으로 의제될 수 있다. 위와

상실하는지에 관해 침묵하고 있으므로, 실시권자는 독점실시권자로 인정받지 못하였다.

22) Brulotte v. Thys Co., 379 U.S. 29 (1964).

23) Aronson v. Quick Point Pencil Co., 440 U.S. 257(1979).

24) Meehan v. PPG Industries, Inc., 802 F.2d 881, 885 (7th Cir. 1986).

25) *In re* CFLC, Inc., 89 F.3d 673 (9th Cir. 1996).

같이 종업원이 고용주에게 부여한 무상의 통상실시권을 "Shop right"이라 부른다. 직무발명에 따른 실시권(Shop right)은 연방법이 아니라 주법에 의해 정해진다.[26)]

B. 관련문제 — 특허권자의 의미

특허권자는 특허등록을 받은 자뿐만 아니라 그 양수인을 포함한다.[27)] 따라서 양도된 바가 없으면 발명자가 특허권자가 되고, 만약 양도되었다면 양수인이 특허권자가 된다.

* 특허권의 양도

특허권은 발명자에게 원시적으로 귀속되며,[28)] 재산권으로서 타인에게 양도가 가능하다.[29)] 타인에 관한 양도는 재산권에 관한 규정이므로 연방법이 아니라 주법에 의해 규정된다. 그러나 특허권 양도의 등록(record)에 관한 효력은 연방법에 의해 규정되는바, 특허권 양도에 관한 사항을 i) 양도일로부터 3개월 이내에 특허청(USPTO)에 등록했거나 ii) 제3자가 해당 특허권의 양수일 또는 담보설정일 이전에 등록했다는 사정이 없는 한, 양도의 효력은 선의의 제3자에게 미치지 않는다.[30)] 만약 공동발명이 문제되는 경우 공동발명자 각자는 다른 발명자의 동의 없이도 특허를 실시하거나 실시권을 설정할 수 있는 것이 원칙이다.[31)]

II. 실시권자의 특허무효주장 가부 — "Licensee *estoppel*"의 존재 여부

과거에는 다툼이 있었으나 현재의 판례는 실시권자가 실시권의 대상이

26) 따라서 "Shop right"의 구제적인 발생 요건이나 발생 범위가 문제되는 경우 해당 주법을 참조해야 한다.

27) 35 U.S.C. § 100(d) ("The word 'patentee' includes not only the patentee to whom the patent was issued but also the successors in title to the patentee.").

28) 35 U.S.C. § 101 ("Whoever invents . . . may obtain a patent . . . ."). 따라서 직무발명이 문제되는 경우, 고용주가 양도의 의무의 존재를 증명하지 못하는 경우 발명은 발명자에게 귀속된다.

29) 35 U.S.C. § 261 ("Applications for patent, patents, or any interest therein, shall be assignable in law by an instrument in writing.").

30) 35 U.S.C. § 261.

31) 다만, 특약에 의해 각자 실시/각자 양도를 배제하는 것은 가능하다. 35 U.S.C. § 262.

되는 특허가 무효(invalid)임을 주장할 수 있도록 허용한다.[32] 실시권자에게 무효주장을 허용할지에 관한 문제는 실시권설정자의 기대이익보호라는 사익적 요소와 무효권리의 배제라는 공익적 요소가 충돌하는 문제였는데,[33] 연방대법원은 공익적 요소를 강조하여 실시권자도 특허무효 주장을 할 수 있도록 허용하였다. 즉, "Licensee *estoppel*"의 개념은 허용되지 않으며, 특허의 무효를 발견한 실시권자는 해당 특허를 무효시켜 실시료를 지불하지 않을 수 있다.

Ⅲ. 양도자의 무효주장 가부 — "Assignor *estoppel*"의 존재여부

특허권을 양도한 자(assignor)가 이후에 해당 특허의 무효를 주장하는 것은 허용되지 않는다. 연방순회항소법원(CAFC)은 연방대법원의 *Lear* 판례(Licensee *estoppel*을 인정한 판례)는 실시권(license)에 관한 사안에만 적용될 뿐 양도(assignment)에 관한 사안에는 적용될 수 없다고 하면서 특허양도인의 특허무효 주장을 불허하였다.[34] 즉, "Assignor *estoppel*"의 개념은 인정되며, 특허의 양도인이 특허를 무단 실시하여 양수인으로부터 침해의 소를 제기당한 경우, 해당 특허가 무효라는 항변을 할 수 없다.[35] "Assignor *estoppel*"은 최초 양도인에게만 한정되는 것이 아니라 양도인과 당사자 관계를 갖는 자(party in privity)[36]에게까지 영향을 미친다.[37]

---

32) Lear, Inc. v. Adkins, 395 U.S. 653 (1969).

33) *Lear* 사건 이전의 연방대법원의 판례는 실시권자의 무효주장을 허용하지 않았다. Automatic Radio Mfg. Co. v. Hazeltine Research, Inc., 339 U.S. 827, 836 (1950).

34) Diamond Scientific Co. v. Ambico, Inc., 848 F.2d 1220, 1224 (Fed. Cir. 1988).

35) 법원이 "License *estoppel*"의 문제와 다른 결론에 이른 것에 대한 비판이 있다.

36) 예를 들어, 최초 양도인의 재산상의 이익을 양수한 자, 최초 양도인이 대주주인 기업 등에는 "party in privity"의 지위가 인정될 수 있다. 법원은 제3자와 최초 양도인의 이해관계가 동일하여 제3자를 최초 양도인처럼 취급하는 것이 형평(equitable)에 맞는지 여부를 기준으로 "party in privity"를 판단한다. 구체적으로 연방순회항소법원은 최초 양도인이 특허 양도한 이후 새로운 기업체를 운영한 경우가 문제되는 *Shamrock* 사건(Shamrock Technologies Inc. v. Medical Sterilization, Inc., 903 F.2d 796 (Fed. Cir. 1990))에서 해당 기업체에 대해 "party in privity"를 인정한 바 있다.

37) Checkpoint Systems, Inc. v. All-Tag Security S.A., 412 F.3d 1331 (Fed. Cir. 2005).

Ⅳ. 관련문제 — 양도 이전의 침해행위

특허권의 양도를 통해 특허권을 획득한 양수인은 특허 양도가 있기 이전의 침해행위에 대해서는 당사자적격을 가질 수 없다.[38] 만약 양수인이 특허 양도가 있기 이전의 침해행위에 대해 소를 제기하기 위해서는 양도계약에 양도 이전의 침해행위에 대해서도 소를 제기할 권리를 양도한다는 특약이 포함되어야 한다.[39] 계약서에 포함된 양도에 관한 규정이 양도가 이전의 침해행위에 대해 소를 제기할 권리까지도 포함하는 것인지 여부는, 연방법인 특허법의 취지와 상충되지 않는 범위 내에서, 주법에 따라 해석되어야 한다.[40] 일반적으로 양도계약서에 "all of Assignor's right, title and interest"가 양도된다는 문구가 포함되었더라도 이는 양도 이전의 침해행위에 대한 소구권을 양도한 것으로 해석되지 않지만, 구체적 사실관계에 따라 달리 해석될 수도 있다.[41] 특허권 양도에 관련된 불필요한 분쟁을 예방하기 위해서는 특허권 양도계약에 과거침해행위에 대해 소구할 권리도 함께 양도되었음을 명확하게 하는 것이 바람직하다.

제3절 | 관 할 권

Ⅰ. 서

법원이 특정한 사건을 적법하게 판단하기 위해서는 해당 사건에 대한

38) Crown Die & Tool Co. v. Nye Tool & Machine Works, 261 U.S. 24, 39-40 (1923).
39) *See* Mas-hamilton Group, Plaintiff Cross-appellant, v. Lagard, Inc., 156 F.3d 1206, 1210 (Fed. Cir. 1998) ("[T]he assignment of title in the '656 patent was silent with respect to the right to sue for past infringement; consequently, only the owner of the patent at the time of the infringement can bring an action for damages resulting from that infringement.).
40) Lear, Inc. v. Adkins, 395 U.S. 653, 673 n.1 (1969).
41) Minco, Inc. v. Combustion Engineering, Inc., 95 F.3d 1109, 1117-1118 (Fed. Cir. 1996).

물적관할권(Subject Matter Jurisdiction), 인적관할권(Personal Jurisdiction) 및 재판적(Venue)에 관한 요건이 만족되어야 한다. 물적관할권은 법원이 원고가 주장하는 소송원인(Cause of Action)에 대해 판단할 수 있는 권한이며, 인적관할권은 법원이 해당 사건의 당사자들에 대해 판결을 내릴 수 있는 권한을 말한다. 재판적의 문제는 관할권에 관한 문제는 아니며, 물적/인적관할권을 갖는 법원 중 어느 법원에 제소하는 것이 당사자에게 편리한지에 관한 문제이다. 만약 특허권자의 침해소송 또는 침해자/실시권자의 특허확인소송(Declaratory Judgment Actions 또는 DJ Actions)이 문제되는 경우, 소가 제기된 법원이 물적관할권, 인적관할권 및 재판적을 가지는지가 문제되며, 만약 관할권이나 재판적에 흠결이 있는 경우 소가 각하될 수 있다.

II. 포럼쇼핑

미국에서는 당사자가 자의적으로 법원을 선택(흔히, "Forum Shopping"이라 불림)이 가능하다. 즉, 당사자가 자신에게 유리한 법원을 선택하여 해당 법원에 소를 제기할 수 있다. 특허에 관한 문제는 통일된 연방법에 의해 판단되므로 이론적으로 법원 간에 차이가 없어야 하지만, 실제로는 법원마다 소송절차를 운영하는 방식에 차이가 있고, 지역별로 배심원과 법관의 지식수준이 다르기 때문에 법원마다 소요 기간이나 특허권자 승소율에 있어서 차이가 매우 크다. 따라서 당사자는 자신에게 가장 유리한 법원을 선정해서 소를 제기하는 게 일반적인데, 이 경우 상대방은 소가 제기된 법원에 관할권 및 재판적이 인정되는지를 판단하여야 대응해야 한다.

III. 물적관할권

특허에 관한 분쟁이 문제되는 경우, 물적관할권의 문제는 해당 사건이 연방법원(Federal Court)에서 판단할 수 있는지의 문제가 된다. 즉, 물적관할권의 요건이 만족되기 위해서는 당사자에 의해 제기된 특허소송이 주법원이 아닌 연방법원에서 판단되는 문제이어야 한다. 이와 관련하여 주로 문제되는 이슈는 i) 특허에 관한 분쟁이 연방법으로부터 발생한 사안인지, ii) 특허에 관한 분쟁에 대하여 "현실의 분쟁 또는 다툼"이 인정될 수 있는 지이다.

1. 연방법의 문제(Federal Questions)

연방법원은 연방헌법, 연방법률, 조약 등 연방법으로부터 발생한(arising under) 사안에 따른 민사소송의 물적관할권을 가진다.[42]. 연방법으로부터 발생한 사안인지 여부는 원고의 소장(complaint)에 표시된 소송원인(Cause of Action)을 기초로 판단한다. 따라서 원고가 침해주장 없이 특허실시권계약에 관한 이행의 소만을 제기하거나 특허의 소유권에 대해서만 다투는 경우에는, 피고가 반소장을 통해 다른 소송원인을 제시하더라도 연방법원이 물적관할권을 가지지 못한다. 따라서 이러한 소는 주법원에 제기되어야 한다. 한편 연방법원에 대한 물적관할권은 배타적 관할권(exclusive jurisdiction)과 비배타적 관할권으로 구분되는바, 특허사건에 대해서는 배타적 관할권이 인정된다.[43] 즉, 주법원은 특허사건에 대한 판결을 내릴 수 없음이 원칙이다.[44]

2. 현실의 분쟁 또는 다툼

연방헌법 제3장 제2조는 연방법원이 판단할 수 있는 사안은 분쟁 및 다툼(Case and Controversy)이 있는 사안이어야 한다고 규정하는바,[45] 이러한 연방헌법의 내용은 28 U.S.C. § 2201(a)에 반영되어 연방법원은 "현실의 분쟁 또는 다툼(actual case or controversy)"이 있는 사안에 대해서만 확인판결을 내릴 수 있다고 규정된다. 현실의 분쟁 또는 다툼의 요건은 주로 특허확인소송(Declaratory Judgment Actions 또는 DJ Actions)[46]에서 문제되는바, 특허확인소송을 제기하는 당사자는 현실의 분쟁 또는 다툼의 요건을 만족함을 증명해야 하고, 만약 이를 증명하지 못한 경우에는 물적관할권에 관한 요건으로 해당 소가 각하(dismiss)될 수 있다.

---

42) 28 U.S.C. § 1331.

43) 28 U.S.C. § 1338.

44) 다만, 특허실시권계약에 따른 이행의 소에 대한 반소로 특허의 무효확인이 제기되는 경우에는 주법원이 특허의 무효를 판단하는 극히 예외적인 경우도 인정된다.

45) 통상 "Case and Controversy Clause" 또는 "Case or Controversy Clause"라 불린다.

46) 본래 "Declaratory Judgment Actions"는 특허뿐만 아니라 모든 종류의 확인소송을 의미하나, 본서에서는 특허확인소송을 의미하는 것으로 한정한다.

3. 특허확인소송

특허권자와 침해자간에 분쟁이 발생하는 경우, 특허권자가 침해자를 상대로 제기하는 침해의 소를 제기할 수도 있지만,[47] 침해자, 실시권자 등의 상대방 당사자가 특허의 무효/집행불가/비침해에 대한 확인을 구하는 특허확인의 소를 제기할 수 있다. 연방법원은 이행판결뿐만 아니라 확인판결을 부여할 권한을 가지지만,[48] 확인판결을 구하는 당사자는 현실의 분쟁 또는 다툼(actual case or controversy)의 존재를 증명해야 연방법원의 물적관할권이 인정된다.[49]

1) 특허확인소송의 장점

일반적으로 알려진 특허확인소송(DJ Actions)의 장점은 확인소송의 원고인 침해자 등이 스스로 법원을 선택할 수 있다는 것과 확인소송의 원고가 특허소송을 시작할 시점을 선택할 수 있다는 것이다. 또한 배심재판을 하는 경우, 배심원들이 특허의 무효를 구하는 침해자의 적극적인 태도를 통해 침해자에 대한 좋은 인상을 가질 수 있다는 점도 특허확인소송의 장점으로 알려져 있다.

2) 종전판례

특허확인소송(DJ Actions)은 제3자 입장에서 특허권자를 공격할 수 있는 유리한 수단이었지만, 종전의 연방순회항소법원(CAFC)은 특허확인소송(DJ Actions)에 따른 현실의 분쟁 또는 다툼(actual case or controversy) 요건을 엄격하게 해석하였기 때문에, 실시권자가 자유롭게 특허확인소송(DJ Actions)을 진행하는 데 어려움이 있었다. 구체적으로 법원은 현실의 분쟁 또는 다툼의 존재가 증명되기 위해서는, i) 침해자가 특허권자로부터 특허침해소송을 당할 것을 합리적으로 우려(reasonable apprehension)할 수 있을 정도로 특허권자로부터 명시적 위협을 받아야 하고, ii) 침해자가 특허침해를 구성할 수 있는 행

47) 특허권자가 소송을 진행하는 경우, 이를 "affirmative actions" 또는 "affirmative patent actions"이라 부르기도 한다.

48) 28 U.S.C. § 2201(a).

49) 이행판결이 문제되는 경우, 이는 법원에 현실의 침해에 대한 구체적인 구제책을 구하는 것이므로, "현실의 분쟁 또는 다툼(actual case or controversy)" 요건에 따른 당사자적격이 문제될 여지가 거의 없다. 그러나 확인판결을 구하는 경우에는 단순히 법원에 법률자문을 구하는 경우도 가능할 것이므로, 확인의 소를 구하는 자에게는 "현실의 분쟁 또는 다툼"을 증명할 것이 요구된다.

위를 현실로 실행하고 있거나 그러한 행위를 하기 위한 명확한 준비행위를 해야 한다고 판단한 바 있다.[50]

종래에 연방순회항소법원(CAFC)은 상술한 첫 번째 요건(통상 "합리적 우려" 요건이라 함)을 매우 엄격하게 해석하여, 침해자가 특허권자로부터 실시권 협상제의를 받았다 하더라도 "합리적 우려" 요건이 만족되지 않는 것으로 해석하였다. 또한 종전의 연방순회항소법원의 입장은, 실시권자는 특허권자로부터 침해소송을 당할 수 없기 때문에 실시권자에 대해서는 "합리적 우려" 요건이 만족될 수 없으며, 실시권자가 실시권 계약을 위반해야만 "합리적 우려" 요건이 만족될 수 있다는 것이었다.[51] 이러한 종래의 판례의 태도는 이하에서 설명하는 연방대법원의 *Medimmune* 사건에 의해 변경된다.

3) 연방대법원의 *Medimmune* 사건[52]

본 사건에서 실시권자(licensee)인 Medimmune은 1997년에 특허권자인 Genentech의 2개의 등록특허와 1개의 특허출원을 기초로 실시권 계약을 체결했으나, Genentech의 특허출원이 등록되자 Medimmune은 새롭게 등록된 특허에 대한 실시료를 부담하지 않기 위하여 실시권계약을 위반하지 않은 상태에서 i) 새롭게 등록된 특허는 무효이며, ii) 설사 해당 특허가 무효가 아니더라도 자신들의 의약품이 Genentech의 해당 특허의 권리범위에 속하지 않는다는 것을 주장하며 소를 제기하였다. 이에 Genentech은 Medimmune이 실시권계약을 위반하지 않은 실시권자로 특허권자인 Genentech로부터 침해소송을 당할 합리적인 염려가 없으므로 Medimmune이 제기한 소는 각하되

---

50) BP Chems. Ltd. v. Union Carbide Corp., 4 F.3d 975, 978 (Fed. Cir. 1993) ("As applied to declarations of patent rights and relationships, for an actual controversy more is required than the existence of an adversely held patent. Thus in patent litigation there has evolved a pragmatic two-part test for determining declaratory justiciability. There must be both (1) an explicit threat or other action by the patentee, which creates a reasonable apprehension on the part of the declaratory plaintiff that it will face an infringement suit, and (2) present activity which could constitute infringement or concrete steps taken with the intent to conduct such activity.") (citation omitted).

51) Gen-Probe, Inc. v. Vysis, Inc., 359 F. 3d 1376, 1380-81 (Fed. Cir. 2004) (holding that no actual controversy existed between patent licensor and licensewhen licensecontinued to pay royalties, and expressly acknowledged its desire to remain faithful licensee, throughout suit).

52) MedImmune, Inc. v. Genentech, Inc., 549 U.S. 118 (2007).

어야 한다고 주장했다.

이에 연방대법원은 위와 유사한 사안에 대해 법원의 물적관할권을 부정한 연방순회항소법원의 판례를 파기하면서, 실시권자인 Medimmune은 1997년에 체결된 실시권 계약을 위반하지 않고서도 Genentech의 특허에 대한 무효/비침해의 확인을 구할 수 있다고 판시하였다.[53] 구체적으로 연방대법원은 i) 당사자가 구하는 확인의 대상이 계약의 분쟁인지 아니면 단순히 특허권 자체의 무효인지와 ii) 당사자가 감수해야 하는 위험부담의 크기를 기초로 현실의 분쟁 또는 다툼(actual case or controversy)을 판단했는데, 본 사건에서 실시권자인 Medimmune이 법원으로부터 구하려는 확인은 단순히 특허 자체의 무효에만 관련된 것이 아니라 실시료 납부라는 계약상의 문제에 관련된 것이고, 실시권자가 실시료를 미납하면 실시권자에게 큰 피해가 발생할 수 있는 특허소송의 위험이 발생하는 것을 근거로 실시권자와 특허권자 간에는 현실의 분쟁 또는 다툼이 존재한다고 판시하였다. 또한 연방대법원은 연방순회항소법원이 "합리적 우려" 요건을 엄격하게 적용한 판례는 종전의 연방대법원의 판례와 모순되는 것이라 판시하였다.[54]

4) 연방순회항소법원의 *Sandisk* 사건

연방대법원은 2007년에 *Medimmune* 사건을 통해 연방순회항소법원으로 하여금 "합리적 우려" 요건을 유연하게 해석할 요구했는데, 이러한 유연한 해석이 최초로 적용된 사건이 *Sandisk* 사건이다.[55] 기록에 따르면 Sandisk는 STMicroelectronics와 실시권 협상을 진행하던 중 STMicroelectronics의 특허의 무효를 확인을 구하는 동시에 STMicroelectronics의 침해를 주장하는 소를 제기하였다. 이에 STMicroelectronics는 두 회사 간에 현실의 분쟁 또는 다툼(actual case or controversy)이 존재하지 않으므로 확인의 소에 대한 각하를 구하였다. Sandisk는 i) STMicroelectronics의 요청에 의해 시작된 실시권 협상 자체가 현실의 분쟁 또는 다툼을 구성하며, ii) Sandisk가 소를 제기한 이후 STMicroelectronics와의 협상이 중단되었다는 사실 역시 현실의 분쟁이나 다툼을 증명한다고 주장했다. 이러한 Sandisk의 주장에 대해 STMicroelectronics는 협상과정에서 특허소송을 제기하지 않고 협상을 통해 분쟁을 해결하겠다

53) *MedImmun*, at 137.
54) *MedImmun*, at 132-33.
55) SanDisk Corp. v. STMicroelectronics, Inc., 480 F.3d 1372 (Fed. Cir. 2007).

는 의사를 표시했으며, 실시권 협상은 협상력을 높이기 위한 수단에 불과하므로 현실의 분쟁 또는 다툼이 존재하지 않는다 주장했다.

연방순회항소법원은 이러한 당사자의 주장에 대해, 단순히 특허의 무효만의 확인을 구하는 소가 제기된 경우에는 법원의 물적관할권이 인정되지 않으므로 소를 각하해야 하지만, 만약 특허권자가 확인소송의 원고(즉, 침해자나 실시권자)로 하여금 위법행위를 하도록 하거나 권리를 포기하도록 하는 경우, 확인소송을 위한 현실의 분쟁 또는 다툼이 인정된다는 기준을 제시하면서,[56] i) 특허권자가 상대방의 특정한 행위나 계획된 행위를 구체적으로 특정하면서 특허권을 주장하고, ii) 그 상대방이 자신의 행위는 특허권자의 실시권 없이도 가능하다고 다투는 경우에는 확인소송을 위한 현실의 분쟁 또는 다툼이 인정된다고 판시하였다.[57] 구체적으로 법원은 STMicroelectronics가 실시권 협상 도중 Sandisk의 제품이 특허침해를 구성한다는 것을 주장하는 매우 구체적인 자료, Sandisk가 해당 제품을 계속해서 생산할 경우 계속적인 침해가 발생하며 이에 따라 실시권이 필요할 것이라는 STMicroelectronics의 협상 내용 등을 근거로 법원이 특허에 대해 확인할 물적관할권을 가진다고 하였다. 한편, 기록에 따르면 STMicroelectronics는 협상과정에서 침해소송의 의지가 없음을 않겠다는 의사표시를 한 것이 인정되지만, 법원은 특허권자가 직접적이고 명료하게(direct and unequivocal) 침해소송의 의지가 없다는 진술을 했더라도, 실시권 협상을 통해 특허권자가 침해소송을 할 준비와 의지를 보인 경우에는 특허권자의 진술만으로 현실의 분쟁이 없다고 할 수는 없다고 판단했다.[58]

---

56) *SanDisk*, at 1381 ("Article III jurisdiction may be met where the patentee takes a position that puts the declaratory judgment plaintiff in the position of either pursuing arguably illegal behavior or abandoning that which he claims a right to do. We need not define the outer boundaries of declaratory judgment jurisdiction, which will depend on the application of the principles of declaratory judgment jurisdiction to the facts and circumstances of each case.").

57) *SanDisk*, at 1381 ("We hold . . . that where a patentee asserts rights under a patent based on certain identified ongoing or planned activity of another party, and where that party contends that it has the right to engage in the accused activity without license, an Article III case or controversy will arise . . . .") (citation omitted).

58) *SanDisk,* at 1382-83.

5) 새로운 판례에 따른 확인소송(DJ Actions)

Medimmune 사건 및 *Sandisk* 사건을 통해 확인소송의 인정요건이 매우 완화되었기 때문에, 실시권자나 침해자가 보다 용이하게 확인의 소를 제기할 수 있게 되었다. 따라서 특허권자는 침해자 측에 경고장을 보내거나 실시권 협상을 요청하는 경우 상대방이 특허확인의 소를 제기할 수 있다는 사실을 유념해야 한다. 다만, 새로운 판례법에 의하더라도 실시권 협상과정에서 양 당사자가 비밀유지협정(confidentiality agreement)을 맺는다면 상대방이 특허에 대한 확인의 소를 제기할 수 없다는 점[59]을 유의해야 한다.

6) 확인소송 이후 특허권자의 별소제기

침해자 등의 상대방 당사자가 특허확인의 소를 제기하는 경우, 특허권자는 별도의 침해의 소를 제기하면서 확인의 소를 각하해달라고 요청할 수 없는 것이 일반적이다.[60] 법원은 확인의 소인지 여부를 따지지 않고 먼저 제기된 소를 존중하는 태도를 취하기 때문에, 상대방에 의해 특허확인의 소가 제기되는 경우, 특허권자는 이에 적극적으로 대응해야 한다.

7) 관련문제 — 강제적 반소

특허권자가 침해의 소를 제기하는 경우, 이에 대한 방어방법으로 침해의 기초가 되는 특허의 무효의 확인을 구하는 특허확인의 소를 반소 형태로 제기할 수 있다. 이 경우 해당 반소는 강제적 반소(Compulsory Counterclaim)에 해당하므로, 침해의 기초가 되는 특허무효의 확인은 반소로만 가능함을 주의해야 한다.

IV. 인적관할권(Personal Jurisdiction)

인적관할권은 법원이 해당 사건의 당사자들에 대해 판결을 내릴 수 있는 권한이다. 인적관할권은 당사자(실제로는 피고에 대해서만 문제됨)가 법원에 대한 최소한의 접근권(Minimum Contact)을 가질 만큼 법원에 인접한 곳에 거

59) *SandDisk,* at 1385 n.1.

60) 예외적으로 증인확보의 편의/어려움이나 당사자에 대한 관할의 부재 또는 소송의 병합 가능성 등을 고려하여 확인의 소를 각하할 충분한 이유가 인정되는 경우에만 확인의 소를 각하할 수 있다. Kahn v. General Motors Corp., 889 F.2d 1078, 1081-83 (Fed. Cir. 1989).

주하느냐의 문제로 이해할 수 있다.[61] 인적관할권은 주(state) 단위로 판단되기 때문에,[62] 피고가 소가 제기된 연방법원이 위치하는 주(state)의 주민인 경우에는 인적관할권이 크게 문제되지 않지만, 다른 주의 주민인 경우에는 인적관할권이 문제될 수 있다. 일반적인 민사소송의 문제뿐만 아니라 특허소송에서도 확대관할권(long-arm jurisdiction)의 법리에 의해 해당 연방법원이 위치하는 주(state)에 거주하지 않는 당사자에 대해서도 인적관할권이 인정될 수 있지만, 인적관할권의 지나친 확대는 해당 지역에 거주하지 않는 당사자의 재판참여권의 보장을 침해할 수 있으므로 법원은 당사자의 절차보장 여부를 고려하여 인적관할권을 확대한다. 구체적으로 연방대법원은 연방헌법에 따른 적법절차의 원칙(Due Process)에 의거하여 피고에 대한 인적관할권을 판단하며, 만약 피고가 법원이 위치한 지역에 거주하지 않는 경우 페어플레이와 실질적의 정의에 관한 전통적인 관념을 침해하지 않을 정도의 최소한의 접근권을 보장받을 수 있도록 인적관할권을 판단한다.[63]

1. 보통인적관할권(General Personal Jurisdiction)

보통인적관할권은 당사자의 구체적 행위에 상관없이 인정되는 인적관할권을 말한다. 즉, 어떤 피고 乙1에게 A 주(state)에 위치하는 연방지방법원에 대한 보통인적관할권이 인정되는 경우, 乙1이 어느 주에서 침해행위를 했든 A 주의 연방지방법원은 인적관할권을 갖는다.

일반적으로 보통인적관할권이 인정되기 위해서는 피고가 법원에 대해 지속적이고 체계화된 접근(continuous and systematic contacts)을 할 수 있어야 한다.[64] 특허소송의 피고는 법인이 되는 경우가 대부분인데, 법인이 피고가

---

61) 보기에 따라 우리 민사소송법의 "토지관할"에 대응될 수 있으나 학자에 따라서는 미국 민사소송법의 "venue"의 개념을 우리 민사소송법의 "토지관할"에 대응시키기도 한다.

62) 주법원뿐만 아니라 연방법원에 대한 소송이 문제되더라도 인적관할권의 문제는 주(state)를 기준으로 판단됨을 주의해야 한다.

63) International Shoe Co. v. Washington, 326 U.S. 310, 316 (1945) ("[D]ue process requires only that in order to subject a defendant to a judgment in personam, if he be not present within the territory of the forum, he have certain minimum contacts with it such that the maintenance of the suit does not offend 'traditional notions of fair play and substantial justice.'") (citations omitted).

64) KIMBERY A. MOORE ET. AL., PATENT LITIGATION AND STRATEGY 101

되는 경우 해당 법인이 설립(incorporated)되었거나 본사(headquarter)가 위치하는 지역의 법원이 보통인적관할권을 갖는다. 예를 들어, 특허권자가 버지니아주에 설립되었거나 버지니아주에 본사가 위치하는 법인을 피고로 하여 침해의 소를 제기한다면, 해당 회사가 어느 지역에서 침해행위를 했는지에 상관없이 버지니아주에 위치하는 연방지방법원에 보통인적관할권이 인정된다.

2. 특별인적관할권(Specific Personal Jurisdiction)

일반적으로 해당 주의 법인에 대해서는 보통인적관할권에 의해 인적관할권의 요건이 만족된다. 만약 해당 주의 법인이 아닌 경우에는 특별인적관할권에 의해 인적관할권의 요건이 만족될 수 있다. 특별인적관할권은 대부분 확대관할권(long-arm jurisdiction)의 법리에 따라 결정되는데, 확대관할권은 주민사소송법에 의해 규정되므로 구체적인 사안에서는 소가 제기되는 연방법원이 위치하는 주의 민사소송법에 따라 판단되어야 한다.[65] 즉, 해당 연방법원이 위치하는 주가 아닌 다른 주의 법인을 상대로 소를 제기하는 경우, 해당 연방법원에 보통인적관할권이 인정될 여지는 적기 때문에 특별인적관할권만이 문제되는데, 특별인적관할권이 인정되는지 여부는 연방법이 아니라 해당 연방법원이 위치하는 주민사소송법에 규정된 확대관할권 규정에 의해 판단됨을 주의해야 한다. 한편, 확대관할권의 법리에 의해 특별인적관할권이 인정되는 것으로 판단되어도, 연방헌법에 따른 적법절차의 원칙(Due Process)의 침해가 없는지가 추가로 판단된다. 인적관할권의 지나친 확대는 해당 지역에 거주하지 않는 당사자의 재판참여권의 보장을 침해할 수 있기 때문이다.

(Thomson West 3rd ed. 2008).

65) 예를 들어, 뉴욕주 민사소송법(Civil Practice Law Rules § 302)에 따르면 i) 원고의 소송원인이 뉴욕주에서 이루어진 피고의 비즈니스 거래(business transaction)로부터 발생하였거나, ii) 원고의 소송원인이 뉴욕주로 물건이나 서비스를 공급하기로 피고가 동의한 계약으로부터 발생하였거나, iii) 원고의 소송원인이 뉴욕주에서 이루어진 피고의 불법행위로부터 발생하였거나, iv) 원고의 소송원인이 뉴욕주 이외의 지역에서 이루어진 피고의 불법행위에 의해 발생한 뉴욕주에서의 피해(injury)로부터 발행하였거나, v) 원고의 소송원인이 뉴욕주에 위치한 재산으로부터 발생한 경우, 피고에 대한 특별인적관할권을 인정한다. 위와 같은 뉴욕주확대관할법규정(New York's long arm Statute)은 주법원을 위한 규정이지만, 뉴욕주에 위치한 연방법원 역시 위 규정에 따라 특별인적관할권을 판단한다. 참고로, 확대관할권의 법리는 주마다 큰 차이를 보이지 않는다.

한편 다른 민사소송과 마찬가지로 특허소송에 있어서도 피고의 동의(consent)에 의해서도 특별인적관할권이 인정될 수 있다. 물적관할권(Subject Matter Jurisdiction)의 경우 동의를 통해 관할권이 인정될 수 없지만, 인적관할권은 가능하다.

1) 침해소송에서의 특별인적관할권

일반적으로 특허권자의 침해소송이 문제되는 경우, 피고인에 의한 침해품의 판매, 판매를 위한 청약(offer to sell)로 인해서는 당연히 특별인적관할권이 발생한다 할 것이고, 청약을 위한 브로셔(brochure) 또는 가격안내(price quote)의 배포,[66] 현존하는 유통경로(trade channels 또는 stream of commerce)을 이용한 침해품의 판매[67]에 대해서도 특별인적관할권이 발생한다.[68]

2) 특허확인소송에서의 특별인적관할권

특허확인소송(DJ Actions)이 문제되는 경우 i) 특허권자가 경고장의 일종인 “cease and desist letter”를 보냈거나 특허권자에 의한 서신, 팩스, 전화통화 만으로는 인적관할권이 발생하지 않고,[69] ii) 실시권의 허가와 같은 상업화의 노력에 의해서는 인적관할권이 발생하지 않으며,[70] iii) “cease and

---

66) 3D Systems, Inc. v. Aarotech Laboratories, Inc., 160 F.3d 1373 (Fed. Cir. 1998). 침해품의 판매가 요구되지 않는다.

67) Beverly Hills Fan Co. v. Royal Sovereign Corp., 21 F.3d 1558 (Fed. Cir. 1994). 본 사건에서 법원은 피고가 버지니아주에 종업원이나 자산을 보유하지 않았더라도 현존하는 유통경로를 통해 버지니아주에 있는 소매점에 침해품이 유통된 사실인 인정된 상황에서, 버지니아주 연방법원에 인적관할권을 인정한 바 있다.

68) 한편 인터넷을 이용한 침해품에 대한 정보의 개시에 의해서는 특별인적관할권이 발생하지 않지만, 인터넷을 통해 해당 주의 소비자들과 계약을 맺는 경우에는 특별인적관할권이 발생한다는 해석이 있다. 이러한 해석은 *CompuServe* 사건에서의 법원의 태도에 기초하는 것으로 보인다. 구체적으로, 상표에 관한 확인소송(DJ Actions)이 문제된 사안에서, 제6 항소법원은 단순히 인터넷에 정보를 개시하는 행위로는 인적관할권이 발생하지 않지만, 인터넷을 통한 계약의 체결에 의해서는 인적관할권이 발생한다는 입장이다. CompuServe, Inc. v. Patterson, 89 F.3d 1257 (6th Cir. 1996). 참고로, 연방순회항소법원은 *Trintec* 사건을 통해 다른 항소법원에서 인터넷을 통한 수동적인 정보의 개시에 대해서 인적관할권을 부정하고, 인터넷을 통해 해당 지역의 소비자들과 계약을 맺는 경우에 대해서는 인적관할권을 인정하는 경향에 대해 소개했으나, 인터넷을 통한 개시행위가 인적관할권을 발생시키는지에 대한 명확한 입장을 표명하지는 않은 바 있다. Trintec Industries, Inc. v. Pedre Promotional Products, Inc., 395 F.3d 1275, 1281 (Fed. Cir. 2005).

69) Red Wing Shoe Co. v. Hockerson-Halberstadt, Inc., 148 F.3d 1355 (Fed. Cir. 1998).

desist letter"로 인해 주문의 취소가 발생하고 이후에 침해자에게 실시권을 제안한 경우에도 인적관할권이 발생하지 않는다.[71] 법원의 태도를 정리해 본다면, 법원은 특허확인소송에서 인적관할권이 발생하기 위해서는 특허권자가 피고에게 단순히 경고장을 송부하는 것을 넘어서는 "추가적 행위"를 요구한다.[72] 즉, 특허권자가 피고가 거주하는 곳으로 단순한 경고장이나 실시권 계약의 제안을 위한 서신을 송부한 것만으로 피고가 거주하는 주의 연방법원에 인적관할권이 인정될 수는 없으며, 경고장 송부 이외의 추가적인 행위가 요구된다. 판례를 보면 i) "cease and desist letter"에 추가하여 침해자가 거주하는 주의 다른 경쟁업체에 실시권을 허가하는 경우,[73] ii) 4개의 실시권 협상을 체결하고, 6년간 130만불 이상의 실시료를 지급받은 경우에는 경고장 이외의 "추가적 행위"가 인정되어 피고 주소지의 연방법원에 인적관할권이 인정된 바 있다.[74]

A. 외국인이 소유하는 특허에 대한 특허확인소송

일반적인 민사소송의 법리에 따른다면 미국 이외의 지역에 거주하는 외국인 소유의 특허에 대한 특허확인소송에 대해서는 인적관할권을 판단하는 것이 곤란할 수 있다.[75] 이에 특허법은 미국 이외의 지역에 거주하는 외국인 소유의 특허에 대한 확인소송이 문제되는 경우, 워싱턴 DC 연방지방법원(the U.S. District Court for the District of Columbia)에 인적관할권을 인정한 바 있다.[76] 다만, 특허법은 소송서류의 부본 송달을 외국특허권자가 관리인을 지정할 수 있다고 규정하는바, 이러한 관리인의 지정으로 워싱턴 DC 연방지방법원에 대한 인적관할권의 인정이 배제되는지에 대해 명문규정은 침묵하고 있으나 법원은 인적관할권의 인정을 배제한다.[77] 즉, 외국특허권자가

70) Autogenomics, Inc. v. Oxford Gene Technology Ltd., 566 F.3d 1012 (Fed. Cir. 2009).

71) Hildebrand v. Steck Mfg. Co, Inc,. 279 F.3d 1351 (Fed. Cir. 2002).

72) Genetic Implant Systems, Inc. v. Core-Vent Corp., 23 F.3d 1455, 1458 (Fed. Cir. 1997).

73) Akro Corp. v. Luker, 45 F.3d 1541 (Fed. Cir. 1995).

74) Inamed Corp. v. Kuzmak, 249 F.3d 1356 (Fed. Cir. 2001).

75) 미국 이외의 지역에 거주하는 외국인 소유의 특허를 기초로 하는 특허침해소송은 이와 다르다. 인적관할권의 문제는 순전히 피고에 관련된 문제이므로, 원고인 외국인 특허권자가 미국 또는 외국에 거주하는지는 문제되지 않기 때문이다.

76) 35 U.S.C. § 293.

관리인을 지정한 경우 워싱턴 DC 연방지방법원이 자동으로 인적관할권을 갖는 것이 아니라, 지정된 관리인을 기준으로 인적관할권을 판단해야 한다.

V. 재 판 적

재판적의 문제는 물적/인적관할권을 갖는 법원 중 어느 법원에 제소하는 것이 당사자의 편리한지에 관한 문제로, 피고의 소송 편의를 기준으로 판단된다. 인적관할권은 주 단위로 판단하나 재판적은 구역(district) 단위로 판단한다. 예를 들어, 특허청(USPTO)이 위치한 버지니아주 연방지방법원에 인적관할권이 인정되는 경우, 재판적은 버지니아동부지방법원(E.D. Va.) 또는 서부지방법원(W.D. Va.)에 인정된다.

1. 침해소송

특허소송과 관련해서는 특허권자가 침해소송을 제기하는 경우에는 i) 피고가 거주하는 구역(district) 또는 ii) 피고가 침해행위를 수행한 정규의 확립된 근무지(regular and established place of business)가 위치하는 구역의 연방법원이 재판적을 가진다.[78] 다만, 침해소송의 피고가 법인(corporate)인 경우, 인적관할권이 인정되는 모든 구역의 연방법원이 재판적을 가진다.[79]

2. 특허확인소송

한편 특허확인소송(DJ Actions)이 문제되는 경우, i) 복수의 피고가 모두 동일한 주에 거주한다면 어느 하나의 피고가 거주하는 구역의 연방법원이 재판적을 가지며, ii) 원고의 소송원인을 발생시킨 사건이 발생한 구역이나 부작위의 실질적인 부분이 발생한 구역의 연방법원이 재판적을 가지며, iii) 위와 같은 방식으로 재판적을 정할 수 없는 경우에는 피고 중 1인이 발견된 구역의 연방법원이 재판적을 가지는 것이 원칙이다.[80] 그러나 특허확인 소송의 피고가 특허

---

77) *In re* Papst Licensing, 590 F. Supp. 2d 94 (D.D.C. 2008). 본 사건에서 법원은 관리인의 지정을 인적관할권에 대한 동의(consent)로 취급했다.
78) 28 U.S.C. § 1400(b).
79) Ve Holding Corp. v. Johnson Gas Appliance Co., 917 F.2d 1574 (Fed. Cir. 1990).
80) 28 U.S.C. § 1391(b).

가 법인(corporate)인 경우, 피고는 인적관할권이 인정되는 주의 모든 구역에 거주하는 것으로 간주되므로 어느 구역의 연방법원이든 재판적을 가진다.[81]

Ⅵ. 관할권 및 재판적 흠결의 취급

관할권이나 재판적의 흠결이 있는 경우, 당사자는 법원에 소 각하를 신청(motion to dismiss)할 수 있다.[82] 법원은 관할권이나 재판적의 흠결이 발견되는 경우 소를 각하해야 한다.

Ⅶ. 이송신청

당사자는 1심 법원에 소송 계속 중에 재판적을 갖는 다른 구역의 연방법원으로 이송을 신청(motion to transfer)할 수 있다.[83] 이송신청은 i) 당사자 및 증인의 편의 또는 ii) 공정한 재판을 위해서 신청 가능하지만 특별한 상황이 아닌 한 받아들여지지 않는 경향이 강하다.[84]

제4절 | 제소 및 응소(pleading)

Ⅰ. 침해소송의 소장

법원에 구제를 구하는 원고는 i) 소가 제기된 법원에 관할권이 인정되는

81) 28 U.S.C. § 1391(c).
82) **FED.R.CIV.P.** 12(b)(2).
83) 28 U.S.C. § 1404(a).
84) 참고로, 동부텍사스지방법원(Eastern District of Texas 또는 "E.D. Tex")은 특허권자에 우호적인 판결과 높은 손해배상액수 외에도 다른 법원으로의 이송신청을 허락하지 않는 것으로 유명했다. 그러나 2008년 연방순회항소법원(CAFC)은 *TS Tech* 사건 (*In re* TS Tech USA Corp., 551 F.3d 1315 (Fed. Cir. 2008))을 통해 다른 법원으로의 이송신청을 허락하지 않은 동부텍사스지방법원의 결정을 파기하는 이례적인 결정을 내렸다. 이후 동부텍사스지방법원은 이송신청의 허락 비율이 급증했다.

근거에 관한 간결하고 명백한(short and plain) 진술, ii) 원고가 법원의 구제를 받을 정당한 권리자임을 증명(showing)하는 간결하고 명백한 진술 및 iii) 원고가 구하는 판결에 대한 요청이 포함된 소장을 제출해야 한다.[85]

1. 당사자 및 관할권에 관한 진술

원고의 소장에는 원고/피고에 대한 설명과 법원의 관할권에 관한 진술이 포함된다. 법원의 관할권에 관한 진술은 물적관할권(Subject Matter Jurisdiction), 인적관할권(Personal Jurisdiction)뿐만 아니라 재판적(Venue)에 관한 주장도 포함해야 한다.

2. 침해된 특허 및 침해행위에 관한 진술

원고의 소장에는 법원의 구제를 받을 정당한 권리자임을 보이기 위해 자신이 정당한 특허권자라는 사실과 피고의 행위가 특허법 제271조(35 U.S.C. §271)에 따른 침해행위에 해당된다는 주장[86]에 관한 진술이 포함된다. 자신이 정당한 권리자라는 사실을 증명하기 위해 특허등록공보의 사본을 첨부할 수 있으며, 특허권을 정당하게 양수했음을 진술하는 진술서를 함께 제출할 수 있다. 원고는 침해가 되는 특허를 특정해야 하지만, 어느 청구항이 침해되는지를 특정할 필요는 없으므로 클레임차트(claim chart)와 같은 별도의 자료를 제출할 필요가 없다. 소장에는 특허권자가 제품에 특허표시(marking)가 되었는지 여부와 침해자에게 별도로 침해에 대한 고지를 했는지 여부가 포함된다.[87] 피고의 침해제품을 구체적으로 특정해야 하는지가 문제될 수 있으나, 추후에 증거개시(discovery)를 통해 침해제품이 즉각적으로 특정 가능한 경우에는 침해제품을 구체적으로 특정할 필요가 없다는 것이 법원의 일반적인 태도이다.

3. 구제 및 판결의 요청

원고가 법원으로부터 구하는 구제(relief)가 특정되어야 한다. 즉, 손해배

---

85) **FED.R.CIV.P.** 8(a).

86) 일반적으로 고의침해(willful infringement)인지에 관한 주장도 포함된다.

87) 만약 별도로 침해에 대한 고지를 하지 않은 경우, 소장이 침해에 대한 고지(notice)의 효과를 발생시킨다.

상(damage), 금지명령(injunction), 대리인 비용(attorneys' fees), 또는 법원의 재량에 따라 인정되는 기타 구제책[88] 등을 구체적으로 특정해야 한다. 그러나 구체적인 손해배상의 액수를 특정할 필요는 없다.

한편 원고는 판사재판(bench trial) 또는 재심재판(jury trial)을 요구해야 한다. 연방수정헌법 제7조(the Seventh Amendment)[89]의 규정은 연방소송규칙(FRCP)에도 반영되어, 당사자에게 마지막 소장/답변 등이 송달된 지 14일 이내에 배심재판을 요구할 수 있다고 규정된다.[90] 배심재판의 권리는 원고 및 피고 모두에게 인정되므로, 어느 하나의 당사자라도 배심재판을 요구하는 경우 판사재판을 받는 것은 어렵게 되지만, 만약 원고가 구하는 구제책이 손해배상이 아니라 금지명령에 한정되는 경우에는 피고가 배심재판을 원하더라도 판사재판이 가능하다.[91]

4. 관련문제 — 특허확인소송의 경우

특허확인소송(DJ Actions)의 경우도 기본적으로 특허침해소송과 동일한 형식으로 소장이 작성된다. 다만, 확인소송의 물적관할권이 인정되기 위해서는 "현실의 분쟁 또는 다툼(actual case or controversy)"이 증명되어야 하므로, 분쟁 또는 다툼이 있다는 사실을 증명할 수 있는 증거를 제출해야 한다.

II. 상대방의 응소

피고는 원고의 소장에 대응하여 응소(answering the complaint)하여야 하는바, 구체적으로 i) 소각하신청(motion to dismiss)을 하거나, ii) 소장에 대한 답

---

88) 즉, 손해배상과 같은 구체적인 구제책 이외에도 법원이 합당하다고 여기는 구제책을 포괄적으로 요구할 수도 있다.

89) 연방수정헌법 제7조에 의하면, 소송가액이 20달러를 초과하는 모든 소송에 대해서는 배심재판을 받을 권리가 기본권으로 인정된다.

90) **FED.R.CIV.P.** 38(b). 만약 법정기간 이내에 배심재판을 요구하지 않은 경우 배심재판 받을 권리는 포기된다. **FED.R.CIV.P.** 38(d).

91) 연방수정헌법 제7조가 소송가액 20불 초과의 사건에 대해서만 배심재판 받을 권리를 인정하므로 소송가액이 산정되지 않는 금지명령만이 문제되는 사건에서는 수정헌법 제7조의 권리가 인정되지 않기 때문이다. Tegal Corp. v. Tokyo Electron Am., Inc., 257 F.3d 1331 (Fed. Cir. 2001).

변(answers)을 제출하거나, iii) 반소(counterclaims)를 진행할 수 있다.

1. 소각하신청(motion to dismiss)

연방민사소송규칙(the Federal Rules of Civil Procedure 또는 FRCP)이 정하는 7개의 소 각하 사유는 i) 물적관할권(Subject Matter Jurisdiction)에 대한 흠결, ii) 인적관할권(Personal Jurisdiction)에 대한 흠결, iii) 재판적(Venue)에 관한 흠결, iv) 절차의 하자, v) 소장 송달의 하자, vi) 구제(relief)의 기초가 되는 청구에 대한 진술부족, vii) 필수적당사자의 불참이다.[92] 소 각하 사유 중 ii) 내지 v)의 사유에 기초한 소각하신청은, 피고가 소장에 대한 답변(answers) 또는 보정된 답변을 제출한 이후에는 불가능하다.[93] 그러나 vi) 내지 vii)의 사유에 기초한 소각하신청은 공판(trial)이 종료되기 전까지는 언제든지 가능하다.[94] 또한 i)의 사유에 기초한 소각하신청은 포기되지 않기 때문에 언제든지 가능하다.[95]

2. 소장에 대한 답변(answers)

피고는 원고의 소장에 대응하여 답변하는 경우, 원고의 주장을 인정(admit), 부정(deny) 또는 부지(no sufficient knowledge to form a belief)의 답변을 해야 한다.[96] 한편, 피고가 제기할 수 있는 적극항변(affirmative defenses) 및 반소(counterclaims)는 소장에 대한 답변과 함께 제출되어야 하므로 주의해야 한다.[97]

3. 적극항변

적극항변(affirmative defenses)은 피고가 적극적으로 주장/증명해야 하는 방어방법으로, 피고의 적극항변이 받아들여지는 경우 원고의 소는 기각되는 것이 일반적이다. 특허소송에서 주로 문제되는 적극항변은 중용권(intervening rights), 형평법에 의한 방어(equitable defenses), 특허법 282조 각호의 사유[98]

---

92) **FED.R.CIV.P.** 12(b).
93) **FED.R.CIV.P.** 12(h)(1).
94) **FED.R.CIV.P.** 12(h)(2).
95) **FED.R.CIV.P.** 12(h)(3).
96) **FED.R.CIV.P.** 8(b).
97) 참고로, 소장에 대응하는 답변의 제출기한은 **FED.R.CIV.P.** 12(a)에 규정된다.

등이다.[99]

4. 반 소(counterclaims)

연방민사소송규칙(FRCP)에 따르면 반소는 i) 본소피고가 본소에 대응하여 반소를 제기하기 않으면 별소 제기가 불가능한 강제적 반소(Compulsory Counterclaims)와 ii) 본소피고가 반소를 제기하지 않더라도 이후에 별소 제기가 가능한 임의적 반소(Permissive Counterclaims)로 구분될 수 있다. 강제적 반소는 반소의 청구가 본소원고의 청구의 대상이 되는 거래(transaction) 또는 사건(occurrence)으로부터 발생하며, 임의적 반소는 반소의 청구가 본소원고의 청구의 대상이 되는 거래 및 사건과 무관하게 발생한다.[100] 예를 들어, 특허침해소송의 피고가 침해소송의 기초가 되는 특허의 무효확인(Declaratory Judgment)을 구하는 반소를 제기하는 경우, 반소의 청구의 기초가 본소원구의 청구의 기초가 되는 특허로부터 발생하므로, 해당 반소는 강제적 반소로 취급된다. 그러나 침해소송의 원고가 침해자 측의 특허를 침해한다고 주장하며 반소를 제기하는 경우, 반소의 청구의 기초가 본소원구의 청구의 기초가 되는 특허와 무관하므로, 해당 반소는 임의적 반소로 취급된다. 강제적 반소는 원고의 소장에 대응하여 답변에 포함되지 않은 경우에는 더 이상 주장이 불가능하므로 주의해야 한다.

III. 관련문제 — 보정

원고의 소장이나 피고의 응소에 대한 보정은 해당 소장/응소가 송달된지 20일 이내에는 법원의 허락 없이 가능하며, 20일이 경과한 이후에는 법원이 허락한 경우 가능하다.[101]

---

98) 구체적으로 비침해(non-infringement) 주장, 35 U.S.C.의 제2장(part II)에 규정된 특허요건의 위반에 따른 무효(invalidity) 주장, 35 U.S.C. § 112 또는 251조 위반에 따른 무효 주장, 35 U.S.C.에 규정된 기타 방어사유에 관한 사항은 답변과 함께 제출되지 않으면 해당 주장을 포기한 것으로 간주한다.

99) KIMBERY A. MOORE ET. AL., PATENT LITIGATION AND STRATEGY 144 (Thomson West 3rd ed. 2008).

100) FED.R.CIV.P. 13(a), (b).

101) FED.R.CIV.P. 15(a).

제5절 | 증거개시(discovery)

Ⅰ. 서

증거개시(discovery)는 소송과 관련된 모든 증거를 발견하는 절차를 말한다. 미국에서의 증거개시는 그 범위가 폭 넓게 인정되고 증거개시에 대한 불성실한 대응에 강력한 제재가 가해지는 특징이 있다.[102] 이러한 증거개시의 특징으로 인해 다른 국가에서는 발견할 수 없는 증거가 미국에서는 발견될 수 있으므로 실무자들의 주의가 요구된다.

Ⅱ. 증거개시의 대상

1. 원칙 — 관련성 있는 모든 증거

소송의 대상(subject matter)에 관련된 것으로 특권(privilege)을 향유하지 않는 모든 자료는 증거개시의 대상이 된다.[103] 증거개시의 대상은 소송의 대상에 관련된 것인바, 법원은 다른 일반소송과 마찬가지로 특허소송에서도 "관련성"의 의미를 매우 넓게 해석한다.[104] 특허소송에서 일반적으로 증거개시의 대상이 되는 증거는, 상업적 성공, 외국에서의 판매에 관한 정보, 특허의 무효성과 관련된 선행기술, 발명의 내용이 적용된 제품의 독창성, 우수성,

---

102) 예를 들어, 모건 스탠리 사건(Coleman Holdings, Inc. v. Morgan Stanley & Co., 2005 WL 679071 (Fla. Cir. 2005))에서 법원은 증거개시에 따라 제출이 요구된 전자메일을 폐기한 모건 스탠리에게 증명책임을 전환시키고 배심원들로 하여금 증거폐기를 근거로 유죄를 판단할 수 있도록 허용한 결과, 모건 스탠리에 대해 6억 4천만 달러의 손해배상과 8억 5천만 달러의 징벌적 배상(punitive damage)을 포함하는 천문학적 액수의 금전배상을 명하는 판결을 선고한 바 있다. 일반적으로 증거개시에 불성실하게 응하거나 기만적으로 행동하는 경우, 증거개시에 따른 경비부담, 벌금부과 정도로 그치는 경우도 있지만, 소송 전체에 대해 패소한 것으로 취급하거나 해당 사건을 대리한 변호사의 자격을 박탈하는 경우도 발생할 수 있으므로 실무자 입장에서는 주의가 요구된다.

103) **FED.R.CIV.P.** 26(b).

104) Micro Motion, Inc. v. Kane Steel Co., 894 F.2d 1318, 1326 (Fed. Cir. 1990) ("[T]he requirement that discovery be 'relevant to the subject matter involved' is to be broadly construed . . . .").

상업성에 대한 정보, 당업자의 수준을 반영하는 서류, 자명성에 관한 직접적인 증거, 침해로 인한 이익에 관한 정보, 발명이 장기간 미해결된 과제인지에 관한 정보와 관련성이 인정되는 모든 증거를 포함한다.[105] 또한 소송의 대상과는 직접적인 관련이 없더라도 관련성이 인정될 약간의 가능성이 있는 자료는 모두 증거개시의 대상이 되며, 설사 연방증거법(Federal Rules of Evidence) 규정상 공판에서 제출할 수 없는 증거(예를 들어, 부적법한 전문증거)라 해도 증거개시의 대상이 될 수 있다.[106]

2. 예 외

증거개시의 대상은 폭넓게 인정되므로 증거개시의 예외가 무엇인지를 파악하는 게 중요하다. 증거개시의 대상이 예외가 인정되는 것으로 자주 문제되는 것은 변호사 고객의 면책특권(attorney-client privilege)과 법률자문 면책특권(work product immunity)을 향유하는 자료이다.

1) 변호사-고객의 면책특권

변호사-고객의 면책특권(attorney-client privilege)은 변호사(Attorney)와 고객 간에 이루어진 비밀 연락(confidential communication)에 대해서 인정되는 특권이다.[107] 변호사-고객의 면책특권은 변호사와 고객 간의 완전하고 자유로운(full and free) 토론을 촉진하여 고객이 변호사의 충분한 조력을 기초로 합법적인 행동을 하도록 유도하기 위해 인정된다.[108] 상술한 바와 같이, 변호사-고객의 면책특권은 "변호사와 고객" 간에만 인정되는 것이 원칙이나 변호사를 대표하는 자(변호사의 지시를 따르는 비서)나 고객이 변호사 자격을 가질 거라 합리적으로 믿은 자에게 연락한 내용도 면책특권의 대상으로 인정된

---

105) KIMBERY A. MOORE ET. AL., PATENT LITIGATION AND STRATEGY 159 (Thomson West 3rd ed. 2008).

106) *Id.* at 164.

107) FED.R.EVID. 502(f)(1) ("'[A]ttorney-client privilege' means the protection provided for confidential attorney-client communications, under applicable law . . . .").

108) XYZ Corp. v. United States, 348 F.3d 16, 22 (1st Cir. 2003) (citing Upjohn Co. v. U.S., 449 U.S. 383. 389 (1981)) ("The attorney-client privilege is well-established and its rationale straightforward. By safeguarding communications between client and lawyer, the privilege encourages full and free discussion, better enabling the client to conform his conduct to the dictates of the law and to present legitimate claims and defenses if litigation ensues.").

다.[109] 또한 변호사-고객의 면책특권은 "비밀" 연락에 대해서만 인정되므로, 만약 변호사와 고객 이외에 제3자가 참석한 장소에서 교환된 연락에는 면책특권이 인정되지 않는다. 또한 변호사-고객의 면책특권은 "연락"에 대해서 인정되므로, 서면 연락, 구두 연락, 제스처와 같은 비구두(non-verbal) 연락에 대해서는 인정되나, 물리적 증거(physical evidence)에 대해서는 인정되지 않으며 변호사와 고객 간에 연락을 교환하기 이전부터 이미 존재하던 서류(pre-existing documents)나 그 연락의 기초가 되는 정보(underlying information)에 대해서도 인정되지 않는다. 또한 변호사-고객의 면책특권은 법률 조언(legal advice)에 관한 연락에만 적용된다.[110] 따라서 단순한 사업적 조언이나 사교적 조언에 대해서는 면책특권이 인정되지 않는다.

변호사-고객의 면책특권은 자발적 포기가 가능하며, 일단 특정 사안에 대해 면책특권이 포기되면, 해당 사안에 대해 변호사와 고객 사이에 이루어진 모든 연락에 대해 증거개시가 가능하다.[111] 변호사-고객의 면책특권은 변호사와 고객 간에 비밀로 연락한 내용을 고객이 비밀유지의무 없는 제3자에게 자발적으로 공개하는 경우 포기된다.[112] 따라서, 당사자가 변호사로부터 자문 받은 내용을 증언하면서 해당 내용을 신뢰하였음을 항변[113]하는 경우,

---

109) 한국 민사소송법에 따르면 한국 변리사나 변호사 모두에게 증언거부권이 인정된다. 그러나 "Patent Agent"와 "Attorney/Patent Attorney"의 취급이 동일한지에 대해서는 판례가 대립한다. 즉, 주법에 따라 변호사 시험(State Bar Examination)에 합격한 "Attorney/Patent Attorney"에 대해 면책특권이 인정되는 것에는 다툼의 여지가 없으나, 특허법에 따라 인정되는 "Patent Agent"에 대해 변호사-고객 면책특권이 인정되는지에 대해서는 판례가 대립한다. "Patent Agent"에 대해 면책특허권을 부정하는 판결: Santrade, Ltd. v. General Electric Co., 150 F.R.D. 539, 546 (E.D.N.C. 1993) ("Generally, communications with patent agents, American or foreign, are not subject to privilege in the United States.") (citation omitted). "Patent Agent"에 대해 면책특허권을 인정하는 판결: Foseco International Ltd. v. Fireline, Inc., 546 F. Supp. 22, 25 (N.D. Ohio 1982) ("Communications between a patent agent and a client may be privileged, however, where the patent proceeding is before the United States Patent Office and the patent agent is registered with that office, or where the patent agent is acting at the direction or control of an attorney as the agent of the attorney.") (citations omitted).

110) Upjohn Co. v. U.S., 449 U.S. 383. 388-89 (1981).

111) Fort James Corp. v. Solo Cup Co., 412 F.3d 1340, 1349 (Fed. Cir. 2005).

112) 예를 들어, 발명자가 발명의 완성일자를 증명하기 위해 해당 명세서를 작성한 변호사를 증언시키는 경우, 변호사-고객의 면책특권이 포기될 수 있다.

변호사-고객의 면책특권은 포기되는 것으로 취급된다.[114] 당사자가 면책특권이 포기됨에도 불구하고 변호사의 자문을 신뢰했다는 항변을 하는 이유는, 변호사의 자문을 신뢰했다는 항변이 침해자의 고의침해를 부정하는 하나의 중요한 요소로 판단되었고,[115] 만약 침해자가 자발적으로 변호사로부터 자문받은 내용을 제출하지 않는 경우에는 배심원이 i) 침해자가 자문을 받지 않았거나, ii) 침해가 인정된다는 자문을 받았기 때문에 법원에 해당 자문을 제출하지 않는 것으로 추론하는 것이 허용되었기 때문이다.[116] 그러나 2007년 *Seagate* 사건에서 연방순회항소법원은 고의침해가 문제되는 경우 침해자가 변호사의 자문을 구할 적극적 의무가 없다[117]고 명시적으로 판시했기 때문에, 침해자가 자발적으로 변호사 고객의 면책특권의 포기하면서 변호사의 자문을 구했음을 증명할 필요는 예전에 비해 감소했다 할 것이다.[118]

판례에 따르면 침해자가 자신의 사내 변호사(in-house counsel)의 자문을 신뢰했다는 항변을 하는 경우 사내 변호사의 자문과 관련된 내용들에 대해서는 면책특권이 포기되므로, 내용에 따라서는 사외 변호사(outside counsel)로부터 자문을 받은 내용에 대해서도 변호사-고객의 면책특권이 포기될 수 있다.[119] 그러나 특허소송 진행 과정에서 자문 변호사(opinion counsel)와 소송수

113) 통상 "advice of counsel defense" 또는 "counsel defense"라 부른다.

114) Genentech, Inc. v. Int'l Trade Comm'n, 122 F.3d 1409, 1415 (Fed. Cir. 1997).

115) Electro Med. Sys., S.A. v. Cooper Life Scis., Inc., 34 F.3d 1048, 1056 (Fed. Cir. 1994).

116) Kloster Speedsteel AB v. Crucible, Inc., 793 F.2d 1565, 1580 (Fed. Cir. 1986). 그러나 침해자에게 극히 불리한 *Kloster* 판결은 2004년 *Knorr-Bremse* 사건(Knorr-Bremse Systeme Fuer Nutzfahrzeuge GmbH v. Dana Corp., 383 F.3d 1337, 1343 (Fed. Cir. 2004))에 의해 폐기된다.

117) *In re* Seagate Technology, LLC, 497 F.3d 1360, 1371 (Fed. Cir. 2007). *Seagate* 사건에 대해서는 "손해배상액의 증액(enhanced damage)" 항목에서 보다 상세하게 설명한다.

118) 물론 법원이 변호사의 자문을 구할 의무가 있는 것은 아니라고 판단했지만, 실제 소송에서 침해자가 변호사의 자문에 의존한 경우 고의침해에 대한 주장을 배척하기가 용이하다고 설명하는 실무자들도 많다. 또한 *Seagate* 사건 이후에도 침해자 측에서는 변호사의 자문을 구했다는 것을 방어방법으로 많이 제시하고 있으며, 법원 역시 이를 배척하지 않았는바, 변호사의 자문이 더 이상 필요 없어졌다고 보기는 어렵다 할 것이다.

119) *In re* EchoStar Communications Corp., 448 F.3d 1294, 1299 (Fed. Cir. 2006) ("EchoStar summarily asserts that 'an internal investigation involving in-house engineers and in-house counsel is simply a different subject matter from legal opinions commissioned at a later date from outside lawyers.' This argument is without merit. Whether counsel is employed by the client or hired by outside contract, the offered

행 변호사(trial counsel)를 구분한 상황에서, 자문 변호사로부터의 자문을 신뢰했다는 항변을 하더라도, 자문변호사와 고객 간의 면책특권만이 포기되며 소송수행 변호사에 대한 면책특권은 그대로 유지된다.[120]

2) 법률자문 면책특권

법률자문 면책특권에 따라, 변호사 및 기타 관리인들이 작성한 법률자문(work product) 중 서류와 유체물(documents and tangible things)에 대해서는 면책특권이 인정되므로 증거개시의 대상이 될 수 없다.[121] 법률자문 면책특권은 변호사의 법률자문의 내용이 상대방 당사자에게 공개된다면 변호사가 고객에게 충분한 법률자문을 제공하지 않게 되어 고객의 이익보호와 정의실현에 장애가 발생하는 것을 방지하기 위해 인정된다.[122] 연방민사소송규칙(FRCP)은 상대방 당사자가 법률자문의 내용을 확보하기 극히 곤란한 사유를 증명하는 경우, 면책특권에도 불구하고 증거개시를 허용하지만,[123] 이러한 예외가 인정되는 서류/유체물은 사실에 관한 것이거나 의견이 아닌 법률자문(factual or non opinion work product)이어야 한다.[124] 한편 법률자문 면책특권은 서류 등의 유체물에 대해서만 인정되므로 변호사와 고개 간의 대화, 전화통화 등은 변호사-고객의 면책특권에 의해서만 보호된다.

변호사-고객의 면책특권과 마찬가지로, 법률자문 면책특권도 자발적 포기가 가능하지만 포기가 되는 범위는 변호사-고객의 면책특권과 다르다. 즉, 당사자가 변호사 등이 제공한 법률자문을 기초로 항변하더라도, 해당 법률자문 전체가 증거개시의 대상이 되는 것은 아니며, 오로지 사실에 관한 것이거나 의견이 아닌 법률자문(factual or non-opinion work product)만이 증거개시의 대상이 된다. 연방순회항소법원(CAFC)은 법률자문의 종류를 i) 전통적인

---

advice or opinion is advice of counsel or an opinion of counsel. Use of in-house counsel may affect the strength of the defense, but it does not affect the legal nature of the advice. Thus, when EchoStar chose to rely on the advice of in-house counsel, it waived the attorney-client privilege with regard to any attorney-client communications relating to the same subject matter, including communications with counsel other than in-house counsel, which would include communications with Merchant & Gould.)"

120) *In re* Seagate Technology, LLC, 497 F.3d 1360, 1374-75 (Fed. Cir. 2007).

121) **FED.R.CIV.P.** 26(b)(3).

122) Hickman v. Taylor, 329 U.S. 495, 511-14 (1947).

123) **FED.R.CIV.P.** 26(b)(3)(i).

124) *In re* EchoStar Communications Corp., 448 F.3d 1294, 1301-02 (Fed. Cir. 2006).

의견서/감정서와 같이 변호사와 고객 간의 연락내용을 구체화한 문서, ii) 변호사의 내심의 의사를 반영하여 법, 사실, 소송전략 등에 관해 작성했으나 고객에게 전달되지는 않은 문서, iii) 그 내용이 변호사와 고객 간의 연락내용에 관한 토의이지만 실제로 고객에게 전달되지는 않은 문서[125]로 구분하고, 이 중 ii)에 해당하는 내용은 설사 당사자가 법률자문 면책특권을 자발적으로 포기한 상황에서도 증거개시의 대상이 될 수 없다고 판시한 바 있다.[126] 한편, 특허소송을 진행하면서 자문 변호사(opinion counsel)와 소송수행 변호사(trial counsel)를 구분한 경우, 자문 변호사로부터의 자문을 신뢰했다는 항변을 하더라도 소송수행 변호사에 대한 법률자문 면책특권은 그대로 유지되기 때문에, 자문 변호사가 아닌 소송수행 변호사가 제공한 법률자문은 증거개시의 대상이 되지 않는다.[127]

3) 면책특권 기록부

면책특허권을 향유하는 문서나 정보에 대해서는 해당 내용이 작성된 날짜, 작성자, 작성자주소, 해당 문서를 수신한 자가 있다면 수신자, 문서의 속성, 페이지 수, 해당 문서의 속성, 해당 문서가 향유하는 면책특권의 속성 등을 기재한 면책특권 기록부(privilege log)를 작성하여 상대방에게 제공한다.[128] 만약 상대방이 면책특권 기록부에 포함된 문서나 정보가 증거개시의 대상이 된다고 다투는 경우 법원에 "motion to compel"을 신청할 수 있다.

4) 관련문제 — 영업비밀의 취급[129]

영업비밀(trade secret)은 면책특권에 해당하지는 않지만, 법원으로부터 부여 받은 보호명령(protective order)을 통해 영업비밀을 증거개시의 대상에서 제외시킬 수 있다.[130] 영업비밀을 이유로 보호명령을 부여 받기 위해서는 i) 보호명령의 보호대상이 되는 내용이 영업비밀에 해당해야 하고,[131] ii) 해당

125) 예를 들어, 변호사가 고객과의 전화통화 전화통화한 내용을 고객과의 전화통화한 내용이라 표시하면서 그 내용을 문서화하여 동료 변호사에게 전달하였으나 해당 문서가 실제로 고객에게 전달되지는 않은 경우 등이 이에 해당할 수 있다.

126) *In re* EchoStar Communications Corp., 448 F.3d 1294, 1302 (Fed. Cir. 2006).

127) *In re* Seagate Technology, LLC, 497 F.3d 1360, 1376 (Fed. Cir. 2007).

128) *Duplan* 사건(Duplan Corp. v. Deering Milliken, 397 F.Supp. 1146 (D.S.C. 1974))에 의해 특정된 정보가 기재되므로 "*Duplan* log"라고도 불린다.

129) KIMBERY A. MOORE ET. AL., PATENT LITIGATION AND STRATEGY 190-91 (Thomson West 3rd ed. 2008).

130) FED.R.CIV.P. 26(c)(1)(G).

영업비밀이 공개되는 경우 인식 가능한 손해(cognizable harm)가 발생해야 하고,[132] iii) 당사자가 명확하게 정의되는 심각한 피해(clearly defined and serious injury)를 이유로 보호명령을 신청하는 것이 증명되어야 한다. 영업비밀에 대해서는 절대적 면책특권이 인정되지 않으므로,[133] 법원은 영업비밀이 잠재적인 경쟁자에게 공개될 경우 발명할 수 있는 손해와 영업비밀에 대한 공개의 필요성을 비교형량하여 보호명령 부여 여부를 결정한다.

3. 증거개시를 위한 절차

증거개시는 당사자들의 합의에 주도되며, 법원은 증거개시의 대상이나 절차에 관해 당사자들이 합의하지 못한 경우에만 개입하는 것이 일반적이다. 증거개시는 당사자들이 증거개시의 일정을 정하는 미팅 이후부터 개시된다.[134] 증거개시가 수행되는 중에는 질의서(interrogatories), 문서제출요구(document requests), 인정요구(requests for admissions), 증언녹취(deposition) 등이 활용된다.

1) 질 의 서

질의서(interrogatories)는 소송에 다툼이 되는 이슈를 정리하거나 증인을 발견하기 위해 상대방에게 질문하는 것으로 소송의 당사자들을 대상으로 활용된다.[135] 질의서를 송부 받은 당사자는 송부일로부터 30일 이내에 답변하거나 이의를 제기해야 한다.[136] 질의서를 통해 질의할 수 있는 내용의 개수는 25개로 제한되나 법원의 명령에 의해 그 한도가 변동될 수 있다.[137] 질의서를 통해 질의할 수 있는 회수에는 한도가 있기 때문에 문서제출요구를 통해 확보할 수 있는 자료에 대해서는 질의서 대신 문서제출요구를 활용해야 한다.

---

131) 영업비밀인지 여부는 주법에서 정의한 영업비밀의 정의에 따라 결정된다.

132) Zenith Radio Corp. v. Matsushita Electric Industrial Co., 529 F.Supp. 866, 889-90 (E.D.Pa. 1981).

133) Heat & Control, Inc. v. Hester Industries, Inc., 785 F.2d 1017, 1025 (Fed. Cir 1986).

134) **FED.R.CIV.P.** 26(f).

135) 예를 들어, 신규성이 문제될 것으로 예상되는 경우 질의서를 통해 발명의 착상(conception)이 완성된 날을 특정하도록 요구하거나, 발명의 구체화(reduction to practice)를 위해 제조한 시제품의 특정을 요구할 수 있다.

136) **FED.R.CIV.P.** 33(a)(2).

137) **FED.R.CIV.P.** 33(a)(1).

2) 문서제출요구

문서제출요구는 특허소송과 관련된 서증을 요구하는 절차로 특허소송에서 주된 증거는 문서제출요구를 통해 확보되는 것이 일반적이다. 문서제출요구는 소송의 당사자뿐만 아니라 제3자에게도 가능하지만, 이 경우에는 법원으로부터 소환장(subpoena)을 부여 받아야 한다.[138)]

특허권자는 문서제출요구를 통해 i) 침해품의 개발 과정이나 동작에 관련된 문서, ii) 침해자의 고의침해(Willful Infringement) 또는 등록특허의 2차적 고려사항(secondary consideration)의 증명[139)]을 위하여 침해자가 특허의 존재를 인식했다는 것에 관련된 문서, iii) 침해품의 문언침해(Literal Infringement) 또는 균등침해(Infringement under the Doctrine of Equivalents) 입증을 위하여 침해자가 침해품에 관련하여 별도로 출원한 특허출원에 관련된 문서, iv) 손해배상 액수와 등록특허의 상업적 성공(commercial success)의 증명을 위한 침해품의 판매와 이익액수에 관련된 문서, v) 침해자의 고의침해를 증명하기 위하여 침해자가 변호사로부터 상담 받은 내용에 관련된 문서 등을 요구하는 것이 일반적이다.[140)]

침해자는 문서제출요구를 통해 i) 특허무효사유와 불공정 행위(Inequitable Conduct)의 증명을 위해 특허청에 제출하지 않은 선행기술을 포함하여 심사과정(prosecution)과 관련된 문서, ii) 미국특허에 대응되는 외국출원/특허에 관련된 문서, iii) 청구항 해석 및 균등론 주장에 대한 반박을 위하여 특허권자의 발명의 동작에 관련된 문서, iv) 35 U.S.C. § 102(b)에 따른 공연판매/사용(on-sale / public use) 등을 확인하기 위해 발명자의 발명과정에 관련된 문서 등을 요구하는 것이 일반적이다.[141)]

3) 인정요구(requests for admissions)

인정요구는 상대방으로 하여금 특정한 이슈에 대해 인정을 요구하여 더 이상의 다툼을 피하는 절차이다. 증거개시에 따른 인정요구는 i) 사실(facts), 사실에 대한 법의 적용(application of law to fact) 또는 이에 대한 의견(opinion)

---

138) **FED.R.CIV.P.** 45.

139) 침해자의 존재는 비자명성 증명을 위한 2차적 고려사항이다. *In re* GPAC, 57 F.3d 1573, 1580 (Fed. Cir. 1995).

140) KIMBERY A. MOORE ET. AL., PATENT LITIGATION AND STRATEGY 165-66 (Thomson West 3rd ed. 2008).

141) *Id.* at 166.

이나,[142] ii) 문서의 진정성립에 대해 활용된다.[143] 인정요구를 받은 상대방은 인정요구에 대응하여, 인정, 부인 또는 부지의 취지로 답변해야 한다.[144]

4) 증언녹취

증언녹취(deposition)는 특허소송과 관련된 자들로부터 증언을 확보하여 기록하는 과정으로, 양 당사자가 합의한 장소에서 법원서기관을 대동하고 진행하는 것이 일반적이다. 증언녹취는 소송의 당사자뿐만 아니라 제3자에게도 가능하지만, 이 경우에는 법원으로부터 소환장(subpoena)을 부여 받아야 한다.[145]

증언 녹취 시에는 상대방 측의 질문에 답변하는 것이 특권(privilege)에 대한 침해이거나 법원 명령에 위반이 아니라면 진술을 거부하거나 진술을 거부하도록 지시할 수 없다.[146] 즉, 상대방 측의 질문이 위법하더라도 변호사는 이에 대한 이의(objection)를 제기할 수 있을 뿐 자신의 진술자(deponent)로 하여금 진술을 거부하도록 지시를 할 수 없는 것이 원칙이다.

증언녹취는 개인에 대한 증언녹취와 법인에 대한 증언녹취로 구분될 수 있다. 개인에 대한 증언녹취는 상대방의 증인이나 제3자에 대해 이루어지는 것이 일반적이다. 한편 법인에 대한 증언녹취를 요청하는 경우, 일방 당사자는 법인(상대방 당사자이거나 제3자일 수 있음)에 대해 증거개시의 대상에 대한 통지(notice)를 하고, 이러한 통지를 받은 법인은 통지 받은 대상에 대해 알고 있는 자를 특정하고 진술자로서 증언녹취에 참여시켜야 한다.[147]

4. 보호명령(protective order)

당사자는 증거개시의 범위, 방법, 시기 등에 관하여 법원의 명령을 구할 수 있다. 즉, 당사자가 증거개시의 범위, 방법, 시기 등에 관하여 합의에 이른 경우 혹은 합의하려 했으나 이에 이르지 못한 경우에는 법원에 보호명령을 신

---

142) 따라서 최종적인 법률판단(예를 들어, 진보성 없음)에 대해서는 인정요구를 할 수 없다.
143) **FED.R.CIV.P.** 36(a)(1).
144) **FED.R.CIV.P.** 36(a)(4).
145) **FED.R.CIV.P.** 45.
146) **FED.R.CIV.P.** 36(c)(2).
147) **FED.R.CIV.P.** 30(b)(6). 예를 들어, 증거개시의 대상이 해당 법인의 손해액수에 대한 것임을 통지할 수 있고, 이러한 통지를 받은 법인은 손해액수에 관한 정보를 알고 있는 진술자(주로, 해당 법인의 임원이나 실무진)를 특정하고 상대방으로 하여금 해당 진술자에 대한 증언녹취를 허락해야 한다.

청(Motion for a protective order)하여 증거개시의 구체적 내용을 확정할 수 있다.[148)]

연방민사소송규칙은 i) 보호명령을 신청한 정당한 이유(good cause)와, ii) 당사자 간에 보호명령을 신청하기 전에 당사자 간에 보호명령이 대상이 되는 내용에 관해 합의하려는 선의의 시도가 인정되는 경우 보호명령을 부여한다.[149)] 보호명령을 통해 비밀유지가 명해지는 경우, 비밀유지의 수준은 i) 변호사들만 확인 가능한 수준(Attorney Eyes Only 또는 AEO), ii) 미리 특정된 사람들에게만 공개되는 수준(confidential), iii) 일반 공중에 공개되는 수준(public)으로 정해질 수 있다. 만약 당사자의 합의 또는 법원의 결정에 따라 특정한 정보에 대해 "AEO" 수준의 보호명령이 부여되는 경우, 해당 정보는 소송을 수행하는 외부 변호사(outside counsel)만이 볼 수 있다.

제6절 | 전문가 증언

Ⅰ. 서

미국특허소송에서 전문가(expert)의 증언은 필수적이다. 1심 법원의 판사나 배심원이 특허/선행기술, 특허법의 내용을 정확하게 이해하기 힘들기 때문이다. 일반적으로 특허권자와 침해자 측에서는 기술 전문가, 특허 전문가, 손해배상 전문가를 증언시킨다.

Ⅱ. 기술 전문가

특허권자를 위해 증언하는 기술 전문가는 본 발명의 내용을 설명하고,

148) 만약 당사자가 특정한 정보가 면책특권, 영업비밀에 속하는지 여부 등에 대해 다툼이 있어 증거개시의 범위에 대해 합의에 이르지 못한 경우, 일방 당사자는 법원이 상대방 당사자로 하여금 해당 정보를 제출하도록 강제할 것을 요구하는 강제신청(motion to compel)을 제출할 수 있고, 상대방 당사자는 이러한 강제신청에 대응하여 해당 정보를 증거개시의 대상에서 제외해줄 것을 요구하는 보호명령신청(motion for a protective order)을 제출할 수 있다.

149) FED.R.CIV.P. 36(c)(1).

본 발명이 선행기술에 비해 진보한 부분을 설명하고, 청구항의 권리범위에 침해품이 속한다는 주장을 하는 것이 일반적이며, 침해자를 위해 증언하는 기술 전문가는 침해품이 청구항의 권리범위에 속하지 않다고 주장하거나, 특허권자의 특허가 무효라고 주장하는 것이 일반적이다.

권리범위의 해석에 관한 문제에 관해서는 특허권자 및 침해자 측의 기술 전문가가 모두 주장하는데, 법원의 권리범위해석에 큰 영향을 끼칠 수 있다. 1심 법원의 판사는 청구항 해석에 관련하여 기술 전문가의 의견을 청취할 광범위한 재량권이 있는 바, 만약 내부증거(intrinsic evidence)에 의해 청구항 해석에 관한 다툼이 해결되지 않는 경우 전문가의 해석에 의존하여 청구항을 해석하는 것이 허락되기 때문이다.[150]

Ⅲ. 특허 전문가

특허 전문가는 특허법에 관한 내용을 증언한다. 특허 전문가가 실체적인 법 규정을 설명하거나 특허법 상의 개념에 대한 정의를 설명하는 경우 배심원이 영향을 받을 수 있으므로 증언이 불허되기가 쉽지만, 특허청의 절차에 관한 설명이나 특허법 상의 기본 개념에 관한 자신의 견해를 밝히는 것은 허용되는 것이 일반적이다.[151]

---

150) Key Pharmaceuticals, Inc. v. Hercon Laboratories Corp., 161 F.3d 709, 716 (Fed. Cir. 1998). 또한 전문가 증언은 판사에게 기술을 설명하는 데 유용하기 때문에 법원에 의해 선호된다. 판례에 따르면 청구항의 의미가 내부증거만으로 해석 가능한 경우라 해도 배경 정보와 해당 기술을 설명하기 위해 전문가의 증언을 청취하는 것은 위법한 것이 아니다. Mantech Environmental Corp. v. Hudson Environmental Services, Inc., 152 F.3d 1368, 1373 (Fed. Cir. 1998) ("In this case, the district court was legally correct both in admitting and accepting the testimony of the parties' expert witnesses 'for the purpose of background in the technical area at issue,' and then basing its claim construction solely upon intrinsic evidence. Although this information always may be admitted by the trial court to educate itself about the patent and the relevant technology, the claims and the written description remain the primary and more authoritative sources of claim construction. Thus, they always must be considered and where clear must be followed. In this case, the claims and written descriptions are dispositive, for they clearly define a 'well' more narrowly than the extrinsic evidence.") (citations omitted).

151) 증언의 채택여부에 관해서는 1심 재판관에게 폭 넓은 재량이 인정되기 때문에 일단 증언이 거부된 전문가의 증언을 항소 등의 방법으로 사후에 채택시키기는 매우 어렵다.

Ⅳ. 손해배상 전문가

미국 특허소송에서 손해배상액을 산출하는 것은 통상 손해배상 전문가에 의해 이루어진다. 손해배상 전문가는 MBA/Ph.D. 학위 소유자나 회계사로 소송에서 손해배상 산정만을 전문적으로 수행하는 경력자들이 선정된다.

Ⅴ. 전문가에 대한 증거개시

증언한(또는 증언하기로 예정된) 전문가(testifying experts)는 증거개시의 대상이 된다.[152] 즉, 전문가가 증언을 위해 참고했던 모든 자료는 상대방 당사자에게 제공될 수 있다. 따라서 해당 전문가에게는 면책특권이 인정되는 내용을 최소한으로 공개하는 것이 바람직하다. 즉, 해당 전문가에게 면책특권이 인정되는 정보를 많이 제공하는 경우, 상대방 변호사가 해당 전문가에게 질문하는 과정에서 면책특권이 인정되는 정보가 진술될 수 있으므로, 해당 전문가에게는 제한적으로 정보를 제공하는 것이 바람직하다. 한편, 증언하지 않은(또는 증언하기로 예정되지 않은) 전문가(non-testifying experts)의 경우에는 특별한 사정이 없는 한 증거개시의 대상이 되지 않는다.[153]

제7절 | 약식판결

Ⅰ. 의 의

약식판결(Summary Judgement)은 중대한 사실에 관해 진정한 이슈(genuine issue as to any material fact)가 존재하지 않는 경우, 당사자의 신청에 의해 법관이 부여하는 법률문제에 관한 판결이다.[154] 증거개시 등의 사전절차를 통

152) FED.R.CIV.P. 26(a)(2)(B).
153) Queen's University v. Kinedyne Corp., 161 F.R.D. 443, 446-47 (D. Kan. 1995).
154) FED.R.CIV.P. 56(c).

해 특정한 이슈에 관련된 사실문제에 대해 당사자 간에 다툼이 없거나 외관상 다툼이 있기는 하지만 진정한 이슈에 미치지 못하는 경우 약식판결을 부여 받아 해당 이슈에 대해서는 공판(trial)을 피할 수 있다. 약식판결은 연방/주 민사소송에서 모두 인정되지만 특허소송에서 특히 자주 활용된다.

II. 요 건

약식판결을 구하기 위해서는 사실문제에 관한 진정한 다툼이 없어야 한다. 사실문제에 관해 당사자간에 진정한 다툼이 있다면 이는 공판(trial)을 통해 해결해야 하므로 약식판결을 구할 수 없다. 그러나 외관상 당사자 간의 다툼이 있다 하더라도 법관이 보기에 진정한 다툼이 없다면 약식판결이 가능하다. 예를 들어, 침해자가 자명성, 명세서기재요건 위반을 이유로 특허의 무효성에 관해 다투고는 있으나, 증거개시절차(Discovery)의 진행 경과를 볼 때 침해자나 침해자 측의 증인이 해당 특허의 무효를 증명할 만한 어떠한 증거도 제시하지 못하는 경우, 법원은 사실문제에 관한 "진정한(genuine)" 다툼이 없다는 이유로 특허 무효성에 대해 약식판결을 내릴 수 있다. 만약 약식판결을 통해 특허가 유효함이 확인되었다면 해당 법원은 더 이상 특허의 유효성에 대해 판단하지 않는다.

일반적으로 약식판결은 청구범위해석이 이루어진 이후에 문제된다. 청구범위해석은 판사가 판단하는 법적 문제이므로,[155] 일단 청구범위해석이 완료되면 법관이 판단한 청구범위해석을 기초로 문언침해(Literal Infringement)를 판단하는 것에 관해서는 당사자 간에 진정한 다툼이 인정된다고 인정되기 힘들다. 따라서 청구범위해석을 통해 문언침해가 인정되는지 여부가 분명해지면 당사자가 약식판결신청(Motion for Summary Judgment)을 제출하게 된다. 또한 균등침해(Infringement under the Doctrine of Equivalents)의 문제에 있어서도 마찬가지이다. 법원은 합리적인 배심원이라면 양 구성요소가 균등하다는 결론에 이를 수 없는 경우에는, 1심 법원이 약식판결을 부여할 의무가 있다고 판단한 바 있다.[156] 즉, 청구범위해석이 완료되고 관련 증거가 모두 제출

155) Markman v. Westview Instruments, Inc., 52 F.3d 967 (Fed. Cir. 1995).
156) Warner-Jenkinson Co., Inc. v. Hilton Davis Chemical Co., 520 U.S. 17, 39 n.8 (1997) ("Where the evidence is such that no reasonable jury could determine two

되면 균등침해가 가능한지 여부에 대해서는 더 이상 다툼이 발생할 여지가 적기 때문에 약식판결이 가능해진다.

약식판결은 통상 특허침해 여부나 무효여부 판단에 많이 활용된다. 약식판결은 사실문제에 대해 다툼만 없다면 부여될 수 있으므로, 문언침해, 균등침해, 유도침해 여부 등에 모두 활용되며, 예견성(신규성), 자명성(진보성), 명세서기재요건 위반에 관해서도 가능하며, 불공정행위(Inequitable Conduct), 해태(laches) 등에 관해서도 가능하다.

Ⅲ. 절차의 진행

민사소송규칙 상으로는 모든 증거개시절차가 종료된 날로부터 30일 이내에 당사자 일방이 약식판결신청(Motion for Summary Judgment)을 제출할 수 있으나 법원이 다른 규칙을 운영하거나 법원이 별도의 명령을 부여한 경우에는 이에 따른다.[157] 일반적으로 소제기 직후에 약식판결을 구하는 경우는 거의 없으며, 대개 증거개시절차 및 마크맨 청문회(Markman Hearing)를 진행한 이후에 약식판결을 신청한다.

약식판결신청을 신청한 당사자(moving party)는 공판을 필요로 할 만큼의 사실문제에 대한 진정한 다툼이 없음을 증명할 책임이 있다.[158] 한편 상대방 당사자(responding party)는 약식판결에 반대하거나 반대신청(cross motion)을 통해 자신에게 유리한 약식판결을 신청할 수 있는바, 만약 약식판결에 반대하는 경우에는 공판을 필요로 할 만큼의 사실문제에 대한 진정한 다툼이 존재한다는 것을 증명할 책임을 진다.[159] 한편 상대방 당사자가 반대신청을 하거나 양 당상자가 동일한 이슈에 대해 약식판결신청을 제출하는 경우에는 양측 당사자가 해당 이슈에 대해서는 공판을 필요로 할 만큼의 사실문제에 대한 진정한 다툼이 없다는 것은 인정(concede)한 것으로 취급한다.[160]

---

elements to be equivalent, district courts are obliged to grant partial or complete summary judgment.") (citations omitted).

157) **FED.R.CIV.P.** 56(c)(1).

158) Celotex Corp. v. Catrett, 477 U.S. 317, 321-22 (1986).

159) *Celotex*, at 321-22.

160) Beech Aircraft Corp. v. EDO Corp., 990 F.2d 1237, 1245 (Fed. Cir. 1993). 이 경우 법원은 더 이상 사실문제에 관한 진정한 다툼이 있는지를 판단할 필요가 없다.

제8절 | 형평법에 의한 방어(equitable defenses)

Ⅰ. 서

침해자는 침해의 근거가 특허의 무효(invalidity)임을 주장할 수도 있지만, 경우에 따라 형평법(equity)에 의해 해당 특허권이 행사 불가능(unenforceable)하다는 주장을 할 수도 있다. 형평법에 의한 방어가 인정되기 위해서는 특허권자의 권리행사가 정의, 공평의 관념에 벗어나는 특별한 사정이 인정되어야 하는데, 특허침해소송에서는 특허권자의 불공정행위(Inequitable Conduct), 특허남용(Patent Misuse), 해태(laches), 금반언(estoppel) 등이 문제될 때 형평법에 의한 방어가 인정된다.

Ⅱ. 무효와의 구별

증명책임과 침해의 해소라는 관점에서 무효와 형평법에 의한 권리행사의 제한은 동일하다. 즉, 청구항의 무효주장이나 권리행사 제한의 주장에 대한 증명책임은 침해자가 부담하며, 침해의 근거가 되는 청구항이 무효가 되거나 특허권자의 권리행사가 형평법에 의해 제한되면 침해자는 침해의 위험에서 완전히 벗어난다. 그러나 양자는 여러 면에서 큰 차이를 보인다. 구체적으로, 청구항이 무효되면 대세적으로 무효이지만 형평법의 권리행사의 제한은 당해 소송의 침해자에게만 인정될 수도 있다. 또한 무효는 청구항 단위로 판단되나 형평법에 의한 권리행사의 제한은 특허권자의 행위를 기초로 판단하므로 청구항 단위로 판단되지 않는다. 또한 무효성에 관한 이슈는 청구항 해석이 이루어진 다음에 이루어지지는 것이 일반적이지만, 형평법에 의한 권리행사의 제한은 청구항 해석과 무관할 수 있으므로 청구항 해석이 이루어지기 전에도 주장/증명이 가능하다. 한편 무효성에 관하여 기초가 되는 사실은 배심원에 의해 판단/확정되지만, 형평법에 의한 문제는 판사에 의해서만 판단된다.[161]

---

161) 다만 판사가 자발적으로 배심원의 자문(special verdict)을 구할 수는 있다.

Ⅲ. 불공정 행위

특허출원 및 심사에 관련된 당사자들은 특허청(USPTO)에 대해 특허성과 관련된 중대한(material) 정보를 개시(disclose)할 정보개시의무(Duty of Disclosure)를 포함하는 "정직과 신의성실의 의무"를 진다.[162] 만약 출원 단계에서 정직과 신의성실의 의무를 위반하여 특허 등록된 경우, 침해자는 "불공정 행위"를 이유로 특허의 권리행사는 불가능해진다. 주의할 점은 "불공정 행위"는 출원 단계에서 정보개시의무(Duty of Disclosure)에 대한 위반(즉, IDS 제출의무 위반)에 근거하는 것이 일반적이지만 이에 한정되는 것은 아니라는 것이다. 예를 들어, 출원 단계에서 특허성을 확보하기 위해 거짓된 내용이 포함된 선언서(declaration)나 선서진술서(affidavit)를 제출하거나, 특허등록을 빨리 받기 위해 거짓된 내용이 포함된 우선심사신청서를 제출하는 경우에도 불공정 행위가 문제될 수 있다.

1. 구체적 판단방법

불공정 행위로 특허권 행사가 제한되어야 하는지를 판단하는 경우, i) 불공정 행위의 중대성(materiality)과 ii) 불공정 행위의 의도(intent)를 고려하여 판단해야 한다. 구체적으로 법원은 사안의 중대성과 의도성이 일정한 임계치(threshold)를 초과하는지를 판단하고, 만약 임계치를 초과하는 경우 사안의 중대성과 의도성을 포함한 모든 상황을 고려하여 특허권 행사를 제한하는 것이 정의, 공평의 관념에 부합하는지를 판단한다.[163] 중대성과 의도성은 별개의 요소이므로 구분되어 증명되어야 한다. 그러나 최종적으로 불공정 행위

---

162) 37 C.F.R. § 1.56(a) ("Each individual associated with the filing and prosecution of a patent application has a duty of candor and good faith in dealing with the Office, which includes a duty to disclose to the Office all information known to that individual to be material to patentability as defined in this section.").

163) Purdue Pharma L.P. v. Boehringer Ingelheim GMBH, 237 F.3d 1359, 1366 (Fed. Cir. 2001) ("Inequitable conduct entails a two-step analysis: first, a determination of whether the withheld reference meets a threshold level of materiality and intent to mislead, and second, a weighing of the materiality and intent in light of all the circumstances to determine whether the applicant's conduct is so culpable that the patent should be held unenforceable. Both intent and materiality are questions of fact.") (quotations and citations omitted).

를 증명하는 경우에는 모든 요소를 종합적으로 고려하므로, 만약 중대성이 높게 인정되는 경우에는 의도성이 낮은 수준으로 증명되더라도 특허권 행사를 제한할 수 있다는 것이 판례의 태도이다.[164)]

1) 중대성(materiality)

출원과정에서 특허청(USPTO)에 정보를 개시하지 않거나 적극적으로 잘못된 정보를 제출하는 경우, 해당 정보가 중대한(material) 정보인지 여부가 문제된다. 법원은 해당 정보가 "합리적인 심사관(Reasonable Examiner)"이 특허를 부여할지를 결정하는 데 중요하게 고려했을 정보라면 중대성이 인정된다고 판단한다.[165)] 한편, 특허청(USPTO)은 1992년 이전까지는 이러한 법원의 태도를 따랐으나, 1992년에 특허법시행규칙(37 C.F.R. § 1.56)을 개정하면서 해당 정보가 i) 특허성을 부정하는 일응의 케이스를 성립시키거나, ii) 출원인이 이미 택한 입장에 모순되는 경우에 중대성이 인정된다는 기준을 도입하였다.[166)] 이러한 특허청의 기준은 법원의 기준에 비해 중대성의 의미를 좁게 해석하는 것으로 평가되지만, 법원은 이러한 특허청의 새로운 기준에 의해 법원의 종전의 판단방법이 변경되지 않는다고 판시한 바 있다.[167)] 다만, 법

164) Akzo N.V. v. U.S. Intern. Trade Com'n, 808 F.2d 1471, 1481-82 (Fed. Cir. 1986) ("[T]he more material the omission or misrepresentation, the less intent that must be shown to reach a conclusion of inequitable conduct.") (citation omitted).

165) Dayco Products, Inc. v. Total Containment, Inc., 329 F.3d 1358, 1363 (Fed. Cir. 2003) ("For many years this court held that materiality for purposes of an inequitable conduct determination required a showing that a reasonable examiner would have considered such prior art important in deciding whether to allow the parent application. Information did not need to be prior art in order to be material, but instead embraced any information that a reasonable examiner would substantially likely consider important in deciding whether to allow an application to issue as a patent.") (quotations and citations omitted).

166) 37 C.F.R. § 1.56(b) ("Under this section, information is material to patentability when it is not cumulative to information already of record or being made of record in the application, and (1) It establishes, by itself or in combination with other information, a *prima facie* case of unpatentability of a claim; or (2) It refutes, or is inconsistent with, a position the applicant takes in: (i) Opposing an argument of unpatentability relied on by the Office, or (ii) Asserting an argument of patentability.").

167) Digital Control, Inc. v. Charles Mach. Works, 437 F.3d 1309, 1316 (Fed. Cir. 2006) ("[T]he PTO's recent adoption of an arguably narrower standard of materiality does not supplant or replace our case law.").

원은 전통적인 판례법이나 새로운 특허청의 기준 중 어느 하나에 따라 중대성이 증명되면, 해당 정보는 특허성에 관한 중대한 정보로 인정된다는 태도를 보이고 있다.[168)]

선행기술에 관한 정보가 누락되는 경우, 법원은 "합리적인 심사관(Reasonable Examiner)"이 심사에 고려했을지 여부로 판단하므로, 누락된 선행기술이 반드시 청구된 발명의 예견성(신규성), 자명성(진보성)을 부정할 만큼 유력한 것일 필요는 없다.[169)]. 즉, 특허권자가 심사과정에서 제출하지 않은 선행기술에도 불구하고 본 발명의 청구항은 특허 가능하다고 항변한다 하더라도, 이로 인해 불공정 행위의 존재가 완전히 부정되는 것은 아니다.

일반적으로 중대성의 문제는 누락된 정보의 종류가 아니라 해당 정보의 내용을 기초로 판단된다. 그러나 선서진술서(affidavit)/선언서(declaration)에 포함되는 정보는 무조건 중대한 정보로 취급된다.[170)] 따라서 선서진술서/선언서를 통해 제출되는 경우, 특허청에 거짓 정보를 제공하지 않을 것이 요구된다. 만약 선서진술서/선언서를 통해 실험 데이터를 제출하는 경우, 특허성에 유리한 데이터만을 제출하는 경우, 선서진술서/선언서의 내용은 무조건 중대한 정보로 취급 받기 때문에 잘못된 선서진술서/선언서로 인해 권리행사가 제한될 가능성이 매우 높다.[171)] 또한 선서진술서/선언서에 거짓 정보가

---

168) *Digital Control*, at 1316 ("[I]t merely provides an additional test of materiality. That is, if a misstatement or omission is material under the new Rule 56 standard, it is material. Similarly, if a misstatement or omission is material under the 'reasonable examiner' standard or under the older three tests, it is also material.").

169) Molins PLC v. Textron, Inc., 48 F.3d 1172, 1179 (Fed. Cir. 1995) ("[T]he standard to be applied in determining whether a reference is 'material' is not whether the particular examiner of the application at issue considered the reference to be important; rather, it is that of a 'reasonable examiner.' Nor is a reference immaterial simply because the claims are eventually deemed by an examiner to be patentable thereover.") (citations omitted).

170) *Digital Control,* at 1318 ("In addition, 'affirmative misrepresentations . . . in contrast to misleading omissions, are more likely to be regarded as material.' Indeed, as noted by the district court, we are especially cognizant of misstatements made in an affidavit to the PTO. As such, we have previously found that the submission of a false affidavit may be determined to be 'inherently material.'") (citations omitted).

171) Monsanto Co. v. Bayer Bioscience N.V., 363 F.3d 1235 (Fed. Cir. 2004). 본 사건에서는 심사단계에서 일부 데이터가 누락된 선언서가 제출되었다. 법원은 이를 근거로 특허권 행사를 제한하였다.

포함된 경우뿐만 아니라 선서진술인과 출원인의 이해관계를 거짓으로 설명하는 경우에도 불공정 행위가 인정될 수 있으므로 선서진술서/선언서를 제출할 때에는 각별한 주의가 요구된다.[172)]

A. 중대성이 부정되는 정보

단순히 누적되는(cumulative) 정보에 대해서는 중대성이 부정된다.[173)] 즉, 심사과정에 이미 반영된 선행기술과 중복되는 정보를 제출하지 않더라도 이로 인해 불공정행위가 문제될 수 없다. 또한 선행기술에 대해 거짓 진술이 제출되더라도 해당 선행기술이 이미 심사관이 확보한 자료라면 중대성이 부정된다.[174)] 예를 들어, 심사관이 선행기술 검색을 통하거나 출원인의 IDS를 통해 확보한 선행기술에 대해서 잘못된 정보가 포함된 선언서/선서진술서를

---

172) 법원은 상세한 설명의 기재불비를 극복하기 위해 제출된 선서진술서가 문제된 *Refac* 사건에서, 당업계에 속하는 3명의 엔지니어가 각각 제출한 3개의 선서진술서 중 하나에 선서진술인(affiant)이 출원인을 위해 일했던 사실이 누락되었음을 이유로 사안의 중대성을 인정하고 이를 기초로 특허권의 행사를 불허했다. 본 사건에서 특허권자는 문제된 하나의 선서진술서가 나머지 두 개의 선서진술서와 누적(cumulative)되므로 중대성이 없다고 주장했으나 받아들여지지 않았다. Refac Intern., Ltd. v. Lotus Development Corp., 81 F.3d 1576, 1583 (Fed. Cir. 1996) ("We decline to place submitted cumulative affidavits in the same status as unsubmitted cumulative prior art. While it is not necessary to cite cumulative prior art because it adds nothing to what is already of record (although it may be prudent to do so), one cannot excuse the submission of a misleading affidavit on the ground that it was only cumulative. Affidavits are inherently material, even if only cumulative. The affirmative act of submitting an affidavit must be construed as being intended to be relied upon. It is not comparable to omitting an unnecessary act."). 선서진술서/선언서의 작성자와 출원인과의 관계에 관한 정보는 반드시 특허청에 공개해야 한다. 예를 들어, 과거 또는 현재의 고용관계나 금전적 이해관계 유무 등에 관한 정보는 선서진술서/선언서에 빠짐없이 기록해야 한다.

173) 37 C.F.R. § 1.56(b) ("[I]nformation is material to patentability when it is not cumulative to information already of record or being made of record in the application . . . ."). 따라서 해당 출원의 심사과정에 이미 반영된 선행기술에 누적(즉, 중복)되는 정보는 제출할 필요가 없다.

174) Akzo N.V. v. U.S. Intern. Trade Com'n, 808 F.2d 1471, 1482 (Fed. Cir. 1986). 본 사건에서 법원은 출원인이 선행기술과 본 발명을 구별하기 위해 제출한 선서진술서에 대해 불공정행위의 적용을 부정했다. 법원은 심사관은 자신이 이미 확보한 선행기술을 통해 자유롭게 결론에 이르는 것이지 출원인의 선서진술서에 의해 결론에 이르는 것이 아님을 지적했다.

제출했다면 불공정행위가 문제될 수 없다.

B. 재발행출원 등으로 중대성이 극복되는지 여부

일단 출원단계에서 중대한 정보가 특허청에 공개되지 않았다면 해당 특허가 등록된 이후 재발행출원(Reissue Application)이나 재심사절차를 진행하면서 IDS를 제출한다고 하여 출원 단계에서의 정보개시의무에 대한 위반이 치유되는 것은 아니다.[175] 따라서 특허 등록이 있기 전까지 중대한 정보를 특허청에 공개해야만 한다.[176]

C. 관련문제 — 약식판결

사안의 중대성의 존재에 대해 약식판결(Summary Judgment)을 구할 수 있다. 사안의 중대성에 관해서는 판례가 특정한 서류에 대해서는 그 자체로 중대성(*per se* material)을 인정하기 때문에, 중대성의 존재에 대해서는 "중대한 사실에 관해 진정한 이슈(genuine issue as to any material fact)"가 존재하지 않을 개연성이 크기 때문이다.

2) 의　도

불공정행위를 근거로 특허권 행사를 제한하기 위해서는 사안의 중대성뿐만 아니라 기만적 의도에 대해서도 증명되어야 한다. 구체적으로 특허청을 기만하기 위한 의도를 증명하기 위해서는 비난 가능한 행위(culpable conduct)가 증명되어야 하는바, 이러한 비난 가능한 행위의 존재는 특허권자가 선의(good faith)로 행동했는지 등을 고려하여 판단해야 한다.[177] 일반적으로 의도성의 문제는 직접증거로는 증명되기 힘들기 때문에, 대부분 정황증거로 인정

---

175) 법원은 Molins 사건(Molins PLC v. Textron, Inc., 48 F.3d 1172 (Fed. Cir. 1995))에서 재심사절차를 통해 선행기술에 관한 정보를 제공한 경우에도 특허권 행사를 허락하지 않았다. 또한 법원은 *Bristol-Myers* 사건(Bristol-Myers Squibb Co. v. Rhone-Poulenc Rorer, Inc., 326 F.3d 1226 (Fed. Cir. 2003))에서 재발행출원을 통해 선행기술을 제공한 경우에도 특허권 행사를 허락하지 않았다.

176) 필요하다면 계속심사청구(RCE)나 연속출원(계속/분할/부분계속출원)을 통해 등록을 지연시켜야 할 것이다.

177) Kingsdown Medical Consultants, Ltd. v. Hollister Inc., 863 F.2d 867, 876 (Fed. Cir. 1988) ("We adopt the view that a finding that particular conduct amounts to 'gross negligence' does not of itself justify an inference of intent to deceive; the involved conduct, viewed in light of all the evidence, including evidence indicative of good faith, must indicate sufficient culpability to require a finding of intent to deceive.") (citation omitted).

된다.[178] 예를 들어, 법원은 특허권자가 자신의 행동에 대해 신뢰성 있는 설명을 하지 못하거나 선의(good faith)로 행동했음을 주장하지 못하는 것을 통해 기만적 의도를 추론할 수 있다.[179] 또한 법원은 잘못된 정보를 제출하거나 중대한 정보를 제출하지 않은 행위만으로도 기만적 의도가 추론될 수 있다는 입장이다.[180]

한편 중대한 정보를 제출하기는 했으나 이를 다수의 다른 정보와 함께 제출하는 것이 기만적 의도를 갖는 것인지 문제된 바 있다. 법원은 비록 IDS에 제출된 정보들이 청구된 발명과 어떠한 관련성(relevancy)을 갖는지에 관해 설명한 바 없고, 또한 대부분의 외국어 문서에 번역문이 제출된 바 없다 하더라도, 일단 중대한 정보가 제출되었다면 기만적 의도가 없는 것으로 확인하였다.[181]

2. 불공정행위의 효과

법원에 의해 불공정행위로 인정되면 해당 특허의 모든 청구항의 권리행사가 제한된다. 따라서 특허권자에게 어떠한 금전배상이나 금지명령(injunction)도 허락되지 않는다. 불공정행위에 의한 권리행사의 효과는 대세적이다. 따라서 법원에 의해 불공정행위가 인정되면 해당 특허는 당해 소송의 침해자뿐만 아니라 제3자에게도 권리행사가 불가능해진다.

한편 불공정행위가 문제되는 경우 그 효과는 해당 특허뿐만 아니라 해당 특허와 관련이 있는 특허(예를 들어, 연속출원)에도 영향이 미칠 수 있다.

---

178) Merck & Co., Inc. v. Danbury Pharmacal, Inc., 873 F.2d 1418, 1422 (Fed. Cir. 1989) ("Intent need not, and rarely can, be proven by direct evidence. It is most often proven by a showing of acts the natural consequences of which are presumably intended by the actor.") (citation omitted).

179) Bruno Independent Living Aids, Inc. v. Acorn Mobility, 394 F.3d 1348, 1354 (Fed. Cir. 2005) ("More importantly, Bruno has not proffered a credible explanation for the nondisclosure, and an inference of deceptive intent may fairly be drawn in the absence of such an explanation.") (citation omitted).

180) 특히 거짓 정보가 포함된 선서진술서/선언서의 제출과 같이 중대성이 높게 인정되는 경우, 그 행위 자체만으로 의도를 추론하는 경향이 강하다. Paragon Podiatry Laboratory, Inc. v. KLM Laboratories, Inc., 984 F.2d 1182, 1191 (Fed. Cir. 1993) ("We conclude, as did the district court, that the inference of an intent to deceive the PTO is strongly supported by the submission of these deceptive affidavits.").

181) Molins PLC v. Textron, Inc., 48 F.3d 1172, 1183-84 (Fed. Cir. 1995).

판례에 따르면 특허권자의 불공정한 행위와 직접적이고 필수적인 관계(immediate and necessary relationship)를 갖는 청구항을 포함하는 특허에는 불공정행위의 효력이 미친다.182)

3. 관련문제 — 약식판결

일반적으로 의도의 존재에 대해서는 사실관계에 관한 다툼이 많기 때문에 약식판결(Summary Judgment)이 어렵다. 따라서 침해자는 사안의 중대성(materiality)에 대해서만 약식판결을 구하고, 의도(intent)에 대해서 다툼에 대해서는 공판으로 해결하는 방식을 택할 수 있다.

IV. 특허남용

특허남용(Patent Misuse)은 자유경쟁을 방해하는 효과를 발생시킬 정도로 특허권의 범위를 부적절하게 확장하는 것을 말한다.183) 특허남용과 반독점법(Antitrust Laws) 위반은 밀접한 관련을 갖는다. 예를 들어, 특허권의 행사가 반독점법에 저촉되는 경우, 특허남용도 함께 인정된다. 그러나 특허남용이 인정된다고 하여 반독점법 위반이 바로 인정되는 것은 아니다.184)

특허법 규정에 특허남용의 의미에 대해 명확한 언급은 없지만, 35 U.S.C. § 271(d)에는 특허남용이 구성되지 않는 예들이 열거되어 있다. 구체

182) Consolidated Aluminum Corp. v. Foseco Intern. Ltd., 910 F.2d 804, 811-12 (Fed. Cir. 1990). 본 사건에서는 불공정행위가 인정된 출원이 부분계속출원(CIP)에 대해서도 권리행사를 제한하였다.

183) Windsurfing Intern., Inc. v. AMF, Inc., 782 F.2d 995, 1001 (Fed. Cir. 1986) ("The doctrine of patent misuse is an affirmative defense to a suit for patent infringement, and requires that the alleged infringer show that the patentee has impermissibly broadened the 'physical or temporal scope' of the patent grant with anticompetitive effect.") (citations omitted).

184) C.R. Bard, Inc. v. M3 Systems, Inc., 157 F.3d 1340, 1372 (Fed. Cir. 1998) ("Patent misuse is viewed as a broader wrong than antitrust violation because of the economic power that may be derived from the patentee's right to exclude. Thus misuse may arise when the conditions of antitrust violation are not met. The key inquiry is whether, by imposing conditions that derive their force from the patent, the patentee has impermissibly broadened the scope of the patent grant with anticompetitive effect.") (citations omitted).

적으로 35 U.S.C. § 271(d)에 따르면 i) 정당한 권한이 없는 자가 했다면 기여침해(contributory infringement)가 구성되는 행위를 특허권자가 직접 수행하여 수익을 얻거나, ii) 정당한 권한이 없는 자가 했다면 기여침해가 구성되는 행위에 대해 실시권(license)을 설정하거나, iii) 직접침해 또는 기여침해에 대해 특허권을 행사하거나, iv) 실시권 설정 또는 특허권 행사를 거부하거나, v) 종합적인 상황을 고려한 결과, 특허권자가 해당 특허/특허제품에 관련된 시장에서 시장지배력(marketing power)을 가지지 않는 특허권자가, 다른 특허에 관한 실시권 획득 또는 다른 제품의 구입을 조건으로 본 특허의 실시권을 설정하거나 특허된 제품을 판매하는 행위는 특허의 남용이 인정되지 않는다.[185)]

만약 특허권자의 행위가 35 U.S.C. § 271(d)에 해당하지 않는다면, 해당 행위가 특허권을 부적절하게 확장하는지 여부를 판단한다. 법원은 우선 특허권자의 행위가 그 자체만으로도 특허남용을 구성하는 행위에 해당하는지 여부를 판단한다. 법원이 전통적으로 그 행위 자체만으로 남용을 인정하는 행위는 끼워팔기(tying),[186)] 특허권 소멸 이후에도 실시료를 지급해는 실시권 설정행위[187)] 등이 있다. 만약 행위 자체만으로 남용이 구성되지 않은 경우에는, 특허권자의 행위가 부당하게 경쟁을 제한하는지를 다양한 시장상황을 고

185) 35 U.S.C. § 271(d) ("No patent owner otherwise entitled to relief for infringement or contributory infringement of a patent shall be denied relief or deemed guilty of misuse or illegal extension of the patent right by reason of his having done one or more of the following: (1) derived revenue from acts which if performed by another without his consent would constitute contributory infringement of the patent; (2) licensed or authorized another to perform acts which if performed without his consent would constitute contributory infringement of the patent; (3) sought to enforce his patent rights against infringement or contributory infringement; (4) refused to license or use any rights to the patent; or (5) conditioned the license of any rights to the patent or the sale of the patented product on the acquisition of a license to rights in another patent or purchase of a separate product, unless, in view of the circumstances, the patent owner has market power in the relevant market for the patent or patented product on which the license or sale is conditioned.").

186) 실시권 설정이나 특허된 제품의 판매를 원하는 자에게 다른 특허의 실시권 설정이나 다른 특허가 적용된 제품의 구매를 요구하는 행위를 말한다. 판례는 전통적으로 끼워팔기에 폭넓게 남용으로 인정했으나, 이후에 신설된 35 U.S.C. § 271(d)에 의해 시장지배력이 있는 특허권자의 끼워팔기에 대해서만 특허권의 남용을 인정하게 된다.

187) Brulotte v. Thys Co., 379 U.S. 29 (1964).

려하여 판단하여야 한다. 구체적으로 i) 특허권자가 청구된 발명에 속하지 않는 제품을 시장에서 배제시키려 시도하고, ii) 특허권자가 해당 제품이 청구된 발명에 속하지 않는다는 것을 알고 있었는지가 특허권의 남용에 관련된 중요한 판단요소이다.[188)]

특허의 남용이 인정되는 경우, 남용의 기초가 행위가 사라질 때까지 해당 특허에 대한 권리행사가 불가능하다. 따라서 특허권자가 남용의 기초가 된 행위를 중지하면 특허권을 정상적으로 행사할 수 있다.

Ⅴ. 해 태(laches)[189)]

특허권자가 소 제기를 지연시키는 경우 문제되는 해태(laches) 역시 형평법에 의한 방어방법이다. 해태를 주장하기 위해서는 침해자가 i) 특허권자가 소 제기를 지연한 것이 비합리적이고 변명이 불가능하고(unreasonable and inexcusable), ii) 이러한 지연으로 침해자가 피해를 입었음을 증명해야 한다.[190)] 법원은 상술한 두 개의 요소를 고려하여 특허권자의 권리행사를 장래적으로 제한하는 것이 정의, 공평의 관념에 맞는 것인지를 기초로 해태의 존재 여부를 결정한다.[191)]

---

188) 참고로 *C.R. Bard* 사건(C.R. Bard, Inc. v. M3 Systems, Inc., 157 F.3d 1340 (Fed. Cir. 1998))에서 배심원에 제공된 지시(jury instruction)의 내용에 따르면 특허남용은 "A patent is unenforceable for misuse if the patent owner attempts to exclude products from the marketplace which do not infringe the claims of the patent and the patent owner has actual knowledge that those products do not infringe any claim of the patents"와 같이 설명될 수 있다.

189) 특허에 관련된 시장이 성숙할 때까지 고의로 출원을 지연시켰다가 시장이 성숙한 이후 해당 출원을 등록시키는 소위 "잠수함 특허(예를 들어, Lemelson 특허)" 등에 대해서는 출원상의 해태(application laches)가 적용되는바, 이하에서 설명하는 해태는 출원상의 해태가 아니라 특허소송을 지연하여 발생하는 소송상의 해태를 말한다. 참고로 출원상의 해태 역시 형평법상의 방어방법이다. Lemelson 특허와 같은 잠수함 특허들은 출원상의 해태로 인해 권리행사가 제한된 바 있다. Symbol Techn., Inc. v. Lemelson Med., Educ. & Research Found.. LP, 422 F.3d 1378 (Fed. Cir. 2005).

190) A.C. Aukerman Co. v. R.L. Chaides Const. Co., 960 F.2d 1020, 1028 (Fed. Cir. 1992) ("Two elements underlie the defense of laches: (a) the patentee's delay in bringing suit was unreasonable and inexcusable, and (b) the alleged infringer suffered material prejudice attributable to the delay.").

해태에 의한 방어가 인정되기 위해서는 특허권자가 상대방의 침해행위를 알았거나 알 수 있었던 때로부터 소 제기를 지연한 이유가 비합리적이고 변명이 불가능해야 하는데, 소 제기의 지연이 발생하는 시점이 특허권자가 알 수 있었던 때로부터 기산되는 이유는 특허권자에게 침해 여부를 조사할 의무(duty to investigate)가 부담되기 때문이다. 구체적으로 법원은 자신의 발명과 유사한 제품이 판매, 인쇄, 공연하게 사용되는 것과 같이 공공연하게 침해가 의심되는 행위가 이루어지고 있다면 특허권자에게는 이를 조사할 의무가 부담된다는 입장이다.[192]

소 제기의 지연이 발생했더라도 이러한 지연이 합리적이거나 변명이 가능하다면 해태가 인정되지 않는다. 법원은 특허권자가 다른 소송/실시권 협상을 진행하는지 여부, 소를 제기할 경제적/신체적 상황이 아니었는지 여부, 침해의 범위, 특허권의 소유권에 대한 다툼 여부 등을 고려하여 특허권자의 지연이 합리적이거나 변명 가능한지를 판단한다.[193]

---

191) *A.C. Aukerman*, at 1028 ("The district court should consider these factors and all of the evidence and other circumstances to determine whether equity should intercede to bar pre-filing damages."). 다른 형평법상의 방어방법과 마찬가지로, 법원의 최종적인 판단은 정의, 공평의 관념에 기초한다. 즉, 앞서 설명한 두 개의 요소는 판단의 기초가 되는 요소이지 최종적인 판단의 근거가 될 수는 없으므로, 법원이 해당 요소가 증명되었다는 사실만으로 무조건 해태를 인정하는 것은 아니다. 예를 들어, 침해자 측의 행동에 더 많은 비난 가능성이 있어, 특허권자에게 불이익을 주는 것이 정의, 공평의 관념에 반하는 경우에는 해태를 인정하지 않을 수도 있다.

192) Wanlass v. General Elec. Co., 148 F.3d 1334, 1338 (Fed. Cir. 1998) ("Although laches will not bar a patentee whose ignorance is justifiable, ignorance will not insulate him from constructive knowledge of infringement in appropriate circumstances. These circumstances include 'pervasive, open, and notorious activities' that a reasonable patentee would suspect were infringing. For example, sales, marketing, publication, or public use of a product similar to or embodying technology similar to the patented invention, or published descriptions of the defendant's potentially infringing activities, give rise to a duty to investigate whether there is infringement.") (citations omitted). 그러나 특허권자가 상대방의 침해행위를 알 수 있었는지 여부는 구체적 사실관계에 의해 결정되므로, 특허권자에게 항상 조사의무가 인정되는 것은 아니다. 상술한 *Wanlass* 사건에서는 침해자인 GE의 해태 주장이 인용되었지만, 동일한 특허권자인 Wanlass가 Fedders를 상대로 제기한 특허소송(Wanlass v. Fedders Corp., 145 F.3d 1461 (Fed. Cir. 1998))에서는 침해자의 해태 주장이 인용되지 않은 바 있다.

193) *A.C. Aukerman*, at 1033 ("A court must also consider and weigh any justification offered by the plaintiff for its delay. Excuses which have been recognized in some

일반적인 형평법 상의 방어방법과 마찬가지로 해태 역시 침해자가 증명책임(구체적으로는 객관적 증명책임)을 부담하며, 이러한 객관적 증명책임(burden of persuasion)은 판례법 등에 의해 전환되지는 않지만, 특허권자가 침해자의 행위를 알았거나 알 수 있었던 때로부터 6년을 초과한 경우에는 해태에 관한 추정이 인정되어 주관적 증명책임(burden of going forward with evidence)이 전환된다.[194]

침해자에게 발생한 피해는 경제적 피해와 증거법상의 피해로 구분 가능하다. 경제적 피해는 침해소송이 사전에 발생하지 못함으로 증가한 경제적 비용을 포함하며, 증거법상의 피해는 증인들의 사망, 행방불명, 기억유실 등으로 인해 침해자가 충분한 방어방어 방법을 제시하지 못해 발명하는 피해를 포함한다.[195] 특허권자의 해태가 인정되는 경우 소송 이전의 침해에 대해서는 배상을 구할 수 없다. 즉 특허권자는 소 제기 이후부터 발생한 손해에 대해서만 구제를 요청할 수 있다.[196]

---

instances, and we do not mean this list to be exhaustive, include: other litigation; negotiations with the accused; possibly poverty and illness under limited circumstances; wartime conditions; extent of infringement; and dispute over ownership of the patent.") (citations omitted).

194) *A.C. Aukerman*, at 1028 ("A presumption of laches arises where a patentee delays bringing suit for more than six years after the date the patentee knew or should have known of the alleged infringer's activity. . . . A presumption has the effect of shifting the burden of going forward with evidence, not the burden of persuasion.").

195) *A.C. Aukerman*, at 1033 ("Material prejudice to adverse parties resulting from the plaintiff's delay is essential to the laches defense. Such prejudice may be either economic or evidentiary. Evidentiary, or 'defense' prejudice, may arise by reason of a defendant's inability to present a full and fair defense on the merits due to the loss of records, the death of a witness, or the unreliability of memories of long past events, thereby undermining the court's ability to judge the facts. Economic prejudice may arise where a defendant and possibly others will suffer the loss of monetary investments or incur damages which likely would have been prevented by earlier suit.") (citations omitted).

196) *A.C. Aukerman*, at 1028 ("Where the defense of laches is established, the patentee's claim for damages prior to suit may be barred.").

VI. 금 반 언[197]

특허권자의 행위가 금반언 원칙에 위반된다는 주장하는 침해자는 i) 특허권자가 오해의 소지가 있는 행동(misleading conduct)[198]으로 인해 침해자로 하여금 특허권자가 권리행사를 하지 않을 것이라는 합리적인 추론을 하게 하였고, ii) 침해자가 특허권자의 행동을 신뢰하였고, iii) 이러한 신뢰로 인해 만약 특허권자가 권리행사를 하는 경우 침해자에게 중대한 피해가 발생할 것임을 증명해야 한다.[199] 법원은 상술한 세 가지 요소를 고려하여 특허권자의 권리행사를 제한하는 것이 정의, 공평의 관념에 맞는 것인지를 기초로 금반언 원칙에 대한 위반 여부를 결정한다. 금반언의 원칙은 그 구성요소가 소송상의 해태(laches)와 유사하지만, 판례는 금반언에 관해서는 어떠한 추정도 인정하지 않는다.[200] 금반언 위반이 인정되는 경우 금반언을 주장하는 침해자에 대해서는 특허권의 행사가 전면적으로 제한된다.[201]

---

197) 특허법에서 "금반언(Estoppel)이라는 용어는 여러 영역에서 사용된다. 예를 들어, 청구항 해석이나 균등침해의 제한이 문제되는 경우에 출원경과(prosecution history)를 통해 특허권자가 심사과정에서 취했던 입장과 모순/저촉되는 행위를 방지하는 것도 "금반언" 원칙으로부터 파생한 것이지만, 이하 설명하는 금반언은 특허권자에 의한 소 제기와 관련된 것으로, 청구항 해석이나 균등론 등에서 사용되는 금반언과는 구별된다 할 것이다.

198) 법원은 특정한 진술, 작위, 부작위, 고지 의무가 있음에도 불구하고 침묵하는 경우에 오해의 소지가 있는 행동(misleading conduct)의 존재를 인정한다. *A.C. Aukerman*, at 1028.

199) *A.C. Aukerman*, at 1028 ("The patentee, through misleading conduct, leads the alleged infringer to reasonably infer that the patentee does not intend to enforce its patent against the alleged infringer. . . . The alleged infringer relies on that conduct. c. Due to its reliance, the alleged infringer will be materially prejudiced if the patentee is allowed to proceed with its claim.").

200) *A.C. Aukerman*, at 1028.

201) *A.C. Aukerman*, at 1028.

제9절 | 구 제 책

Ⅰ. 서

침해자의 침해행위가 인정되고, 특허가 유효이며, 권리 행사가 제한되는 상황도 아니라면 특허권자는 특허법에 의해 보장되는 구제책(remedies)을 통해 구제받는다. 특허법에 의한 구제책은 특허법 제283조(35 U.S.C. § 283)에 따른 금지명령과 특허법 제284조(35 U.S.C. § 284)에 따른 금전배상으로 구분된다.

Ⅱ. 금지명령

법원은 형평법의 원칙에 따라 특허권의 침해를 방지하도록 법원이 합리적으로 판단하는 조건에 따른 금지명령(injunction)을 부여할 수 있다.[202] 금지명령은 법원이 본안소송을 통해 침해 여부를 판단할 때까지 침해자의 침해행위를 금지시키는 예비금지명령(Preliminary Injunctions)[203]과 침해가 판단된 이후 특허권이 만료할 때까지 침해자의 침해행위를 금지시키는 영구금지명령(Permanent Injunctions)로 구분될 수 있다.

1. 예비금지명령

예비금지명령(Preliminary Injunctions)은 본안소송을 통해 침해 여부를 판단할 때까지 침해자의 침해행위를 금지시키는 금지명령이다. 통상 예비금지명령의 신청(motion)은 소송 초반부에 특허권자에 이루어지며, 특허권자의 신청이 있으면 해당 지방법원의 규칙에 따라 예비금지명령에 대한 심리를 열어 예비금지명령을 부여할지를 결정한다.[204] 일반적으로 예비금지명령이 부여되

202) 35 U.S.C. § 283 ("The several courts having jurisdiction of cases under this title may grant injunctions in accordance with the principles of equity to prevent the violation of any right secured by patent, on such terms as the court deems reasonable").
203) 이 외에도 긴급하게 상대방의 행위를 금지시키기 위한 TRO(Temporary Restraining Order)가 가능하다.

기 위해서는 특허권자가 i) 본안소송에서의 승소 가능성(a reasonable likelihood of success of the merits), ii) 예비금지명령이 부여되지 않은 경우에 발생하는 회복할 수 없는 손해(Irreparable harm)의 존재, iii) 예비금지명령이 부여되지 않을 경우 특허권자가 입어야 하는 손해가 예비금지명령이 부여될 경우에 침해자가 입어야 하는 손해에 비해 크다는 것, iv) 예비금지명령이 부여되는 것이 공익(public interest)에 반하지 않다는 점을 우세한 증거(preponderance of evidence)를 통해 증명해야 한다.

연방순회항소법원(CAFC) 출범 이전에는 특허소송에 대해서는 다른 소송에 비해 예비금지명령의 요건을 엄격하게 해석하는 경향이 강했으나,[205] 연방순회항소법원은 종전의 태도를 변경하여 다른 민사소송과 마찬가지로 특허소송에서도 예비금지명령의 요건을 판단하기 시작하였다.[206]

1) 제1요소 — 본안소송에서의 승소 가능성

본안소송에서의 승소 가능성을 증명해야 하는 특허권자는 i) 침해자의 실시가 특허권에 대한 침해에 해당하고 ii) 특허가 유효할 것이라는 합리적 개연성을 증명해야 한다. 침해자가 무효를 주장하는 경우 특허권자가 35 U.S.C. § 282에 따른 특허 유효성 추정 규정만을 근거로 특허의 유효성을 주장할 수는 없으며, 무효 주장에 대해 반박해야 한다.[207] 이 경우 침해자가

---

204) 특허권자가 예비금지명령을 뒤늦게 신청하면 판사가 특허권자에게 예비금지명령이 절박하게 필요한 것은 아니라는 인상을 줄 수 있으므로, 일반적으로 소송 초반부에 빠르게 신청하는 것이 추천된다.

205) 종전의 태도를 변경한 최초의 사건으로 평가 받는 *Smith International* 사건의 법원은 예비금지를 엄격하게 판단한 과거 판례의 태도는 특허 관련 이슈에 대한 경험부족/불신과 특허청(USPTO) 심사 결과에 대한 신뢰부족 때문이라고 설명한 바 있다. Smith International, Inc. v. Hughes Tool Co., 718 F.2d 1573, 1578 (Fed. Cir. 1983) ("[C]ourts have over the years developed a reluctance to resort to preliminary injunctions in patent infringement cases, and have constructed a rather strict standard for the granting of this form of equitable relief. . . . The basis for the more severe rule appears to be both a distrust of and unfamiliarity with patent issues and a belief that the *Ex parte* examination by the Patent and Trademark Office is inherently unreliable.") (citations omitted).

206) Atlas Powder Co. v. Ireco Chemicals, 773 F.2d 1230, 1233 (Fed. Cir. 1985) ("The burden upon the movant should be no different in a patent case than for other kinds of intellectual property . . . .").

207) Helifix Ltd. v. Blok-Lok, Ltd., 208 F.3d 1339, 1351 (Fed. Cir. 2000) ("A patent holder seeking a preliminary injunction bears the burden of establishing a likelihood of

특허의 무효에 대해 다툰다면, 특허권자가 증명해야 할 대상은 "특허권이 유효하다"는 것이 아니라 "침해자의 무효주장이 잘못된 것이다"라는 것이다.[208] 특허권자는 "승소 가능성"을 증명하면 충분하므로 특허권자가 침해자의 주장을 의문 없이 반박해야 하는 것은 없다.[209]

2) 제2요소 — 회복할 수 없는 손해

연방순회항소법원은 특허권자가 본안소송에서의 승소 가능성을 명확하게 증명하는 경우, 회복할 수 없는 손해(Irreparable harm)의 존재를 추정한다.[210] 만약 특허권자가 본안소송에서의 승소 가능성을 명확하게 증명하지 못했다면, 금전배상만으로는 특허권을 충분히 보호할 수 없다는 증거를 제출하여 회복할 수 없는 손해의 존재를 증명할 수 있으며, 침해자는 회복할 수 없는 손해가 없음을 증명하는 증거를 제출하여 특허권자의 주장을 반박할

---

success on the merits with respect to the patent's validity. The presumption of the patent's validity created by 35 U.S.C. § 282 does not relieve a patentee who moves for a preliminary injunction from carrying the normal burden of demonstrating that it will likely succeed on all disputed liability issues at trial, even when the issue concerns the patent's validity.") (citations and quotations omitted).

208) KIMBERY A. MOORE ET. AL., PATENT LITIGATION AND STRATEGY 680 (Thomson West 3rd ed. 2008). 즉 특허권자는 침해자가 증명하는 내용이 특허무효를 위해 요구되는 명백하고도 확실한 증거(clear and convincing evidence)에 해당하지 않을 개연성이 있음을 증명해야 한다.

209) H.H. Robertson, Co. v. United Steel Deck, Inc., 820 F.2d 384, 390 (Fed. Cir. 1987) ("The grant of a preliminary injunction does not require that infringement be proved beyond all question, or that there be no evidence supporting the viewpoint of the accused infringer.") (citation omitted).

210) Smith International, Inc. v. Hughes Tool Co., 718 F.2d 1573, 1581 (Fed. Cir. 1983) ("We hold that where validity and continuing infringement have been clearly established, as in this case, immediate irreparable harm is presumed.") (footnote omitted). 다만 회복할 수 있는 손해를 추정하는 연방순회항소법원의 판례는 영구금지명령에 대해 문제되었던 연방대법원의 *eBay* 판결(eBay Inc. v. MercExchang, L.L.C, 547 U.S. 388 (2006))로 인해 폐기되었다는 의견이 주장된 바 있으나, 연방순회항소법원은 이에 대한 명확한 언급을 회피한 바 있다. Sanofi-Synthelabo v. Apotex, Inc., 470 F.3d 1368, 1383 n.9 (Fed. Cir. 2006) ("Apotex contends that applying such a presumption is in direct contravention of the Supreme Court's decision in *eBay*. Because we conclude that the district court did not clearly err in finding that Sanofi established several kinds of irreparable harm, including irreversible price erosion, we need not address this contention.") (citation omitted).

수 있다.[211)]

3) 제3요소 — 손해의 비교

특허권자는 예비금지명령이 부여되지 않을 경우 특허권자가 입어야 하는 손해가 예비금지명령이 부여될 경우에 침해자가 입어야 하는 손해에 비해 크다는 것을 증명해야 한다. 통상, 특허권자나 침해자 양측 모두 자신에게 불리한 결정이 내려지는 경우 자신의 종업원, 고객에게 미칠 영향을 주장한다.

4) 제4요소 — 공익에 미치는 영향

통상 예비금지명령을 부여할지 여부에 있어서 공익(public interest)에 관한 문제는 큰 이슈가 아니지만, 침해자의 실시가 공공의 건강, 안정, 복지 등에 관련되어 있는 경우에는 공익을 근거로 예비금지명령을 부여하지 않을 수 있다. 판례를 보면, 지방정부에서 실시하는 하수처리 시설에 관련된 특허[212)] 또는 암 치료 등에 관련된 특허[213)]가 문제된 사안에서는 예비금지명령을 부정한 예가 있다.

5) 예치금의 납부

예비금지명령을 부여되는 경우, 본안소송에서 특허권자가 패소했을 때 침해자의 손해배상을 위한 예치금(bond)을 납부하도록 요구한다.[214)] 만약 침해자가 특허소송에서 승소하는 경우 침해자는 예치금의 범위 내에서 손해배상을 받기 때문에, 통상 예치금의 액수는 크게 정해진다.[215)] 한편 특허권자가 본안소송에서 승소하면 법원에 납부한 예치금을 돌려받는다.

---

211) 특허권자는 시장 점유율 감소, 이로 인한 해고, 특허 만료일의 임박함, 침해자의 경제적 무능력, 짧은 제품 순환 주기, 예비적인 침해자들의 시장진입 의사 등에 관한 증거를 제출하는 것이 일반적이다. 또한 침해자는, 특허권자로부터의 실시권 제안, 침해자의 자발적인 실시권 설정 의사, 침해품이 특허권자의 제품과 경쟁하지 않는 사실, 대체품 설계의 불가능, 금전배상을 충분히 지불할 침해자의 경제적 능력 등을 증명할 수 있는 증거를 제출하는 것이 일반적이다. KIMBERY A. MOORE ET. AL., PATENT LITIGATION AND STRATEGY 681-82 (Thomson West 3rd ed. 2008).

212) City of Milwaukee v. Activated Sludge, 69 F.2d 577 (7th Cir. 1934).

213) Hybritech, Inc. v. Abbott Labs, 849 F.2d 1446 (Fed. Cir. 1988).

214) FED.R.CIV.P. 65(c).

215) 또한 침해자가 법원에 증액을 요구할 수도 있다.

2. 영구금지명령

영구금지명령(Permanent Injunctions)은 본안소송을 통해 특허권자가 승소한 경우 영구적으로 침해자의 침해행위를 금지시키는 금지명령이다. 일반적인 민사소송에서 영구금지명령이 부여되기 위해서는 원고가 i) 피할 수 없는 손해의 존재, ii) 금전배상만으로는 손해를 적절히 받을 수 없다는 점, iii) 원고와 피고의 손해를 비교형량한 결과 원고의 손해가 크다는 점, iv) 영구금지명령에도 불구하고 공익의 침해가 발생하지 않는 점을 증명해야 한다. 그러나 2006년 이전까지의 특허소송에서는 위와 같은 "전통적인 4가지 요소"에 대해 큰 다툼이 없었는데, 그 이유는 연방순회항소법원(CAFC)이 공익(public interest)에 반하는 특별한 사정이 없는 한 본안소송에서 승소한 특허권자를 위해 항상 영구금지명령을 부여했기 때문이다. 그러나 2006년 연방대법원은 *eBay* 사건을 통해 이러한 연방순회항소법원의 판단방법을 변경하기에 이른다. 많은 학자/실무자들은 연방대법원이 본 판결을 통해 소위 "특허괴물(patent troll)"이라 불리는 비실시기관 또는 특허지주회사가 영구금지명령을 지렛대 삼아 대기업체에게 많은 실시료를 얻어내는 실무에 제동을 걸었다고 평가한다.[216]

1) *eBay* 사건[217]

특허권자인 MercExchange는 인터넷 경매 사이트로 유명한 eBay를 상대로 침해소송을 제기하여 1심에서 승소하였으나 법원은 특허권자에게 영구금지명령을 부여하지 않았다. 1심 법원은 전통적인 4가지 요소를 기초로 판단했으나, 법원은 강조한 점은 i) 특허권자가 침해자인 eBay에게 실시권을 부여할 의사가 있고, ii) 특허권자가 상업적 실시를 충분히 하지 않았음을 근거로 영구금지명령을 부여하지 않았다. 특허권자는 이에 불복하여 항소하였는데, 연방순회항소법원(CAFC)은 특허분쟁에만 적용되는 일반적인 규칙에 따라 특허 침해와 특허 유효가 확인되면 영구금지명령은 부여된다고 판시하면서 1심과 다른 판단을 내렸다. eBay는 이러한 판결에 불복하여 연방대법원의 판단을 구했는데, 연방대법원은 만장일치로 연방순회항소법원의 판결을 파기하였다.

---

216) 흥미롭게도 *eBay* 사건의 특허권자는 특허괴물이 아니라 자신이 개발한 기술로 사업을 하려고 했으나 실패한 기업체였다.

217) eBay Inc. v. MercExchange, L.L.C., 547 U.S. 388 (2006).

연방대법원은 영구금지명령을 부여할 때 가장 중요한 판단요소는 "전통적인 4가지 요소"라는 점을 강조하였다. 법원은 1심 법원과 연방순회항소법원 모두 전통적인 4가지 요소를 기초로 판단하지 않았음을 지적했다.[218] 구체적으로 연방대법원은 1심 법원이 전통적인 4가지 요소로 판단을 시작한 것은 옳았지만, 특허권자가 실시권을 부여할 의사가 있고, 상업적 실시를 충분히 하지 않았다는 것만을 근거로 영구금지명령을 불허할 수는 없다고 판단했다.[219] 연방대법원은 대학의 연구자이나 개인 발명가는 본인의 사업의 위험부담을 감수하는 대신 실시권을 선호할 수 있는데 1심 법원과 같이 상업적 실시 없이 실시권 설정만을 선호하는 특허권자를 하나의 "카테고리"로 설정하여 영구금지명령을 부정하는 것은 전통적인 4가지 요소에 따른 판단에 모순될 수 있음을 지적했다.[220] 즉, 연방대법원은 상업적 실시 없이 실시권 설정만을 선호하는 특허권자라도 전통적인 4가지 요소에 근거하여 영구금지명령을 부여 받을 수 있는 경우가 있음을 분명히 하였다. 또한 연방대법원은 특허소송이라 하여 자동적으로 영구금지명령을 부여하는 연방순회항소법원(CAFC)의 태도 역시 특허소송을 하나의 "카테고리"로 설정하여 영구금지명령을 부정하는 것인바, 이는 전통적인 4가지 요소에 따른 판단에 부합하지 않는다 판단했다.[221] 연방대법원은 위와 같은 판단을 기초로 영구금

218) *eBay*, at 391 ("According to well-established principles of equity, a plaintiff seeking a permanent injunction must satisfy a four-factor test before a court may grant such relief. A plaintiff must demonstrate: (1) that it has suffered an irreparable injury; (2) that remedies available at law, such as monetary damages, are inadequate to compensate for that injury; (3) that, considering the balance of hardships between the plaintiff and defendant, a remedy in equity is warranted; and (4) that the public interest would not be disserved by a permanent injunction.").

219) *eBay*, at 393 ("[I]t concluded that a 'plaintiff's willingness to license its patents' and 'its lack of commercial activity in practicing the patents' would be sufficient to establish that the patent holder would not suffer irreparable harm if an injunction did not issue. But traditional equitable principles do not permit such broad classifications.") (citation omitted).

220) *eBay*, at 393 ("For example, some patent holders, such as university researchers or self-made inventors, might reasonably prefer to license their patents, rather than undertake efforts to secure the financing necessary to bring their works to market themselves. Such patent holders may be able to satisfy the traditional four-factor test, and we *See* no basis for categorically denying them the opportunity to do so.").

221) *eBay*, at 393-94 ("[T]he Court of Appeals departed in the opposite direction from

지명령에 대해 전통적인 4가지 요소에 따라 다시 판단할 것을 명하며 연방순회항소법원의 판결을 파기하였다.[222)]

eBay 사건 이후에 하급심의 판단을 보면, 상업적 실시가 없는 특허권자에게 영구금지명령을 부여한 경우와 그렇지 않은 경우가 혼재한다.[223)] 연방대법원이 강조한 것이 구체적인 사실관계를 기초로 전통적인 4가지 요소에 판단하는 것이었으므로, 특허권자에게 자동적으로 영구금지명령을 부여하는 것은 불가능할 것이고, 구체적 사실 관계에 따라 영구금지명령이 부여될 것이다.

Ⅲ. 금전배상

특허권자의 침해주장이 인용되는 경우, 법원은 침해를 상쇄하기에 적합한 액수의 금전배상을 명해야 하며, 금전배상의 액수는 합리적인 실시료(reasonable royalty) 상당액보다 적을 수 없다.[224)] 법원은 금전배상의 액수를 산정함에 있어 전문가 증언(expert testimony)을 청취할 수 있는데,[225)] 대부분

---

the four-factor test. The court articulated a 'general rule,' unique to patent disputes, 'that a permanent injunction will issue once infringement and validity have been adjudged.' The court further indicated that injunctions should be denied only in the 'unusual' case, under 'exceptional circumstances' and 'in rare instances . . . to protect the public interest.' Just as the District Court erred in its categorical denial of injunctive relief, the Court of Appeals erred in its categorical grant of such relief.") (citations omitted).

222) 참고로, Robert 대법관이 작성한 동조의견을 보면 일부 대법관들은 특허소송에서 영구금지명령을 부여하는 것에 대해 찬성하고 있고, Kennedy 대법관이 작성한 동조의견을 보면 또 다른 대법관들은 특허소송에서 영구금지명령을 폭넓게 부여하는 데 반대하는 것을 알 수 있다. 주목을 끄는 점은 Kenny 대법관의 동조의견에는 "Business Method 발명"이 불명확하고 특허성에 의심이 가능 경우가 많으므로 영구금지명령을 신중하게 부여해야 한다고 의견이 포함되었다는 점이다.

223) *eBay* 사건의 영향으로 ITC 절차의 중요성이 부각되고 있다. ITC 절차는 수입금지라는 금지명령을 구하기 위한 절차이므로 ITC 절차에서 특허권자가 승소하는 경우 금지명령이 부정되지 않을 것이기 때문이다.

224) 35 U.S.C. § 284 ("Upon finding for the claimant the court shall award the claimant damages adequate to compensate for the infringement but in no event less than a reasonable royalty for the use made of the invention by the infringer, together with interest and costs as fixed by the court.").

의 사건에서는 금전배상의 기초가 되는 사실을 증언할 증인들과 함께 손해배상 산정에 기초가 되는 요소들에 관한 증언을 하는 전문가 증인들이 활용된다. 금전배상은 배심원이 판단하지만, 만약 배심원이 손해배상액을 산정하지 못한 경우에는 법원이 산정할 수도 있다.[226)]

1. 일실이익

기본적으로 미국특허법에 따른 금전배상은 일실이익(lost profit)에 대한 배상을 의미한다. 즉, 특허권자는 침해자의 침해가 없었다면(but for the infringer's conduct) 얻을 수 있었던 금전이익을 배상 받을 수 있다.[227)] 이를 위해 특허권자는 침해행위가 없었던 경우 특허권자에게 이익이 발생했을 것에 관한 인과관계('but for' causation)를 증명해야 한다.

법원은 다양한 방법에 따라 일실이익을 판단하는데, 가장 기본적인 일실이익의 판단방법은 소위 *Panduit* 테스트 또는 DAMP 테스트라 불리는 방법이다. *Panduit* 테스트에 따르면, 특허권자는 i) 특허제품에 대한 수요의 존재, ii) 시장에서 수용 가능한 비침해 대체물(acceptable non-infringing substitutes)의 부존재, iii) 특허권자에게 시장의 수요를 만족시킬 만한 생산 및 마케팅 능력의 존재 및 iv) 만약 침해가 없었다면 특허권자가 얻을 수 있었던 이익의 액수를 증명해야 한다.[228)] 일반적으로 *Panduit* 테스트에 의존하는 특허권자는 i) 내지 iii) 요소를 통해 일실이익의 대상이 되는 침해품의 개수를 산정하고, 산정된 침해품에 대해 이익률을 적용하여 일실이익을 특정한다.[229)]

---

225) 35 U.S.C. § 284 ("The court may receive expert testimony as an aid to the determination of damages or of what royalty would be reasonable under the circumstances.").

226) 35 U.S.C. § 284 ("When the damages are not found by a jury, the court shall assess them.").

227) 침해자가 얻은 이익(Defendant's Profit)이 아니라 특허권자가 얻을 수 있었으나 그렇지 못한 이익(lost profit)을 배상하는 것을 원칙으로 한다.

228) Panduit Corp. v. Stahlin Bros. Fibre Works, Inc., 575 F.2d 1152, 1156 (6th Cir. 1978) ("To obtain as damages the profits on sales he would have made absent the infringement, i. e., the sales made by the infringer, a patent owner must prove: (1) demand for the patented product, (2) absence of acceptable noninfringing substitutes, (3) his manufacturing and marketing capability to exploit the demand, and (4) the amount of the profit he would have made.").

229) 침해품의 전체 개수 중에 일실이익의 대상이 되는 침해품의 개수(즉, 침해가 없었다

Panduit 테스트를 적용함에 있어 주로 문제되는 것은 두 번째 *Panduit* 요소(수용 가능한 비침해 대체물의 부존재)이다. 구체적으로 특허권자는 대체 가능성과 수용 가능성 및 비침해가 모두 인정되는 제품이 존재하지 않는다고 주장하고,[230] 침해자는 이러한 3가지 요소를 모두 구비하는 대체물이 존재한다고 반박한다. 이에 따라 당사자간에 다툼이 발생하는 이슈는 i) 특정한 제품에 대체/수용 가능성이 인정되는지, ii) 대체/수용 가능성 및 비침해가 모두 인정되는 제품의 부존재에 관한 증명이 불가능한 경우에 다른 방식에 의해 두 번째 *Panduit* 요소를 만족시킬 수 있는지에 관한 것이다.

1) 대체/수용가능성

대체 가능성과 수용 가능성에 관해, 특허권자는 이러한 두 가지 요소를 모두 갖는 비침해 제품이 없다는 것을 주장하고 침해자는 대체/수용 가능성을 모두 구비한 비침해 제품이 존재한다고 반박하게 된다. 대체 가능성에 관하여, 특허의 장점을 가지지 않는 제품은 시장에 의해 수용되지 않는다는 것이 판례의 태도이므로,[231] 특정한 제품이 특허의 장점을 구비하지 않았다면 해당 제품은 수용 가능성을 구비한 대체물이 될 수 없다. 또한 특정한 제품의 가격이 특허제품에 비해 지나치게 고가/저가라면 해당 제품은 대체 가능성을 구비한 대체물이 될 수 없다.[232]

2) 시장 점유율 원칙

한편, 수용/대체 가능성이 모두 인정되는 비침해품의 부존재가 증명될 수 없더라도 판례가 인정하는 시장 점유율(market share) 원칙에 의해 두 번째

면 특허권자에게 이익을 발생시켰을 침해품의 개수)를 산정하고 해당 침해품에 대해서 이익률을 적용하여 일실이익을 계산하는 것이 가장 기본적인 방법이다. 일실이익에 사용되는 이익률은 시장 상황에 관한 전문가(expert)가 산출하는 것이 일반적이며, 통상 40~50% 정도로 정해지는 것으로 알려져 있다.

230) 특허권자는 수용 가능성과 대체 가능성 및 비침해성이 모두 인정되는 대체물이 없다는 것을 증명하면 충분하므로, 예를 들어, 수용 가능성 및 대체 가능성은 인정되나 비침해성은 부정되는 대체물이 없다는 것을 증명할 필요는 없다. 즉, 수용/대체 가능한 침해품이 제3자에 의해 판매되더라도 두 번째 *Panduit* 요소는 만족된다.

231) Panduit Corp. v. Stahlin Bros. Fibre Works, Inc., 575 F.2d 1152, 1162 (6th Cir. 197 ("A product lacking the advantages of that patented can hardly be termed a substitute 'acceptable' to the customer who wants those advantages.").

232) 수용 가능성과 대체 가능성을 엄격하게 판단하는 것이 특허권자에게 유리할 수 있다.

Panduit 요소를 만족시키는 경우가 있다. 구체적으로, 시장의 구조가 단순하여 특허권자와 침해자만이 시장에서 경쟁하는 경우에는 비침해품의 부존재에 관한 증명이 쉽지만, 시장의 구조가 복잡하여 침해자 이외의 제3자가 시장에 존재하는 경우에는 두 번째 *Panduit* 요소를 증명하기 곤란해지는 문제가 발생한다.[233] 즉, 제3자의 제품이 수용 가능한 대체물이지만 특허를 침해하지 않는 경우에는 수용/대체 가능성이 있는 비침해품이 존재함으로 인하여 두 번째 *Panduit* 요소를 만족시킬 수 없는 문제가 발생한다.

이에 대해 연방순회항소법원(CAFC)은 전통적인 방식 대신에 시장 점유율(market share) 원칙을 적용하여 두 번째 *Panduit* 요소를 증명하는 것을 허용하였다.[234] 즉 특허권자, 침해자 및 제3자(비침해품을 생산함)가 시장에 존재하는 경우, 제3자의 존재로 인해 두 번째 *Panduit* 요소의 증명이 차단되는 것이 아니라, 제3자에 대한 특허권자의 시장 점유율(market share) 부분에 대한 일실이익을 배상 받는 것이 가능하다.[235] 또한 특허권자의 시장 점유율을

---

233) ROBERT P. MERGES ET AL., INTELLECTUAL PROPERTY IN NEW TECHNOLOGICAL AGE 362 (Aspen Publishers 4th ed. 2007).

234) State Indus., Inc. v. Mor-Flo Indus., Inc., 883 F.2d 1573 (Fed. Cir. 1989).

235) 시장에 특허권자와 침해자만 존재하는 경우에는 시장 점유율 원칙을 적용할 필요 없이 전통적인 방식에 따라 일실이익의 산정이 가능하다. 예를 들어, 특허권자, 침해자의 시장 점유율이 각각 40%, 60%이고, 침해품의 개수가 800개인 경우, 특허권자는 800개의 침해품 전부에 대한 일실이익을 배상 받을 수 있다. Lam, Inc. v. Johns-Manville Corp., 718 F.2d 1056, 1065 (Fed. Cir. 1983) ("In determining such damages, the profits lost by the patent owner in a two-supplier market is a proper ground for granting relief. . . . Where, as here, the patent owner and the infringer were the only suppliers of the product, causation may be inferred. Moreover, when the amount of the damages cannot be ascertained with precision, any doubts regarding the amount must be resolved against the infringer.") (citations omitted). 그러나 비침해자인 제3자가 시장에 존재하는 경우에는 시장 점유율(market share) 원칙을 적용할 수 있다. 예를 들어, 특허권자, 침해자, 제3자(수용 가능한 비침해 대체물을 판매함)의 시장 점유율이 각각 40, 50, 10%인 경우, 침해자의 점유율(50%)을 제외한 나머지 시장 점유율 기초로 특허권자의 시장 점유율을 산정하여(40%와 10% 간의 비율을 산정함), 특허권자에게 80%의 점유율을 인정한다. 만약 침해자에 의한 침해품의 개수가 800개인 경우, 특허권자의 시장 점유율이 80%로 인정되므로 특허권자는 640개의 침해품에 대한 일실이익을 배상 받을 수 있다. 한편, 제3자 중 침해품을 판매하는 자의 시장 점유율은 특허권자의 점유율로 산입되며, 제3자의 판매품에 대체 가능성이 부정되거나 수용 가능성이 부정되는 경우에는 해당 점유율이 무시(해당 제3자가 존재하지 않는 것으로 취급)된다.

제외한 부분에 대해서는 이하에서 설명하는 합리적인 실시료(reasonable royalty) 상당액을 배상 받는 것이 가능하다.[236] 그러나 시장 점유율 원칙을 적용하더라도 일실이익의 기초가 되는 제품은 수용 가능한 대체물이어야 원칙에는 변함이 없으므로, 만약 특허제품과 침해품 간의 가격 차이가 크게 발생하는 등의 사정이 있다면 두 번째 *Panduit* 요소가 증명되지 않아 해당 침해품에 대해서는 일실이익을 주장할 수 없다.[237]

3) 구체적인 공격/방어방법

침해자는 특허권자의 일실이익에 관한 주장을 반박하기 위해 수용 가능한 비침해 대체물의 존재를 주장할 수 있다.[238] 이 경우, 침해자가 비침해 대체물을 제조했거나 판매했을 필요는 없다. 판례에 따르면 침해자가 용이하게 수용 가능한 비침해 대체물을 생산할 수 있었다면 설사 침해품을 판매하였다 하더라도 일실이익을 근거로 하는 금전배상이 인정되지 않는다.[239] 즉 침해자는 비록 자신이 침해품을 판매했지만 자신이 수용 가능한 비침해 대체물을 생산할 수 있었다는 가정적인 논리에 의해 일실이익에 의한 금전배

236) 연방순회항소법원은 제3자가 수용 가능한 비침해 대체물을 판매하였고 침해자를 제외한 시장점유율이 40 : 60(특허권자 : 제3자)로 사안에서 침해품의 40%에 대해서는 일실이익을 인정하였고, 나머지 60%에 대해서는 합리적인 실시료 상당액을 인정하였다. State Industries, Inc. v. Mor-Flo Industries, Inc., 883 F.2d 1573 (Fed. Cir. 1989).

237) Bic Leisure Prods. v. Windsurfing Intl., 1 F.3d 1214 (Fed. Cir. 1993). 본 사건에서 특허권자의 청구된 발명은 고가의 보트와 저가의 보트에 모두 적용 가능했으나, 특허권자는 고가의 보트만을 제조하였고 침해자는 저가의 보트만을 제조하였다. 이에 연방순회항소법원은 침해품이 다른 종류의 제품이므로 저가 보트를 근거로 한 일실이익의 발생을 인정하지 않았다.

238) 만약 제3자가 판매한 제품이 수용 가능한 비침해 대체물에 해당하는 경우에는 시장점유율 원칙에 의해 특허권자의 시장점유율에 대해서만 일실이익이 인정되고, 침해자가 판매한 제품이 비침해물인 경우에는 침해가 없으므로 일실이익이 문제될 수 없으므로, 침해자는 일실이익 주장에 대한 반박으로 비침해 대체물의 존재를 주장한다.

239) Grain Processing Corp. v. American Maize-Products Co., 185 F.3d 1341, 1356 (Fed. Cir. 1999) ("In summary, this court requires reliable economic proof of the market that establishes an accurate context to project the likely results 'but for' the infringement. The availability of substitutes invariably will influence the market forces defining this 'but for' marketplace, as it did in this case. Moreover, a substitute need not be openly on sale to exert this influence. Thus, with proper economic proof of availability, as American Maize provided the district court in this case, an acceptable substitute not on the market during the infringement may nonetheless become part of the lost profits calculus and therefore limit or preclude those damages.") (citation omitted).

상을 회피할 수 있다.[240)]

일반적으로 일실이익은 특허를 침해하는 제품을 기초로 산정되지만 특허를 침해하지 않는 침해자의 제품을 기초로도 일실이익을 산정하는 것이 가능하다. *Rite-Hite* 사건에서 연방순회항소법원(CAFC)은 침해자의 제품과 특허권자의 제품이 직접적인 경쟁관계에 있는 경우에는 침해품뿐만 아니라 비침해품에 의해서도 특허제품이 대체될 수 있으므로 비침해품을 기초로 일실이익을 산정하는 것을 허용하였다.[241)] 즉, 특허제품과 침해품의 경쟁관계로 인해 일실이익이 합리적으로 예상 가능한(reasonably foreseeable) 경우에는 해당 비침해품이 없었다면 특허제품이 판매되었을 것을 근거로 비침해품에 대해서도 일실이익을 주장할 수 있다. 한편 연방순회항소법원은 일실이익을 위해 특허권자가 반드시 특허제품을 실시할 필요는 없다고 판시한 바 있다. 구체적으로, *Rite-Hite* 사건에서는 특허권자가 i) 침해품과 경쟁하지 않은 특허제품과 ii) 침해품과 경쟁하지만 특허의 권리범위에 속하지는 않는 제품을 모두 판매하였으나 침해품에 대해서만 일실이익을 인정하였고, 이후에 *King Instruments* 사건[242)]에서는 특허권자가 침해품과 경쟁하는 제품을 판매하기는 하였으나 해당 제품이 특허의 권리범위에는 속하지 않았음에도 침해품에 대한 일실이익을 인정하였다.[243)]

---

240) 다만 연방순회항소법원은 *Micro Chemical* 사건을 통해 *Grain Processing* 사건의 법리에 따른 방어방법을 제한한 바 있다. 구체적으로 *Micro Chemical* 사건의 법원은 수용 가능한 비침해 대체물은 즉각적으로 가능해야 하므로 침해자가 대체물 제조를 위한 경험, 노하우, 장비 등을 확보한 경우에만 *Grain Processing* 사건의 법리에 따른 방어방법을 인정할 수 있다 하였다. 본 사건에서는 대체물을 만드는 데 4개월 간의 개발기간과 여러 번의 설계 변경이 요구되었는데, 법원은 이러한 경우에는 대체물이 즉각적인 것이 아니라 판단하였다. Micro Chemical, Inc. v. Lextron, Inc., 318 F.3d 1119 (Fed. Cir. 2003).

241) Rite-Hite Corp. v. Kelley Co., Inc., 56 F.3d 1538, 1546 (Fed. Cir. 1995) ("If a particular injury was or should have been reasonably foreseeable by an infringing competitor in the relevant market, broadly defined, that injury is generally compensable absent a persuasive reason to the contrary. Here, the court determined that Rite-Hite's lost sales of the ADL-100, a product that directly competed with the infringing product, were reasonably foreseeable.").

242) King Instruments Corp. v. Perego, 65 F.3d 941 (Fed. Cir. 1995).

243) 이 경우 침해자는 침해품이 특허권자가 판매하는 제품(특허제품이 아님)에 대한 불완전한 대체물(imperfect substitutes)임을 근거로 일실이익을 반박할 수 있다.

4) 총시장가격 원칙

특허가 제품 전체가 아닌 일부 부품에만 적용된 경우 특허의 가치를 해당 부품의 가치로 한정해야 하는지 아니면 전체 제품의 가치까지로 확장할 수 있는지 문제된다. 법원은 제품에 적용된 특허의 특징이 전체 제품에 대한 소비자의 수요(demand)의 근거가 될 수 있다면 해당 특허의 가치를 전체 제품까지로 확장시키는바, 이를 총시장가격(entire market value) 원칙이라 한다.[244] 즉, 총시장가격 원칙이 적용되면 특허의 가치는 소비자의 수요를 발생시키는 부분까지 확장될 수 있다. 총시장가격 원칙이 주로 문제되는 경우는 특허가 전체 제품 중 일부에만 적용된 경우이다. 특허권자는 주로 침해자의 광고물, 기술 문서 등이 특허의 기술적 특징의 장점을 광고했음을 근거로 특허의 특징이 전체 제품에 대한 소비자의 수요의 근거가 되었음을 증명할 수 있다.[245] 총시장가격 원칙은 특허제품과 함께 판매되는 부속품(비침해) 또는 특허제품이 판매된 이후에 판매되는 부속품(비침해)에 대해서도 적용될 수 있다. 일반적으로 특허제품과 함께 부속품이 판매되는 경우 이를 동반판매(convoy sale)라 부르고, 특허제품 판매 이후에 부속품이 판매되는 경우 이를 파생판매(derivative sale)라 부른다. 동반판매 또는 파생판매가 문제되는 경우 특허권자가 동반/파생판매의 대상이 되는 부속품과 특허제품이 함께 판매된다는 것을 일반적으로 예상할 수 있는 경우에는 특허의 가치가 동반/파생판매의 대상이 되는 부속품까지 확장된다.[246]

---

244) KIMBERY A. MOORE ET. AL., PATENT LITIGATION AND STRATEGY 735 (Thomson West 3rd ed. 2008).

245) 법원은 침해자가 직접 만든 브로셔(brochure)와 같은 기술문서를 근거로 특허의 가치를 전체 제품으로 확장하는 것을 허용한 바 있다. Fonar Corp. v. General Elec. Co., 107 F.3d 1543, 1552 (Fed. Cir. 1997) ("Under the entire market value rule, it was not improper for the jury to base a reasonable royalty on the value of the entire accused MRI machines. That rule 'allows for the recovery of damages based on the value of an entire apparatus containing several features, even though only one feature is patented.' This is permitted when the patented feature is the basis for customer demand for the entire machine. There was evidence from which the jury could have concluded that was the case here. GE's own technical literature of record emphasized the MAO feature.") (citations omitted).

246) King Instrument Corp. v. Otari Corp., 767 F.2d 853, 865(Fed. Cir. 1985) ("The controlling touchstone in determining whether to include the non-patented spare part in a damage award is whether the patentee can normally anticipate the sale of the

5) 가격침식(price erosion)

특허권자는 상술한 판례법 이외에도 가격침식이론을 근거로 손해배상을 구할 수 있다.[247] 일반적으로 침해품은 특허제품에 비해 낮은 가격으로 판매되는 경우가 많기 때문에, 특허제품의 판매가격이 침해품의 존재로 인해 하락 내지 침식되는 효과가 발생할 수 있다. 이 경우, 특허권자는 침해가 없었다면 침식되지 않은 가격으로 이익을 얻었을 것이라는 인과관계('but for' causation of price erosion)를 증명하여 금전배상을 받을 수도 있다.

2. 합리적인 실시료(reasonable royalty)

합리적인 실시료 상당액은 일실이익에 비해 적게 결정되는 것이 일반적이므로, 특허권자는 우선 일실이익을 주장한다. 그러나 특허권자가 일실이익을 증명할 수 없을 때에는 합리적인 실시료 상당액에 대한 금전배상을 주장하는 것이 가능하다. 합리적인 실시료는 침해가 시작될 당시에 특허권자가 침해자 간의 가상협상(hypothetical negotiation)을 통해 정해질 것으로 예상되는 실시료를 의미한다. 일반적으로 합리적 실시료는 제반 사정을 고려한 종합적 테스트(totality of the circumstances test)에 따라 결정되는바, *Georgia-Pacific* 요소

---

non-patented component together with the sale of the patented components.") (citations omitted). 한편 부속판매가 문제된 사안에서, 법원이 부속품과 특허제품과 기능적 관계(technical relationship)를 기준으로 총시장가격 원칙을 적용한 경우도 있다. Rite-Hite 사건에서는 특허(truck에 관련됨)를 침해하지 않는 "dock leveler"에 대해서도 특허의 가치가 확장되는지가 문제되었으나 법원은 기능적 관계가 없음을 근거로 총시장가격 원칙을 적용하지 않은 바 있다. Rite-Hite Corp. v. Kelley Co., Inc., 56 F.3d 1538, 1550-51 (Fed. Cir. 1995) ("The dock levelers operated to bridge the gap between a loading dock and a truck. The patented vehicle restraint operated to secure the rear of the truck to the loading dock. Although the two devices may have been used together, they did not function together to achieve one result and each could effectively have been used independently of each other. . . . [C]ustomers frequently solicited package bids for the simultaneous installation of restraints and dock levelers, they did so because such bids facilitated contracting and construction scheduling, and because both Rite-Hite and Kelley encouraged this linkage by offering combination discounts. The dock levelers were thus sold by Kelley with the restraints only for marketing reasons, not because they essentially functioned together.").

247) 학자들에 따라서 가격침식이론을 일실이익과 별개로 취급하기도 하고 일실이익의 일종으로 취급하기도 한다.

라 불리는 15개의 이슈를 고려하여 결정하는 방법이 널리 활용된다.[248)]

일반적으로 특허권자가 제3자와 실시권 계약을 맺은 경우, 해당 실시료가 합리적 실시료를 산정하는 데 강력한 증거로 사용되며, 만약 특허권자가

248) Georgia-Pacific Corp. v. U.S. Plywood Corp., 318 F.Supp. 1116, 1120 (S.D.N.Y. 1970) ("The following are some of the factors *mutatis mutandis* seemingly more pertinent to the issue herein: 1. The royalties received by the patentee for the licensing of the patent in suit, proving or tending to prove an established royalty. 2. The rates paid by the license for the use of other patents comparable to the patent in suit. 3. The nature and scope of the license, as exclusive or non-exclusive; or as restricted or non-restricted in terms of territory or with respect to whom the manufactured product may be sold. 4. The licensor's established policy and marketing program to maintain his patent monopoly by not licensing others to use the invention or by granting licenses under special conditions designed to preserve that monopoly. 5. The commercial relationship between the licensor and licensee, such as, whether they are competitors in the same territory in the same line of business; or whether they are inventor and promoter. 6. The effect of selling the patented specialty in promoting sales of other products of the licensee; that existing value of the invention to the licensor as a generator of sales of his non-patented items; and the extent of such derivative or convoyed sales. 7. The duration of the patent and the term of the license. 8. The established profitability of the product made under the patent; its commercial success; and its current popularity. 9. The utility and advantages of the patent property over the old modes or devices, if any, that had been used for working out similar results. 10. The nature of the patented invention; the character of the commercial embodiment of it as owned and produced by the licensor; and the benefits to those who have used the invention. 11. The extent to which the infringer has made use of the invention; and any evidence probative of the value of that use. 12. The portion of the profit or of the selling price that may be customary in the particular business or in comparable businesses to allow for the use of the invention or analogous inventions. 13. The portion of the realizable profit that should be credited to the invention as distinguished from non patented elements, the manufacturing process, business risks, or significant features or improvements added by the infringer. 14. The opinion testimony of qualified experts. 15. The amount that a licensor (such as the patentee) and a license(such as the infringer) would have agreed upon (at the time the infringement began) if both had been reasonably and voluntarily trying to reach an agreement; that is, the amount which a prudent licensee— who desired, as a business proposition, to obtain a license to manufacture and sell a particular article embodying the patented invention— would have been willing to pay as a royalty and yet be able to make a reasonable profit and which amount would have been acceptable by a prudent patentee who was willing to grant a license.").

제3자가 실시권 계약을 맺지 않은 경우에는 특허권자의 특허와 비교 가능한 다른 특허들의 실시료를 기초로 합리적 실시료를 산정하는 것이 가능하다.[249] 합리적인 실시료는 실제로 이루어진 협상이 아닌 가상협상을 기초로 정해지므로, 법원이 인정한 합리적인 실시료가 특허권자가 제3자와 맺은 실시료를 초과하는 것도 가능하다.[250] 합리적인 실시료는 소송 이전에 특허권자가 가상협상을 통해 얻을 수 있는 실시료 상당액을 의미하므로, 합리적인 실시료에 소송비용(litigation expenses) 등이 포함될 수는 없다.[251]

3. 일실이익과 합리적인 실시료의 조합

일반적으로 일실이익은 합리적인 실시료에 비해 크게 산정되므로 특허권자는 일실이익을 우선적으로 주장하지만, 만약 침해자가 판매한 제품의 전부 또는 일부에 대해 일실이익을 주장할 수 없는 경우에는 나머지 부분에

---

249) Mahurkar v. C.R. Bard, Inc., 79 F.3d 1572, 1579 (Fed. Cir. 1996) ("Calculation of a reasonable royalty depends on the particular facts of each case. This task is simplified when the record shows an established royalty for the patent in question or for related patents or products. Lacking evidence of royalties in the marketplace, this court accepts evidence about hypothetical results of hypothetical negotiations between the patentee and infringer (both hypothetically willing) at the time infringement began.") (citations omitted).

250) Nickson Industries, Inc. v. Rol Mfg. Co., Ltd., 847 F.2d 795, 798 (Fed. Cir. 1988) ("Nickson correctly states that a royalty 'reasonable' under 35 U.S.C. §284 may be greater than an established royalty. For example, a higher figure may be awarded when the evidence clearly shows that widespread infringement made the established royalty artificially low.") (citations omitted). 또한 특허권자는 실시권자가 대량 판매를 조건으로 낮은 요율(rate)로 실시권 계약을 맺었음을 주장할 수도 있다.

251) 연방순회항소법원(CAFC)은 1심 법원이 *Panduit* 사건의 법리를 근거로 소송비용이 합리적인 실시료에 포함되어야 하며, 이를 "Panduit Kicker"라 명명한 사건에서 1심 법원의 판단을 파기한 바 있다. Mahurkar v. C.R. Bard, Inc., 79 F.3d 1572, 1581 (Fed. Cir. 1996) ("In sections 284 and 285, the Patent Act sets forth statutory requirements for awards of enhanced damages and attorney fees. The statute bases these awards on clear and convincing proof of willfulness and exceptionality. Panduit at no point suggested enhancement of a compensatory damage award as a substitute for the strict requirements for these statutory provisions. The district court's 'kicker,' on the other hand, enhances a damages award, apparently to compensate for litigation expenses, without meeting the statutory standards for enhancement and fees. Therefore, the district court abused its discretion in awarding a 9% 'Panduit kicker'.").

대해서 합리적인 실시료 상당액을 주장할 수 있다.[252] 즉, 일실이익과 합리적인 실시료를 조합하여 주장하는 것이 가능하다. 예를 들어, 시장 점유율 원칙이 적용되는 경우 일실이익과 합리적인 실시료를 조합하는 것이 가능하다. 만약 침해자를 제외했을 때 특허권자와 제3자(수용 가능한 비침해 대체물을 제조함) 간의 시장 점유율이 40 : 60인 경우, 침해자가 판매한 제품의 40%에 대해서는 일실이익을 주장할 수 있고 나머지 60%에 대해서는 통상 실시료 상당액을 주장하는 것이 가능하다.[253]

4. 손해배상액의 증액(enhanced damage)

1) 의 의

법원은 필요한 경우 손해배상액을 3배의 범위 내에서 증액할 수 있다.[254] 즉 법원은 일실이익 및/또는 합리적 실시료 상당액에 대해 3배의 범위 내에서 손해배상액을 증액할 수 있는 재량권(discretion)을 가진다.[255] 일반적으로 법원은 고의침해(Willful Infringement)가 문제되는 경우에 손해배상액을 증액한다. 침해자의 행위가 배상액이 증액되어야 하는 고의침해에 해당하는지 여부는 제반 사정을 고려한 종합적 테스트(totality of the circumstances test)를 통해 판단된다.[256] 전통적으로 고의침해에 대한 방어 방법으로 외부 변호

252) 어떠한 경우에도 금전배상은 합리적인 실시료보다 적을 수 없기 때문이다. 35 U.S.C. § 284.

253) State Industries, Inc. v. Mor-Flo Industries, Inc., 883 F.2d 1573 (Fed. Cir. 1989).

254) 35 U.S.C. § 284 (“the court may increase the damages up to three times the amount found or assessed”). 즉 사실의 발견자(fact finder)가 정한 손해액에 추가하여 0~3배까지의 증액이 가능하다.

255) 법원의 재량사항이므로 배심원들이 고의침해를 인정해도 항상 손해배상액이 증액되는 것은 아니다.

256) 법원은 전통적으로 침해자가 고의로 복제했는지, 특허권에 대해 조사했는지 여부, 소송에 성실하게 임했는지 등을 고려하여 판단한다. Read Corp. v. Portec, Inc., 970 F.2d 816, 826-27 (Fed. Cir. 1992) (“The paramount determination in deciding to grant enhancement and the amount thereof is the egregiousness of the defendant’s conduct based on all the facts and circumstances. . . . [T]hree factors were identified for consideration in determining when an infringer ‘acted in [such] bad faith as to merit an increase in damages awarded against him’: (1) whether the infringer deliberately copied the ideas or design of another; (2) whether the infringer, when he knew of the other’s patent protection, investigated the scope of the patent and formed a good-faith belief that it was invalid or that it was not infringed; and (3) the infringer’s behavior

사를 통해 비침해/무효에 대한 의견서(opinion letter)를 구했다는 사실이 많이 활용되었는데, 만약 외부 변호사의 자문을 신뢰했다는 항변을 하는 경우 해당 변호사에 대한 변호사 고객의 면책특권(attorney-client privilege)이 포기되는 문제가 발생하였다. 구체적으로, 침해자 측에서 미리 외부 변호사에게 자문을 구하여 비침해/무효 의견을 얻었더라도 면책특권을 향유하기 위해 해당 변호사에게 얻은 의견을 공개하지 않으면 특허권자가 변호사의 의견을 비공개하는 비침해자의 태도를 공격할 수 있고,[257] 이러한 특허권자의 공격을 피하기 위해 변호사의 의견을 공개하면 해당 변호사에 대한 면책특권이 포기되어 침해자 측에 지나치게 불리하다는 문제가 제기되었다. 이에 연방순회항소법원(CAFC)은 종전의 판례법을 변경하여 고의침해가 문제되는 경우 침해자가 변호사로부터 얻은 자문의 내용을 공개하지 않거나 자문을 얻지 않았더라도 이를 침해자에게 불리하게 해석하는 것을 금지시킨 바 있다.[258] 그러나 위와 같은 판례법의 발전에도 불구하고 법원은 전통적으로 침해자에게 침해여부를 판단할 적극적인 의무를 부여한 바 있는데, 이와 관련하여 최근에 판례의 태도가 아래와 같이 변경된 바 있다.

2) 종전의 판례

연방순회항소법원(CAFC)은 침해에 대한 경고(actual notice)를 받은 침해자는 자신의 행동이 침해에 해당하는지를 파악해야 할 적극적인 의무(Affirmative Duty)를 부담하며 이를 위반하는 경우 고의침해(Willful Infringement)가 발생할 수 있다고 판단해온 바 있다.[259] 연방순회항소법원의 이러한

---

as a party to the litigation. . . . [T]he . . . factors are not all inclusive. In addition, other circumstances which courts appropriately have considered, particularly in deciding on the extent of enhancement, are: (4) Defendant's size and financial condition. . . . (5) Closeness of the case. . . . (6) Duration of defendant's misconduct. . . . (7) Remedial action by the defendant. . . . (8) Defendant's motivation for harm. . . . (9) Whether defendant attempted to conceal its misconduct.") (citations omitted).

257) 즉, 특허권자는 침해자가 자신에게 불리한 증거를 숨기고 있다는 식으로 배심원을 설득할 수 있다.

258) Knorr-Bremse Systeme Fuer Nutzfahrzeuge GmbH v. Dana Corp., 383 F.3d 1337, 1347 (Fed. Cir. 2004) ("An adverse inference that a legal opinion was or would have been unfavorable shall not be drawn from invocation of the attorney-client and/or work product privileges or from failure to consult with counsel. Contrary holdings and suggestions of precedent are overruled.").

259) Underwater Devices, Inc. v. Morrison-Knudsen Co., 717 F.2d 1380, 1389 90 (Fed.

태도는 연방순회항소법원의 출범 당시 특허권의 보호가 미약했던 상황을 반영한 것으로 이해된다. 그러나 침해자에게 적극적 의무를 부담시키는 법원의 태도로 인해 i) 고의침해의 기준이 지나치게 낮아져 고의침해가 빈번하게 인정되고, ii) 고의침해를 우려한 침해자가 오히려 상대방의 특허를 검토하지 않게 되었으며, iii) 침해 경고를 받은 당사자들에게 외부 변호사의 자문을 강요하는 문제가 발생하였다.[260] 이에 연방의회에서는 고의침해의 기준을 높이기 위한 특허법 개정작업에 착수하기에 이르는데, 연방순회항소법원은 이러한 사회적 분위기를 반영하여 종전의 "적극적인 의무"를 만장일치 의견으로 폐기하고 새로운 기준을 제시하기에 이른다.

3) 2007년 *Seagate* 사건[261]

본 사건에서 특허권자인 Convolve는 고의침해를 주장하며 Seagate를 상대로 침해의 소를 제기한다. 이에 Seagate는 외부 자문 변호사(opinion counsel)에게 3차례에 걸친 자문(opinion)을 구하여 Convolve의 특허는 무효이고

Cir. 1983) ("Where, as here, a potential infringer has actual notice of another's patent rights, he has an affirmative duty to exercise due care to determine whether or not he is infringing. Such an affirmative duty includes, *inter alia*, the duty to seek and obtain competent legal advice from counsel before the initiation of any possible infringing activity. . . . The appellant clearly failed to exercise its affirmative duty. Accordingly, the district court's finding that infringement was willful, in the totality of the circumstances presented in this case, is not clearly erroneous and the district court did not abuse its discretion in awarding treble damages.") (citations omitted).

260) 앞서 *Read* 사건에 소개된 9가지 요소와 같이 침해자의 고의를 증명하는 증거로는 i) 침해자의 특허에 관한 지식과 ii) 합리적 근거 없이 지속된 침해자의 침해행위 등이 주로 활용되었다. 따라서 침해자는 특허에 대한 검토를 하는 것을 꺼리게 되었다. 또한 특허변호사가 아닌 일반 변호사 또는 사내 변호사(in-house counsel)에게 침해에 대한 자문을 구하는 것은 주의의무를 다한 것이 아니라고 판단되는 경향이 강했기 때문에 침해자들은 외부 특허변호사로부터 자문을 얻는 경향이 강하였다.

261) *In re* Seagate Technology, LLC, 497 F.3d 1360 (Fed. Cir. 2007). 한편, 이하의 내용은 Seagate 판결의 다수의견에 기초한 것이다. 참고로 Gajarsa 판사는 동조의견을 통해 고의침해 여부는 침해자의 심리적 상태나 침해자가 소송개시 전에 특허권자의 특허를 조사했는지를 기초로 판단해서는 안 되며, 침해자가 공판에서 제시한 방어방법의 합리성을 기초로 판단되어야 한다고 강조하였다. 즉, 침해자의 항변(특허권자의 특허가 무효이거나 침해품이 권리범위에 속하지 않는다는 주장)이 합리적이라면, 설사 나중에 특허가 유효이거나 침해품이 권리범위에 속하더라도 고의침해를 인정할 수 없다는 판단기준을 제시하였다.

Seagate의 행위는 해당 특허의 침해를 구성하지 않는다는 자문을 얻게 된다. Seagate는 이러한 외부 변호사의 자문을 기초로 고의침해 주장을 반박하는데, 연방순회항소법원에서는 i) 고의침해의 기준, ii) 외부 자문 변호사(opinion counsel)로부터 자문을 기초로 항변하는 경우, 소송 변호사(trial counsel)와의 연락에 대해서 변호사 고객 면책특권이 인정되는지, iii) 외부 자문 변호사(opinion counsel)로부터 자문을 기초로 항변하는 경우, 소송 변호사(trial counsel)로부터의 법률자문(work product)에 대해서 면책특권이 인정 여부를 판단하기에 이른다.[262]

고의침해에 관련하여 연방순회항소법원은 종전의 "적극적인 의무" 테스트를 폐기하고 새로운 "객관적 무모성(objective reckless)" 테스트를 도입하였다.[263] 법원이 제시한 객관적 무모성 테스트는 2단계로 이루어지는데, 우선 첫 번째 단계는 특허권자가 명백하고도 확실한 증거(clear and convincing evidence)를 통해 침해자가 그의 행동이 특허를 침해할 객관적 가능성이 높음에도 불구하고 침해행위를 지속했다는 것을 증명했는지에 관한 것이고,[264] 두 번째 단계는 특허권자가 객관적으로 높은 수준의 위험(즉 침해자의 행위가 침해를 구성할 위험)이 침해자에게 알려졌거나 알려졌어야 했다는 것을 증명했는지에 관한 것이다.[265] 법원은 이러한 2단계 테스트는 "객관적" 테스트이

262) 이 중 ii)와 iii)에 관해서는, 제10장 제5절 "증거개시"에서 이미 설명한 바와 같이, 소송 변호사에 대한 면책특권을 유지한다는 결론에 이르렀다. 추가적인 설명은 생략한다.

263) *Seagate,* at 1370-71 ("Just recently, the Supreme Court addressed the meaning of willfulness as a statutory condition of civil liability for punitive damages. . . . [T]he Court said that this definition comports with the common law usage, which treated actions in reckless disregard of the law as willful violations. . . . In contrast, the duty of care announced in *Underwater Device* sets a lower threshold for willful infringement that is more akin to negligence. This standard fails to comport with the general understanding of willfulness in the civil context . . . . Accordingly, we overrule the standard set out in *Underwater Device* and hold that proof of willful infringement permitting enhanced damages requires at least a showing of objective recklessness.") (citations and quotations omitted).

264) *Seagate,* at 1371 ("Accordingly, to establish willful infringement, a patentee must show by clear and convincing evidence that the infringer acted despite an objectively high likelihood that its actions constituted infringement of a valid patent.") (citation omitted).

265) 객관적으로 높은 수준의 위험은 소송기록에 따라 판단된다. *Seagate,* at 1371 ("[P]atentee must also demonstrate that this objectively-defined risk (determined by the

므로 고의침해를 증명함에 있어 침해자의 심리적 상태(state of mind)를 고려하지 않는다는 점을 강조했으며, 침해자에게 더 이상 "적극적인 의무"가 존재하지 않으므로 침해자가 외부 변호사로부터 침해여부에 대한 자문을 구해야 할 적극적 의무도 없다는 점을 강조했다.[266)]

4) 2007년 이후의 판결[267)]

Cohesive Technologies 사건[268)]은 *Seagate* 판결을 처음 인용한 사건으로, *Seagate* 판결에 따른 고의침해의 판단방법을 보다 구체화하였다. 구체적으로 법원은 i) 특허의 무효, 침해의 성립에 대해 선의의(*bona fide*) 다툼의 존재 여부, ii) 침해자가 변호사로부터 자문을 얻었는지 여부, iii) 침해에 대한 경고 이후에도 침해자가 침해행위를 유지했는지 여부, iv) 등록특허와 침해품의 유사 정도, v) 침해자가 침해를 회피하려는 노력을 기울였는지 여부, vi) 침해자가 침해에 대한 배상을 직접 배상하는지 여부를 고려하여 고의침해를 판단해야 하였다. 본 사건의 법원은 위에 제시된 기준에 따라 고의침해를 판단하여, 침해자가 사내 변호사(in-house counsel)를 통해 자문을 구했고, 침해와 무효에 대해 선의의 다툼이 존재했기 때문에 침해자의 고의침해는 인정되지 않는다고 판단했다. 이러한 *Cohesive Technologies* 판결에 대하여 *Seagate* 법원이 "객관적" 테스트를 도입했음에도 "선의"와 같은 주관적 요소를 기준으로 고의침해를 판단했다는 비판이 있으나, 이후에도 "주관적" 요소를 고려한 지방법원의 판결이 이어진 바 있다.[269)]

---

record developed in the infringement proceeding) was either known or so obvious that it should have been known to the accused infringer.").

266) *Seagate,* at 1371 ("Because we abandon the affirmative duty of due care, we also reemphasize that there is no affirmative obligation to obtain opinion of counsel.").

267) 비록 *Seagate* 사건이 새로운 2단계 테스트 방법을 제시했으나, 이러한 새로운 테스트 방법이 실무상 바로 적용할 만큼 구체적인 판단방법이라 할 수는 없으므로 *Seagate* 사건 이후의 지방법원 판례를 소개한다. 그러나 고의침해에 대한 *Seagate* 사건의 판단기준이 아직 체계화된 것이 아니므로 이후에 소개되는 내용이 확립된 내용이라 말하기는 어렵다.

268) Cohesive Technologies, Inc. v. Waters Corp., 526 F.Supp.2d 84, (D.Mass. 2007). 본 사건의 항소심 법원은 예견성에 대한 판단 오류로 인해 해당 사건을 환송했지만, 고의침해에 대해서는 지방법원의 판단을 인용(affirm)하였다. Cohesive Technologies, Inc. v. Waters Corp., 543 F.3d 1351, 1374 (Fed. Cir. 2008).

269) VNUS Medical Technologies, Inc. v. Diomed Holdings, Inc., 527 F.Supp.2d 1072 (N.D. Cal. 2007); In Rhino Associates, L.P. v. Berg Manufacturing and Sales Cor and

5. 대리인 비용(attorney fees)

일반적으로 대리인 비용은 각자 부담이 원칙이다. 그러나 예외적인 경우에는 법원이 대리인 비용을 패소자 측에 부담시킬 수 있다.[270] 법원은 대리인 비용을 부담시킬 사정이 인정되는 예외적인 사안(exceptional cases)인지를 판단할 재량권을 갖는다.[271] 법원이 예외적인 사안으로 인정하는 경우는 불공정 행위(Inequitable Conduct), 부정한 목적으로의 소 제기(bad faith litigation), 고의 침해 등이 문제되는 경우가 될 수 있다.

IV. 특허의 표시(marking)

1. 관련규정

특허권자 및 미국 내에서 특허 제품(patented article)을 제조, 판매, 판매를 위한 청약을 하거나 미국 내로 수입하는 자는 i) "patent" 또는 "pat."과 함께 특허번호를 해당 제품에 부착하거나, ii) 특허 제품의 특성에 따라 위와 같이 부착할 수 없는 경우에는 해당 제품의 포장(package)에 위와 같이 부착함으로써 해당 제품이 특허 제품임을 공중에 통지(notice)할 수 있다.[272] 만약

Censor Plastics, Inc., 1:04-CV1611 (M.D. Pa. Nov. 14, 2007). 참고로 *In Rhino Associates* 사건에서는 침해자가 특허청구항을 회피하려는 선의의 시도를 근거로 고의침해를 부정했다.

270) 35 U.S.C. § 285 ("The court in exceptional cases may award reasonable attorney fees to the prevailing party.").

271) 대리인 비용의 부담이 인정되는 경우는 대리인 비용이 각자 부담되는 것이 부당한 경우나 패소자 측의 행위가 악의적이거나 불공정한 경우이다. Interspiro USA, Inc. v. Figgie Intern., Inc., 815 F.Supp. 1488, 1521 (D.Del. 1993) ("As the statute states, the Court may award attorneys' fees to the prevailing party only in exceptional cases. An exceptional case is one in which it would be grossly unfair for the prevailing party to bear the cost of litigation, or where the conduct of the losing party is marked by bad-faith or unfairness"). 한편, 대리인 비용의 부담이 인정될지에 관한 구체적인 판단은 1심 법원의 판사에 의해 이루어지는 데, 이 경우 판사에게는 폭넓은 재량권이 인정된다.

272) 35 U.S.C. § 287(a) ("Patentees, and persons making, offering for sale, or selling within the United States any patented article for or under them, or importing any patented article into the United States, may give notice to the public that the same is patented, either by fixing thereon the word 'patent' or the abbreviation 'pat.', together with the number of the patent, or when, from the character of the article, this cannot be done, by fixing to it, or to the package wherein one or more of them is contained,

특허의 표시가 이루어지지 않은 경우 손해배상이 불가능하지만, 만약 침해자가 통지 받았음이 증명된 경우에는 통지된 때부터 발생한 손해에 대한 배상이 가능하다.[273)] 소를 제기하는 것은 통지(notice)로 취급된다.[274)]

2. 구체적 판단

특허권자가 배상 받을 수 있는 손해는 특허 침해에 관한 경고 또는 통지(notice)가 이루어진 때부터 발생한다. 특허 침해에 관한 통지는 i) 특허표시(marking)에 의해 의제(constructive notice)되거나 ii) 실제로 경고(actual notice) 등을 발송하여 인정될 수 있다.[275)] 따라서 적절하게 특허표시가 이루어진 때 및 적절하게 경고가 이루어진 때 중 빠른 때부터 발생한 손해에 대한 배상이 가능하며, 만약 특허표시나 경고가 없는 경우에는 소가 제기된 때부터 발생한 손해만 배상이 가능하다.

특허법 제287조(35 U.S.C. § 287) 규정은 특허표시가 가능한 발명에만 적용된다. 따라서 방법발명과 같이 특허표시가 불가능한 발명에 대해서는 특허표시뿐만 아니라 경고가 없더라도 손해배상이 제한되는 것은 아니다.[276)] 그러나 방법발명과 장치발명에 모두 침해가 인정되는 경우에는 특허표시 규정이 적용되므로 특허표시가 요구된다.[277)] 주의할 점은 특허된 방법발명이 구

---

a label containing a like notice.").

273) 35 U.S.C. § 287(a) ("In the event of failure so to mark, no damages shall be recovered by the patentee in any action for infringement, except on proof that the infringer was notified of the infringement and continued to infringe thereafter, in which event damages may be recovered only for infringement occurring after such notice.").

274) 35 U.S.C. § 287(a) ("Filing of an action for infringement shall constitute such notice.").

275) 35 U.S.C. § 287(a)의 첫 번째 문장의 규정은 "constructive notice"에 관한 것이고, 마지막 문장의 규정은 "actual notice"에 관한 것이다.

276) American Medical Systems, Inc. v. Medical Engineering Corp., 6 F.3d 1523, 1538 (Fed. Cir. 1993) ("The law is clear that the notice provisions of section 287 do not apply where the patent is directed to a process or method.") (citations omitted).

277) *American Medical Systems*, at 1538-39 ("The purpose behind the marking statute is to encourage the patentee to give notice to the public of the patent. The reason that the marking statute does not apply to method claims is that, ordinarily, where the patent claims are directed to only a method or process there is nothing to mark. Where the patent contains both apparatus and method claims, however, to the extent that there is a tangible item to mark by which notice of the asserted method claims can be given,

현된 장치에 특허표시가 가능하더라도 특허된 발명이 방법발명인 경우에는 특허표시나 경고가 요구되지 않는다는 것이다.[278] 또한 특허가 방법발명과 장치발명을 모두 청구하더라도 방법발명에 대해서만 침해가 인정되는 경우에는 특허표시/경고에 관한 규정이 적용되지 않는다.[279] 또한 최근에 연방순회항소법원(CAFC)은 특허권자가 특허표시/경고에 관한 규정을 회피하기 위해 의도적으로 장치발명을 제외하고 방법발명만을 기초로 침해의 소를 제기한 사안에서도 특허표시/경고에 관한 규정의 적용을 부정한 바 있다.[280]

통지의 효과를 발생시키기 위한 특허표시(marking)는 기본적으로 특허권자에 의해 이루어지지만 만약 특허권자 이외의 자가 실시하는 경우 실시하는 자에 의해서도 이루어져야 한다.[281] 즉 통지의 효과를 발생시키기 위한 특허의 표시는 특허권자나 특허를 실시하는 자에 의해 이루어진다.

---

a party is obliged to do so if it intends to avail itself of the constructive notice provisions of section 287(a).").

278) 연방순회항소법원은 특허된 방법발명이 A/D(Analog to Digital) Converter에 적용된 사안에서 손해의 발생시점을 침해시로 인정한 바 있다. Crystal Semiconductor Corp. v. TriTech Microelectronics Int'l, Inc., 246 F.3d 1336, 1353 (Fed. Cir. 2001).

279) Hanson v. Alpine Valley Ski Area, Inc., 718 F.2d 1075, 1083 (Fed. Cir. 1983) ("Alpine states that the Hanson patent also includes apparatus claims. The only claims that were found infringed in this case, however, were claims 1, 2, and 6 of the Hanson patent, which are drawn to '[t]he method of forming, distributing and depositing snow upon a surface . . . .'") (citation omitted).

280) Crown Packaging Technology, Inc. v. Rexam Beverage Can Co., 559 F.3d 1308, 1316 (Fed. Cir. 2009) ("Accordingly, a party that does not mark a patented article is not entitled to damages for infringement prior to actual notice. Although Rexam asserted only the method claims of the '839 patent against Crown, the district court dismissed Rexam's counterclaim because the '839 patent also includes unasserted apparatus claims. The district court erred. The law is clear that the notice provisions of § 287 do not apply where the patent is directed to a process or method. In *Hanson*, 718 F.2d at 1082-83, we held that 35 U.S.C. § 287(a) did not apply where the patentee only asserted the method claims of a patent which included both method and apparatus claims. *Hanson* is factually identical to this case, and we are therefore bound by the rule of *Hanson.*") (citations omitted).

281) 실시권자(licensee)가 표시를 잘못한 경우라도 특허권자가 표시 규정을 준수한 경우에는 통지의 효과가 발생한다. Maxwell v. J. Baker, Inc., 86 F.3d 1098, 1111-12 (Fed. Cir. 1996) ("When the failure to mark is caused by someone other than the patentee, the court may consider whether the patentee made reasonable efforts to ensure compliance with the marking requirements.").

통지의 효과를 발생시키기 위한 경고(actual notice)는 특허권자에 의해야 한다.[282)] 따라서 발명자나 특허를 양도한 최초의 특허권자 등이 침해자에게 경고했다면 이로 인하여는 통지의 효과가 발생하지 않는다.[283)] 또한 특허권자가 아닌 대리인 명의로 침해자에게 경고를 발송하는 것 역시 적절한 통지로 취급되지 않는다.[284)] 특허법 명문규정이 손해배상을 위해 적절한 통지를 요구하므로, 만약 적절한 통지가 없다면 설사 침해자가 침해에 관하여 알고 있더라도 손해배상이 인정되지 않는다.[285)] 한편, 침해에 관한 경고는 구체적이어야 하므로, 침해에 관한 구체적 설명 없이 단순히 침해가 있다고 주장하는 것은 통지의 효과를 발생시키지 않는다.[286)]

---

282) Amsted Industries, Inc. v. Buckeye Steel Castings Co., 24 F.3d 178, 186-87 (Fed. Cir. 1994) ("The Supreme Court in *Dunlap v. Schofield*, 152 U.S. 244, 14 S.Ct. 576, 38 L.Ed. 426 (1894), held that the clear meaning of this section is that a patentee cannot recover damages absent marking or notice to the particular defendants by informing them of his patent and of their infringement of it. . . . *Dunlap* thus established that notice must be an affirmative act on the part of the patentee which informs the defendant of his infringement.") (footnotes and quotations omitted).

283) Lans v. Digital Equipment Corp., 252 F.3d 1320, 1327-28 (Fed. Cir. 2001).

284) American Medical Systems, Inc. v. Medical Engineering Corp., 6 F.3d 1523, 1537 n 18 (Fed. Cir. 1993) ("AMS argues that MEC was notified in August 1986 by its own counsel, Krieger, that MEC was infringing the '765 patent. This is clearly not what was intended by the marking statute. Section 287(a) requires a party asserting infringement to either provide constructive notice (through marking) or actual notice in order to avail itself of damages. The notice of infringement must therefore come from the patentee, not the infringer.") (citations omitted).

285) Devices for Medicine, Inc. v. Boehl, 822 F.2d 1062, 1066 (Fed. Cir. 1987).

286) Amsted Industries Inc. v. Buckeye Steel Castings Co., 24 F.3d 178, 187 (Fed. Cir. 1994) ("For purposes of section 287(a), notice must be of 'the infringement,' not merely notice of the patent's existence or ownership. Actual notice requires the affirmative communication of a specific charge of infringement by a specific accused product or device.").

부 록 1

미국특허용어표(A-Z순)

Abandonment	포기
Abstract	요약서
Act	행위
Advisory Action	심사관의 권고
Affidavit / Declaration	선서진술서 / 선언서
Affirmative Defenses	적극항변
All Elements Rule	구성요소완비의 원칙
Allowable	허여가능
Allowance	허여
Amendment	보정
Amicus curiae briefs	법정의견서
Analogous arts	유사한 기술
Annotated Sheet	주석시트
Anticipation	예견성
Appeal	불복심판
Appeal Brief	청구이유서
Appeal Conference	심판협의절차
Applicant's Admitted Prior Art 또는 AAPA	출원인이 자백한 선행기술
Application Data Sheet 또는 ADS	출원데이터시트
Argument	의견서
Assignee	양수인
Attorney-client privilege	변호사-고객의 면책특권

Attorneys' fees	대리인 비용
Bench Trial	판사재판
Best Mode Requirement	최적실시예요건
Body	특징부
bona fide attempt	선의의 시도
BPAI	특허심판원
Business Method	영업방법
CAFC	연방순회항소법원
Cause of Action	소송원인
CCPA	관세및특허항소법원
Certificates of Correction	정정증명서
Circumstantial evidence	정황증거
Citation of prior art	등록특허에 대한 정보제공
Claim(s)	청구항
Collaboration	공동연구
Commercial success	상업적 성공
Composition	조성물
Concept/conception	발명의 착상
Continuation Application	계속출원
Continuation-In-Part Application	부분계속출원
Continued Prosecution Application 또는 CPA	계속심사출원
Contribution	기여
Contributory Infringement	기여침해
Copendency	동시계속
Corporation	법인
Counterclaims	반소
Court of Appeal	연방항소법원
Critical date	임계일
Damage	손해배상

Date of printing	인쇄일
Date of release	반포일
Declaratory Judgment Action / DJ Actions	특허확인소송
Definiteness	명확성
Dependent claim	종속항
Deposition	증언녹취
Detailed description	상세한 설명
Direct evidence	직접증거
Direct infringement	직접침해
Disclaimer	포기서
Discovery	증거개시절차
Dismissal	각하
Distinct	구별
Divided infringement	분할침해
Divisional Application	분할출원
Doctrine of Claim Differentiation	청구항 차별화의 원칙
Doctrine of Equivalents	균등론
Documentary Evidence	서증
Double Patenting / Double Patent	중복특허
Drawing	도면
Due diligence	합리적인 노력
Duty of candor and good faith	정직과 신의성실의무
Duty of Disclosure	정보개시의무
Early publication	조기공개
Effective date of the reference	선행기술로의 자격을 갖는 날
Effective Filing Date	유효출원일
Election	지정
Electronic publication	전자간행물
En banc	전원합의체

Enablement Requirement	실시가능요건
Enhanced damage	손해배상액의 증액
Entry	(보정의) 허가
Equitable defenses	형평법에 의한 방어
Estoppel	금반언
Evidence	증거
Ex parte	결정계
Examiner's Amendment	심사관의 보정
Examiner's Answer	심사관답변서
Exclusionary right	독점배타권
Exclusive license	독점실시권
Exhaustion	특허소모
Experimental use	실험적 사용
Expert	전문가
Expert testimony	전문가 증언
Extrinsic evidence	외부증거
Federal Court	연방법원
Federal Register	연방관보
File	포대
Filing date	출원일
Final OA	최후거절통지
Final Rejection	최후거절
Finality	최후성
Foreign Filing Licenses	외국출원허가
Genus	상위개념
Hindsight	사후적 고찰
Hyperlink	하이퍼링크
Hypothetical claim	가상청구항
Import	수입

Incorporation/incorporated by reference	인용형식으로 병합
Independent	독립
Independent claim	독립항
Indirect infringement	간접침해
Induced Infringement	유도침해
Inequitable Conduct	불공정행위
Infringement	침해
Inherency	내재성
Injunction	금지명령
Insubstantial difference test	비본질적 차이 테스트
Inter partes	당사자계
Interchangeability	치환가능성
Interference	저촉절차
International filing date	국제출원일
International Preliminary Examining Authority	국제예비심사기관
International Searching Authority	국제조사기관
Intervening reference	중간선행기술
Intervening Right	중용권
Intervening rights	중용권
Intrinsic evidence	내부증거
Inventor's Certificate	발명자증
Inventorship	발명자 자격
Irreparable harm	회복할 수 없는 손해
Issue Fee	등록료
Jepson type claim	젭슨 청구항
Joint infringement	공동침해
Joint invention	공동발명
Joint research agreement	공동연구협약
Junior party	후임 당사자

Jury trial	배심재판
Laches	해태
Legal representative	법적 대리인
Lexicographer	사전 편찬자
Linking Claim	연결청구항
Machine	기계
Machine or Transformation Test	기계-변환 테스트
Maintenance Fee	등록유지료
Make	제조
Manufacture	제조물
Marking	특허표시
Markman Hearing	마크맨 청문회
Material matter	중대한 사안
Means	수단
Means-plus-function	기능식 청구항
Misappropriation	무단이용
Motion to dismiss	소각하신청
MPEP	심사지침서
Multiple dependent claim	다중 종속항
National Stage Application	국내단계출원
New ground of rejection	새로운 거절의 근거
New matter	신규사항
New Sheet	신규시트
New use invention	용도발명
Non-exclusive license	통상실시권
Non-Final OA	비최후거절통지
Non-obviousness	비자명성
Non-Provisional Application	정규출원
Non-publication request	비공개신청서

Non-Statutory Double Patenting	비법정중복특허
Notice of Allowability	허여가능통지서
Notice of Allowance	허여통지서
Notice of Appeal	심판청구서
Notice of Incomplete Application	불완전출원통지
Notice of Omitted Items	누락항목통지
Novelty	신규성
OA / Office Action	거절통지
Oath	선서
Objection	형식에 대한 거절
Obvious	자명
Obvious to try	시도의 자명성
Obviousness-type Double Patenting	자명성 유형의 중복특허
Offer for sale	판매를 위한 청약
Official Gazette	공보
Official notice	불요증인용자료
On sale	판매
Opinion counsel	자문 변호사
Opposition	이의절차
Oral hearing	구술심리
Original claim	최초 청구항
Parent application	모출원
Patent	특허(실용/식물/디자인특허)
Patent Prosecution Highway 또는 PPH	특허심사하이웨이
Patentability	특허성/특허요건
Patentable subject matter	특허대상적격/특허적격
Permanent injunctions	영구금지명령
Personal Jurisdiction	인적관할권
Petition	청원

Possession test	지배 테스트
Preamble	전제부
Pre-Appeal Brief Conference	청구이유서제출이전협의절차
Predictability	예측가능성
Preliminary Amendment	예비보정
Preliminary injunctions	예비금지명령
Preponderance of evidence	증거의 우세함
Presumption of validity	유효성 추정
Price erosion	가격침식
Prima facie case	일응의 케이스
Printed publication	인쇄된 간행물
Prior art	선행기술
Probative value	증명력
Process	방법
Proprietary interest	재산상의 이익
Prosecution history	심사/출원경과
Prosecution history estoppel	심사/출원경과참작
Protective order	보호명령
Provisional Application	가출원
Provisional rejection	예비거절
Provisional Rights	임시보호권리
Public accessibility	공중에 의한 접근가능성
Public knowledge	공지
Public use	공연한 사용/공용
Publication	간행물
Real party in interest	실제 이해당사자
Reasonable royalty	합리적인 실시료
Reasons for Allowance	허여이유
Rebuttal evidence	반박증거

Recapture	회복
Receiving Office	수리관청
Reduction to practice	발명의 구체화
Reexamination Certificate	재심사증명서
Reexamination Proceeding	재심사절차
Reissue Application	재발행출원
Rejection	실체에 대한 거절
Rejoinder	재결합
Relevancy	연관성
Relief	구제
Remedies	구제책
Replacement Sheet	대체시트
Reply	응신
Reply Brief	답변이유서
Request for Continued Examination 또는 RCE	계속심사청구
Request for reconsideration	재고요청
Requests for admissions	인정요구
Res judicata	기판력
Restriction Requirement	한정요구
Retroactive license	소급허가
Revival	부활
Secondary consideration	2차적 고려사항
Senior party	선임 당사자
Shortened Statutory Period 또는 SSP	단기법정기간
Small entity	소기업
Sole inventor	단일발명자
Species	하위개념
Specification	명세서
State Court	주법원

State of the art	당업계의 기술 수준
Statement	진술서
Statutory bar	법적제한요건
Statutory disclaimer	법정권리포기서
Statutory Double Patenting	법정중복특허
Statutory Invention Registration 또는 SIR	법정발명등록
Subject matter	발명대상
Subject Matter Jurisdiction	물적관할권
Submission	제출
Substitute application	대체출원
Substitute specification	대체 명세서
Summary Judgment	약식판결
Supplemental Examiner's Answer	심사관보충답변서
Supplemental oath/declaration	보충선서서/선언서
Supplemental Reply	보충응신
Supreme Court	연방대법원
Suspension of Action	심사보류
Teach away	방해교시
Terminal Disclaimer	존속기간포기서
Third Party Submission	정보제공
Trade secret	영업비밀
Transition	전이부
Traverse	반박
Trial	공판
Trial counsel	소송수행 변호사
Triple identity test / tripartite-test	3중 동일성 테스트
TSM / Teaching, Suggestion and Motivation	교시, 암시, 동기
Ultimate legal conclusion	최종적인 법률 결론
Undue experimentation	과도한 실험

Unity of Invention	발명의 단일성
Universal Fact	일반적으로 알려진 사실
USPTO / PTO	특허청
Utility	실용성
Utility Patent	실용특허
Venue	재판적
Willful false statements	고의의 거짓진술
Withdraw	철회
Withdraw from issue	등록철회
Work product immunity	법률자문 면책특권
Writ of Certiorari	이송명령
Written Description Requirement	상세한설명요건

부 록 2

미국특허용어표(가나다 순)

2차적 고려사항	Secondary consideration
3중 동일성 테스트	Triple identity test / tripartite-test
가격침식	Price erosion
가상청구항	Hypothetical claim
가출원	Provisional Application
각하	Dismissal
간접침해	Indirect infringement
간행물	Publication
거절통지	OA/Office Action
결정계	Ex parte
계속심사청구	Request for Continued Examination 또는 RCE
계속심사출원	Continued Prosecution Application 또는 CPA
계속출원	Continuation Application
고의의 거짓진술	Willful false statements
공동발명	Joint invention
공동연구	Collaboration
공동연구협약	Joint research agreement
공동침해	Joint infringement
공보	Official Gazette
공연한 사용 / 공용	Public use
공중에 의한 접근가능성	Public accessibility
공지	Public knowledge

공판	Trial
과도한 실험	Undue experimentation
관세및특허항소법원	CCPA
교시, 암시, 동기	TSM/Teaching, Suggestion and Motivation
구별 / 구별성	Distinct
구성요소완비의 원칙	All Elements Rule
구술심리	Oral hearing
구제	Relief
구제책	Remedies
국내단계출원	National Stage Application
국제예비심사기관	International Preliminary Examining Authority
국제조사기관	International Searching Authority
국제출원일	International filing date
균등론	Doctrine of Equivalents
금반언	Estoppel
금지명령	Injunction
기계	Machine
기계-변환 테스트	Machine or Transformation Test
기능식 청구항	Means-plus-function
기여	Contribution
기여침해	Contributory Infringement
기판력	Res judicata
내부증거	Intrinsic evidence
내재성	Inherency
누락항목통지	Notice of Omitted Items
다중 종속항	Multiple dependent claim
단기법정기간	Shortened Statutory Period 또는 SSP
단일발명자	Sole inventor
답변이유서	Reply Brief

당사자계	Inter partes
당업계의 기술 수준	State of the art
대리인 비용	Attorneys' fees
대체 명세서	Substitute specification
대체시트	Replacement Sheet
대체출원	Substitute application
도면	Drawing
독립 / 독립성	Independent
독립항	Independent claim
독점배타권	Exclusionary right
독점실시권	Exclusive license
동시계속	Copendency
등록료	Issue Fee
등록유지료	Maintenance Fee
등록철회	Withdraw from issue
등록특허에 대한 정보제공	Citation of prior art
마크맨 청문회	Markman Hearing
명세서	Specification
명확성	Definiteness
모출원	Parent application
무단이용	Misappropriation
물적관할권	Subject Matter Jurisdiction
반박	Traverse
반박증거	Rebuttal evidence
반소	Counterclaims
반포일	Date of release
발명대상	Subject matter
발명의 구체화	Reduction to practice
발명의 단일성	Unity of Invention

발명의 착상	Concept/conception
발명자 자격	Inventorship
발명자증	Inventor's Certificate
방법	Process
방해교시	Teach away
배심재판	Jury trial
법률자문 면책특권	Work product immunity
법인	Corporation
법적 대리인	Legal representative
법적제한요건	Statutory bar
법정권리포기서	Statutory disclaimer
법정발명등록	Statutory Invention Registration 또는 SIR
법정의견서	Amicus curiae briefs
법정중복특허	Statutory Double Patenting
변호사-고객의 면책특권	Attorney-client privilege
보정	Amendment
보충선서서/선언서	Supplemental oath / declaration
보충응신	Supplemental Reply
보호명령	Protective order
부분계속출원	Continuation-In-Part Application
부활	Revival
분할출원	Divisional Application
분할침해	Divided infringement
불공정행위	Inequitable Conduct
불복심판	Appeal
불완전출원통지	Notice of Incomplete Application
불요증인용자료	Official notice
비공개신청서	Non-publication request
비법정중복특허	Non-Statutory Double Patenting

비본질적 차이 테스트	Insubstantial difference test
비자명성	Non-obviousness
비최후거절통지	Non-Final OA
사전 편찬자	Lexicographer
사후적 고찰	Hindsight
상세한 설명	Detailed description
상세한설명요건	Written Description Requirement
상업적 성공	Commercial success
상위개념	Genus
새로운 거절의 근거	New ground of rejection
서증	Documentary Evidence
선서	Oath
선서진술서 / 선언서	Affidavit / Declaration
선의의 시도	bona fide attempt
선임 당사자	Senior party
선행기술	Prior art
선행기술로의 자격을 갖는 날	Effective date of the reference
소각하신청	Motion to dismiss
소급허가	Retroactive license
소기업	Small entity
소송수행 변호사	Trial counsel
소송원인	Cause of Action
손해배상	Damage
손해배상액의 증액	Enhanced damage
수단	Means
수리관청	Receiving Office
수입	Import
시도의 자명성	Obvious to try
신규사항	New matter

신규성	Novelty
신규시트	New Sheet
실시가능요건	Enablement Requirement
실용성	Utility
실용특허	Utility Patent
실제 이해당사자	Real party in interest
실체에 대한 거절	Rejection
실험적 사용	Experimental use
심사 / 출원경과	Prosecution history
심사 / 출원경과참작	Prosecution history estoppel
심사관답변서	Examiner's Answer
심사관보정	Examiner's Amendment
심사관보충답변서	Supplemental Examiner's Answer
심사관의 권고	Advisory Action
심사보류	Suspension of Action
심사지침서	MPEP
심판청구서	Notice of Appeal
심판협의절차	Appeal Conference
약식판결	Summary Judgment
양수인	Assignee
연결청구항	Linking Claim
연관성	Relevancy
연방관보	Federal Register
연방대법원	Supreme Court
연방법원	Federal Court
연방순회항소법원	CAFC
연방항소법원	Court of Appeal
영구금지명령	Permanent injunctions
영업방법	Business Method

영업비밀	Trade secret
예견성	Anticipation
예비거절	Provisional rejection
예비금지명령	Preliminary injunctions
예비보정	Preliminary Amendment
예측가능성	Predictability
외국출원허가	Foreign Filing Licenses
외부증거	Extrinsic evidence
요약서	Abstract
용도발명	New use invention
유도침해	Induced Infringement
유사한 기술	Analogous arts
유효성 추정	Presumption of validity
유효출원일	Effective Filing Date
응신	Reply
의견서	Argument
이송명령	Writ of Certiorari
이의절차	Opposition
인쇄된 간행물	Printed publication
인쇄일	Date of printing
인용형식으로 병합	Incorporation/incorporated by reference
인적관할권	Personal Jurisdiction
인정요구	Requests for admissions
일반적으로 알려진 사실	Universal Fact
일응의 케이스	Prima facie case
임계일	Critical date
임시보호권리	Provisional Rights
자명	Obvious
자명성 유형의 중복특허	Obviousness-type Double Patenting

자문 변호사	Opinion counsel
재결합	Rejoinder
재고요청	Request for reconsideration
재발행출원	Reissue Application
재산상의 이익	Proprietary interest
재심사절차	Reexamination Proceeding
재심사증명서	Reexamination Certificate
재판적	Venue
저촉절차	Interference
적극항변	Affirmative Defenses
전문가	Expert
전문가 증언	Expert testimony
전원합의체	En banc
전이부	Transition
전자간행물	Electronic publication
전제부	Preamble
정규출원	Non-Provisional Application
정보개시의무	Duty of Disclosure
정보제공	Third Party Submission
정정증명서	Certificates of Correction
정직과 신의성실의무	Duty of candor and good faith
정황증거	Circumstantial evidence
제조	Make
제조물	Manufacture
제출	Submission
젭슨 청구항	Jepson type claim
조기공개	Early publication
조성물	Composition
존속기간포기서	Terminal Disclaimer

종속항	Dependent claim
주법원	State Court
주석시트	Annotated Sheet
중간선행기술	Intervening reference
중대한 사안	Material matter
중복특허	Double Patenting / Double Patent
중용권	Intervening Right
중용권	Intervening rights
증거	Evidence
증거개시절차	Discovery
증거의 우세함	Preponderance of evidence
증명력	Probative value
증언녹취	Deposition
지배 테스트	Possession test
지정	Election
직접증거	Direct evidence
직접침해	Direct infringement
진술서	Statement
철회	Withdraw
청구이유서	Appeal Brief
청구이유서제출이전협의절차	Pre-Appeal Brief Conference
청구항	Claim(s)
청구항 차별화의 원칙	Doctrine of Claim Differentiation
청원	Petition
최적실시예요건	Best Mode Requirement
최종적인 법률 결론	Ultimate legal conclusion
최초 청구항	Original claim
최후거절	Final Rejection
최후거절통지	Final OA

최후성	Finality
출원데이터시트	Application Data Sheet 또는 ADS
출원인이 자백한 선행기술	Applicant's Admitted Prior Art 또는 AAPA
출원일	Filing date
치환가능성	Interchangeability
침해	Infringement
통상실시권	Non-exclusive license
특징부	Body
특허(실용 / 식물 / 디자인특허)	Patent
특허대상적격/특허적격	Patentable subject matter
특허성 / 특허요건	Patentability
특허소모	Exhaustion
특허심사하이웨이	Patent Prosecution Highway 또는 PPH
특허심판원	BPAI
특허청	USPTO/PTO
특허표시	Marking
특허확인소송	Declaratory Judgment Action / DJ Actions
판매	On sale
판매를 위한 청약	Offer for sale
판사재판	Bench Trial
포기	Abandonment
포기서	Disclaimer
포대	File
하위개념	Species
하이퍼링크	Hyperlink
한정요구	Restriction Requirement
합리적인 노력	Due diligence
합리적인 실시료	Reasonable royalty
해태	Laches

행위	Act
(보정의) 허가	Entry
허여	Allowance
허여가능	Allowable
허여가능통지서	Notice of Allowability
허여이유	Reasons for Allowance
허여통지서	Notice of Allowance
형식에 대한 거절	Objection
형평법에 의한 방어	Equitable defenses
회복	Recapture
회복할 수 없는 손해	Irreparable harm
후임 당사자	Junior party

| 판 례 색 인 |

| 찾아보기 |

ㅇ

ㅈ

ㅊ

ㅋ

ㅌ

ㅍ

ㅎ

≪전 준 형≫

■ 저자 약력 ■

변리사/뉴욕州변호사

연세대학교 전기전자공학부 졸업

경희대학교 법학부 졸업

워싱턴주립대학교(Univ. of Washington) 법학석사

(前) KBK특허법률사무소

(前) 다나특허법인

(前) Sherr & Vaughn, PLLC

(現) 에센특허법률사무소

미국특허법

2011년 2월 1일 초판 인쇄
2011년 2월 10일 초판 발행

저 자 전 준 형
발행인 이 방 원
발행처 세창출판사
서울 서대문구 냉천동 182 냉천빌딩 4층
전화 723 - 8660 팩스 720 - 4579
E-mail: sc1992@empal.com
Homepage: www.sechangpub.co.kr
신고번호 제300-1990-63호

정가 42,000원

ISBN 978-89-8411-326-8 93360